Theodor Sickel

Acta regum et imperatorum Karolinorum digesta et enarrata

Zweiter Teil: Urkundenregesten

Theodor Sickel

Acta regum et imperatorum Karolinorum digesta et enarrata
Zweiter Teil: Urkundenregesten

ISBN/EAN: 9783744746472

Hergestellt in Europa, USA, Kanada, Australien, Japan

Cover: Foto ©ninafisch / pixelio.de

Weitere Bücher finden Sie auf **www.hansebooks.com**

ACTA
REGUM ET IMPERATORUM KAROLINORUM DIGESTA ET ENARRATA.

DIE URKUNDEN DER KAROLINGER

GESAMMELT UND BEARBEITET

VON

TH. SICKEL.

ZWEITER THEIL: URKUNDENREGESTEN.

GEDRUCKT MIT UNTERSTÜTZUNG DER K. AKADEMIE DER WISSENSCHAFTEN.

WIEN.
DRUCK UND VERLAG VON CARL GEROLD'S SOHN.
1867.

REGESTEN

DER

URKUNDEN DER ERSTEN KAROLINGER

(751 — 840)

VON

TH. SICKEL.

GEDRUCKT MIT UNTERSTÜTZUNG DER K. AKADEMIE DER WISSENSCHAFTEN.

WIEN.
DRUCK UND VERLAG VON CARL GEROLD'S SOHN.
1867.

ACTA PIPPINI REGIS.

752, 1 mart.

1* Pippinus, Fulrado abbate basilicae s. Dionisii, cuius corpus ibi requiescit, interpellante Gislemarum de villa Abaciaco in pago Cenomannico et de portione villae Sibriaci in pago Matriacensi, quas genitrix Gislemari Ioba per suum testamentum casae s. Dionisii condonaverat, Gislemarus vero ut ipse recognovit malo ordine retinebat, una cum proceribus suis et Wicberto comite palatii iudicat et iubet, ut Fulradus praedictas res evindicatas habeat. — ‚Cum nos in dei nomine Vermeria'.
Vermeria, kal. mart. a. 1.
<small>Mabillon dipl. 491 n° 40 ex arch. Dionysiano = Bouquet 5, 697 n° 1. — Bréquigny ad 752. — Böhmer 4 ad 753.</small>

[752, mart.]

2* Pippini capitulare Vermeriense. — ‚In tertio genuclum separantur'.
Sine anno die loco.
<small>Pertz LL. 1, 22 ad 753. — Baluze capit. 1, 161 c. a. 752 = Bouquet 5, 637. — Bréquigny ad 752. — Böhmer 5 ad 753.</small>

752, 25 apr.

3* P., petente seque commendante Sigobaldo abbate, monasterio Anisolae in pago Cinomannico ad honorem s. Carilefi constructo mundeburdium atque ius electionis concedit. — ‚Domnis sanctis et apostolicis... comperiat caritas'.
Ad Arestalio pal. publ., 25 apr. a. 1.
<small>Martène ampl. coll. 1, 26 ex chartul. Anisol. ad 751 = Bouquet 5, 698 n° 2 ad 752. — Bréquigny ad 752. — Böhmer 1 ad 752.</small>

752, 27 mai.

4* P. monasterio Prumiensi, quod in pago Muslinsi ad honorem s. Salvatoris [vel s. Mariae] novo opere construxit, in suam et Bertradae reginae memoriam quasdam piscationes et vennas in eodem pago apud villas suas Marningum et Soiacum et apud Noviacum castrum sitas donat. — ‚Et quoniam siquidem monasterium'.

 Werestein pal. reg., 6 kal. iun. a. 1.
  Liber aureus Prum. saec. 12 in biblioth. Trevirensi, vitiose.
  Beyer 1, 13 n° 10 ex ipso libro.

752, 6 iun.

 Vermeriae pal. reg., 8 id. iun. [750]: v. act. deperd. Fontanellense.

753, 23 mai.

5* P., petente Bonifacio archiepiscopo et custode ecclesiae s. Martini in vico Traiecto super Rhenum constructae, eidem casae dei confirmat decimam, quam iam antecessores regis Pippinus, Karolus et Karlomannus ei condonaverunt, partem omnium censuum ex mancipiis, terris, teloneis et negotiis quos fiscus sperare possit. — ‚Si petitionibus sacerdotum in omnibus'.

 Virmeria pal. publ., 23 mai. a. 2.
  Chartul. Traiect. saec. 11 in musaeo Britannico.
  Heda 36 ad 752, vitiose = Le Cointe 5, 405 = Le Mire 1, 494 ad 753 = Mieris 1, 5. — Bréquigny ad 753. — Böhmer 6 ad 753.

[753, mai.]

6 P. ecclesiae s. Martini Traiectensis, inspectis Chlotharii et Theodberti praeceptionibus quas Bonifacius eiusdem urbis episcopus regi obtulit, emunitatis beneficium ab antecessoribus indultum et huc usque conservatum per suam auctoritatem confirmat. — ‚Notum sit omnibus... principali quidem clementiae'.

 S. a. d. l.
  Chartul. suprascriptum.
  Heda 35, vitiose = Le Cointe 5, 403. — Bréquigny ad 753.

[753] iun.

7* P. ob postulationem Bonifatii archiepiscopi et legati apostolici, monasterio ab eo in loco a Carlomanno [quondam] germano regis concesso in solitudine Boconia iuxta fluvium Vuldaha constructo privilegium Zachariae papae per suam praeceptionem corroborat, quae etiam partim illico partim posterioribus temporibus firmata est a Bonifatio archiepiscopo; Burghardo, Willibaldo, Lul, Eoban, Cilimanno episcopis; Folcremmo, Megingozo presbyteris; Throando, Liutfrido, Hrunzolfo, Hroggone praefectis; Orientile,

Thacholfo, Wichingo. — ‚Bonifatio archiepiscopo.... quia veneranda paternitas tua'.

Attiniaco pal. publ., iun. a. 2.

<small>Apographum eodem fere tempore exaratum et autographi speciem prae se ferens in arch. Fuldensi.
Ex apogr. quod autographum esse putabant: Dronke 4 n° 5 ad 752? — Schannat dioec. 2, 234 n° 2 ad 755 cum ectypo quod exstat etiam in Schannat vind. tab. 3, in Eckhart 1, 554, in Kopp Schrifttafeln n° l. — Epist. s. Bonifacii (edid. Serarius, Moguntiae 1605) n° 151 = Duchesne script. 2, 663 = Le Cointe 5, 480 ad 755. — Bréquigny ad 751. — Böhmer 3 ad 752.</small>

753, 8 iul.

8   P., Folrado abbate basilicae s. Dionisii, qui ibi cum sociis suis humatus est, missa petitione suggerente, quod cum Dagobertus, Chlodovius, Hildericus, Theudericus et Chlotharius reges et Hiltbertus et Grimoaldus maior domus per praeceptiones suas eidem monasterio omnia telonia concessissent, quae intra pagum Parisiacum occasione mercatus in festivitate s. Dionisii instituti a mercatoribus exteris, ut Saxsonibus, Frisionibus aliisque nationibus, solverentur, eo quod deinde Gairefredus Parisius comes eiusque successor Gairchardus omnibus qui ad ipsum mercatum venerunt capitulare quatuor denariorum imposuissent, multis hanc ob rem mercatum deserentibus, pecunia ex illo telonio speranda diminuta sit — P. una cum fidelibus suis et Wicberto comite palatii iudicat et decernit, ut nulla in posterum iudiciaria potestas hac occasione ullam exactionem exigat, sed quaecunque telonia ibidem solvenda sint, ipsi casae dei proficiant, cui rex hoc iudicium evindicatum seu concessionem suam confirmat. — ‚Omnibus ducibus ...igitur cognoscat utilitas'.

8 iul. a. 2; s. l.

<small>Autographum in arch. Parisiensi.
Tardif 46 n° 55 ex autogr. — Félibien 24 n° 35 ex eodem = Bouquet 5, 699 n° 5. — Bréquigny ad 753. — Böhmer 7 ad 753.</small>

754.

9*   P. Fulrado abbati monachisque basilicae s. Dionisii, qui ibi cum sociis suis humatus est, villam Taberniacum in pago Parisiaco, quam ut patet ex chartis regi ostensis olim Guntaldus huic basilicae delegaverat et postea ob petitionem Ebroini maioris domus Iohannes et post Iohannem Frodoinus et Geruntus per precarias monasterii verbo Childeberti regis et Grimoaldi maioris domus factas obtinuerant, quam deinde vero ecclesiae abstractam per regis beneficium eiusdem gasindus Teudbertus acceperat, cum omni integritate concedit atque confirmat. — ‚Credimus nobis ad aeternum iudicem'.

Vermeria pal., a. 3.

<small>Mabillon dipl. 493 n° 43 ex arch. Dionysiano = Bouquet 5, 701 n° 6. — Bréquigny ad 754. — Böhmer 9 ad 754.</small>

754, 14 apr.

Carisiaci: v. act. deperd. eccl. Romanae.

755, 11 iul.

10* P. capitulare Vernense duplex. — ‚Sufficerant quidem priscorum patrum'.

Vernis pal. publ., 5 id. iul. a. 4.

<small>Pertz LL. 1, 24. — Baluze capit. 1, 107 = Bouquet 5, 638. — Bréquigny ad 755. — Böhmer 10 ad 755.</small>

755, 29 iul.

11 P. Follerado et monasterio s. Dionisii, in quo enutritus erat, donat castellum ad montem s. Micaelis super fluvium Marsupinc in pago Veredunensi, quod olim a Vulfoaldo ad inimicos regis recipiendos aedificatum per iudicium Francorum regi addictum erat. — ‚Summa cura et maxema sulicitudo'.

Compendio, 4 kal. aug. a. 4.

<small>Autographum in arch. Parisiensi.
Tardif 47 n° 56 ex aut. — Félibien 25 n° 36 ex aut. = Bouquet 5, 702 n° 7. — Bréquigny ad 755. — Böhmer 11 ad 755.</small>

[757.]

12 P. capitulare Compendiense. — ‚Si in quarta progenie reperti'.

S. a. d.; in inscriptione: ad Compendium pal. publ.

<small>Pertz LL. 1, 27. — Baluze capit. 1, 179 = Bouquet 5, 642. — Bréquigny ad 756.</small>

757, 10 aug.

13 P. ob petitionem Siagrii abbatis monasterio dominii sui Nantoaco ad honorem b. Mariae et s. Petri constructo immunitatis beneficium indulget. — ‚Omnibus episcopis... cognoscatis quod maximum regni nostri'.

Attiniaco pal. publice, 10 aug. a. 6.

<small>Guichenon hist. de Bresse 2, preuves 213 ex chartul. Nantuacensi = Bouquet 5, 702 n° 8. — Bréquigny ad 756. — Böhmer 12 ad 757.</small>

758, 15 sept.

14* P. ob petitionem Dubani episcopi monasterio s. Michaelis in insula Rheni Hohenaugiae vocato immunitatis beneficium indulget. — ‚Omnibus episcopis ... cognoscatis quod maximum regni nostri'.

Duria, 15 sept. a. 7.

<small>Grandidier 2, preuves 88 n° 53 ex chartul. Tabernensi sacc. 16. — Böhmer 13 ad 758.</small>

[758, 15 sept.]

15 P. ob petitionem Dubani episcopi vel abbatis monasterii Hohenaugiae in pago Alsacensi super Renum in honorem ss. Michaelis, Petri et Pauli constructi, omnes eiusdem monasterii facultates confirmat et in suo esse sermone praecipit simulque privilegium monasterio ab episcopis concessum, ab antecessoribus et a semetipso firmatum et hactenus conservatum denuo corroborat. — ‚Dominis sanctis... rectum esse censemus'.

S. a. d. l.

<small>Grandidier 2, pr. 89 n° 54 ex cod. s. Petri sen. saec. 15 et ex chartul. Tabernensi saec. 16. — Mabillon ann. 2, 697 n° 12 ex chartul. saec. 11 = Bouquet 5, 705 n° 13. — Schöpflin 1, 35 n° 31 ex cod. saec. 15. — Bréquigny ad 762.</small>

759, 30 oct.

16 P. notitia de iudicio evindicato in quo, interpellantibus Aderulfo et Rodegario agentibus s. Dionisii et Folleradi abbatis, coram rege a Wicberto comite palatii et aliis iudicatum est, Gerardum comitem malo ordine retinere telonia quae in die s. Dionisii Parisius solvantur, ipsaque telonia secundum Dagoberti praeceptum atque antiquam consuetudinem ab agentibus s. Dionisii ad eiusdem usus colligenda esse. — ‚Venientes agentes santi Dionisio'.

Compendio pal., 3 kal. nov. a. 8.

<small>Autogr. in arch. Parisiensi.
Ex autographo: Mabillon dipl. 493 n° 44 ad 758 = Bouquet 5, 703 n° 9 ad 759. — Félibien 28 n° 41 ad 759. — Tardif n° 57ᵇⁱˢ. — Specimen scripturae in Silvestre 3, 71. — Bréquigny ad 759. — Böhmer 14 ad 759.</small>

760, iun.

17* P. monasterio Fulda ad honorem s. Salvatoris a s. Bonefatio, cuius corpus ibidem requiescit, constructo villam Thiningam in pago Rezi super fluvium Agiram sitam cum omni integritate tradit. — ‚Nihil ut ait apostolus'.

Atiniago pal. publ., iun. a. 9.
<small>Autographum in arch. Fuldensi.
Ex autographo: Dronke 14 n° 21. — Schannat trad. 10 u° 19 ad 762. — Ectypon in Kopp Schrifttafeln n° 2, in Eckhart 1, 554. — Bréquigny ad 760. — Böhmer 15 ad 760.</small>

760, 10 iun.

18 P. ob petitionem a Nectario abbate missam monasterium Anisolense in pago Cenomannico, in quo s. Charilephus requiescit, in suum denuo filiique Karoli mundeburdium suscipit eique, inspectis priorum regum auctoritatibus, beneficium immunitatis absque in introitu iudicum aut episcopi huc usque conservatum confirmat. — 'Omnibus nostris... si petitionibus servorum'.
Vermerias, 10 iun. a. 9.
<small>Martène ampl. coll. 1, 27 ex chartul. Anisolensi = Bouquet 5, 704 n° 11. — Bréquigny ad 760. — Böhmer 17 ad 761.</small>

762, 10 iul.

19* P. congregationi s. Petri in cella Casloaca prope Sentiaccum, quam monasterio s. Salvatoris Prumiensi ob suae et Bertradae coniugis animarum remedium constructo per manus Egei praepositi concesserat, partem silvae Mellere, cuius limites describuntur, donat. — 'Quicquid enim in nostra vel procerum nostrorum presentia'.
Sentiaco pal., 6 id. iul. a. 11 [ind. 2].
<small>Lib. aur. Prum. saec. 12 in bibl. Trevirensi.
Beyer 1, 18 u° 15 ex libro aureo. — Günther 1, 43 u° 1. — Böhmer 18 ad 762.</small>

762, 13 aug.

20* P., postquam unacum Bertrada regina in proprietate sua intra terminos Bidensem atque Ardinnem, ubi rivulus Dethenobach in Prumiam infunditur, monasterium in honorem s. Salvatoris, [s. Mariae] et aliorum ss. aedificaverat ibique monachos sub Asuero abbate instituerat, ipsi loco condonat Rumerii curtem in pago Charosvilla, villas Marningum et Soiacum in p. Muslinsi, villam Marciaco in p. Bedinsi, Sarabodis villam in p. Efinsi, Wathilentorp et Birgisburias in Carasco, Reginbach in p. Riboariensi atque cellas Altrepio in p. Spirinsi, Caslooca prope Sentiacum et Riviunio in p. Lomensi; simulque decernit ut monasterium semper sub sua heredumque potestate ac defensione permaneat et ut nullo tempore alius abbas ibi intromittatur nisi de ipsa congregatione Romani et Vulframni episcoporum electus. Firmata est auctoritas non solum a rege et regina, sed etiam ab eorum filiis Karolo et

Karlomanno, a Genebaudo, Gautleno, Fulcharico, Adalfredo, Vulframno, Megingaudo, Berethelmo, Basino, Wiemado episcopis; Drocone, Chrodardo, Warino, Welanto, Gaugulfo, Gerhardo, Troano, Waltario, Herloino, Gunberto, Rachulfo, Warino comitibus. — ‚Et quia divine nobis providentia'.
[Trisgodros] v. publ., 13 aug. a. 11.
<small>Lib. aur. Prum. saec. 10 in bibl. Trevirensi.
Beyer 1, 19 n° 16 ex hoc libro. — Mabillon ann. 2, 705 n° 26 ad 763 = Hontheim 1, 122 n° 45. — Knauff 49. — Gallia christ. 13, instr. 299 n° 12. — Bréquigny ad 762. — Böhmer 19 ad 762.</small>

[— 762.]

21* P. monasterio Vivario-peregrinorum super fluvium Morbach in pago Alsecensi ab Eberhardo fundato et ss. Leodegario, Petro et Mariae dedicato, inspectis priorum principum praeceptionibus quas Baldobertus abbas regi obtulit, emunitatis beneficium ab antecessoribus indultum et huc usque conservatum per suam auctoritatem confirmat. — ‚Principale quidem clemencie'.
S. a. d. l.
<small>Chartularia in arch. Colmariensi.
Schöpflin 1, 34 n° 30 ex cod. Murbac. c. a. 760. — Bouquet 5, 698 n° 4 ex schedis Mabillonii. — Bréquigny ad 752.</small>

763, 3 aug.

22* P. monasterio Prumiae dicto, quod ipse ad honorem s. Salvatoris construxit et cui Asuarius abbas praeest, suam tuitionem atque emunitatis beneficium indulget. — ‚Omnibus episcopis... maximum regni nostri'.
[Inaslario] pal. publ., 3 non. aug. a. 12.
<small>Lib. aur. Prum. saec. 10 in bibl. Trevirensi.
Beyer 1, 22 n° 17 ex l. aureo. — Knauff 51 = Bertholet 2, preuves 43 ad 764 = Hontheim 1, 126 n° 46. — Bréquigny ad 764. — Böhmer 20 ad 763.</small>

[763, aug.]

23 P. homines eiusdem monasterii Prumiensis ab omnibus teloneis fisco solvendis liberat. — ‚Omnibus episcopis... solerti nobis perpendum est'.
S. a. d. l.
<small>Lib. aur. Prum. saec. 10 in bibl. Trevirensi.
Ex libro aureo: Beyer 1, 23 n° 18. — Martène ampl. coll. 1, 30.</small>

766, iul.

24 P. monasterio Fuldensi, in quo Bonefacii corpus requiescit, villam Autmundisstat in Moinigaugio super fluvium Ricchinam si-

tam cum omni integritate donat. — ‚Et quia monente scriptura'.
> Aurilianis civ. publice, iul. a. 15.
> Autographum in arch. Fuldensi.
> Ex autographo: Dronke 18 n° 28. — Schannat trad. 14 n° 27 ad 768. — Ectypon in Kopp Schrifttafeln n° 3. — Böhmer 22 ad 766.

766, iul.

25* P. ob petitionem a Folrado abbate missam monasterio s. Dionysii, qui ibidem cum sociis suis humatus est, villam Exonam in pago Parisiaco, quam ut patet ex praeceptis regi ostensis Clotharius ipsi casae dei delegavit et Chlodovius confirmavit, quam autem ecclesiae abstractam huc usque Rancho comes per regis beneficium possedit, cum theloneis publicis et omni integritate per suam cessionem confirmat. — ‚Credimus nobis apud aeternum iudicem'.
> Aurelianis civ. publice, iul. a. 15.
> Chartul. saec. 13 in arch. Parisiensi.
> Doublet 698 = Le Cointe 5, 687 = Bouquet 5, 706 n° 14. — Bréquigny ad 766. — Böhmer 23 ad 766.

768, 31 mart.

2 kal. apr. a. 16: v. act. deperd. s. Antonini in Rutenico.

[768, iun.]

26* P. capitulare Aquitanicum. — ‚Ut illas ecclesias dei qui deserti sunt'.
> S. a. d. l.
> Pertz LL. 2, 13.

768, iul.

27* P. monasterio s. Hilarii Pictavensi emunitates priorum regum, quas sibi Bertinus abbas obtulit, per suam praeceptionem confirmat. — ‚Omnibus episcopis... ad mercedem nostram'.
> Pictavis civ., iul. a. 17.
> Apographum saec. 9 exeuntis in arch. Pictavensi, quod Fonteneau aliique autographum esse credebant.
> Ex hoc apographo: Rédet documents 1 n° 1. — Bouquet 8, 677. — Specimen script. in Nouv. traité de dipl. planche 67. — Bréquigny ad 768. — Böhmer 24 ad 768.

768, sept.

28* P. basilicae s. Dionysii, quam sepulturae locum sibi eligit et cui Fulradus abbas praeest, sub emunitatis nomine donat forestem suam Aequalinam, cuius termini hic describuntur, cum forestariis eorumque mansis et cum omni integritate, praeter id quod iam concessum erat aut s. Germano Parisiacensi aut cellae Fossatis in Parisiago aut monasterio s. Benedicti Floriacensi aut ecclesiae s. Mariae Carnotensi aut monasterio Argentogelensi aut ecclesiae s. Petri Pectavensi. — ‚Omnibus agentibus... optabilem esse oportet'.

In monasterio s. Dyonisii, sept. a. 17.

> Apographum saec. 9 incip. in arch. Parisiensi quod plerumque pro autographo habetur.
> Ex hoc apographo: Tardif 51 n° 62. — Félibien 30 n° 45. — Bouquet 5, 707 n° 16. — Specimen scripturae in Nouv. traité de dipl. planche 92. — Bréquigny ad 768.

768, 23 sept.

29* P. inspectis priorum regum praeceptionibus integram emunitatem, quam antecessores sui basilicae s. Dionysii concesserunt et quam Fulradus abbas inviolabiliter conservatam esse asserebat, iterum ei concedit et confirmat. — ‚Incipientia regni nostri ... ergo oportet clementiae'.

In monasterio s. Dionysii, 9 kal. oct. a. 17.

> Apogr. saec. 9 incip. in arch. Parisiensi quod plerumque pro autographo habetur.
> Ex eodem apographo: Tardif 50 n° 61. — Doublet 700. — Félibien 31 n° 46 = Bouquet 5, 709 n° 18. — Ectypon in Facsim. de l'École des chartes = Kopp Schrifttafeln n° 4. — Bréquigny ad 768. — Böhmer 26 ad 768.

768, 23 sept.

30 P. Folrado abbati et congregationi s. Dionysii privilegium ecclesiasticum, quod olim a pontificibus Parisiorum ipsi basilicae concessum et una cum confirmationibus anteriorum regum in manibus abbatis conservatum erat, per suam praeceptionem confirmat eique licentiam liberae abbatum electionis inserit. — ‚Incipientia regni nostri... ergo oportet clementiam'.

In monast. s. Dionysii, 9 kal. oct. a. 17.

> Chartul. saec. 13 exeuntis in arch. Parisiensi.
> Doublet 701 ex hoc chartul. = Bouquet 5, 710 n° 19. — Böhmer 25 ad 768.

768, 23 sept.

31 P. capellano suo et archipresbytero Fulrado omnes res, quas Wido in pago Alsacensi et in Mordenaugia abbati delegaverat atque quas Fulradus primo in infirmitate sua regi tradiderat et deinde a rege retraditas accepit, id est Ghermari, Audaldovillare, Ansulfishaim, Suntof, Grucinhaim, Ratbertovillare et res a

Widone per precariam Fulradi possessas, per suam praeceptionem confirmat simulque abbati firmissimam potestatem concedit faciendi quidquid voluerit de his rebus. — ‚Omnibus episcopis... et quia per dei misericordiam'.

In monasterio s. Dionisii, 9 kal. oct. a. 17.
<small>Autogr. in arch. Parisiensi.
Ex autographo: Tardif 49 n° 60. — Mabillon dipl. 495 n° 47 ad 767 = Bouquet 5, 708 n° 17 ad 768. — Félibien 30 n° 44. — Grandidier 2, preuves 99 n° 58, vitiose. — Specimen script. in Mabillon l. c. 386. — — Bréquigny ad 768. — Böhmer 27 ad 768.</small>

[755—768.]

32 P. encyclica de letaniis faciendis; exemplar ad Lullum episcopum inscriptum. — ‚Domino sancto patri Lullo'.
S. a. d. l.
<small>Pertz LL. 1, 32 ad 765. — Baluze capit. 1, 185 ad 764 = Bouquet 5, 644. — Bréquigny ad 760.</small>

[— 768.]

33* P. monasterio Corbeiensi in pago Ambianensi a Clothario rege et Balthechildi regina constructo emunitatis beneficium confirmat, quod ei praeceptionibus Childerici, Theoderici, Chlodovei, Childeberti et Dagoberti a Leodegario abbate regi oblatis concessum et huc usque conservatum est. — ‚Si ea quae ab anteriorum regum'.
S. a. d. l.
<small>Copia saec. 14 in codice bibl. Parisiensis Corbie 19.
Beiträge zur Diplomatik 5, 389 n° 1 ex hoc codice.</small>

[— 768.]

34* P. ob petitionem ab Alberto abbate missam monasterium Epternacum, quod s. Willibrordus in pago Bedensi super fluvium Suram in honorem s. trinitatis et s. Petri suo opere aedificavit et in quo ipse sanctus requiescit, in tuitionis suae sermonem suscipit eique beneficium emunitatis ab antecessoribus indultum et huc usque conservatum confirmat. — ‚Si peticionibus servorum vel ancillarum dei'.
S. a. d. l.
<small>Liber aur. Epternac. saec. 13 incip. in bibl. Gothana.
Beitr. zur Diplomatik 5, 390 n° 2 ex hoc codice.</small>

[— 768.]

35* P. ob suggestionem Eremberti ecclesiae Wormatiensis sive Wangionensis episcopi, inspecta Dagoberti regis praeceptione,

basilicae ss. Petri et Pauli immunitatem a Dagoberto indultam sua auctoritate confirmat. — ‚[Si] factum antecessorum nostrorum'.
S. a. d. l.
> Chartul. Wormatiense saec. 12 in arch. Hannoverano, mendose.

[— 768.]
P. capitulare incerti anni. — ‚Si homo incestum commiserit'.
S. a. d. l.
> Pertz LL. I, 30. — Baluze capit. I, 177: capit. Metense a. 756 = Bouquet 5, 642. — Bréquigny ad 756.

ACTA CAROLOMANNI REGIS.

769, ian.

1 C. propter suggestionem a Fulrado abbate basilicae s. Dionisii et capellano regis missam, inspectis praeceptionibus sibi oblatis per quas priores reges eidem monasterio omnia telonea occasione mercatus in festivitate s. Dionisii instituti intra pagum Parisiacum a mercatoribus solvenda concesserant, relectis quoque iudiciis evindicatis per quae Childebertus rex, Grimoaldus maior domus et Pippinus rex monasterio tale beneficium confirmaverant, iterum per suam confirmationem concedit, ut nulla in posterum iudiciaria potestas hac occasione neque quatuor denarios a Sonachildi et Guairfrido mercatoribus iniuste impositos neque ullam aliam exactionem exigat, sed ut quaecunque telonea ibidem solvenda sint, ipsi casae dei proficiant. — ‚Omnibus episcopis... igitur cognoscat utilitas'.

  Salmunciago pal. publ., ian. a. 1.

<small>Autogr. in arch. Parisiensi.
Ex autographo: Tardif 53 n° 64. — Félibien 32 n° 48. — Mabillon dipl. 496 n° 48 = Bouquet 5, 713 n° 2. — Bréquigny ad 769. — Böhmer 28 ad 769.</small>

769, ian.

2 C. inspectis Pippini priorumque regum praeceptionibus integram emunitatem, quam antecessores sui basilicae s. Dionisii cuius corpus ibidem requiescit concesserunt et quam Fulradus abbas huc usque inviolabiliter conservatam esse asserebat, iterum ei concedit et confirmat. — ‚Incipientia regni nostri... ergo oportit climenciae'.

  Salmunciago pal. publ., ian. a. 1.

<small>Autogr. in arch. Parisiensi.
Kröber in Bibl. de l'École des chartes 4° série, 2, 348 ex autogr. — Ectypon in Kopp Schrifttafeln n° 5 = Facsim. de l'Éc. des chartes.</small>

769, 22 mart.

3* C. Warinum comitem edocet, se Restoino abbati monasterioli inter duas Fachinas constructi beneficii nomine concessisse, ut quicquid de hominibus fisci iuxta Aufoldus siti emerit vel alio modo acquisiverit, sub emunitatis titulo quieto ordine possideat. — ‚Warinus comes. Illud nobis ad stabilitatem'.

Attiniago pal. publ., 11 kal. apr. a. 1.

<small>Autogr. in arch. Colmariensi.
Schöpflin 1, 42 n° 39 ex autogr., cum ectypo. — Bouquet 5, 715 n° 5 ex schedis Mabillonii. — Bréquigny ad 769. — Böhmer 29 ad 769.</small>

769, mart.

4 C. cessiones Pipini et superiorum regum sibi delatas a Fulrado abbate monasterii s. Dionisii, cuius corpus ibi requiescit, confirmans denuo concedit et iubet, ut nullum teloneum neque ab hominibus monasterii in quibuscumque regnorum pagis negotiantibus neque ab aliis hominibus negotiandi causa ad villas monasterii convenientibus exigatur. — ‚Omnibus fidelibus ... cognoscat magnitudo'.

Attiniaco pal. publ., mart. a. 1.

<small>Autogr. in arch. Parisiensi.
Kröber l. c. 349 ex aut. — Tardif 54 n° 66 ex aut. — Specimen script. in Mabillon dipl. 387. — Böhmer 30 ad 769.</small>

769, oct.

5* C. petenti Asinario abbati concedit, ut ab hominibus monasterii s. Petri Novalicensis nullum teloneum neque de eorum negotiis neque de ovibus eorum pastum conductis exigatur. — ‚Omnibus episcopis ... illud enim ad stabilitatem'.

Cadmoniaco pal. publ., oct. a. 1.

<small>Autogr. in arch. Taurinensi.
Ex autographo: Muratori antiqu. 2, 19. — Mon. hist. patriae 1, 20 n° 10 ad 768. — Bréquigny ad 769. — Böhmer 31 ad 769.</small>

[768—769.]

6 C. ob petitionem ab Adeberto abbate missam monasterium Epternacense, quod s. Willibrordus in pago Bedensi super fluvium Suram in honorem s. trinitatis et s. Petri suo opere aedificavit et in quo ipse sanctus requiescit, in tuitionis suae sermonem suscipit eique beneficium emunitatis ab antecessoribus indultum et huc usque conservatum confirmat. — ‚Si peticionibus sacerdotum vel ancillarum dei'.

A. 1; s. d. l.
Liber aur. Epternac. saec. 13. incip. in bibl. Gothana.
Beitr. zur Diplomatik 5, 392 n° 3 ex hoc codice.

769, nov.

7 C. monasterio Argentoialo, inspectis superiorum regum praeceptis sibi ab Ailina abbatissa oblatis, integram emunitatem confirmat. — ‚Decet enim regalis clementie'.

Pontione pal. publ., nov. a. 2.

Bouquet 5, 718 n° 9 ex autographo quod in arch. Versallense translatum, post a. 1820 non amplius comparuit. — Specimen script. in Nouv. traité de dipl. planche 92. — Bréquigny ad 770. — Böhmer 32 ad 769.

770, mart.

8 C. ob petitionem Stephani abbatis monasterio s. Michaelis in insula Rheni Hohenaugiae vocato immunitatis beneficium indulget. — ‚Omnibus episcopis ... cognoscatis quod maximum regni nostri'.

Theudone villa pal. publ., mart. a. 2.

Grandidier 2, preuves 101 n° 59 ex libro iurium s. Petri seu. a. 1655. — Schöpflin 1, 43 n° 41 ex cod. s. Petri saec. 15. — Mabillon ann. 2, 698 n° 13 ex chartul. saec. 11 = Bouquet 5, 720 n° 12 = Migne 1, 919 n° 7. — Bréquigny ad 770. — Böhmer 33 ad 770.

770, 6 mai.

9* C., petente Isenhardo abbate, monasterio Noviento ab Adalrico sive Athico duce eiusque coniuge Bersvinda in pago Alsaciensi super Illam in eorum proprietate ad honorem ss. Petri, Pauli, Mauricii constructo privilegia Pippini atque anteriorum regum confirmat eique immunitatem concedit. — ‚Et quia scriptura teste'.

Bruocmagad pal. publ., 2 non. mai. a. 2.

Charta interpolata.
Grandidier 2, preuves 102 a° 60 ex chartul. Tabernensi. — Böhmer 34 ad 770.

770, mai.

10* C. cui Chrodoinus comes palatii retulit, actores regios silvam intra vastam Ardennam in centena Belslango in loco Benezvelt sitam malo ordine occupasse, quam superiores reges genealogiae comitis concessissent et Pippinus rex ipsi comiti eiusque gamaladionibus per vestituram confirmasset, cessionibus regum sibi oblatis et veracium hominum testimoniis de iure legitimo comitis edoctus, ei eiusque gamaladionibus hanc silvam cum vena circumdata reddit simulque praecipit, ut ipsi eorumque posteri praedictam silvam evindicatam atque elitigatam possideant. — ‚Regalem quidem exercemus clementiam'.

 Brocmagad pal. publ., mai. a. 2.
  Charta corrupta in libro aur. Prum. saec. 12 bibL Trevirensis.
  Ex hoc libro: Martène ampl. coll. 1, 32 = Hontheim 1, 130 n° 49 = Gallia christ. 13, instr. 301 n° 13. — Beyer 1, 26 n° 22. — Bréquigny ad 770. — Böhmer 35 ad 770.

770, [26] iun.

11*   C. ob petitionem ab Asinario abbate missam monasterio Novalicio, quod Abbo probante Valcuno episcopo in valle Sigusina in proprietate sua ad honorem ss. Petri et Pauli construxerat, vel monachis ibidem secundum regulam s. Benedicti congregatis privilegium iam praecepto Pippini sancitum atque ius electionis confirmat simulque eis emunitatem concedit. — ‚Oportet enim clementie regale'.

 Neum[a]go pal. publ., [26] iun. a. 2.
  Copia vitiata saec. 17 in arch. Taurinensi.
  Muratori antiqu. 2, 19 ex apographo. — Mon. hist. patriae 1, 56 n° 34 ex copia s. 17 ad 878. — Bréquigny ad 770. — Böhmer 36 ad 770, 20 iun.

771, dec.

12   C. monasterio s. Dionysii, qui ibidem cum sociis suis humatus est, villas Faberolas in pago Madriacensi et Noronte in pago Carnotino sitas, quas iam Pippinus per Carolomanni manus eidem delegaverat, cum omni integritate, sicuti Audegarius vassus regis eas possederat, donat et in perpetuum concedit. — ‚Et quia monente scriptura ita oporteat'.

 Salmunciago pal. publ., dec. a. 4.
  Mabillon dipl. 645 n° 7*: transcripsit Ruinart ex autographo penes ducem Caprosiae existente = Bouquet 5, 721 n° 14 = Migne 1, 920 n° 8. — Bréquigny ad 771. — Böhmer 37 ad 771.

[— 771, dec.]

13*   C. ob petitionem a Gundoaldo abbate missam monasterio Grandevalli s. Mariae dicato ecclesiisque ei subiectis, cellae Verteme in honorem s. Pauli constructae atque ecclesiae s. Urcisini integram emunitatem a Pipino eiusque antecessoribus concessam iterum concedit. — ‚Notum sit... quoties recta petitio'.

 S. a. d. l.
  Vidimus in arch. Brunnendrutensi.
  Trouillat 1, 78 n° 41 ex vidim. — Labbe éloges hist. 450 = Le Cointe 5, 745 = Bouquet 5, 716 n° 6. — Schöpflin 1, 43 n° 40 ex autogr. praepositurae Grandisvall. — Bréquigny ad 769.

ACTA KAROLI REGIS.

769, 13 ian.

1   K. Follerado abbati vel casae s. Dyonisii, in qua s. martyr et Pippinus requiescunt et quam sibi ipsi sepulturae locum eligit, monasteriolum s. Deodati in Vosago silva situm, quod Pippinus rex in sua vestitura tenuerat, ea condicione donat, ut decem aut quindecim fratres continuas ibidem precationes pro rege eiusque patre faciant. — ,Quicquid enim ad loca ecclesiarum'.

Aquis pal. publ., id. ian. a. 1.

> Apographum eodem fere tempore instar autographi confectum in arch. Parisiensi.
> Ex hoc apogr. quod autographum esse credebant: Tardif 52 n° 63. — Félibien 32 n° 47 = Bouquet 5, 712 n° 1 = Migne 1, 914 n° 2. — Bréquigny ad 769. — Böhmer 38 ad 769.

769, 1 mart.

2   K., petente Gregorio [episcopo], prolatam sibi Pippini regis confirmationem renovans ecclesiae s. Martini in vico Traiecto super Rhenum constructae denuo confirmat decimam, quam iam antecessores Pippinus anterior, Karolus et Karolomannus ei condonaverant, partem omnium censuum ex mancipiis, terris, teloneis, negotiis quos fiscus sperare possit. — ,Si petitionibus sacerdotum in omnibus'.

Aquis pal. publ., kal. mart. a. 1.

> Chartul. Traiect. saec. 11 in mus. Britannico et alterum saec. 14 in arch. Hannoverano.
> Heda 39 = Le Cointe 5, 750 = Mieris 1, 6 = Migne 1, 1047 n° 1. — Bréquigny ad 770.

769, 16 mart.

3   K. monasterio Corbeiensi in pago Ambianensi a Clothario rege et Balthechildi regina constructo emunitatis beneficium confirmat, quod ei praeceptionibus Childerici, Theoderici, Chlodovei,

Childeberti, Dagoberti, Pippini ab Hadone abbate regi oblatis concessum et huc usque conservatum erat. — ‚Si ea quae ab anteriorum regum.'

Audriaca villa, 17 kal. apr. a. 1.

<small>Codex Corbie 18ᵉ saec. 11 incip. in bibl. Parisiensi.
Martène ampl. coll. 1, 31 ex arch. monasterii = Bouquet 5, 715 n° 4 = Migne 1, 915 n° 3. — Bréquigny ad 769. — Böhmer 40 ad 769.</small>

769, mai.

4* K., petentibus Guntharo rectore et clericis monasterii s. Albini Andecavis prope muros constructi, canonicis eiusdem ecclesiae villas a Pipino prioribusque regibus deputatas Maironnum, Clementiniacum, Papirium, Prunarium, Sabiacum, Multonacum et monasteriolum et certam piscationem denuo confirmat et centum modios salis singulis annis ex villa Vistiniaco dandos concedit simulque constituit, ut numerus fratrum quinquagenarium nunquam excedat. — ‚Omnibus nostris... igitur magnificus'.

Murnaco, mai. a. 1.

<small>Chartul. s. Albini saec. 11—12.
Bouquet 5, 717 n° 7 ex schedis Mabill. = Migne 1, 916 n° 4. — Gallia christ. (1ᵃ ed.) 4, 21 ex chartul. = Le Cointe 5, 740. — Gallia christ. (2ᵃ ed.) 14, instr. 143 n° 1 ex schedis Baluzii. — Bréquigny ad 769. — Böhmer 41 ad 769.</small>

769, iul.

5* K. ob suggestionem Hardradi abbatis, inspectis priorum regum praeceptionibus, monasterio Sithiu in pago Tervanensi in honorem s. Mariae et ss. Petri et Pauli constructo immunitatem ab antecessoribus indultam et huc usque conservatam sua auctoritate confirmat. — ‚Si facta antecessorum nostrorum'.

Andiaco, iul. a. 1.

<small>Copia chartul. Folquini saec. 12 in bibl. Bononiensi.
Mabillon dipl. 610 n° 198 ex chartul. autogr. Folquini = Bouquet 5, 717 n° 8 = Migne 1, 917 n° 5. — Cartul. de S. Bertin 57 n° 37 ex copia saec. 12. — Bréquigny ad 769. — Böhmer 42 ad 769.</small>

770, mart.

6* K. ob suggestionem Maurioli Andecavensis episcopi et custodis ecclesiae s. Mauritii, ad augenda s. Mauritii luminaria, monasteriolo s. Stephani in suburbio civitatis sito atque ab anterioribus regibus episcopali ecclesiae donato emunitatis beneficium concedit. — ‚Omnibus agentibus... tunc nostra celsitudo'.

Aristalio pal. publ., mart. a. 2.

<small>Copia in collect. Housseau bibl. Parisiensis.</small>

Gallia christ. (1° ed.) 2, 151 ex tabulario ecclesiae = Le Cointe 5, 750. — Bouquet 5, 719 n° 11 = Migne 1, 918 n° 6. — Bréquigny ad 770. — Böhmer 44 ad 770.

[769—800.]

7* K. capitulare generale. — ‚Hortatu omnium fidelium'.
S. a. d. l.
Baluze capit. 1, 189 ad 769 = Bouquet 5, 645 = Pertz LL. 1, 33 ad 769—771 = Migne 1, 121. — Bréquigny ad 769.

[771, ante oct.]
Valentianis a. 3 : v. act. deperd. Anisolense.

772, 13 ian.

8 K. monasterio Vivario-peregrinorum super fluvium Morbach in pago Alsacensi ab Ebroardo fundato et ss. Leodegario, Petro et Mariae dedicato, inspectis priorum regum praeceptionibus quas Haribertus abbas regi obtulit, emunitatis beneficium ab antecessoribus indultum et huc usque conservatum per suam auctoritatem confirmat. — ‚Principale quidem clementiae'.
Blanciaco pal., id. ian. a. 4.
Autogr. in arch. Colmariensi.
Schöpflin 1, 44 n° 43 ex chartul. = Migne 1, 925 n° 12. — Lünig 19, 955 n° 7. — Martène thes. anecd. 1, 10 ex chartul. — Ectypon in Schöpflin 1. c. tab. 7 = Kopp Schrifttafeln n° 6. — Bréquigny ad 771. — Böhmer 45 ad 772.

772 [mart.]

9* K. ob petitionem Weomadi episcopi, qui sibi Pippini antecessorumque praeceptiones obtulit, ecclesiis s. Petri et s. Maximini in urbe Treverica beneficium integrae emunitatis inde ab antiquis temporibus indultum et perenniter conservatum per suam auctoritatem, in qua immunitatis iura fusius et uberius exponuntur, denuo concedit et confirmat. — ‚Apostolicis, ducibus... illud ad augmentum'.
Theodono villa pal. publice, ... kal. apr. a. 4.
Baldnineum saec. 14 in arch. Confluentino.
Beyer 1, 28 n° 24 ex Bald.

[772, mart.]

10* K. ad quem Gundelandus monasterii Laureshamensis, in quo s. Nazarius requiescit, abbas retulit, Heimericum sibi praedictum monasterium, quippe quo a Cancore patre vestitus esset, vindicare, cum abbas per oblatam chartam probasset, monasterium a

Williswinda eiusque filio Cancore Rudgango archiepiscopo traditum esse, Heimerico quoque de re vindicata per festucam decedente, ex sententia fidelium suorum iudicat, ut abbas monasterium in omne tempus evindicatum habeat. — ‚Veniens ad nos Haristellio'.
Haristellio pal.; s. a. d.
<blockquote>
Chartul. Lauresh. saec. 12 in arch. Monacensi.
Ex chartulario: Cod. Laur. dipl. 1, 9 n° 3 ad 776. — Freher script. 1, 59 = Le Cointe 6, 111 = Helwich 1, 12 = Migne 1, 1048 n° 2. — Bréquigny ad 776.
</blockquote>

[772] 11 apr.

11* K. monasterio Fossato in pago Parisiaco super Maternam in honorem s. Petri et s. Mariae constructo emunitatis beneficium ex praecepto Pippini ab Herlafredo abbate regi' oblato concessum et huc usque conservatum sua auctoritate confirmat. — ‚Se illa beneficia quod parentis nostri'.
Warmacia civ. poblici, 11 apr. a. 3.
<blockquote>
Apographum eodem fere tempore exaratum in arch. Parisiensi.
Tardif 56 n° 69 ex apogr. quod pro autogr. habet, ad 771.
</blockquote>

772, mai.

12 K. monasterio Lauresham vocato, in pago Rhenensi super Wisgoz fluvium in honorem ss. Petri et Pauli constructo, in quo s. Nazarius requiescit et cui Gundelandus abbas praeest, integram immunitatem concedit. — ‚Cum recta petitio sacerdotum'.
Theodone villa pal. publ., mai. a. 4.
<blockquote>
Chartul. Lauresh. saec. 12 in arch. Monacensi.
Ex chartulario: Cod. Laur. dipl. 1, 13 n° 5. — Freher script. 1, 60 = Le Cointe 6, 2 = Helwich 1, 13 = Migne 1, 1059 n° 12. — Bréquigny ad 772. — Böhmer 46 ad 772.
</blockquote>

772, mai.

13* K. Hermengaudo episcopo sive abbati atque congregationi monasterii Castellionis olim a Volfaudo et Adalsina coniugibus in eorum proprietate in pago Virdunensi in Vindemiaca fine, ubi Marsupia fluvius consurgit, ad honorem s. Michaelis constructi integram immunitatem absque introitu iudicum aut pontificum iam a Pippino indultam denuo concedit. — ‚Tunc regalis celsitudo'.
[Drippione] pal. reg., mai. a. 4.
<blockquote>
Chronicon et chartul. s. Michaelis saec. 11 in bibl. Parisiensi.
Mabillon analecta 354 ex chron. = Le Cointe 7, 43 = Bouquet 5, 722 n° 16 = Migne 1, 921 n° 9. — Bréquigny ad 772. — Böhmer 47 ad 772.
</blockquote>

772, 5 iul.

14* K. Arnaldum presbyterum cum omnibus eius rebus et hominibus in suum mundeburdium recipit. — ‚Omnibus fidelibus... rectum est regalis potestas'.

Broc... pal., 3 non. iul. a. 4.

<small>Autogr. in arch. Sangallensi.
Wartmann 1, 64 n° 65 ex autogr. — Cod. trad. s. Galli 38 n° 65.</small>

[771 dec. — 772 oct.]

15 K. ob petitionem Adeberti abbatis monasterium Epternacense, quod s. Willibrordus in pago Bedensi super fluvium Suram in honorem s. trinitatis et s. Petri suo opere aedificavit et in quo ipse sanctus requiescit, in tuitionis suae sermonem suscipit eique beneficium emunitatis ab antecessoribus indultum et huc usque conservatum confirmat. — ‚Si peticionibus sacerdotum vel ancillarum dei'.

A. 4; s. d. l.

<small>Liber aur. Epternac. saec. 13 incip. in bibl. Gothana.
Beitr. zur Diplomatik 5, 393 n° 4 ex hoc codice.</small>

772, 20 oct.

16* K. Lantfredo abbati basilicae ss. Vincentii et Germani prope Parisios constructae [emunitatis] praeceptum concedit. — ‚Regalis serenitas semper ea instruere debet'.

Heristalio pal. publ., 13 kal. nov. a. 5.

<small>Apographum saec. 9 incip. instar autogr. confectum in arch. Paris.
Ex apographo quod pro autogr. habebant: Tardif 57 n° 70. — Bouillart 11 n° 11. = Bouquet 5, 722 n° 17 = Migne 1, 922 n° 10. — Specimen script. in Mabillon dipl. 387. — Bréquigny ad 772. — Böhmer 49 ad 772.</small>

[772] 3 nov.

17* K. cum optimatibus in Longlario villa in iudicio residens, postquam Sinleus a Sturmio monasterii Fuldensis, in quo s. Bonifacius requiescit, abbate de iniusta detentione aliquarum rerum in loco Autmondistat, quem Pippinus monasterio cum omni integritate donavit, interpellatus ipsas res restituit et proiecta festuca se non amplius eas revindicaturum esse promisit, iudicat et iubet, ut accepto sufficiente vadio abbas easdem res monasterio traditas quiete possideat. — ‚Cum nos in dei nomine Longlario'.

Longlarii villa, 3 nov. a. 4.

<small>Schannat hist. 2, 79 n° 5 ex veteri apogr. ad autogr. confecto. — Böhmer 50 ad 772. — Conf. Dronke 26 n° 41.</small>

[772, mai. — 773 ian.]

18 K. monasterium Lauresham vocatum, quod Ruthgangus episcopus a Williswinda et Cancrino acceperat, corpore s. Nazarii dotaverat et heredi suo Gundelando abbati reliquerat, Gundelandus vero in manu regis tradidit eiusque defensioni commendavit, in suum heredumque mundeburdium suscipit, a potestate episcoporum eximit monachisque ius olectionis concedit. — ‚Omnibus episcopis... quicquid pro oportunitate'.

S. a. d. l.

Chartul. Lauresh. saec. 12 in arch. Monacensi.
Ex chartulario: Cod. Laur. dipl. 1, 10 n° 4. — Freher script. 1, 59 = Le Cointe 6, 112 = Helwich 1, 12 = Migne 1, 1055 n° 9. — Bréquigny ad 776.

773, 20 ian.

19 K. monasterio suo Lauresham vocato, in quo s. Nazarius requiescit et cui Gundelandus abbas praeest, villam Hephenheim in pago Renensi in perpetuum sub emunitatis nomine possidendam donat. — ‚Omnibus fidelibus... quicquid enim locis'.

Longolare pal., 13 kal. febr. a. 5.

Chartul. Lauresh. saec. 12 in arch. Monacensi.
Cod. Laur. dipl. 1, 15 n° 6 ex chartulario. — Böhmer 51 ad 773.

773, 7 mart.

20* K., petente Eddone ecclesiae Strazburgensis s. Mariae dicatae episcopo, huic ecclesiae locellum Stillam inde ab antiquis temporibus ex confirmationibus regum possessum, cuius termini hic describuntur, iterum concedit atque confirmat. — ‚Illud nobis ad stabilitatem regni'.

Theodone villa pal. publ., non. mart. a. 5.

Grandidier 2, preuves 106 n° 63 ex apogr. tabularii episcopalis = Migne 1, 928 n° 13. — Böhmer 52 ad 773.

773, 25 mart.

21 K. ob petitionem Frodoeni abbatis monasterio ab Abbone in valle Segusina in loco Novalicio ad honorem ss. Petri et Andreae constructo immunitatis beneficium indulget. — ‚Homnibus fidelibus nostris, cognoscatis maximum regni nostri'.

Carisiaco pal. publ., 8 kal. apr. a. 5.

Apographum saec. 11 instar autographi exaratum in arch. Taurinensi. Mon. hist. patriae 1, 21 n° 11 ex eodem apogr. pro autographo habito. — Muratori antiqu. 5, 967 = Migne 1, 997 n° 1. — Böhmer 53 ad 773.

774, 19 febr.

22 K. duabus suis auctoritatibus confirmat ostensas sibi commutationes pari tenore scriptas inter Meroldum Cenomannis urbis episcopum et Rabigaudum Anisolensis monasterii abbatem factas, per quas episcopus ex rebus s. Gervasii abbati ad partem s. Carilefi villam Sabonarias a Senardo in pago Cenomannico in condita Labrocensi constructam dedit et invicem ab eo villas Curtebosane et Monteebretramno vocatas in eodem pago in condita Siliacensi sitas accepit. — ‚Si hoc quod rectores'.

Papia civ. publice, 11 kal. mart. a. 6.

<small>Martène ampl. coll. 1, 35 ex chartul. Anisol. ad 773 = Bouquet 5, 723 n° 18 ad 774 = Migne 1, 930 n° 16. — Bréquigny ad 774. — Böhmer 55 ad 774.</small>

774, 6 apr.

Romae: v. act. deperd. eccl. Romanae.

[772—774, mai.]

23* K. ob petitionem Theomari Gorziae monasterii abbatis, oblatum sibi privilegium confirmat, in publica synodo ab episcopis subscriptum et huc usque conservatum, per quod consentiente Pippino rege Chrodegangus Metensis archiepiscopus hoc monasterium in honorem ss. Petri et Pauli aedificavit et dotavit ibique monachos secundum regulam s. Benedicti instituit. — ‚Omnibus episcopis ... si petitiones sacerdotum'.

S. a. d. l.

<small>Chartul. Gorziense saec. 12 in bibl. Mettensi.
Meurisse 183 ex apographo = Bouquet 5, 714 u° 3. — Calmet 2, preuves 107 = Migne 1, 913 n° 1. — Gallia christ. 13, instr. 377 n° 7 ex chartul. Gorz. c. a. 770. — Bréquigny ad 769.</small>

[772—774, mai.]

24 K. iubet ut ecclesiae Scotorum in Honaugia insula omnes res ei invito Beato abbate ereptae restituantur, simulque iudicibus terrae mandat, ut si quae res peregrinorum Scotorum retineantur, cum eae perinde atque regiae habendae sint, eas secundum legem Francorum quaerant. — ‚Commendat omnibus'.

S. a. d. l.

<small>Grandidier 2, preuves 108 n° 64 ex libro iur. s. Petri sen. a. 1655 = Migne 1, 827 n° 14. — Mabillon ann. 2, 699 n° 17 ex chartul. saec. 11 = Eccard origines familiae Habsburgo-Austriacae (Lipsiae 1721) 105 n° 12.</small>

[772—774, mai.]

25* K. ob petitionem a Constantio venerabili territorii Raetiarum rectore missam, ipsum eiusque successores a plebe permissu regis eligendos atque totum patriae populum, dum sibi fideles sint, in suum mundoburdum suscipit eisque legem ac consuetudinem a superioribus regibus concessas confirmat. — ‚Si autem illis qui parentibus'.

S. a. d. l.
<small>Autogr. mutilum in arch. Curiensi.
Mohr 1, 20 n° 10 ex autogr. c. a. 784. — Eichhorn cod. prob. 11 n° 3 c. a. 774.</small>

774, 5 iun.

26* K. monasterio Ebobiensi, in quo s. Columbanus requiescit et cui Guinibaldus abbas praeest, donat silvam curtemque in Montelongo atque alpem Ad-montem dictam cum omni integritate, sicut palatium has res possedit. — ‚Si enim ex his quae divina pietas'.

Papia civ., non. iun. a. 6 et 1.
<small>Copia vitiata et corrupta saec. 12 in arch. Taurinensi.
Muratori antiqu. 1, 1003 ex apographo = Migne 1, 1000 n° 2. — Mon. hist. patriae 1, 22 n° 12 ex copia Taur. — Bréquigny ad 774. — Böhmer 56 ad 774.</small>

774, 16 iul.

27* K. et Hildegard regina ecclesiae s. Martini in civitate Turonica, in qua idem confessor Christi requiescit et cui Gulfardus abbas praeest, vel eiusdem congregationi vestimentorum causa donant insulam in lacu Minciadae cum castello Sermionensi, curtes Piscariam et Lionam, monasteriolum s. Salvatoris ab Ansa constructum, vallem Camoniam, sinodochium s. Mariae in loco Wahan prope Papiam situm cum villa Solario, cum casella intra Papiam sita et cum omnibus appendiciis, sicuti palatium has res possedit. — ‚Si enim ex his quae divina pietas'.

Papia civ., 17 kal. aug. a. 6 et 1.
<small>Marténe ampl. coll. 1, 37 ex chartulario ad 773 = Bouquet 5, 724 n° 19 ad 774 = Migne 1, 931 n° 17. — Biancolini notizie stor. delle chiese di Verona (Verona 1749—1771, in 4°) 4, 499 ex antiquissimo exemplari monasterii s. Zenonis maioris. — Bréquigny ad 774. — Böhmer 57 ad 774.</small>

774, 2 sept.

28 K. monasterio suo Laureshaim vocato, in quo s. Nazarius requiescit et cui Gundelandus abbas praeest, donationem villae Obbenheim in pago Wormatiensi super Rhenum sitae die translationis eiusdem sancti sub emunitatis nomine factam per suum praeceptum confirmat. — ‚Quicquid enim ad loca sanctorum'.

Wormatiae civ. publ., 4 non. sept. a. 6.
<small>Chartul. Lauresh. saec. 12 in arch. Monacensi.
Ex chartolario: Cod. Laur. dipl. 1, 19 n° 7. — Würdtwein monasticon palatinum (Mannhemii 1793 in 8°) 4, 392. — Böhmer 58 ad 774.</small>

[774] 7 sept.

29* K. ecclesiae s. Dionisii, quam Folradus abbas in sua proprietate in loco Hagrebertingas super fluvium Branciam in ducatu Alamanorum in comitatu Hurnia construxit et in qua s. Varani corpus requiescit, fiscum suum Hagrebertingas donat. — ,Si enim ex his que divina pietas'.

[Duria pal. reg., 7 id. sept. a. 11 et 7.]
Autogr. mutilum et copia in chartul. saec. 13 arch. Parisiensis.
Wirtemb. Urkb. 24 n° 23 ex aut. et chartul. ad 779. — Tardif 63 n° 82 ex aut. et chartul. ad 779. — Doublet 715 ex chartulario.

774, 14 sept.

30* K. propter suggestionem Foloradi abbatis et ob amorem ss. Dionisii, Privati, Yppoliti, cellae quam abbas in sua proprietate Fulradovilare in pago Alisacensi intra fines Audoldovilare aedificavit et in qua corpus s. Yppoliti humavit, aut monachis ibidem conversantibus ex fisco suo Quuningishaim in eodem pago sito quaedam loca silvestria, quorum fines describuntur, cum piscatione, aucupio et pastura donat. — ,Quicquid enim ad locis sanctorum'.

Dura pal. publ., 18 kal. oct. a. 6.
Autographum A a Wigbaldo exaratum et alterum B a Radone scriptum in arch. Parisiensi.
Tardif 58 n° 71 ex aut. A. — Félibien 34 n° 50 ex eodem = Bouquet 5, 725 n° 20. — Grandidier 2, preuves 113 n° 67 ex aut. A = Migne 1, 935 n° 19. — Bréquigny ad 774. — Böhmer 59 ad 774.

774, 24 sept.

31 K. ob petitionem Sturmionis abbatis monasterio Fuldensi in pago Graphelt super fluvium Fuldam constructo, in quo s. Bonifacius requiescit, immunitatis beneficium indulget. — ,Omnibus fidelibus... maximum regni nostri'.

Dura pal. reg., 8 kal. oct. a. 6.
Cod. Eberhardi in arch. Fuldensi.
Schannat dioec. 236 n° 4 ex apogr. vitiato quod autographum esse putabat. — Dronke 29 n° 46 ex cod. Eberh. — Bréquigny ad 774. — Böhmer 60 ad 774.

774, 24 sept.

32* K., petente Sturmione abbate monasterii Fuldensis in pago Graphelt in solitudine Boconiae ad hon. s. Bonifacii, cuius corpus ibidem requiescit, constructi, monachis in ipso coenobio congregatis licentiam dat, ut quamdiu sub regula sancta vivant, mortuo abbate successorem eius ex semet ipsis ex consensu regis eligant. — ,Omnibus fidelibus... oportet enim clementie regali'.

Dura pal. publ., 8 kal. oct. a. 6.
Cod. Eberh. in arch. Fuldensi.
Dronke 30 n° 47 ex cod. Eberhardi.

[774] dec.

33* K. monasterio s. Dionysii, in quo s. martyr et Pippinus rex requiescunt et cui Folleradus abbas praeest, villas Faverolas in pago Madriacensi et Noronte in pago Carnotino sitas, quas iam Pippinus per Karoli manus eidem delegaverat, cum omni integritate, sicuti Audegarius vassus regis eas possederat, donat simulque ei silvam ad illas villas pertinentem Equalinam vocatam cum omni integritate, sicuti usque nunc fiscus eam possidet, et cum emunitatis beneficio concedit. — ‚Et quia monente scriptura ita oportet'.
Salmunciaco pal. publ., dec. a. [7 et] 1.

> Chartul. saec. 13 exeuntis in arch. Parisiensi.
> Mabillon dipl. 645 n° 7ᵇ : transcripsit Ruinart ex autogr. penes ducem Caprosiae existente = Bouquet 5, 726 n° 22 = Migne 1, 933 n° 18. — Doublet 705 ex chartul. — Bréquigny ad 774. — Böhmer 62 ad 774.

775, 5 ian.

34* K. ob petitionem Lulli Mogontiae episcopi monasterio in vasto proprietatis eius loco Haireulfisfelt super fluvium Fulda in honorem bb. Simonis et Tathei constructo, secundum instituta patrum constituto et in synodo Carisiagi habito regi, ut sub eius filiorumque tuitione esset, tradito suam defensionem et privilegium ecclesiasticum, prohibito omni vel episcopi vel comitum introitu, et liberam abbatum electionem concedit simulque decernit, ut si qua controversia ibidem orta fuerit neque spiritualiter componi potuerit, in synodo regis diiudicetur. — ‚Omnibus episcopis... ibique veniens vir venerabilis'.
Cariciaco pal. publ., non. ian. a. 7.

> Autogr. in arch. Kasselano.
> Wenck 3ᵇ, 6 n° 4 ex autogr. — Ectypon in Kopp Schrifttafeln n° 7. — Böhmer 63 ad 775.

775, 5 ian.

35 K. monasterio Haereulfisfeld a Lullo episcopo in honorem bb. Simonis et Thathei constructo cedit et tradit decimam partem villae suae super fluvium Wisera in pago Torrinzic sitae ad Salsunga vocatae, quam antea Lullus beneficii iure habuit. — ‚Omnibus fidelibus... illud nobis ad eterna beatitudine'.
Cariciaco pal. publ., non. ian. a. 7.

> Autogr. in arch. Kasselano.
> Wenck 3ᵇ, 7 n° 5 ex autogr. — Ectypon in Kopp Schrifttafeln n° 8. — Böhmer 64 ad 775.

775, 22 ian.

36* K. ob petitionem Angilramni episcopi, qui sibi praeceptiones anteriorum regum sanciendas obtulit, Mettensi ecclesiae s. Stephano dicatae beneficium integrae emunitatis inde ab antiquis temporibus indultum et perenniter conservatum per suam auctoritatem, in qua immunitatis iura fusius et uberius exponuntur, denuo concedit et confirmat. — ,Ducibus, comitibus... iuvante domino qui nos in solium'.

Carisiaco, 11 kal. febr. a. 7 et 1.

<small>Chartul. Gorziense saec. 12 in bibl. Mettensi.
Ex chartulario: Tabouillot 4, 15 = Migne 1, 950 n° 30. — Gallia christ. 13, instr. 378 n° 9 ad 776. — Bouquet 5, 727 n° 23. — Bréquigny ad 775. — Böhmer 65 ad 775.</small>

775, 25 febr.

37 K. ecclesiae s. Diunisii, quam iussu regis de novo aedificatam et nuper dedicatam Fulradus abbas regit, villam in loco Lusarca in pago Parisiaco super Foluncam fluvium sitam cum ecclesia ss. Cosmae et Damiani atque alteram villam in loco Masciago in pago Meldico sitam donat. — ,Omnibus fidelibus... et quia monente scriptura'.

In monast. s. Diunisii, 5 kal. mart. a. 7 et 1.

<small>Autogr. in arch. Parisiensi.
Félibien 34 n° 51 ex autographo. — Tardif 58 n° 72 ex aut. — Doublet 710 ex aut. = Bouquet 5, 729 n° 24 = Migne 1, 939 n° 21. — Bréquigny ad 775. — Böhmer 66 ad 775.</small>

775, 14 mart.

38 K. cessiones Pippini superiorumque regum sibi delatas a Fulrado abbate monasterii s. Dionysii, cuius corpus ibidem requiescit, confirmans denuo concedit et iubet, ut nullum teloneum neque ab hominibus monasterii in quibuscunque vel Franciae vel Italiae regnorum pagis negotiantibus neque ab aliis hominibus negotiandi causa ad villas monasterii convenientibus exigatur. — ,Omnibus fidelibus... cognoscat magnitudo'.

Carisiaco pal. publ., 2 id. mart. a. 7 et 1.

<small>Doublet 708 = Bouquet 5, 730 n° 26 = Migne 1, 940 n° 22. — Bréquigny ad 775. — Böhmer 67 ad 775.</small>

775, 14 mart.

39* K. inspectis priorum regum praeceptionibus integram emunitatem, quam antecessores sui basilicae s. Diunisii concesserunt et quam Fulradus abbas huc usque inviolabiliter conservatam esse asserebat, monasterio iterum concedit atque confirmat, ita ut omnes eius res tam in Francia quam in Italia vel Langobardia sitae nec minus res casae dei nuper in Valletellina delegatae sub emunitate sint. — ˏIncipientia regni nostri affectu'.

Carisiaco pal. publ., 2 id. mart. a. 7 et 1.

Autographa duo in arch. Parisiensi.

Doublet 711 ex aut. = Le Cointe 6, 90 = Bouquet 5, 731 n° 27 = Migne 1, 941 n° 23. — Bréquigny ad 775. — Böhmer 68 ad 775.

775, 4 apr.

40 K. monasterio Vivario-peregrinorum super fluvium Morbach in pago Alsacensi ab Ebroardo fundato et ss. Leodegario, Petro et Mariae dedicato, inspectis priorum regum praeceptionibus quas Amico abbas regi obtulit, emunitatis beneficium ab antecessoribus indultum et huc usque conservatum per suam auctoritatem confirmat. — ˏPrincipale quidem clementiae'.

Carisiago pal. publ., 2 non. apr. a. 7 et 1.

Autogr. in arch. Colmariensi.

Schöpflin 1, 48 n° 50 ex chartul. — Lünig 19, 956 n° 8 ad 774. — Bouquet 5, 732 n° 28 ex schedis Mabillonii, fragm. — Bréquigny ad 775. — Böhmer 69 ad 775.

775, 3 mai.

41* K., petente Manasse abbate monasterii Flaviniaci in pago Alsensi ad honorem d. Iesu et ss. Petri et Praeiecti constructi, negotiatores et homines monasterii ab omni teloneo praestando absolvit simulque ei teloneum in ipsius villis et territoriis exigendum concedit. — ˏSi petitionibus sacerdotum quod ad profectum'.

Theodonis villa pal. publ., 5 non. mai. a. 7.

Chartularium Flavin. in bibl. civitatis Castellionis ad Sequanam.

Viole apologie pour la véritable présence du corps de S. Reine dans l'abb. de Flavigny (Paris 1653 in 12°) 92 = Bouquet 5, 732 n° 29 = Migne 1, 948 n° 28. — Bréquigny ad 775. — Böhmer 71 ad 775.

[775] 10 mai.

42* K., petente Hitherio abbate monasterii s. Martini in civitate Turonica, in quo idem confessor Christi requiescit, ex more antecessorum per suam privilegii constitutionem decernit, ut XLVIII villae ab Autlando abbate servitio fratrum deputatae et in hac auctoritate enumeratae eisdem in perpetuum deserviant. — ˏDecet enim regalis clementiae dignitatem'.

Theodonis villa pal. publ., 6 id. mai. a. 6.

Martène ampl. coll. 1, 33 ex chartul. c. a. 770 = Bouquet 5, 737 n° 36 = Migne 1, 949 n° 29. — Gallia christ. 14, instr. 7 n° 5 ex schedis Baluz. ad 774. — Bréquigny ad 775.

775, 25 mai.

43* K. ob petitionem missam a Probato abbate monasterii Acutiani in territorio Sabinensi in ducatu Spoletano ad honorem s. Mariae constructi, ipsi casae dei idem privilegium concedit quo Lirinensium, Agaunensium, Luxoviensium monasteria fruuntur, monachisque licentiam dat abbatem secundum regulam s. Benedicti eligendi. — ‚Omnibus episcopis... quidquid enim ob amorem ecclesiarum'.

Carilego pal. publ., 8 kal. iun. a. 7 et 1.

<small>Gregorii Catin. chron. in bibl. Farfensi.
Ex chronico: Muratori script. 2ᵇ, 350 ad 774 = Migne 1, 1006 n° 4. — Duchesne script. 3, 652. — Bréquigny ad 775. — Böhmer 72 ad 775.</small>

775, 29 mai.

Carisiago pal., 4 kal. iun. a. 7 et 1 : v. act. deperd. Acutiani monasterii.

[775] 9 iun.

44* K., Beato abbate monasterii Scotorum Onogiae a Benedicto episcopo in honorem s. Michaelis constructi referente, instrumenta chartarum monasterii ante hos annos esse perdita, ob eius suggestionem praecipit, ut monasterium, quicquid nunc iuste possideat, in posterum ex hac confirmatione quiete teneat. — ‚Omnibus fidelibus... a regale enim necesse est'.

Carisiago pal. publ., 5 id. iun. a. 8.

<small>Grandidier 2, preuves 121 n° 70 ex libro iur. s. Petri sen. a. 1655 ad 776 = Migne 1, 957 n° 35. — Schöpflin 1, 49 n° 51 ex cod. s. Petri saec. 15 ad 776. — Laguille 2, preuves 8 ex arch. s. Petri. — Mabillon ann. 2, 698 n° 15 ex chartul. saec. 11. — Böhmer 73 ad 775.</small>

775, 26 iun.

45* K. ob suggestionem Fulradi abbatis, ostensam sibi Pippini quondam regis praeceptionem de rebus monasterio s. Diunisii donatis, postea vero aut iniqua pravorum hominum cupiditate aut abbatum iudicumve negligentia ablatis denuo confirmat. Praeceptionis Pippinianae, cuius verba afferuntur, summa haec erat: Fulrado et monachis et agentibus s. Diunisii aliquotiens coram Pippino eiusque ducibus in palatio litigantibus, Pippinum eorum cartas diligenter relegisse et omnes res, quae a missis suis Wichingo et Ludione inquirendi causa per diversos pagos directis eorum esse inventae essent, eis reddi iussisse et sicuti res evindicatas atque elitigatas per suum praeceptum confirmasse. Inserta sunt illarum possessionum nomina. — ¸Omnibus episcopis... summa cura et maxima sollicitudo debet esse regum'.

Carisiago pal. publ., 6 kal. iul. a. 7 et 2.

<small>Autogr. in arch. Parisiensi.
Ex autographo: Mabillon dipl. 497 n° 50 = Bouquet 5, 733 n° 31 = Migne 1, 943 n° 24. — Félibien 35 n° 52. — Bréquigny ad 775. — Böhmer 74 ad 775.</small>

775, 28 iul.

46 K. iudicium in causa Herchenradi ecclesiae Parisiensis s. Mariae sanctisque Stephano et Germano dicatae episcopi et Folrati monasterii s. Dionisii abbatis coram se acta. Interpellavit Herchenradus Folradum de iniusta detentione Placicii monasterii in pago Pinciacensi in hon. s. Mariae et s. Petri constructi, quod Aderaldum ecclesiae Parisiensi condonasse asseruit. Respondit Folradus illud monasterium s. Dionisio condonatum et traditum esse ab Hagadeo. Quae causa quoniam diiudicari nequibat, licet utraque pars sua de hac re strumenta protulisset, ex consuetudine et cum consensu litigantium homo s. Dionisii Adelramnus et Corellus homo episcopi, ut dei iudicium fieret, in capella regis ad crucem exire et stare iussi sunt. Cum itaque Corellus tepidus et convictus appareret, rex ex sententia quam fideles sui et Anselmus comes palatii tulerunt, iudicavit et iussit, ut Fulradus praedictum monasterium in omne tempus evindicatum possideret. — ¸Tunc regalis celsitudo... cum nos in dei nomen'.

Duria v. in pal. publ., 5 kal. aug. a. 7.

<small>Autogr. in arch. Parisiensi.
Ex autographo: Tardif 59 n° 75. — Mabillon dipl. 498 n° 51 = Bouquet 5, 734 n° 32 = Migne 1, 945 n° 25. — Félibien 36 n° 53. — Bréquigny ad 775. — Böhmer 75 ad 775.</small>

775, 3 aug.

47 K. monasterio Haerulfesfelt in honorem ss. Symonis et Tathei constructo, cui Lullo episcopus praeest, donat et tradit decimam de territorio et silva fiscorum Milinga super fluvium Wisera et Dannistath in pago Altgawi sitorum. — ¸Quicquid enim ad locis sanctorum'.

Dura pal. publ., 3 non. aug. a. 7.

<small>Autogr. in arch. Kasselano.
Wenck 3ᵇ, 8 n° 6 ex autogr. — Ectypon in Kopp Schrifttafeln n° 9. — Böhmer 76 ad 775.</small>

775, 25 oct.

48* K., ambasciante Fulrado, monasterio Hacrulfisfelt super fluvium Fulda in vasto Bochonia in honorem bb. Symonis et Tathei constructo, cui Lullo episcopus et abbas praeest, donat decimam de terris et pratis fisci sui Aplast in pago Toringia atque decimam de terris, silvis, pratis villae suae Molinhuso, in qua Franci habitant. — ,Quicquid enim locis venerabilibus ob amore domini'. Duria pal. publ., 8 kal. nov. a. 8 et 2.

<small>Autogr. in arch. Kasselano.
Ex autographo: Kopp pal. crit. 1, 379 ad 776. — Wenck 3^b, 9 n° 7 ad 775. — Ectypon in Kopp pal. crit. tab. 1 = Kopp Schrifttafeln n° 10. — Böhmer 77 ad 775.</small>

775, 25 oct.

49* K. monasterio Herolfesfelt super fluvium Fuldam in vasta Buchonia in honorem bb. Simonis et Taddaei constructo, cui Lullus episcopus et abbas praeest, donat decimam de terra, silvis, pratis villarum suarum Cimbero in pago Thuringie, Gothaha atque Hasalaha. — ,[Quicquid enim...] deliberatione concedimus'. Duria pal. publ., 8 kal. nov. a. 8 et 2.

<small>Chartul. Hersfeldense saec. 12 in arch. Kasselano.
Wenck 2^b, 3 n° 1 ex chartul. ad 770 et 3^b. 1 n° 1. — Böhmer 78 ad 775.</small>

775, nov.

50* K. monasterio s. Bonifatii in pago Graffelt super fluvium Fulta constructo, cui Sturmio abbas praeest, donat monasteriolum Holzkiricha in pago Waldsassin super fluvium Albstat, quod Troandus aedificavit suaque proprietate ditavit et deinde regi tradidit. — ,Quicquid enim ad loca sanctorum'. Dura pal. publ., nov. a. 8.

<small>Cod. Eberhardi in arch. Fuldensi, vitiose.
Schannat trad. 24 n° 45 ad 776 ex apogr. ad autographum confecto = Migne 1, 1052 n° 6 = Dronke 33 n° 51 ad 775. — Bréquigny ad 775. — Böhmer 79 ad 775.</small>

[ante 775, nov.]

51* K. apud quem Vermeriae residentem agentes s. Dionisii et Folradi abbatis conquesti sunt, quod in teloneis occasione mercatus s. Dionisii in pago Parisiaco cogendis impedirentur, omnibus fidelibus suis per hanc tractoriam mandat, ut sicuti actores monasterii illum mercatum cum omnibus teloneis coram Grimoldo maiore domus et postea coram Pippino rege evindicaverint, in posterum quoque mercatus cum teloneis partibus s. Dionisii concessus et addictus sit, atque ut quicunque contra hoc aut superiorum regum praecepta fecerit, intra noctes XXI coram rege rationem reddat. — ¸Cum in dei nomine Vermeria'.

S. a. d. l.
<small>Exemplar tractoriae in arch. Parisiensi.
Ex hoc exemplari: Tardif 60 n° 77. — Félibien 37 n° 55 ad 776. — Doublet 709 = Bouquet 5, 729 n° 25. — Bréquigny ad 775.</small>

775, nov.

52* K. monasterio Prumiae vocato, quod Pippinus in honorem s. Salvatoris construxit et cui Asuerus abbas praeest, suam tuitionem atque beneficium emunitatis, cuius singula praecepta fusius explicata inseruntur, indulget. — ¸Omnibus episcopis... maximum augere regni nostri'.

Theodonis villa publ., nov. a. 8 et 2.
<small>Lib. aur. Prum. saec. 10 in bibl. Trevirensi.
Ex libro aureo: Beyer 1, 33 n° 28. — Knauff 52 = Bertholet 2, preuves 46 ad 776 = Hontheim 1, 134 n° 52 ad 775 = Migne 1, 1053 n° 7. — Böhmer 80 ad 775.</small>

775, nov.

53 K. ob petitionem Asueri abbatis monasterii Prumiae a Pippino rege in honorem s. Salvatoris constructi et rebus fiscalibus ac propriis dotati, concedit et praecipit, ut homines monasterio delegati legem et consuetudinem fiscalinorum regis, quas antea habuerint, conservent. — ¸Omnibus episcopis... notum sit qualiter domnus'.

Theodonis villa publ., nov. a. 8 et [6].
<small>Charta corrupta in libro aureo Prum. saec. 12 bibl. Trevirensis.
Ex hoc libro: Beyer 1, 34 n° 29. — Martène ampl. coll. 1. 38 = Hontheim 1, 136 n° 53 = Migne 1, 1054 n° 8. — Calmet 2, preuves 110 = Bertholet 2, preuves 45 ad 776. — Bréquigny ad 775. — Böhmer 81 ad 775.</small>

775, nov.

54 K. casae ss. Dionisii et Privati, quorum corpora ibidem requiescunt, donat donatumque in perpetuum esse vult Eadalago et Salona in pago Salaninsi et res proprietatis suae in Warningas itemque mansos illos in Filicione curte, ad Buxitum, in Ermeraga villa, ad Alningas et ad Carisiacum sitos quos pater suus Fulrado in beneficium dedit. — ¸Quicquid enim ad loca sanctorum'.

Teodone villa, nov. a. 8 et 2.
<small>Autogr. in arch. Parisiensi.
Ex autographo: Félibien 37 n° 54 = Bouquet 5, 736 n° 34 = Migne 1, 946 n° 26. — Tardif 60 n° 76. — Doublet 712. — Bréquigny da 775. — Böhmer 82 ad 775.</small>

775, dec.

55 K. ob petitionem Ettonis episcopi decernit, ut homines Strazburgensis ecclesiae in honorem s. Mariae constructae in quibuscunque regnorum locis, exceptis Quentowico, Dorestato atque Sclusis, ab omni teloneo solvendo liberi sint. — ‚Omnibus episcopis... summa cura et sollicitudo'.

Scalistati v. pal. publ., dec. a. 8 et 2.

<small>Grandidier 2, preuves 116 n° 68 ex apogr. tabularii episcopalis = Migne 1, 937 n° 20. — Böhmer 83 ad 775.</small>

[775, dec.]

56* K. iudicium in causa inter Othbertum s. Michaelis vel Beati abbatis advocatum et Agissericum atque Aldradum monasterii Corbeiae advocatos coram se acta. Interpellavit Othbertus alteros de iniusta detentione rerum in Osthova et Gehfida ab Immone monasterio s. Michaelis traditarum. Responderunt Agissericus et Aldradus, easdem res Corbeiae condonatas esse a Gerbriga, et ipsum huius donationis protulerunt instrumentum. Quae causa quoniam diiudicari nequibat, ex consuetudine et cum consensu litigantium Othbertus et Agissericus, ut dei iudicium fieret, ad crucem exire et stare iussi sunt. Cum itaque homo Corbeiae monasterii trepidus et convictus appareret, Aldradus et Agissericus coram rege easdem res advocato s. Michaelis per wadium et fide facta reddiderunt eumque revestiverunt. Rex autem ex sententia quam fideles sui et Anshelmus comes palatii tulerunt, iudicavit et iussit, ut Beatus abbas vel monasterium Honogia praedictas res in omne tempus evindicatas possideret. — ‚Tunc regalis celsitudo... cum nos in dei nomine'.

Sclalistati v. in pal.; s. a. d.

<small>Grandidier 2, preuves 118 n° 69 ex chartul. Tabern. saec. 16 et ex libro iur. s. Petri sen. a. 1635, vitiose = Migne 1, 954 n° 33. — Mabillon ann. 2, 699 n° 18 ex chartul. saec. 11, fragmentum. — Schöpflin 1, 51 n° 56 ex cod. Urstisii, fragmentum.</small>

776, 9 iun.

57* K. ob petitionem Probati abbatis monasterii s. Mariae in fine Spoletano siti, inspectis cartis monasterii, scilicet praecepto Haistulfi de Germaniciana curte, praecepto restitutionis Theodicii ducis de casale Paterniane, brevi traditionis Hildeprandi ducis de casale Balberiano, praeceptis eiusdem de Tancie, curte Ballantis et Nautona, carta commutationis inter Halanum abbatem et Teotonem Reatinum episcopum de ecclesia s. Viti factae, donationibus Luponis de curte Taciana, Teodemundi de gualdo Moiano, Pandonis et Tenaldis de Ciciliano et Agello, carta Aimonis, praecepto Adelchisii regis de rebus Ansildae — rex quaecunque his cartis consignatae sunt possessiones monasterio per suum praeceptum confirmat. — ‚Omnibus episcopis... si ea quae a deum timentibus'.

Vincentia civ., 5 id. iun. a. 8 et 3.
    Gregorii Catin. registrum n° 147 in bibl. Vaticana.
    Fatteschi 276 n° 30 ex registro Greg. — Conf. Muratori script. 2", 351 et antiqu. 5, 694.

776, 17 iun.

58*   K. cedit et donat Paulino artis grammaticae magistro omnes res, quae ex possessione Waldandi filii Immonis de Laberiano, cum is una cum Roticauso regis inimico interfectus esset, ad palatium devenerant. — ‚Omnibus episcopis... merito quidem a nobis'.

Eborea civ., 15 kal. iul. a. 8.
    Copia saec. 18 in cod. bibl. Marcianae lat. IX, 125.
    Baronius ann. eccles. a. 802 ex vita s. Paulini, ad 773 = Le Cointe 6, 108 ad 776 = Bouquet 5, 737 n° 37 = Migne 1, 957 n° 34. — Madrisio 238, appendix n° 2 ex copia recentiori. — Bréquigny ad 776. — Böhmer 84 ad 776.

776, iul.

59*   K. monasterio Nonantulae in honorem omnium apostolorum et s. Sylvestri constructo, quod Anselmus abbas regit, curtem suam Camorianam in territorio Motinensi sitam cum omni integritate, sicut pars regia ex Alboini temporibus eam possedit, donat. — ‚Quicquid in locis venerabilium ob amore'.

Pratis Gaigio, iul. a.... 3 [ind. 5].
    Charta vitiata et interpolata in cod. Nonantulano saec. 16.
    Tiraboschi Nonantola 2, 24 n° 10 ex hoc cod. — Böhmer 85 ad 776.

777, 7 ian.

60   K. monasterio Fulta in pago Graffelt in hon. ss. Petri et Pauli constructo, in quo s. Bonefacii corpus requiescit et quod Sturmio abbas regit, donat res proprietatis suae Hamalumburcc in pago Salecgavio super fluvium Sala cum appenditiis Achynebach, Thyupfbach et Harital. — ‚Quicquid enim ob amore domini'.

Haristalio pal. publice, 7 id. ian. a. 9 et 3.
    Autographum in arch. Monacensi.
    Ex autographo: Mon. Boica 28ᵃ, 1 n° 1. — Dronke 36 n° 57 (conf. n° 60). — Schannat trad. 27 n° 51. — Specimen script. in Schannat vind. tab. 4. — Bréquigny ad 777. — Böhmer 87 ad 777.

777, ian.

61* K. monasterio Laureshamensi, in quo s. Nazarius requiescit et cui Gundelandus abbas praeest, licentiam dat in Rheno infra finem Hohstatt in loco Godenowa piscandi et materiam ad faciendas vennas ibidem caedendi; insuper ei concedit in Viernheim marcha viam a pago Lobodensi usque ad Wisgoz fluvium cum licentia pontem super fluvium construendi. — 'Si petitionibus sacerdotum vel servorum'.

Haristellio pal. publ., ian. a. 9.

Chartul. Lauresh. saec. 12 in arch. Monacensi.
Cod. Laur. dipl. 1, 20 n° 8 ex chartulario. — Böhmer 88 ad 777.

777, 7 iun.

62 K. basilicae s. Martini in Traiecto vetere subter Dorestado constructae, cui Albricus rector electus praeest, villam suam Lisidunam in pago Flehite super alveum Hemi cum quatuor forestibus et cum omni re, quam Wiggerus comes ibidem per beneficium regis possedit, itemque ecclesiam Ubkirikam supra Dorestadt constructam donat. — 'Si enim ex his quae divina pietas'.

Numaga pal. publ., 7 id. iun. a. 9.

Chartul. Traiect. saec. 11 in mus. Britannico et alterum saec. 14 in arch. Hannoverano.
Heda 41 = Le Cointe 6, 126 = Le Mire 1, 244 = Mieris 1, 7 = Migne 1 1038 n° 11. — Bréquigny ad 777. — Böhmer 89 ad 777.

777, 6 dec.

63* K. privilegium, quod coenobio Salonae in proprietate Folradi capellani palatii et abbatis s. Dionisii constructo et s. Mariae dedicato, in quo ss. Privati et Ilarii corpora requiescunt, consentientibus Angalramno episcopo Mediomatrico atque Wilhario archiepiscopo in conventu synodali Patrisbrunnae habito concessum est, sua auctoritate confirmat et omnes res Salonensis coenobii itemque terras quas Folradus in agro Salona cum Angalramno commutavit, in dominatione s. Dionisii atque sub defensione, emunitate et privilegio eiusdem permanere iubet et hanc in rem suam procerumque defensionem promittit. — 'Oportet serenitas nostra ut ea que a fidelibus'.

Aquis pal. publ., 6 dec. a. 10.

Autographum in arch. Nanceiano.
Journal de la soc. d'archéologie, Nancy année 1853, 158 ex autographo, cum specimine scripturae. — Mabillon dipl. 489 n° 52 ex chartario s. Michaelis ad Mosam = Bouquet 5, 739 n° 41. — Calmet 2, preuves 112 = Migne 1, 952 n° 31. — Bréquigny ad 777 — Böhmer 90 ad 777.

778, ian.

64 K. ob petitionem Beati abbatis monasterio s. Michaelis in insula Rheni Hohenaugia vocato immunitatis beneficium indulget. — 'Omnibus episcopis... maximum regni nostri'.

Aristellio pal. publ., ian. a. 10.

<small>Grandidier 2, preuves 129 n° 72 ex cod. s. Petri sen. saec. 15 et ex chartul. Tabern. saec. 16 = Migne 1, 961 n° 38. — Schöpflin 1, 50 n° 54 ex cod. s. Petri saec. 15. — Mabillon ann. 2, 698 n° 14 ex chartul. saec. 11. — Bréquigny ad 778. — Böhmer 91 ad 778.</small>

[778] 24 sept.

65* K. monasterio ss. Symonis et Tathei in pago Hassorum super Fuldam constructo, cui Lullus episcopus praeest, donat mansum indominicatum, quem Huwart filius Gerhardi tenuit, situm in silva Buchonia in loco in quo Oulaho fluvius in Fuldam influit, simulque in circuitu mansi leugas duas silvae circumiacentis. — 'Si iustis petitionibus sacerdotum'.

Herstallio pal. publ., 8 kal. oct. a. 11 et 5.

<small>Chartul. Hersfeldense saec. 12 in arch. Kasselano.
Wenck 2ᵇ, 7 n° 5 ex chartul. ad 778. — Böhmer 93 ad 778.</small>

778, oct.

66* K. inspectis Pippini priorumque regum praeceptionibus integram emunitatem, quam antecessores sui basilicae s. Dionisii, cuius corpus ibidem requiescit, concesserunt et quam Folradus abbas huc usque inviolabiliter conservatam esse asserebat, iterum ei concedit et confirmat. — 'Incipientia regni nostri affectum'.

Goddinga villa, oct. a. 11 et 5.

<small>Autogr. in arch. Parisiensi.
Mabillon dipl. 500 n° 53 ex ant. = Bouquet 5 740 n° 43 = Migne 1 959 n° 37. — Félibien 40 n° 57 ex aut. — Bréquigny ad 778. — Böhmer 94 ad 778.</small>

779, 13 mart.

67 K. monasterio Hariulfisfelt in waldo Bochonia in honorem bb. Symonis et Thathei constructo, cui Lullo episcopus praeest, donat ecclesiam s. Petri in fisco suo Lupentia, quam usque eo Lullo beneficii iure habuit, cum adiacentiis et decima illius fisci itemque dimidias partes decimarum ex villis Vulfeasti et Hochaim — 'Omnibus fidelibus... quicquid enim locis'.

Haristallio pal. publ., 3 id. mart. a. 11 et 5.

<small>Autogr. in arch. Kasselano.
Wenck 3ᵇ, 12 n° 9 ex autogr. — Ectypon in Kopp Schrifttafeln n° 11. — Böhmer 100 ad 779, 13 mai.</small>

779, 27 mart.

68* K., petente Hrotberto abbate et ostendente sibi praeceptionem Pippini, missos basilicae s. Vincentii vel d. Germani, cuius corpus ibidem requiescit, negotiandi causa discurrentes ab omni teloneo solvendo liberat simulque edicit, ut pars basilicae deinceps teloneum a Gaerhardo comite in curte s. Germani Villanova institutum recipiat. — ‚Omnibus episcopis... si oportuna beneficia'.

Haristalio pal. publ., 6 kal. apr. a. 11 et 5.

<small>Autogr. in arch. Parisiensi.

Ex autographo: Tardif 63 n° 81. — Bouillart 12 n° 12 = Bouquet 5, 742 n° 45 = Migne 1, 963 n° 40. — Ectypon in Facsim. de l'École des chartes = Kopp Schrifttafeln n° 12. — Bréquigny ad 779. — Böhmer 97 ad 779.</small>

779, mart.

69* K. capitulare. — ‚Factum capitulare qualiter congregatis'. Mart. a. 11; s. l.

<small>Pertz LL. 1, 36: capit. Francicum et capit. Langobardicum = Migne 1, 125. — Baluze capit. 1, 195 = Bouquet 5, 646. — Bréquigny ad 779.</small>

779, 30 apr.

70* K. basilicae vel monasterio s. Marcelli sub oppido Cabilonensi constructo, in quo idem martyr requiescit, inspectis Pippini et priorum regum praeceptionibus quas Hucbertus episcopus et rector basilicae regi obtulit, immunitatis beneficium ab antecessoribus indultum et huc usque conservatum per suam auctoritatem confirmat. — ‚Omnibus agentibus... iuvante domino qui nobis'.

Haristallio, 2 kal. mai. a. 11 et 5.

<small>Autographum mutilum in cod. lat. 8837 bibl. Parisiensis.

Sainct-Iulien 446 ex autogr. — Perry hist. civ. et ecclés. de la ville de Châlon s. S. (Châlon 1659 in f°) 28 ex copia interpolata chartularii = Bouquet 5, 742 n° 46 = Migne 1, 964 n° 41. - Gallia christ. 4, instr. 225 n° 3 ex eadem cop. interpol. — Specimen script. in Nouveau traité de dipl. planche 67. — Bréquigny ad 779. — Böhmer 98 ad 779.</small>

779, 3 mai.

71* K., referente Ermenhardo abbate ecclesiam s. Mariae in Novocastello nullas de rebus a Pippino maiore domus proavo regis condonatis habere cartas quibus hae res defendi possint, huic ecclesiae omnes quas aut ex concessione Pippini vel aliorum aut ex commutatione possideat res denuo confirmat, scilicet villas Harimalam in pago Hasbaniensi, Budilium in Texandria, Filfurdum in Bragbando, Hrinium, Hriniolum et Chuinegas in pago Haginao, ecclesiam in Walderiego, Achiniagas et Altportum, mansos in Angelgiagas in Leuchio pagello, Fraxinum in pago Lomensi. — ‚Ad mercedis cumulum augere credimus'.

Haristallio pal. publice, 5 non. mai. a. 11 et 5.

<small>Chartularium c. a. 1200 conscriptum in arch. Dusseldorpino.
Ex hoc chartulario: Lacomblet 1, 1 n° 1. — Le Mire 1, 496, mendose. — Quix cod. dipl. 1 n° 1. — Lünig 19, 1141 n° 1. — Bréquigny ad 779. — Böhmer 99 ad 779.</small>

779, 23 mai.

72* K. monasterio Novalicio in valle Sigosina in honorem bb. Petri et Andreae constructo, inspectis Pippini atque priorum regum emunitatibus a Frodoino abbate sibi ostensis, beneficium emunitatis ab antecessoribus concessum et huc usque conservatum per suam auctoritatem confirmat. — ‚Omnibus episcopis... hoc nobis ad stabilitatem regni'.

10 kal. iun. a. 11 et 5; s. l.

<small>Insertum chronico Novalic. saec. 11 conscripto quod exstat in arch. Taurinensi.
Ex chronico: Mon. G. h. 9, 121. — Mon. hist. patriae script. 3, 78. — Muratori antiqu. 3, 972. — Bréquigny ad 779, 22 iul. — Böhmer 92 ad 778, 22 iul.</small>

[779] 13 nov.

73* K. Fuldensi monasterio, in quo s. Bonifacii corpus requiescit et cui Sturmio abbas praeest, ex rebus proprietatis suae donat pratum super fluvium Noraha et quicquid Otakarus in pago Wormacensi in Mogontia civitate, in Lubringowa infra alveum Reni, in Nuwenheim et in Guntzinheim iure beneficii regii habuit. — ‚Quicquid enim ad loca venerabilia'.

Id. nov. [ind.] 12; s. l.

<small>Charta vitiata in cod. Eberhardi Fuld.
Dronke 31 n° 48 ex hoc cod. ad 774. — Schannat trad. 30 n° 57 ex veteri apographo ad 779 = Migne 1, 1062 n° 14.</small>

[776—779.]

74* K. monasterio Fuldensi in hon. s. Salvatoris constructo, in quo s. Bonifacius requiescit, locum proprietatis suae Westeram cum foro et tributo et teloneo ibidem solvendis donat eique ex fontibus, officinis patellisque suis in eodem loco sitis carradam salis singulis hebdomadibus dandam concedit. — ‚Nichil ut ait apostolus intulimus'.

S. a. d. l.
Cod. Eberhardi iu arch. Fuldensi.
Ex hoc codice: Dronke 43 n° 69. — Schöttgen et Kreysig 1, 5 n° 13.

780, 8 mart.

75 K. monasteriolo Erulvisfelt in honorem ss. Simonis et Thathei constructo, cui Lullo episcopus praeest, decimam de Hassega, quam huc usque Albericus et Marcoardus in suis quisque comitatibus ab ingenuis hominibus exegerunt, donat. — ,Omnibus fidelibus... quicquid enim locis'.

Vurmasia civ. publ., 8 id. mart. a. 12 et 6.
Wenck 3ᵇ, 13 n° 11 ex autogr. — Ectypon in Kopp Schrifttafeln n° 13. — Böhmer 101 ad 780.

780, 8 mart.

76* K. confirmat ostensas sibi epistolas pari tenore conscriptas, per quas Sedonius episcopus et Iohannis abbas monasterii s. Galli, quod aspicit ad ecclesiam s. Mariae urbis Constantiae, de consilio Haeddonis episcopi inter se convenerant et sanxerant, ut abbates s. Galli omnium monasterii rerum potestatem ac dominium haberent, partibus vero ecclesiae in censum annuum unam auri unciam et caballum unam libram valentem praeberent. — ,Omnibus pontificibus... in consensu eorum'.

Vurmasia civ. publ., 8 id. mart. a. 12.
Autographum in arch. Sangallensi.
Ex autographo: Wartmann 1, 87 n° 92.   Neugart 1, 72 n° 78. —
Böhmer 102 ad 780.

780, 28 iul.

77 K., petente Anselmo abbate, monasterio Nonantulae in Motinensi territorio ad honorem omnium apostolorum et b. Silvestri constructo omnes res ab Haixtulfo rege per eius praecepta aut ab aliis regibus aut hominibus delegatas confirmat atque in iis ecclesias duas in eodem territorio in honorem s. Martini aedificatas cum earundem appendiciis et cum portatico de civitate nova exigendo. — ,Omnibus fidelibus... si ea quo olim locis'.

Lippiegesprin... curto in Saxonia, 5 kal. aug. a. 12 et 7.
Autographum in arch. Nonantulano.
Tiraboschi Nonantola 2, 26 n° 11 ex autogr. — Böhmer 103 ad 780.

[781] 20 febr.

78* K. capitularia interim data. — ,Primis omnium placuit nobis'.
S. a. l.; 20 febr.
Pertz LL. 1, 241: Hlotharii constitutio a. 825. — Mabillon museum italicum 1ᵇ, 49. — Conf. Baluze 1, 689 § 1: cap. Lud. Pii excerpta ex lege Longobardorum.

781, 15 mart.

79 K., conquerentibus Comaclensibus una cum Vitali episcopo, quod negotiatores ipsorum Mantuae et in aliis portubus modium XLV librarum solvere cogantur atque inlicitas violentias ab hominibus regis patiantur, rex quamquam inquisitione per missos suos facta cognoverat, ab iis non plus quam inde a Liutprandi temporibus dare consuessent exactum esse, Comaclensibus concedit, ut sicut alii negotiatores modium non maiorem quam XXX librarum solvant; insuper cum Comaclensibus instituit, ut hominibus suis liceat eos ad placitum distringere vel etiam pignorare. — ‚Omnibus episcopis... compertum sit qualiter'.

Parmae, id. mart. a. 13 et 7.

<small>Lib. privil. dictus Sicardianus saec. 13 incip. in arch. Cremonensi. Ex hoc libro: Zacharia praef. 3. — Muratori antiqu. 2, 23 ad 787, mendose. — Böhmer 104 ad 781.</small>

[781, mart.]

80 K. capitulare Mantuanum. — ‚De iustitiis ecclesiarum dei'.
S. a. d.; in inscriptione: Mantua.

<small>Pertz LL. 1, 40 = Migne 1, 135. — Mabillon museum italicum 1ᵇ, 47. — Conf. Boretius 108.</small>

781, 8 iun.

81* K. ob petitionem Apollenaris episcopi Regiensi ecclesiae omnes episcopatus possessiones sub immunitatis nomine confirmat et episcopum ex clero ciusdem ecclesiae eligendum concedit. — ‚Maximum regni nostri in hoc augere'.

Papia civ., 8 iun. a. 13 et 7.

<small>Tiraboschi Modena 1, cod. dipl. 8 n° 6 ex apographo arch. cathedr. Regiensis. — Ughelli 2, 241 ex autogr. = Migne 1, 1009 n° 6. — Bréquigny ad 781. — Böhmer 106 ad 781.</small>

781, 11 iun.

82* K. cui Beatus abbas monasterii Sextensis super Edagum in honorem ss. Petri, Iohannis, Mariae constructi duo Adelgisi regis Longobardorum praecepta obtulit, quorum uno monasterio tributa de vico Sacco palatio sive curti ducali Tarvisanae solvenda atque silva in Rivaria loco concessa erant, altero autem commutatio inter abbatem et Roticarim curtis regiae in Rupefracta gastaldum facta de rebus in Crimaste et Biberons sitis erat confirmata, rex quamquam ex sententia procerum suorum reperit hanc donationem et confirmationem legibus stare non posse, tamen propter petitio-

nem abbatis ei easdem res per suum praeceptum donat et concedit. — ‚Omnibus episcopis... comperiat magnitudo'.
3 id. iun. a. 13 et 7; s. l.

Codex a. 1426 exaratus in arch. fiscali Utinensi.
Beitr. zur Diplomatik 5, 394 n° 5 ex hoc codice.

[781.]

83* K. ob petitionem Radoarae abbatissae omnes monasterii Brixiae in honorem s. Salvatoris constructi possessiones sub immunitatis nomine confirmat. — ‚Omnibus episcopis... maximum regni nostri'.
S. a. d. l.

Apogr. mutilum saec. 9 in bibl. Bresciana.
Odorici 4, 13 n° 2 ex hoc apographo. — Margarini 2, 19 n° 22 ex arch. monast. = Le Cointe 6, 213. — Bréquigny ad 781.

781, oct.

84 K. duabus suis auctoritatibus confirmat ostensas sibi commutationes inter Eufimiam abbatissam monasterii superioris Mettis civitate infra murum ad honorem s. Petri constructi et Folradum archipresbyterum et abbatem s. Dionisii factas, per quas Eufimia alteri parti locella duo in pago Salnensi super Salonam fluvium in Filicioncourte et in Victerneiacurte sita dedit et invicem a Folrado accepit res eius in pago Scarponensi in Basigundecurte sitas, quas antea cum Petrone episcopo Virdunensi sive cum Annone abbate commutaverat. — ‚Notum sit omnibus... si hoc quod rectoris'.

Haristalio pal. publ., oct. a. 14 et 8.

Autogr. in arch. Parisiensi.
Ex autographo: Félibien 41 n° 59 ad 782. — Tardif 64 n° 83. — Mabillon dipl. 501 n° 54 ad 782, mendose = Bouquet 5, 744 n° 52 ad 781 = Migne 1, 968 n° 46 ad 782. — Specim. script. in Mabillon dipl. 389 et Wailly planche 12 n° 1. — Bréquigny ad 781. — Böhmer 110 ad 781.

781, 17 oct.

85 K. ob petitionem Beati rectoris homines monasterii Hoinaugiae in honorem s. Michaelis constructi ab omnibus teloneis fisco solvendis liberat. — ‚Omnibus episcopis... si opportuna beneficia'.

Clipiaco pal. publ., 16 kal. nov. a. 14.

Grandidier 2, preuves 140 n° 77 ex chartul. Tabern. saec. 16 = Migne 1, 967 n° 45. — Schöpflin 1, 52 n° 59 ex cod. s. Petri saec. 15. — Mabillon ann. 2, 699 n° 16 ex chartul. saec. 11 = Bouquet 5, 745 n° 53. — Bréquigny ad 781. — Böhmer 111 ad 781.

781, 16 dec.

86 K. ob suggestionem Adonis advocati s. Dionisii vel Fulradi abbatis, qui in mallo publico Turcarias vocato coram Rifero comite eiusque escapiniis res monasterii in pago Tellao in villa Sonarciaga super Ittam sitas a certis hominibus malo ordine retentas evindicaverat, ipsis rebus per wadium et fide facta investitus erat atque a Rifero eiusque assessoribus notitiam iudicati acceperat — K. adhibitis Woraldo comite palatii et duodecim fidelibus suis, relecta ipsa notitia et testimonio Riferi audito, iudicat et iubet ut monasterium s. Dionisii praedictas res in omne aevum evindicatas habeat. — ‚Cum nos in dei nomine Carisiaco'.

Carisiaco villa pal., 16 dec. a. 14.
<small>Mabillon dipl. 501 n° 55 ex arch. Dionysiano ad 782 = Bouquet 5, 746 n° 54 ad 781 = Migne 1, 969 n° 47 ad 782. — Bréquigny ad 781. — Böhmer 112 ad 781.</small>

781, dec.

87 K. monasterio s. Salvatoris intra vastam Bochoniam super fluvium Fulda constructo, in quo s. Bonefacii corpus requiescit et quod Baovulfus abbas regit, campum Unofelt cum silvis eius donat. — ‚Quicquid enim locis venerabilibus'.

Carisiago pal., dec. a. 14 et 8.
<small>Autographum in arch. Fuldensi.
Dronke 45 n° 72 ex aut. — Schannat trad. 34 n° 67 ex aut. ad 782 = Migne 1, 1063 n° 15. — Bréquigny ad 781. — Böhmer 113 ad 781.</small>

781, dec.

88 K. monasterio s. Salvatoris intra vastam Boconiam super fluvium Fulda constructo, in quo s. Bonifacii corpus requiescit et quod Baugulfus abbas regit, villam suam Rostorp concedit, quam antea ab Hardrado eidem sancto loco condonatam per missos ad suum opus acquisivit. — ‚Quicquid enim locis venerabilibus'.

Carisiago pal., dec. a. 14 et 8.
<small>Autographum mutilum et cod. Eberh. in arch. Fuldensi.
Dronke 45 n° 73 ex aut. et cod. — Schannat trad. 35 n° 68 ex aut. ad 782. — Böhmer 114 ad 781.</small>

[781.]

89 K. capitulare episcopis datum. — ‚De statu eclesiae et honore pontificum'.

S. a. d. l.
<small>Pertz LL. 1, 237: capit. Hlud. et Hloth. a. 823 = Migne 1, 435. — Baluze capit. 1, 619: cap. sextum a. 819 = Bouquet 6, 423. — Bréquigny ad 819. — Conf. Boretius 104; Abel 1, 364.</small>

[782.]

89bis Capitulare Langobardicum a Pippino rege promulgatum. —
‚Qualiter complacuit nobis'.
S. a. d. l.

Pertz LL. 1, 42 = Migne I, 137. — Baluze capit. 1, 541 § 1—3. 8.
10. 11. 16—20. 29. — Conf. Boretius 125 ad 782—787.

782, apr.

90* K. basilicae s. Martini, cuius corpus ibidem requiescit, inspectis Pippini aliorumque antecessorum quas Itherius abbas sibi
obtulit emunitatibus, denuo concedit, ut omnes res s. Martini, in
quocunque regno sive in Austria sive in Neustria, Burgundia,
Aquitania, Provincia sint, sub plenissima immunitate consistant,
et adiungit ut qui hoc praeceptum violaverint, poena DC solidorum auri multentur, et ut ipsa emunitas, si qua in re imminuta
vel infracta fuerit, hac auctoritate penitus sit restaurata. — ‚Omnibus abbatibus.... decet enim regalis clementiae dignitatem'.
Ca[ri]siago pal. reg., apr. a. 14 et 9.

Martène ampl. coll. 1, 42 ex chartulario = Bouquet 5, 747 n° 56 =
Migne 1, 970 n° 48. — Bréquigny ad 782. — Böhmer 115 ad 782.

[782] 4 iul.

91 K. ecclesiae s. Petri in Frideslar sibi a Lullo Moguntiacensis
urbis archiepiscopo condonatae concedit omnes illas res, quas
Lullus in regno sive in pago Austrasiorum in ministeriis Raba-
nonis, Swigarii et Agilgaudi legitimo ordine conquisiverat et per
cartulam donationis curtibus regiis delegaverat. — ‚Quicquid enim
locis venerabilium'.
Duria, 4 non. iul. a. 14 et 8.

Chartul. Hersfeldense saec. 12 in arch. Kasselano.
Wenck 2^b, 10 n° 7 ex chartul. ad 782. — Böhmer 116 ad 782.

782, 25 iul.

92* K., petente Fraidone civitatis Nemetensis seu Spirensis pontifice, ecclesiae s. Mariae vel s. Stephano dicatae, cui Fraido
praeest, immunitatem quam ei Pippinus et priores reges indulserant
ipse quoque concedit. — ‚Maximum nobis credimus in dei nomine'.
Haribergo publico ubi Lippa confluit, 8 kal. aug. a. 14 et 9.

Lib. privileg. eccl. Spirensis saec. 13 exeuntis in arch. Karlsruhiano.
Remling 1, 4 n° 6 ex hoc libro.

782, 28 iul.

93* K. monasterio suo Herulfisfelt, quod Lullo archiepiscopus in vasto Bochonia super fluvium Fulda in honorem bb. Simonis et Tathei construxit et regi per cartam traditionis delegavit, donat ecclesiam in fisco Scoronisbaim sitam, quam Lioba huc usque per beneficium regis tenuit et in posterum per regis monasteriique beneficium tenere debet, et res in pago Wedrebense in loco Hoinge sitas, quas Haimericus per beneficium regis tenuit, itemque in pago Logonense hominem unum cum duobus mansis, quem Ratbertus in villa Berinscozo possedit, et homines duos Gauzoldum et Hrodoldum in silva Bochonia super Geazahaha fluviolum commanentes. — ‚Quicquid enim locis venerabilibus'.

Herulfisfelt monasterio, 5 kal. aug. a. 14 et 9.

    Autogr. in arch. Kasselano.
    Wenck 3ᵇ, 14 n° 13 ex autogr. — Ectypon in Kopp Schrifttafeln n° 14. — Böhmer 117 ad 782.

[782] 28 iul.

94 K. monasterio Fuldensi in hon. s. Salvatoris constructo, in quo s. Bonifacii corpus requiescit et quod Baugulfus abbas regit, donat quicquid in villa Dinenheim in pago Wormacensi super Rhenum et in loco Turenheim in pago Wetereiba legitime possidebat. — ‚Omnibus fidelibus, quicquid enim locis venerabilibus'.

Herfeldensi monasterio, 5 kal. aug.; s. a.

    Cod. Eberhardi in arch. Fuldensi, vitiose.
    Dronke 46 n° 76 ex hoc cod. ad 782. — Schannat trad. 45 n° 90 ex veteri apographo c. a. 790.

782, 18 aug.

95* K. ob petitionem Ragambaldi abbatis monasterii s. Mariae Sabinensis in Acutiano loco constructi, qui sibi ad sanciendum obtulit et praeceptum concessionis et duo iudicia evindicata Hildeprandi ducis de ecclesia s. archangeli Michaelis ad Mollinum fluvium prope Reatinam civitatem sita, monasterio hanc ecclesiam per suum praeceptum confirmat. — ‚Si quae a deum timentibus hominibus'.

Haristalio pal., 15 kal. sept. a. 14 et 9.

    Gregorii Catin. registrum n° 153 in bibl. Vaticana.
    Galletti 50 ex hoc registro. — Conf. Muratori script. 2ᵇ, 353 et antiqu. 5, 605.

782, 26 sept.

96* K., petente Geminiano episcopo, ecclesiae Mutinensi in honorem s. Geminiani constructae omnibusque episcopatus possessionibus immunitatis beneficium concedit. — ‚Omnibus episcopis... maximum regni nostri'.

6 kal. oct. a. 14 et 9; s. l.

Autogr. in arch. capituli Mutinensis.
Tiraboschi Modena 1, cod. dipl. 9 n° 7 ex autogr. — Ughelli 2, 91. mendose = Le Cointe 6, 226 = Migne 1, 1015 n° 9. — Bréquigny ad 782. — Böhmer 118 ad 782.

[782, dec.]

97* K. Weomado ecclesiae s. Petri Trevericae archiepiscopo ex sententia fidelium suorum, Angalramni et Petri et Bornonis episcoporum, XI comitum, XLIV scabinorum ducatus Moslinsis et Woradi comitis palatii monasterium Medolagum de filiis Lantberti evindicatum praecepto confirmat. — Causa litis haec erat: cum Leodonius quondam episcopus, pater Milonis et Widonis, praedictum monasterium ecclesiae s. Petri Trevericae delegasset et hanc ob rem Milo Leodonii filius atque successor monasterio abbates, Ebreum scilicet, Ratbertum, Harthamum praefecisset, tamen Karolus quondam maior domus idem monasterium tanquam proprietatem suam beneficii nomine Miloni concesserat et denuo Pippinus rex eidem Miloni et post eius mortem Harthamo episcopo commiserat. Cum vero Lantbertus, filius Widonis et nepos Leodonii, monasterium expulso Harthamo malo ordine occupasset, iudicatum est monasterium ex lege et iure esse regis atque ecclesiae s. Petri. Cui sententiae contradixerunt quidem Lantberti filii Wido, Hrodoldus, Warnarus, a patre monasterio utpote legitima alode se vestitos esse asserentes. Sed cum neque per chartas neque per testes neque per scabinos comprobare possent, monasterium illud a patre de Pippino rege esse evindicatum, neque se ipsos legitime esse monasterio vestitos, contra vero sacramentis affirmatum esset, ad ecclesiam s. Petri Trevericam monasterium pertinere, scabini ducatus Moslinsis et reliqui regis fideles ad hanc litem dirimendam convocati coram rege unanimiter iudicaverunt, monasterium s. Petro sive Wiomado pontifici a fratribus fide facta esse reddendum. Cuius redditionis et iudicii evindicati documento hoc praeceptum Wiomado traditum est. — ‚Cum nos in nomine domini Theodone villa'.

Theodone villa pal.; s. a. d.

Balduineum saec. 14 in arch. Confluentino.
Ex Balduineo: Waitz in Forschungen 3, 151. — Beyer 1, 32 n° 27 ad 775—776, mendose.

[782—786.]

98* K. encyclica de emendatione librorum et officiorum ecclesiasticorum. — 'Religiosis lectoribus... cum nos divina'.
S. a. d. l.

Pertz LL. 1, 44 ad 782. — Baluze capit. 1, 203. — Mabillon anal. 73: praefatio in homiliarium Pauli diaconi c. a. 788 = Bouquet 5, 622 n° 3 = Migne 2, 896 n° 4. — Bréquigny ad 788.

783, 1 mai.

99* K. basilicae in honorem s. Iacobi apostoli constructae, in qua s. Arnulfi corpus requiescit, villam suam Camnittum in ducatu Moslensi in comitatu Mettensi, ex cuius proventu luminaria fiant pro anima Hildegardae reginae, donat [ea quidem conditione ut haec villa nunquam cuiquam beneficii aut precariae iure tribuatur]. — 'Quicquid enim locis sanctorum venerabilium'.

Theodone villa pal., kal. mai. a. 15 et 9 [a. ab incarn. 783, in die ascensionis dominicae, in cuius vigiliis ipsa dulcissima coniux nostra obiit, in a. 12 coniunctionis nostrae, ind. 6].

Apographum vitiatum c. a. 800 exaratum in arch. Mettensi, quod Mabillon aliique autographum esse credebant.
Meurisse 179 = Bouquet 5. 748 n° 58. — Calmet 2, preuves 116 = Migne 1, 973 n° 50. — Gallia christ. 13, instrum. 380 n° 10. — Bréquigny ad 783. — Böhmer 119 ad 783.

783, 9 oct.

100 K., petente Ariberto episcopo Arretinensis ecclesiae in honorem s. Donati constructae, huic s. loco, inspectis praeceptionibus venditionibus commutationibus eius, omnes possessiones et in iis monasterium s. Benedicti in eadem civitate a Cunemundo episcopo fundatum per suam auctoritatem cedit et confirmat. — 'Si petitionibus sacerdotum vel servorum'.

Vurmasia civ., 7 id. oct. a. 16 et 10.

Muratori antiqu. 6, 359 ex archetypo in tabul. capituli Arretini = Migne 1, 1014 n° 8. — Böhmer 120 ad 783.

[779—784.]

101 K., Helmerico abbate referente aliquas ecclesiae s. Nazarii cartas perditas esse, eidem casae dei omnes quas possideat res confirmat atque abbati eiusque successoribus praeceptum concedit, per quod perinde ac per proprias cartas, quicquid iuste teneant, secundum legem defendant. — ‚Notum sit omnibus ... qualiter veniens.'

S. a. d. l.

Chartul. Lauresh. saec. 12 in arch. Monacensi.
Ex chartulario: Cod. Laur. dipl. 1, 22 n° 9. — Freher script. 1, 61 = Le Cointe 6, 172 = Helwich 1, 15 = Migne 1, 1049 n° 3. — Bréquigny ad 779.

[785.]

102 K. capitulare Paderbrunnense. — ‚Primum de maioribus capitulis'.

S. a. d. l.

Pertz LL. 1, 48 = Migne 1, 145. — Baluze capit. 1, 249 ad 788.

[785.]

103 K. capitula legi Frisionum addita et passim inserta, quae constituunt partem secundam legis.

S. a. d. l.

Legem ediderunt: Herold orig. ac Germanic. antiqu. libri 131 = Lindenbrog cod. leg. antiquarum 490 = Walter corp. iur. Germanici 1, 352 = Richthofen in Pertz LL. 3, 656; conf. 646 et 651.

[785.]

104 K. capitulare legationis Romanae. — ‚Salutat vos dominus noster'.

S. a. d. l.

Fragmentum autographi in cod. lat. bibl. Paris 9008.
Pertz LL. 2, 549 cum specim. scripturae. — Champollion - Figeac fragment inédit relatif à l'hist. de Charlemagne publié avec un facsimile, Paris 1836 = Mélanges hist. 1, 474 ad 784.

786, 29 mart.

105* K. monasterio suo, quod Guntbertus episcopus in pago Rangow in Vircunnia waldo inter Rethratenzam et Onoldisbach in sua ipsius proprietate ad honorem s. Mariae aedificavit et regi per donationis testamentum tradidit, integram immunitatem atque licentiam post obitum Guntberti abbatem eligendi concedit. — ‚Si petitionibus sacerdotum vel servorum dei'.

Aquis[grani] pal., 4 kal. apr. a. 18 et 13.

Copia saec. 17 in arch. Monacensi.
Dipl. K., quo ecclesiam Onoldisbac. in tutelam accepit, evulgatum etc. a I. F. Georgii (Onoldi 1730 in 4°), ad 787. — Schütz pars 4. 1 ex copia ad 787. — Falckenstein 3 n° 2 ad 786. — Strebel Franconia illustrata (Schwabach 1761 in 4°) 132 ad 786 = Ussermann cod. prob. 3 n° 3.

786, 31 aug.

106* K., ogante Lullo Mogontiacensi archiepiscopo, monasterio Herolfesfeld super ripam Fuldae in honorem bb. Symonis et Thathei aedificato ecclesiam a Lullo in Grabonouva constructam cum omni integritate, decimatione terrisque, quarum termini hic describuntur, donat et ut a [Bunone] abbate eiusque successoribus quiete possideatur, confirmat. — ,Quicquid locis sanctorum venerabilium'.
Wormacia pal., 2 kal. sept. [ind. 7] a. 18 et 13.
<small>Wenck 3ᵇ, 15 n° 15 ex charta vitiata et suspecta saec. 11—12 exarata arch. Kasselani quam autographam esse credebat. — Ectypon in Wenck 2ᵇ et in Kopp Schrifttafeln n° 15. — Böhmer 123 ad 786.</small>

786, 31 aug.

107* K. monasterio Herolvesfeld a Lullo archiepiscopo in Bochonia ad honorem bb. Symonis et Dathei aedificato villam Thoranthorpf super Wisoram sitam cum omni integritate et terris, quarum termini hic describuntur, donat. — ,Quicquid enim locis sanctorum'.
Vurmacia pal., 2 kal. sept. [ind. 7] a. 18 et 13.
<small>Charta vitiata saec. 10 exarata in arch. Kasselano.
Wenck 3ᵇ, 17 n° 16 ex hac charta quam autographam esse credebat. — Ectypon in Kopp pal. crit. 1, tab. 6 = Kopp Schrifttafeln n° 16. — — Böhmer 124 ad 786.</small>

786, 5 nov.

108* K. monasterio s. Germani prope Parisios, in quo corpus eiusdem requiescit et quod Hrotbertus abbas regit, donat villam suam Madriolas in pago Meledunensi super Sequanam sitam, quam huc usque Autbertus comes beneficii titulo possedit, cum mercatu et cum portu in utraque ripa Sequanae inde a Celsiaco villa usque ad s. Mauricii monasteriolum. — ,Quicquid enim locis venerabilibus ob amorem domini'.
Warmasia pal., non. nov. a. 19 et 13.
<small>Apogr. eodem fere tempore exaratum et autographi speciem prae se ferens in arch. Parisiensi.
Ex apogr. quod autogr. esse putabant: Tardif 65 n° 85. — Bouillart 12 n° 13 = Bouquet 5, 749 n° 59 = Migne 1, 974 n° 51. — Bréquigny ad 786. — Böhmer 125 ad 786.</small>

[ante 786.]

109* K. archiepiscopum quendam b. Bonefacii discipulum hortatur, ut famulis ecclesiae suae erudiendis operam det. — ,Beatissimo... cum in adquirendis fidelium animabus'.

S. a. d. l.
> Lebeuf dissert. sur l'histoire eccl. et civ. de Paris (Paris 1739) 1, 421 ex cod. s. Martialis = Bouquet 5, 850. — Bréquigny ad 787.

787, 22 mart.

110* K. ob petitionem David episcopi ecclesiae s. Mariae in Beneventana civitate constructae omnes possessiones sub immunitatis nomine confirmat. — ‚Omnibus agentibus... domino iuvante qui nos'.

Capuae, 11 kal. apr. a. 18 et 14.
> Ughelli 8, 37 ex autogr. bibl. Benevent. ad 788 = Le Cointe 6, 334 ad 787 = Migne 1, 1018 n° 11 ad 783 = Cappelletti 3, 46. — Bréquigny ad 787. — Böhmer 126 et 130 ad 787.

787, 24 mart.

111* K. ob petitionem Pauli abbatis monasterio s. Vincentii in loco Samnio super Vulturnum constructo omnes possessiones, et inter eas monasterium s. Petri prope Beneventum civitatem atque monasterium s. Mariae in Apinianica in Spoliti finibus situm, sub emunitatis nomine confirmat monachisque liberam abbatis electionem concedit. — ‚Omnibus episcopis... maxime regni nostri'.

Capuae civ., 9 kal. apr. a. 19 et 14.
> Ex chronico Vulturn.: Muratori script. 1ᵇ, 366. — Duchesne script. 3, 679 = Le Cointe 6, 333 = Migne 1, 1016 n° 10ᵇ. — Bróquigny ad 787. — Böhmer 127 ad 787.

[787.]

112 K. per litteras communicat cum Paulo abbate et monachis monasterii s. Vincentii in territorio Beneventano in partibus Samniae constructi, se cum iam pridem oblatam sibi donationem Desiderii de villa Trita in finibus Balvensibus sita confirmaverit atque, lite inter eos et homines illius villae orta, Rismum et Angilbertum missos ad causam inquirendam delegaverit, iam hac de re per missos edoctum iubere, ut homines Tritae villae monasterio omni tempore debitum servitium atque obsequium peragant. — ‚Viro venerabili... et quia detulit nobis'.

S. a. d. l.
> Ex chronico Vulturn.: Muratori script. 1ᵇ, 366. — Duchesne script. 3, 679 = Le Cointe 6, 335 = Migne 1, 1016 n° 10°.

787, 28 mart.

113* K. ob petitionem Theutmari abbatis monasterio s. Benedicti in Casino castro constructo, in quo eius corpus requiescit, omnes

possessiones, inter quas monasterium ss. Mariae et Petronillae in Plumbarola, monasterium s. Mariae in Cingla, monasterium s. Sophiae in civitate Beneventana atque res a Karolo patruo et Pipino patre Karoli regis delegatae enumerantur, sub emunitatis nomine confirmat monachisque liberam abbatis electionem concedit. — ‚Omnibus episcopis... maximum regni nostri'.
Roma urbe, 5 kal. apr. a. 19 et 14.
> Regestum Petri in cod. Casin. 257.
> Gattola 1, 14 ex reg. Petri. — Böhmer 129 ad 787.

[787, vere.]

114   K. capitulare Langobardicum duplex. — ‚Placuit primis omnium ut vitia'.
S. a. d. l.
> Pertz LL. 1, 109: cap. Langob. duplex a Pippino rege a. 803 promulgatum = Migne 1, 251. — Boretius 113: Mantuae a. 787 promulgatum.

787, 27 iul.

115*   K. ob petitionem Benedicti abbatis, qui monasterium in loco proprietatis suae Aniano in pago Magdalonensi ad honorem Salvatoris et s. Mariae aedificatum in manus dominationemque regis tradidit, eidem abbati beneficium immunitatis absque introitu iudicum aut episcoporum suamque defensionem concedit, monachis autem permittit ut abbatem libere eligant atque ordinationem eius a quolibet pontifice expetant. — ‚Magnum regni nostri'.
Raganesburg pal. publ., 6 kal. aug. a. 19.
> Chartul. Anianense in arch. Monspeliensi.
> Bouquet 5, 751 n° 62 ex schedis Mabillonii. — Mabillon acta ss. 5, 192 ex chartul. (conf. Mab. ann. 2, 290 ad 788) = Gallia christ. 6, instr. 341 n° 1. — Bréquigny ad 787. — Böhmer 144 ad 792.

[787, oct.]

115bis*   Capitulare a Pippino rege secundum scedam d. Karoli promulgatum. — ‚Placuit nobis atque convenit ut omnes iustitiae'.
S. a. d. l.
> Pertz LL. 1, 70 ad 789 = Migne 1, 189. — Baluze capit. 1, 535 § 1—13 ad 793. — Bréquigny ad 793.

[787.]

116   K. encyclica de litteris colendis, exemplar ad Baugulfum abbatem inscriptum. — ‚Baugulfo abbati et omni congregationi'.
S. a. d. l.
> Sirmond conc. Galliae 2, 121 = Baluze capit. 1, 201 = Bouquet 5, 621 n° 2 = Pertz LL. 1, 52 = Migne 2, 895 n° 3. — Bréquigny ad 787.

[post 787.]

116ᵇⁱˢ Capitulare Langobardicum a Pippino rege promulgatum. — ‚Primo capitulo de senedochia'.

S. a. d. l.

Pertz LL. 1, 46: capit. generale, Francicum atque Langobardicum ad 783 = Migne 1, 139. — Baluze capit. 1, 257 ad 793 et 1, 537 § 14—29. — Bréquigny ad 793.

788, 28 mart.

117 K. ob petitionem Altperti abbatis monasterio s. Mariae in territorio Sabinensi in loco Acutiano constructo illas res in territorio Firmanae civitatis sitas, quas Hildeprandus dux ex edicto Langobardorum per sententiam contra Rabennonem eiusque uxorem Halerunam latam acquisiverat, concedit et confirmat. — ‚Quicquid locis sanctorum venerabilium'.

Inghilimhaim villa, 5 kal. apr. a. 20 et 14.

Gregorii Catin. registrum n° 90 in bibl. Vaticana.

Fatteschi 281 n° 35 ex hoc registro. — Conf. Muratori antiqu. 5, 695.

788, 11 iun.

118 K. duabus suis auctoritatibus confirmat ostensas sibi commutationes pari tenore scriptas, inter Angilrannum Mettensis ecclesiae archiepiscopum palatiique capellanum et Bornonem Tullensem episcopum factas, per quas Borno omnes res ab ecclesia ss. Stephani et Apri Tullensi in pago Vongensi in loco Stilonio possessas ecclesiae s. Stephani Mettensi vel monasterio s. Petri Gorziensi dedit et invicem ab Angilranno ex rebus Mettensis ecclesiae vel Gorziensis monasterii certos mansus ab Alpaidi quondam s. Petro in pago Suggentensi in loco Siavolo delegatos accepit. — ‚Omnibus fidelibus... si hoc quod rectores'.

3 id. iun. a. 20 [a. inc. 788, ind. 11, epacta 9, conc. 2); s. l.

Charta vitiata in chartul. Gorz. saec. 12 bibl. Mettensis.

Ex hoc chartulario: Tabouillot 4, 17. — Gallia christ. 13, instr. 446 n° 2.

[788, oct.]

119* K., petentibus Waltrico urbis Patavie episcopo et Irminswinda matrona, per suum praeceptum confirmat oblatam sibi coram proceribus cartam nobilium testium manibus corroboratam, per quam Irminswint totam suam proprietatem in pago Rotangow in loco Kyrichpach sitam ecclesiae Pataviensi in honorem s. Stephani constructae legaliter tradiderat. — ‚Si petitionibus sacerdotum vel servorum'.

S. a. d. l.
>Chartularia Patav. saec. 12 et 13 in arch. Monacensi.
>Mon. Boica 31, 17 n° 7 ex chartul. c. a. 788. — Wiener Jahrbücher der Literatur 44, Anzeigeblatt 3 n° 20 ex cod. Lonstorfiano.

788, 25 oct.
120* K., cum ducatum Baioariae regno Francorum per aliquod tempus infidelitate Odilonis et Tassilonis alienatum in suam redegisset dicionem, s. Mediomatricensi ecclesiae s. Stephano dicatae, cui Engilrammus archiepiscopus et capellae sacri palatii gubernator praeest, donat et ei in perpetuum addictum esse vult monasterium Salvatoris Kieminsco nuncupatum in ducatu Baioariae, quod Doddogrecus peregrinus habuit. — ‚Omnibus fidelibus... quicquid enim ex his'.

Reganesburh civ., 8 kal. nov. a. 21 et 16.
>Liber camerae Salisb. saec. 13 exeuntis in arch. Vindobonensi.
>Kleimayrn Anhang 48 n° 8 ex hoc libro ad 789. — Böhmer 132 ad 788.

789, 23 mart.
121* K. legationis edictum. — ‚De monachis gyrovagis'.
Aquis pal. publ., 10 kal. apr. a. inc. 789, a. r. 21, ind. 12.
>Pertz, LL. 1, 67: capit. monasticum, et 1, 68: cap. generale = Migne 1, 183 et 185. — Baluze capit. 1, 241 et 243. — Bréquigny ad 789.

[789, mart.]
122 K. admonitio. — ‚Omnibus ecclesiasticae pietatis ordinibus... considerans'.
S. a. d. l.
>Pertz LL. 1, 53: capit. ecclesiasticum = Migne 1, 149. — Baluze capit. 1, 209. — Bréquigny ad 789. — Böhmer 135 ad 789.

[789, mart.]
123 K. capitulare missorum Aquitanorum. — ‚De illo edicto quod domnus'.
S. a. d. l.
>Pertz LL. 2, 14 = Migne 1, 671.

[790] mart.
124* K. monasterio Massiliensi in honorem b. Mariae vel s. Victoris martyris constructo omnibusque eius possessionibus emunitatis beneficium concedit. — ‚Maximum regni nostri in hoc augere'.
Quamarcia civ., mart. a. 22 et 17.
>Chartul. maius mon. s. Vict. c. a. 1100 exaratum in arch. Massil.
>Ex chartulario: Cartul. de S. Victor 1, 8 n° 8 ad 790. — Marténe ampl. coll. 1, 46 ad 790 = Bouquet 5, 752 n° 64 = Migne 1, 978 n° 54. — Bréquigny ad 790. — Böhmer 137 ad 790.

[790] apr.

125* K., suggerente Petro Mediolanensis ecclesiae archiepiscopo, qui ex rebus ecclesiae iuxta corpora ss. Protasii, Gervasii, Ambrosii coenobium instituerat ibique sub potestate rectorum ecclesiae monachos secundum regulam s. Benedicti collocaverat iisque Benedictum abbatem praefecerat, oblatam sibi pontificis auctoritatem de monasterii institutione et dotatione confirmat monachisque licentiam abbatem eligendi concedit. — ‚Illud namque ad eternam beatitudinem'.

Wurmace pal. publ., apr. a. 22 et 17.

Apographum saec. 10 in arch. Mediolanensi.
Fumagalli cod. dipl. 81 n° 20 ex hoc apogr. ad 790. — Puricelli Ambrosianae Mediolani basilicae ac monasterii monumenta (Mediol. 1645 in 4°) 42 ex apogr. quod autographum esse credebat, ad 791. — Ughelli 4, 74 ad 791 = Le Cointe 6, 448 ad 790 = Migne 1, 1019 n° 12 ad 791. — Bréquigny ad 790. — Böhmer 138 ad 790.

790, 9 iun.

126 K. monasterio s. Salvatoris, quod Pippinus rex et Berterada regina in loco Prumia construxerunt et cui Asoarius abbas praeest, certas suae proprietatis res in pagis Logonahe, Heinrichi, Angrisgowe sitas, quas missi sui Asoarius et Achardus in causa inter regem et Alpadum acta secundum legem evindicaverunt, donat et confirmat simulque monasterio compositionem ab Alpado partibus fisci solvendam remittit. — ‚Quicquid enim locis sanctorum'.

Magontia civ., 5 id. iun. a. 22 et 17.

Lib. aur. Prum. saec. 10 in bibl. Trevirensi.
Ex hoc libro: Beyer 1, 39 n° 35. — Martène ampl. coll. 1, 45 = Hontheim 1, 142 n° 59 = Migne 1, 1064 n° 16. — Bréquigny ad 790. — Böhmer 139 ad 790.

790, 31 aug.

127 K. monasterio s. Dionisii concedit atque confirmat certas res in ducatu Alamanniae in pago Brisigavia in Binuzhaim et Romaningahoba sitas, quas olim Hrodhardus ab Unnido aliisque, qui eas, licet temporibus Pippini patris et Carlomanni avunculi regis fisco addictas, iniuste retinuerant, comparatas s. Dionisio delegaverat, Mainarius autem abbas utpote res iniuste acquisitas fisco restituit. — ‚Notum esse universis nostris credimus'.

Copsistaino, 2 kal. sept. a. 22.

Autogr. in arch. Parisiensi.
Ex autographo: Tardif 69 n° 89. — Félibien 42 n° 61. — Mabillon dipl. 502 n° 56 = Bouquet 5, 753 n° 67 = Migne 1, 977 n° 53. — Bréquigny ad 790. — Böhmer 140 ad 790.

790, 31 aug.

128 K. basilicae s. Martini concedit atque confirmat certas res in Stamaconstat in Brisigavia in ducatu Alamanniae sitas, quas olim Fulridus Alamannus, licet temporibus Pippini patris et Karlomanni avunculi regis fisco addictas, per cartam venditionis eidem basilicae delegaverat, Itherius autem abbas utpote res iniuste acquisitas fisco restituit. — ‚Notum esse universis nostris credimus'.

Copsistaino, 2 kal. sept. a. 22.

<small>Martène ampl. coll. 1, 48 ex chartulario = Bouquet 5, 754 n° 68 = Migne 1, 979 n° 55. — Bréquigny ad 790. — Böhmer 141 ad 790.</small>

[790] dec.

129* K. ob petitionem Arnonis Petenensis sive Salzburchensis episcopi, eiusdem episcopatui in honorem s. Petri constructo omnes res iuste possessas per suum praeceptum confirmat. — ‚Omnibus fidelibus... si ea que ad loca'.

Dec. a. 26 et 28; s. l.

<small>Liber cam. Salisb. saec. 13 exeuntis in arch. Vindobonensi.
Kleimayrn Anhang 50 n° 9 ex hoc libro ad 791.</small>

791, 3 ian.

130* K. ad quem Fater abbas retulit, Tassilonem dudum Baicariorum ducem in pago Drungaoe in loco Chremisa monasterium ad honorem s. Salvatoris construxisse eique per cartolam donationis regi oblatam loca quaedam hic nominata concessisse, ob petitionem abbatis, quia Tassilonis traditio non amplius rata esse poterat, per suam auctoritatem monasterio res a Tassilone traditas concedit atque confirmat. — ‚Si peticionibus sacerdotum vel servorum dei'.

Wormacie, 3 non. ian. a. 23 [ind. 14, a. inc. 789].

<small>Charta mutila manu saec. 12 evangeliario Cremifan. inserta et copia vitiata in cod. Cremifan. dicto Friderieiano a. 1302 exarato.
Hagn 5 n° 2 ex duobus codicibus = Urkb. ob der Enns 2, 5 n° 3. — Rettenpacher 28 = Migne 1, 1065 n° 17. — Bréquigny ad 791. — Böhmer 142 ad 791.</small>

791, aug.

131 K. ob suggestionem missam a Mauroaldo abbate monasterii s. Mariae in Acutiano in territorio Sabinensi constructi, inspectis instrumentis donationum Hilderici, Tacipergae genitricis atque Hilcipergae uxoris eiusdem quae monachi Acutiani Laurentius presbyter, Decorosus medicus et Altbertus regi ostenderunt, monasterio omnes res a praedictis condonatas per suum praeceptum confirmat. — ‚Si petitionibus sacerdotum vel servorum dei'.

Ragansburgi civ. pal. publ., aug. a. 23 et 18.
<small>Gregorii Catin. registrum n° 178 in bibl. Vaticana.
Galletti 107 ex hoc registro. — Conf. Muratori script. 2ᵇ, 356 et antiqu. 5, 696.</small>

[791, sept.]

132 K. Fastradae reginae renunciat a Pippino per missum relatum esse, scaras ex Italia profectas X kal. septembres fines Avariae transgressas esse, proelio commisso Avaros vicisse et vallo eorum expugnato magnam praedam fecisse. Se cum omni exercitu a nonis septembribus per tres continuos dies litanias fecisse, quas etiam Ragenisburgi fieri se velle. Rogat denique ut crebrius eum de sua filiorumque sanitate certiorem faciat. — ‚Dilectae nobis... salutem amabilem'.

S. a. d. l.
<small>Cod. bibl. Paris. lat. 2777 saec. 9.
Sirmond conc. Galliae 2, 158 ad 791 = Le Cointe 6, 480 = Baluze capit. 1, 235 = Bouquet 5, 623 n° 5 = Mansi 13, append. 185 = Migne 2, 897 n° 5. — Bréquigny ad 791. — Böhmer 143 ad 791.</small>

792, 4 aug.

133* K., petente Paulino s. Aquilegiensis ecclesiae in honorem s. Mariae vel s. Petri vel s. Marci constructae patriarcha, eiusdem congregationi concedit, ut salva principali regis potestate pastorem ex semet ipsis secundum canonicam auctoritatem eligant, simulque homines ecclesiae a solvendis decimis annonae et peculii, herbatico in partibus Istriae, fodro et mansionatico liberat, excepto quod mansiones ab eis praestandae sint, cum rex vel Pippinus filius vel eorum praesidium in partibus Foroiuliensibus commorentur. — ‚Si petitionibus sacerdotum ac servorum dei'.

Regenesburg pal. publ., 2 non. aug. a. 24 et 19.
<small>Copia saec. 18 in cod. bibl. Marcianae lat. IX, 125.
Madrisio 258, append. 2 n° 3 ex copia recentiori = Cappelletti 8, 92 = Migne 2, 1447 n° 1. — Böhmer 145 ad 792.</small>

[792] 4 aug.

134* K., petente Paulino patriarcha, ecclesiae Aquilegiensi in honorem s. Petri vel s. Hermacorae constructae omnes possessiones, et in iis coenobium s. Mariae a Feroce abbate extra muros Veronensis civitatis in loco ad Organum dicto aedificatum atque ecclesiam s. Laurentii in Boga Foroiulii loco atque xenodochium s. Iohannis a Rodualdo duce in Foroiulio constructum, per suum praeceptum confirmat easque sub integra emunitate esse iubet. — ‚Omnibus episcopis... maximum regni nostri'.

Reganesburg pal. publ., 2 non. aug. a. [34 et 24].

<small>Copia vitiata a. 1669 exarata in cod. arch. Vindobonensis 102.
De Rubeis 381 ex copia recentiori ad 801 = Cappelletti 8, 102. —
Böhmer 146 ad 792.</small>

792, 28 aug.

135 K. omnes scire vult, ob petitionem Mauraldi abbatis et congregationis monasterii s. Mariae Hildericum a se iussum esse causas monasterii ubicunque requirere, ideoque omnibus praecipit, ut eum in reddenda monasterio iustitia adiuvent. — ‚Omnibus ducibus... notum vobis sit'.

Ragenisburg civ., 5 kal. sept. a. 24.

<small>Gregorii Catin. chron. in bibl. Farfensi.
Muratori script. 2ᵇ, 442 ex chron. ad 797 = Migne 1, 1023 n° 15. —
Bréquigny ad 792. — Böhmer 147 ad 792.</small>

[792.]

136* K. capitulare Langobardicum. — ‚De his feminis qui se deo voverant'.

S. a. d. l.

<small>Pertz LL. 1, 50: § 1—5 capitularis Langob. a 786 = Migne 1, 147. —
Baluze capit. 1, 539 § 30—34 ad 793.</small>

[792.]

137 K. capitulare missorum. — ‚De singulis capitulis quibus d. rex'.

S. a. d. l.

<small>Pertz LL. 1, 51: § 6—9 capitularis Langob. a. 786 = Migne 1, 149. —
Baluze capit. 1, 540 § 35—38 ad 793.</small>

794, 22 febr.

138* K., ambasciante Radone abbate, ecclesiae iuxta Reganisburgensium civitatem in honorem Christi et s. Hemmeramni constructae, in qua s. Hemmeramni corpus requiescit, donat CCLXVI iugera terrae cultae et incultae inter monasterii saepem, viam publicam et fontem Vivarium sita. — ‚Quicquid enim ob amorem dei'.

Franconofurd super fluvium Moin, 8 kal. mart. a. 26 et 20.

<small>Autogr. in arch. Monacensi.
Mon. Boic. 28ᵃ, 3 n° 2 ex autogr. — Ried 1. 8 n° 10 ex autographo, vitiose. — Pez thes. anecd. 1ᶜ, 1 n° 1. — Lünig 21, Fortsetzung 99. —
Böhmer 148 ad 794.</small>

794, 31 mart.

139* K. ecclesiae s. Ticiani sub Cenedensium castro constructae, in qua idem s. requiescit et cui Dulcissimus episcopus praeest, praeceptum confirmationis concedit. — ‚Maximum regni nostri in hoc augere'.

Franconoford, 2 kal. apr. a. 26 et 20.

<small>Charta valde corrupta in cod. arch. Vindob. 102 saec. 17.
Ughelli 5, 174 ex transumpto notarili a. 1337 = Migne 1, 1020 n° 13. — Verci 1, docum. 1 n° 1 ex dissertatione manuscr. ad 793 = Cappelletti 10, 234. — Bréquigny ad 794. — Böhmer 149 ad 794.</small>

[794, iul.]

140* K. Elipando Toletanae civitatis metropolitano ceterisque Hispaniae sacerdotibus scribit, se cum quaestio orta sit de adoptione carnis Christi, s. Romanam ecclesiam et ecclesiasticos Britanniae viros consuluisse et ex omnibus suae ditionis ecclesiis generale concilium convocasse, ut ex diligenti multorum consideratione veritas catholicae fidei inveniretur. Mittit eis et libellos s. scripturarum hac de re testimonia continentes et decreta ex patrum et concilii consensu constituta et professionem fidei apostolica et synodali auctoritate stabilitam et a semet ipso sancitam. Obsecrat eos ut se corrigant et ad unanimitatem matris ecclesiae revertantur, ne ob errorem pro haereticis habeantur. — ‚Elipando... gaudet pietas christiana'.

S. a. d. l.

<small>Sirmond conc. Galliae 2, 184 ad 794 = Bouquet 5, 623 n° 6 = Mansi 13, 899 n° 4 = Froben Alcuini opera 2, 582 = Migne 2, 899 n° 6. — Bréquigny ad 794. — Böhmer 150 ad 794.</small>

794.

141 K. capitulare Francofurtense. — ‚Coniungentibus deo favente.. de Tasiloni definitum est'.

A. 26; s. d. l.

<small>Pertz LL. 1, 71 = Migne 1, 191. — Baluze capit. 1, 261 = Bouquet 5, 650. — Bréquigny ad 794.</small>

[794.]

142* K. edictum de rebus ecclesiasticis. — ‚Quia iuxta sanctorum patrum traditionem'.

S. a. d. l.

<small>Baluze capit. 1, 379: § 1—3 capitularis Aquisgran. a. 803 adscripti. — Bréquigny ad 803.</small>

794, 20 iul.

143* K. Aniano abbati, qui in concilio synodali se suaque monasteria s. Iohannis in Extorio et s. Laurentii in Olibegio in mundeburdium regis commendavit, litteras tuitionis dat simulque villam Caonas monasterio delegatam concedit. — ‚Omnibus fidelibus... rectum est regalis potestas'.

Franconofurd pal., 13 kal. aug. a. 26 et 20.

<small>Mabillon dipl. 503 n° 58 ex autogr. ad 793 = Bouquet 5, 755 n° 72 ad 794 = Migne 1, 980 n° 56 ad 793. — Baluze capit. 2, 1399 n° 18 ex arch. monast. ad 794 = Vaissete 1, preuves 28 n° 8. — Bréquigny ad 794. — Böhmer 151 ad 794.</small>

[795] mart.

144* K. Iohanni fideli suo, qui post reportatam in pago Barchinonensi in loco Ad-ponte de Saracenis victoriam a Ludovico rege villare eremum Fontes dictum ad laborandum acceperat, iam vero cum Ludovici epistola ad regem veniens se eiusdem manibus commendavit, concedit ut ipse eiusque posteri, dum fideles sint, quidquid aprisione occupaverit sine ullo censu aut inquietudine teneant. — ‚[Notum sit] omnibus episcopis... rectum est regalis potestas'.

Aquisgrani pal., mart. a. 25 et 18.

<small>Charta vitiata.
Baluze capit. 2, 1400 n° 19 ex arch. archiepisc. Narbonn. ad 795 = Le Cointe 7, 341 ad 799 = Vaissete 1, preuves 29 n° 9 ad 795 = Bouquet 5, 778 ad 793. — Bréquigny ad 795. — Böhmer 133 ad 789.</small>

[793—796.]

145* K. Athilhardum archiepiscopum eiusque coepiscopum Ceolvulfum rogat, ut per eorum apud Offanum regem deprecationem exulibus quibusdam, mortuo domino eorum Umhrinsgstan, in patriam revertentibus secure ibidem habitare liceat. — ‚Athilhardo... nullatenus vestram'.

S. a. d. l.

<small>Duchesne Alcuini opera 1576 n° 61 = Le Cointe 6, 551 ad 795 = Bouquet 5, 624 n° 8 = Froben Alc. opera 2, 557 n° 2 = Migne 2, 934 n° 23. — Wilkins concilia magnae Britanniae (Londini 1737 in f°) 1, 154. — Bréquigny ad 795.</small>

[796, ante iun.]

146* K. Homero auriculario iterum ad domnum apostolicum ituro mandat, ut eum ad vitam honeste agendam, ad canones observandos, ad vitandam simoniacam haeresim hortetur atque ab eo certum responsum de construendo s. Pauli monasterio petat. — ‚Homero... divina regente misericordia'.

S. a. d. l.

<small>Duchesne Alcuini opera 1611 n° 83 = Le Cointe 6, 563 ad 796 = Baluze capit. 1, 271 = Bouquet 5, 625 n° 9 = Mansi 13, 981 n° 2 = Migne 2, 909 n° 9. — Bréquigny ad 796. — Böhmer 153 ad 796.</small>

[796, ante iun.]

147   K. Leoni papae scribit maxime se gaudere, quod unanimiter electus sit et sibi fidelitatem promiserit. Electionem eius solatium sibi esse doloris quo morte antecessoris eius affectus sit. Mittere se Angilbertum, ut quaecunque ad augendam s. dei ecclesiam, ad stabiliendum papae honorem, ad firmandum ipsius patriciatum necessaria videantur, cum eo constituat atque foedus amicitiae feriat, quale cum antecessore eius ictum fuerit. — ‚Leoni... perlectis excellentiae vestrae litteris'.

S. a. d. l.

<small>Duchesne Alc. opera 1612 n° 84 = Le Cointe 6, 552 ad 796 = Baluze capit. 1, 271 = Bouquet 5, 625 n° 10 = Mansi 13, 980 n° 1 = Migne 2, 907 n° 8. — Bréquigny ad 796. — Böhmer 154 ad 796.</small>

796 [c. iun.]

148*   K. Offae Merciorum regi de fidei catholicae sinceritate quam ex litteris eius cognoverit gratulatur eumque certiorem facit, peregrinis ad apostolorum limina proficiscentibus sine ulla vexatione cum pace iter facere licere, negotiatoribus autem telonea esse persolvenda iisque se patrocinium suum promittere. Certas quasdam res sedibus episcopalibus regnorum Offae et Ethelredi itemque ipsi regi dono se mittere. — ‚Viro venerando... primo gratias'.

S. a. d. l.

<small>Wilh. Malmesburiensis de gestis regum Angl. lib. 1, in Savile rer. Angl. script. (Francofurti 1601 in f°) 32. — Le Cointe 6, 612 ex W. Malm. — Sirmond conc. Galliae 2, 208 = Bouquet 5, 627 n° 12. — Mansi 13, 982 n° 3 ex W. Malm. = Migne 2, 907 n° 7. — Bréquigny ad 796.</small>

[ante 796, iul.]

149   K. Offae regi nunciat, presbyterum quendam Scottum per aliquod tempus in parochia Hildeboldi Coloniensis episcopi commoratum ibi propter infamiam diutius manere non posse ideoque se regem precari, ut illum in patriam revocet et proprio episcopo iudicandum committat. — ‚Dilecto fratri... presbyter iste'.

S. a. d. l.

<small>Duchesne Alc. opera 1614 n° 85 = Le Cointe 6, 551 ad 793—796 = Baluze capit. 1, 275 = Bouquet 5, 626 n° 11 = Mansi 13, 982 n° 4 = Migne 2, 910 n° 12. — Bréquigny ad 797.</small>

797, 17 febr.

150 K. auctoritas monasterio s. Salvatoris a Pippino et Bertrada in Prumia constructo de villis Lauriaco et Catiaco concessa. — Asoarius abbas, cum ad regem retulisset villas Lauriacum et Catiacum in Andecavo sitas, ab ava sua Theodilhildi et matre sua Wilhara possessas, una cum aliis rebus propter infidelitatem parentum suorum in fiscum redactis esse usurpatas, his villis a rege revestitus praeceptum confirmationis obtinuit. Cum autem paulo post per Odilhardum s. Nameticae urbis episcopum aliosque patefactum esset, Lauriacum ex legibus hereditati regis deberi, abbas in iudicium coram rege vocatus et a scabiniis suis secundum legem Romanam iudicatus iussus est reddere et praeceptum regale et praedictas villas, quarum unam Lauriacum rex deinde monasterio s. Salvatoris delegavit, alteram abbati in alodem per novam confirmavit auctoritatem. Post aliquot annos vero, cum contentio inter Asoarium et Nunonem comitem de quibusdam villae Catiaci appendiciis orta esset, per strumenta chartarum et testimonia veracium hominum compertum est, etiam Catiacum villam a Theodilhildi avia abbatis Pippino traditam esse et ideo regis esse debere. Nihilominus rex abbati, licet noxius inventus esset, indulgens duas villas monasterio s. Salvatoris confirmat. — ‚Quicquid enim in nostra vel procerum'.

Aquis pal. publ., 13 kal. mart. a. 29 et 25.

Lib. aur. Prum. saec. 12 in bibl. Trevirensi.

Ex hoc libro: Beyer 1, 41 n° 37. — Marténe ampl. coll. 1, 51 = Hontheim 1, 144 n° 61 = Migne 1, 1068 n° 19. — Böhmer 156 ad 797.

797, 31 mart.

151 K., ambasciante Meginardo, Theodoldo comiti, postquam una cum infidelibus qui cum Pippino in vitam et regnum regis coniuraverant in iudicium Francorum adductus se iudicio dei idoniavit seu purgavit, omnem legitimam proprietatem reddi iubet et per suum praeceptum ei eiusque posteris confirmat. — ‚Praespicuae conpendiis regalibus'.

Aquis pal., pridie apr. a. 29 et 25.

Autogr. in arch. Parisiensi.

Ex autographo: Tardif 71 n° 96. — Félibien 43 n° 63. — Mabillon dipl. 504 n° 59 ad 799 = Bouquet 5, 758 n° 75 ad 797. — Bréquigny ad 797. — Böhmer 157 ad 797.

797, 28 apr.

152* K., petente Anghilberto abbate, monasterio Centulo in pago Pontivo in honorem Salvatoris, s. Mariae et s. Petri constructo,

in quo s. Richarii corpus requiescit, cellam quam Richarius in eodem pago in foreste iuxta cisternam seu iuxta Argubium locum aedificavit et in qua mortuus est, perpetuo possidendam cedit et condonat. — ‚Quicquid enim ob amorem'.
Aquis pal. publ., 4 kal. mai. a. 29 et 25.

> Mabillon acta ss. 5, 97 ex Hariulfi chron. Centul. ad 798 = Bouquet 5, 759 n° 76 ad 797 = Migne 1, 986 n° 59 ad 798. — Bréquigny ad 797. — Böhmer 158 ad 797.

797 [ante iun.]

153* K. ob suggestionem ab Anselmo abbate missam monasterio Nonantulae in territorio Motonensi ad honorem dei, omnium apostolorum atque ss. Silvestri et Benedicti constructo, inspecta cartola donationis Adoini Langobardi filii Vectari, omnes res ab eo in territoriis Vicentino et Veronensi delegatas cedit et confirmat, insuper monasterio concedit Caldarium, Cesareticum et Casanovalam fundos in Bononiensi territorio sitos, qui a Gregorio Greco iocatore regis per praeceptum Liutbrandi regis vel per emphyteusim quondam possessi, postea iure legitimo in Karoli regis dominium devenerant. — ‚Si desideriis sacerdotum vel servorum dei'.
Aq[uis] pal. [reg.],... a. 29 et 25.

> Autographum mutilum in arch. Nonantulano.
> Tiraboschi Nonantola 2, 31 n° 15 ex autogr. ad 798.

797, 28 oct.

154 K. capitulare Saxonicum. — ‚Convenientibus in unum... ut ecclesiae viduae'.
Aquis pal., 5 kal. nov. a. inc. 797, a. r. 30 et 22.

> Pertz LL. 1, 75 = Migne 1, 199. — Baluze capit. 1, 275 = Bouquet 5, 651. — Bréquigny ad 797. — Böhmer 159 ad 797.

[776—798.]

155* K. monasterio Epternaco super fluvium Suram in honorem s. Willibrordi ibidem humati constructo, cui Beonradus abbas praeest, villam suam Duovendorf super Gandram in pago Muslensi sitam, quam huc usque Geraldus missus per beneficium regis tenuit, donat atque tradit. — ‚Omnibus fidelibus... quicquit enim ad loca'.
S. a. d. l.

> Liber aur. Epternac. saec. 13 incip. in bibl. Gothana.
> Beitr. zur Diplomatik 5, 395 n° 6 ex hoc codice.

[776—798.]

156 K. monasterio Epternaco in honorem s. Petri constructo, in quo s. Willibrordus requiescit et cui Beonradus abbas praeest, donat insulam Breckera-Wetrida in Reno inter Breoneras et Rineras sitam, quam Widgarius et Autgarius per beneficium regis tenuerunt. — ‚Omnibus fidelibus... quicquit ad loca'.
S. a. d. l.
<small>Liber aur. Epternac. saec. 13 incip. in bibl. Gothana.
Beitr. zur Diplomatik 5, 397 n° 7 ex hoc cod.</small>

[776—798.]

157 K. cui Bernerardus Senonensis urbis et ecclesiae archiepiscopus et rector monasterii s. Willibrordi in loco Epternaco siti, ubi ipse sanctus requiescit, retulit, hoc monasterium certas res a Carlomanno quondam germano regis concessas quieto quidem ordine tenere, cartulam vero propter incuriam non accepisse, per suam auctoritatem easdem res monasterio denuo concedit atque confirmat, id est villas quasdam in pago Bedensi in loco Dreise super Salmanam fluvium et Officium super Liseram. — ‚Quicquid enim locis sanctorum venerabilium'.
S. a. d. l.
<small>Liber aur. Epternac. saec. 13 incip. in bibl. Gothana.
Martène ampl. coll. 1, 47 ex l. aureo c. a. 790 = Hontheim 1, 143 n° 60 c. a. 794 = Migne 1, 1067 n° 18. — Beyer 1, 40 n° 36 ex veteri copia c. a. 794. — Bréquigny ad 790.</small>

[798.]

158* K. Albini epistolae de ratione septuagesimae, sexagesimae, quinquagesimae et quadragesimae respondet. — ‚Dilectissimo magistro... pervenit ad nos epistola.'
S. a. d. l.
<small>Cod. Vindob. 966 saec. 9.
Duchesne Alc. opera 1147 = Froben Alc. opera 1ᵃ, 88 n° 66 ad 798 = Migne 2, 911 n° 13 ad 800. — Bréquigny ad 794.</small>

799, iun.

159* K. ad quem Benedictus monasterii s. Mariae in loco Aniano in pago Magdalonensi constructi abbas retulit, se una cum monachis in locis eremis fisci Iuviniaci in loco Fonte-agricolae Novam-cellam et alteram cellam in loco Asogrado et duo molina super Leto fluvium aedificasse et insuper alia loca crema Porcarias, Comaiacas, Caucinum, consentientibus comitibus atque accolis, apprendisse, ob suggestionem abbatis omnes has res ab eo nullo contra dicente possessas per suum praeceptum ei concedit atque confirmat. — ‚Omnibus episcopis... notum sit qualiter'.

Aquis pal., iun. a. 31 et 26.
<small>Chartul. Anian. in arch. Monspeliensi.
Bouquet 5, 761 n° 79 ex schedis Mabillonii = Migne 1, 988 n° 60. — Vaissete 1, preuves 29 n° 10 ex transumpto a. 1314 = Layettes 1, 4 n° 4. — Bréquigny ad 799. — Böhmer 162 ad 799.</small>

799, 13 iun.

160* K. suis oraculis donationis testamentum sibi ostensum confirmat, per quod eius soror deo sacrata Gisla monasterio ss. Dionysii, Rustici, Eleutherii, quorum corpora ibidem requiescunt, vel [Fulrado] abbati delegavit villam suam Puciales in pago Adrapatensi cum ecclesiis in hon. s. Vedasti constructis et cum omnibus appendiciis in eodem pago et in Vermandensi et Ambianensi et Cameracensi pagis sitis. — ‚Si ea quae a deum timentibus hominibus'.

Aquis pal., id. iun. a. 31 et 26.
<small>Doublet 721 = Bouquet 5, 761 n° 78 = Migne 1, 985 n° 58. — Bréquigny ad 799. — Böhmer 161 ad 799.</small>

[800] 26 mart.

161* K. Autlando abbati atque fratribus monasterii Sithiu in honorem s. Petri constructi, in quo ss. Audomari et Bertini corpora requiescunt, concedit, ut eorum hominibus in silvis monasterii, salvis regis forestibus, venationem exercere liceat. — ‚Quicquid enim ad loca sanctorum'.

Sithiu in atrio s. Bertini, 7 kal. apr. a. 20.
<small>Copia chartul. Folquini saec. 12 in bibl. Bononiensi.
Mabillon dipl. 611 n° 199 ex chartul. autogr. Folquini = Bouquet 5, 752 n° 63 ad 788 = Migne 1, 976 n° 52. — Cartul. de S. Bertin 63 n° 45 ex copia saec. 12 ad 788. — Bréquigny ad 788.</small>

800, 2 iun.

162* K., petente Albino abbate monasterii s. Martini, in quo eius corpus requiescit, fratribus in monasterio s. Pauli in Cormarico constructo secundum regulam s. Benedicti conversantibus licentiam dat duas naves ab omni teloneo solvendo liberas per Ligerim, Meduanam, Sartam, Ledum, Viennam dirigendi. — ‚Omnibus episcopis... notum sit quia petitione'.

Turonis in mon. s. Martini, 4 non. iun. a. 32 et 27.
<small>Bouquet 5, 761 n° 82 ex chartul. s. Mart. = Migne 1, 983 n° 64. — Baluze capit 2, 1401 n° 20 ex chartul. s. Mart. — Gallia christ. 14, instr. 12 n° 9 ex cop. recent. = Bourassé 9 n° 3. — Bréquigny ad 800. — Böhmer 163 ad 800.</small>

800, 3 iun.

163* K. Albino abbati [et magistro suo] licentiam dat in cella s. Pauli Cormarico dicta ab antecessore eius Iterio constructa et s. Martino tradita monachos secundum s. Benedicti statuta constituendi, ea quidem ratione ut cella in potestate s. Martini permaneat monachique protectione et subsidio abbatum s. Martini fruantur. — ‚Omnibus fidelibus s. Martini'.

Turonis civ. in mon. s. Martini, 3 non. iun. a. 32 et 27.

Charta vitiata et additamentis suspecta.

Bouquet 5, 765 n° 83 ex arch. monasterii = Migne 1, 992 n° 63. — Monsnyer 199 = Bourassé 7 n° 2. — Gallia christ. 14, instr. 11 n° 8. — Bréquigny ad 790 et 800. — Böhmer 164 ad 800.

[800, iun.]

164 K. capitulum pro pago Cenomannico. — ‚Pro nimia reclamatione'.

S. a. d. l.

Pertz LL. 1, 82 = Migne 1, 209.

[800] iun.

165* K. ad quem Nimfridius abbas retulit, se una cum monachis intra eremum territorii Narbonensis super Orobionem fluvium in loco Novalias dicto monasterium in honorem s. Mariae construxisse, vineas ibidem plantasse, agros coluisse ideoque se has res nullo contra dicente possidere, rex abbati ob eius suggestionem praedictas possessiones per suum praeceptum concedit atque confirmat. — ‚Omnibus episcopis... notum sit qualiter vir'.

Compendio pal. reg., iun. [a. 11, ind. 1].

Autogr. mutilum in archivo Carcassonensi.

Mahul 2, 208 ex autogr. et apographis sacc. 17 ad 778, vitiose. — Bouquet 5, 741 n° 44 ex schedis Cl. Estiennot, sine notis chronol. ad 779 = Migne 1, 962 n° 39. — Gallia christ. 6, instr. 411 n° 1 ex apogr. ad 778 = Marini 104 n° 70. — Specimen scripturae in Silvestre 3, 69. — Bréquigny ad 778. — Böhmer 95 ad 779.

[796—800.]

166 K. basilicae s. Martini, cuius corpus ibidem requiescit, inspectis Pippini aliorumque antecessorum quas Alchuinus abbas sibi obtulit emunitatibus, denuo concedit, ut omnes res s. Martini, in quocunque regno sive in Austria sive in Neustria, Burgundia, Aquitania, Provincia sint, sub plenissima immunitate consistant, et adiungit ut, qui hoc praeceptum violaverint, poena DC solidorum auri multentur et ut ipsa emunitas, si qua in re im-

minuta vel infracta fuerit, hac auctoritate penitus sit restaurata. —
‚Omnibus episcopis... decet etenim regalis clementiae dignitatem'.
Lauduno castro; s. a. d.

>Martène thes. anecd. 1, 13 ex chartul. = Bouquet 5, 763 n° 81 = Migne 1, 990 n° 62. — Gallia christ. 14, instr. 13 n° 10 ex schedis Baluzianis. — Bréquigny ad 796.

[787—800.]

167* K. epistolis Hiltibaldi, Maginharti, Aginonis, Gerhohi, Hartrichi episcoporum de septiformi spiritus sancti gratia respondet. —
‚Hiltibaldo... gratias agimus sanctitati vestrae'.
S. a. d. l.

>Mabillon analecta 74 ex bibl. Augiensi = Migne 2, 914 n° 14.

[774—800.]

168 K., petente Fulcone abbate, suo praecepto sancit, ut in monasterio s. Aniani ordo canonicus observetur et villae Apponiacus et Herbiliacus in pago Aurelianensi, tres mansi in Bercillis et unus in Sucaranae villa itemque res in Turmo in pago Blesensi sitae usibus LX canonicorum ibidem constitutorum deserviant. —
‚Comperiat omnium fidelium solertia'.
S. a. d. l.

>Hubert preuves 74 ex apogr. mutilo tabul. s. Aniani = Le Cointe 6, 321 ante a. 786 = Bouquet 5, 765 n° 84 = Migne 1, 993 n° 65. — Bréquigny ad 786.

[c. a. 800.]

169* K. ob petitionem Rotgerii comitis, qui monasterium in loco proprietatis suae Karofo super fluvium Karante in pago Pictavensi ad honorem Salvatoris constructum, constituto David abbate, in manus regis delegavit, abbati vel congregationi monasterii immunitatis beneficium concedit. — ‚Maximum regni nostri'.
S. a. d. l.

>Besly 155 ex tabul. monast. = Le Cointe 6, 437 = Bouquet 5, 762 n° 80 = Migne 1, 989 n° 61. — Bréquigny ad 789.

[ante 800.]

170* K. capitulare. — ‚Ut infra regna Christo propitio nostra'.
S. a. d. l.

>Pertz LL. 1, 121 § 16—22 ad 803 = Migne 1, 268. — Baluze capit. 1, 400 § 16—22 ad 803 = Bouquet 5, 666. — Conf. Boretius 121.

[ante 800.]

171 K. edictum pro episcopis. — ‚Dilectis comitibus ... cognoscat utilitas vestra quia resonavit'.
S. a. d. l.

> Pertz LL. 1, 81 = Migne 1, 209. — Baluze capit. 1, 329 = Bouquet 5, 766 n° 85. — Bréquigny ad 800. — Boretius 113 ad 786.

[ante 800.]

172 K. capitulare. — ‚Quod deo miserante filii nostri'.
S. a. d. l.

> Baudi di Vesme edicta reg. Langob. (Taurini 1855) 197; conf. praef. 105.

ACTA KAROLI IMPERATORIS.

801, 4 mart.

173* K., cum Romae in iudicio resideret ibique Aribertus s. Aretinae ecclesiae episcopus Andream s. Senensis ecclesiae episcopum de monasterio s. Ansani aliisque ecclesiis ab episcopis Senensibus ex Adriani papae temporibus occupatis interpellaret, inspecta sententia quam Leo summus pontifex una cum sacerdotibus rogatu imperatoris tulerat, iubet ut omnes res ab Aretina ecclesia priscis temporibus possessae Ariberto restituantur, easque ei et successoribus per suum praeceptum confirmat. — ‚Quicquid in nostra et in procerum nostrorum praesentia'.

Romae in ecclesia s. Petri, 4 non. mart. a. 33 [et 34 imp.].

> Charta vitiata.
> Ughelli 1, 412 ad 795 = Migne 1, 1021 n° 14. — Bréquigny ad 801. — Böhmer 165 ad 801.

801, 29 mai.

174* K., cum Roma redux in territorio Bononiensi ad causas audiendas resideret, interpellante Vitali Bononiensis urbis episcopo Anselmum abbatem monasterii Nonantulae in honorem Salvatoris, ss. apostolorum et s. Silvestri constructi de ecclesia baptismali s. Mammae dicata in vico Liciano, una cum fidelibus suis iudicat, ut episcopus, cuius antecessor Romanus hanc ecclesiam consecravit, ex lege canonica ibidem consecrationem, confirmationem, praedicationem et correctionem presbyteri ab abbate eligendi habeat et peragat, abbas autem secundum regium praeceptum in iudicio oblatum, per quod Haistulfus quondam illum vicum monasterio delegavit, ecclesiam a monachis atque habitatoribus vici cum consensu episcopi aedificatam quiete possideat. — ‚Cum nos in dei nomine territorium'.

In territorio Bononiense super fluvium Renum, 4 kal. iun. a. imp. 1, a. r. 33 et 28.

<small>Autogr. ex parte corrosum in arch. Nonantulano.
Tiraboschi Nonantola 2, 34 n° 18 ex autogr. — Böhmer 167 ad 801.</small>

801 [iun.—sept.]

175* K. capitula legi Langobardorum addita. — ‚Omnibus ducibus... cum Italiam propter utilitatem'.

A. inc. 801, ind. 9, a. r. 33 et 28, a. consolatus 1; s. d. l.
<small>Pertz LL. 1, 83: § 1—8 capit. Ticinensis ad 801, iun. = Migne 1, 211. — Baluze capit. 1, 345. — Bréquigny ad 801.</small>

[801, nov.]

176* K. capitulare Aquisgranense. — ‚Ut cuncti sacerdotes precibus assiduis'.

S. a. d. l.
<small>Pertz LL. 1, 87 = Migne 1, 217. — Martène ampl. coll. 7, 26. — § 1—21 in Baluze capit. 1, 357.</small>

[802, ian.]

177* K. mandatum de Saxonibus obsidibus imperatori Moguntiae praesentandis. — ‚De Westfalahis'.

S. a. d. l.
<small>Pertz LL. 1, 89 = Migne 1, 221. — Ussermann prodromus Germaniae sacrae 1, dissert. praevia 68 ad 797 vel 803.</small>

[802, mart.]

178 K. capitulare Aquisgranense. — ‚De legatione a domno imperatore directa. Serenissimus'.

S. a. d. l.
<small>Pertz LL. 1, 91 = Migne 1, 223. — Baluze capit. 1, 361 = Bouquet 5, 658. — Bréquigny ad 802.</small>

[802, mart.]

179 K. capitula missis dominicis data: a) capitula missorum per missaticum Parisiense et Rodomense. — ‚De fidelitatis iurandum omnes'. — b) capit. missorum per missaticum Senonense. — ‚In primis de Aurelianense civitate'.

S. a. d. l.
<small>Pertz LL. 1, 97 et 2, 16 = Migne 1, 234. — Baluze capit. 1, 375.</small>

[802, nov.]

180 K. capitula excerpta. — ‚Ut eorum qui ad ordinandum veniunt'. S. a. d. l.

Baluze capit. 1, 515 incerti anni = Bouquet 5, 690 = Pertz LL. 1, 99 ad 802 = Migne 1, 237. — Bréquigny ad 813.

[802, vere.]

180bis Capitulare Langobardicum a Pippino rege promulgatum. — ‚Volumus atque ammonemus ut episcopi'. S. a. d. l.

Pertz LL. 1, 103 = Migne 1, 243. — Boretius 136: 801—810.

802, 23 apr.

181* K. apud quem Aquis in iudicio residentem sacerdotes et canonici ecclesiae s. Gervasii in urbe Cenomannica, consentientibus Iosepho metropolitano, Francone aliisque episcopis comprovincialibus, conquesti sunt, quod fideles imperatoris, qui ex eius largitione res ecclesiae beneficiario munere acceperint, nonas et decimas aliosque census aut usibus clericorum aut restaurationi ecclesiarum destinatos negligenter persolvant vel omnino solutionem differant, imperator ob petitionem sacerdotum statuit atque iubet, ut omnes qui huius ecclesiae beneficia habeant aut in posterum habituri sint, ex consensu episcopi ea quidem, dum cum rebus publicis commutentur, teneant, sed de omni eorum reditu nonas et decimas et alios census persolvant, [atque si quando hanc iussionem contempserint censumque neglexerint, illa beneficia perdant. Et ne hae res dominationi ecclesiae eripiantur, nomina XIX monasteriorum vel cellularum et LXXXII vicorum, ex quibus, cum iuris ecclesiae sint, censum solvendum esse imperatori authenticis scriptis comprobatum fuit, huic praecepto inseruntur]. — ‚Si precibus sacerdotum ac servorum'.

Apr., 9 kal. mai. a. imp. 2, a. r. 34 et 29; in textu: Aquis palatio.

Charta interpolata actis pontif. Cenom. inserta in cod. bibl. Cenom. saec. 12.

Mabillon analecta 204 ex actis p. C. = Bouquet 5, 767 n° 87 = Migne 1, 994 n° 66. — Bréquigny ad 802. — Böhmer 170 ad 802.

802, 15 sept.

182* K. ad quem Richulfus s. Mogontiacensis ecclesiae archiepiscopus retulit, Maginfredum quondam imperatoris servum monasterio Herolvesfeld in honorem ss. Simonis et Tathei constructo res iuste acquisitas per cartolam traditionis delegasse, hanc traditionem autem, cum Maginfredus servus imperatoris esset, non secundum legem esse factam, imperator ob petitionem pontificis monasterio easdem res in Thoringia in pago Helmgawe in villa Salzaha et in pago Altgawe in villa Corneri sitas per suam auctoritatem cedit et confirmat. — ‚Si petitionibus sacerdotum vel servorum'.

Wosega silva in loco Suega, 17 kal. oct. a. imp. 2, a. r. 34 et 29, ind. 10.

<small>Autogr. in arch. Kasselano.
Wenck 3ᵇ, 18 n° 18 ex autogr. — Ectypon in Kopp Schrifttafeln n° 17. — Böhmer 173 ad 802.</small>

[802, oct.]

183 K. capitulare generale Aquense: a) capitulare generale. — ‚Omnes ecclesiasticos de eorum eruditione'. — b) capitula examinationis generalis. — ‚Interrogo vos presbyteri'. — c) capitula de doctrina clericorum. — ‚Fidem catholicam'. — d) excerpta canonum et capitula varia. — ‚Ut sacerdotes et ministri'.

S. a. d. l.

<small>Pertz LL. 1, 106 = Migne 1, 246.</small>

803 [ante iun.]

184 Capitula quae iussu Karoli in lege Salica mittenda sunt. — ‚De homicidiis clericorum; si quis subdiaconum'.

A. 3; s. d. l.

<small>Merkel lex Salica 46. — Pertz LL. 1, 113 = Migne 1, 255. — Baluze capit. 1, 387 = Bouquet 5, 661. — Bréquigny ad 803.</small>

[803, ante iun.]

185 Capitula quae iussu Karoli in lege Ribuaria mittenda sunt. — ‚Si quis ingenuus ingenuum'.

S. a. d. l.

<small>Pertz LL. 1, 117 § 1—13 = Migne 1, 263. — Baluze capit. 1, 395 = Bouquet 5, 665.</small>

[803.]

186 K. capitula missorum. — ‚De causis admonendis, de ecclesiis emendandis'.

S. a. d. l.

<small>Pertz LL. 1, 114: capit. minora § 1—29 = Migne 1, 259. — Baluze capit. 1, 391 = Bouquet 5, 663.</small>

803, 13 iun.

187 K. ob petitionem Benedicti abbatis monasterio s. Marine Acutiano dicto in territorio Sabinensi sito quascunque res praesenti tempore [anno scilicet ab incarnatione d. Iesu DCCCIII] ex donationibus, venditionibus, commutationibus possideat et in posterum acquirat, per suum praeceptum plenius concedit atque confirmat. — ‚Si ea quae a deum timentibus'.

    Aquis pal. publ., id. iun. a. imp. 3, a. r. 35 et 29, ind. 11.
        Gregorii Catin. chron. in bibl. Farfensi.
        Ex chronico: Muratori script. 2^b, 358 = Migne 1, 1027 n° 18. — Duchesne script. 3, 653 = Le Cointe 6, 814. — Bréquigny ad 803. — Böhmer 174 ad 803.

803, 13 aug.

188* K., petente Fortunato Gradensi patriarcha et sedis ss. Marci et Hermacorae episcopo, ipsius ecclesiae omnes possessiones in Istria, Romandiola sive Longobardia sitas sub immunitatis nomine confirmat. — ‚Maximum regni nostri augere'.

    Salcio sacro pal., id. aug. a. imp. 3, a. r. 33 et 28.
        Cod. Trevisanus saec. 15 in arch. Vindobonensi.
        Ughelli 5, 1095 = Le Cointe 6, 817 = Belhomme hist. Mediani in monte Vosago monasterii (Argentorati 1724 in 4°) 159 = Mainati chron. di Trieste (Venezia 1817 in 8°) 1, 41 ad 788 = Migne 1, 1028 n° 19 ad 803 = Cappelletti 9, 36. — Bréquigny ad 803.

[803, aug.]

189 K. ob petitionem Fortunati Venetiarum et Istriensium patriarchae quatuor eiusdem aut successorum naves ab omni teloneo solvendo liberat. — ‚Omnibus fidelibus nostris... notum sit quia'.

    S. a. d. l.
        Cod. Trevisanus suprascriptus.
        Beitr. zur Diplomatik 5, 398 n° 8 ex hoc codice.

[803, aug.]

190 K. capitulare ad Salz. — ‚Ut ecclesias dei bene constructae'.
    S. d.; in inscriptione: ad Salz, a. 4.
        Pertz LL. 1, 123 = Migne 1, 271. — Baluze capit. 1, 415 ad 804. — Bréquigny ad 804.

[803, sept.—nov.]

191* K. capitula legi Baioariorum addita. — ‚Ut aecclesia, viduae, orfani'.
    S. a. d. l.
        Pertz LL. 1, 126 = Migne 1, 277. — Pertz LL. 3, 477; conf. 250. — Baluze capit. 1, 207 ad 788 et 1, 445 ad 806; conf. 2, 1035 = Bouquet 5, 675. — Bréquigny ad 788 et 806.

[803, sept.—nov.]

192* K. capitulare Baioaricum. — ‚Primus omnium iubendum est ut habeant'.

S. a. d. l.

    Pertz LL. 1, 127 = Migne 1, 297. — Pertz LL. 3, 477; conf. 250. — Baluze capit. 1, 449 ad 806 = Bouquet 5, 676. — Bréquigny ad 806.

803, 17 nov.

193* K., petentibus Pipino rege Longobardorum et Petro s. Comensis ecclesiae episcopo, huic ecclesiae omnes res et possessiones et inter eas teloneum mercati ipsius loci [et Berinzonam plebem cum comitatu et districtu et portu] confirmat simulque clericis Cumanis [comitatum Clavennae et] clusas et pontem eiusdem loci concedit et de suo iure in ius canonicorum transfert. — ‚Si petitionibus sacerdotum vel servorum'.

Reguntiburg pal. publ., 15 kal. dec. a. imp. 3, a. r. 36, ind. 11, [a. inc. 803].

    Tatti 945 ex tabul. ecclesiae = Cappelletti 11, 319. — Ughelli 5, 263 ex arch. = Le Cointe 6, 820. — Bréquigny ad 803. — Böhmer 175 ad 803.

[803.]

194 K. capitula legi Frisionum addita quae dicuntur additio sapientum. — ‚Wulemarus, de pace faidosi'.

S. a. d. l.

    Herold orig. ac German. antiquit. libri 143 = Lindenbrog cod. leg. antiquarum 503 = Walter corp. iur. Germ. 1, 367 = Richthofen in Pertz LL. 3, 682; conf. 652. — Conf. Stobbe Beitr. zur Gesch. des deutschen Rechts 1, 182.

[803.]

195* K. capitula alia addenda. — ‚De clericis et laicis qui chrisma'.

S. a. d. l.

    Pertz LL. 1, 120 § 1—3. 12—15 = Migne 1, 267. — Baluze capit. 1, 399 § 1—3. 12—15 = Bouquet 5, 666. — Bréquigny ad 803.

[803.]

196 K. capitula misso cuidam data. — ‚Continebatur namque in primo capitulo'.

S. a. d. l.

    Pertz LL. 1, 121 = Migne 1, 269. — Baluze capit. 1, 401 = Bouquet 5, 667. — Bréquigny ad 803.

[801—804, mai.]

197* K. Albino magistro et congregationi s. Martini scribit, eodem tempore per litteras Theodulfi episcopi et congregationis nunciatum sibi esse, clericum quendam ex custodia episcopi elapsum contra iussionem suam in basilica s. Martini latere. Eorum litteris, quae nimia cum iracundia compositae sint, iniuste accusari episcopum. Praecipere se, ne iussio sua imminuatur, ut clericus episcopo tradatur et ab hoc ad suum placitum sistatur. Aegre se ferre quod hominis scelerati precibus quam iussis suis obtemperare maluerint. Vitam eorum a multis neque iniuste diffamari; eos nunc monachos, nunc clericos, nunc neutros se dicere nec, novo abbate ab imperatore instituto, se correxisse. Sive canonici, sive monachi audiant, velle se ut secundum verba missi sui ad placitum suum veniant et crimen diluant. — ‚Albino venerabili magistro... pridie quam ad nostram'.
S. a. d. l.
Cod. bibl. Paris. 2718 saec. 9.
Baluze capit. 1, 413 ex hoc cod. = Le Cointe 7, 525 ad 803 = Bouquet 5, 628 n° 15 = Froben Alc. opera 1°, 174 n° 119 = Migne 2, 921 n° 18. — Bréquigny ad 803.

[804.]

198 K. epistola de oratione dominica et symbolo discendis; exemplar ad Garibaldum episcopum inscriptum. — ‚Garibaldo... bene igitur recordari credimus'.
S. a. d. l.
Martène ampl. coll. 7, 19 = Pertz LL. 1, 128 = Migne 2, 917 n° 15 ad 800. — Bouquet 5, 630 n° 17. — Bréquigny ad 808.

[804.]

199 K. capitulare de latronibus. — ‚Ut ubicumque eos repererint'.
S. a. d. l.
Pertz LL. 1, 129 = Migne 1, 279.

[804.]

200 K. capitula ecclesiastica. — ‚Episcopus in cuius parochia'.
S. a. d. l.
Pertz LL. 1, 129 = Migne 1, 279.

[805, vere.]

201 K. capitulare Aquisgranense. — ‚Capitula quae volumus ut episcopi'.
S. a. d. l.
Pertz LL. 1, 130 = Migne 1, 281.

805, dec.

202 K. capitulare duplex in Theodonis villa promulgatum. — ‚De lectionibus, ut lectiones in ecclesia'.

In inscriptione: ad Teotonem v., a. imp. 5 ante natale domini'.

<small>Pertz LL. 1, 131 = Migne 1, 231. — Baluze capit. 1, 421. 430. 435 = Bouquet 5, 672. 674. — Bréquigny ad 805. — Conf. Boretius 85: capit. missorum.</small>

806, 20 ian.

203 K. monasterio s. Salvatoris a Pippino in loco Prumia constructo, cui Tancradus abbas praeest, donat mansum in Walemaresthorpf cum Williario servo monasterio antea a Meginfredo servo imperatoris nulla tamen legitima auctoritate delegatum itemque totam legis multam remittit quam abbas eiusque advocatus, cum Rimigarius comes et missus illas res ut regias evindicasset, solvere debebant. — ‚Quicquid igitur locis venerabilibus ob amorem'. Theodone villa pal., 13 kal. febr. a. imp. 6, a. r. 38 et 33, ind. 14.

<small>Liber aur. Prum. saec. 10 in bibl. Trevirensi.
Ex hoc libro: Beyer 1, 50 n° 44. — Martène ampl. coll. 1, 59 = Hontheim 1, 156 n° 65 = Migne 1, 1073 n° 23. — Bréquigny ad 806. — Böhmer 180 ad 806.</small>

[806, 6 febr.]

204* K. divisio imperii. — ‚Omnibus fidelibus sanctae dei aecclaesiae'. S. a. d. l.

<small>Pertz LL. 1, 140 = Migne 1, 295. — Baluze capit. 1, 439. — Bréquigny ad 806. — Böhmer 181 ad 806.</small>

806, mart.

205 K. capitulare duplex ad Niumagam. — ‚Unusquisque in suo missatico'.

In inscriptione: ad Niumaga, a. imp. 6, infra quadragesimam.

<small>Pertz LL. 1, 143 = Migne 1, 301. — Baluze capit. 1, 451 = Bouquet 5, 677. — Bréquigny ad 806. — Böhmer 182 ad 806. — Boretius 87: cap. missorum et cap. per se scribenda.</small>

[806, vere.]

206* K. encyclica de placito generali habendo; exemplar ad Fulradum abbatem inscriptum. — ‚Notum sit tibi quia placitum'. S. a. d. l.

<small>Insertum chartul. Niederaltachensi arch. Monacensis.
Ex hoc chartulario: Mon. Boica 31, 24 n° 10 c. a. 804. — Pez thes. anecd. 6°, 73 n° 8 = Bouquet 5, 633 n° 21 = Migne 2, 935 n° 24. — Mon. Boica 11, 100 n° 1 c. a. 802 = Pertz LL. 1, 145 ad 806. — Bréquigny ad 784.</small>

[806] vere.

207 K. capitula per missos promulganda. — ‚Ut nullus ad mallum'.
S. a. d. l.
> Pertz LL. 1, 146: cap. Aquense, 806 auctumno = Migne 1, 305. —
> Baluze capit. 1, 447 = Bouquet 5, 676. — Bréquigny ad 806. —
> Conf. Boretius 89.

[806.]

208 K. capitula presbyterorum. — ‚Sicut sancta synodus Nicaena'.
S. a. d. l.
> Martène ampl. coll. 7, 14 ex cod. Andaginensis monast. s. Huberti
> saec. 9 = Pertz LL. 1, 138 = Migne 1, 293.

807, 28 apr.

209 K. monasterio s. Salvatoris a Pippino in loco Prumia constructo, cui Tancradus abbas praeest, certas res in pago Andegavino in Laniaco et in pago Rodonico in Stivale, Caucina, Turicis et in Villanova sitas donat, quae a Godeberto quondam possessae, cum is propter inlicita et incestuosa opera in iudicio, cui Hugo comes et Tancradus abbas interfuerunt, condemnatus esset, evindicatae in fiscum devenerunt. — ‚Quicquid enim ob amorem domini nostri'.

Aquis pal. publ., 4 kal. mai. a. i. 7, a. r. 39 et 34, ind. 15.
> Liber aur. Prum. saec. 12 in bibl. Trevirensi.
> Ex hoc libro: Beyer 1, 51 n° 45. — Martène ampl. coll. 1, 60 =
> Hontheim 1, 157 n° 66 = Migne 1, 1075 n° 24. — Bréquigny ad 807. —
> Böhmer 183 ad 807.

807, 7 aug.

210* K. ob petitionem ab Agilwardo episcopo ecclesiae Wirziburgensis, in qua s. Kilianus requiescit, et ab Audolfo comite missam, ostensas sibi commutationes pari tenore scriptas confirmat, per quas episcopus de rebus ecclesiae suae in hon. s. Salvatoris constructae Audulfo ad partem regis villam Fridunbach in pago Collogaoe cum decimis ex villis Fridunbach, Autgansisova, Waltmannisova solvendis dedit et invicem comes permittente imperatore de beneficiis suis Agilwardo eiusque ecclesiae dedit ecclesiam in Sciffa in pago Dubragaoe et certas res in Odinga villa et quicquid Hundulfus quondam in comitatu Audolfi habuit et adhuc filius eius Agilulfus presbyter habet. — ‚Si enim ea quae fideles regni nostri'.

Inghilinhaim pal., 7 id. aug. a. imp. 7, a. r. 39 et 34, ind. 14.
> Autogr. in arch. Monacensi.
> Ex autographo: Wirtemb. Urkb. 1, 66 n° 62. — Mon. Boica 28ᵃ, 5
> n° 3. — Eckhart 2, 863 n° 1. — Bréquigny ad 807. — Böhmer 184
> ad 807.

807.

211* K. capitulare Aquense. — ˌIn primis quicumque beneficia'.
In inscriptione: ad Aquis pal., a. 7.
Pertz LL. 1, 148 = Migne 1, 307. — Baluze capit. 1, 457 = Bouquet 5, 678. — Bréquigny ad 807.

[807.]

212 K. epistola ad Pippinum regem Italiae. — ˌDilectissimo filio... pervenit ad aures clementiae'.
S. a. d. l.
Pertz LL. 1, 150. — Baluze capit. 1, 461 = Bouquet 5, 629 n° 16. — Migne 2, 920 n° 17 ad 801. — Bréquigny ad 801. — Conf. Le Cointe 7, 29 ad 804.

808 [apr.]

213 K. capitulare Noviomagense duplex. —ˌDe latronibus et furibus'.
In inscriptione: a. 8; s. d. l.
Pertz LL. 1, 152 = Migne 1, 311. — Baluze capit. 1, 463 = Bouquet 5, 679. — Bréquigny ad 808.

808, 26 mai.

214* K., petente Iuliano urbis Placentinae episcopo, ecclesiae eius ad honorem ss. Antonini, Victoris, Iulianae constructae omnem iudiciariam in Gusiano curte ecclesiae [cuius limites hic describuntur], omne teloneum et quicquid ibidem cum de arimannis tum de aliis liberis hominibus exigendum sit concedit, ita ut pontifex eiusque successores has res sub emunitatis nomine possideant. — ˌOmnibus igitur [nobilibus catholicis]'.
Aquisgrani pal., 7 kal. iun. a. imp. 8, a. r. 40 et 34, ind. 1.
Apographum interpolatum in arch. Placentino.
Campi 1, 455 ex arch. cathedralis = Le Cointe 7, 109 = Cappelletti 15, 17. — Ughelli 2, 199 = Migne 1, 1036 n° 24. — Bréquigny ad 808. — Böhmer 185 ad 808.

808, 17 iul.

215* K. qui post acquisitum Langobardorum regnum nonnullos Langobardos in Franciam abduxerat, deinde vero ob petitionem Pippini regis in patriam remiserat eisque hereditatem in fiscum redactam reddi iusserat, uni ex illis Manfredo ex civitate Regia oriundo omnem hereditatem quam antea iure possederit per suum praeceptum reddit et confirmat. — ˌNotum sit... qualiter nos deo favente'.
Aquisgrani pal., 16 kal. aug. a. imp. 8, a. r. 40 et 38, ind. 1.
Autogr. in arch. regio Mutinensi.
Muratori antiqu. 3, 781 ex autogr. = Tiraboschi Modena 1, cod. dipl. 11 n° 9 = Migne 1, 1037 n° 25. — Böhmer 186 ad 808.

808.

216 K. capitulare Aquisgranense. — ‚De pace infra patriam'.
In inscriptione: a. 8; s. d. l.
> Pertz LL. 1, 154 = Migne 1, 315. — Baluze capit. 1, 465. — Bréquigny ad 808.

[808.]

217* K. capitulare de exercitu promovendo. — ‚Ut omnis liber homo'.
S. a. d. l.
> Pertz LL. 1, 119 ad 803 = Migne 1, 265. — Baluze capit. 1, 489 ad 812 = Bouquet 5, 683. — Bréquigny ad 812.

[809, nov.]

218 K. capitulare ecclesiasticum. — ‚Primo omnium admonendi sunt de rectitudine'.
S. a. d. l.
> Pertz LL. 1, 160 = Migne 1, 323. — Baluze capit. 1, 531 incerti anni. — Bréquigny ad 813.

[809, nov.]

219 K. capitula de presbyteris. — ‚Ut nullus presbyter ad introitum'.
S. a. d. l.
> Pertz LL. 1, 161 = Migne 1, 325.

[809.]

220 K. capitulare Aquisgranense. — ‚De illis hominibus qui propter culpas eorum'.
S. a. d. l.
> Baluze capit. 1, 469: § 1—14 cap. secundi a. 809. — Pertz LL. 1, 155 § 1—14 = Migne 1, 315. — Bréquigny ad 809. — Conf. Boretius 95.

[809.]

221 K. capitula missorum. — ‚De ecclesiis non bene restauratis'.
In inscriptione: Aquis pal., n. 9.
> Baluze capit. 1, 465: § 1—28 et 35—37 cap. primi a. 809 = Bouquet 5, 680. — Mutato capitulorum ordine: Pertz 1, 157 = Migne 1, 317. — Bréquigny ad 809. — Conf. Boretius 92.

[809.]

222 K. capitulare de disciplina palatii Aquisgranensis. — ‚Unusquisque ministerialis palatinus'.
S. a. d. l.
> Pertz LL. 1, 158 = Migne 1, 319. — Baluze capit. 1, 341 ante a. 801 = Bouquet 5, 657. — Bréquigny ad 800.

[809.]

223* K. capitulare de moneta. — ‚Haec capitula in singulis locis'. S. a. d. l.

Pertz LL. 1, 159 = Migne 1, 321.

[810, 22 apr.]

224* K., suggerente Ratgerio monasterii Fuldensis abbate, qui conquestus est privilegium a Zacharia papa monasterio datum atque a Pippino rege ob petitionem Bonifacii archiepiscopi roboratum a quibusdam orientalibus episcopis impugnari et violari, et sedis apostolicae et patris sui decreta auctoritate sua confirmat et praecipit, ut rectores monasterii omnibus rebus quas nunc habeant aut ex oblationibus decimisque fidelium habituri sint quiete perfruantur, ita tamen ut decimae a servis tantum et colonis ecclesiis monasterio propriis persolvantur. — ‚Omnibus fidelibus nostris presentibus'.

[Aquisgrani, 10 kal. mai. a. imp...., a. r. 42 et..., ind. 2.]
Cod. Eberhardi et apographum vitiatum saec. 10 in arch. Fuldensi. Dronke 128 n° 248 ex cod. Eberh. — Conf. Dronke n° 247 ex apogr. quod autographum esse credebat, et Schannat hist. 2, 83 n° 9 ex veteri apographo. — Conf. Böhmer 188 ad 810.

810, 12 aug.

225 K. ob petitionem Tietbaldi abbatis monasterio Noviento ab Adalrico sive Attico duce eiusque coniuge Berswinda in pago Alsaciensi super Illam in proprietate eorum ad honorem ss. Petri, Pauli, Mauricii constructo privilegia Pipini atque anteriorum regum confirmat eique immunitatem absque introitu iudicum aut episcoporum concedit. — ‚Regni nostri augere honores credimus'.

Ferdi in Saxonia, 2 id. aug. a. imp. 10, a. r. 40 et 37, ind. 3.

Grandidier 2, preuves 154 n° 86 ex apographo tabularii Aprimonasteriensis. — Gallia christ. 5, instr. 461 n° 3 = Bouquet 5, 775 n° 95 = Migne 1, 997 n° 67. — Bréquigny ad 810. — Böhmer 190 ad 810.

[810, nov.]

226 K. encyclica de ieiuniis generalibus; exemplar ad Ghaerbaldum episcopum directum. — ‚Ghaerbaldo... notum sit dilectioni vestrae quia nos'.

S. a. d. l.

Martène ampl. coll. 7, 21 = Bouquet 5, 630 n° 18 ante a. 808 = Pertz LL. 1, 164 ad 810 = Migne 2, 918 n° 16 ad 800. — Bréquigny ad 800.

[810, dec.]

227* K. [Nicephoro imperatori] scribit, se mortuo rege Pippino Arsatium spatarium ab imperatore ad cum missum ad se arcessisse. Laetatum se esse benignis et verbis et litteris a legato prolatis, et cum confidat de rebus incertis optatam certitudinem effectum iri, parasse se legatos ad imperatoris fraternitatem dirigendos. — ‚Cum in omni humanae actionis initio'.

S. a. d. l.

<small>Cod. saec. 9 in musaeo Britannico.
Duchesne Alcuini opera 1661 n° 111 = Bouquet 5, 631 n° 19 ad 810 = Froben Alc. op. 2, 560 n° 5 = Migne 2, 929 n° 20. — Bréquigny ad 810. — Böhmer 191 ad 810.</small>

[ante 810.]

228 K. capitulare missorum. — ‚De ordinacione ecclesiastica'.

S. a. d. l.

<small>Pertz LL. 1, 151: capit. Ingelheimense ad 807, aug. = Migne 1, 309. — Baluze capit. 1, 529 incerti anni = Bouquet 5, 692. — Bréquigny ad 813. — Conf. Boretius 123.</small>

810.

229 K. capitulare Aquisgranense: a) capitula commonita. — ‚De clamatoribus qui magnum impedimentum'. — b) capitula proposita. — ‚De tribulatione generali'.

In inscriptione: Aquis pal., a. imp. 10.

<small>Pertz LL. 1, 162 = Migne 1, 325. — Baluze capit. 1, 473 et 475 = Bouquet 5, 681. — Bréquigny ad 810. — Böhmer 192 ad 810.</small>

811 [vere.]

230 K. capitulare duplex Aquisgranense. — ‚In primis separare volumus'.

In inscriptione: a. 11; s. d. l.

<small>Pertz LL. 1, 166 = Migne 1, 329. — Baluze capit. 1, 477 et 479. — Bréquigny ad 811.</small>

811, 14 iun.

231* K., cum inter Ursum Aquilegiensem patriarcham et Arnonem Iuvavensem archiepiscopum contentio de Carantana provincia orta esset, asserente Urso antiquam se hac de re habere auctoritatem et Carantanas civitates iam ante Italiam a Langobardis invasam antecessoribus suis fuisse subiectas, altero vero asserente eandem provinciam ex auctoritate et praeceptis Zachariae, Stephani, Pauli Romanorum pontificum suae diocesi adiunctam fuisse, K. hanc provinciam ita dividi iubet, ut Dravus fluvius utriusque dioceseos terminus sit, ita ut pars australis ad Aquilegiensem cui, Urso mortuo, Maxentius praeest ecclesiam pertineat, pars aquilonaris autem ad ecclesiam Iuvavensem. — ‚Notum sit... qualiter viri venerabiles'.

> Aquisgrani pal., 18 kal. iul. a. imp. 11, a. r. 42 et 37, ind. 4.
> Liber cam. Salisb. saec. 13 exeuntis in arch. Vindobonensi.
> Ex hoc libro: Kleimayrn Anhang 61 n° 16 ad 810. — Weichard Valvasor die Ehre dess Hertzogthums Crain (Laybach 1689, 4 in f°) 2, 630 ex copia ad 811, 15 mai. = Ughelli 5, 36 = De Rubeis 400 = Migne 1, 1044 n° 30 = Cappelletti 8, 105. — Bréquigny ad 811. — Böhmer 194 ad 811.

811.

232 K. breviarium divisionis thesaurorum et pecuniae. — ‚Descriptio atque divisio quae facta est'.

> A. inc. 811, ind. 4, a. r. 43 et 37, a. imp. 11; s. d. l.
> Einhardi vita Karoli in M. G. h. 2, 461. — Baluze capit. 1, 487. — Bouquet 5, 102. — Migne 1, 57. — Bréquigny ad 811. — Böhmer 193 ad 811.

811, oct.

233 K. capitulare Bononiense. — ‚Quicumque liber homo'. In inscriptione: Bononiae in littore maris, a. 44, ind. 5, m. octobrio.

> Pertz LL. 1, 172 = Migne 1, 335. — Baluze capit. 1, 493 ad 812 = Bouquet 5, 684. — Bréquigny ad 812. — Böhmer 195 ad 811.

811, 26 nov.

234* K. ob petitionem Geroldi comitis monasterio s. Mauricii in ducatu Baioariorum in Altaha sito, cui Urolfus abbas praeest, locum quendam in Avaria, ubi Biclaha fluvius Danubium infunditur, circiter XL mansos complectentem cedit et confirmat. — ‚Quicquid enim ob amorem'.

> Aquisgrani pal. reg., 6 kal. dec. a. imp. 12, a. r. 44 et 37, ind. 5.
> Apogr. saec. 10 incip. in arch. Monacensi.
> Mon. Boica 31, 26 n° 11 ex chartul. saec. 13 ad 812. — Hund - Gewold 2, 7 n° 1 ad 812 = Le Cointe 7, 208 ad 812. — Bréquigny ad 812. — Böhmer 196 ad 811.

811, 1 dec.

235 K. Bennit comiti atque heredibus eius per suum praeceptum terram bivanc dictam confirmat, quam pater eius Amalungus, postquam locum nativitatis et pagenses suos Saxones infideles, ut in fide Karoli maneret reliquerat, et primum ad villam Vulvisanger a Francis et Saxonibus habitatam et deinde ad locum Waldisbecchi dictum migraverat, in hoc loco inter Wiseram et Fuldaam de silva Bocchonia propriserat et filio dereliquerat. — ‚Omnibus fidelibus nostris... notum sit quia Bennit'.

Aquisgrani pal. reg., kal. dec. a. imp. 11, a. r. 44 et 37, ind. 5.

Autographum in arch. Monacensi.
Mon. Boica 28ᵃ, 7 n° 4 ex aut. — Eckhart 2, 864 n° 2 ex aut. — Schannat trad. 107 n° 239 ex veteri apogr. interpolato ad 812 = Migne 1, 1076 n° 26 = Dronke 133 n° 261 ad 811. — Bréquigny ad 811. — Böhmer 197 ad 811.

811, 21 dec.

236 K. propter suggestionem Maxentii patriarchae, qui sedem ecclesiae suae olim Aquileiae constitutam, ob metum vero Gothorum et Avarorum derelictam ibidem in pristinum honorem restituturus erat, ex hereditate fratrum Rotgaudi et Felicis Longobardorum cum Rotgaudo duce interfectorum, quae ob infidelitatem eorum secundum legem Francorum vel Longobardorum in publicum devenerat et per beneficium imperatoris a Landulo, deinde a Bennone et hactenus a Bovone possessa erat, omnes res in ipsa civitate Aquileia aut iuxta muros eius sitas ecclesiae s. Mariae Aquilegiensi condonat, excepta tamen portione quam tertio fratri Lodolfo, quippe qui in infidelitate non perseveraverit, possidendam concedit, et exceptis rebus in aliis locis sitis et illa occasione in publicum redactis quas suae ordinationi reservat. — ‚Quicquid enim ob amorem dei omnipotentis'.

Aquisgrani pal. reg., 12 kal. ian. a. imp. 11, a. r. 44 et 37, ind. 5.

Copia saec. 18 in arch. capituli Utinensis.
De Rubeis 401 ex copia recentiori ad 811 = Cappelletti 8, 107. — Madrisio 260, appendix 2 n° 7 ex copia recent. archivi comitis de Maniaco ad 812 = Migne 2, 1449 n° 3. — Böhmer 198 ad 811.

811.

237 K. capitulare de expeditione exercitali. — ‚In primis discordantes sunt'.

In inscriptione: a. 11; s. d. l.

Pertz LL. 1, 168 = Migne 1, 333. — Baluze capit. 1, 485 = Bouquet 5, 682. — Bréquigny ad 811.

[811.]

238 K. capitulare de exercitalibus. — 'Si quis super missum dominicum'.

S. a. d. l.

Pertz LL. 1, 169 = Migne 1, 333. — Conf. Waitz V. G. 3, 290 et Boretius 96.

[811.]

239 K. encyclica ad archiepiscopos de doctrina; exemplar ad Odilbertum archiepiscopum inscriptum. — 'Sepius tecum immo et cum ceteris'.

S. a. d. l.

Pertz LL. 1, 171. — Baluze capit. 1, 483. — Mabillon analecta 75 = Bouquet 5, 632 n° 20 = Migne 2, 933 n° 22. — Exemplar ad Amalarium episc. missum: Froben Alc. opera 2, 520. — Exempl. ad Maxentium patr. directum: Pez thes. anecd. 2ᵇ, 7 = Cappelletti 8, 109. — Bréquigny ad 811.

812, 8 mart.

240 K., cum Salacus quidam placitum contra Tingulfum secundum legem per triduum custodivisset, Tingulfus autem, quamquam ei facto vadimonio spopondisset se intra XLII noctes in iudicio imperatoris affuturum, neque ad placitum venisset neque alium vice sua misisset ideoque iactivus appareret, imperator ex sententia comitum aliorumque suorum fidelium atque Amalrici comitis palatii iudicat et iubet, ut Tingulfus secundum legem loci causam componat vel emendet. — 'Veniens ante nos Aquisgrani'.

8 mart. a. imp. 12, a. r. 44 et 38, ind. 3.

Autogr. in arch. Parisiensi.
Ex autographo: Mabillon dipl. 512 n° 63 = Bouquet 5, 776 n° 98. — Tardif 76 n° 103. — Ectypon in Facsim. de l'École des chartes = Kopp Schrifttafeln n° 18. — Bréquigny ad 812. — Böhmer 190 ad 81.

812, 2 apr.

241 K. ad Beranam, Gauscelinum, Gisclafredum, Odilonem, Ermengarium, Ademarum, Laibulfum, Erlinum comites litterae: XLIII Hispanos, qui singuli enumerantur, ex illorum ministeriis ad se venisse conquerentes, quod a comitibus oppressi, in rebus ab ipsis cum licentia imperatoris occupatis et cultis inquietati et per vim saionum tributa beboranias dicta praestare coacti essent, quapropter se Iohannem archiepiscopum ad Ludovicum regem et comites misisse, ut cum iis constituat qua ratione Hispani vivere debeant. Praecipere se comitibus, ne Hispanos qui cum licentia imperatoris loca crema sibi propriserint, ullo censu vexent neve rebus de quibus vestiti sint privent, sed ut eos corumque posteros, dum fideles remaneant, illas res quas per XXX annos apprisionis titulo teneant, quiete possidere patiantur. — ˌBeranae... notum sit vobis quia isti Hispani'.

Aquisgrani pal. reg., 4 non. apr. a. imp. 12, a. r. 44 et 38, ind. 5.

<small>Baluze capit. 1, 499 ex arch. Narbon. archiepiscopi = Le Cointe 7, 193 = Bouquet 5, 776 n° 99. — Vaissete 1, preuves 36 n° 16 ex eodem arch. ad 811. — Bréquigny ad 812. — Böhmer 200 ad 812.</small>

[812.]

242* K. capitulare Aquisgranense. — ˌDe termino causarum'. S. a. d. l.

<small>Pertz LL. 1, 174 = Migne 1, 337. — Baluze capit. 1, 495 = Bouquet 5, 685. — Bréquigny ad 812.</small>

[812.]

243 Beneficiorum fiscorumque regalium describendorum formulae. — ˌ... non pergit, duos annos... invenimus in insula quae Staphinseie'. S. a. d. l.

<small>Pertz LL. 1, 176 = Migne 1, 339. — Eckhart 2, 902.</small>

[812.]

244 K. capitulare de villis imperialibus. — ˌVolumus ut villae nostrae'. S. a. d. l.

<small>Pertz LL. 1, 181 = Migne 1, 349. — Baluze capit. 1, 331 ante a. 801 = Bouquet 5, 652. — Bréquigny ad 800.</small>

[812.]

245 K. Amalario episcopo laudes et gratias refert ob responsionem ab eo imperatoris inquisitionibus de sacro baptismate datam, eumque ut in doctrinae atque praedicationis studio perseveret admonet. — ˌScripta nobis a tua sanctitate directa'. S. a. d. l.

<small>Froben Alcuini opera 2, 524 ex cod. Tigurino saec. 10.</small>

[813, vere.]

246* K. Michaeli imperatori scribit, gaudere se quod deo placuerit, pacem diu desideratam inter orientale atque occidentale imperium

conciliare et s. ecclesiam catholicam pacificare et adunare. Accensum pacis perficiendae desiderio se Amalharium Treverorum episcopum et Petrum abbatem legatos mittere, qui pacis conscriptionem ab ipso et sacerdotibus et proceribus confirmatam imperatori tradant et parem conscriptionem graecis litteris exaratam et a Michaele eiusque proceribus confirmatam accipiant. — ‚Dilecto et honorabili fratri... benedicimus'.
S. a. d. l.

<small>Froben Alc. opera 2, 561 n° 6 ad 813 = Migne 2, 931 n° 21 ad 811.</small>

813, 9 mai.

247* K., ambasciante Gundardo, Adalrico sive Asig fideli suo atque heredibus eius per suum praeceptum terram bivanc dictam duas leugas longam et duas latam confirmat, quam pater eius Hiddi, postquam locum nativitatis et pagenses suos Saxones infideles, ut in fide Karoli maneret, reliquerat et primum ad villam Vulvisangar a Francis et Saxonibus habitatam et deinde ad locum Havucabrunnum dictum migraverat, in hoc loco inter Wiseraam et Fuldaam de silva Bocchonia propriserat et filio Adalrico dereliquerat, quam postea vero missi Karoli in opus publicum ad hereditatem Gerhao quondam ducis redegerant. — ‚Omnibus fidelibus nostris... notum sit quia Asig'.

Aquisgrani pal. reg., 7 id. mai. a. imp. 13, a. r. 45 et 39, ind. 6.

<small>Autographum in arch. Berolinensi.
Ex autographo: Wilmans 1 n° 3. — Mabillon dipl. 512 n° 64. — Falke 377. — Origines Guelf. 4, 411. — Ectypon in Falke l. c. — Spec. scripturae in Mabillon dipl. 391. — Bréquigny ad 813. — Böhmer 201 ad 813.</small>

813 [aug.—sept.]

248* K. capitulare Aquisgranense. — ‚Cum episcopis abbatibus'. Aquis pal., in inscriptione: a. 13.

<small>Pertz LL. 1, 187; conf. 2, 552 et Pertz Archiv 7, 791 = Migne 1, 359. — Baluze capit. 1, 505 et 501 = Bouquet 5, 686. — Bréquigny ad 813.</small>

[801—814.]

249* K. ob petitionem a Frodino abbate per Gislarannum et Agabertum monachos missam, testamentum donationis sibi oblatum, quo Abbo monasterio in loco Novaliciis in honorem ss. principum apostolorum constructo certas res delegaverat et quod propter frequentem usum in iudiciis comitum iam valde dirutum esse videbatur, per suos notarios renovari iubet. — ‚Igitur notum sit omnium fidelium nostrorum magnitudini'.

S. a. d. l.
<small>Charta additamento suspecta in chartul. Gratianopolitano saec. 12 incip. quod exstat in bibl. Parisiensi.
Mabillon dipl. 507 n° 62 ex hoc chartul. c. a. 805 = Muratori script. 2ᵇ, 744 = Bouquet 5, 770 n° 90 = Migne 1, 1035 n° 23. — Bréquigny ad 805.</small>

[801—814.]

250 K. decreta de Iudaeis. — ‚Si Iudaeus contra Iudaeum'.

S. a. d. l.
<small>Pertz Archiv 7, 789.</small>

[801—814.]

251 K. et Hludowici capitula de Iudaeis. — ‚Nemo Iudeus praesumat'.

S. a. d. l.
<small>Pertz LL. 1, 194 = Migne 1, 369.</small>

ACTA LVDOVVICI REGIS AQVITANIAE.

794, 3 aug.

1* L., petente parente suo Atone diacono atque abbate, cellulae Novaliaco, quae est de ratione s. Hilarii et ex decreto Karoli regis usibus monachorum regulae s. Benedicti destinata, omnes res ab Ansaldo, Ebarcio, Guozberto episcopis Pictavensibus aut ab Hermemberto rectore huius cellulae oblatas confirmat eique immunitatem ab anterioribus regibus rebus s. Hilarii indultam concedit et sancit. Subscribunt hoc praeceptum cum rege Magnarius, Immo, Bico, Abbo aliique. — ‚Nobis rectum esse videtur'.

Iogundiaco pal., 3 non. aug. a. [Karoli 25], a. L. 14.

<small>Copia d. Fonteneau in bibl. Pictavensi.
Mabillon ann. 2, 715 n° 33 ex autogr. mutilo ad 793 = Bouquet 6, 452 n° 1. — Gallia christ. 2, instr. 346 n° 28 ex autogr. ad 793, mendose. — Bréquigny ad 793. — Böhmer 202 ad 793.</small>

807, 28 dec.

2* L., petente Guillelmo quondam comite nunc monacho, monasterio Gellonis a Guillelmo in pago Lutevensi super fluvium Araur in causa Karoli imperatoris ad honorem Salvatoris, s. Mariae aliorumque ss. constructo, cui Iuliofredus abbas praeest, ex rebus suis fiscum Miliacum in pago Biderrensi cum villis s. Parngorii et Miliciano et Campaniano et in pago Lutevensi locum Gastrias sive Castrapastura et villam Magaranciatis tradit simulque omnes res a Guillelmo aut aliis collatas perpetuo possidendas confirmat. — ‚Quoniam cogitandum nobis est'.

Tolosae publice, 5 kal. ian. ind. 10, a. L. 27, a. imp. Karoli 8.

<small>Apogr. vitiatum saec. 12 in arch. Monspeliensi.
Vaissete 1, preuves 34 n° 14 ex arch. — Mabillon acta ss. 5, 86 ex arch. ad 808 = Le Cointe 7, 692 = Gallia christ. 6, instr. 265 n° 3 ad 807. — Bouquet 6, 453 n° 3 ex chartario ad 807. — Bréquigny ad 807. — Böhmer 205 ad 807.</small>

808, 7 apr.

3   L., petente Fridegiso monasterii s. Martini abbate, monachis Cormaricensis monasterii licentiam dat duas vel quotquot voluerint naves ab omni consuetudine liberas per regni flumina dirigendi. — ‚Omnibus episcopis... notum sit quia concessimus'.

Cassanogelo pal., 7 id. apr. a. regni 27.

<small>Baluze capit. 2, 1401 n° 21 ex chartul. s. Martini ad 807 = Bouquet 6, 453 n° 2. — Gallia christ. 14, instr. 14 n° 11 ex cop. recent. ad 807 = Bourassé 13 n° 5. — Bréquigny ad 807. — Böhmer 206 ad 808.</small>

808, mai.

4*   L., cum monasterium s. Hilarii Pictavensis, in quo eius corpus requiescit, sub habitu canonico constitutum sit, pars autem fratrum vitam coenobialem secundum constitutionem b. Benedicti in loco Noviliaco, qui est de ratione s. Hilarii, eligere maluerit, ob fratrum petitionem coenobioli statum ita ordinat, ut semper monasterio s. Hilarii subiectum permaneat, abbas vero s. Hilarii nullam ibidem potestatem habeat nisi benefaciendi et bona cellulae augmentandi, ut fratres Noviliacenses sub immunitate quieti resideant et proprium sibi abbatem secundum regulam s. Benedicti eligant qui eos regat et quicquid ad rem publicam pertineat administret; simul rex coenobiolum, tamquam suum sit, in defensionem et gubernationem suscepturus neque tamen a monasterio s. Hilarii separaturus huic monasterio annuum censum XX solidorum de camera sua solutum iri promittit. — ‚Omnibus episcopis... quicquid pro oportunitate'.

Mai. a. 28; s. l.

<small>Autographum mutilum et apogr. saec. 11 in arch. Pictavensi.
Ex autogr. et apographo: Bibl. de l'École 1ᵉ série, 2, 78. — Rédet documents 3 n° 4.</small>

ACTA LVDOVVICI IMPERATORIS.

814, 8 apr.

5*   L. ob petitionem Hariolfi episcopi et abbatis, praecepto Karoli sibi oblato obsecutus, monasterium ab Hariolfo intra Virgundiam waldum in loco Elehenwang ad honorem Salvatoris, s. Mariae, ss. Sulpicii et Serviliani constructum et Karolo delegatum denuo in tuitionis suae sermonem suscipit, ita ut rectores et monachi sub hac defensione et sub emunitatis nomine quiete vivant, simulque monachis potestatem concedit abbatem ex semet ipsis eligendi. — ‚Notum sit magnitudini vestrae'.

Aquisgrani pal., 6 id. apr. a. 1, ind. 7.
<small>Apographum vitiatum saec. 9 exeunte exaratum in arch. Stuttgardiensi.
Wirtemb. Urkb. 1, 79 n° 71 ex apogr. quod pro autogr. habebatur. —
Lünig 18, 115 n° 1. — Khamm 2, 11.</small>

814, 23 apr.

6 L. ob petitionem Benedicti abbatis qui sibi auctoritatem defensionis immunitatisque Karoli sanciendam obtulit, monasterium Anianum a Benedicto in pago Magdalonensi ad honorem Salvatoris, s. Mariae aliorumque ss. constructum et Karolo delegatum denuo in suam defensionem recipit eique immunitatem et ius electionis concedit. — ‚Omnibus episcopis ... notum sit quia quidquid'.
Aquis pal., 9 kal. mai. a. 1, ind. 7.
<small>Chartul. Anian. in arch. Monspeliensi.
Vaissete 1, preuves 40 n° 19 ex chartul. — Bouquet 6, 455 n° 2 ex schedis Mabillonii. — Bréquigny ad 814. — Böhmer 209 ad 814.</small>

814, 23 apr.

7 L. missos sive negotiatores monasterii Anianae in pago Magdalonensi in honorem d. Iesu constructi, cui Benedictus abbas praeest, ab omni teloneo solvendo liberos esse iubet. — ‚Notum sit cunctis fidelibus nostris'.
Aquis pal., 9 kal. mai. a. 1, ind. 7.
<small>Chartul. Anian. in arch. Monspeliensi.
Bouquet 6, 455 n° 1 ex schedis C. Estiennot. — Vaissete 1, preuves 41 n° 20. — Bréquigny ad 814. — Böhmer 208 ad 814.</small>

814, 23 apr.

8 L. monasterio Anianae in pago Magdalonensi in honorem Salvatoris, s. Mariae aliorumque ss. constructo, cui Benedictus abbas praeest, ex rebus suis tradit et sub immunitatis nomine concedit in pago Lutevensi cellulam Gellonis a Willelmo comite in causa Karoli constructam et villam Magarantiate et pasturam in Castris; in pago Bederensi fiscum Miliacum cum ecclesia s. Paragorii et villam Militiane; in pago Magdalonensi Montecalmense castrum cum ecclesia s. Hilarii et omnibus appendiciis, exceptis interiacentibus ingenuorum hominum proprietatibus; in pago Agathensi fiscum Sita vocatum; in pago Narbonensi salinas quas missus Leibulfus comes designavit: simul praecipit ut procuratores villarum annis singulis sex usque decem olei modia congregationi persolvant. — ‚Si erga loca divinis cultibus mancipata'.

Aquis pal., 9 kal. mai. a. 1, ind. 7.
Chartul. Anian. in arch. Monspeliensi.
Bouquet 6, 456 n° 3 ex schedis Mabillonii. — Bréquigny ad 814. —
Böhmer 210 ad 814.

814, 31 mai.

9* L. monasterio Duserensi in territorio Arausico ad honorem s. Mariae, s. Petri aliorumque ss. constructo oblatum sibi a Dextero abbate praeceptum, per quod Karolus Norfidio abbati eiusque successoribus locum proprietatis suae ad aedificandum hoc monasterium concessit, confirmat, immunitatem atque liberam abbatum electionem indulget. — ,Comperiat interea omnium fidelium'.
Aquisgrani pal. reg., 2 kal. iun. a. 1, ind. 7.
Chifflet preuves 260 ex autogr. = Le Cointe 7, 320 = Bouquet 6, 457 n° 4. — Bréquigny ad 814. — Böhmer 211 ad 814.

814, 11 iul.

10* L. fratribus monasterii s. Severini prope Burdegalensium urbem constructi villam Miscariam in pago Santonico super Garumnam sitam reddit atque absque introitu iudicum et per suam defensionem possidendam confirmat. — ,Notum sit omnibus... quia placuit nobis'.
Aquisgrani pal. reg., 5 id. iul. a. 1, ind. 7.
Bésly préface 17 ex tabulario = Bouquet 6, 458 n° 5. — Bréquigny ad 814. — Böhmer 213 ad 814.

814, 28 iul.

11* L. matri ecclesiae s. Mariae Lausonnae, cui Fredarius episcopus praeest, cellulam Balmetam ad honorem s. Desiderii in pago Lausonnae super Venobiam constructam et partem imperatori in Forrariis debitam vel villam Sclopedingus dictam cum Mauromonte concedit atque in eius dominationem tradit. — ,Quicquid enim pro obportunitate servorum dei'.
5 kal. aug. a. 1, ind. 7; s. l.
Chartul. saec. 13 in bibl. Bernensi.
Ex chartulario: Zapf 1, 3 n° 1 ad 815. — Mémoires de la Suisse rom. 6, 239 = Gallia christ. 15, instr. 125 n° 1 ad 814. — Böhmer 214 ad 814.

814, 1 aug.

12 L., petente Petro abbate Nonantulani monasterii in honorem omnium apostolorum et s. Silvestri constructi, per suum praeceptum commutationes pari tenore scriptas et sibi oblatas confirmat, per quas Petrus ex rebus monasterii sui Hrodulfo rectori

novi monasterii intra muros Brixiae civitatis ad honorem Salvatoris aedificati villas Castellionem, Calcinatum, Silvinianum et Monticulum dedit et invicem ab eo villam Reddudum sive Curticellam in Persecita pago accepit. — ‚Si enim ea quae fideles'.
Aquisgrani pal. reg., kal. aug. a. 1, ind. 7.
<small>Autographum in arch. Nonantulano.
Muratori antiqu. 2, 201 ex autogr. — Böhmer 215 ad 814.</small>

814, 20 aug.

13 L. cui Franco Cenomannicae urbis episcopus retulit, aliquas ecclesiae ss. Gervasii et Protasii cartas combustas esse, praeceptis anteriorum regum sibi ostensis obsecutus eidem ecclesiae omnes quas quiete possideat res confirmat et Franconi eiusque successoribus auctoritatem dat, per quam perinde ac per strumenta concremata res iuste possessas secundum legem defendant. — ‚Noverit sagacitas seu industria'.
Aquisgrani pal., 13 kal. sept. a. 1, ind. 7.
<small>Acta pontif. Cenom. in cod. bibl. Cenom. saec. 12.
Mabillon analecta 296 ex actis p. C. = Bouquet 6, 459 n° 6. — Bréquigny ad 814. — Böhmer 218 ad 814.</small>

814, 25 aug.

14 L. ob petitionem Adalgisi abbatis Anisolae monasterii confirmat oblatum sibi Karoli praeceptum de plenissima defensione et emunitatis tuitione iam a Pippino prioribusque regibus monasterio concessis. — ‚Omnibus episcopis... proinde comperiat'.
Aquisgrani pal., 8 kal. sept. a. 1, ind. 7.
<small>Bouquet 6, 400 n° 7 ex arch. monasterii. — Bréquigny ad 814. — Böhmer 219 ad 814.</small>

814, 1 sept.

15* L., petente Wirundo abbate monasterii Gamundias vel Haurunbach dicti, oblatas sibi praeceptiones Pippini et Karoli confirmans concedit ut, dum heredes monasterii res eius indivisas reliquerint, ita ut monachi regulam observare possint, hominibus eius per totum imperium sine ulla telonei exactione negotiari liceat. — ‚Notum sit omnibus fidelibus'.
Aquisgrani pal., kal. sept. a. 1, ind. 7.
<small>Autogr. cuius litterae evanuerunt in arch. Monacensi.
Acta Pal. 6, 246 n° 3 ex autogr. — Böhmer 220 ad 814.</small>

[814, 1 sept.]

16 L., petente Wyrundo abbate monasterii s. Mariae sive s. Petri Gamundias vel Hornbach dicti, oblatas sibi praeceptiones Pippini et Karoli confirmans praecipit ut, dum heredes monasterii res eius indivisas reliquerint, ita ut monachi regulam observare possint, omnia freda, tributa, census ab ingenuis hominibus super terras monasterii commanentibus fisco solvenda monasterio sint concessa, simulque omnes eius possessiones integras, salvas et a cunctis retributionibus absolutas manere iubet. — ‚Si erga loca divino cultui mancipata'.

S. a. d. l.
Mon Boica 31, 46 n° 18 ex chartul. saec. 15, ad 819.

814, 3 sept.

17 L., petente Bernhario ecclesiae Wormacensis ss. Petro et Paulo dicatae episcopo, oblatas sibi antecessorum praeceptiones de plenissima defensione et emunitatis tuitione confirmat simulque decernit, ut homines huius ecclesiae cum episcopo suo in hostem pergant. — ‚Si sacerdotum et servorum dei petitiones'.

Aquisgrani pal. reg., 3 non. sept. a. 1, ind. 8.
Chartul. Wormat. saec. 12 in arch. Hannoverano.
Schannat Worm. 2, 2 n° 2 ex arch. eccl. cathedralis. — Böhmer 222 ad 814.

814, 3 sept.

18 L. a quo Bernharius Wormacensis parochiae episcopus, cum imperatori praeceptiones antecessorum de defensione et emunitate offerret, simul petiit, ut servis ecclesiae liceat pastorem sibi secundum canones eligere, huic petitioni assentit. — ‚Si sacerdotum ac servorum dei petitiones'.

Aquisgrani pal. reg., 3 non. sept. a. 1, ind. 8.
Chartul. Wormat. saec. 12 in arch. Hannoverano.
Schannat Worm. 2, 3 n° 3 ex arch. eccl. cathedralis. — Böhmer 223 ad 814.

814, 9 sept.

19* L. oblatis sibi a Bettone Lingonensium urbis episcopo praeceptis anteriorum regum obsecutus, ecclesiae eius immunitatis suae defensionem indulget et praesulibus auctoritatem concedit, per quam perinde ac per strumenta tempore occupationis Saracenorum concremata vel perdita omnes res ab ecclesia iure possessas secundum leges defendant. — ‚Si sacerdotibus in quibuslibet necessitatibus'.

Aquisgrani pal. reg., 5 id. sept. a. 1, ind. 8.
>   Apographum saec. 10 et alterum saec. 9 exeuntis corruptum atque interpolatum in arch. Calmontensi.
>   Gallia christ. 4. instr. 129 n° 5 ex apogr. interpolato quod editores autographum esse putabant = Bouquet 6, 461 n° 9 ad 814 = Cartul. de l'Yonne 1, 26 n° 13. — Bréquigny ad 814. — Böhmer 224 ad 814.

814, 9 sept.

20* L. praeceptum Karoli ab Inchado Parisiacensis urbis episcopo oblatum confirmans, rectoribus sedis Parisiacae vel ecclesiae s. Mariae et ss. Stephano et Germano dicatae concedit, ut missis eorum sine ulla telonei exactione negotiari liceat. — ‚Omnibus episcopis... notum sit quia'.

Aquisgrani pal. reg., 5 id. sept. a. 1, ind. 8.
>   Exemplar simul cum authentico confectum in arch. Parisiensi.
>   Tardif 76 n° 104 ex hoc exemplari.

814, 9 sept.

21* L. ecclesiae s. Vincentii Matisconensis, cui Hildebaldus episcopus praeest, eiusque congregationi tradit res proprietatis suae in villa Rosarias in pago Lugdunensi sitas, quas Anstrudis sanctimonialis per cartulam donationis Karolo delegavit. — ‚Si liberalitatis nostrae munere de beneficiis'.

Aquisgrani pal. reg., 5 id. sept. a. 1, ind. 8.
>   Codex Bouhier 44 in bibl. Paris. et chartul. saec. 18 in arch. Matisconensi.
>   Gallia christ. 4, instr. 264 n° 3 ex cod. Bouhier, ad 815 = Bouquet 6, 462 n° 10 ad 814. — Cartul. de S. Vincent 46 n° 58 ex chartul. arch Matisc. ad 815. — Bréquigny ad 814. — Böhmer 225 ad 814.

814, 11 sept.

22* L. ob petitionem Theodulfi Aurelianensis ecclesiae archiepiscopi qui sibi immunitatem Karoli sanciendam obtulit, ecclesiam s. Crucis, cui Theodolfus praeest, atque omnes eius res e more antecessorum in suae tuitionis atque immunitatis defensionem suscipit. — ‚Si liberalitatis nostrae munere locis'.

Aquisgrani pal. reg., 3 id. sept. a. 1, ind. 8.
>   Bouquet 6, 499 n° 63 ex Baluzio, cum additionibus ex autographo in praef. 98. — Baluze capit. 2, 1410 n° 30 ex chartul. = Le Cointe 7, 373 = Tentzel app. 67. — Bréquigny ad 816. — Böhmer 226 ad 814.

814, 1 oct.

23* L., petente Wirundo abbate, monasterio Stabulau et Malmundario in Ardennensi silva ad honorem ss. Petri et Pauli apostolorum atque s. Martini constructo, in quo s. Remacli corpus requiescit, omne teloneum pro eius carris et sagmariis et navibus Renum vel Mosam discurrentibus solvendum remittit. — ‚Omnibus episcopis... notum sit quia'.

Cispiaco pal., kal. oct. a. 1, ind. 8.

<small>Chartul. Malmundariense saec. 11 in arch. Bruxellensi.
Martène ampl. coll. 2, 21 ex chartul. saec. 13 = Bertholet 2, preuves 52. — Bréquigny ad 814. — Böhmer 227 ad 814.</small>

814, 1 oct.

24   L. ob petitionem Virundi abbatis monasterio Stablao et Malmundario, in quo s. Remagli corpus requiescit, inspecto Childerici praecepto sibi prolato, ex quo cognovit Sigibertum s. Remaglo cellulas novo opere construxisse et forestem duodecim leugarum in circuitu concessisse, deinde tamen Childericum petente Remaglo monachis sex leugas subtraxisse, reliquas autem confirmasse, eandem forestem sex leugarum, cuius termini hic describuntur, simulque cappellas et decimas fiscorum quorundam ab anterioribus regibus concessas denuo confirmat. — ‚Imperialem celsitudinem decet'.

Cispiaco pal., kal. oct. a. 1, ind. 8.

<small>Codex Bambergensis saec. 10.
Martène ampl. coll. 2, 23 ex chartul. saec. 13 = Bertholet 2, preuves 53. — Liluig 18, 783 n° 4. — Bréquigny ad 814. — Böhmer 228 ad 814.</small>

814, 19 nov.

25   L., petente Attala abbate qui sibi immunitatem Karoli sanciendam obtulit, monasterium s. Mariae in confinio Narbonensi et Carcassensi super Orbionem fluvium constructum cum cellulis ei subiectis, cellula scilicet s. Cucufati in Flexo super Atacem constructa, cellula s. Petri super Clamesitim rivulum Caputspina dicta atque tertia Palma vocata, e more antecessorum in suae tuitionis atque immunitatis defensionem suscipit monachisque licentiam abbatem eligendi concedit. — ‚Si liberalitatis nostrae munere locis'.

Aquisgrani pal. reg., 13 kal. dec. a. 1, ind. 8.

<small>Chartul. dictum viride c. a. 1500 conscriptum in arch. Carcassonnensi.
Vaissete 1, preuves 41 n° 21 ex autographo = Bouquet 6, 463 n° 12. —
Mabul 2, 210. - Bréquigny ad 814. — Böhmer 230 ad 814.</small>

814 [19 nov.]

26 L., petente Atala abbate, eius congregationem seu monasterium s. Mariae ob omni teloneo solvendo liberat. — ‚Omnibus episcopis... notum sit quia'.

    Aquisgrani pal. reg., ... a. 1, ind. 8.

        Autographum ex parte mutilum in cod. bibl. Paris. lat. 8837.
        Vaissete 1, preuves 45 n° 24 ex autogr. = Bouquet 6, 464 n° 13 = Mabul 2, 210. — Specimen script. in Nouv. traité de dipl. planche 67. — Bréquigny ad 814. — Böhmer 217 et 231 ad 814.

814, 28 nov.

27* L., petente Christiano Nemausae civitatis episcopo, oblatam sibi immunitatem Karoli confirmans eiusdem sedem in honorem s. Mariae et s. Baudelii constructam in immunitatis suae defensionem recipit. — ‚Cum petitionibus sacerdotum iustis'.

    Aquisgrani pal. reg., 4 kal. dec. a. 1, ind. 8.

        Copia saec. 17 in arch. Nemausensi.
        Baluze miscell. 4, 420 ex cod. Colbert. 3910 = Vaissete 1, preuves 43 n° 22 = Bouquet 6, 464 n° 14. — Bréquigny ad 814. — Böhmer 232 ad 814.

814, 29 nov.

28* L. cui Hildebaldus episcopus immunitatem Pipini sanciendam obtulit, ecclesiam Matiscensem in suam defensionem et immunitatis tuitionem recipit. — ‚Si sacerdotum ac servorum dei petitiones'.

    Aquisgrani pal. reg., 3 kal. dec. a. 1, ind. 8.

        Cod. Bouhier 44 in bibl. Paris. et chartul. saec. 18 in arch. Matisconensi.
        Cartul. de S. Vincent 52 n° 65 et 73 n° 98 ex chartul. arch. Matisc. ad 815. — Sainct-Iulien 274 ex libro de titulis antiquis, fragmentum.

814, 1 dec.

29 L. ob petitionem Hildoini abbatis qui sibi immunitatem Karoli sanciendam obtulit, monasterium s. Dionysii in pago Parisiaco, in quo ipse sanctus eiusque socii requiescunt, atque omnes monasterii res e more antecessorum in suae tuitionis atque immunitatis defensionem suscipit et absque iudicum aut episcoporum introitu consistere iubet. — ‚Si liberalitatis nostre munere locis'.

    Aquisgrani pal. reg., kal. dec. a. 1, ind. 8.

        Exemplar simul cum authentico confectum in arch. Parisiensi.
        Ex hoc exemplari: Félibien 45 n° 67 ad 815. — Doublet 731 = Le Cointe 7, 322 ad 814 = Bouquet 6, 465 n° 15. — Bréquigny ad 814. — Böhmer 233 ad 814.

814, 1 dec.

30   L. ob petitionem Hildoini abbatis monasterii s. Dionysii in pago Parisiaco constructi, in quo sanctus eiusque comites requiescunt, inspecta Karoli auctoritate sibi oblata, ex qua illi monasterio omnia telonea occasione mercatus in festivitate s. Dionysii instituti solvenda a Pippino prioribusque regibus concessa et coram Grimaldo maiore domus evindicata, a Karolo iterum conferuntur, per suam quoque auctoritatem concedit et iubet, ut nulla in posterum iudiciaria potestas a mercatoribus in hunc mercatum convenientibus, ut Saxonibus, Frisionibus aliisque gentibus, neque quatuor denarios a Soanachilde et Gerfredo comite iniuste impositos neque ullam aliam exactionem exigat, sed ut quaecunque telonea ibidem solvenda sint, usibus monasterii vel congregationis proficiant. — ‚Imperialem celsitudinem decet'.

Aquisgrani pal. reg., kal. dec. a. 1, ind. 8.

Autogr. in arch. Parisiensi.

Ex autographo: Félibien 46 n° 58 ad 815. — Doublet 733 = Bouquet 6, 466 n° 16 ad 814. — Specimen script. in Mabillon dipl. 394. — Bréquigny ad 814. — Böhmer 234 ad 814.

[814, 1 dec.]

31   L. cum Begone comite, administratoribus publicis teloneariisque Parisiaci pagi communicat, se denuo praecepta Pippini atque Karoli de teloneis occasione mercatus s. Dionysii solvendis corroborasse, eisque et eorum successoribus per suam tractoriam praecipit, ut publicam legem et regiae auctoritatis de his teloneis decreta violare caveant. — ‚Begoni inlustri comiti... notum vobis esse credimus'.

S. a. d. l.

Chartul. saec. 13 exeuntis in arch. Parisiensi.

Doublet 732 ex chartul. = Bouquet 6, 468 n° 17. — Bréquigny ad 814.

814, 1 dec.

32*   L. ob petitionem [Hludovici] abbatis monasterii s. Dyonisii in territorio Parisiaco constructi, oblatam sibi auctoritatem Dagoberti, per quam hic rex monasterio Sarclitas villam in pago Stampensi sitam cum mercatu omnique integritate absque introitu iudicum possidendam concessit, denuo confirmat et eandem villam immunitatem retinere iubet. — ‚Imperialem celsitudinem decet'.

Aquisgrani pal. reg., kal. dec. a. 1, ind. 8.

Autographum in quo litterarum ductus vix perspici possunt, et chartul. saec. 13 exeuntis in arch. Parisiensi.

Tardif 77 n° 107 ex aut. et ex chartul. ad 815.

814, 3 dec.

33* L. auctoritatem Karoli sibi a Ihieremia abbate oblatam confirmans monasterio s. Martini maioris prope Turonicam civitatem super alveum Ligeris constructo suae immunitatis atque tuitionis praeceptum concedit. — ‚Si erga loca divinis cultibus mancipata'.
Aquisgrani pal. reg., 3 non. dec. a. 1, ind. 8.

<small>Copia saec. 18 ex originali in cod. bibl. Paris. lat. 12878.
Bouquet 6, 468 n° 18 ex chartul. monasterii. — Bréquigny ad 814. — Böhmer 235 ad 814.</small>

[814] 21 dec.

34* L. vasallo et familiari suo petenti Patagero ciusque successoribus villam suam Granesdorf prope Enisam fluvium in comitatu Geroldi in parte Sclavanorum sitam iure proprietatis et perpetuo possidendam concedit. — ‚Si petitionibus fidelium nostrorum'.
In loco Aquisgrani pal., 12 kal. ian. a. 21, ind. 3.

<small>Charta suspectae fidei, apogr. saec. 9—10 autographi instar exaratum in arch. Monacensi.
Mon. Boica 11, 106 n° 6 ex eodem apogr. ad 834 = Urkb. ob der Enns 2, 13 n° 9. — Hund-Gewold 2, 8 n° 3. — Böhmer 451 ad 834.</small>

814, 29 dec.

35* L., petente Nifridio Narbonensis urbis archiepiscopo, matrem ecclesiam huius civitatis ss. Iusto et Pastori vel s. Mariae dicatam cum monasterio s. Pauli prope urbem constructo in sua defensione et immunitatis tuitione esse iubet. — ‚Cum petitionibus sacerdotum iustis'.
Aquisgrani pal. reg., 4 kal. ian. a. 1, ind. 8.

<small>Fragmentum chartul. saec. 12 in cod. lat. bibl. Paris. 11015.
Vaissete 1, preuves 44 n° 23 = Bouquet 6, 469 n° 19. — Catel 745 = Le Cointe 7, 323. — Bréquigny ad 814. — Böhmer 236 ad 814.</small>

[814] 29 dec.

36* L. vasallo suo Wimaro eiusque fratri Radoni res a patre eorum ex concessione Karoli in loco eremo Septimaniae occupatas seu villam Vicum-Sirisidum ab eo in valle Asperi constructam proprietario iure possidendas posterisque hereditario iure relinquendas concedit. — ‚Iustum est ut imperialis dignitas'.
Aquisgrani pal. reg., 4 kal. dec. a. 20, ind. 8.

<small>Charta vitiata fidei dubiae.
Marca 771 n° 8 ex chartul. eccl. Helenensis ad 833. — Bréquigny ad 833.</small>

814, 29 dec.

37*   L. ob petitionem Apollinaris abbatis monasterio s. Anthymi vicum Cilcarium [cuius termini describuntur] concedit. — ‚Cum petitionibus servorum dei iustis'.

> Aquisgrani pal. reg., 4 kal. ian. a. 1, ind. 8.
> Apographum vitiatum et interpolatum in arch. Senensi.
> Ughelli 3, 530 ex transumpto. — Giugurta Tommasi historie di Siena (Venetia 1625 in 4°) 1, 201. — Böhmer 237 ad 814.

[c. 814.]

38*   L. cui Adam monasterii Gemetici abbas praeceptum Karoli confirmandum obtulit, naves et vehicula monasterii, sicut iam Pipinus et anteriores reges fecerant, ab omni teloneo solvendo liberat. — ‚Omnibus episcopis... notum sit quia'.

> S. a. d. l.
> Collectio formularum in cod. bibl. Paris. lat. 2718 saec. 9.
> Ex hoc codice: Rozière 1, 53 n° 34. — Carpentier 36 n° 15 = Bouquet 6, 640 n° 15. — Bréquigny pag. 201.

[814—840.]

39*   L. propter fidelitatem et devotionem Bettonis ei cellulam quandam, quam eius avia et avunculus Karolo tradiderunt, iure proprietatis possidendam donat. — ‚Imperialis celsitudinis moris est'.

> S. a. d. l.
> Collectio formularum in cod. bibl. Paris. lat. 2718 saec. 9.
> Ex hoc codice: Rozière 1, 181 n° 143. — Carpentier 53 n° 27 = Bouquet 6, 647 n° 27.

[814—821.]

40*   L. Fortunato patriarchae cunctisque Istriae fidelibus denuo licentiam patriarcham, episcopos, abbates, tribunos eligendi concedit simulque eos hortatur, ut in fide sua perseverent atque mandatum suum et iudicatum, quod Iso presbyter, Cadola et Aio comites legati Karoli imperatoris constituerint atque CLXXII populi primates sacramento confirmaverint, observent. — ‚Fortunato venerabili patriarchae itemque omnibus'.

> S. a. d. l.
> Cod. Trevisanus saec. 15 in arch. Vindobonensi.
> Carli parte 4, 248 et parte 5 (appendice) 12 n° 2.

815, 1 ian.

41   L. Hispanos, qui e Saracenorum regno profugi, sedibus in Septimania et in parte Hispaniae a marchionibus devastata occupatis, in imperatoris ditionem se dediderunt, itemque eos qui in posterum ultro se dedituri sint, liberos et in suam defensionem susceptos esse iubens per hanc constitutionem, cuius exemplar in archivo palatii et cuius descriptiones apud episcopos et comites illarum regionum in unaquaque Hispanorum civitate conservari vult, decernit: ut Hispani aeque ac ceteri liberi homines cum ipsorum comite ad exercitum pergant et wactas id est excubias faciant, ut filiis missisque imperatoris et legatis ex Hispania venientibus serviant, ut neve alia servitia praestent neve censum persolvant et, si qua dona dederint, ne inde ius vel consuetudo muneris oriatur, ut pro maioribus causis aut a vicinis accusati ad mallum ire debeant, minores autem causas suo more dirimant, ut eorum quos ad se adtraxerint et in suis apprisionibus collocaverint servitio uti et loca illis colenda concessa, si descrantur, in suum dominium recipere possint, denique ut eis liceat more solito imperatoris comitibus in vassaticum se commendare eisque ut senioribus suis pro beneficiis ab eis acceptis consuetum servitium exhibere. — ‚Omnibus fidelibus... sicut nullius vestrum notitiam'.

Aquisgrani pal. reg., kal. ian. a. 1, ind. 8.

<small>Baluze capit. 1, 549 ex veteri exemplari archivi archiepisc. Narbon. = Le Cointe 7, 339 = Bouquet 6, 470 n° 21. — Bréquigny ad 815. — Böhmer 238 ad 815.</small>

815, 1 ian.

42 L. Iohanni fideli suo, accepta eius commendatione, concedit res ab eo permittente ipso Ludowico rege per apprisionem occupatas et huc usque per auctoritatem Karoli possessas, scilicet villaria Fontes et Cello Carboniles in Narbonensi pago et alias res in villa Fonteioncosa, quae ipse et posteritas eius, dum imperatori fideles permaneant, sine ullo censu teneant, et insuper hoc novi iuris addit ut iis, remota comitum vel iudicum publicorum potestate, homines in ipsorum possessionibus habitantes distringere et secundum legem iudicare liceat. — ‚Omnibus fidelibus... qualiter quidam homo'.

Aquisgrani pal. reg., kal. ian. a. 1, ind. 8.

<small>Baluze capit. 2, 1405 n° 25 ex chartul. archiepisc. Narbon. = Le Cointe 7, 341 = Vaissete 1, preuves 45 n° 25 = Bouquet 6, 472 n° 22. — Bréquigny ad 815. — Böhmer 239 ad 815.</small>

815, 8 ian.

43* L. ob petitionem Dutresindi abbatis et congregationis monasterii s. Maximini Miciacensis concedit, ut nullum teloneum ex hominibus aut carris eorum nec de tribus navibus per Ligerim aliaque flumina discurrentibus exigatur. — ‚Omnibus episcopis... notum sit quia'.

Aquisgrani pal. reg., 6 id. ian. a. 1, ind. 8.

<small>Baluze capit. 2, 1406 n° 26 ex chartul. = Le Cointe 7, 343 = Bouquet 6, 472 n° 23. — Bréquigny ad 815. — Böhmer 240 ad 814.</small>

815, 11 ian.

44 L. propter fidelitatem et devotionem Einhardi ei eiusque coniugi Immae certas res in Germaniae partibus sitas et quidem locum Michlinstat in Odonewalt et villam Mulinheim in Moynecgowe a Drogone quondam comite possessam eo iure donat, ut has res perpetuo possideant et cui voluerint hereditate relinquant. — ‚Imperatoriae celsitudini moris est'.

Aquisgrani pal. reg., 3 id. ian. a. 1, ind. 7.

<small>Chartul. Lauresb. saec. 12 in arch. Monacensi.
Ex chartulario: Teulet 2, 411. — Cod. Laur. dipl. 1, 44 n° 19. — Freher script. 1, 63 = Helwich 1, 21. — Bréquigny ad 815. — Böhmer 241 ad 815.</small>

815, 19 ian.

45* L. ob petitionem Bernardi praesulis Viennensis civitatis et ecclesiae s. Mauricii, oblatis sibi praeceptionibus anteriorum regum obsecutus, hanc sedem in defensionem et emunitatis tuitionem suscipit, ei res quondam abstractas, cellulam s. Symphoriani et villam Fasianam reddit et in supplementum canonicorum cellulas in honorem ss. Andreae et Nicetii constructas monasterium superius et monasterium medianum dictas concedit. — ‚Omnibus episcopis... notum sit quia si sacerdotum'.

Aquisgrani pal., 14 kal. febr. a. 1, ind. 7.

<small>Baluze capit. 2, 1404 n° 24 ex chartul. ad 814 = Le Cointe 7, 343 ad 815 = Bouquet 6, 473 n° 25. — Böhmer 242 ad 815.</small>

815, 29 ian.

46 L. monasterium Corbeiense in pago Ambianensi in honorem ss. Petri et Stephani constructum, oblatam sibi ab Adalardo abbato immunitatem Karoli confirmans, in suae tuitionis et immunitatis defensionem suscipit. — ‚Si erga loca divinis cultibus mancipata'.

Aquisgrani pal. reg., 4 kal. febr. a. 1, ind. 8.

<small>Codex Corbie 18° saec. 11 ircip. in bibl. Parisiensi.
Beiträge zur Diplomatik 5, 399 n° 9 ex hoc codice.</small>

815, 3 febr.

47* L. ob petitionem Tancradi abbatis auctoritatem Karoli sibi oblatam confirmans, monasterium Prumiam dictum a Pippino in honorem s. Salvatoris constructum in plenissimam tuitionem et immunitatis defensionem suscipit. — ‚Si sacerdotum et servorum dei peticiones'.

Aquisgrani pal. reg., 3 non. febr. a. 2, ind. 8.
<small>Liber aureus Prum. saec. 10 in bibl. Trevirensi.
Ex hoc libro: Beyer 1, 53 n° 48. — Knauff 33 = Bertholet 2, preuves 55 = Hontheim 1, 166 n° 69. — Bréquigny ad 815. — Böhmer 243 ad 815.</small>

815, 12 febr.

48* L. auctoritatem sibi a Iusto abbate oblatam confirmans monasterio Carrofensi in Pictaviensi pago super fluvium Karentone a Rotgerio comite ad honorem Salvatoris constructo et Karolo delegato immunitatis suae atque tuitionis praeceptum monachisque licentiam abbatem eligendi concedit. — ‚Si erga loca divinis cultibus mancipata'.

Aquisgrani pal. reg., 2 id. febr. a. 2, ind. 8.
<small>Besly 164 ex tabul. monast. = Le Cointe 7, 354 = Bouquet 6, 474 n° 26. — Gallia christ. 2, instr. 348 n° 31. — Bréquigny ad 815. — Böhmer 244 ad 815.</small>

815, 22 febr.

49 L., petente Benedicto abbate, monasterio Anianensi a Benedicto in pago Magdalonensi ad honorem Salvatoris et s. Mariae constructo atque Karolo per cartam donationis delegato per suum praeceptum confirmat commutationes pari tenore scriptas et manibus bonorum hominum roboratas, quas rectores monasterii cum liberis hominibus fecerunt, et permittit ut in posterum quoque pari ratione commutationes faciant. — ‚Si enim ea quae fideles imperii'.

Aquisgrani pal. reg., 8 kal. mart. a. 2, ind. 8.
<small>Chartul. Anian. in arch. Monspeliensi.
Vaissete 1, preuves 46 n° 26 ex chartul. — Bouquet 6, 475 n° 27 ex schedis Mabillonii. — Bréquigny ad 815. — Böhmer 245 ad 815.</small>

815, 28 febr.

50* L. auctoritatem Pippini sibi ab Hautone abbate oblatam confirmans, monasterio in silva Dervensi in pago Pertensi ad honorem ss. Petri et Pauli constructo suae immunitatis atque tuitionis praeceptum concedit. — ‚Cum petitionibus servorum dei iustis'.

Aquisgraui pal. reg.. 2 kal. mart. a. 2, ind. 8.
   Chartularium Derv. saec. 13 incip. in arch. Calmontensi.
   Bouquet 6, 476 n° 23 ex schedis D. de Sainte-Marthe. — Bréquigny ad 815. — Böhmer 246 ad 815.

815, 5 mart.

51 L. auctoritatem Karoli sibi ab Adalungo abbate oblatam confirmans monasterio Laureshammensi in pago Renensi super fluvium Wisgoz in honorem ss. Petri et Pauli constructo, in quo s. Nazarius requiescit, suae immunitatis atque tuitionis praeceptum monachisque licentiam abbatem eligendi concedit. — 'Si erga loca divinis cultibus mancipata'.
   Aquisgrani pal., 3 non. mart. a. 2, ind. 8.
   Chartul. Lauresh. saec. 12 in arch. Monacensi.
   Cod. Laur. dipl. I, 37 n° 17 ex chartul. — Böhmer 247 ad 815.

815, 5 mart.

52 L. ob petitionem Adalungi abbatis monasterii Laureshamensis in honorem s. Nazarii constructi auctoritatem patris sibi delatam confirmat, per quam Karolus monachis licentiam dedit in Rheno infra finem Hostat in loco Godenaugia piscandi et materiam ad faciendas vennas ibidem caedendi, simulque in Firnheim marcha viam a pago Lobodonensi usque ad Wisgoz fluvium cum licentia pontem super fluvium construendi concessit. — 'Si imperialis dignitas praedecessorum'.
   Aquisgrani pal., 3 non. mart. a. 2, ind. 8.
   Chartul. Lauresham. saec. 12 in arch. Monacensi.
   Cod. Laur. dipl. I, 39 n° 18 ex chartul. — Böhmer 248 ad 815.

815, 18 mart.

53* L. ecclesiae veteris Traiecti in honorem s. Martini constructae, inspectis Karoli et Pippini superiorumque regum auctoritatibus quas Rixfridus episcopus imperatori obtulit, decimam condonatam ab antecessoribus partem omnium censuum ex mancipiis, terris, teloneis, negotiis quos fiscus exigere potuerit, confirmat hominesque ecclesiae sub eiusdem mundeburdo et a banno aut fredo aut coniecto verscbat vocato immunes manere iubet. — 'Imperialem celsitudinem decet praedecessorum'.
   Aquisgrani pal. reg., 15 kal. apr. a. 2, ind. 8.
   Chartul. Traiect. saec. 11 in mus. Britannico et alterum saec. 14 in arch. Hannoverano.
   Heda 45 (v. adnotat. Buchelii) = Le Cointe 7, 687 ad 824 = Le Mire I, 498 c. a. 814 = Mioris I, 11 ad 815. — Bréquigny ad 824. — Böhmer 371 ad 825, 16 mart.

815, 23 mart.

54* L., suggerente Madephrido, [de consilio fidelium suorum] statuit, ut Hartmannus comes tam res quas tempore Optarii abbatis monasterio Gorziae ad partem s. Stephani vel s. Petri vel s. Gorgonii in pago Scarponensi condonaverat, quam res quas precariae titulo acceperat, quamquam Magulphus episcopus et abbas monasterii ipsam precariam cassare voluit, diebus vitae suae per mundeburdum imperatoris secure possideat, ea conditione ut singulis annis censum quinque denariorum persolvat; nec si negligentius quando censum solverit, ideo has res perdat, sed emendato neglecto retineat. — ‚Cum iustum esse constat ut regalis'.

Aquisgrani pal. reg., 10 kal. apr. a. 2, ind. 8 [a. inc. 815, epacta 7].

<small>Charta vitiata et additamentis suspecta in chartul. Gorz., cod. saec. 12 bibl. Mettensis.
Meurisse 185 ex exemplari = Bouquet 6, 477 n° 29. — Calmet 2, preuves 124. — Gallia christ. 13, instr. 381 n° 11 ex chartul. — Bréquigny ad 815. — Böhmer 249 ad 815.</small>

815, 21 mai.

55 L. monasterio Anianensi in pago Magdalonensi iuxta Montecalmense castrum a Benedicto abbate ad honorem Salvatoris et s. Mariae constructo et Karolo delegato, cui Senegildus abbas praeest, ex rebus suis tradit cellulam Casam-novam iuxta castrum Planitium in pago Ucetico super Cicer fluvium a Willelmo comite ad honorem s. Mariae aedificatam atque Karolo condonatam itemque cellulam Gordanicum haud procul ab altera constructam. — ‚Si liberalitatis nostrae munere'.

Aquisgrani pal. reg., 12 kal. iun. a. 2, ind. 8.

<small>Chartul. Anian. in arch. Monspeliensi.
Mabillon acta ss. 5, 211 ex chartul. = Le Cointe 7, 694 = Tentzel app. 2 = Bouquet 6, 478 n° 30. — Bréquigny ad 815. — Böhmer 250 ad 815.</small>

815, 2 iun.

56* L. auctoritatem Karoli sibi ab Ainhardo abbate oblatam confirmans, monasterio Blandinio in pago Gandensi super Scaldim fluvium ad honorem ss. Petri et Pauli constructo suae immunitatis atque tuitionis praeceptum concedit. — ‚Si erga loca divinis cultibus mancipata'.

Aquisgrani pal. reg., 4 non. iun. a. 2, ind. 8.

<small>Le Mire 1, 131 n° 10. — Sander Gandavum (Bruxellis 1627 in 4°) 293 = Sander Flandria illustrata (Hagae 1732 in f°) 1, 276. — Bréquigny ad 815. — Böhmer 251 ad 815.</small>

[815] 3 iun.

57* L. emunitatem Karoli sibi a Theoduno abbate prolatam confirmans, monasterio Cambidonae in honorem s. Mariae constructo plenissimam tuitionem et emunitatis defensionem concedit. — ‚Cum petitionibus servorum dei iustis'.
Aquisgrani pal. reg., 3 non. iun. a. 1, ind. 3.
Autogr. in arch. Monacensi.
Ex autographo: Mon. Boic. 28ᵃ, 9 n° 5 ad 814. — Neugart 2, 3 n° 803 ad 814. — Böhmer 212 ad 814.

815, 10 iun.

58 L., petente Bernardo episcopo Viennensis ecclesiae in honorem s. Mauricii constructae, quinque eius naves per Rhodanum et Segonnam discurrentes ab omni teloneo solvendo liberat. — ‚Omnibus episcopis... notum sit quia nos'.
Aquisgrani pal. reg., 4 id. iun. a. 2, ind. 8.
Baluze capit. 2, 1407 n° 27 ex chartul. = Le Cointe 7, 345 = Bouquet 6, 479 n° 32. — Bréquigny ad 815. — Böhmer 252 ad 815.

815, 15 iun.

59* L. ob petitionem Thomae Albensium sive Vivariensium episcopi, eiusdem sedem in suam defensionem et immunitatis tuitionem recipit. — ‚Si sacerdotum ac servorum dei iustis petitionibus'.
Aquisgrani pal. reg., 17 kal. iul. a. 2, ind. 8.
Copia recens in cod. biblioth. Carpentoractensis 443.
Columbi opusc. 198 ex arch. = Le Cointe 7, 345 = Bouquet 6, 479 n° 33. — Bréquigny ad 815. — Böhmer 254 ad 815.

815, 18 iun.

60* L. Tetbertum abbatem et congregationem monasterii in pago Pictavensi ad honorem s. Maxentii, qui ibi requiescit, constructi in suam defensionem et immunitatis tuitionem suscipit monachisque licentiam abbates eligendi concedit. — ‚Si erga loca divinis cultibus mancipata'.
Aquisgrani pal. reg., 14 kal. iul. a. 2, ind. 8.
Copia d. Fonteneau in bibl. Pictavensi.
Bouquet 6, 480 n° 34 ex copia vet. chartul. inter schedas bibl. s. Germani. — Bréquigny ad 815. — Böhmer 255 ad 815.

815, iul.

[In loco Patherbrunna, m. iul. a. 2]: v. act. deperd. Corbeiense.

815, 16 iul.

61 L. ob petitionem Arnonis Iuvavensis ecclesiae archiepiscopi per suum praeceptum commutationes pari tenore scriptas manibusque bonorum hominum roboratas confirmat, per quas Arno ad partem ecclesiae s. Petri et s. Rudberti ab Haholdo eiusque uxore Berhtilda inter alias res MLX iugera in Ehemuotingen super Alezussam flumen, in Fiuhtan, in Chrilheim et in Askeringen sita accepit et invicem ex rebus ecclesiae Haholdo et Berhtildae iugera CDXX cum aedificiis mancipiis aliisque rebus in Puohpach in pago Isincowe et ad Puoche iuxta Outingas dedit. — ,Si enim ea que fideles regni'.

Paderbrunna in Saxonia, 17 kal. aug. a. 2, ind. 8.
<small>Liber cam. Salisb. saec. 13 exeuntis in arch. Vindobonensi.
Kleimayrn Anhang 63 n° 18 ex hoc libro. — Böhmer 256 ad 815.</small>

815, 22 iul.

62 L. ob petitionem Modoini Augustudunensis urbis episcopi, qui sibi immunitatem Karoli sanciendam obtulit, ecclesiam s. Nazarii, cui Modoinus praeest, atque omnes eius res e more antecessorum in suae tuitionis atque immunitatis defensionem suscipit. — ,Cum petitionibus servorum dei iustis'.

Paderbrunno in Saxonia, 11 kal. aug. a. 2, ind. 8.
<small>Plancher 1, preuves 3 n° 4 ex chartul. = Charmasse 31 n° 20. — Gallia christ. 4, instr. 45 n° 6 = Bouquet 6, 481 n° 35. — Bréquigny ad 815. — Böhmer 237 ad 815.</small>

815, 1 aug.

63* L., petente Benedicto abbate monasterii s. Dalmatii extra Pedonae civitatem constructi, inspectis praeceptis et confirmationibus priorum regum, scilicet Theodelindae reginae, Bertarith et Grimowaldi, Cumperti et Luitprandi, Karuli quoque regis, quaecunque his praeceptis consignatae sunt possessiones monasterio suae auctoritatis privilegio confirmat. — ,...vir venerabilis Benedictus'.

Franconofurd pal. reg., kal. aug. a. 2, ind. 7.
<small>Mon. hist. patriae script. 3, praefatio: fragmentum quod Mairanesio abbas ex rationario temporum saec. 16 conscripto excerpsit.</small>

815, 4 aug.

64* L. ob petitionem Benedicti abbatis monasterii Acutiani in territorio Sabinensi ad honorem s. Mariae constructi, qui sibi privilegium et confirmationes Karoli sancienda obtulit, decernit ut hoc monasterium, eodem modo atque monasteria secundum normam s. Benedicti in Francia constituta, omnes suas possessiones, quarum nonnullae hic enumerantur, sine introitu episcoporum aut aliorum hominum teneat, ut in perpetuum privilegio mundiburdo et defensione imperatoris fruatur, ut monachi licentiam abbatem eligendi habeant, atque ut quicquid ex copulatione servorum monasterii cum liberis feminis secundum legem Langobardorum ad publicum pertinere debuerit, monasterio concessum et confirmatum sit. — ,Imperialem celsitudinem decet'.

Franconofurd pal. reg., 2 non. aug. a. 2, ind. 8.

> Gregorii Catin. chron. in bibl. Farfensi.
> Ex chronico: Muratori script. 2", 364. — Duchesne script. 3, 654 = Le Cointe 7, 347. — Bréquigny ad 815. — Böhmer 258 ad 815.

815, 4 aug.

Francofurt, 2 non. aug. ind. 8: v. act. deperd. Acutiani monasterii.

815, 26 oct.

65* L. auctoritatem Karoli sibi a Trasario abbate oblatam confirmans, monasterio Fontanellae in honorem ss. Petri et Pauli constructo suae immunitatis atque tuitionis praeceptum concedit. — ,Cum petitionibus servorum dei iustis.'

Niumaga pal. reg., 7 kal. nov. a. 2, ind. 9.

> Marténe ampl. coll. 1, 61 ex cod. Fontan. = Bouquet 6, 482 n° 37. — Bréquigny ad 815. — Böhmer 259 ad 815.

[815] 11 nov.

66* L., deprecante Leidrado Lugdunensis ecclesiae praesule, qui monasterium antiquitus in insula Barbara ad honorem s. Martini constructum reaedificavit ibique monachos sub Campione abbate congregavit, monasterio immunitatis suae atque tuitionis praeceptum concedit simulque oblatam sibi Leidradi constitutionem sanciens praecipit, ut fratres omnes res coenobii indivisas possideant et pontificibus Lugdunensibus non amplius quam annuum unius librae argenti censum persolvant et potestatem habeant ex semet ipsis abbates eligendi qui ab episcopo benedictionem accipiant. — ,Si petitionibus servorum dei pro quibuslibet'.

Aquisgrani pal. reg., 3 id. nov. [a. inc. 816] a. 3, ind. 9.

> Exemplar mutilum instar autographi exaratum in cod. lat. 8837 bibl. Parisiensis.
> Mém. de la soc. des antiquaires de France 3ᵉ série, 2, 258 ex eodem exemplari quod editor autographum esse credebat.

[815] 11 nov.

67   L. Campioni abbati vel congregationi monasterii s. Martini prope urbem Lugduni ad Sagonam constructi, quod Insula-Barbara vocatur, concedit ut nullum teloneum de tribus eorum navibus per Rhodanum aut Sagonam aut Dubim discurrentibus exigatur; addit ut nemini naves eorum, si quae forte frangantur, destruere aut spoliare liceat. — ‚Episcopis abbatibus... notum sit quia Campio'.

Aquisgrani pal. reg., 3 id. nov. [a. inc. 816] a. 3, ind. 9.

<small>Charta diplomati Karoli VIII regis inserta quod exstat in arch. Lugdunensi.

Le Laboureur 45 ex dipl. Karoli = Bouquet 6, 483 n° 38. — Bréquigny ad 815. — Böhmer 260 ad 815.</small>

815, 19 nov.

68*   L. ob petitionem Rotaldi Veronensis ecclesiae episcopi et Austerberti monasterii s. Zenonis abbatis, qui prolata Karoli confirmatione ostenderunt hoc monasterium incendio deletum a rege Pippino imperatoris fratre una cum Rotaldo in suburbio civitatis reaedificatum et dotatum esse, statuit ut congregatio monasterii omnes res ei delegatas sub imperatoris tuitione quiete possideat, pontifici singulis annis non amplius quam L solidos persolvat et licentiam abbates eligendi habeat; decernit insuper ut feminae liberae servis monasterii matrimonio copulatae a monasterio sine ulla contradictione possideantur. — ‚Imperialem condecet praedecessorum suorum pie facta'.

Aquisgrani pal. reg., 13 kal. dec. a...., ind. 9.

<small>Ughelli 5, 705 ex pervetusto exemplari archivi monasterii = Le Cointe 8, 168. — Bréquigny ad 815. — Böhmer 261 ad 815.</small>

815, 3 dec.

69*   L. ob petitionem Theodemiri abbatis monasterio in pago Nemausensi in insula Psalmodio ad honorem s. Mariae et s. Petri constructo suae immunitatis atque tuitionis praeceptum monachisque licentiam abbatem eligendi concedit. — ‚Si erga loca divinis cultibus mancipata'.

Aquisgrani pal. reg., 3 non. dec. a. 2, ind. 9.

<small>Autogr. in arch. Nemausensi.

Bouquet 6, 484 n° 40 ex autogr. — Vaissete 1, preuves 47 n° 27 ex apogr. vitiato. — Gallia christ. 6, instr. 167 n° 3 ex eodem apogr. — Bréquigny ad 815. — Böhmer 262 ad 815.</small>

815, 3 dec.

70 L. ob petitionem Sigihardi abbatis qui sibi immunitatem Karoli sanciendam obtulit, monasterium Salvatoris a Wolcanardo abbate in pago Donahgaoe in loco Berg constructum, rebus propriis dotatum et Karolo traditum e more antecessorum in suae tuitionis atque immunitatis defensionem suscipit. — ‚Si sacerdotum ac servorum dei petitiones'.

Aquisgrani pal. reg., 3 non. dec. a. 2, ind. 9.
Autogr. in arch. Monacensi.
Ex autographo: Mon. Boica 28ᵃ, 11 n° 7. — Ried 1, 15 n° 19. — Fink die geöffneten Archive für die Gesch. Baierns (München u. Bamberg 1821) 3ᵃ, 528 n° 1. — Böhmer 263 ad 815.

815, 8 dec.

71* L. qui ex auctoritate Karoli ab Olomundo abbate prolata cognovit, Olomundum in territorio Carcassensi super Duranum fluvium monasterium Malasti ad honorem s. Iohannis baptistae construxisse, deinde vero se una cum monachis tuitionis causa in manus Karoli commendasse, ob petitionem eius hoc monasterium et cellulam s. Martini ei subiectam in suam defensionem et immunitatis tuitionem suscipit monachisque liberam abbatum electionem concedit. — ‚Cum petitionibus servorum dei iustis'.

Aquisgrani pal. reg., 6 id. dec. a. 2, ind. 8.
Bouquet 6, 485 n° 41 ex autogr. ad 815. — Baluze capit. 2, 1408 n° 28 ex arch. ad 815 = Le Cointe 7, 311 ad 814 = Tentzel app. 47 ad 815 = Mabul 1, 69. — Vaissete 1, preuves 48 n° 28 ex arch. ad 815. — Bréquigny ad 815. — Böhmer 264 ad 815.

815, 14 dec.

72* L. ob petitionem Heitonis Baselensis ecclesiae episcopi et abbatis monasterii Sintleozesavia in ducatu Alamanniae in Undresinsi pago ad honorem s. Mariae et s. Petri constructi, immunitates Karoli sibi oblatas confirmans hoc monasterium in immunitatis suae defensionem suscipit monachisque licentiam abbates eligendi concedit. — ‚Si erga loca divinis cultibus mancipata'.

Aquisgrani pal. reg., 19 kal. ian. a. 2, ind. 9.
Autogr. in arch. Argentinensi.
Ex autographo: Schöpflin 1, 63 n° 78 ad 816. — Grandidier 2, preuves 161 n° 89 ad 816 = Neugart 1, 159 n° 188 = Trouillat 1, 94 n° 49. — Böhmer 265 ad 815.

815, 20 dec.

73 L. ecclesiae Viennensi in honorem s. Mauricii constructae, cui Bernardus archiepiscopus praeest, res quasdam olim abstractas

in Dalforiana villa in Vasionensi pago sitas reddit. — ,Si erga loca divinis cultibus mancipata'.
 Aquisgrani pal. reg., 13 kal. ian. a. 2, ind. 9.
  Le Cointe 7, 360 = Bouquet 6, 486 n° 42. — Bréquigny ad 815. —
  Böhmer 266 ad 815.

815, dec.

74* L., interveniente Haitone episcopo, servo suo Engilberto in fisco Scuznigawe nutrito et in parochia Constantianensi presbytero ordinato potestatem dat, ut quicquid in pago Linzgawe in territorio villae Duringae conquisiverit, monasterio Sindleoscesauvae sollenniter tradat. — ,Si petitiones sacerdotum ac servorum dei'.
 Aquisgrani pal. reg.,... ian. a. 2, ind. 9.
  Autogr. in arch. Karlsruhiano.
  Dümgé 67 n° 1 ex autogr. ad 816 = Wirtemb. Urkb. 1, 83 n° 74.

816, 13 ian.

75* L. ob petitionem Doddonis abbatis, qui cellulam ancillarum in pago Albinsi super Vizuzia fluvium ad honorem s. Mariae et ss. Petri et Michaelis constructam et Bodonis monasterium vocatam in regimine habet, oblatam sibi immunitatem Karoli confirmans hanc cellulam e more antecessorum in immunitatis suae defensionem suscipit. — ,Si erga loca divinis cultibus mancipata'.
 Aquisgrani pal. reg., id. ian. a. 2, ind. 9.
  Ex chartul. Andelav. saec. 14: Schöpflin 1, 62 n° 77. — Grandidier 2,
  preuves 159 n° 88. — Böhmer 267 ad 816.

816, 27 ian.

76 L. ob petitionem monachorum monasterii s. Galloni in pago Durgaowe super Petrosam constructi, praecepto Karoli sibi oblato obsecutus iterum litteras confirmat, per quas Sidonius Constantiae urbis episcopus et Iohannes abbas inter se convenerant, ut abbates monasterii episcopis in censum annuum non amplius quam unam auri unciam et caballum libra una aestimatum persolverent et ut monachi dato hoc censu nullam rerum suarum imminutionem paterentur. — ,Si petitionibus servorum dei iustis'.
 Aquisgrani pal. reg., 6 kal. febr. a. 2, ind. 9.
  Autogr. in arch. Sangallensi.
  Wartmann 1, 208 n° 218 ex aut. — Neugart 1, 136 n° 185 ex copia. — Böhmer 268 ad 816.

816, 5 febr.

77 L. cui Arno Iuvevensis ecclesiae archiepiscopus immunitates Karoli sanciendas obtulit, eiusdem sedem vel ecclesiam s. Petri,

in qua s. Hruotberti corpus requiescit, cum omnibus possessionibus in immunitatis suae defensionem suscipit. — ‚Cum petitionibus sacerdotum iustis'.

Aquisgrani pal. reg., non. febr. a. 3, ind. 9.
<small>Autogr. in arch. Vindobonensi.
Kleimayrn Anhang 65 n° 19 ex libro camerae. — Böhmer 269 ad 816.</small>

816, 5 febr.

78* L., petente Arnone episcopo, ecclesiae s. Marine Frisingensi, cui [Hatto] episcopus praeest, reddit et confirmat cellulam Hinticham, quae ab Hattone quondam Frisingensi in confinio Tiburniensi ad fontem Dravi fluvii in honorem ss. Petri et Candidi constructa et Frisingensi ecclesiae tradita erat, postea autem de iure huius ecclesiae abstracta ab Arnone episcopo beneficii nomine possidebatur. — ‚Si erga loca divinis cultibus mancipata'.

Aquisgrani pal. reg., non. febr. a. 3, ind. 9.
<small>Chartul. Fris. saec. 12 exeuntis in arch. Monacensi.
Ex hoc chartulario: Mon. Boica 31, 32 n° 13. — Meichelbeck 2, 252 n° 479 = Resch 2, 67 ad 815.</small>

816, 10 febr.

79 L. cui quidam ex Hispanis in regnum susceptis querimoniam in duo capitula divisam detulerunt, quorum uno conquesti sunt, quod potentiores eorum qui in palatio praecepta regalia de iuribus Hispanorum accepissent, horum praeceptorum auctoritate freti minores ex locis ab ipsis occupatis et excultis depellere aut in servitium redigere conarentur, altero quod illi qui comitibus et vassis imperatoris aut vassis comitum commendati ab his deserta loca ad excolendum accepissent, timere deberent, ne rursus ex terris a se excultis depellerentur, decernit ut non solum ii qui praecepta illa acceperint, sed omnes qui illo tempore erema loca occupaverint et excoluerint itemque eorum posteri illa loca quiete possideant, deinde ut ii qui postea venerint et terras ab iis quibus commendati fuerint acceperint, ut et ipsi et posteri eorum has terras eadem conditione qua eas adepti sint in futurum possideant. Huius constitutionis omnibus Hispanis, et qui adsint et qui immigraturi sint, concessae VII praecepta uno tenore conscripta Narbonae, Carcassonae, Roscilionae, Empuriis, Barchinonae, Gerundae atque Biterris conservari, exemplar autem unum in archivo palatii reponi iubet. — ‚Notum sit omnibus... quia postquam Hispani'.

Aquisgrani pal. reg., 4 id. febr. a. 3, ind. 9.
<small>Baluze capit. 1, 569 = Le Cointe 7, 361 = Bouquet 6, 486 n° 43 = España sagrada 43, 369. — Bréquigny ad 816. — Böhmer 270 ad 816.</small>

816, 10 febr.

80* L. ob petitionem Hildebaldi Matisconensis ecclesiae episcopi, per suas litteras omnibus ex sua largitione beneficia ex terris huius ecclesiae habentibus praecipit, ut episcopis secundum iussionem iam dudum factam singulis annis nonas et decimas persolvant et pro viribus quisque ad restaurandas ecclesiae domus adiutorium conferant. — ‚Noverit utilitas fidelium... quia vir'.

Aquisgrani pal. reg., 4 id. febr. a. 3, ind. 9.

<small>Cod. Bouhier 44 in bibl. Paris. et chartul. saec. 18 in arch. Matisconensi.
Gallia christ. 4, instr. 265 n° 4 ex cod. Bouhier = Bouquet 6, 487 n° 44. — Cartul. de S. Vincent 45 n° 57 ex chartul. arch. Matisc. — Bréquigny ad 816. — Böhmer 271 ad 816.</small>

816, 10 mart.

81* L., petente Alegrero abbate monasterii s. Germani Autissiodorensis, oblatas sibi auctoritates confirmat, per quas Pippinus et Karolus quatuor monasterii naves per Ligerim aliaque flumina discurrentes a teloneo solvendo liberaverant. — ‚Omnibus episcopis... notum sit quia venerabilis'.

Aquisgrani pal. reg., 6 id. mart. a. 3, ind. 9.

<small>Baluze capit. 2, 1411 n° 31 ex chartul. s. Germani = Le Cointe 7, 363 = Bouquet 6, 488 n° 45 = Cartulaire de l'Yonne 1, 28 n° 14. — Bréquigny ad 816. — Böhmer 272 ad 816.</small>

816, 26 mart.

82* L. prolato sibi ab Helogar Alethensi episcopo praecepto Karoli obsecutus, ei eiusque successoribus auctoritatem concedit, per quam perinde ac per strumenta tempore rebellionis concremata res ab ecclesiis ss. Mevenni et Iudicaelis in loco Wadel atque in insula Machuti iure possessas secundum leges defendant, simulque omnes harum ecclesiarum res in immunitatis suae defensionem suscipit. — ‚Cum petitionibus servorum dei iustis'.

Aquisgrani pal. reg., 7 kal. apr. a...., ind. 9.

<small>Lobineau 2, 20 ex vidimus a. 1294 in arch. monast. s. Mevenni = Morice 1, 225 = Bouquet 6, 489 n° 46 = Gallia christ. 14, instr. 233 n° 1 ad 817. — Bréquigny ad 816. — Böhmer 273 ad 816.</small>

816, 15 apr.

83* L. cui Hildoardus Cameracensis urbis episcopus immunitates Pippini et Karoli sanciendas obtulit, eius sedem s. Mariae dicatam in immunitatis suae defensionem suscipit addens, ut qui hoc praeceptum violaverint, poena DC solidorum multentur. — ‚Cum petitionibus servorum dei iustis'.

Aquisgrani pal. reg., 17 kal. mai. a. 3, ind. 9.
>Autogr. in arch. Insulensi.
>Mutte 1 n° 1 ex autogr. — Le Glay 62 ex autogr., cum specim. scripturae. — Mon. Germ. hist. 9, 415. — Bréquigny ad 817. — Böhmer 274 ad 816.

816, 2 mai.

84 L. Ratgario abbati, qui imperatorem obsecravit ut monasterium s. Bonefacii in Fulda in pago Grapfeld constructum sicut cetera monasteria imperii sub suam tuitionem atque immunitatis defensionem constitueret, praeceptum immunitatis fieri iubet simulque monachis licentiam abbatem eligendi concedit. — ‚Cum petitionibus servorum dei iustis'.

Aquisgrani pal. reg., 6 non. mai. a. 3, ind. 9.
>Autogr. in arch. Fuldensi.
>Dronke 155 n° 322 ex aut. — Eassler app. 30 ex aut. ad 817 = Eckhart 2,877. — Schannat hist. 2, 87 n° 12 ex aut. — Specimen script. in Schannat vind. tab. 4. — Bréquigny ad 816. — Böhmer 275 ad 816.

816, 2 iun.

85 L. cui Smaragdus abbas immunitatem Karoli sanciendam obtulit, monasterium Castellionis sive Marsupium in honorem ss. Michaelis, Mariae et Petri constructum in suae immunitatis defensionem suscipit. — ‚Si erga loca divinis cultibus mancipata'.

Aquisgrani pal. reg., 4 non. iun. a. 3, ind. 9.
>Chron. et chartul. s. Mich. saec. 11 in bibl. Parisiensi.
>Mabillon analecta 353 ex chron. = Tentzel app. 49 = Calmet 2, preuves 122 (1ª editio: 1, 296) = Bouquet 6, 490 n° 49. — Bréquigny ad 816. — Böhmer 276 et 277 ad 816.

816, 10 iun.

86* L. cui Iosue abbas anteriorum regum praecepta sancienda obtulit, monasterio s. Vincentii in Beneventanis finibus sito omnes res a Lupo et Hildeprando ducibus, Aystulfo et Desiderio Longobardorum regibus nec non a Karolo aut collatas aut corroboratas denuo per suam auctoritatem confirmat. — ‚Cum petitionibus sacerdotum et servorum'.

Aquisgrani pal. reg., 4 id. iun. a. 3, ind. 9.
>Ex chronico Vulturn.: Muratori script. 1°, 369. — Duchesne script. 3, 691 = Le Cointe 7, 364. — Bréquigny ad 816. — Böhmer 278 ad 816.

816, 20 iun.

87* L., petente Begone ut coenobiolum Fossatense in pago Parisiaco super Maternam ss. Petro et Paulo et s. Mariae dedicatum, quod cum paene destructum esset, Bego restauravit et imperatori commendavit, sicut cetera monachorum monasteria in suam defensionem et immunitatis tuitionem recipiat, Benedicto abbati huius monasterii atque monachis immunitatem et ius electionis concedit. — 'Cum petitionibus servorum dei iustis'.

Aquisgrani pal. reg., 12 kal. iul. a...., ind. 9.
<small>Autogr. in arch. Parisiensi.
Tardif 78 n° 108 ex autogr. — Mabillon ann. 2, 721 n° 42 ex aut. = Bouquet 6, 491 n° 51. — Dubois 1, 323 ex chartul. Fossatensi = Gallia christ. 7, instr. 7 n° 7. — Bréquigny ad 816. — Böhmer 279 ad 816.</small>

816, 20 iun.

88 L. ob petitionem Begonis comitis missos et homines monasterii in pago Parisiaco in loco Fossato super Maternam in honorem ss. Petri et Pauli et s. Mariae constructi atque in suum mundeburdum recepti ab omni teloneo solvendo liberos esse iubet. — 'Omnibus episcopis... notum sit quia'.

Aquisgrani pal. reg., 12 kal. iul. a. 3, ind. 9.
<small>Autogr. in arch. Parisiensi.
Tardif 79 n° 109 ex autogr. — Le Cointe 8, 228 ex chartulario. — Dubois 1, 324 ex chart. = Bouquet 6, 492 n° 52. — Bréquigny ad 816. — Böhmer 280 ad 816.</small>

816, 21 iun.

Aquisgrani pal. reg., 11 kal. iul. a. 3, ind. 9: v. act. deperd. Acutiani monasterii.

816, 1 iul.

89 L. cui Apollinaris abbas monasterii Flaviniaci in pago Alsensi ad honorem d. Iesu et ss. Petri et Praeiecti constructi auctoritatem Karoli sanciendam obtulit, negotiatores atque homines monasterii ab omni teloneo praestando absolvit eique teloneum in ipsius villis et terris exigendum concedit. — 'Omnibus episcopis... notum sit quia vir'.

Aquisgrani pal. reg., kal. iul. a. 3, ind. 8.
<small>Chartularium Flavin. in bibl. civitatis Castellionis ad Sequanam, cuius copia exstat in cod. bibl. Paris. Bouhier 128.
Beitr. zur Diplomatik 5, 401 n° 10 ex cod. Bouhier.</small>

816, 13 iul.

90 L. praecepto patris obsecutus omnibus ex sua aut comitum aut vassorum largitione beneficia de rebus monasterii s. Michaelis habentibus praecipit, ut Smaragdo abbati eiusque successoribus singulis annis nonas et decimas persolvant et pro viribus quis-

que ad restaurandas ecclesiae domus adiutorium conferant. — ‚Noverit utilitas fidelium... quia sicut domnus'.

Teodonis villa pal. reg., 3 id. iul. a. 3, ind. 9.
Chronicon et chartul. s. Mich. saec. 11 in bibl. Parisiensi.
Balnze miscell. 4, 422 ex chron. = Calmet 2, preuves 123 ad 815, mendose = Bouquet 6, 493 n° 53 ad 816. — Bréquigny ad 816. — Böhmer 281 ad 816.

816, 19 aug.

91* L., petente Guntramno abbate monasterii Viviarii-peregrinorum in ducatu Alsacinsi super fluvium Morbac in hon. ss. Leudegarii, Petri atque Mariae constructi, oblatam sibi patris auctoritatem confirmat, per quam Karolus homines monasterii in Marsal vel Iris vel ubicunque negotiantes ab omnibus teloneis fisco solvendis liberaverat. — ‚Omnibus episcopis... notum sit quia vir'.

Aquisgrani pal. reg., 14 kal. sept. a. 3, ind. 9.
Autogr. et apogr. saec. 9 in arch. Colmariensi.
Martène thes. anecd. 1, 18 ex chartul. = Bouquet 6, 494 n° 55. — Schöpflin 1, 64 n° 80 ex chartul. — Lünig 19, 958 n° 12. — Bréquigny ad 816. — Böhmer 283 ad 816, 22 aug.

816, 22 aug.

92 L., petente Guntramno abbate monasterii Vivarii-peregrinorum in ducatu Alsacensi super fluvium Morbac in hon. ss. Leodegarii, Petri et Mariae constructi, oblatam sibi Karoli auctoritatem confirmans praecipit, ut liberi homines monasterio ex tempore Pippini oboedientes sine ulla iudiciariae potestatis inquietudine secundum eorum consuetudinem vivant monasterioque deserviant. — ‚Notum sit omnibus... quia vir'.

Aquisgrani pal. reg., 11 kal. sept. a. 3, ind. 9.
Autogr. in arch. Colmariensi.
Schöpflin 1, 64 n° 79 ex autogr. — Lünig 19, 958 n° 11. — Martène thes. anecd. 1, 19 ex chartul. = Bouquet 6, 495 n° 56. — Bréquigny ad 816. — Böhmer 282 ad 816.

816, 23 aug.

93* L. per suum praeceptum commutationes pari tenore scriptas et sibi a Riphuino ostensas confirmat, per quas [Atto] Frisingensis episcopus, consentientibus fratribus ecclesiae s. Mariae et permittente imperatore, ex rebus episcopatus Riphuino villam Buoch in pago Westergowe dedit et invicem ab eo ad partem ecclesiae res eius in loco eiusdem pagi Burgreni dicto atque tertiam partem villae Aotingas vocatae accepit. — ‚Si enim quae fideles imperii nostri'.

Aquisgrani pal. reg., 10 kal. sept. a...., ind. 9.
Chartul. Fris. saec. 12 exeuntis in arch. Monacensi.
Mon. Boica 31, 34 n° 14 ex hoc chartul. — Meichelbeck 1ᵇ, 252 n° 478 (conf. 1, 106) ex libro trad. dicto rubro parvo.

[816] 27 aug.

94* L. ob petitionem Heti Treverensis ecclesiae archiepiscopi, qui sibi immunitatem Karoli obtulit, ecclesiam s. Petri, cui Heti praeest, in tuitionis suae atque immunitatis defensionem suscipit. — 'Si liberalitatis nostrae munere locis'.
Aquisgrani pal. reg., 6 kal. sept. a. 3, ind. 10.
Autogr. mutilum et copia saec. 14 in Balduineo, in arch. Confluentino. Beyer 1, 55 n° 50 ex aut. et copia. — Hontheim 1, 167 n° 70. — Gallia christ. 13, instr. 305 n° 18. — Böhmer 284 ad 816.

[816] 28 aug.

95* L. ab Adaloch ecclesiae Argentoratensis sive Strazburgensis in honorem s. Mariae constructae episcopo rogatus, ut oblatam sibi Karoli auctoritatem sanciret, praecipit ut rectores praedictae sedis locellum Stillam inde ab antiquis temporibus ex regum confirmationibus possessum quiete teneant atque possideant. — 'Cum petitionibus servorum dei iustis'.
Aquisgrani pal. reg., 5 kal. sept. a. 3, ind. 10.
Autogr. in arch. Argentinensi.
Ex autographo: Grandidier 2, preuves 165 n° 91 ad 817. — Schöpflin 1, 65 n° 81 ad 817, cum ectypo quod exstat etiam in Kopp pal. crit. 1, tab. 2. — Gallia christ. 5, instr. 462 n° 2 ad 816. — Bréquigny ad 817 — Böhmer 285 ad 816.

[816] 30 aug.

96* L. monasterio s. Germani, in quo eius corpus requiescit et cui Hirmino praeest, piscariam in Sequana Karolivennam dictam, quam proavus suus Karolus prope Rioilum villam in pago Pinciacensi construi iussit, concedit, salvo tamen iure monasteriorum s. Dionysii et s. Petri quae inde nocturnam accipiant. — 'Quicquid pro amore dei pro oportunitate'.
Aquisgrani pal. reg., 3 kal. sept. a. 3, ind. 10.
Charta corrupta saec. 10 in arch. Parisiensi.
Ex hac charta quam autographam esse credebant: Mabillon acta ss. 4, 108 ad 816 (conf. annales 2, 428) = Bouquet 6, 505 n° 71 ad 817. — Bouillart 13 n° 14 ad 816. — Bréquigny ad 817. — Böhmer 302 ad 817.

[816] 30 aug.

97 L. ob petitionem Fredegisi abbatis monasterii s. Martini, cuius corpus ibidem requiescit, oblatas sibi priscorum regum Francorum nec non Pippini et Karoli immunitates confirmans, omnes res s. Martini, in quocunque regno sive in Austria sive in Niustria, Burgundia, Aquitania, Provincia, Italia sint, sub suae immunitatis atque protectionis defensione consistere iubet, et adiungit ut qui hoc praeceptum violaverint, poena DC solidorum auri multentur, et ut quicquid monasterio iniuste abstractum sit, ex hac auctoritate sit penitus restaurandum. — ‚Si petitionibus servorum dei pro quibuslibet'.

Aquisgrani pal. reg., 3. kal. sept. a. 3, ind. 10.

<small>Baluze capit. 2, 1412 n° 32 ex chartul. s. Mart. ad 816 = Le Cointe 7, 474 ad 817 = Bourassé 14 n° 6 ad 816. — Martène ampl. coll. 1, 63 ex chartul. ad 816 = Bouquet 6, 506 n° 72 ad 817. — Gallia christ. 14, instr. 19 n° 13 ex schedis Baluz. ad 816. — Bréquigny ad 817. — Böhmer 303 ad 817.</small>

[816] 30 aug.

98 L. ob petitionem Fridugisi abbatis s. Martini, qui sibi praeceptum a Karolo Vulfardo abbati concessum ad sanciendum obtulit, homines ab abbate vel clericis negotiandi causa per Austriam, Neustriam, Burgundiam, Aquitaniam, Provinciam, Italiam seu ceteras imperii partes dirigendos itemque eorum carra et saumatica ab omni teloneo solvendo immunia esse iubet. — ‚Si erga loca divinis cultibus mancipata'.

Aquisgrani pal. reg., 3 kal. sept. a. 3, ind. 10.

<small>Martène ampl. coll. 1, 65 ex chartul. ad 816 = Bouquet 6, 508 n° 73 ad 817. — Bréquigny ad 817. — Böhmer 304 ad 817.</small>

816, 2 sept.

99 L. monachis monasterii Marsupii in loco Castellionis ad honorem ss. Michaelis et Mariae vel s. Petri constructi, cui Smaragdus abbas praeest, concedit ut neque ullum tributum ex patellis eorum in Marsallo aut in subteriori vico sitis neque ullum teloneum ab eorum hominibus exigatur. — ‚Omnibus episcopis.. notum sit quia concessimus'.

Aquisgrani pal. reg., 4 non. sept. a. 3, ind. 10.

<small>Chronicon et chartul. s. Mich. saec. 11 in bibl. Parisiensi.
Mabillon analecta 356 ex chron. = Le Cointe 7, 727 = Bouquet 6, 495 n° 57. — Bréquigny ad 816. — Böhmer 286 ad 816.</small>

816, 23 oct.

100* L. ob petitionem Benedicti Andegavensium civitatis praesulis, qui sibi auctoritatem immunitatis sive navalis evectionis Karoli sanciendam obtulit, ecclesiam s. Mauricii, cui Benedictus praeest, atque omnes eius res e more antecessorum in suae tuitionis atque immunitatis defensionem suscipit simulque tres naves ecclesiae per Ligerim discurrentes ab omni iudiciaria potestate absolutas esse iubet. — ‚Si liberalitatis nostrae munere locis'.

Salmunciaco pal., 10 kal. nov. a...., ind. 10.

Copia in collectione Housseau bibl. Parisiensis.
Gallia christ. (1ª editio) 2, 116 ex exemplari in cathedralis archivo = Bouquet 6, 496 n° 59. — Bréquigny ad 816. — Böhmer 288 ad 816.

816, 8 nov.

101 L. cui monachi monasterii Prumiae a Pippino ad honorem s. Salvatoris constructi et propriis rebus ditati retulerunt, partem waldi prope monasterium siti, quem Pippinus sibi cum aliis donationibus confirmasset, a servis fisci Tumbas vocati contra ius occupatam esse, postquam inquisitione Adalberti missi et siniscalci rem ita se habere repertum et monasterium ab altero misso Withario revestitum et waldus certis signis designatus est, iubet et praecipit, ut monasterium waldum praedictum secundum determinationem huic auctoritati insertam quiete possideat. — ‚Notum sit omnibus fidelibus nostris... quia monachi'.

Conpendio pal. reg., 6 id. nov. a. 3, ind. 10.

Liber aureus Prum. saec. 12 in bibl. Trevirensi.
Ex hoc libro: Beyer 1, 57 n° 51. — Martène ampl. coll. 1, 66 ad 817 = Hontheim 1, 170 n° 72. — Bréquigny ad 816. — Böhmer 290 ad 816.

816, 17 nov.

102* L. auctoritatem Karoli sibi ab Audoaldo abbate oblatam sanciens, monasterium Salvatoris in territorio Clusino in monte Amiado situm in suam tuitionem immunitatisque defensionem suscipit, ei ecclesiam s. Petri in Carmarita et cellulam ss. Savini, Rescudo, Petri et Stephani in Terquino confirmat monachisque, consentiente filio suo Bernardo rege, licentiam dat abbates eligendi. — ‚Cum petitionibus servorum dei iustis'.

Conpendio pal., 15 kal. dec. a. 3, ind. 10.

Autogr. in arch. Senensi.
Ughelli 3, 590, vitiose = Le Cointe 7, 375. — Bréquigny ad 816. — Böhmer 291 ad 816.

816.

103 L. capitulare a. 816. — ‚Omnibus episcopis... si duo testimonia'.

In inscriptione: a. 3.

Pertz LL. 1, 195 = Migne 1, 371. — Eccard leges Francorum Salicae et Ripuariorum (Francofurti 1720 f°) 183. — Conf. Boretius 141 et K. n° 175.

[816.]

104 L. constitutio de liberis et vassallis. — ‚Si quis per cartulam ingenuus'.

S. a. d. l.

Pertz LL. 1, 196 = Migne 1, 373. — Conf. Boretius 98.

[816.]

105* L. cum quo Hildebaldus ecclesiae s. Vincentii Matisconensis episcopus conquestus est, tertiam partem telonei in civitate et in pago solvendi itemque tertiam partem salinarum in Iugis et in villa Candeverris sitarum huic ecclesiae esse abstractas, cum ex relatione Leidrardi archiepiscopi ad hanc causam investigandam missi has res secundum divisionem olim factam ecclesiae s. Vincentii esse debere cognosset, per suam auctoritatem rectoribus ecclesiae illas res reddit et perpetuo possidendas confirmat. — ‚Si erga loca divinis cultibus mancipata'.

S. a. d. l.

Codex Bouhier 44 in bibl. Paris. et chartul. saec. 18 in arch. Matisconensi.

Cartul. de S. Vincent 316 n° 539 ex chartul. saec. 18.

817, 27 apr.

106* L. monasterio Suricino in pago Tolosano ad honorem s. Mariae constructo, cui Bertrandus abbas praeest, donat res sibi ab Ariaca quondam comite traditas, villas videlicet Blizentiam, Montlicu, Exartigas, Vaccariam, Marcillanum in Ausciensi pago et res iuris sui in pago Dagni in villis Alamanni et Modolingo sitas. — ‚Si erga loca divinis cultibus mancipata'.

Aquisgrani pal. reg., 5 kal. mai. a. 4, ind. 10.

Charta in nominibus geographicis retractata.

L. Y. de Brugeles chroniques eccles. du diocèse d'Auch (Toulouse 1746 in 4°) 2, preuves 42. — Bouquet 6, 501 n° 65 ex schedis Estiennot, ad 5 mai. — Bréquigny ad 817. — Böhmer 292 ad 817.

817, 19 mai.

Numagio, 14 kal. iun. a. 4, ind. 10: v. act. deperd. Lodovense.

817, 4 iun.

107 L., ambasciante Matfrido, monasterio s. Galli in Durgaowe, cui Gauzbertus abbas praeest, censum tributum omniaque XLVII mansorum opera comitibus praestanda remittit, salvis tamen functionibus ex iisdem mansis palatio exhibendis; inseruntur huic praecepto nomina et mansorum et comitum in quorum ministeriis siti sunt. — ‚Omnibus comitibus partibus Alamanniae'.

Aquisgrani pal. reg., 2 non. iun. a. 4, ind. 10.

Autogr. in arch. Sangallensi.

Wartmann 1, 217 n° 226 ex autogr. — Wirtemb. Urkb. 1, 90 n° 79 ex autogr. — Herrgott geneal. dipl. aug. gentis Habsburgicae (Viennae 1737 in f°) 2ᵇ, 18 n° 36 ex autogr. — Neugart 1, 163 n° 191 ex cod. tradit. — Böhmer 293 ad 817.

817, 16 iul.

108* L. testamentum et ordinationem confirmans, per quae Regimpertus Lemovicae urbis episcopus cellulam a Mathusalam diacono in loco Lemovicini pagi Carentonago dicto ad honorem Salvatoris constructam et canonicae s. Stephani traditam una cum aliis rebus ad procuranda canonicorum stipendia delegavit, vetat ne haec cellula cuiquam in beneficium tribuatur neve in alios usus convertatur. — ‚Si petitionibus sacerdotum iustis'.

Aquisgrani pal. reg., 17 kal. aug. a. 4, ind. 10.

Copia saec. 18 in cod. lat. bibl. Paris. 9193.

Besly préface 18 = Le Cointe 7, 476. — Gallia christ. 2, instr. 164 n° 2 ex chartario Lemov. ad 818. — Bouquet 6, 501 n° 66 ex copia chartul. inter schedas Cl. Estiennot. — Bréquigny ad 817. — Böhmer 297 ad 817.

817, 16 iul.

109 L. ob petitionem Regimperti Lemovicae urbis praesulis, qui sibi immunitatem Karoli sanciendam obtulit, eiusdem sedem s. Stephano dicatam atque omnes eius res e more antecessorum in suae tuitionis atque immunitatis defensionem suscipit. — ‚Si liberalitatis nostrae munere locis'.

Aquisgrani pal. reg., 17 kal. aug. a. 4, ind. 10.

Copia saec. 18 in cod. lat. bibl. Paris. 9193.

Bouquet 6, 502 n° 67 ex schedis Cl. Estiennot. — Bréquigny ad 817. — Böhmer 298 ad 817.

817, 16 iul.

110 L., petente Elpodorio comite, cuius pater Eribertus in comitatu Vivariensi in locum eremum fisci Crudatum dictum super

Rhodanum monachos congregaverat, hos monachos eorumque abbatem Bonaldum cum omnibus rebus in suam defensionem suscipit simulque eis immunitatem et licentiam abbates eligendi indulget. — ‚Si erga loca divinis cultibus dicata'.

Aquisgrani pal. reg., 17 kal. aug. a. 4, ind. 10.

<small>Chartul. Aptense in biblioth. Lugdunensi.
Vaissete 1, preuves 50 n° 30 ex vidimus a. 1397. — Bouquet 6, 503 n° 68 ex Vaissete et ex schedis Cl. Estiennot. — Bréquigny ad 817. — Böhmer 299 ad 817.</small>

817, 24 iul.

111* L. ob petitionem Agiulfi abbatis monasterii Sollemniaci a s. Eligio in honorem s. Petri constructi, oblatas sibi Pippini et Karoli immunitates confirmans omnes res monasterii sub defensionis suae atque immunitatis munimine consistere iubet. — ‚Cum locis divino cultui mancipatis'.

Aquisgrani pal. reg., 9 kal. aug. a. 4, ind. 10.

<small>Autogr. in arch. Lemovicensi.
Baluze capit. 2, 1414 n° 33 ex schedis I. Sirmondi ad 817 = Le Cointe 7, 470 = Bouquet 6, 504 n° 69. — Bréquigny ad 817. — Böhmer 300 ad 817.</small>

[817, iul.]

112* L. capitulare Aquisgranense generale.
S. a. d. l.

a) Prologus. — ‚Quia iuxta apostolum'.

<small>Pertz LL. 1, 204 ad 817 = Migne 1, 393. — Baluze capit. 1, 561 ad 816 = Bouquet 6, 415. — Carpentier 3 ad 817. — Bréquigny ad 816.</small>

b) Capit. ad ecclesiasticos ordines pertinens. — ‚Quia iuxta s. patrum traditionem'.

<small>Pertz LL. 1, 206 ad 817 = Migne 1, 395. — Baluze capit. 1, 563 ad 816. — Carpentier 5 ad 817. — Bréquigny ad 816.</small>

c) Capit. legibus addenda. — ‚Si quis aut ex levi causa'.

<small>Pertz LL. 1, 210 ad 817 = Migne 1, 403. — Baluze capit. 1, 597: cap. primum a. 819 = Bouquet 6, 417. — Bréquigny ad 819.</small>

d) Capit. per se scribenda. — ‚Si mancipia dominos suos'.

<small>Pertz LL. 1, 214 § 1—8 ad 817 = Migne 1, 409. — Baluze capit. 1, 611: cap. quartum a. 819 = Bouquet 6, 424. — Bréquigny ad 819. — Conf. Boretius 145.</small>

e) Capit. missis contradita. — ‚Legatio omnium missorum... primo ut sicut iam aliis'.

<small>Pertz LL. 1, 216 ad 817 = Migne 1, 413. — Baluze capit. 1, 613: cap. quintum a. 819 = Bouquet 6, 425. — Bréquigny ad 819.</small>

817, iul.

113 L. divisio imperii. — ‚Cum nos in dei nomine anno'.
Aquisgrani pal., m. iulio a. inc. 817, a. imp. 4, ind. 10.
<small>Pertz LL. 1, 198 = Migne 1, 373. — Baluze capit. 1, 573 = Bouquet 6, 405. — Bréquigny ad 817. — Böhmer 294 ad 817.</small>

817, 4 aug.

114* L. fratribus monasterii Fuldensis ob eorum suggestionem locum suum Bingenheim in pago Weterciba complectentem plus minus LXXXVII mansos, quos Burchardus comes beneficii titulo habuit, in proprium concedit, cum ipse tamen acceperit ab eis in pago Nithehgou super fluvium Nita iuxta fiscum suum Franchonfurt quicquid monasterium in villis Horaheim et Stetdi habuit cum fonte salis et silva communi itemque vineas et mansos aliquos iuxta Bingam et in loco Helisa ultra Renum sitos. — ‚Cum iustum esse constat ut regalis'.

Inglinheim pal. reg., 2 non. aug. ind. 10.
<small>Cod. Eberhardi in arch. Fuldensi, vitiose.
Dronke 158 n° 325ᵃᵇ ex autogr. mutilo et cod. Eberh. — Schannat trad. 125 n° 299 ex chartario ad 817, 2 aug. — Böhmer 301 ad 817, 2 aug.</small>

817, 20 nov.

115 L., Wendilmaro urbis Tornacensis episcopo ad amplificanda canonicorum claustra quasdam fisci terras in ipsa urbe sitas petente, inspectione per missos abbatem Irmionem et Ingobertum et Hartmannum facta, huic ecclesiae CCXV perticas concedit, quarum alteram partem Werimfredus beneficii, alteram ministerii iure Hruoculfus comes huc usque habuerunt. — ‚Notum sit omnium.. solertiae quia postulavit'.

Aquisgrani pal. reg., 12 kal. dec. a. 4, ind. 11.
<small>Le Mire 2, 1127 ex arch. ecclesiae = Gallia christ. 3, instrum. 43 u° 1 ad 818 = Bouquet 6, 500 n° 74 ad 817. — Bréquigny ad 817. — Böhmer 305 ad 817.</small>

817.

116 L. constitutio de servitio monasteriorum. — ‚Haec sunt quae dona'.

In inscriptione: apud Aquis sedem reg., a. inc. 817.
<small>Sirmond conc. Galliae 2, 685 ex cod. monast. s. Aegidii = Baluze capit. 1, 589 = Mabillon ann. 2, 436 = Bouquet 6, 407 = Pertz LL. 1, 223 = Migne 1, 423. — Bréquigny ad 817. — Böhmer 296 ad 817.</small>

[817.]

117 L. litterae encyclicae.
S. a. d. l.

a) Litt. ad Arnonem Salzpuregensem archiepiscopum atque eiusdem tenoris ad Sicharium archiepiscopum. — ‚Sacrum et venerabile concilium'.

>Pertz LL. 1, 219 ad 817 = Migne 1, 417. — Kleimayrn 66 n° 20 ad 816. — Baluze capit. 1, 557 et 561 ad 816. — Bréquigny ad 816.

b) Litt. ad Magnum Senonicae urbis archiepiscopum alterius formae. — ‚Sicut vobis nuperrime'.

>Pertz LL. 1, 219 ad 817 = Migne 1, 417. — Baluze capit. 1, 553 ad 816 = Bouquet 6, 333 n° 1. — Bréquigny ad 816.

[814—817.]

118* L. ob petitionem Theodulphi Aurelianensis ecclesiae archiepiscopi et abbatis monasterii s. Aniani, oblatas sibi auctoritates Pippini et Karoli confirmans congregationi s. Aniani concedit, ut nullum teloneum nec de villis monasterii nec de vehiculis nec de sex navibus negotiandi causa discurrentibus exigatur. [Additur confirmatio divisionis possessionum inter abbatem et canonicos factae.]. — ‚Notum sit cunctis fidelibus [Christi]'.

S. a. d. l.

>Hubert preuves 75 ex apogr. interpolato tabul. s. Aniani, mendose = Le Cointe 7, 373. — Bréquigny ad 816.

[814—817.]

119 L., petente Theodulpho Aurelianensis ecclesiae archiepiscopo et abbate monasterii canonicorum in suburbio civitatis ad honorem s. Aniani constructi, in quo s. confessoris corpus requiescit, oblatas sibi Pippini et Karoli auctoritates confirmans monasterio immunitatis suae tuitionem concedit. — ‚Cum petitionibus sacerdotum iustis'.

S. a. d. l.

>Hubert preuves 74 ex apogr. mutilo tabul. s. Aniani, mendose = Le Cointe 7, 372. — Bréquigny ad 816 et 826.

[post 817.]

120 L. filio suo Hlothario caesari et consorti imperii mansum dominicum et alios LX mansos ex villa sua Herinstein in pago Alsacensi in proprium concedit. — ‚Notum sit... quia nos dilecto filio'.

S. a. d. l.

>Collectio formul. in cod. bibl. Paris. lat. 2718 sacc. 9.
>Ex hoc codice: Rozière 1, 177 n° 140. — Carpentier 52 n° 25 = Bouquet 6, 646 n° 25. — Bréquigny pag. 202.

818, 2 iun.

121 L. ad quem Gauzbertus abbas monasterii s. Galli in pago Durgaowe siti retulit, quasdam res ab Isimgrimo olim monasterio legaliter traditas una cum rebus Isimgrimi, cum imperatori infidelis interfectus esset, in fiscum redactas esse, postquam inquisitione Richoini comitis rem ita se habere cognovit, easdem res monasterio reddit et confirmat. — ‚Cum locis divino cultui mancipatis'.

Aquisgrani pal. reg., 4 non. iun. a. 5, ind. 11.

<small>Autogr. in arch. Sangallensi.
Wartmann 1, 225 n° 233 ex autogr. — Neugart 1, 169 n° 196 ex cod. tradit. — Böhmer 306 ad 818.</small>

818, 3 iun.

122 L. monasterium s. Galli in pago Durgaowe situm, cui Gau[z]bertus abbas praeest et quod s. Constantiae ecclesiae, cui Wolfleozus episcopus praeest, subiectum fuit, in suam defensionem et immunitatis tuitionem suscipit. — ‚Cum peti[ti]onibus servorum dei iustis'.

Aquisgrani pal. reg., 3 non. iun. a. 5, ind. 11.

<small>Apographum saec. 9 in arch. Sangallensi.
Wartmann 1, 226 n° 234 ex hoc apogr. — Neugart 1, 170 n° 197 ex copia Halleriana. — Böhmer 307 ad 818.</small>

818, 27 iul.

123* L., petente Adalgaudo abbate monasterii Floriacensis in pago Aurelianensi super Ligerim ad honorem ss. Petri et Benedicti constructi, in quo s. Benedicti corpus requiescit, oblatam sibi patris auctoritatem confirmat, per quam Karolus, pariter ac Pipinus fecerat, vehicula et quatuor naves monasterii a teloneo solvendo liberavit. — ‚Omnibus episcopis... notum sit quia venerabilis'.

Aurelianis civ., 6 kal. aug. a. 5, ind. 11.

<small>Bouquet 6, 511 n° 77 ex schedis Cl. Estiennot, fragm. — Böhmer 308 ad 818.</small>

818, 27 iul.

124 L. ob petitionem Adalgaudi abbatis qui sibi immunitates Karoli et Pipini sanciendas obtulit, monasterium s. Benedicti Floriacense in pago Aurelianensi super Ligerim constructum, in quo s. Benedicti corpus requiescit, atque omnes eius res e more antecessorum in tuitionis suae atque immunitatis defensionem suscipit monachisque licentiam abbates eligendi concedit. — ‚Cum petitionibus servorum dei iustis'.

Aurelianis civ., 6 kal. aug. a. 5, ind. 11.
>Copia chartul. Patriciacensis in cod. bibl. Paris. Boubier 126.
>Perard 46 ex chartul. Patriciacensi = Bouquet 6, 512 n° 78. — Bréquigny ad 818. — Böhmer 309 ad 818.

818, 17 aug.

125 L. anteriores suas auctoritates sanciens, Heimonem abbatem et congregationem monasterii Magni - loci in Arvernico pago ad honorem s. Sebastiani constructi sub sua plenissima defensione et immunitatis tuitione consistere iubet. — ‚Cum locis divino cultui mancipatis'.

Andecavis pal., 16 kal. sept. a. 5, ind. 11.
>Bouquet 6, 513 n° 79 ex schedis bibl. s. Germani. — Bréquigny ad 818. — Böhmer 310 ad 818.

[818, 17 aug.]

126* L. ob petitionem Hermengardis coniugis monasterio s. Antonini concedit et confirmat, quicquid ei imperatrix eiusque servi ex rebus ab ipsis acquisitis in villa Pociolos dicta donaverunt. — ‚Notum sit omnibus praesentibus... quod ad deprecationem'.

[Andecavis civ., 16 kal. sept. a. 5, ind. 11.]
>Charta vitiata et mutila.
>Baluze capit. 2, 1435 n° 51 ex vet. narratione in arch. monasterii conservata = Bouquet 6, 511 n° 76.

[818, sept.]

127* L. ex relatione Matmonici abbatis monasterii Landevennoch edoctus, conversationem et tonsionem quas monachi Britanniae a Scotis acceperint discrepare ab ordine s. apostolicae atque Romanae ecclesiae, eos in posterum secundum ordinem huius ecclesiae et secundum regulam s. Benedicti vivere iubet. — ‚Omnibus episcopis et universo ordini'.

S. a. d. l.
>Lobineau 2, 26 ex chartul. Landev. = Morice 1, 228 = Bouquet 6, 513 n° 80 = Gallia christ. 14, Instr. 189 n° 1. — Acta ss. 3 mart. 1, 245 ex cod. Monstroliensi vitae s. Winwaloei. — Bréquigny ad 818.

[819 ineunte.]

128* L. capitula legi Salicae addita. — ‚De capitulo primo, id est de mannire; de hoc capitulo iudicatum est'.

S. a. d. l.
>Pertz LL. 1, 225 = Merkel lex Salica 48 = Migne 1, 437. — Baluze capit. 1, 607: cap. tertium a. 819 = Bouquet 6, 422. — Bréquigny ad 819.

[819.]

129* L. responsa misso cuidam data. — 'Ut pagenses per sacramenta'.

S. a. d. l.

Pertz LL. 1, 227 = Migne 1, 489. — Baluze capit. 1, 605 : cap. secundum a. 819 = Bouquet 6, 421. — Bréquigny ad 819.

[819] 13 ian.

130* L. cui Iosue abbas praecepta principum et ducum Longobardorum Gisulfi et Sicardi atque Karoli augusti sancienda obtulit, monasterio s. Vincentii in Beneventano territorio super Vulturnum constructo omnes res a prioribus regibus vel ducibus vel aliis hominibus aut collatas aut corroboratas denuo per suam auctoritatem confirmat. [Additur ut nemini in terris monasterii residere liceat, ut abbas et monachi secundum priscam consuetudinem per scariones finem faciant, ut nemo pensum a familia monasterii exigere praesumat]. — 'Cum petitionibus sacerdotum vel servorum'.

Aquisgrani pal. reg., id. ian. a. 6, ind. 12.

Vidimus a. 1272 in arch. Vaticano.

Ex chron. Vulturnensi: Muratori script. 1b, 371. — Duchesne script. 3, 684. — Bréquigny ad 819. — Böhmer 313 ad 819.

819, 9 mart.

131 L. fratribus Bellac-cellae, quae in Albiensi pago super fluvium Aquotem in loco a Wulfario comite monasterio Anianensi delegato ad honorem s. Benedicti nuper constructa est, privilegium a Benedicto abbate, consentientibus electo successore eius Georgio et monachis Anianensibus et Nebridio archiepiscopo, concessum confirmat et per has litteras iubet, ut fratres Bellac-cellae ex semet ipsis abbatem eligant et, quamdiu professionem suam bene observaverint, nullam molestiam nec a rectoribus nec a congregatione Anianensibus patiantur; addit ut haec cellula sub eadem immunitate atque defensione qua omnes Anianensis monasterii res consistat. — 'Notum sit omnibus... quia vir'.

Aquisgrani pal. reg., 7 id. mart. a. 6, ind. 12.

Chartul. Anian. in arch. Monspeliensi.

Ex chartulario: Vaissete 1, preuves 52 n° 32. — Mabillon acta ss. 5, 210 = Tentzel app. 4 = Bouquet 6, 515 n° 83. — Bréquigny ad 819. — Böhmer 314 ad 819.

819, 15 mart.

132* L. ecclesiae s. Petri Magalonensi, cui Argemirus praeest, villam eius Villam-novam in territorio Magalonensi, quam Robertus comes beneficii nomine habuit, perpetuo possidendam reddit. — ‚Constat nos divina ordinante gratia'.

Aquisgrani pal. reg., id. mart. a. 6, ind. 12.
<small>Vaissete 1, preuves 52 n° 33 ex arch. — Gariel 85 = Le Cointe 7, 505. — Gallia christ. 6, instr. 342 n° 2 = Bouquet 6, 516 n° 84. — Bréquigny ad 819. — Böhmer 315 ad 819.</small>

[819, 15 mart.]

133 L. sedem ecclesiae Magalonensis s. Petro dicatae, cui Argemirus episcopus praeest, in suam defensionem et inmunitatis tuitionem recipit. — ‚Praemium nobis apud dominum aeternae remunerationis'.

S. a. d. l.
<small>Gariel 86, fragmentum = Le Cointe 7, 506.</small>

819, 16 mart.

134* L. Arnulfo abbati monasterii s. Filiberti in insula Heri siti, qui propter incursiones barbarorum ex consensu imperatoris novum monasterium in loco pagi Erbadellici Deas dicto aedificaverat et ad ipsum aquam ex Bedonia fluvio perducere volebat, aquaeductum facere permittit, ea tamen conditione ut, ubi aquaeductus stratam regiam transeat, talis pons construatur qui facilem transitum praebeat. — ‚Notum sit omnium... sagacitati qualiter vir'.

Aquisgrani pal., 17 kal. apr. a. 6, ind. 12.
<small>Chifflet preuves 191 ex autogr. = Le Cointe 7, 506 = Iuenin 2, 79 = Bouquet 6, 516 n° 85. — Bréquigny ad 819. — Böhmer 316 ad 819.</small>

819, 8 apr.

135* L. monasterium a Dadone et Medraldo abbate in pago Rutenico super Dordunum in loco Concas dicto institutum, postquam monachis ad necessitates eorum explendas ex rebus suis IX ecclesias cum earum appendiciis delegavit, sub immunitatis tuitione et speciali sua et filiorum defensione consistere iubet. — ‚Multis fidelium nostrorum et praecipue his'.

Aquisgrani pal. reg., 6 id. apr. a. 6, ind. 12.
<small>Baluze capit. 2, 1416 n° 35 ex arch. monast. = Le Cointe 7, 507. — Bouquet 6, 517 n° 86. — Gallia christ. 1, 236 ex autogr. ad 820. — Bréquigny ad 819. — Böhmer 317 ad 819.</small>

819, 13 apr.

136* L. immunitatem Karoli ab Einhardo abbate prolatam confirmans, monasterium in pago Bracbatensi ad honorem s. Petri constructum et Ganda dictum, in quo s. Bavonis corpus requiescit in immunitatis suae defensionem suscipit. — 'Si erga loca divinis cultibus mancipata'.

> Aquisgrani pal. reg., id. apr. a. 6, ind. 12.
>> Autogr. in arch. capituli s. Bavonis.
>> Le Mire I, 18 n° 14 ex autogr. = Le Cointe 7, 508 = Tentzel app. 50. — Bréquigny ad 819. — Böhmer 318 ad 819.

819, 1 mai.

137 L. ob petitionem Hilduini summi sacri palatii capellani et abbatis s. Dyonisii per suum praeceptum commutationes pari tenore scriptas confirmat, per quas abbas de rebus ecclesiae suae Garamanno cuidam mancipium Hemeltrude dedit et invicem ab illo ad partem monasterii mancipia Waltcaudum, Gulbertum, Audinum accepit. — 'Si enim ea quae fideles imperii nostri'.

> Aquisgrani pal. reg., kal. mai. a. 6, ind. 12.
>> Autogr. in arch. Parisiensi.
>> Tardif 79 n° 112 ex aut. — Ectypon in Facsim. de l'École des chartes = Kopp Schrifttafeln n° 20.

819, 19 iul.

138 L., petente Sigoaldo Hispolitinae urbis episcopo atque abbate monasterii Aphternaci, quod b. Willibrordus episcopus in pago Bedensi in honorem s. trinitatis et s. Petri aedificavit et in quo ipse sanctus requiescit, auctoritatem Karoli sibi oblatam confirmans omnibus rempublicam administrantibus praecipit, ut nullum teloneum ab hominibus monasterii exigant, sed eis ubicunque auxilium et mundoburdium praebeant. — 'Omnibus episcopis... notum sit quia vir'.

> Ingelenheim pal. reg., 14 kal. aug. a. 6, ind. 12.
>> Liber aur. Epternac. saec. 13 incip. in bibl. Gothana, et copia autographi recentior in bibl. Parisiensi.
>> Beitr. zur Diplomatik 5, 402 n° 11 ex libro aureo.

[819, 19 iul.]

139 L. immunitatem Karoli a Sigoaldo abbate et Spolitinae ecclesiae episcopo prolatam confirmans, monasterium Epternacum a b. Willibrordo episcopo, qui ibidem requiescit, in pago Bedensi in honorem s. trinitatis et s. Petri constructum in immunitatis suae defensionem suscipit. — 'Cum peticionibus sacerdotum ac servorum dei iustis'.

> S. a. d. l.
>> Liber aur. Epternac. saec. 13 incip. in bibl. Gothana.
>> Beitr. zur Diplomatik 5, 403 n° 12 ex libro aureo.

819 [24 iul.]

140*   L., cum Ethingh et Hruotmar et Thancmar habitatores pagi Stormusi apud missos Ertangarium comitem et Erlegaldum conquesti essent, res suas quamquam Francis fideles permansissent una cum rebus Wigmodorum infidelium fisco addictas esse, ex inquisitione missorum et ex testimonio aliorum bonae fidei hominum edoctus res illis iniuste esse abreptas, omnem proprietatem quam antea iure possederint eis eorumque posteris reddi iubet et per suum praeceptum confirmat. — ‚Notum sit omnibus... quia quidam homines'.

Ingelinheim pal. publ., 9 kal.... a. 6, ind. 12.

<small>Chartul. Corbeiense saec. 15 in arch. Monasteriensi.
Ex hoc chartulario: Wilmans 1, n° 4. — Schaten 65. — Bréquigny ad 819. — Böhmer 320 ad 819.</small>

819, 26 iul.

141*   L. monasterio s. Bonifacii in Fulda, in quo eiusdem martyris corpus requiescit, ex rebus proprietatis suae villam Massenheim in pago Kuningessuntere in perpetuum possidendam sollemni donatione confert, ea quidem conditione ut neque haec villa neque loca adiacentia Dinenheim et Abenheim a Karolo tradita unquam a monasterio alienentur neve laicis in beneficium concedantur. — ‚Si liberalitatis nostrae munere de beneficiis'.

Ingilenheim pal. publ., 7 kal. aug. ind. 12 [a. inc. 820].

<small>Cod. Eberhardi in arch. Fuldensi, vitiose.
Dronke 176 n° 390 ex cod. Eberh. ad 820. — Schannat trad. 131 n° 314 ex chartario ad 820. — Bréquigny ad 820. — Böhmer 332 ad 820.</small>

819, 7 aug.

142   L., cum Wyrundus abbas monasterii Orembach in honorem s. Petri constructi, quod ex proprietate Lantberti et Herardi est, conquestus sit quasdam res temporibus Karoli monasterio iniuste abstractas esse et cum a Donato, facta inquisitione, relatum sit rem ita se habere, imperator et res a Sygismundo sine iudicio Rotberto imperatoris villico redditas et res in pago Wormacensi in Gylnheim marcha atque in pago Blisensi ab Attone et Wicberto comitibus monasterio vel eius possessoribus Warnario et Widoni iniuste ereptas atque in publicum redactas monasterio reddi iubet et confirmat. — ‚Si erga loca divinis cultibus mancipata'.

Ingelnhaim pal. reg., 7 id. aug. a. 6, ind. 12.

<small>Ex chartulario saec. 15: Acta pal. 6, 248 n° 4. — Mon. Boic. 31, 43 n° 17. — Croll 1, 95. — Tabouillot 4, 22. — Böhmer 321 ad 819.</small>

[819] 2 sept.

143* L., petente Casto abbate, ecclesiam vel abbatiam Fischechi cum omnibus eius rebus, cum decima ex silva Ammeri et ex ponte Burg solvenda, cum ecclesiis in pagis Leriga et Hesiga et Fenkiga sitis, excepta ecclesia in Saxlinga Gerfrido Mimigernafordensis parochiae episcopo concessa, in suam defensionem et emunitatis tuitionem recipit. — ‚Si sacerdotum ac servorum dei petitiones'.

Aquisgrani pal. reg., 5 non. sept. a. 8, ind. 12.

<small>Apogr. saec. 10—11 autographi speciem prae se ferens in arch. Monasteriensi.
Wilmans 1, n° 5 ex apogr. ad 819. — Ex eodem apogr. quod autographum esse credebant: Schaten 1, 67 ad 821. — Falke 720. — Erhard 1, cod. 3 n° 2 ad 821. — Bréquigny ad 821. — Böhmer 340 ad 821.</small>

819, 1 oct.

144* L. per suum praeceptum pactum confirmat, quod Petrus Nonantulae monasterii abbas et Giso Motinensis ecclesiae episcopus de certis ecclesiis baptismalibus sub poena compositionis sex librarum auri obrizi inter se fecerunt. — ‚Omnibus... Petrus'.

Aquisgrani..., kal. oct. a. 6, ind. 12.

<small>Autographum cuius litterae evanuerunt in arch. Nonantulano.
Tiraboschi Nonantola 2, 40 n° 23 ex autogr. — Conf. Mabillon annales 2, 465.</small>

[819] 19 oct.

145* L. obsecutus auctoritatibus Pipini et Karoli sibi ab Inchado episcopo prolatis, omnes ecclesiae Parisiacae possessiones confirmat et insuper Inchado ciusque successoribus ordinationem atque gubernationem terrae s. Mariae et s. Germani cum in insula tum extra insulam sitae concedit, ita videlicet ut nullus comes nec de familia ecclesiae nec de liberis hominibus albanis dictis censum exigat neve ullam ibidem iudiciariam potestatem exerceat, denique ut homines liberi in hac terra habitantes, sicut iam Pipinus praecepit, non nisi cum episcopo in hostem pergant nec in mallum legitimum nisi cum advocato ecclesiae venire cogantur. — ‚Notum sit omnibus... quia vir'.

Aquisgrani pal. publiciter, 14 kal. nov. a. 7.

<small>Apogr. vitiatum saec. 10 et parvum pastorale saec. 13 in arch. Parisiensi.

Ex parvo pastorali: Cartul. de N. D. de Paris I, 259 n° 17 ad 820. — Baluze capit. 2, 1418 n° 36 ad 820 = Bouquet 6, 524 n° 102 ad 821. — Le Cointe 7, 575 ad 821. — Bréquigny ad 821.</small>

819, 12 nov.

146 L. ob petitionem Angilhelmi Autisioderensis urbis episcopi, qui canonicis ecclesiae s. Stephani ex ratione episcopatus Polrenum villam contulit, praelatorum autem usibus villas Nancradum, Linderiacum, Lupinum, Rivum reservavit, constitutionem ab eo de villa stipendiis canonicorum deputata factam confirmat, vetans ne haec villa canonicis auferatur neve cuiquam beneficii titulo tribuatur. — ‚Cum petitionibus sacerdotum iustis'.

Aquisgrani pal. reg., 2 id. nov. a. 6, ind. 13.

<small>Autogr. in arch. Autissiodorensi.

Ex autographo: Cartulaire de l'Yonne I, 31 n° 16 ad 820. — Martène ampl. coll. 1, 68 ad 820 = Bouquet 6, 518 n° 89 ad 819. — Bréquigny ad 819. — Böhmer 322 ad 819.</small>

819, 4 dec.

147* L. monasterio Anianensi in pago Magdalonensi ad honorem Salvatoris et s. Mariae constructo, cui Georgius abbas praeest, cellam iuris sui infra muros Arelatensis civitatis s. Martino dicatam cum Morenato loco aliisque appendiciis in pago Arausiensi et in pago Avenionensi sitis delegat. — ‚Si liberalitatis nostrae munere de beneficiis'.

Aquisgrani pal. reg., 2 non. dec. a. 6, ind. 10.

<small>Chartul. Anian. in arch. Monspeliensi.

Vaissete 1, preuves 53 n° 24 ex chartul. ad 819. — Bouquet 6, 514 n° 81 ex schedis Mabillonii ad 818. — Bréquigny ad 818. — Böhmer 311 ad 818.</small>

819, 27 dec.

148 L. confirmat auctoritatem patris ab Arnone Iuvavensis ecclesiae archiepiscopo per Adalrammum archidiaconum sibi missam, per quam Karolus, cum inter Ursum Aquilegiensem patriarcham et Arnonem contentio de Karantana provincia orta esset, hanc provinciam ita dividi iusserat, ut Dravus fluvius utriusque dioecesis terminus esset, ita ut australis pars ad Aquilegiensem ecclesiam pertineret, pars aquilonaris autem ad Iuvavensem. — ‚Cum iustis peticionibus sacerdotum'.

Aquisgrani pal. reg., 6 kal. ian. a. 6, ind. 13.
<small>Liber cam. Salisb. saec. 13 exeuntis in arch. Vindobonensi.
Kleimayrn Anhang 76 n° 22 ex hoc libro ad 820. — Böhmer 323 ad 819.</small>

[820, ian.]

149 L. capitulare Aquisgranense. — 'Ubi telonea exigi... volumus firmiter omnibus'.

S. a. d. l.
<small>Pertz LL. 1, 228 ad 820 = Migne 1, 443. — Baluze capit. 1, 621: cap. data apud Theodonis villam a. 820 = Bouquet 6, 429. — Bréquigny ad 821.</small>

820, 20 ian.

150 L., cum Vulfgarius Wirziburgensis episcopus conquestus esset, quasdam res in marcha villarum Eichesfeld et Gibulesstadt in pago Badanachgaowi sitas, quas Hruntzolfus et Iuto et Frobildis ecclesiae s. Salvatoris vel s. Ciliani super Moinam iuxta castrum Wirziburg constructae tradidissent, ecclesiae a Radulfo quondam comite iniuste esse abreptas, et cum a Bernario episcopo et Ermenfrido comite inquisitione facta relatum esset rem ita se habere, ambasciante Heliando illas res ecclesiae reddi iubet et confirmat. — 'Notum sit volumus omnibus... quia Vulfgarius'.

Aquisgrani pal. reg., 13 kal. febr. a. 6, ind. 13.
<small>Autogr. in arch. Monacensi.
Mon. Boica 28ᵃ, 13 n° 8 ex aut. — Eckhart 2, 880 n° 5 ex aut. — Bréquigny ad 820. — Böhmer 324 ad 820.</small>

820, 30 ian.

151 L. cellae s. Goaris, in qua ipse sanctus requiescit et quae est ex rebus monasterii s. Salvatoris Prumiensis quondam a Pippino et Bertha in eorum proprietate constructi et nunc a Tancrado abbate recti, partem silvae inter fiscos Wasaliam et Bidobricum sitae secundum determinationem huic auctoritati insertam cum villula Bibersheim et cum duodecim familiis mancipiorum confert et delegat. — 'Si liberalitatis nostrae munere de beneficiis'.

Aquisgrani pal. reg., 3 kal. febr. a. 6, ind. 13.
<small>Liber aur. Prum. saec. 10 in bibl. Treverensi.
Ex libro aureo: Beyer 1, 58 n° 52. — Martène ampl. coll. 1, 69 = Hontheim 1, 172 n° 74. — Bréquigny ad 820. — Böhmer 325 ad 820.</small>

820, 7 mart.

152* L. oblatam sibi a Fridegiso monasterii s. Martini abbate auctoritatem Karoli corroborans, monachis cellae s. Pauli Cormaricensis, quos numero L esse et sub defensione s. Martini permanere vult, licentiam dat abbatem de ipsorum congregatione aut de vicinis locis secundum regulam s. Benedicti et ex consensu abbatis s. Martini eligendi, simulque eis omnes res ab Itherio abbate ex rebus s. Martini s. Paulo traditas atque villam Talsiniacum ab Albino abbate adiunctam atque villas Ferciacum, Antoniacum, Colodoniam in pago Pictavensi a Fridegiso additas confirmat. — ‚Omnibus fidelibus s. Martini'.

Aquisgrani pal. reg., non. mart. a. 7, ind. 13.

<small>Charta additamentis suspecta.
Bouquet 6, 519 n° 91 ex schedis bibl. s. Germani. — Gallia christ. 14, instr. 20 n° 14 ex eisdem schedis. — Gallia christ. (1ª editio) 4, 299 = Le Cointe 7, 522 = Bourassé 17 n° 7. — Bréquigny ad 820. — Böhmer 326 ad 820.</small>

820, 12 mart.

153 L., postquam monasterio Anianensi in pago Magdalonensi ad honorem Salvatoris et s. Mariae constructo cellam s. Martini intra muros Arelatensis civitatis aedificatam tradidit, huic cellae Massiciam quoque villam iuris sui, cum ex illius cellae ratione sit, reddit eamque in ius ecclesiae s. Martini et Anianensis monasterii transfundit. — ‚Cum locis divino cultui mancipatis.'

Aquisgrani pal. reg., 4 id. mart. a. 7, ind. 13.

<small>Autographum in arch. Monspeliensi.
Vaissete 1, preuves 54 n° 35 ex chartul. — Bouquet 6, 520 n° 92 ex schedis bibl. s. Germani. — Bréquigny ad 820. — Böhmer 327 ad 820.</small>

820, 27 apr.

154* L. ad quem Podo Placentinae ecclesiae episcopus per Ragenoldum presbyterum retulit, monasterium pagi Placentini Gravacum dictum constructum esse, ut ex privilegiis Hilprandi et Haistulfi et Desiderii regum imperatori ostensis pateret, ex rebus episcopatus, Karoli vero temporibus ei iniuste abstractum esse, imperator relatione Adallahi episcopi et Hartmanni comitis ad iustitias faciendas et ad hanc causam inquirendam in Italiam missorum edoctus rem ita se habere, per suum praeceptum Podoni vel Placentinae ecclesiae monasterium Gravacum restituit et confirmat. — ‚Si res ad sacrosanctas ecclesias'.

Aquisgrani pal. reg., 5 kal. mai. a. 7, ind. 13.

<small>Autogr. in arch. Placentino.
Campi 1, 455 ex autogr. = Le Cointe 7, 529. — Ughelli 2, 201. — Bréquigny ad 820. — Böhmer 329 ad 820.</small>

820, 28 apr.

155 L. ob petitionem Ingoaldi abbatis monasterii s. Mariae in Sabinensi in loco Acutiano constructi, iubet ne quis abbatem successores eorumque missos impediat, quominus monachos s. Mariae secundum regulam s. Benedicti oblatos, deinde vero fugitivos, ubicunque inventi fuerint, recipiant atque in monasterium reducant. — ‚Omnibus episcopis... cognoscatis quia'.

Aquisgrani pal. reg., 4 kal. mai. a. 7, ind. 13.

<small>Mabillon annales 2, 722 n° 44 ex arch. Farfensi = Muratori script. 2ʰ, 378 not. 44. — Bréquigny ad 820. — Böhmer 330 ad 820.</small>

820, 28 apr.

156* L., postquam missos suos Hattonem episcopum, Ansegisum abbatem et Gerardum comitem ad faciendas iustitias et ad definiendam contentionem inter Sigualdum Spoletanum episcopum et Ingoaldum monasterii s. Mariae in loco Acutiano in territorio Sabinensi constructi abbatem ortam in ducatum Spoletanum direxit, per suum praeceptum pactuationem seu convenientiam inter Sigualdum et Ingoaldum de ecclesia s. Marci prope muros Spoletanae civitatis et de ecclesia Salvatoris in Soliano coram missis factam confirmat. — ‚Omnibus fidelibus... quia non solum regis vel imperatoris'.

Aquisgrani pal. reg., 4 kal. mai. a. 7, ind. 13.

<small>Gregorii Catin. registrum n° 255 in bibl. Vaticana.
Fatteschi 287 n° 43 ex hoc registro. — Conf. Muratori script. 2ʰ, 380.</small>

820, 8 mai.

157* L. privilegium Karoli confirmans, quod sibi Bunus abbas monasterii Hairulfisfelt in pago Hassensi super Fuldam in honorem bb. Simonis et Tathei constructi per Heimulfum et Erluinum monachos ostendit, monasterium in suam tuitionem suscipit et iubet, ut neque episcopus Mogonciae civitatis neque eius archidiaconi aliam sibi ibidem vindicent potestatem quam in sacris canonibus constitutam, praedicationem scilicet et ordinationem, ut neque comites neque iudiciaria potestas in villis monasterii mansionaticum aut alia exigant, atque ut salvo imperatoris consensu monachis abbatem eligere liceat. — ‚Cum petitionibus sacerdotum iustis'.

Tectis pal. reg., 8 id. mai. a. 7, ind. 13.

<small>Ledderhose kleine Schriften (Marburg 1787—1795 in 8°) 4, 271 n° 1 ex autographo olim in arch. Kasselano asservato. — Ectypon in Kopp Schrifttafeln n° 21. — Beiträge zur Dipl. 1, 399 not. ex ectypo. — Böhmer 331 ad 820.</small>

820, 2 sept.

Carisiaco pal. publ., 4 non. sept. a. 7: v. act. deperd. Wizenburg.

820, 17 sept.

158* L., petente Castellano abbate qui in valle Asperia monasterium ad honorem s. Mariae et in eremo cellulas construxit, hoc monasterium cum ecclesia s. Petri in Arulas, ecclesia s. Iohannis in Riardo, ecclesia s. Iuliani super Buciacum rivulum et cum reliquis possessionibus in suum mundeburdum atque immunitatis tuitionem suscipit monachisque licentiam abbates eligendi concedit. — ‚Si erga loca divinis cultibus mancipata'.

Vern pal., 15 kal. oct. a. 7, ind. 14.

<small>Marca 766 n° 3 ex arch. monast. ad 821 = Gallia christ. 6, instr. 474 n° 1 = Bouquet 6, 522 n° 96 ad 820. — Bréquigny ad 820. — Böhmer 333 ad 820.</small>

820, 18 sept.

159 L., petente Fridogiso summo sacri palatii cancellario et abbate monasterii Sithiu in honorem s. Petri constructi, in quo s. Audemarus requiescit, praeceptum Karoli sibi oblatum confirmans concedit, ut monasterii hominibus in propriis silvis, salvis regis forestibus, venationem exercere liceat. — ‚Imperialis moris optinet praedecessorum'.

Verno pal., 14 kal. oct. a. 7, ind. 14.

<small>Copia chartul. Folquini saec. 12 in bibl. Bononiensi.
Cartul. de S. Bertin 76 n° 58 ex hac copia.</small>

820, 27 sept.

160 L., petente et ambasciante Hildoino sacri palatii summo capellano et abbate monasterii s. Dyonisii, per suum praeceptum commutationes pari tenore scriptas et sibi oblatas confirmat, per quas abbas ex ratione monasterii Theodoano cuidam certas res in Gresso villa in pago Parisiago sitas dedit et invicem ad partem monasterii ab illo certas res in Masciaco villa in pago Meldico sitas accepit. — ‚Si enim ea quae fideles imperii nostri'.

Compendio pal. reg., 5 kal. oct. a. 7, ind. 14.

<small>Autogr. in arch. Parisiensi.
Tardif 80 n° 113 ex aut. — Böhmer 334 ad 820, 20 sept.</small>

[820] 15 oct.

161* L. ob suggestionem Benedicti abbatis omnibus praecipit, ut advocatos Anianensis monasterii, qui ex sua iussione res monasterii perditas in quibuslibet ministeriis quaerant et secundum legem defendant, in recipienda et facienda iustitia adiuvent et quicquid ab his definitum fuerit ratum habeant; insuper cum mancipia monasterio s. Martini vel aliis Anianensium possessionibus a se concessa fugitiva esse compererit, iubet ut, si haec mancipia secundum legem Romanam se tricennio defendere voluerint, advocati vero idonea testimonia adversus eos dederint, de iis secundum legis Romanae sanctionem decernatur. — ‚Notum sit omnibus... in partibus Septimaniae'.

 Compendio pal. reg., id. oct. a. 3, ind. 10.
  Chartul. Anian. in arch. Monspeliensi.
  Bouquet 6, 496 n° 58 ex schedis Mabillonii ad 816. — Vaissete 1 preuves 49 n° 29 ex chartul. ad 816. — Bréquigny ad 816. — Böhmer 287 ad 816.

820, 22 oct.

162 L., petente et ambasciante Hilduino sacri palatii summo capellano et abbate monasterii s. Dyonisii, per suum praeceptum commutationes pari tenore scriptas confirmat, per quas abbas ex ratione monasterii sui Hahirrado certos bunuarios terrae arabilis in villa Bagerna in pago Camliacensi dedit et invicem ab illo ad partem monasterii certos bunuarios in eadem villa sitos accepit. — ‚Si enim ea quae fideles imperii nostri'.

 Silviaco pal. reg., 11 kal. nov. a. 7, ind. 14.
  Autogr. in arch. Parisiensi.
  Tardif 80 n° 114 ex autographo.

829, 29 oct.

163 L. ob petitionem Inchadi Parisiacae ecclesiae episcopi, prolato sibi Karoli praecepto suam quoque auctoritatem iungit, per quam rectores ecclesiae perinde ac per strumenta incuria custodum concremata aut perdita omnes possessiones ab ecclesia iure possessas secundum leges defendant. — ‚Si petitionibus sacerdotum in quibuslibet'.

 Carisiaco pal. publiciter, 4 kal. nov. a. 7.
  Parvum pastorale saec. 13 in arch. Parisiensi.
  Baluze capit. 2, 1419 n° 37 ex p. past. = Le Cointe 7, 535 = Bouquet 6, 522 n° 97. — Cartul. de N. D. de Paris 1, 263 n° 19 ex p. past. — Layettes 1, 9 n° 7 ex copia. — Bréquigny ad 820. — Böhmer 335 ad 820.

821, 8 febr.

164 L. monasterium suum Endam in Arduenna silva ad honorem Salvatoris constructum, cui Benedictus abbas praeest, ab omni teloneo solvendo eximit. — ‚Omnibus episcopis... notum sit quia concessimus'.

Aquisgrani pal. reg., 6 id. febr. a. 8, ind. 14.
>Autogr. in arch. Dusseldorpino.
>Lacomblet 1, 20 n° 41 ex autogr. — Martène ampl. coll. 1, 76 ex manuscr. — Le Mire 3, 288. — Lünig 18, 725 n° 2. — Bréquigny ad 821. — Böhmer 336 ad 821.

821, 15 febr.

165 L. cui Cozbertus abbas monasterii s. Galli retulit, villam Uhcinriudam, quam Pieta eiusque filius Lanprehtus monasterio contulerant, temporibus Iohannis episcopi et abbatis cum fisco regio Turigo coniunctam esse, postquam inquisitione et relatione a Geroldo facta monasterium iniuste hac villa spoliatum esse cognovit, eam, ambasciantibus Hildoino et Matfrido, monasterio restituit et confirmat. — ‚Cum iustis servorum dei petitionibus'.

Aquisgrani pal. reg., 15 kal. mart. a. 8, ind. 14.
>Autogr. in arch. Sangallensi.
>Wartmann 1, 249 n° 263 ex autogr. — Neugart 1, 179 n° 208 ex cod. tradit. — Böhmer 337 ad 821.

821 [mai.]

166* L. litterae ad Bernowinum Crisopolitanae ecclesiae archiepiscopum, per quas, cum in sacrosancto concilio et sollemni populi conventu statutum sit ne qua servilis conditionis persona ad gradum presbyterii promoveatur, ei et eius successoribus et suffraganeis potestatem concedit, ut servos in parochiis ipsorum commanentes qui ad presbyteratus ordinem eligantur, coram eorum dominis ex iugo servitutis exsolvant, cives Romanos eos proclament eisque libellos manumissionis et perfectae ingenuitatis more solito conscriptos tradant. — ‚Venerabili in Christo... neminem in universo genere humano'.

Ex Niumaga, a. 8, ind. 14.
>P. F. Chifflet opuscula quatuor cum appendice de concilio Niumagensi (Parisiis 1679 in 8°) 232 ex vet. cod. Vesontionensis ecclesiae.

821, 4 iun.

167* L. monachis monasterii s. Maximini prope Aurelianum constructi locum quendam in portu Vitrariae super Taurucum fluvium in pago Erbadilico concedit. — ‚Omnibus episcopis... notum sit quia nos'.

Niumaga pal. publ., 2 non. iun. a. 8, ind. 14.
>Summa chartae ex chartul. excerpta in coll. Moreau, in bibl. Parisiensi.

821, 16 iul.

168 L. cui Fulquinus villam Meineburum in pago Engrisgoe habitans retulit se res, quas cum exercitu contra Sclavos iturus

Theuthardo cartolario imperatoris ea conditione tradidisset, ut domum reversus eas reciperet, defuncto interea Theuthardo in ius imperatoris redactas invenisse, imperator, cum investigatione ab Hagunone vasallo facta rem ita se habere cognosset, praecipit ut Fulquinus praedictas res in vestituram iuris imperatorii iam acceptas iterum obtineat et ex hac auctoritate quiete possideat. — ‚Omnibus fidelibus... notum sit vobis'.

Aquisgrani pal. reg., 17 kal. aug. a. 8, ind. 14.

Liber aur. Prumiensis saec. 10 in bibl. Trevirensi.

Ex hoc libro: Beyer 1, 59 n° 53. — Martène ampl. coll. 1, 78. — Bréquigny ad 821. — Böhmer 338 ad 821.

821, 28 iul.

169* L. cui Teutpaldus monasterii s. Mauricii in loco Altacha constructi abbas retulit, res et homines monasterii huc usque per defensionem Karoli quietos absque ulla iniusta interpellatione fuisse, ob petitionem abbatis pariter eum eiusque res et homines in suae tuitionis sermonem suscipit. — ‚Notum sit omnibus episcopis... qualiter'.

Prumia monasterio, 5 kal. aug. a. 8, ind. 14.

Autogr. in arch. Monacensi.

Mon. Boica 11, 103 n° 4 ex aut. — Hund-Gewold 2, 7 n° 2 = Le Cointe 7, 577. — Bréquigny ad 821. — Böhmer 339 ad 821.

[821, oct.]

170 L. capitulare ad Theodonis villam. — ‚Si servi per contumatiam'.

S. a. d. l.

Pertz LL. 1, 229 = Migne 1, 443.

[821, oct.]

171 L. Amingo, qui nefandi consilii Bernardi regis Italiae particeps una cum aliis infidelibus ex sententia procerum Francorum debitam subiit poenam, libertatem et res antea legaliter possessas reddit. — ‚Nulli praesentium fidelium... ambiguum est'.

S. a. d. l.

Collectio formul. in cod. bibl. Paris. lat. 2718 saec. 9.

Ex hoc codice: Rozière 1, 63 n° 40. — Carpentier 66 n° 39 = Bouquet 6, 653 n° 39. — Bréquigny pag. 202. — Conf. Einh. ann. in M. G. h. 1, 208.

821, 6 nov.

172 L., petente et ambasciante Hilduino sacri palatii summo capellano et abbate monasterii s. Dionisii Parisiacensis, per suum praeceptum commutationes pari tenore scriptas et sibi oblatas confirmat, per quas abbas ex ratione monasterii sui Richbodoni duos bunuarios terrae arabilis in Lincono villa in pago Vilcasino dedit et invicem ad partem monasterii duos alios bunuarios in eodem loco sitos ab illo accepit. — ‚Si enim ea quae fideles imperii nostri'.

Theodonis villae pal. reg., 8 id. nov. a. 8, ind. 15.
<small>Autogr. in arch. Parisiensi.
Kopp pal. crit. 1, 389 ex aut. — Tardif 81 n° 116 ex aut. — Specimen script. in Mabillon dipl. 398. — Böhmer 341 ad 821.</small>

[821, nov.]

173* L., petente Hilduino sacri palatii summo capellano atque abbate monasterii s. Dyonisii sive cellae s. Privati, per suum praeceptum commutationes pari tenore scriptas et sibi oblatas confirmat, per quas abbas ex ratione monasterii s. Dyonisii sive s. Privati Salnensis Hildulfo certas res in pagis Salnensi et Scarbonensi in Watcurte et in finibus Dodiniaco, Inguriaco, Frucelensi sitas dedit atque invicem ad partem monasterii alias res in iisdem pagis in Sigramnocurte et in fine Silcinago sitas, quas Hildulfus ab Imma matre hereditaverat aut cum fratribus et sororibus commutaverat, ab eo accepit. — ‚Si enim ea quae fideles imperii nostri'.

S. a. d. l.
<small>Autogr. mutilum in arch. Parisiensi.
Ex autographo: Mabillon dipl. 513 n° 66 c. a. 822 = Tentzel app. 5 = Bouquet 6, 533 n° 114. — Félibien 47 n° 59 c. a. 822. — Tardif 92 n° 132. — Bréquigny ad 822.</small>

822, 8 febr.

174* L. ob petitionem ab oratore suo Deusdedit episcopo Mutinensi per Willihiarium presbyterum missam, ecclesiae eiusdem s. Geminiano dicatae, inspectis priorum regum donationibus vel confirmationibus, omnes res a Cuniberto, Liutprando, Ratgiso, Desiderio, Hildeprando regibus, a Karolo imperatore sive ab aliis hominibus donatas per suam auctoritatem confirmat atque in suam successorumque defensionem suscipit; insuper privilegium de eligendo ex clero ipsius ecclesiae episcopo concedit. — ‚Si petitionibus sacerdotum ac servorum dei'.

Aquisgrani pal. reg., 6 id. febr. a. 9, ind. 15.
<small>Autogr. in arch. capituli Mutinensis.
Muratori antiqu. 1, 771 ex archetypo ad 822. — Ughelli 2, 95 ad 823 = Le Cointe 7, 584 ad 822. — Tiraboschi Modena 1, cod. dipl. 21 n° 16. — Bréquigny ad 823. — Böhmer 343 ad 822.</small>

[ante 822.]

175* L. fratribus in Aniano sive Gellone monasterio constitutis scribit, omnium fratrum consensu Tructesindum abbatem esse electum comperisse se ex relatione Agobardi archiepiscopi, qui una cum Nibridio archiepiscopo ei electioni interfuerit; huic electioni se suum assensum praebere monereque Tructesindum et monachos ut regulam et pacem observent, se contra promittere immunitatis et liberae electionis praecepta a se intacta servatum iri. — ‚Venerabilibus fratribus... proxime accidit'.

S. a. d. l.

> Chartul. Anianense in arch. Monspeliensi.
> D'Achery opera Guiberti 623 ex tabul. Anian. = Le Cointe 7, 641 ad 822 = Mabillon ann. 2, 474. — Baluze capit. 1, 623 c. a. 821. — Vaissete 1, preuves 56 n° 38 ex arch. Anian. ad 822. — Bouquet 6, 335 n° 2 ex schedis Mabillonii ad 822. — Bréquigny ad 822.

822, 19 mart.

176* L., conquerente Tructesindo monasterii Anianensis abbate quod homines monasterii vario modo infestentur neque per praeceptum immunitatis defensionem habeant, cum iudices immunitate claustrum solum comprehendi praetendant, per mandatum decernit ut non solum ad aedificia immunitatis nomen pertineat sed ad omnes res sive fossis sive saepibus sive alio modo circumcinctas, ita ut quotiescunque intra huiusmodi munimenta damnum fiat, immunitas fracta esse iudicetur et damni auctori compositio DC solidorum imponatur, damnum autem in rebus ecclesiae non munitis factum secundum legem loci puniatur; monet insuper iudices ne homines monasterii alio modo inquietare velint. — ‚Omnibus comitibus... notum vobis sit quod'.

Aquisgrani pal., 14 kal. apr. a. 9, ind. 15.

> Chartul. Anianense in arch. Monspeliensi.
> Vaissete 1, preuves 58 n° 39 ex chartul. — Bouquet 6, 526 n° 104 ex schedis Mabillonii. — Bréquigny ad 822. — Böhmer 344 ad 822.

822, 20 mart.

177* L. monasterio Anianensi in pago Magdalonensi in honorem Salvatoris, s. Mariae aliorumque ss. constructo, cui nunc Tructesindus abbas praeest, ex rebus suis tradit et sub immunitatis nomine concedit in pago Ludovensi cellulam Gellonis a Willelmo comite in causa Karoli constructam et villam Magarantiate et pasturam in Castris, in pago Beterensi fiscum Miliacum cum ecclesia s. Paragorii et Miliciano villa, in pago Magdalonensi Montecalmense castrum cum ecclesia s. Hilarii et omnibus appendiciis, exceptis ingenuorum hominum proprietatibus, in pago Agatensi fiscum Sita vocatum, in pago Narbonensi salinas quas missus Leybulfus comes designavit, cellam s. Martini intra muros Arelatensis civitatis cum omnibus appendiciis in eodem pago aut in Avenionensi pago sitis, locum Morenatum in Arausione pago, Massaciam villam cum appendiciis; insimul iubet ut procuratores villarum congregationi singulis annis sex ad decem olei modia persolvant. — ‚Si erga loca divinis cultibus mancipata'.

Aquisgrani pal. reg., 13 kal. apr. a. 9, ind. 15.

Chartul. Anian. in arch. Monspeliensi.
Bouquet 6, 527 n° 105 ex schedis Mabillonii. — Vaissete 1, preuves 59 n° 40 ex chartul. — Bréquigny ad 822. — Böhmer 345 ad 822.

822, 2 apr.

178 L. ob petitionem a Baderado episcopo missam, eius ecclesiam in loco Paderbrunno ad honorem s. Mariae et s. Ciliani constructam sub suam tuitionem et immunitatis defensionem constituit. — ‚Si erga loca divinis cultibus mancipata'.

Aquisgrani pal. reg., 4 non. apr. a. 9, ind. 15.

Autogr. in arch. Berolinensi.
Ex autographo: Wilmans 1, n° 6. — Erhard 1, cod. 4 n° 3. — Schaten 1, 17. — Conring 13 = Le Cointe 7, 585. — Ectypon in Schrifttafeln der Berliner Univ. Bibliothek. — Bréquigny ad 822. — Böhmer 346 ad 822.

822, 18 mai.

179 L. ob petitionem Hieremiae Senonicae ecclesiae archiepiscopi, qui retulit monachos cellarum s. Petri et s. Iohannis et s. Remigii episcopio subiectarum disciplinam observare non posse, quoniam superiores episcopi inopia coacti res harum cellarum iam pristina divisione imminutas in usus proprios applicaverint, per suam constitutionem decernit, ut nulli episcopo res monachis deputatas et in libellum ab Hieremia et coepiscopis subscriptum digestas eis subtrahere aut in beneficium dare aut in proprios usus convertere liceat, salva tamen ecclesiastica episcopi auctoritate et potestate cellas gubernandi, abbates constituendi vel etiam, si opus sit, mutandi. — ‚Si illius amore cuius munere ceteris'.

Aquisgrani pal. reg., 15 kal. iun. a. 9, ind. 15.
Autographum in cod. bibl. Paris. lat. 8837.
Ex autographo: Baluze 2, 1420 n° 38. — Le Cointe 7, 586. — Mabillon ann. 2, 476 = Bouquet 6, 529 n° 107 = Cartul. de l'Yonne 1, 33 n° 17. — Specimen script. in Mabillon dipl. 395 et in Silvestre 3, 79. — Bréquigny ad 822. — Böhmer 347 ad 822.

[822] 29 iun.

180* L., petentibus Adalcodo abbate monasterii s. Amandi et Aldrico abbate, quem imperator ad confirmandam in hoc monasterio regulam s. Benedicti misit, fratribus congregationis ad procurandas eorum necessitates certas res deputat et sine diminutione sub imperiali tuitione possidendas confirmat, scilicet mansos CCXXIV in pagis Ostrebantensi, Bracbatensi et Menpisco, et Barisiacum in pago Laudunensi atque nonam partem omnium coenobii proventuum. — ‚Cum locis divino cultui mancipatis.'
Stratella villa, 3 kal. iul. a. 8, ind. 15.
Chartul. s. Amandi saec. 14 in arch. Insulensi.
Mabillon acta ss. 5, 63 ex tabul. Elnonensi ad 822 = Le Cointe 7, 656 = Bouquet 6, 530 n° 108. — Bréquigny ad 812 et 822. — Böhmer 348 ad 822.

822, 14 aug.

181* L. ob petitionem Tructesindi abbatis monasterio Anianae in honorem Salvatoris et s. Mariae constructo praeceptum dat de Cinciano villa in Biterrensi pago sita, quam ab Arnaldo comite acquisitam et monasterio per wadium donatam, mortuo vero comite a missis ad partes fisci revocatam iam Benedicto abbati tradidit. — ‚Omnibus fidelibus... notum sit quia'.
Carbonaco villa pal. reg., 19 kal. sept. a. 9, ind....
Chartul. Anianense in arch. Monspeliensi.
Mabillon ann. 2, 724 n° 46 ex tabul. Anian. = Bouquet 6, 531 n° 109. — Vaissete 1, preuves 61 n° 41 ex chartul. — Bréquigny ad 822. — Böhmer 349 ad 822.

[822, aug.]

182 L. capitulare Attiniacense. — ‚Dei igitur omnipotentis inspiratione'. S. a. d. l.
Pertz LL. 1, 231 = Migne 1, 445.

822, 11 sept.

183* L., mortuo Bonito viro religioso qui in loco eremo pagi Bisudunensis Baniolas dicto, ab Odilone comite ei concesso ecclesiam in honorem s. Stephani construxerat ibique monachos congregaverat, Mercoralem ex constitutione Nibridii archiepiscopi abbatem huius monasterii electum atque a Rampono comite in manus imperatoris commendatum una cum eius monasterio in mundeburdum atque immunitatis tuitionem recipit monachisque licentiam abbatem eligendi concedit — ‚Si erga loca divinis cultibus mancipata'.

Attiniaco pal. reg., 3 id. sept. a. 9, ind. 1.

España sagrada 43, 367 ex apogr. coaevo. — Baluse capit. 2, 1424 n° 41 ex arch. monast. ad 823 = Tentzel app. 52. — Bréquigny ad 823. — Böhmer 350 ad 822.

[post 822, sept.]

184* L. monasterio s. Lifardi Mageduno vocato, cuius regimen penes comitem Matfridum est, res quasdam confirmat, quae cum monasterio a Hlothario quondam rege donatae, deinde vero temporibus Karoli ab abbate quodam filio suo in beneficium datae itaque manibus rectorum ereptae essent et a posteris Ragumberni vassalli contra legem tenerentur, cum iam Odolmarus advocatus monasterii in generali placito Attiniaci habito eas repetiisset, inquisitione per missos imperatoris facta atque chartis quas Matfridus obtulerat examinatis, ex sententia ducum et comitum in placito congregatorum monasterio redditae sunt. — ‚Notum sit omnibus... qualiter cum nos'.

S. a. d. l.

Collectio formul. in cod. bibl. Paris. lat. 2718 saec. 9.

Ex hoc codice: Rozière 2, 548 n° 431. — Carpentier 68 n° 40 = Bouquet 6, 653 n° 40. — Bréquigny pag. 202.

822, 28 sept.

185* L. ob petitionem Petri abbatis qui sibi immunitatem Karoli sanciendam obtulit, monasterium s. Christinae prope villam regiam Ollonnam sub suae immunitatis defensione consistere iubet. — ‚Cum petitionibus servorum dei iustis'.

Cispiacho in Ard[en]na, 4 kal. oct. a. 9, ind. 1.

Le Cointe 7, 588 ex registro chart. — Baluse capit. 2, 1422 n° 39 ex eodem reg. = Tentzel app. 51. — Bréquigny ad 822. — Böhmer 351 ad 822.

822, 27 oct.

186* L., ambasciante Suizgario, Adonem forestarium suum eiusque pares qui foresti in Vosago provident, a certis publicis functionibus immunes reddit, quae a liberis quaeque a servis forestariis solvenda sint constituit et eos, exceptis causis criminalibus, a districtione comitum liberat. — ‚Omnibus praelatis... notum sit quia forestarios'.

Fulcolingas, 6 kal. nov. a. 9, ind. 1.

Collectio formul. in cod. bibl. Paris. lat. 2718 saec. 9.
Ex hoc codice: Rozière 1, 37 n° 26. — Carpentier 56 n° 30 = Bouquet 6, 648 n° 30.

822, 1 nov.

187 L. auctoritatem patris sibi a Theodberto Massiliensi episcopo oblatam confirmat, per quam Karolus ecclesiae s. Victoris, in qua eius corpus humatum est, omne teloneum quod fiscus in villa Leonio nec non de navibus ex Italia apud ipsam ecclesiam appulsis exspectare potuerit, concessit. — ,Omnibus fidelibus... notum esse volumus vestre industrie'.

Isemburgo pal. reg., kal. nov. a...., ind. 1.

Chartul. maius monast. s. Victoris c. a. 1100 conscriptum in arch. Massiliensi.
Ex chartulario: Cartul. de S. Victor 1, 12 n° 11. — Bouquet 6, 532 n° 113. — Bréquigny ad 822. — Böhmer 352 ad 822.

822, 19 dec.

188 L. ob petitionem Volfgari Wirziburgensis ecclesiae episcopi oblatam sibi auctoritatem Karoli confirmans, eandem ecclesiam in suae immunitatis defensionem suscipit. — ,Cum petitionibus servorum dei pro quibuslibet'.

Francunofurt pal. reg., 14 kal. ian. a. 9, ind. 1.

Autographum in arch. Monacensi.
Mon. Boica 37, 4 n° 5 ex aut. ad 823. — Eckhart 2, 881 n° 6 ex aut. ad 822. — Bréquigny ad 822. — Böhmer 353 ad 822.

822, 19 dec.

189 L. ecclesiae s. Salvatoris Wirziburgensi, oblatis a Vulgario episcopo duobus Karoli praeceptis, quorum uno XXV basilicae, quarum nomina hic inseruntur, et monasterium s. Mariae in Karloburgo a Karlomanno tradita confirmantur, altero vero res et decimae et heribanna pagensium a Karlomanno vel Pippino rege vel ab aliis hominibus delegata corroborantur, omnes possessiones his praeceptis enumeratas denuo confirmat. — ,Cum locis divino cultui mancipatis'.

Francunofurt pal., 14 kal. ian. a. 9, ind. 1.

Autographum in arch. Monacensi.
Mon. Boica 28ª, 16 n° 11 ex aut. ad 823 = Wirtemb. Urkb. 1, 101 n° 87. — Eckhart 2, 882 n° 7 ex tribus chartul. Wirsih. ad 822 = Ussermann cod. prob. 10 n° 9 ad 823. — Bréquigny ad 822. — Böhmer 354 ad 822.

[822] 25 dec.

190 L. per suum praeceptum confirmat commutationes pari tenore conscriptas, per quas permittente imperatore Wicbaldus comes Vulchero episcopo ad partem s. Salvatoris et monasterii s. Kyliani dedit quicquid in marcha villarum Quirnaha et Bleiclfeld habuit et accepit invicem ad partem beneficii sui ab episcopo certas res monasterii in villa Sterihirobraege in pago Gozfeld, in villa Sulzheim et in Asenhus atque in pago Gollahgewi in villis Angaranheim et Wigenheim sitas. — ˏSi enim ea que fideles'.

Franconovurdi pal. reg., 8 kal. ian. a. 10, ind. 1.

> Liber albus Wirzib. et chartularium Lupoldi de Bebenburg in arch. Monacensi.
> Mon. Boica 31, 50 n° 20 ex chart. L. de B. et ex libro albo ad 823. — Eckhart 2, 883 n° 8 ex chartul. ad 823. — Bréquigny ad 822. — Böhmer 355 ad 822.

[822.]

191 L. capitulare de causis monasterii s. Crucis Pictaviensis. — ˏUt a nemine praedictae sanctimoniales'.

S. a. d. l.

> Mabillon anal. vet. (editio 1ª, Parisiis 1675) 1, 299 ex cod. monast. qui dicitur testamentum s. Radegundis = Baluze capit. 1, 629 = Le Cointe 7, 644 = Mabillon ann. 2, 476. — Bréquigny ad 822. — Conf. act. dep. mon. s. Crucis Pict.

[823.]

192* L, postulante Williberto archiepiscopo, ecclesiae eiusdem s. Mariae dicatae ad dilatanda canonicorum claustra quandam fisci terram monasterio contiguam, de qua hactenus census ad opus imperatoris solvebatur et cuius termini hic describuntur, concedit atque confirmat. — ˏSi liberalitatis nostrae munere de beneficiis'.

S. a. d. l.

> Collectio formul. in cod. bibl. Paris. lat. 2718 saec. 9.
> Ex hoc codice: Rozière 1, 184 n° 146. — Carpentier 18 n° 2 = Bouquet 6, 634 n° 2. — Bréquigny pag. 201.

[ante 823.]

193 L. Ursum et Iohannem Parmae civitatis habitatores, quos Piriteus a vinculo servitutis absolvit et liberos constituit, atque alterum Iohannem eorum propinquum, qui huius absolutionis testamenta imperatori obtulit, cum omnibus eorum rebus et hominibus in suae defensionis mundeburdum suscipit. — ˏOmnibus fidelibus... notum sit quia vos'.

S. a. d. l.
>Collectio formul. in cod. bibl. Paris. lat. 2718 saec. 9.
>Ex hoc codice: Rosière 1, 15 n° 15. — Carpentier 80 n° 51 = Bouquet 6, 659 n° 51. — Bréquigny pag. 202.

823, 8 ian.

194 L. qui, cum Lantbertus comes retulisset quasdam res marchae ad monasterium suum Orombach dictum pertinentes Karoli temporibus a Nantchario actore dominico fisci Franconofurd proprisione occupatas esse, filio suo Illothario imperatori atque Mantfredo hanc causam inquirendam commiserat, et cum Wyrundus illius monasterii abbas iterum de hac re conquestus esset, rursus Matfredum eam inquirere iusserat, inquisitione facta et testimoniis Hruotberti comitis et Gheroldi actoris fisci aliorumque hominum hac de causa auditis, marcham monasterio reddendam esse decernit. — ‚Notum esse volumus cunctis... quia adiens'.

6 id. ian. a. 9; s. l.
>Ex chartul. saec. 15: Mon. Boica 31, 48 n° 19 ad 822. — Acta Palat. 6, 250 n° 5 ad 822. — Croll 1, 98. — Tabouillot 4, 23 ad 821. — Böhmer cod. 2 ad 823. — Böhmer 342 ad 822.

823, 12 iun.

195 L., petente Gotafrido abbate, monasterio s. Gregorii, quod alio nomine Confluens vocatur, partem forestis fisci Columbarii, cuius termini hic describuntur, concedit atque confirmat. — ‚Si liberalitatis nostrae munere de beneficiis'.

Franconovurti pal. reg., 2 id. iun. a. 10, ind. 1.
>Vidimus a. 1503 in arch. Colmariensi.
>Mabillon ann. 2, 724 n° 47 ex autographo = Bouquet 6, 534 n° 116. — Laguille 2, preuves 43 ex aut. — Schöpflin 1, 69 n° 85 ex aut. — Bréquigny ad 823. — Böhmer 357 ad 823.

823, [12] iun.

196* L., ambasciante Matfrido, per suum praeceptum commutationes pari tenore scriptas confirmat, per quas Bernoldus Strazburgensis episcopus res ecclesiae suae in pago Alsacensi in marcha Bodolesvillare sive Pleanungovillare in villa Velfine sitas cum XII mancipiis Erkingario comiti dedit et invicem ab eo ad partem episcopatus certas res in villis eiusdem pagi Duminheim, Liutpoteshaim, Wittineshaim, Creacheshaim, Platpoteshaim sitas cum totidem mancipiis accepit. — ‚Si enim ea que fideles imperii'.

Franconofurd pal. reg., [2] id. iun. a. 10, ind. 1.
>Autogr. in arch. Argentinensi.
>Schöpflin 1, 71 n° 87 ex chartul. Andelaviensi saec. 14. — Grandidier 2, preuves 174 n° 95 ex eodem chartul. — Böhmer 362 ad 823.

823, 19 iun.

197* L. litterae ad Adelrammum Iuvavensem archiepiscopum, per quas, cum statutum sit ne qua servilis conditionis persona ad gradum presbyterii promoveatur, ei eiusque successoribus potestatem concedit, ut servos in tota dioecesi commanentes qui ad presbyteratus ordinem eligantur, coram eorum dominis ex iugo servitutis exsolvant, cives Romanos eos proclament eisque libellos manumissionis et perfectae ingenuitatis tradant more solito conscriptos, addito tamen eum qui ordinis sui praevaricator comprobatus sit in servitutem revocatum iri. — 'Venerabili viro... neminem in genere humano'.

Franconofurd pal., 13 kal. iul. a. 10, ind. 1.

<small>Exemplar in arch. Vindobonensi.
Kleimayrn Anhang 78 n° 24 ex libro cam. Salisb. — Böhmer 358 ad 823.</small>

823, 21 iun.

198* L. qui rex in Aquitania constitutus Possedonio Orgeletanae sedis episcopo loca erema ad construenda monasteria concessit, petente episcopo et offerente per Matfredum comitem priora Ludowici praecepta, monasterium s. Gratae ab episcopo super Bosegiam fluvium ad honorem s. Mariae reaedificatum cum cellula s. Fructuosi aliisque rebus sicut reliqua Septimaniae monasteria suum proprium esse declarat, sub sua dominatione, tuitione, immunitate et ab omni episcoporum, comitum, missorum potestate liberum esse vult monachisque licentiam abbates eligendi concedit. — 'Si illius amore cuius munere'.

Franconofurd pal. reg., 11 kal. iul. a. 10, ind. 1.

<small>Marca app. 767 n° 4 ex authentico. — Bréquigny ad 823. — Böhmer 360 ad 823.</small>

823, 22 iun.

199 L. ob petitionem Adalungi abbatis monasterio Laureshamensi in honorem s. Nazarii constructo ecclesiam in villa Siggenheim in pago Lobotengowe sitam, quam Warinus quondam comes ad partem fisci acquisivit et Widegowo comes beneficii nomine habuit, concedit atque confirmat. — 'Si liberalitatis nostrae munere de beneficiis'.

Franchonofurt pal., 10 kal. iul. a. 10, ind. 1.

<small>Chartul. Lauresh. saec. 12 in arch. Monacensi.
Cod. Laur. dipl. 1, 50 n° 22 ex chartul. — Böhmer 356 ad 823, 22 ian.</small>

823, 28 iun.

200* L. Reginhario Pataviensi episcopo vel ecclesiae s. Stephani auctoritatem dat, [per quam certas res a Karolo Waldarico episcopo in regno Hunorum sive in provincia Avarorum concessas, post mortem imperatoris a marchionibus ereptas, nuper autem iusto iudicio evindicatas huic ecclesiae denuo confirmat]. — 'Nullum fidelium nostrorum ambigere'.

Franchonofurt, 4 kal. iul. a. 10, ind. 1 [a. inc. 823].

<small>Exemplaria duo tenoris conficti c. a. 900 exarata in arch. Monacensi. Mon. Boica 30, 381 n° 4 ex iisdem exempl. = Urkb. ob der Enns 2, 8 n° 5. — Hansiz 1, 155 ex copia Lazii. — Buchinger Gesch. des Fürstenthums Passau (München 1816 in 8°) 2, 483. — Böhmer 361 ad 823.</small>

823, 27 iul.

201* L. qui ad imperii solium sublimatus, ad confirmandam in partibus Saxoniae Christianae religionis fidem Adelhardum senem Corbeiae monasterii abbatem eiusque fratrem Walonem monasterium in villa regia Huxeri super Wiseram construere iusserat atque hoc monasterium et ipsum Corbeiam dictum reliquiis b. Stephani ex sacri palatii capella missis ditaverat, ei villam Huxeri et omnes res in hac provincia a Saxonibus aut novae aut veteri Corbeiae collatas tradit et confirmat simulque rectoribus licentiam cum quibuslibet liberis hominibus commutandi, monachis vero licentiam abbates eligendi concedit. — 'Neminem fidelium nostrorum dubitare credimus'.

Ingelinheim pal. reg., 6 kal. aug. a. 10, ind. 1.

<small>Chartularia Corbei. saec. 10 et saec. 15 in arch. Monasteriensi. Schaten 1, 74 ex autogr. — Wilmans 1, n° 7 ex chart. s. 10. — Erhard 1, cod. 6 n° 5 ex chart. s. 15. — Stangefol 2, 120 = Le Cointe 7, 670. — Bréquigny ad 823. — Böhmer 363 ad 823.</small>

823, 27 iul.

202* L., suggerente Adalardo abbate, monasterium Corbegiam iussu suo in loco provinciae Saxoniae Hucxori dicto super Wiseram constructum et s. Stephano dicatum in suam tuitionem et defensionem recipit eique eandem immunitatem qua omnes ecclesiae in Francia fruuntur indulget et licentiam cum quibuslibet hominibus liberis commutandi concedit. — 'Cum petitionibus servorum dei iustis'.

Ingilinheim pal., 6 kal. aug. a. 10, ind. 1.

<small>Autogr. in arch. Monasteriensi. Ex autographo: Wilmans 1, n° 8. — Fürstenberg 130 = Le Cointe 7, 669. — Schaten 1, 76. — Mabillon dipl. 514 u° 68. — Erhard 1, cod. 5 n° 4. — Bréquigny ad 823. — Böhmer 364 ad 823.</small>

823, 21 aug.

203 L. monasterium Gunzinhusir in pago Sualofeld super Alchmuna flumen constructum de suo iure in dominationem Sindoldi abbatis vel monasterii Elehenwang, in quo ss. Sulpicius et Servilianus requiescunt, sollemni more tradit eisque praecepto suo confirmat. — ,Si liberalitatis nostrae munere locis'.

Engilinhaim pal. reg., 12 kal. sept. a. 10, ind. 1.
<small>Autogr. in arch. Stuttgardiensi.
Wirtemb. Urkb. 1, 99 n° 86 ex aut. — Khamm 2, 14. — Lünig 18, 116 n° 2 ad 824. — Falckenstein 10 n° 4. — Böhmer 365 ad 823.</small>

823, 29 aug.

204* L. cui Hildoinus abbas sacrique palatii summus capellanus commutationem inter Tancradum monasterii s. Salvatoris Prumiacensis abbatem et Opilonem quendam factam retulit, per suum praeceptum eorum commutationes pari tenore scriptas confirmat, per quas abbas consentiente tota congregatione Opiloni ex ratione monasterii septem mancipia dedit et invicem ab eo ad partem monasterii quatuordecim mancipia accepit. — ,Si enim ea quae fideles imperii nostri'.

Con[str]uentes super Mosellam, 4 kal. sept. a. 10, ind. . . .
<small>Liber aur. Prum. saec. 10 in bibl. Trevirensi.
Ex hoc libro: Beyer 1, 61 n° 55. — Martène ampl. coll. 1, 80. — Böhmer 366 ad 823.</small>

823, 15 oct.

205 L. ob petitionem Tancradi abbatis monasterii Prumiae ad honorem s. Salvatoris constructi, per suum praeceptum commutationes pari tenore scriptas confirmat, per quas abbas consentientibus monachis ex rebus monasterii Fulcberto cuidam mansos duos in villa Flaconheim in pago Warmacinsi sitos dedit et invicem ab eo ad partem monasterii res in eodem pago sitas, id est mansum in Glaolfesheim villa et alterum in Willare et curtilem in Leivurdesheim et duas partes iurnalis in Buccunheim villa accepit. — ,Si enim ea quae fideles imperii nostri'.

Aristallio pal. reg., id. oct. a. 10, ind. 1.
<small>Liber aur. Prum. saec. 10 in bibl. Trevirensi.
Ex hoc libro : Beyer 1, 62 n° 56. — Martène ampl. coll. 1, 79. — Bréquigny ad 823. — Böhmer 367 ad 823.</small>

823, nov.—dec.

206 L. apud quem Lambertus cognomine Aganus ex castro Toringio in pago Petroico conquestus est, quod temporibus Pippini regis cum aliis eiusdem castri habitatoribus ab Ermenrico comite et patre suo Agano obses datus, ceteris redeundi licentia condonata, usque nunc ab Immone comite rebus suis spoliatus in servitutis vinculis retentus sit, huic eiusque filiis pristinam libertatem et res illa occasione ablatas concedit. — ‚Omnibus fidelibus... cum in dei confidentes nomine'.

In prologo: in Compendio pal., a. 10.
<small>Collectio formul. in cod. bibl. Paris. lat. 2718 saec. 9.
Ex hoc codice: Rozière 2, 539 n° 446. — Carpentier 72 n° 44 = Bouquet 6, 655 n° 44. — Bréquigny ad 823.</small>

[823, nov.—824, iun.]

207* L., petente Benedicto abbate, per suum praeceptum, cui Lotharius quoque subscribit, monasterium Fossatense in pago Parisiaco sicuti cetera monachorum monasteria in suam defensionem atque immunitatis tuitionem recipit monachisque ius electionis concedit. — ‚... praesentibus scilicet et futuris'.

Compendio pal. reg....
<small>Autographum mutilum in arch. Parisiensi, ineditum.</small>

[824] 30 iun.

208* L., postquam Froberto religioso viro a se cum monachis in Italiam misso et inde reverso monasterium Glonnam in Pictavensi territorio super Ligerim constructum, in quo s. Florentius requiescit, concessit, eum eiusque monasterium in defensionem suam et immunitatis tuitionem suscipit monachisque licentiam abbates eligendi concedit. — ‚Si erga loca divinis cultibus mancipata'.

Compendio pal. reg., 2 kal. iul. a. 11, ind. 12.
<small>Rotulus privil. saec. 10—11 in arch. Andegavensi.
Mabillon ann. 2, 739 n° 57 ex arch. Glonnensi ad 834 (conf. ibid. 566) = Bouquet 6, 537 n° 123 ad 824. — Bréquigny ad 824.</small>

824, 16 aug.

209 L. ab Hildoino abbate de commutatione Smaragdi abbatis certior factus, per suum praeceptum commutationes pari tenore scriptas confirmat, per quas Smaragdus ex rebus monasterii s. Michaelis in pago Virdunensi super Marsupium, ubi in Mosam infunditur, constructi Adalhardo et Rodaldo et Aldarico mansum in villa Lauziaco in pago Barrensi dedit et invicem ab eis ad partem monasterii pratum in Goddinovilla in pago Virdunensi accepit. — ‚Si enim ea quae fideles imperii'.

Compendio pal. reg., 17 kal. sept. a. 11, ind. 2.

Chronicon et chartul. s. Mich. saec. 11 in bibl. Parisiensi.
Chroniques génér. de l'ordre de S. Benoist, composées par d. A. de Yepes et trad. en français par Martin Rethelois (Toul 1647—1678, 7 in f°) 2, app. 81 = Bouquet 6, 538 n° 124 (conf. 493 n° 54). — Bréquigny ad 824. — Böhmer 368 ad 824.

824, 20 sept.

210 L. per suum praeceptum commutationes pari tenore scriptas confirmat, per quas Hildoinus abbas et Adalungus quaedam mancipia inter se commutaverunt. — ‚Si enim ea quae fideles imperii nostri'.

Redena, 12 kal. oct. a. 11, ind. 2.

Autogr. valde mutilum in arch. Parisiensi.
Tardif 82 n° 117 ex autographo.

[824, iun.—oct.]

211* L. Eugenium summum pontificem rogat, ut Adalrammum Iuvavensis ecclesiae archiepiscopum cum licentia imperatoris apostolorum limina aditurum benigne suscipiat eique apostolicae auctoritatis pallium largiatur. — ‚Sanctissimo ac reverentissimo... rogavit nos fidelis noster'.

S. a. d. l.

Rotulus saec. 10 in arch. Vindobonensi.
Kleimayrn Anhang 77 n° 23 ex libro cam. Salisb.

825, 3 ian.

212* L., postquam ob petitionem Leibulfi comitis sibi ab Hilduino archicapellano subiectam ei licentiam dedit res proprias cum rebus Arelatensis episcopatus ab eo beneficiario nomine possessis commutandi et postquam ex relatione Notonis archiepiscopi Arelatensis rem utrique parti utilem fore comperit, per suum praeceptum commutationes pari tenore scriptas confirmat, per quas Noto, consentientibus canonicis, ex rebus s. Mariae, s. Stephani vel s. Genesii quas Leibulfus huc usque beneficiario iure habuit, insulam Rhodani suburbanam in pago Arelatensi certasque alias res ei in proprium dedit et invicem a comite ecclesiam in Argenteo agro sitam, duas cellas et certas domos, casas, vineas, terras accepit. — ‚Si enim ea quae fideles imperii'.

Aquisgrani pal., 3 non. ian. a. 11, ind. 3.

Chartul. Anian. in arch. Monspeliensi.
Vaissete 1, preuves 62 n° 43 ex chartul. — Bouquet 6, 540 n° 127 ex schedis d. Estiennot. — Bréquigny ad 825. — Böhmer 369 ad 825.

[825] 9 mai.

213* L. ob petitionem Hieremiae archiepiscopi ecclesiae Senonicae b. Mariae et ss. Stephano et Iohanni dicatae, duas sibi oblatas immunitates, quarum alteram Karolus quondam dederat, alteram ipse Magno episcopo concesserat, sancit et praecipit, ut ecclesia et omnia eius monasteria et cellae [itemque monasterium s. Columbae nuper ei delegatum] sub plenissima sua defensione et immunitatis tuitione consistant, simulque denuo talem auctoritatem qualem Karolus Gunberto episcopo et ipse Magno indulserat, rectoribus ecclesiae fieri iubet, per quam pariter ac per chartas deperditas omnes ecclesiae res quiete possideant ac, si contentio de iis orta sit, defendant. — ‚[Si libe]ralitatis nostrae munere loca deo dicata'.

Aquisgrani pal. reg., 7 id. mai. a. 13, ind. 4.
_{Apogr. vitiatum atque interpolatum, saec. 10 instar autographi exaratum in arch. Autissiodorensi.}
_{Ex hoc apographo: Beitr. z. Dipl. 3, 405 n° 13. — Gallia christ. 12, 17.}

825, 31 mai.

214 L., suggerente Alboino monasterii s. Carilefi Anisolensis abbate, eiusdem congregationi ius electionis concedit. — ‚Omnibus fidelibus... notum sit quia'.

Aquisgrano pal. reg., 2 kal. iun. a. 12, ind. 3.
_{Martène thes. anecd. 1, 23 ex manuscr. Anisol. = Bouquet 6, 545 n° 133. — Bréquigny ad 825. — Böhmer 372 ad 825.}

825, 3 iun.

215* L. ab Hilduino abbate et sacri palatii summo capellano de commutatione Hildebaldi Matescensis ecclesiae episcopi et Warini comitis certior factus, per suum praeceptum commutationes pari tenore scriptas confirmat, per quas Hildebaldus ex rebus episcopatus Warino eiusque uxori Albanae villas Cluniacum in Matescensi et Aptannacum in Nivernensi pago in proprium dedit et invicem ab eis ad partem ecclesiae villas Genuliacum in Matescensi et Caldam-aquam in Nivernensi et Lituinias in ducatu Alvernico in Donobrensi pago accepit. — ‚Si enim ea quae fideles imperii'.

Aquisgrani pal. reg., 3 non. iun. a. 12, ind. 3.
_{Chartul. Cluniacense saec. 14 in bibl. Parisiensi.}
_{Ex hoc chartulario: Marrier et Duchesne notae 13. — Le Cointe 7, 747. — Bouquet 6, 546 n° 134. — Bréquigny ad 825. — Böhmer 373 ad 825.}

825, 4 iun.

216* L. ob petitionem Berengarii, qui comitatum Brivatensem adeptus ecclesiam prope castrum Victoriacum, in qua s. Iuliani corpus requiescit, a Sarracenis destructam reaedificavit et in usum abbatis et LIV canonicorum in ecclesia atque in castro constitutorum C mansos beneficii sui deputavit, hanc Berengarii ordinationem sanciens canonicis mansos supradictos confirmat et licentiam abbatem eligendi concedit; insuper eos a cuiuscunque ditione liberos et ab omni exactione et functione publica vel privata immunes esse vult, exceptis caballo et scuto et lancea singulis annis ad partem regis offerendis. — ‚Notum esse volumus cunctis... quia postquam'.

2 non. iun. a. 12, ind. 3; s. l.

<small>Chartul. Brivat. saec. 17 in cod. bibl. Paris. lat. 9086.
Baluze capit. 2, 1426 n° 42 ex vet. chartul. = Le Cointe 7, 748 = Bouquet 6, 547 n° 135. — D'Achery spicil. 12, 104 ex copia d. d'Hérouval. — Cartul. de Brioude 348 n° 339 ex chartul. Paris. — Bréquigny ad 825. — Böhmer 374 ad 825.</small>

[circa 825.]

217* L. ob petitionem ministri sui Matfredi Richardo vassallo, qui retulit, tempore quo Fastrada regina Karoli uxor hiemandi causa de Baioaria ad Franconovurd venisset, avum suum Hostlaicum, qui Ruotmondum interfecisset, occisum et res eius in fiscum redactas esse, has res in proprium reddit. — ‚Notum igitur volumus... quia quidam'.

S. a. d. l.

<small>Collectio formul. in cod. bibl. Paris. lat. 2718 saec. 9.
Ex hoc codice: Rozière 1, 64 n° 41.   Carpentier 70 n° 41 = Bouquet 6, 654 n° 41. — Bréquigny pag. 202.</small>

[823, aug.—825, aug.]

218* L. ob petitionem Hilduini sacri palatii summi capellani et abbatis monasterii s. Dyonisii Parisiaci, per suum praeceptum commutationes pari tenore scriptas confirmat, per quas abbas ex ratione monasterii sui Erloino cuidam duo mancipia dedit et invicem ab eo ad partem monasterii sex mancipia accepit. — ‚Si enim ea quae fideles imperii nostri'.

S. a. d. l.

<small>Autogr. mutilum in arch. Parisiensi.
Tardif 92 n° 133 ex autographo.</small>

[823—825.]

219 L. capitularia Aquisgranensia. — ‚Omnibus vobis aut visu aut auditu'.

S. a. d. l.

Pertz LL. 1, 242 ad 825, mai. = Migne 1, 463. — Baluze capit. 1, 631 ad 823 = Bouquet 6, 430 ad 822. — Bréquigny ad 823.

[819, nov.—825, aug.]

220* L., petente et ambasciante Hilduino sacri palatii summo capellano et abbate monasterii s. Dyonisii Parisiacensis, per suum praeceptum commutationes pari tenore scriptas et sibi oblatas confirmat, per quas abbas ex ratione monasterii sui Walefredo cuidam tres bunuarios terrae arabilis dedit et invicem ab eo ad partem monasterii certos campos in pago Parisiaco in villis Meseriaco et Fontanedo sitos accepit. — ‚Si enim ea quae fideles imperii nostri'.

S. a. d. l.

Autogr. mutilum in arch. Parisiensi.
Tardif 91 n° 131 ex autographo.

[819—825, aug.]

221* L., petente coniuge sua Iudit quae monasterium s. Salvatoris intra muros civitatis Brixiae constructum iure beneficii habet, ostensam sibi Karoli auctoritatem immunitatis omniaque praecepta et instrumenta de vestitura monasterii confirmat. — ‚Si erga loca divinis cultibus mancipata'.

S. a. d. l.

Apogr. mutilum saec. 10 in bibl. Bresciana.
Odorici storie Bresciane (Brescia 1854) 4, 20 n° 4, post a. 822. — Margarini 2, 34 n° 40 ex arch. monast. ad 878.

[817—825, aug.]

222* L. ad quem Ebo Remensis episcopus et sedis s. Remigii praesul retulit, ecclesiam metropolis urbis s. Mariae consecratam, in qua gens Francorum baptisma accepisset et ipse Ludowicus a Stephano papa imperatoris nomen et potestatem adeptus esset, ob nimiam vetustatem collabi, ad renovandam ecclesiam et construenda claustra murum civitatis cum portis et omnes vias publicas ecclesiam circumiacentes concedit et omnem operam palatio regio Aquisgranensi huc usque ab ecclesia sive ab episcopo peragendam remittit simulque vassallis aliisque fidelibus beneficia ex rebus episcopatus habentibus, pariter ac Pippinus et Karolus decreverunt, praecipit ut ecclesiae singulis annis decimas et nonas persolvant. — ‚Si locis venerabilibus ea quae exinde'.

S. a. d. l.

> Flodoardi hist. ed. Sirmond 141 = Le Cointe 7, 369 = Gallia christ. 10, instr. 4 n° 3 c. a. 816 = Bouquet 6, 510 n° 75 ad 817. — Bréquigny ad 817.

[814—825, aug.]

223* L. ob petitionem Hugonis comitis, qui monasterium puellarum s. Iuliani non procul ab Autissiodorensi urbe in honorem s. Mariae constructum beneficii iure tenet, oblatum Karoli praeceptum confirmans monasterio immunitatem absque episcoporum aut iudicum introitu concedit. — ‚Si erga loca divinis cultibus mancipata'.

S. a. d. l.

> Chartularium s. Iuliani saec. 13 in arch. Autissiodorensi.
> Cartul. de l'Yonne 1, 30 n° 15 ex chartul.

[814—825.]

224* L. Hebraeos Domatum Rabbi eiusque nepotem Samuelem in suam defensionem suscipit, ab omni teloneo solvendo absolvit, eis secundum legem eorum vivere, res et peregrina mancipia vendere aut commutare, homines Christianos locare permittit, necem eorum wirigeldo decem librarum auri ad partem palatii persolvendarum aestimat, quomodo causae inter eos et Christianos definiantur praecipit. — ‚Omnibus episcopis... notum sit quia istos'.

S. a. d. l.

> Collectio formul. in cod. bibl. Paris. lat. 2718 saec. 9.
> Ex hoc codice: Rozière 1, 39 n° 27. — Carpentier 58 n° 32 = Bouquet 6, 649 n° 32. — Bréquigny pag. 202.

[814—825.]

225 L. Hebraeos David, nunnum Davidis, Iosephum atque Ammonicum pares eorum habitatores Lugduni civitatis in suam defensionem, ut partibus palatii deserviant, suscipit, ab omni teloneo praestando absolvit, eis secundum legem Hebraeorum vivere, mancipia peregrina emere et vendere et homines Christianos locare permittit simulque constituit quomodo causae inter eos et Christianos disceptentur. — ‚Omnibus episcopis... notum sit quia vos'.

S. a. d. l.

> Collectio formul. in cod. bibl. Paris. lat. 2718 saec. 9.
> Ex hoc codice: Rozière 1, 41 n° 28. — Carpentier 60 n° 33 = Bouquet 6, 650 n° 33. — Bréquigny pag. 202.

[814—825.]

226 L. Abraham Hebraeum habitatorem Caesaraugustae civitatis, qui se manibus imperatoris commendavit, in suae tuitionis securitatem, ut partibus palatii deserviat, recipit, ab omni teloneo praestando absolvit, ei secundum legem Hebraeorum vivere, mancipia peregrina emere et vendere, homines Christianos locare permittit simulque constituit quomodo causae inter eum et Christianos disceptentur. — ‚Omnibus episcopis... notum sit quia iste.'
S. a. d. l.
<small>Collectio formul. in cod. bibl. Paris. lat. 2718 saec. 9.
Ex hoc codice: Rozière 1, 43 n° 29. — Carpentier 62 n° 34 = Bouquet 6, 651 n° 34. — Bréquigny pag. 202.</small>

[814—825, aug.]

227* L. vassis suis Amadeo comiti, Heliae, Waldo, Isembardo et Barberto beneficia ex rebus ecclesiae s. Benigni habentibus mandat, ut singulis annis nonas et decimas solvant et Herlegaudo diacono ad restaurandam ecclesiam adiutorium conferant. — ‚Amadeo... notum sit vobis quia volumus'.
S. a. d. l.
<small>Chronicum s. Benedicti saec. 11 quod exstat in cod. autogr. biblioth. universitatis Divionensis 348.
Ex chronico: D'Achery spicil. 1, 408 = Bouquet 6, 236. — Mabillon ann. 2, 516 = Bouquet 6, 557 n° 147. —Bréquigny ad 820 et 838.</small>

[814—825, aug.]

228* L. ob petitionem Sicharii Burdigalensis archiepiscopi, qui sibi immunitatem Karoli sanciendam obtulit, eiusdem sedem ss. Andreae et Iacobo dicatam atque monasteria eius, unum Blavia dictum et in pago Burdigalensi super Garonam ad honorem s. Romani constructum atque alterum s. Severini in suburbio civitatis situm, e more antecessorum in tuitionis suae atque immunitatis defensionem suscipit. — ‚Si liberalitatis nostrae munere locis'.
S. a. d. l.
<small>Lopes l'église metropolitaine et primitiale de S. André de Bourdeaux (Bourdeaux 1668 in 4°) 377 ex libro ms. vocato La cour dau Mageire, hoc est maioris huius civitatis = Le Cointe 7, 321 et 420 = Bouquet 6, 557 n° 148 ante a. 828. — Bréquigny ad 814.</small>

[815—825; 831—834.]

229 L. ob petitionem Gumbaldi abbatis per Baldenum monachum missam, tres naves monasterii Carroffensis in pago Pictaviensi super fluvium Carentonae in honorem Salvatoris constructi ab omni teloneo praestando absolvit. — 'Si petitionibus servorum dei pro quibuslibet'.

S. a. d. l.

>Copia d. Fonteneau in bibl. Pictavensi.
>Bouquet 6, 567 n° 159 ex schedis Mabillonii. — Bréquigny ad 830.

[814—825; 831—834.]

230* L., mortuo Mirone abbate qui in territorio Helenensi super fluvium Tacidum monasterium s. Andreae aedificaverat, Sisegutum in eius locum et ministerium subrogatum, deprecante Gaucelino comite, una cum monasterio eiusque cellulis s. Martino et s. Vincentio dicatis in eandem defensionem et tuitionem, in qua reliqua Septimaniae monasteria consistunt, recipit et monasterio immunitatis iura monachisque licentiam abbates eligendi concedit. — 'Notum esse volumus cunctis fidelibus... qualiter vir'.

S. a. d. l.

>Marca app. 775 n° 12 ex arch. reg. Carcassonensi c. a. 836 =Bouquet 6, 562 n° 154 c. a. 829. — Bréquigny ad 829.

[814—825; 831—834.]

231* L. ob petitionem Monnelli abbatis qui sibi auctoritatem Karoli Nampioni abbati concessam sanciendam obtulit, monasterium s. Hilarii in Carcassonensi pago super Leuchum fluvium ad honorem s. Saturnini constructum, in quo s. Hilarius requiescit, in suam defensionem et immunitatis tuitionem suscipit monachisque licentiam abbates eligendi concedit. — 'Si erga loca divinis cultibus mancipata'.

S. a. d. l.

>Baluze capit. 2, 1409 n° 29 ex arch. monast. = Le Cointe 7, 455 = Tentzel app. 66 = Bouquet 6, 500 n° 64. — Bouges 502, preuves n° 4 ex arch. monast. — Gallia christ. 6, instr. 413 n° 3. — Bréquigny ad 815.

[814—825; 831—834.]

232* L. ad quem Warenbertus abbas monasterii s. Sequani in Magnimotensi pago constructi retulit, saepissime inter homines fisci Novae-villae et homines monasterii lites ortas esse de rebus in confinio Sigestrensi intra hunc fiscum sitis et a liberis hominibus monasterio traditis, ipsum fiscum cum omni integritate monasterio confert simulque res antea intra fiscum acquisitas confirmat. — 'Si liberalitatis nostre munere de beneficiis'.

S. a. d. l.

>Chartul. s. Sequani saec. 13 in arch. Divionensi.
>Beitr. zur Diplomatik 5, 409 n° 14 ex chartul.

825, 1 dec.

233 L. et Lotharius, petente Ansfrido abbate, monasterio Nonantulae in honorem omnium apostolorum constructo, in quo b. Silvestri corpus requiescit, centum iugera fisci sui Wilzaccharam cum censu hactenus a monasterio solvendo et cum silvula in Motonensi territorio sita concedunt atque confirmant. — ,Si liberalitatis nostre munere de beneficiis'.

Aquisgrani pal. reg., kal. dec. a. 12, a. Loth. 4, ind. 4.

> Autogr. in arch. Nonantulano.
> Tiraboschi Nonantola 2, 44 n° 26 ex autographo, vitiose. — Böhmer 377 ad 825.

825, 18 dec.

234 L. et Lotharius fideli suo Ricbodoni abbati cellulam in Vosago in monte Aluwini super Prusiam ad honorem d. Iesu constructam et a Wicbodo Ricbodonis avunculo episcopio Mettensi s. Stephano dicato traditam concedunt, ita ut ab eo beneficii iure possideatur et post mortem eius ad episcopii vel ad monasterii Senonici ius revertat. — ,Omnibus fidelibus nostris... notum fieri volumus'.

Aquisgrani pal. reg., 15 kal. ian. a. 12, a. Loth. 4, ind. 4.

> Mabillon annales 2, 725 n° 49 ex authentico = Calmet 2, 126 = Bouquet 6, 348 n° 137. — Bréquigny ad 825. — Böhmer 378 ad 825.

[825, dec.]

235* L. et Lotharius, postquam VIII id. dec. ab Halitgario et Amalario episcopis collectiones locorum de imaginibus ex libris s. patrum in conventu Parisiaco factas acceperunt et comprobaverunt, Hieremiam et Ionam episcopos iubent has collectiones domno apostolico offerre et quam possint diligentiam et prudentiam adhibere, ut ille rationi imaginum in his collectionibus expositae consensum praebeat easque tanquam suo permissu factas ratas esse velit. Mandant eis insuper ut, si hoc negotium feliciter consummaverint, d. apostolicum interrogent utrum ei placeat necne, ut una cum legatis ab ipso imaginum causa in Graeciam mittendis legati ab imperatoribus mittantur. De responso d. apostolici quam cellerime se ab eis edoceri volunt. — ,Hieremiae et Ionae... venerunt ad praesentiam nostram'.

S. a. d. l.

> Synodus Paris. de imaginibus habita a. 824 (Francofurti 1596 in 8°) 125 = Baronius ann. eccl. ad 825 = Sirmond conc. Galliae 1, 461 ad 824 = Le Cointe 7, 771 ad 826. — Baluze capit. 1, 643 ad 824 = Bouquet 6, 341 n° 6 ad 825. — Bréquigny ad 824.

[825 dec.]

236 L. et Lotharius per litteras cum Eugenio summo pontifice communicant, se cum a legatis Graecorum Romam proficiscentibus de causa legationis edocti essent, sacerdotibus suis mandasse, ut ex libris s. patrum sententias de cultu imaginum colligerent. Has collectiones se per legatos Hieremiam et Ionam episcopos papae offerre. Petunt ab eo ut in diiudicanda imaginum causa omni cura et diligentia utatur, ne populus Graecorum ad maiorem discordiam et dissensionem impellatur. Rogant denique utrum ei placeat, ut una cum iis quos ipse in Graeciam missurus sit, legati ab imperatoribus mittantur. — ‚Sanctissimo... quia veraciter nos debitores'.

S. a. d. l.

<small>Synodus Paris. 123 ad 824 = Baronius ann. eccl. ad 825 = Sirmond conc. Galliae 1, 459 ad 824 = Le Cointe 7, 771 ad 826. — Baluze capit. 1, 645 ad 824 = Bouquet 6, 342 n° 7 ad 825. — Bréquigny ad 824.</small>

[825, dec.]

37* L. et Lotharius ob petitionem Adalardi abbatis, qui sibi immunitatem Karoli obtulit, monasterium in pago Ambianensi super fluvium Somanam in honorem ss. Petri et Pauli et Stephani constructum atque omnes eius res e more antecessorum in tuitionis suae atque immunitatis defensionem suscipiunt monachisque ius abbatem eligendi concedunt. — ‚Si liberalitatis nostrae munere locis'.

Aquisgrani, a. 12, a. Loth. 6.

<small>Autographum valde mutilum apud d. Ledieu Ambianensem, et codex Corbie 19 c. a. 1300 exaratus in bibl. Parisiensi.
Martène ampl. coll. 1, 81 ex arch. monast. ad 826 = Bouquet 6, 547 n° 136 ad 825. — Bréquigny ad 826. — Böhmer 379 ad 825.</small>

[825, dec.]

238 L. et Lotharius, cum ob petitionem Adalardi abbatis cum imperatore quasdam res commutaturi Maginario comiti et actori suo praecepissent, ut cum missis abbatis, pagensibus et fiscalinis res illas mensuraret atque earum quantitatem et qualitatem inspiceret, et cum a Maginario relatum esset rem utilem fore utrique parti, suo praecepto commutationem confirmant, per quam abbas de rebus ss. Petri et Pauli Audriacam villam fisco dedit et invicem certas res fisci a Maginario accepit. — ‚Cum petitionibus servorum dei'.

S. a. d. l.
   Collectio formul. in cod. bibl. Paris. lat. 2718 saec. 9.
   Ex hoc codice: Rozière 1, 353 n° 299. — Carpentier 48 n° 23 = Bouquet 6, 645 n° 23. — Bréquigny pag. 201.

[post 825.]

239* L., cum Ingilbertus apud missos imperatoris Etti archiepiscopum et Adalbertum comitem conquestus esset, Angeliam aviam suam ab Hildulfo actionario fisci Romarici-montis iniuste ad servitutem astrictam esse, ex inquisitione missorum edoctus rem ita se habere, Ingilberto eiusque propinquis et posteris libertatem et omnem legitimam proprietatem reddi iubet. — ‚Notum sit... quia quidam homo'.

S. a. d. l.
   Collectio formul. in cod. bibl. Paris. lat. 2718 saec. 9.
   Ex hoc codice: Rozière 2, 546 n° 450. — Carpentier 78 n° 49 = Bouquet 6, 658 n° 49. — Bréquigny pag. 202.

826, 26 ian.

240 L. et Lotharius ob petitionem missam a Tancrado abbate monasterii Prumiae dicti et s. Salvatori et s. Mariae dedicati, quod Pippinus et Bertrada in proprietate sua construxerant, prolatas Pippini et Karoli de tuitione et immunitate auctoritates confirmant et monasterium in suam quoque tuitionem et immunitatis defensionem suscipiunt. — ‚Notum esse volumus cunctis fidelibus... quia vir'.

Aquisgrani pal. reg., 7 kal. febr. a. 13, a. Loth. 4, ind. 4.
   Lib. aureus Prum. saec. 10 in bibl. Trevirensi.
   Ex hoc libro: Beyer 1, 63 n° 57. — Knauff 53 = Hontheim 1, 175 n° 76. — Böhmer 380 ad 826.

[826] 17 febr.

241* L. et Lotharius ob petitionem Ionae Aurelianensis ecclesiae episcopi qui, consentientibus canonicis et Iheremia archiepiscopo, cellae iuris sui s. Maximino dicatae privilegium concessit, hoc privilegium sibi oblatum imperiali auctoritate confirmantes decernunt, ut semper in illa cella ordo regularis observetur, ut abbas ibidem secundum illud privilegium instituatur, ut omnes possessiones quae huic cellae collatae sint aut in posterum conferantur in usus monachorum convertantur, ut praesul autem praevideat ne monachi a regulari vita deviant neve se potestati ecclesiae cui subiecti sint subtrahant; addunt insuper ut, si quis episcoporum hanc constitutionem violaverit, res ad Senonicum metropolitam deferatur, et si ab hoc definiri nequiverit, ad imperatores successoresve eorum referatur, ut in generali episcoporum conventu violator corrigatur. — ͵Cum petitionibus sacerdotum Christi'. Aquisgrani pal. reg., 13 kal. mart. a. 13, ind. 3.

    D'Achery spicil. 8, 138 ex chartul. s. Crucis Aurelian. ad 826. — Le Cointe 7, 736 ex chartul. ad 825 = Bouquet 6, 544 n° 132. — Bréquigny ad 825. — Böhmer 370 ad 825.

826, 20 iun.

242   L. et Lotharius monasterio Novae-Corbeiae, quod L. in Saxonia in loco Huxeri super Wiseram ad honorem b. Stephani construi iussit et Adalhardo veteris monasterii Corbeiae abbati gubernandum commisit, capellam a Karolo in castello Heresburg aedificatam donant. — ͵Omnibus fidelibus... notum sit quia nos'. Ingilinheim pal. reg., 12 kal. iul. a. 13, ind. 4.

    Chartularia Corbei. saec. 10, 15, 17 in arch. Monasteriensi. Schaten 1, 83 ex autogr. — Fürstenberg 113 ex autogr. = Le Cointe 7, 786. — Wilmans 1, n° 10 ex chartul. s. 10. — Bréquigny ad 826. — Böhmer 381 ad 826.

826, 26 iun.

243*   L. et Lotharius fideli suo Bosoni curtem iuris sui Bugellam in Lungobardia in Vercellensi comitatu sitam concedunt, cum ipsi tamen ab eo octo mansos et capellam villae Bechi iuxta Numagnam fiscum acceperint. — ͵Notum fieri volumus omnium... industria'. Engilinheim pal. reg., 6 kal. iul. a. 14, a. Loth. 4, ind. 4.

    Muratori antiqu. 5, 553 ex arch. s. Sixti Placentini, mendose. — Böhmer 382 ad 826.

826, 1 aug.

244*   L. et Lotharius, petente Durando abbate qui in Septimania in Vernodubrus villa pagi Narbonensis, in loco proprio ab imperatore collato et Holatiano dicto monasterium ad honorem s. Aniani inchoaverat, multis rebus ditaverat ibique monachos sub Woica abbate congregaverat, deinde vero totum opus imperatori 'per cartulam tradidit, hoc monasterium ut melius defendatur in specialem suam defensionem et immunitatis tuitionem suscipiunt monachisque liberam abbatum electionem concedunt; insuper successores suos rogant, ut monasterium sub speciali tuitione retineant, nulli episcopo neve monasterio subiiciant neve cuiquam in beneficium tribuant. — ͵Si erga loca divinis cultibus mancipata'.

Carisiaco pal. reg., kal. aug. a. 13, a. Loth. 4, ind. 4.

Mabillon ann. 2, 724 n° 48 ex arch. monast. = Gallia christ. 0, instr. 73 n° 1 = Bouquet 6, 549 n° 139. — Vaissete 1, preuves 64 n° 44 ex arch. monast. — Bréquigny ad 826. — Böhmer 383 ad 826.

826, 27 oct.

245 L. et Lotharius, postulante Godefredo abbate et ambasciante Helisacar, oblatam sibi Karoli de plenissima defensione et immunitatis tuitione auctoritatem confirmantes, monasterium Conflens in pago Alsacinsi in honorem s. Gregorii constructum in immunitatis suae defensionem suscipiunt monachisque licentiam dant abbatem eligendi. — ‚Si erga loca divinis cultibus mancipata'.

Ingilinheim pal. reg., 6 kal. nov. a. 13, a. Loth. 5, ind. 4.

Autogr. apud d. Raess rev. episc. Argentinensem.
Schöpflin 1, 72 n° 88 ex aut., cum ectypo quod exstat etiam in Kopp pal. crit. 1, tab. 3. — Martène thes. anecd. 1, 24 ex arch. monast. = Bouquet 6, 551 n° 141. — Lünig 19, 1098 n° 7. — Bréquigny ad 826. — Böhmer 385 ad 826.

826, 31 oct.

246 L. et Lotharius, petente Fulcoico episcopo, per suum praeceptum commutationes pari tenore scriptas confirmant, per quas episcopus ex rebus ecclesiae s. Petri Dagulfo cuidam duo mancipia dedit et invicem ab eo sex mancipia accepit. — ‚Si enim ea quae fideles imperii nostri'.

Engilinheim pal. reg., 2 kal. nov. a. 13, a. Loth. 5, ind. 4.

Schannat Worm. 2, 4 n° 4 ex arch. eccl. cathedralis Wormat. ad 827. — Böhmer 384 ad 826, 30 sept.

[826, oct.]

247 L. et Lotharii capitulare. — ‚Benedictus de sua reclamatione'. S. a. d. l.

Pertz LL. 1, 256 = Migne 1, 487.

[826.]

248* L. et Lotharius ad litteras Venerii patriarchae Gradensis per Petrum diaconum missas respondent, se ecclesiae eius ss. Marco et Hermagorae dicatae praeceptum quod Karolus antecessori Iohanni concessisset confirmasse et ob eius petitionem epistolas conscribi iussisse cum ad domnum apostolicum de usu pallii et de possessionibus eiusdem ecclesiae in Istria, tum ad Bosonem comitem et missum de inquirendis atque restituendis rebus ecclesiasticis, quas Fortunatus patriarcha nepoti suo Dominico de-

disset. — ‚Venerio venerabili patriarchae aeternam... salutem'.
S. a. d. l.
Cod. Trevisanus saec. 15. in arch. Vindobonensi.
Ughelli 5, 1103.

[827] 12 febr.

249* L. et Lotharius quibus Hauto abbas retulit et ex privilegio fundationis regumque praeceptis prolatis comprobavit, monasterium Puteolum in Dervo ad honorem ss. Petri et Pauli constructum antiquitus regulare fuisse et adhuc aptum esse ad ordinem monasticum observandum, postquam ex inquisitione et relatione Hebonis Remensis archiepiscopi aliorumque episcoporum cognoverunt, rem ita se habere et clericos ibi degentes vitam monasticam sponte esse suscepturos, ob petitionem abbatis huic monasterio tale quale cetera monasteria habent praeceptum confirmationis concedentes, praecipiunt ut in futurum monachi ibidem secundum regulam s. Benedicti vivant et liberam abbatis electionem habeant. — ‚Si petitionibus servorum dei iustis'.

Aquisgrani pal. reg., 2 id. febr. a. 14, a. Loth. 5, ind. 6.
Chartul. Derv. saec. 13 incip. in arch. Calmontensi.
Baluze capit. 1, 649 ex schedis A. Duchesne ad 827 = Le Cointe 7, 817 = Bouquet 6, 552 n° 142. — Mabillon acta ss. 4, 571 ex arch. monast. ad 827. — Bréquigny ad 827. — Böhmer 386 ad 827.

827, 25 mai.

250 L. et Lotharius, cum inter Andonem monasterii Stabulai et Malmundarii abbatem et Albricum fisci Tectis dicti actorem contentio de silva quadam in Astaneto inter Tailernion et Dulnosum rivulos sita orta esset, Iastonis comitis palatii et Wirniti parvulorum magistri ad hanc causam inquirendam missorum relatione audita, decernunt ut utraque pars hanc silvam ad animalia pascenda, materiamina facienda et piscationes exercendas, dimissa sibi invicem pastionatici solutione, communiter habeant, dummodo ne eam exstirpet aut mansiones in ea faciat. — ‚Notum esse volumus omnium... sagacitati'.

Tectis pal. reg., 8 kal. iun. a. 14, a. Loth. 5, ind. 5.
Martène ampl. coll. 2, 24 ex chartul. saec. 13. — Bréquigny ad 827. — Böhmer 387 ad 827.

[827, ante iun.]

251 L. et Lotharius ad litteras Venerii patriarchae per Tiberium missas respondent eumque iterum Romam se conferre iubent, ut lis inter ipsum et Maxentium patriarcham orta coram domno apostolico dirimatur. — ‚Venerio venerabili patriarchae in domino salutem'.

S. a. d. l.
<small>Cod. Trevisanus saec. 15 in arch. Vindobonensi.
Ughelli 5, 1104.</small>

827, 10 oct.

252*   L. et Lotharius, cum monasterium s. Maxentii in territorio Pictaviensi, in quo s. Leodegarii corpus requiescit et quod a prioribus regibus beneficii nomine comitibus quondam concessum erat, nuper ad pristinum statum ita revocatum esset, ut sub nullius nisi sub imperatoris regumve potestate esset et ab abbate regulari regeretur, cum illi monasterio propter necessitatem regno imminentem pars quaedam possessionum reddi non posset, decernunt ut monasterium cum omnibus rebus iam recuperatis a praestandis publicis operibus, bannis, heribannis et expeditione exercitali liberum sit et ex illis rebus quae beneficii nomine in aliorum hominum potestate sint, usque dum rectoribus reddantur, nonas atque decimas accipiat. — ‚Multis siquidem in imperio'.

Compendio pal. reg., 6 id. oct. a. 13, a. Loth. 6, ind. 5.
<small>Copia d. Fonteneau in bibl. Pictavensi.
Bouquet 6, 553 n° 144 ex copia vet. chartularii inter schedas Cl. Estiennot. — Bréquigny ad 827. — Böhmer 389 ad 827, 26 sept.</small>

827, 10 nov.

253   L. et Lotharius, petente et ambasciante Hilduino sacri palatii archicapellano et abbate s. Dyonisii, per suum praeceptum commutationes pari tenore scriptas et sibi oblatas confirmant, per quas abbas ex rebus s. Dyonisii cum consensu fratrum Fulcrico cuidam plus quindecim bonuaria terrae absae in pago Andecavo in termino Vitlena et in villa Iniaca sita dedit et invicem ab eo ad partem s. Dyonisii mansum septemdecim bonuariorum in villa Vals in pago Parisiaco situm accepit. — ‚Si enim ea quae fideles imperii nostri'.

Carisiago pal. reg., 4 id. nov. a. 14, a. Loth. 6, ind. 6.
<small>Autogr. in arch. Parisiensi.
Ex autographo: Mabillon dipl. 516 n° 72, cum specim. script. ib. 398
= Tentzel app. 12 = Bouquet 6, 554 n° 145. — Tardif 82 n° 119. — Félibien 48 n° 71 ad 828. — Bréquigny ad 827. — Böhmer 390 ad 827.</small>

828, 12 febr.

254   L. et Lotharius quos Gauzbertus abbas monasterii s. Galli per missum suum certiores fecit, Pippinum quondam regem monasterio XXI homines liberos, quorum nomina huic praecepto inseruntur, concessisse ut ipsi eorumque posteritas censum fisco debitum monasterio persolverent, monasterium autem nullum de hac concessione habere praeceptum, inquisitione et relatione a Liuthario comite facta, per suam auctoritatem illam Pippini constitutionem sanciunt. — ,Notum sit omnibus fidelibus... quia Gauzbertus'.

Aquisgrani pal. reg., 2 id. febr. a. 15, a. Loth. 6, ind. 6.
Autogr. in arch. Sangallensi.
Wartmann 1, 289 n° 312 ex autogr. — Neugart 1, 196 n° 234 ex cod. tradit. — Böhmer 391 ad 828.

828, 26 febr.

255 L. et Lotharius, petente et ambasciante Hilduino sacri palatii archicapellano et abbate monasterii s. Dionisii, per suum praeceptum commutationes pari tenore scriptas et sibi oblatas confirmat, per quas abbas, permittentibus imperatoribus, ex rebus s. Dionisii Lantfredo undecim terrae arabilis et tria silvae bunuaria in territorio Bedolensi in pago Parisiago sita dedit et invicem ab eo ad partem monasterii quindecim bunuaria sellae et terrae arabilis in Hutdonecurte et Landulficurte in pago Beloacensi sita accepit. — ,Si enim ea quae fideles imperii nostri'.

Aquisgrani pal. reg., 5 kal. mart. a. 15, a. Loth. 6, ind. 6.
Autogr. in arch. Parisiensi.
Tardif 83 n° 120 ex autographo. — Specimen script. in Mabillon dipl. 398. — Böhmer 392 ad 828.

828, 11 mart.

256* L. et Lotharius, ambasciante Iudit regina, per suum praeceptum confirmant commutationes pari tenore scriptas, per quas, permittentibus imperatoribus, Erkingarius comes et genitrix eius Rotdrudis et fratres eius Woradus, Bernaldus et Bernardus Waldoni abbati ad partem monasterii Svarzhabae res quasdam et XXXIV mancipia in villa Creicchesheim, in Utilinhaim, in Fedinheim, in Lancpartheim, in Techinheim, in Mustridisheim, in Fregistat, in Zeinhaim, in Wangon itemque waltmarcam dederunt et invicem ab eo ex rebus monasterii XVII mansos cum XXXIV mancipiis in marca pagi Alsacensis Erloldisvillare in loco Zinzila acceperunt. — ,Si enim ea quae fideles imperii'.

Aquisgrani pal. reg., 5 id. mart. a. 15, a. Loth. 6, ind. 6.
Autogr. in arch. Argentinensi.
Schöpflin 1, 72 n° 89 ex chartul. Andelaviensi, vitiose. — Grandidier 2, preuves 187 n° 99 ex eodem chartul. — Böhmer 393 ad 828, 4 mart.

828, 22 mart.

257* L. et Lotharius ob petitionem Ludowici regis Baioariorum et Geroldi comitis, monasterio suo Cremisae in pago Trungowe ad honorem Salvatoris constructo, cui Sigehardus abbas praeest, tradunt territorium quoddam, cuius termini hic describuntur, in Grunzwiti pago iuxta montem Sumerperch, exceptis tamen liberorum Sclavorum proprietatibus. — ,Si erga loca divino cultui mancipata'.

Aquisgrani pal. reg., 11 kal. apr. a. 15, a. Loth. 6, ind. 6.
Chartularia Patav. saec. 12 et 13 in arch. Monacensi.
Mon. Boica 31, 54 n° 22 ex tribus chartul. — Hagn 9 n° 4 ex chartul. = Urkb. ob der Enns 2, 11 n° 7. — Rettenpacher ann. mon. Cremifanensis (Salisburgi 1677 in f°) 30 = Tentzel app. 54. — Bréquigny ad 828. — Böhmer 394 ad 828.

[828, dec.]

258 L. et Lotharii capitularia Aquisgranensia.
S. a. d. l.

a) Constitutio de conventibus archiepiscoporum habendis cum capitulis ab ipsis tractandis. — ,Anno sexto decimo regnante'.
Pertz LL. 1, 327 = Migne 1, 592. — Baluze capit. 1, 653 ad 823 = Bouquet 6, 438. — Bréquigny ad 828.

b) Constitutio de missis ablegandis et capitula de instructione eorum. — ,Volumus ut tale coniectum'.
Pertz LL. 1, 328 = Migne 1, 595. — Baluze capit. 1, 655 ad 823 et 1, 671: item alia capit. § 1—2 ad 829 = Bouquet 6, 439 et 444. — Bréquigny ad 828.

c) Capitula ad generale placitum reservata. — ,De sacerdotibus a laicis vinctis'.
Sirmond conc. Galliae 2, 473 = Pertz LL. 1, 329 ad 828 = Migne 1, 596. — Baluze capit. 1, 671 § 1—3 ad 829.

d) Epistola generaliter populo dei legenda. — ,Omnibus fidelibus... recordari vos credimus'.
Pertz LL. 1, 329 = Migne 1, 597. — Baluze capit. 1, 653 et 657 = Bouquet 6, 343—344 n° 8 et 9.

[ante 829.]

259* L., petente Iona episcopo, duas naves congregationis ecclesiae Nivernensis per Ligerim, Elarium, Carim, Ledum, Sartam, Medianam vel reliqua flumina discurrentes ab omni teloneo praestando absolvit. — ,Omnibus episcopis... notum sit quia vir'.
S. a. d. l.
Collectio formul. in cod. bibl. Paris. lat. 2718 saec. 9.
Ex hoc codice: Rozière 1, 52 n° 33. — Carpentier 22 n° 5 = Bouquet 6, 635 n° 5. — Bréquigny pag. 201.

[829] 13 ian.

260*   L. et Lotharius suo edicto confirmant constitutionem Hilduini sacri palatii archicapellani et abbatis de stipendiis CXX fratrum in monasterio ss. Vincentii ac Germani secundum regulam s. Benedicti congregatorum, in qua accurate describitur et ordinatur, quantum tritici, vini aliarumque rerum fratribus singulis annis sit praebendum, deinde vero constituitur, ut ex proventu villarum Antoniaci, Matriolarum, cellae Villaris, Caticanti, Novigenti, Spinogili, loci Valedronis, Agmanti CXX fratrum vestimenta ceteraeque necessitates procurentur neve ex his reditibus ulla exactio exerceatur neve abbati eiusque successoribus quicquam distrahere liceat. — 'Si ea quae fideles imperii nostri pro statu'.

Aquisgrani pal. reg., id. ian. a. 16, ind. 7.

Chartul. s. Germani saec. 12—13 in arch. Parisiensi.

Ex chartulario: Mabillon ann. 2, 521 ad 829 = Bouquet 6, 559 n° 150. — Bouillart 14 n° 15. — Bréquigny ad 829. — Böhmer 395 ad 829.

829 [27 ian.]

261*   L. et Lotharius, postquam Lotharius patri suo commutationem inter Flodegarium Andegavensis urbis episcopum et Winneradum factam retulit, per suum praeceptum eorum commutationes pari tenore scriptas confirmant, per quas episcopus ex rebus ecclesiae s. Mauricii Winnerado, consentiente Berta quae Chamberliacum villam beneficii iure habet, Aredium mancipium huius villae dedit et invicem ab eo ad partem Bertae Restaldum et Ermenaldum mancipia accepit. — 'Si ea quae fideles imperii'.

Aquisgrani pal. reg., 6 kal. ... a. 15, a. Loth. 7, ind. 7.

Copia in collect. Housseau bibl. Parisiensis.

Baluze 2, 1430 n° 46 ex arch. eccl. ad 828 = Le Cointe 7, 847 = Bouquet 6, 560 n° 152 ad 829. — Bréquigny ad 829. — Böhmer 396 ad 829.

829, 22 iun.

262*   L. et Lotharius monasterio suo s. Mariae in pago Sabinensi constructo, cui Ingoaldus abbas praeest, monasteriolum s. Stephani in Lucana in finibus Teatinae sive Vocitanae concedunt et de suo iure in ius monasterii transferunt. — 'Cum locis divino cultui mancipatis'.

Aquisgrani pal. reg., 10 kal. iul. a. 15, a. Loth. 7, ind. 7.

Gregorii Catin. chron. in bibl. Farfensi.

Ex chronico: Muratori script. 2°, 382. — Duchesne script. 3, 658. — Bréquigny ad 829. — Böhmer 397 ad 829.

829 [aug.]

263 L. et Lotharii capitularia Wormatiensia.
In inscriptione: a. 16.

a) Capitula generalia ecclesiastica. — ‚De his qui sine consensu'.
   Pertz LL. 1, 350 = Migne 1. 631. — Baluze capit. 1, 663 = Bouquet 6, 440. — Bréquigny ad 829.

b) Capitula mundana. — ‚De beneficiis destructis.'
   Pertz LL. 1, 351 = Migne 1, 633. — Baluze capit. 1, 665 = Bouquet 6, 441. — Bréquigny ad 829.

c) Capitula pro lege habenda. — ‚De homicidiis in ecclesiis'.
   Pertz LL. 1, 353 = Migne 1, 636. — Baluze capit. 1, 669 § 1—6 et 8 = Bouquet 6, 443. — Bréquigny ad 829.

d) Capitula missis data. — ‚Volumus ut omnes res ecclesiasticae'.
   Pertz LL. 1, 354 = Migne 1, 639. — Baluze capit. 1, 672—673 § 5—7, 4, 3 = Bouquet 6, 445. — Bréquigny ad 829.

829, 6 sept.

263^{bis*} L. cui Ludowicus rex Bavariorum, cum Wormatiam ad generale placitum veniret, suggestionem Erleboldi abbatis et monachorum Augensis monasterii retulit, statuit ut monachi imperatori eiusque filiis per Constantiam et Curiam iter facientibus secundum antiquam consuetudinem victualia aliasque res praebeant neque amplius eis per alias vias proficiscentibus servitium facere cogantur. — ‚Notum esse volumus cunctis... quod dilectus'.
Wormatiae civ., 8 id. sept. a. 16, a. Loth. 8, ind. 7.
   Pregitzer teutscher Regierungs ‚und Ehrenspiegel (Berlin 1703 in f°) 83, fragmentum = Falckenstein Urkunden u. Zeugnisse (Neustadt an der Aisch 1789 in f°) 12 u° 3. — Bibliothek des liter. Vereins in Stuttgart 84 (Stuttgart 1866), 52: versio germanica ex chron. saec. 15.

829, 11 sept.

264* L. et Lotharius ob petitionem Fulcowici ecclesiae Vangionensis episcopi, praeceptis Dagoberti, Sigeberti et Hilperici obsecuti atque oblatas sibi Pippini et Karoli praeceptiones confirmantes, episcopo eiusque successoribus omne teloneum, quod fiscus a negotiatoribus, artificibus vel Frisionibus in Vangione civitate atque in castellis Lobedunburg et Winpina exigere possit, concedunt. — ‚Si petitionibus sacerdotum in quibuslibet necessitatibus'.
Wormatiae civ. publ., 3 id. sept. a. 16, a. Loth. 7, ind. 7.
   Chartul. Wormat. saec. 12 in arch. Hannoverano.
   Schannat Worm. 2, 5 n° 5 ex arch. eccl. cathedr. ad 830. — Böhmer 398 ad 829.

[826—829, sept.]

265* L. et Lotharius, petente et ambasciante Hilduino abbate monasterii s. Dyonisii et sacri palatii archicapellano, monasterio ducenta vini modia remittunt, quae cum a quodam priscorum abbatum atque ab eius successoribus villae regiae Vern ultro praebita essent, ab actoribus regiis tanquam ex lege et consuetudine debita exigebantur. — ‚Si aliquid ex his quae'.

S. a. d. l.

Autographum mutilum in arch. Parisiensi.
Ex autographo: Mabillon dipl. 515 n° 69 c. a. 823 = Bouquet 6, 541 n° 128. — Tardif 93 n° 135. — Félibien 48 n° 70 c. a. 823. — Bréquigny ad 823.

[826—829, sept.]

266 L. et Lotharius ob suggestionem Theodradae deo sacratae imperatoris sororis, quae monasterium Argentogilum in pago Parisiaco super Sequanam situm et primo per beneficium Karoli patris, deinde per largitionem fratris sui ipsi concessum monasterio s. Dionysii, quo id iure pertinere deinceps cognoverat, restitui volebat, cum Hilduinus rector monasterii s. Dionysii et sacri palatii archicapellanus et per testamentum Ermenrici et Mumanae qui Argentogilum in proprio suo constructum s. Dionysio contulerant, et per praeceptum Hlotarii regis qui hanc donationem confirmaverat, hanc rem ita se habere comprobasset, decernunt ac iubent ut monasterium Argentogilum, mortua Theodrada aut si ipsa iam antea id sua sponte dimittere velit, in ius et dominationem s. Dionysii revocetur et restituatur. — ‚Si ea quae a deum timentibus'.

S. a. d. l.

Chartul. saec. 13 exeuntis in arch. Parisiensi.
Doublet 736 ex chartul. = Gallia christ. 7, instr. 8 n° 8 c. a. 828 = Bouquet 6, 542 n° 129. — Bréquigny ad 819.

829, 14 oct.

267* L. villam Fontem-coopertum in pago Narbonensi sitam de suo iure in ius Sunicfredi fidelis sui et filii Bosrelli transfert eique eodem modo possidendam concedit quo Karolus eam Bosrello dederat. — ‚Imperialem decet celsitudinem'.

Triburini pal. reg., 2 id. oct. a. 16, a. Loth. 8, ind. 8.

Autogr. in arch. Carcassonensi.
Vaissete 1, preuves 66 n° 46 ex archivo = Bouquet 6, 561 n° 153. — Specimen script. in Silvestre 3, 79. — Bréquigny ad 829. — Böhmer 399 ad 829, 30 sept.

830, 19 mart.

268* L. auctoritatem Karoli sibi a monachis oblatam confirmans, coenobium Sithiu in pago Tarvanensi in honorem s. Mariae et ss. Petri et Pauli constructum, in quo corpora bb. Audomari et Bertini requiescunt et cui Fridogisus abbas praeest, in immunitatis suae defensionem suscipit, homines eius a fodro solvendo liberat simulque praecipit ut res monasterii nunquam dividantur aut in alios usus convertantur. — ‚Cum locis divino cultui mancipatis'.

[Niubem] pal., 14 kal. apr. a. 17, ind. 8.

Copia chartul. Folquini saec. 12 in bibl. Bononiensi.

Cartul. de S. Bertin 77 n° 60 ex hac copia. — Mabillon dipl. 612 n° 200 ex chartul. autogr. Folquini = Tentzel app. 13 = Bouquet 6, 568 n° 161. — Bréquigny ad 830. — Böhmer 400 ad 830.

830, 3 apr.

269* L. orationis causa in s. Richarii basilica commorans, monachis monasterii ob eorum petitionem curtes et villas XVIII ad eorum victum atque vestitum deputatas, quarum nomina hic inseruntur, per suam auctoritatem confirmat, decernens ut nemini eas in alios usus convertere aut monachis abstrahere aut ullam ex earum reditibus exactionem exigere liceat. — ‚Notum esse volumus... quia dum nos'.

Monasterio s. Gualarici, 3 non. apr. a. 17, ind. 8.

D'Achery spicil. 4, 478 ex Hariulfi chron. Centul. = Le Cointe 8, 121 = Bouquet 6, 562 n° 155. — Bréquigny ad 830. — Böhmer 401 ad 830.

830, 3 aug.

270* L. et Lotharius ob petitionem congregationis s. Philiberti, quae cum monasterium in Heri insula ab Athone quondam episcopo constructum et sub plenissima imperatoris tuitione et immunitate cum licentia abbates eligendi constitutum creberrimis piratarum incursionibus infestaretur, novum monasterium construxerat et permittente imperatore castro muniverat, imperatores permittunt ut homines monasterii sive liberi qui beneficia habeant, sive coloni sive servi ad castrum tuendum deputentur et perpetuo immunes sint ab omnibus obsequiis et operibus sive publicis sive palatinis itemque ab omnibus donis, exceptis sex libris argenti singulis annis ad regiam cameram persolvendis. — ‚Si enim a deo nobis collatam potestatem'.

Silviaco pal., 3 non. aug. a. 17, a. Loth. 9.

Bouquet 6, 563 n° 156 ex schedis bibl. s. Germani. — Bréquigny ad 830. — Böhmer 402 ad 830.

830, 13 aug.

271*   L. et Lotharius, suggerente Lothario, communi voluntate parique consensu monasterio Carroffensi in pago Pictavensi ad honorem Salvatoris constructo, cui Gonbaldus abbas praeest, ex rebus iuris sui villas Fraxinidum in pago Belvacensi, Dominicamvillam in pago Remensi et Montiniacum in pago Meldensi concedunt. — 'Si erga loca divinis cultibus mancipata'.

Salmonciaco pal. reg., id. aug. a. 17, a. Loth. 9, ind. 8.
<small>Copia d. Fonteneau in bibl. Pictavensi.
Bouquet 6, 566 n° 158 ex schedis Mabillonii. — Bréquigny ad 830. — Böhmer 403 ad 830.</small>

830, 11 nov.

272*   L. et Lotharius ob petitionem Maxentii Aquileiensis ecclesiae patriarchae, matri ecclesiae ss. Marci et Hermachorae, cui Maxentius praeest, tradunt monasterium puellarum s. Mariae intra muros Foroiuliensis civitatis in loco Valle dicto iuxta basilicam s. Iohannis constructum. — 'Si liberalitatis nostrae munere aliquid'.

Niumaga pal. reg., 3 id. nov. a. 17, a. Loth. 9.
<small>Apographum saec. 16 in arch. capit. Foroiuliensis.
Madrisio 260, append. n° 8 ex chartis monasterii ad 829. — De Rubeis 410 ex copia ad 830 = Cappelletti 8, 127. — Mabillon ann. 2, 737 n° 53 ex copia a Phil. a Turre communicata. — Bréquigny ad 830. — Böhmer 404 ad 830.</small>

830 [dec.]

273*   L. et Lotharius, petente Alberico Lingonensis ecclesiae praesule, qui abbatiam Fontem-Besuum ab Amalgario quondam duce fundatam, deinde vero destructam ex rebus episcopatus reaedificaverat atque in eam monachos sub Seraphi abbate congregaverat, per suam auctoritatem, in qua res huic monasterio redditae aut ex rebus episcopatus donatae enumerantur, confirmant prolatam sibi constitutionis chartulam ab episcopo una cum Agobardo archiepiscopo et suffraganeis de ordinatione monasterii factam. — 'Si petitionibus servorum dei iustis'.

[A. inc. 830, ind. 8, epacta 15]; s. l.
<small>Charta vitiata in chron. Besuensi saec. 12 exeuntis, quod exstat in cod. bibl. Paris. lat. 5009.
D'Achery spicil. 1, 507 ex chron. ad 830 = Le Cointe 8, 162 = Bouquet 6, 565 n° 157. — Bréquigny ad 830.</small>

[826—830.]

274*   L. et Lotharius ad quos Wolfgerius Wirciburgensis ecclesiae episcopus retulit, ecclesiis XV quas priores episcopi et comites super Sclavos constituti ex praecepto Karoli in terra Sclavorum inter Moinum et Radanziam sedentium, Moinwinidorum et Radanzwinidorum dictorum et noviter ad christianitatem conversorum construxerant, nullam adhuc dotem constitutam esse, unicuique harum basilicarum ad episcopium pertinentium et ab episcopo ordinandarum de proprio suo duos mansos cum duobus tributariis concedunt. — ‚Omnibus fidelibus... si aliquid de rebus proprietatis nostrae'.

S. a. d. l.
  Collectio formul. in cod. bibl. Paris. lat. 2718 saec. 9.
  Ex hoc codice: Rozière 2, 706 n° 565. — Carpentier 16 n° 1 = Bouquet 6, 633 n° 1. — Bréquigny pag. 201.

[826—830.]

275* L. et Lotharius non solum veteri monasterio Castellionis sed potius novo in pago Virdunensi super Mosam et Marsupium in honorem s. Michaelis nuper constructo et Marsupio vocato, cui Smaragdus abbas praeest, ius electionis concedunt. — ‚Si erga loca divinis cultibus mancipata'.

S. a. d. l.
  Chronicon et chartul. s. Mich. saec. 11 in bibl. Parisiensi.
  Mabillon analecta 355 ex chron. = Bouquet 6, 543 n° 130. — Bréquigny ad 818.

[826—830.]

276 L. et Lotharius s. Remensi ecclesiae, in qua et prisci Francorum reges fidem et baptismatis gratiam perceperunt et ipse Ludowicus a Stephano papa imperialia insignia accepit, quamque hic a fundamentis renovare et in honorem Salvatoris et s. Mariae consecrare decrevit, praedia quaedam huic sedi quondam ablata restituunt, titulos scilicet s. Sixti et s. Martini in suburbanis ecclesiae, titulum baptismalem castri Vonzensis, titulum s. Ioannis et Bretiniacum, Spernacum villam, res in Remensi pago in Lucida villa et in Proviliaco sitas, Caneram villam Dulcomensis pagi, Vernam villam Vertudensis pagi. — ‚Si liberalitatis nostrae munere locis'.

S. a. d. l.
  Flodoardi hist. ed. Sirmond 143 = Gallia christ. 10, instr. 5 n° 4 c. a. 818 = Bouquet 6, 543 n° 131. — Bréquigny ad 818.

831, 7 ian.

277 L. ob suggestionem Marcoardi Prumiae monasterii abbatis per suum praeceptum commutationes pari tenore scriptas confir-

mat, per quas abbas, consentientibus fratribus suis, Liudoldo cuidam eiusque coniugi Irimbirguae ecclesiam in marca Mekkimheim in pago Spirensi sitam cum mansionibus, mancipiis, terris, pratis atque alias res in marcis Fridolvesheim et Wakkenheim sitas dedit et invicem ab iis ad partem monasterii omnes res eorum in Huosa villa in Caroasco pago sitas accepit. — ‚Si enim ea que fideles imperii'.

Aquisgrani pal. reg., 7 id. ian. a. 17, a. Loth. 9, ind. 9.

<small>Liber aur. Prum. saec. 10 in bibl. Trevirensi.
Ex hoc libro: Beyer 1, 66 n° 59. — Martène ampl. coll. 1, 85. — Bréquigny ad 831. — Böhmer 405 ad 831.</small>

831, 18 ian.

78* L. apud quem Leo ex largitione eius cellulam Barisiacum in honorem s. Petri constructam habens conquestus est, silvam quandam silvae fiscali Columbariae contiguam Pippini temporibus a maiore fisci Barisiaci huic cellulae per vim ereptam et in fiscum redactam esse, ex relatione Hagani vasalli ad hanc causam investigandam missi silvam legibus ad cellulam pertinere edoctus, per suos apices Leoni vel cellulae eius silvam illam reddit. — ‚Omnibus fidelibus... notum sit quia quidam'.

Aquisgrani pal. reg., 15 kal. febr. a. 17, a. Loth. 8, ind. 9.

<small>Chartul. s. Amandi saec. 14 in arch. Insulensi.
Mabillon acta ss. 5, 64 ex tabul. Elnonensi = Le Cointe 8, 172 = Bouquet 6, 569 n° 163. — Bréquigny ad 831. — Böhmer 406 ad 831.</small>

831, 25 febr.

279 L., deprecante filio suo Karolo et ambasciante Guntbaldo, monasterio Campitonae, cui Tatto abbas praeest, cellulam Stetiwanc in ducatu Alamanie in pago Augustkeowi ad honorem b. Mariae constructam et patri suo traditam donat eamque de suo iure in ius et dominationem monasterii transfert, ea ratione ut monachi cellulae sub potestate monasterii atque rectorum eius sint. — ‚Cum locis deo dicatis ob amorem'.

Aquisgrani pal. reg., 5 kal. mart. a. 18, ind. 9.

<small>Autogr. in arch. Monacensi.
Mon. Boica 28ᵃ, 19 n° 12 ex autogr. — Böhmer 408 ad 831.</small>

[831, febr.]

80* L. divisio imperii. — ‚Omnibus fidelibus... notum fieri volumus omnium vestrum solertiae'.

S. a. d. l.

Pithou annal. et hist. Franciae script. (Parisiis 1588 in 8°) 2, 143 = Pertz LL. 1, 356 ad 830, nov. = Migne 1, 641. — Duchesne script. 2, 327 ex vetustissima membrana = Bouquet 6, 411 ad 835. — Baluze capit. 1, 685 ex cop. communicata a V. d'Hérouval ad 837. — Bréquigny ad 835.

831, 3 mart.

281* L. ad quem Bernardus Viennensis ecclesiae praesul retulit, monasterium s. Andreae subterius, quod Ansemundus et Ansleubana et filia eorum Remila sive Eugenia ecclesiae s. Mauricii Viennensi condonassent atque Teudericus et Guntrannus reges ei confirmassent, malorum hominum cupiditate ecclesiae esse subtractum, imperator, inspectis donationibus illorum et praeceptis regum, hoc monasterium Bernardo eiusque successoribus perpetuo sub immunitate rebus s. Mauricii concessa possidendum restituit. — ‚Si sacerdotum ac servorum dei petitiones'.

Aquisgrani pal. reg., 5 non. mart. a. 18, ind. 9.

Baluze capit. 2, 1432 n° 48 ex chartul. = Bouquet 6, 570 n° 165. — Le Cointe 8, 177 ex chartul. — Bréquigny ad 831. — Böhmer 409 ad 831.

831, 3 mart.

282 L., petente Abbone comite, ecclesiae s. Mauricii Viennensi, cui Bernardus archiepiscopus praeest, eas res episcopatus quas Abbo ex largitione imperatoris beneficiario iure habuit, videlicet vicum Eppaonis cum ecclesiis s. Andreae apostoli et s. Romani, perpetuo possidendas reddit. — ‚Si erga loca divinis cultibus mancipata'.

Aquisgrani pal. reg., 5 non. mart. a. 18, ind. 9.

Le Cointe 8, 178 ex chartul. — Baluze capit. 2, 1433 n° 50 ex chartul. = Bouquet 6, 570 n° 166. — Bréquigny ad 831. — Böhmer 410 ad 831.

831, 10 mart.

283 L. cui Fridugisus s. Martini monasterii abbas retulit, habitacula Cormarici monasterii ab Iterio antecessore suo fundati, tunc vero a Iacobo abbate recti, cum non secundum praecepta s. Benedicti constructa essent, a semet ipso reformata simulque ecclesiam monasterii reaedificatam atque ex rebus s. Martini villa Mardoni in pago Turonico dotatam esse, per suum praeceptum hanc Fridugisi donationem confirmat. — ‚Notum esse volumus omnibus.. quia fidelis noster'.

Aquisgrani pal. reg., 6 id. mart. a. 18, ind. 9.
> Copia recens in collect. Housseau bibl. Parisiensis.
> Bouquet 6, 571 n° 167 ex chartul. s. Martini. — Gallia christ. 14, instr. 23 n° 17 ex cop. recent. — Bourassé 21 n° 9. — Bréquigny ad 831. — Böhmer 411 ad 831.

831, 1 apr.

284 L. ob petitionem ab Epiphanio abbate missam, monasterio s. Vincentii in Beneventano territorio super Vulturnum constructo per suam auctoritatem corroborat oblatam sibi confirmationem quam Lupus quondam dux ei de casis in Amiterno et Savino sitis dederat, nec non quatuor iudicata coram Ippone comite, castaldis atque scabinis de illis servis villae Tritae facta quos iam Karolus ad debitum servitium revocaverat. — ‚Omnibus episcopis... notum sit quia'.

... pal. reg., kal. apr. a. 18, ind. 9.
> Ex chronico Vulturn.: Muratori script. 1ᵇ, 386. — Duchesne script. 3, 686 = Le Cointe 8, 189. — Bréquigny ad 831. — Böhmer 412 ad 831.

831, 19 apr.

285* L. ad quem Richardus commutationem inter Walcandum Tungrensem episcopum rectoremque monasterii s. Landeberti et inter Norduinum factam retulit, per suum praeceptum eorum commutationes pari tenore scriptas confirmat, per quas episcopus, permittente imperatore, Norduino ex rebus episcopatus duas partes bonuarii in loco Villario in pago Asbannisae dedit et invicem ab eo bonuarium et virgas tres in eodem loco accepit. — ‚Si enim ea quae fideles imperii'.

Aristalio pal. reg., 13 kal. mai. a. 18, ind. 9.
> Chartul. s. Lamberti saec. 14 incip. in collectione d. Hénaux Leodiensis.
> Chapeaville 1, 154 ex hoc chartul. = Lünig 17, 482 n° 4. — Bréquigny ad 831. — Böhmer 413 ad 831.

831, 14 mai.

286* L. monasterio Campidonae, cui Tatto abbas praeest, decimam partem tributi a populo duorum Attonis comitatuum parti publicae in Bertoldesbara solvendi ad procurandas fratrum necessitates concedit. — ‚Si locis deo dicatis servisque dei'.

Ingelinheim pal. reg., 2 id. mai. a. 18, ind. 9.
> Chartul. saec. 12 incip. in arch. Monacensi.
> Ex chartulario: Mon. Boic. 31, 60 n° 25. — Neugart 2, 4 n° 804. — Böhmer 414 ad 831.

831, 6 iun.

287   L. ob petitionem Bernaldi Strazburgensis episcopi praecepto Karoli sibi oblato obsecutus praecipit, ut homines eiusdem ecclesiae negotiandi causa discurrentes in quibuscunque regnorum locis, exceptis Quentowico et Dorestato et Clusis, ab omni teloneo solvendo liberi sint. — 'Notum igitur esse volumus omnibus... quia vir'.

Ingelinheim pal. reg., 8 id. iun. a. 18, ind. 9.

<small>Autogr. in arch. Argentinensi.

Ex autographo: Gallia christ. 5, instr. 462 n° 5 = Bouquet 6, 572 n° 170. — Grandidier 2, preuves 195 n° 104. — Schöpflin 1, 74 n° 92. — Bréquigny ad 831. — Böhmer 415 ad 831.</small>

831, 8 iun.

288*   L. Rabano monasterii Fuldensis abbati villam Alahesheim in pago Wormacensi cum decem mansis ea condicione concedit, ut mortuo imperatore in proprietatem monasterii transeat. — '[Cunctis fidelibus gratiam et salutem]; imperialis celsitudinis'.

Ingleneheim pal. reg., 6 id. iun. ind. 9.

<small>Charta vitiata et interpolata in cod. Eberh. arch. Fuldensis.

Dronke 213 n° 484 ex hoc cod. — Schöttgen et Kreysig 1', 13 n°33 ex copia codicis Eberh. — Böhmer 416 ad 831.</small>

831, 9 iun.

289*   L. cum quo Ioannes abbas monasterii Fabariensis in pago Rhetiae ad honorem s. Mariae constructi conquestus est, se a Roderico quondam comite multis rebus et potestate sua spoliatum esse, et qui ad investigandam hanc causam Bernoldum Strazburgensem episcopum et Godefridum s. Gregorii abbatem et Retharium comitem illuc misit, ex relatione missorum edoctus rem ita se habere, monasterio res eius in Curwallensi pago sitas, scilicet curtes Birmento et Tellurem, curtem in Nezudre, colonias quinque in Zurigos et Montaniolos, villam Frastenestum et ecclesiam s. Sulpitii restituit simulque monasterium liberum a potestate episcoporum et comitum vel iudicum esse et immunitatis iuribus frui iubet. — 'Notum igitur esse volumus... quia ad serenitatem'.

Engelheim pal., 5 id. iun. a. 18, ind. 9.

<small>Transsumptum a. 1656 in arch. Fabariensi.

Schöpflin 1, 75 n° 93 ex autogr. — Grandidier 2, preuves 197 n° 105 ex autogr. — Böhmer 417 ad 831.</small>

[831, iun.]

290*   L. apud quem Victor Curiensis ecclesiae episcopus de iniuriis a Roderico comite illatis conquestus erat, et qui ad investigandam hanc causam Bernoldum Strazburgensem episcopum et Gotafridum monasterii s. Gregorii abbatem et Hrocharium comitem in Raetiam direxit, ex relatione missorum edoctus res quasdam Curiensi ecclesiae ab anterioribus regibus concessas ei iniuste esse abstractas, per suum praeceptum ei ecclesias s. Sisinni et s. Columbani, curtem Zizuris et xenodochium s. Petri restituit simulque episcopo plenam episcopalis ministerii potestatem monasteria parochiae regendi et presbyteros ordinandi et decimas secundum canonicam institutionem disponendi confirmat. — 'Notum esse volumus... quia vir venerabilis'.

[Strazburc civ., 8 kal. aug. a. 9, ind. 3, epacta 28.]

<small>Exemplar valde vitiatum quod pro autographo habetur, in arch. Curiensi. Mohr 1, 32 n° 19 ex hoc exemplari ad 825. — Grandidier 2, preuves 181 n° 97 ex eodem ad 825. — Schöpflin 1, 68 n° 84 ex cod. Urstisii ad 822. — Böhmer 375 ad 825, 25 iul.</small>

831, 9 iun.

291 L. ob petitionem a Victore Curiensi episcopo missam, ecclesiam eius in honorem s. Mariae constructam et omnes huius ecclesiae possessiones in pago Curiensi et Alsacensi et in ducatu Alamannico itemque res ecclesiae redditas sub tuitionem suam et immunitatis defensionem constituit. — 'Si erga loca divinis cultibus mancipata'.

In[gi]linheim, 5 id. iun. a. 18, ind. 9.

<small>Autogr. in arch. Curiensi.
Mohr 1, 34 n° 20 ex autogr. — Grandidier 2, preuves 199 n° 106 ex autogr. — Böhmer 418 ad 831.</small>

831, 19 oct.

292* L. ob deprecationem Iudith augustae et Adalardi seniscalci, Hruthrudi abbatissae XIV iuris sui mancipia, quorum nomina enumerantur, in proprium concedit. — 'Notum esse volumus... quia ad deprecationem'.

14 kal. nov. a. 18, ind. 10; s. l.

<small>Grandidier 2, preuves 330 ex libro salico Andlaviensi. — Böhmer 419 ad 831.</small>

831, 4 nov.

293 L., suggerente Iudith augusta coniuge et venerabilium suorum hortatu, fratribus monasterii s. Martini privilegia apostolica et regalia in iisque Pippini et Karoli confirmans, sui quoque privilegii constitutionem fieri iubet per quam decernit, ne qui nunc sit Turonicae urbis episcopus maiorem in illud monasterium et fratres habeat dominationem quam eius antecessores, et ut fratribus post Fridugisi abbatis mortem ex semet ipsis abbatem eligere liceat. — ,Si locis deo dicatis quiddam honoris'.

Theodonis villa pal. reg., 2 non. nov. a. 18, ind. 10.
<small>Monsnyer 155 = Lo Cointe 8, 183 = Origines Guelf. 2, 81 n° 5. — Martène ampl. coll. 1, 86 ex chartario s. Mart. = Bouquet 6, 573 n° 171. — Bréquigny ad 831. — Böhmer 420 ad 831.</small>

832, 5 febr.

294   L. fideli suo Aginulfo XVIII mansus in Liniaco Alsbanii pagi villa, in Isca Bragbantensis pagi villa, in Beiss Namucensis pagi villa et in Vulpilionis loco sitos concedit et de suo iure sollenni traditione in eius potestatem transfert. — ,Imperialis celsitudinis moris est fideliter'.

Aquisgrani pal. reg., non. febr. a. 19, ind. 10.
<small>Martène ampl. coll. 1, 88 ex manuscr. = Bouquet 6, 574 n° 172. — Bréquigny ad 832. — Böhmer 421 ad 832.</small>

832, 16 febr.

295* L., cum Haudo abbas monasterium in pago Pertensi super Viera fluvium situm, s. Petro et s. Berchario, cuius corpus ibi requiescit, dicatum, olim Putcolus iam vero Ders vocatum renovasset, in locum clericorum monachos secundum regulam s. Benedicti viventes substituisset et cum auctoritate imperiali vitam monasticam reformasset, imperator monachis villam suam Dodiniacam curtem in Breonensi comitatu huc usque ab Hisimberto vassallo beneficii nomine possessam subsidio tribuit atque delegat. — ,Si locum quo olim monasticus ordo'.

Aquisgrani pal. reg., 14 kal. mart. a. 19.
<small>Chartul. Derv. saec. 13 incip. in arch. Calmontensi.
Marrier et Duchesne notae 113 ex arch. Derv. = Le Cointe 8, 201. — Mabillon ann. 2, 737 n° 54 ex chartario Derv. = Bouquet 6, 574 n° 173. — Bréquigny ad 832. — Böhmer 422 ad 832.</small>

832, 28 mart.

296* L. ad quem Tatto abbas Campidonae monasterii, in quo ss. Gordiani et Epimachi corpora requiescunt, retulit monasterio Karoli temporibus a certis liberis hominibus in pagis Hilargowe, Nihilgowe, Augustgowe, Gildinstein, Lintgowe, Albinesbara XCVI hobas, ex quibus census ad publicum solvendus esset, per publica conscripta traditas esse, ob petitionem abbatis monasterio has hobas confirmat earumque censum usibus fratrum concedit, ea tamen condicione ne in posterum monasterio liceat res, ex quibus parti publicae census aut functiones debeantur, dono accipere. — ‚Si locis deo dicatis propter amorem'.

Aquisgrani pal. reg., 5 kal. apr. a. 19, ind. 10.
Chartul. saec. 12 incip. in arch. Monacensi.
Ex chartulario: Mon. Boic. 31, 61 n° 26. — Neugart 2, 5 n° 805. — Böhmer 423 ad 832.

832, 16 iun.

297* L. monasterio Novae - Corbeiae in honorem s. Stephani [et s. Viti] constructo, cui Warinus praeest, piscationem in Wisura fluvio prope villam Liusci in Wimodia pago Hocwar nuncupatam et huc usque ab Abbone comite beneficii iure possessam cum XXX familiis ad eandem pertinentibus donat et concedit. — ‚Si aecclesias et loca divino cultui dicata'.

Franconovord pal. reg., 16 kal. iul. a. 19, ind. 10.
Apogr. saec. 11—12 vitiatum et interpolatum in arch. Monasteriensi. Wilmans 1, n° 11 ex hoc apogr. — Ex eodem quod autographum esse credebant: Schaten 1, 90 = Lünig 18, 61 n° 4. — Erhard 1, cod. 8 n° 7. — Bréquigny ad 832. — Böhmer 424 ad 832.

832, 13 iul.

298* L., petente Deukario abbate qui monasterium Hasereot a Cadoldo super Alchmonam fluvium ad honorem d. Christi constructum pauperrimum esse asserebat, constituit ut monasterium ab omnibus publicis aut privatis functionibus immune sit, praeterquam quod abbates imperatori eiusque successoribus per loca monasterio contigua transituris servitium pro viribus exhibeant. — ‚Si locis deo dicatis quoddam'.

Frankonfurt pal. reg., 3 id. iul. a. 19, ind. 10.
Büttner 2, 47 ex autogr. — Mon. Boica 31, 63 n° 27 ex chartul. Eichstettensi saec. 13 incip. — Falckenstein 11 n° 5 ad 833.

832, 13 iul.

299 L. ad quem Richardus commutationem inter Teutgarium Hasenridae monasterii abbatem et Tanculfum imperatoris camerarium factam retulit, per suum praeceptum eorum commutationes pari tenore scriptas confirmat, per quas abbas, permittente imperatore, ex rebus monasterii in Bodebrio castro pagi Maginensis sitis Tanculfo paginam terrae dedit et invicem ab eo alteram terrae paginam in eodem loco accepit. — ‚Si enim ea que videlicet imperii'.

Frankenfuort, 3 id. iul. a. 19, ind. 10.
Büttner 2, 50. — Mon. Boica 31, 65 n° 28 ex chartulario Eichstett. saec. 13 incip.

832, 13 iul.

300 L., postquam fideli suo Gebehardo licentiam commutandi concessit, per suum praeceptum commutationes pari tenore scriptas confirmat, per quas Gebehardus ex rebus beneficii sui Riculfo presbytero silvam super Richilingesbach fluvium in Heriltibisheimero-marca in Loganaha pago sitam dedit et invicem ab eo ad partem beneficii mansum in loco eiusdem pagi Habuch dicto in Hatimero-marca accepit. — ,Si enim ea que fideles imperii'.

Franconofort pal. reg., 3 id. iul. a. 19, ind. 10.

Ioannis 439 = Kramer 2, 11 n° 6. — Böhmer 425 ad 832.

832, 17 iul.

301 L., petente Deocario abbate, monasterio Hassareod vocato ex rebus iuris sui concedit terras et vineas in Lorecho villa pagi Rinensis sitas atque curtem olim a Rapotone possessam, deinde vero ob eius perfidiam secundum legem in fiscum castelli Pinguvii in Wormacensi pago siti redactam. — ,Si locis divino cultui mancipatis aliquid'.

Franconofurt pal. reg., 16 kal. aug. a. 10, ind. 10.

Bodmann Rheingauische Alterthümer (Mainz 1819 in 4°) 109 ex autogr. — Böhmer 426 ad 832.

832, 26 aug.

302* L. auctoritatis suae privilegio cartulam confirmat, in qua monachi s. Dyonisii ipsorum subscriptionibus se regulam s. Benedicti servaturos esse profitentur. Inseritur praecepto imperatoris haec de reformatione monasterii relatio. Benedictus et Arnulfus abbates, cum ad corrigendam per totum imperium monasticam normam instituti essent, in errorem a s. Dyonisii monachis inducti, eos qui professionem suam observaverant, ex monasterio remotos in quadam cella collocaverant, alteros autem qui se a legibus ordinis per licentiam liberaverant, in monasterio reliquerant. Deinde vero ex decreto conventus Parisius habiti ab Hilduino abbate ad imperatorem relatum est, monasterio emendatione et correctione opus esse. Quapropter Aldricus metropolita Senonicus et Ebo Durocortorum metropolita cum suffraganeis ad monasterium missi, cum ex veteribus et recentioribus regum praeceptis et episcoporum privilegiis cognovissent hoc monasterium ordini monastico destinatum esse, ordinem eo modo restituerunt, ut monachos infideles promissionem regularem iterare iuberent, fideles autem ex eorum rogatione in pristinum locum reducerent. Qua de causa duae paris tenoris conscriptiones factae et firmatae sunt, quarum una in archivo monasterii reponeretur, altera vero in palatinis scriniis servanda ad imperatorem mitteretur. Nova autem paulo post in monasterio conspiratio orta est. Pars enim fratrum, ignaris abbate et metropolitano, per legatos ad imperatorem de imposita sibi canonica institutione conquesti sunt atque schedulam protulerunt, qua episcopos qui disciplinam illam instituissent, accusaverunt. Querimoniis eorum auditis L. episcopos, et accusatos et alios, ab Hilduino abbate iterum in monasterio in synodum congregari iussit, in qua accusatores per idoneos testes refutati sunt, ut gesta hac de re conscripta et in archivo palatii scriniisque monasterii reposita probabant. Quibus peractis fratres ad poenitentiam commoti tres cartulas iteratae professionis conscripserunt, quarum una apud caput s. Dyonisii, altera apud abbatem, tertia in archivo palatino conservaretur. In huius iteratae professionis confirmationem L. quoque duas auctoritates exarari iussit, quarum una in imperialis aulae reconditorio, altera, quae adhuc exstat, a monasterii custodibus servata est. — ‚Divinis praeceptis et apostolicis monitis incitamur'.

Mon. s. Dyonisii, 7 kal. sept. a. 19, ind. 10.

Autogr. in arch. Parisiensi.

Ex autographo: Tardif 86 n° 124. — Mabillon annales 2, 549 = Bouquet 6, 575 n° 175. — Félibien 53 n° 84. — Baluze capit. I, 675. — Bréquigny ad 832. — Böhmer 427 ad 832.

832, 26 aug.

L. suo edicto confirmat constitutionem Hilduini abbatis de stipendiis fratrum in monasterio ss. Petri et Dionysii secundum regulam s. Benedicti congregatorum, in qua accurate describitur et ordinatur, quantum tritici, vini aliarumque rerum monachis singulis annis sit praebendum, deinde vero constituitur ut ex proventu villarum Murni, Tosonisvallis, cellae s. Martini, Pratariolae, Francorum-villae, Maflaris, Mucellae aliarumque CL fratrum vestimenta ceteraeque necessitates procurentur neve ex his reditibus ulla exactio exerceatur neve abbati eiusque successoribus quicquam distrahere liceat; obnixe etiam imperator successores suos rogat, ut hanc constitutionis confirmationem salvam atque integram custodiant. — ‚Si ea quae fideles imperii nostri pro statu'.

Mon. s. Dionysii, 7 kal. sept. a. 19, ind. 10.

Mabillon dipl. 392 = Félibien 51 n° 83 = Bouquet 6, 579 n° 176. — Doublet 739, fragm. = Le Cointe 8, 209. — Bréquigny ad 832. — Böhmer 428 ad 832.

832, 4 oct.

304 L. vassallo suo Adalberto villam iuris sui Fontanas in Tolosano pago iure proprietatis possidendam et posteris relinquendam concedit. — ‚Imperialis celsitudinis moris sibi bene servientibus'.

Iuvenciaco pal. reg., 4 non. oct. a. 19, ind. 6.

Autogr. in cod. bibl. Paris. lat. 8837.

Ex autographo: Vaissete 1, preuves 67 n° 47 = Bouquet 6, 581 n° 177. — Specimen script. in Silvestre 3, 79. — Bréquigny ad 832. — Böhmer 429 ad 832.

832, 14 nov.

305 L. ad quem Fridegisus abbas monasterii s. Martini, in quo ipsius corpus requiescit, retulit se, cum per ignorantiam quasdam villas usibus congregationis s. Martini deputatas in beneficium dedisset, fratribus necessaria stipendia et vestimenta ministrare non posse, decernit ut hae villae in abbatis dominium revocentur et eodem modo, quo temporibus Karoli a Wulfado et Itherio abbatibus factum sit, fratrum usui inserviant, simulque statuit ut tertia pars census aliorum beneficiorum et omnium rerum sepulcro s. Martini oblatarum fratribus exhibeatur. — ‚Si locis deo dicatis quiddam honoris'.

Turonis monast. s. Martini, 18 kal. dec. a. 19, ind. 11.

Martène thes. anecd. 1, 26 ex chartul. ad 833 = Bouquet 6, 582 n° 178 ad 832. — Martène ampl. coll. 1, 89 ex chartul. ad 832. — Gallia christ. 14, instr. 24 n° 18 ex cop. recent. ad 832. — Bréquigny ad 832. — Böhmer 430 ad 832.

832, 19 nov.

306 L., suggerente coniuge sua Iudith, monasterio s. Martini in pago Turonico super Ligerim constructo et Maiormonasterio vocato, in quo ipse confessor Christi domino militavit et cui Theoto abbas et rector praeest, villam Cambonem in pago Blisensi vel Dunensi, iam dudum ab Oda deo sacrata Eodonis ducis uxore per venditionis titulum condonatam, ex sua auctoritate concedit, ut fratrum vestimenta ex eius proventu emantur. — ‚Si illius amore cuius munere'.

Caduppa villa, 13 kal. dec. a. 19, ind. 10.

Bouquet 6, 583 n° 179 ex chartulario. — Bréquigny ad 832. — Böhmer 431 ad 832.

832, 29 dec.

307* L. ad quem relatum erat, tres cellas ab Aldrico episcopo possessas, scilicet s. Albini intra muros et s. Vincentii et s. Audoeni in suburbio Cenomanis civitatis, iuris publici esse, cum, facta hac de re inquisitione, ex testimoniis bonorum hominum et ex relatione Widonis comprobatum sit, has cellas sub dominio Cenomanis ecclesiae esse debere, praecipit ut praefatae tres cellae perpetuo in iure ecclesiae sint et remota publica potestate a praesulibus possideantur. — ͵Omnibus fidelibus... notum esse volumus qualiter ad notitiam'.

Cenomanis civ., 4 kal. ian. a. 18, ind. 10.

<small>Gesta Aldrici in cod. bibl. Cenom. saec. 9.</small>

<small>Baluze miscellanea 3, 22 ex gestis = Le Cointe 8, 344 ad 834 = Tentzel app. 55 ad 831 = Bouquet 6, 584 n° 180 ad 832. — Bréquigny ad 832. — Böhmer 432 ad 832.</small>

832, 31 dec.

18* L., cum ex Aquitania reversus in Cenomanis urbe, quam Aldricus episcopus regebat, commoraretur, conquerentibus apud eum clericis quod fideles imperatoris qui res ecclesiae s. Gervasii beneficiario munere acceperint, nonas et decimas clericorum necessitatibus deservientes negligenter persolvant aut omnino solutionem differant, ob petitionem fratrum antiquae consuetudini et iussioni Karoli obsecutus praecipit, ut omnes qui huius ecclesiae beneficia habeant aut in posterum habituri sint, ex consensu episcopi ea quidem, dum cum rebus publicis commutentur, teneant, sed de omni eorum reditu nonas et decimas legitimumque censum persolvant, atque si quando hanc iussionem contempserint et censum neglexerint, illa beneficia perdant. Et ne hae res dominationi ecclesiae eripiantur, nomina XX monasteriorum seu cellularum atque CVI vicorum, ex quibus, cum iuris ecclesiae sint, censum solvendum esse ex authenticis ecclesiae scriptis comprobatum fuit, hoc praecepto enumerantur. — ͵Si his qui deo debitum exhibent famulatum'.

Cenomanis civ., 2 kal. ian. a. 19, ind. 10.

<small>Charta additamentis suspecta gestis Aldrici inserta in cod. bibl. Cenom. saec. 9.</small>

<small>Baluze miscell. 3, 27 ex gestis = Le Cointe 8, 346 = Bouquet 6, 584 n° 181. — Bréquigny ad 832. — Böhmer 433 ad 832.</small>

833, 8 ian.

9* L. ad quem ex Aquitania reversum et apud urbem Cenomanis commorantem episcopus huius urbis Aldricus retulit, res quasdam iuri Cenomanicae ecclesiae subtractas et in publicum redactas esse et ab Horemberto imperatoris vassallo beneficii titulo possideri, a Simone presbytero et abbate atque ab Hildemanno vassallo ad hanc rem investigandam missis edoctus, beneficium Heremberti non ad publicum sed ad ecclesiae ius pertinere, decernit ut Gauciacensis forestis et Brogilus sive Novavilla cum medietate telonei ex portu solvendi, cum censu aliisque appendiciis ecclesiae reddantur et in perpetuum ab episcopis quieto ordine possideantur. — ‚Si supplicationibus sacerdotum quando pro suis'.

    Bes villa, 6 id. ian. a. 18, ind. 11.

<small>Gesta Aldrici in cod. bibl. Cenom. sacc. 9.
Baluze miscell. 3, 24 ex gestis = Le Cointe 8, 223 = Bouquet 6. 587 n° 182. — Bréquigny ad 833. — Böhmer 434 ad 833.</small>

833, 20 ian.

310   L. ecclesiae s. Virginis, quam Hilduinus abbas monasterii ss. Petri, Dionysii, Rustici et Eleutherii aedificavit, partem villae Mintriaci, quam Fredebaldus quondam beneficiario iure habuerat, tradit et concedit, ut ex rebus villae simulque ex rebus privilegio Hilduini ecclesiae deputatis et ab imperatore confirmatis ipsa ecclesia sustineatur et monachis pauperibusque certis diebus festis atque in anniversariis imperatoris et Iudith imperatricis refectio praebeatur. — ‚Solicitudine imperiali et christianae religionis ardore'.

    Vern pal. reg., 13 kal. febr. a. 19, ind. 11.

<small>Autogr. in arch. Parisiensi.
Ex autographo: Mabillon dipl. 521 n° 76 — Tentzel app. 21 = Bouquet 6, 588 n° 183. — Félibien 56 n° 76. — Bréquigny ad 833. — Böhmer 435 ad 833.</small>

[833] 31 ian.

311*   L. ob suggestionem Iudith coniugis, homini eius Hildefrido villas Isernam et Thorensel ad monasterium Rodenacense pertinentes, quas pater eius Luitfredus ex largitione imperatoris habuit, diebus vitae suae beneficii titulo possidendas concedit, ea tamen condicione ut monasterio singulis annis unius solidi argentei censum persolvat, nec si negligentius quando eum solverit, ideo beneficium perdat sed lege composita retineat. — ‚Omnibus fidelibus... quia dilecta'.

    2 kal. febr. a. 18; s. l.

<small>Le Mire 1, 247. — Bréquigny ad 831. — Böhmer 407 ad 831.</small>

833, 1 apr.

312   L. fideli suo Rhidag comiti decem mansos cum terris et silvis communibus sitos in villis Boratre pagi Ismereleke, Anadops, Geiske dictis concedit et de suo iure sollenni traditione in eius potestatem transfert. — ‚Imperialis celsitudinis moris est fideles'.

Wormacia civ., kal. apr. a. 20, ind. 11.
Autogr. in arch. Berolinensi.
Ex autographo: Wilmans 1, n° 12. — Wigand Archiv 1ᵇ, 86. — Seibertz 1, 3 n° 3. — Böhmer 437 ad 833.

833, 4 apr.

313* L. qui Campidonam monasterium suum in pago Hilirgaoe situm Tattoni abbati regendum commiserat, petente abbate et ambasciante Fulcone, praecipit ut omnes monasterii res sub eadem lege sint, qua res fisci adquirantur et defendantur. — ‚Si precibus ac petitionibus servorum dei'.
Wormacia civ., 2 non. apr. a. 20, ind. 11.
Autogr. in arch. Monacensi.
Ex autographo: Mon. Boica 28ᵃ, 23 n° 15. — Neugart 2, 6 n° 806. — Böhmer 438 ad 833.

833, 1 iun.

314* L., Hucberto ambasciante, monasterio Corbagiensi ab ipso in Saxonia ad honorem s. Stephani fundato, quia haec regio locum mercationis non habet, publicam suae auctoritatis monetam omnemque eius reditum concedit. — ‚Omnibus... notum esse volumus quomodo'.
Wormacia civ., kal. iun. a. 20, ind. 11.
Autogr. in arch. Monasteriensi.
Ex autographo: Wilmans 1, n° 13. — Fürstenberg 131 = Le Cointe 8, 247. — Schaten 1, 91. — Erhard 1, cod. 8 n° 8. — Bréquigny ad 833. — Böhmer 439 ad 833.

833, 8 iun.

315 L., ambasciante Hucberto, monastorio Novae - Corbeiae ab ipso in ducatu Saxoniae ad honorem s. Stephani fundato, cui Warinus abbas praeest, omne ius suum in sale quod super Wisaram in pago Logni in ducatu Budinisvelt est, concedit. — ‚Si liberalitatis nostrae munere de beneficiis'.
... civ., 6 id. iun. a. 20, ind. 11.
Autogr. in arch. Monasteriensi.
Ex autographo: Wilmans 1, n° 14. — Erhard 1, cod. 9 n° 9. — Schaten 1, 92. — Lünig 18, 62 n° 6. — Bréquigny ad 833.

833, 10 iun.

316* L., ambasciante Fulcone, ob petitionem Sulpicii abbatis qui sibi immunitatem Karoli sanciendam obtulit, monasterium s. Columbae, in quo eiusdem et s. Lupi corpora humata sunt, atque omnes monasterii res e more antecessorum in tuitionis suae atque immunitatis defensionem suscipit eique, pariter ac Karolus fecit, villas Cersiacum et Grandem-campum a Lothario et Dagoberto regibus concessas denuo perpetuo possidendas confirmat. — ‚Si petitionibus servorum dei iustis'.

Wormatia civ., 4 id. iun. a. 20, ind. 11.

> Bouquet 6, 590 n° 186 ex autogr. — Gallia christ. 12, instr. 6 n° 4. — Cartul. de l'Yonne 1, 44 n° 22 ex copia recenti. — Specimen script. in Nouv. traité de dipl. planche 95. — Bréquigny ad 833. — Böhmer 440 ad 833.

[830—833.]

317* L. ex relatione Warini abbatis monasterii iussu suo ab Adalardo in Saxonia constructi edoctus, comites quosdam praeceptum imperatorium monasterio concessum infringere, cum homines eius liberos et latos in hostem ire cogant et iudiciario more distringant, per litteras Baderadum episcopum et missum id agere iubet, ut praeceptum monasterio indultum coram comitibus recitetur et in posterum observetur. — ‚Baderado... nosse te non dubitamus'.

S. a. d. l.

> Exemplar in arch. Monasteriensi.
> Ex exemplari: Wilmans 1, n° 9. — Erhard 1, cod. 7 n° 6 ad 826 — 840. — Schaten 1, 78 c. a. 824 = Bouquet 6, 337 n° 4. — Falke 733 n° 1 ad 826—840. — Bréquigny ad 824.

[831—833.]

318* L. populum Emeritanum, quem comperit ab Abdirhaman rege non minus quam antea a patre eius Abolaz opprimi, hortatur ut in defendenda libertate perseveret, eique promittit, se proxima aestate exercitum suum in marcam adversus regem missurum esse et, si Emeritani sese a rege ad imperatorem convertere velint, eis concessurum ut antiqua libertate et legibus propriis utantur et a censu immunes vivant. — ‚Omnibus primatibus... audivimus tribulationem vestram'.

S. a. d. l.

> Libellus epist. Einhardi in cod. Paris. lat. 11379 sacc. 9.
> Teulet Einhardi opera (Paris 1840 in 8°) 2, 66 n° 39 ex hoc cod. ad 828. — Duchesne script. 2, 704 = Bouquet 6, 379 n° 39 ad 826. — Bréquigny ad 826.

834, 15 mai.

319 L. monasterio Novae-Corbeiae, cui Werinus rector praeest, villas iuris sui Sulbichi et Helmion in Agrariis sitas delegat. — ‚Si liberalitatis nostrae munere de beneficiis'.

Aquisgrani pal. reg., id. mai. a. 21, ind. 12.
<small>Autogr. in arch. Monasteriensi.
Ex autographo: Wilmans 1, n° 15. — Erhard 1, cod. 9 n° 10. — Falke 277. — Schaten 1, 95. — Origines Guelf. 5, 4, cum ectypo. — Bréquigny ad 834. — Böhmer 442 ad 834.</small>

834, 3 iul.

320* L., petente filio suo Hludowico et ambasciante Hilduino, ut imperator monasterium Campidonam vel Tattonem abbatem in suum mundeburdum et defensionem suscipiat atque monasterium a publicis functionibus immune reddat, decernit ut nemo a monasterio dona annua nec ulla servitia parti publicae praestanda requirat, ut abbates eorumque tributarii ab hostili expeditione liberi sint, nobiliores vero personae ex rebus monasterii beneficia habentes sicut reliqui beneficiati in hostem ire cogantur. — ‚Si locis deo dicatis quiddam honoris'.

Aquisgrani pal. reg., 5 non. iul. a. 21, ind. 12.
<small>Autogr. in arch. Monacensi.
Ex autographo: Mon. Boica 28ᵃ, 26 n° 17. — Rassler app. 26. — Bréquigny ad 834. — Böhmer 444 ad 834.</small>

834, 20 iul.

321 L. ob petitionem Marcoardi abbatis et monachorum monasterii s. Salvatoris a Pippino in Harduenna super Prumiam fluvium fundati, per suum praeceptum eis villam Madalbodis pirarium dictam confirmat, quam vasallus suus Batericus, ut patet ex chartis oblatis, videlicet ex auctoritate largitionis imperatoria et ex testamento donationis Baterici, postquam eam ab imperatore iure proprietatis possidendam accepit, cum vitam monasticam eligeret, monasterio delegavit. — ‚Si servorum dei rationabiles petitiones'.

Theodonis villa pal. reg., 13 kal. aug. a. 21, ind. 12.
<small>Liber aur. Prum. saec. 10 in bibl. Trevirensi.
Ex hoc libro: Beyer 1, 68 n° 60. — Martène ampl. coll. 1, 90. — Bréquigny ad 834. — Böhmer 445 ad 834.</small>

834, 19 aug.

322 L. ob petitionem Alberici Lingonicae urbis episcopi, qui in episcopio sibi ab imperatore commisso normam canonicorum restituerat et usibus canonicorum curtem s. Gregorii, villas Marciliacum et Hurbaniacum aliasque res hic enumeratas tribuerat, ordinationem ab eo hac de re factam sua auctoritate corroborat et sancit. — ‚Si sacerdotum ac servorum dei iustis'.

Lingonis civitate, 14 kal. sept. a. 21, ind. 12.
Autogr. in arch. Calmontensi.
Gallia christ. 4, instr. 130 n° 6 ex autogr. = Bouquet 6, 595 n° 192. — Bréquigny ad 834. — Böhmer 446 ad 834.

834, 20 nov.

323 L. fideli suo Adalberto res quas in pago Wormaciensi et Cunigessunteri huc usque iure beneficiario possedit, scilicet mansum indominicatum in villa Horagahcim et dimidium mansum in Waldorfa villa, in proprium concedit easque de suo iure sollenni more in eius potestatem transfert. — ‚Imperialis celsitudinis moris est fideles'.
Attiniaco pal. reg., 12 kal. dec. a. 21, ind. 12.
Rassler app. 31 ex autogr. — Ioannis 441. — Böhmer 447 ad 834.

834, 27 nov.

324* L., petente Conwoion abbate et interveniente fideli suo Nominoe, monasterio a Conwoion in pago Browcroch in loco Bain ad honorem d. Iesu constructo plebem Bain et locellum Lantdegon tradit. — ‚Si illius amore cuius munere'.
Attiniaco pal. reg., 5 kal. dec. a. 21, ind. 13.
Copia veteris chartul. Roton. in cod. biblioth. Paris. Blancs - Manteaux 46.
Lobineau 2, 29 ex vet. chartul. = Morice 1, 270 = Bouquet 6, 597 n° 194 = Cartul. de Redon 355 n° 6. — Bréquigny ad 834. — Böhmer 448 ad 834.

834, 2 dec.

325* L. ob petitionem Wimeri episcopi ecclesiam Gerundensem et omnes res ei a Karolo aut ab aliis collatas, quae hic enumerantur, in tuitionem suam atque immunitatis defensionem suscipit. — ‚Si erga loca divinis cultibus mancipata'.
Attiniaco pal. reg., 4 non. dec. a. 21, ind. 12.
Marca 772 n° 9 ex arch. ecclesiae. — España sagrada 43, 375 ex duobus chartulariis. — Bréquigny ad 834. — Böhmer 449 ad 834.

834, 7 dec.

326 L., petente Warino abbate, monasterio Novae-Corbeiae cellam iuris sui Meppiam vocatam in pago Agredingo donat. — ‚Si liberalitatis nostrae munere de beneficiis'.
Blanciaco, 7 id. dec. a. 21, ind. 12.
Chartularia Corbei. saec. 10 et 17 in arch. Monasteriensi.
Schaten 1, 97 ex autographo = Lünig 18, 63 n° 8. — Falke 356 ex autogr. — Wilmans 1, n° 16 ex chartul. — Bréquigny ad 834. — Böhmer 450 ad 834.

835, 4 ian.

327* L., petente Hildigyso monasterii regii Duserensis abbate, qui metuit ut monasterio villam Mastecem in Tricastrinensi pago sitam, quam Warnarius quondam comes ex parte cum uxore ingenua Hildisnota, ex parte cum altera uxore Beltildi ancilla regia adquisiverat et postea monasterio contulerat, propter connexionem Beltildis quiete possidere liceat, hanc villam perpetualiter in potestate et dominatione monasterii manere iubet. — ‚Cum locis deo dicatis in quibuscumque'.

Theodonis villa pal. reg., 2 non. ian. a. 22, ind. 13.

Chifflet preuves 262 ex autogr. ad 837 = Le Cointe 8, 351 ad 835 = Bouquet 6, 598 n° 197. — Bréquigny ad 835. — Böhmer 452 ad 835.

835, 25 mai.

328 L. Prumiae monasterio, cui Marchohardus abbas praeest, omnes iuris sui res in Albulfi villa, in Gowirkhesheim et in Stetin in pago Wormacinsi sitas in proprium concedit. — ‚Si liberalitatis nostrae munere locis'.

Albulfi villa pal. reg., 8 kal. iun. a. 22, ind. 13.

Liber aur. Prum. saec. 12 in bibl. Trevirensi.
Ex hoc libro: Beyer 1, 69 n° 61. — Martène ampl. coll. 1, 93 = Bertholet 2. preuves 56 ad 836 = Hontheim 1, 178 n° 78 ad 835. — Bréquigny ad 835. — Böhmer 453 ad 835.

[834—835, iun.]

329 L. Aldrico episcopo nunciat se, cum per eius missum comperisset, res a Ghermundo, Vulfardo, Berchado, Bodone aliisque vassallis suis beneficii nomine possessas olim per precarias ab episcopio alienatas esse, Helisacharo misso praecepisse, ut has res ecclesiae consignet et Aldrico legitimam de eis vestituram faciat. — ‚Aldrico... noverit tua industria'.

S. a. d. l.

Gesta Aldrici in cod. bibl. Cenom. saec. 9.
Baluze miscell. 3, 165 ex gestis = Bouquet 6, 347 n° 11 ad 835. — Bréquigny ad 835.

835, 24 iun.

330* L. ad quem Aldricus Cenomanicae urbis episcopus retulit, res quasdam iuri sedis suae subtractas et in publicum redactas esse et a Ghermundo, Berthado, Vulfardo, Bodone aliisque imperatoris vassallis beneficii nomine possideri, ab Helisacharo abbate et Widone comite ad hanc rem investigandam missis edoctus beneficia illorum non ad publicum sed ad ius ecclesiae pertinere, decernit ut omnia haec beueficia ecclesiae reddantur et in perpetuum ab episcopis quieto ordine possideantur. — ‚Si precibus sacerdotum quando pro suis'.

Stramiaco super Rhodanum, 8 kal. iul. a. 22, ind. 13.

<small>Gesta Aldrici in cod. bibl. Cenom. saec. 9.</small>

<small>Baluze miscell. 3, 166 ex gestis = Le Cointe 8, 378 = Bouquet 6, 599 n° 199. — Bréquigny ad 835. — Böhmer 454 ad 835.</small>

835, 21 iul.

331* L. cui Ermenaldus Anianae monasterii abbas praeceptum de advocatione priori abbati Benedicto concessum obtulit, petens ut, cum advocatus mortuus sit, advocationis cura Maurino imperatoris vassallo committatur, hunc advocatum constituit et iubet ut, quicquid Maurinus eiusque successores secundum legem quaesierint aut defenderint, ratum sit, ut de rebus monasterii utpote imperatoris propriis nulli nisi suae partis idonei testes recipiantur, ut si mancipia fugitiva secundum legem Romanam se tricennio defenderint, advocati autem idonea testimonia adversus eos dederint, de iis secundum legis Romanae sanctionem decernatur; postremum concedit ut Maurinus ob iniunctam ei advocationem ab omni publico servitio immunis sit utque ei liceat in minoribus monasterii causis alium mittere advocatum. — ‚Si petitionibus servorum dei iustis'.

Stremiaco villa, 12 kal. aug. a. 22, ind. 13.

<small>Chartularium Anian. in arch. Monspeliensi.</small>

<small>Bouquet 6, 600 n° 200 ex schedis bibl. s. Germani. — D'Achery opera Guiberti 647 ex chartul. = Le Cointe 8, 379. — Vaissete 1, preuves 67 n° 48 ex chartul. — Bréquigny ad 835. — Böhmer 455 ad 835.</small>

835, 27 iul.

332 L., postquam Garino comiti regimen monasterii s. Marcelli in vico Hubiliaco constructi commisit, ob eius petitionem canonicis monasterii res ad eorum necessitates procurandas a Garino atque prioribus abbatibus collatas, villam scilicet Floriacum in pago Magnimontensi et XII mansos in pago Cabilonensi in loco Boscronti sitos confirmat. — ‚Si fidelium nostrorum iustis'.

6 kal. aug. a. 22; s. l.

<small>Copia saec. 18 ex chartul. in cod. bibl. Paris. Bouhier 37.</small>

<small>Bouquet 6, 601 n° 201 ex schedis Mabillonii. — Bréquigny ad 835. — Böhmer 456 ad 835.</small>

835, 29 iul.

333 L. ob petitionem Christiani abbatis monachis monasterii s. Germani in suburbio Autissiodorensium constructi, cum praeceptum liberae electionis priori abbati Deusdedit factum amiserint, denuo per hos apices licentiam abbatem eligendi concedit. — ‚Si petitionibus servorum dei iustis'.

Luco villa, 4 kal. aug. a. 22, ind. 13.

<small>Chartul. sacc. 12 in biblioth. Autissiodorensi.
Cartulaire de l'Yonne 1, 46 n° 23 ex hoc chartul. — Mabillon acta ss. 6, 585 ex chartul. = Le Cointe 8, 392 = Tentzel app. 28 = Bouquet 6, 602 n° 202. — Bréquigny ad 835. — Böhmer 457 ad 835.</small>

835, 13 aug.

334* L. qui iam temporibus Fridogisi abbatis monasterium Sithiu in pago Tervannensi in honorem b. Virginis et ss. Petri et Pauli constructum, in quo bb. Audomari et Bertini corpora requiescunt, sub suo mundeburdo atque immunitatis defensione esse iussit, suggerente fratre suo Hugone sacri palatii archinotario, qui nunc abbas est, anteriorem auctoritatem renovans monasterium iterum in immunitatis suae defensionem suscipit atque homines eius a fodro solvendo liberat simulque praecipit, ut res monasterii nunquam dividantur aut in alios usus convertantur. — ‚Si preces fidelium nostrorum devote nobis famulantium'.

Aquisgrani pal. reg., id. aug. a. 22, ind. 10.

<small>Copia chartul. Folquini saec. 12 in bibl. Bononiensi.
Cartul. de S. Bertin 82 n° 2 ex eadem copia. — Mabillon dipl. 613 n° 201 ex chartul. autogr. Folquini = Tentzel app. 30 = Bouquet 6, 602 n° 203. — Bréquigny ad 835.</small>

835, 24 aug.

335* L. ad quem Boso abbas monasterii s. Benedicti in pago Aurelianensi constructi retulit, mortuo Pippino quondam rege qui monasterio Suncampum villam iuris sui et a Gislehario vasallo iure beneficiario possessam delegasset, certas res ad ipsam villam legitime traditam pertinentes a Gislehario esse occupatas ideoque deinceps e iure monasterii esse elapsas, ex relatione Ionae Aurelianensis episcopi et Hugonis comitis ad hanc causam investigandam missorum atque ex inspecto Pippini praecepto edoctus has res monasterio iniuste esse abstractas, eas, videlicet villas Mairulfi, Sigini, Haderbaldi, Enveri, Catonis, Frodonis, rectori monachisque reddit et perpetuo possidendas confirmat. — ‚Cum petitionibus servorum dei quas auribus'.

Cirsiaco pal. reg., 8 kal. sept. a. 22, ind. 13.

<small>Bouquet 6, 604 n° 204 ex schedis Cl. Estiennot. — Labbe éloges hist. 460. — Mabillon dipl. 522 n° 77 ex schedis A. d'Hérouval = Tentzel app. 32. — Bréquigny ad 835. — Böhmer 458 ad 835.</small>

835, 10 sept.

336 L. ob petitionem Marcwardi Prumiae monasterii abbatis per suum praeceptum oblatas sibi commutationes pari tenore scriptas confirmat, per quas abbas permittente imperatore Heberario et Hebrardo fratribus dedit, quicquid monasterium in pagis Andegavensi et Rothminsi in locis Hulmontillo, Carnariis, Bosco, Tillo dictis habuit, et invicem ab eis ad partem monasterii res accepit quas fratres in pago Nawinsi in Roccesheim et Husfileidesheim, in pago Wormacinsi in Haskmundesheim, Dionenheim, Rodulfisheim, Harvesheim, Batenheim possederunt. — ‚Si enim ea quae fideles imperii'.

Prumia monasterio, 4 id. sept. a. 22, ind. 13.

<small>Liber aur. Prum. saec. 10 in bibl. Trevirensi.
Ex hoc libro: Beyer 1, 71 n° 63. — Martène ampl. coll. 1, 94. — Bréquigny ad 835. — Böhmer 459 ad 835.</small>

835, 16 nov.

337* L. ob suggestionem Aldrici Saenonicae urbis archiepiscopi per suam auctoritatem confirmat oblatum sibi privilegium ab Aldrico una cum episcopis in Wangionum urbe congregatis concessum monasterio, quod in episcopio Senonico iuxta muros civitatis in honorem s. Remegii constructum, nuper in locum aptiorem Valliculas dictum et a Hrotlao Meginarii comitis uxore delegatum translatum est. — ‚Si enim quod ad servorum dei quietem'.

Aquisgrani pal. reg., 16 kal. dec. a. 22, ind. 13.

<small>Autogr. in biblioth. Senonica.
Bouquet 6, 605 n° 206 ex autogr. — D'Achery spicil. 2, 584. — Cartul. de l'Yonne 1, 47 n° 24 ex copia saec. 16. — Bréquigny ad 835. — Böhmer 460 ad 835.</small>

[835.]

338 L. ob venerationem s. Dionysii, cuius beneficiis antecessores et maiores imperatoris gavisi sint et in cuius basilica ipse Ludowicus in regni solium restitutus sit, Hilduinum abbatem monasterii s. Dionysii admonet, ut quicquid de hoc sancto in codicibus cum Graecis tum Latinis vel in chartis Parisiacae ecclesiae exstet, colligat et in unum corpus lingua Latina redigat, et ut revelationem a b. papa Stephano in eadem ecclesia acceptam et deinde dictatam simulque gesta revelationi illi annexa et hymnos de sancto altero volumine subiungat. — ‚Hilduino... quantum muneris atque praesidii'.

S. a. d. l.
> Cod. Oxford. Bodleianus 1276 saec. 9.
> Acta ss. edid. Surius (Coloniae 1576 in f°) 5, 716 = Le Cointe 8, 393 = Dubois 1, 363 = Bouquet 6, 347 n° 12. — Bréquigny ad 835.

[816—835.]

339 L. praecipit ne quis monasterium s. Germani Autisiodorensis impediat, quominus aquaeductu a Deusdedit abbate constructo utatur eumque ubi opus sit emendet. — ‚Notum sit omnibus... quod Deusdedit'.

S. a. d. l.
> Collectio formul. in cod. bibl. Paris. lat. 2718 saec. 9.
> Ex hoc codice: Rosière 1, 149 n° 120. — Carpentier 38 n° 16 = Bouquet 6, 641 n° 16. — Bréquigny pag. 201.

836, 8 ian.

340 L. ad quem frater Drogo archiepiscopus et sacri palatii archicapellanus nec non Rataldus episcopus retulerunt, Verendarium Curiae episcopum, cum ob fidelitatem imperatori conservatam honoribus privatus et in exilium trusus esset, praeceptum donationis Karoli amisisse et nullam auctoritatem de rebus a Karolo collatis, scilicet de capella in Scletcistata et de aliis Helisacensis pagi rebus habere, imperator, ambasciante Drogone, Verendario hoc praeceptum fieri iubet per quod ipse et posteriores rectores illas res quiete possideant. — ‚Notum sit igitur cunctis... quia dilectus'.

Aquisgrani pal. reg., 6 id. ian. a. 22, ind. 14.
> Autogr. interpolatum in arch. monast. s. Pauli in Karinthia, et apogr. interpolatum, quod editores autographum esse putabant, in arch. Curiensi.
> S. Galler Mittheil. zur vaterl. Geschichte (S. Gallen 1865) Heft 3, 5 ex autogr. — Schöpflin 1, 77 n° 96 ex copiis recentioribus bibl. Tigur. — Mohr 1, 36 n° 22 ex apogr. Curiensi. — Grandidier 2, preuves 203 n° 109 ex eodem apogr. — Ectypon in Monum. graph. medii aevi edid. Sickel fasc. 9, tab. 1. — Böhmer 461 ad 836.

836, 10 ian.

341 L. Hruotberto fideli suo certas sui iuris res in ducatu Ribuariensi in villis Wistrikisheim et Cranheim sitas, videlicet mansum indominicatum et septem alios mansos cum tribus vinitoribus et LVIII mancipiis, in proprium concedit. — ‚Imperialis excellentiae magnitudinem decet'.

Aquisgrani pal. reg., 4 id. ian. a. 22, ind. 14.
> Liber aur. Prum. saec. 10 in bibl. Trevirensi.
> Ex hoc libro: Beyer 1, 72 n° 64. — Martène ampl. coll. 1, 95. — Bréquigny ad 836. — Böhmer 462 ad 836.

836, 4 febr.

342 L., ambasciante Drogone, monasterio s. Bonifacii Fuldensi, cuius abbas Rabanus per fratres ad imperatorem directos eundem certiorem fecit monachos maximam vestimentorum pati penuriam, hac sua auctoritate concedit, ut eorum negotiatoribus per totum imperium sine cuiuslibet telonei exactione negotium exercere liceat. — ‚Cum petitionibus servorum dei rationabilibus'.

Aquisgrani pal. reg., 2 non. febr. a. 23, ind. 14.
<small>Autographum in arch. Fuldensi.</small>
<small>Dronke 216 n° 489 ex aut. — Rassler app. 32 ex aut. — Schannat hist. 2, 116 n° 16. — Bréquigny ad 836. — Böhmer 463 ad 836.</small>

836, 5 mart.

343* L. ob petitionem [Fulmonis] ecclesiae Elenensis episcopi, eiusdem sedem [cum possessionibus quae enumerantur] sub tuitionem suam atque immunitatis defensionem constituit. — ‚Si erga loca divinis cultibus mancipata'.

Aquisgrani pal. reg., 3 non. mart. a. 23, ind. 13.
<small>Charta interpolata.</small>
<small>Marca 773 n° 10 ex chartul. = Bouquet 6, 606 n° 209. — Bréquigny ad 836. — Böhmer 464 ad 836.</small>

836, 22 mart.

344* L. ad quem Aldricus Cenomanicae urbis episcopus retulit, monasterium s. Mariae et s. Petri extra muros urbis ab Innocente quondam episcopo in rebus et ex rebus episcopii constructum ex aliquo tempore iuri sedis suae subtractum esse, inspectis chartis sibi ostensis per quas rem ita se habere comprobatum est, monasterium episcopo eiusque successoribus in perpetuum possidendum reddit. — ‚Si sacerdotum servorumque dei iustis'.

Aquisgrani pal. reg., 11 kal. apr. a. 23, ind. 14.
<small>Gesta Aldrici in cod. bibl. Cenom. saec. 9.</small>
<small>Baluze miscellanea 3, 36 ex gestis = Le Cointe 8, 424 = Bouquet 6, 608 n° 211. — Bréquigny ad 836. — Böhmer 466 ad 836.</small>

836, 22 mart.

345* L., referente Aldrico Cenomanicae urbis episcopo, antecessores suos Merolum et Gauzciolenum et alios secundum praecepta Theoderici, Pipini, Karoli monetam publicam in praedicta urbe habuisse, quae non per prohibitionem regum sive missorum sed tantummodo per vastationem et indigentiam ecclesiae dimissa sit, et offerente episcopo praecepta illorum regum quae, inspectis eorum signis et sigillis, vera esse cognita sunt, praecipit ut publica

moneta episcopo eiusque successoribus sine ulla iudiciariae potestatis contradictione permaneat, addito tamen ut episcopi caveant, ne qua falsa fiant. — 'Si sacerdotum servorumque dei iustis'.
Aquisgrani pal. reg., 11 kal. apr. a. 23, ind. 14.
>Charta dubiae fidei gestis Aldrici inserta in cod. bibl. Cenom. saec. 9. Corvaisier hist. des evesques du Mans (Paris 1648 in 4°) 293 ex parvo chartul. capituli s. Iuliani == Le Cointe 8, 425. — Baluze miscell. 3, 99 ex gestis == Bouquet 6, 609 n° 212. — Bréquigny ad 836. — Böhmer 467 ad 836.

836, 23 mart.

346* L., petente Aldrico episcopo, oblatas sibi Francorum regum auctoritates confirmans monasterium eius extra muros urbis in honorem s. Mariae, s. Petri aliorumque ss. constructum in sua immunitate et defensione persistere iubet, adiungens ut qui hanc praeceptionem violaverint, poena DC solidorum multentur. — 'Si sacerdotum servorumque dei iustis'.
Aquisgrani pal. reg., 10 kal. apr. a. 23, ind. 4.
>Charta dubiae fidei gestis Aldrici inserta in cod. bibl. Cenom. saec. 9. Baluze miscell. 3, 94 ex gestis == Le Cointe 8, 427 == Bouquet 6, 610 n° 213. — Bréquigny ad 836. — Böhmer 468 ad 836.

836, 2 apr.

347* L. monasterio s. Columbae prope urbem Senonensem, cui, cum malo dolo per aliquod tempus Senonicae ecclesiae subditum fuisset, suam ipsius dominationem et propriorum abbatum regimen restituerat, ob petitionem Sulpicii abbatis per praeceptum concedit, ut deinceps nulli episcopo subiectum neve servitium neve obsequium cuiquam debeat, resque nominatim perscriptas, quas Benedictus abbas, cum ad emendandum ordinem monasticum per imperii monasteria missus esset, consentiente Iacob canonico s. Columbae abbate, segregaverat ut ab omni regali vel publico servitio et ab omni exactione abbatum liberae usibus fratrum deserviant, iis sine ulla diminutione possidendas confirmat; decernit denique ut ex communibus monasterii rebus tecta reficiantur. — 'Notum esse volumus cunctis... quia olim dum monasticum'.
Aquisgrani pal. reg., 4 non. apr. a. 23, ind. 13.
>Copia saec. 17 ex vet. chartulario in cod. bibl. arsenalis Paris. hist. lat. 102.
>Baluze opera Servati Lupi (Parisiis 1664 in 8°) 505 ex schedis bibl. s. Germani == Le Cointe 8, 428. — Bouquet 6, 610 n° 214 ex schedis eiusdem bibl. == Cartul. de l'Yonne 1, 49 n° 25. — Bréquigny ad 836. — Böhmer 469 ad 836.

836, 24 aug.

348 L., Adalaardo siniscalco ambasciante, fideli suo Fulberto res proprietatis suae in confinio Cavilonensi et Atoariensi et in centena Oscarensi in Aziriaca villa sitas, quas Fulbertus huc usque beneficiario iure possedit, id est mansum indominicatum cum mansis ad eum pertinentibus in proprietatem concedit. — ‚Imperialis excellentie magnitudinem decet'.

Rampert villa, 9 kal. sept. a. 23, ind. 14.

<small>Autogr. in arch. Divionensi.
Perard 19 ex autogr. = Bouquet 6, 611 n° 215. — Bréquigny ad 836. — Böhmer 470 ad 836.</small>

837, 9 mart.

349 L. cui Iudith augusta immunitatem a Karolo monasterio Hohenburg concessam sanciendam obtulit, hoc monasterium b. Mariae et b. Petro dedicatum in sua defensione atque immunitatis tuitione consistere iubet. — ‚Cum locis deo dicatis in quibuscumque'.

Aquisgrani pal. reg., 7 id. mart. a. 24, ind. 15.

<small>Apogr. saec. 12 in arch. Argentinensi.
Ex apographo: Grandidier 2, preuves 208 n° 111. — Gallia christ. 5, instr. 463 n° 6. — Schöpflin 1, 78 n° 97. — Bréquigny ad 837. — Böhmer 471 ad 837.</small>

837, 15 iun.

350* L., petente Aldrico Cenomanicae urbis episcopo qui in sua parochia in loco Broialo monasterium ad honorem Salvatoris, s. Mariae, bb. Gervasii, Prothasii, Stephani aliorumque ss. construxit, ex rebus sedis episcopalis dotavit atque constitutionis privilegio exornavit, hoc privilegium sibi oblatum per suam auctoritatem confirmat et sancit, ut monachis ex semet ipsis abbatem ex consensu praesulum eligere liceat. — ‚Omnibus fidelibus... notum sit quia venerabilis'.

Gundulfi villa, 17 kal. iul. a. 23, ind. 15.

<small>Gesta Aldrici in cod. bibl. Cenom. saec. 9.
Baluze miscell. 3, 80 ex gestis = Le Cointe 8, 492 = Bouquet 6, 612 n° 217. — Bréquigny ad 837. — Böhmer 473 ad 837.</small>

837, 16 iun.

351 L. per apices suos Audachro rectori datos vel cellae s. Pauli rustico nomine Cormarico dictae, quam Itherius quondam abbas monasterii s. Martini in propriis rebus construxit et s. Martino delegavit, villam Cusciacum de iure monasterii s. Martini in ius et dominationem cellae s. Pauli transfert, ut deinceps fabricae s.

Pauli usibusque monachorum ibi constitutis deserviat. ‚Si servorum dei eorumque necessitatibus'.

Teodonis villa pal. reg., 16 kal. iul. a. 24, ind. 15.

<small>Autogr. in arch. Turonensi.
Bourassé 24 n° 11 ex autogr. — Martène thes. anecd. 1, 28 ex arch. monasterii ad 838 = Bouquet 6, 613 n° 218 ad 837. — Gallia christ. 14, instr. 25 n° 19 ex schedis Baluz. ad 838. — Bréquigny ad 837. — Böhmer 474 ad 837.</small>

837, 18 iun.

352* L., petente Aldrico Cenomanicae urbis episcopo qui, cum primordiis ordinationis suae canonici ecclesiae sibi commissae nec canonice neque in claustro viverent, eis ex domibus episcopalibus habitacula idonea attribuerat, eorum ordinem constituerat simulque per testamentum sua atque aliorum episcoporum manibus roboratum ad refectionem in diebus dedicationum iis praebendam villam Buxarias delegaverat, hanc eius ordinationem ratam esse iubet et ne quisquam futurorum episcoporum eam immutet neve praedictam villam usibus canonicorum distrahat, decernit. — ‚Omnibus sanctae dei ecclesiae... notum sit quia'.

Theodonis villa pal. reg., 14 kal. iul. a. 23, ind. 15.

<small>Gesta Aldrici in cod. bibl. Cenom. saec. 9.
Baluze miscell. 3, 70 ex gestis = Le Cointe 8, 492 = Bouquet 6, 614 n° 219. — Bréquigny ad 837. — Böhmer 475 ad 837.</small>

[837] 30 aug.

353 L., petente Conwoion abbate et interveniente fideli suo Nominoe, monasterio a Conwoion in pago Broweroch in loco Bain ad honorem d. Iesu constructo plebem Rannac, plebiculam Ardon et locellum Plaz tradit. — ‚Si illius amore cuius munere'.

Karisiaco pal. reg., 3 kal. sept. a. 23, ind. 15.

<small>Copia veteris chartul. Rotonensis in cod. bibl. Paris. Blancs-Manteaux 46. Cartul. de Redon 357 n° 9 ex copia ad 836. — Lobineau 2, 30 ex vet. chartul. ad 836 = Morice 1, 271 = Bouquet 6, 612 n° 216. — Bréquigny ad 836.</small>

837, 19 oct.

354 L. qui rex in Aquitania constitutus Benedicto abbati vel monasterio Aniano in honorem Salvatoris, s. Mariae, ss. Petri et Pauli et Michaelis constructo Curcionatem villam in pago Lutevensi sitam beneficiavit et per auctoritatem suam delegavit, ob petitionem Ermenaldi praesentis abbatis ei denuo suam auctoritatem concedit, per quam sancit ut diebus vitae suae praedicta villa munere beneficiario in dominatione atque gubernatione monasterii persistat. — ‚Omnibus fidelibus... notum sit quia olim'.

Aquisgrani pal. reg., 14 kal. nov. a. 24, ind. 15.

<small>Chartul. Anian. in arch. Monspeliensi.
Vaissete 1, preuves 70 n° 51 ex chartul. = Gallia christ. 6, instr. 344 n° 4 ad 838. — Bouquet 6, 615 n° 220 ex tabul. Anian. — Bréquigny ad 837. — Böhmer 476 ad 837.</small>

837, 21 oct.

355* L. monasterio Anianae in pago Magdalonensi in honorem Salvatoris, s. Mariae aliorumque ss. constructo, cui Hermenaldus abbas praeest, ex rebus suis has possessiones tradit atque concedit: in pago Lutovensi cellulam Gellonis a Willelmo comite in causa Karoli constructam et villam Magaranciate et pasturam in Castris et fiscum Curcenatem; in pago Biterrensi fiscum Miliacum cum ecclesia s. Paragorii et cum Miliciano villa et villam Cincianum; in confinibus pagi Rutenici sive Nemausensis alpes Iaullo dictas quas missi Ragambaldus et Fulcoaldus comites monasterio tradiderunt; locum Aurariam ab Ermengarde quondam regina traditum; in pago Magdalonensi Montecalmense castrum cum ecclesia s. Hilarii et omnibus appendiciis, exceptis interiacentibus ingenuorum hominum proprietatibus; res a misso Karoli Leydrath archiepiscopo traditas atque designatas, scilicet Caucinum, Comaiagas, cellulam Sogrado a monachis aedificatam; in Iuviniaco fisco locum Fontem-agricolae sive Novam-cellam cum duobus molinis super Leto fluvium constructis et cum loco Porcarias vocato; in pago Agatensi fiscum Sita dictum; in pago Narbonensi salinas quas missus Leibulfus comes designavit; cellam s. Martini intra muros Arelatensis civitatis constructam cum loco Muneratis in Arausione pago; insulam Rhodani suburbanam quam Leibulfus comes monasterio tradidit; in pago Ucetico cellulam Casam-novam iam pridem per auctoritatem imperatoriam concessam; simul imperator monasterio immunitatem et ius electionis concedit. — ‚Si erga loca divinis cultibus mancipata'.

Aquisgrani pal. reg., 12 kal. nov. a. 24, ind. 15.

<small>Chartul. Anian. in arch. Monspeliensi.
Ex chartulario: Vaissete 1, preuves 71 n° 52 = Layettes 1, 9 n° 8. — Mabillon acta ss. 5, 212 = Tentzel app. 33 = Bouquet 6, 615 n° 221. — Bréquigny ad 837. — Böhmer 477 ad 837.</small>

837, 20 dec.

356 L., fratre suo Drogone archiepiscopo et sacri palatii archicappellano referente et ambasciante pro Hunberto Wirciburgensis ecclesiae episcopo, per suam auctoritatem ratam esse vult et corroborat commutationem inter Karolum imperatorem et Berowelpum Wirciburgensem episcopum factam, quae propter incuriam nulla imperiali auctoritate confirmata erat; continebatur autem in conscriptionibus huius commutationis, Berowelpum ex rebus episcopii sui seu monasterii s. Ciliani ad partem Karoli dedisse basilicam s. Martyni in pago Graffelt cum omnibus rebus quas Karolomannus aut alii ad ecclesiam Wircipurgensem ibidem contulissent, et invicem accepisse, interveniente misso Karoli Hunrogo comite, ex parte fisci res a Guntberto quondam episcopo in villa Filuhonbiunte in pago Badanagavi et in villa Bargilli et in Onoltespah in pago Hrangavi et in pago Tollifelt in locis Fiscpah, Assia, Pontigerna Karolo delegatas nec non res quondam Richberto servo regio in pago Vungardweiba in Burgheim et in Heinwinesbah concessas et postea ab Erenberto quondam episcopo iure beneficiario possessas. — ‚Omnibus fidelibus... notum sit quia dilectus'.

Aquisgrani pal. reg., 13 kal. ian. a. 24, ind. 15.

<small>Autographum in arch. Monacensi.
Mon. Boica 28ᵃ, 31 n° 21 ex aut. — Eckhart 2, 884 n° 9 ex aut. = Ussermann cod. prob. 12 n° 10. — Böhmer 478 ad 837.</small>

838, 22 mart.

357 L., cum Banzlegbus comes et Saxoniae patriae marchio ab eo peteret, ut Lugdunum iuris Cenomanicae ecclesiae villa in pago Cenomanico sita, quam ex largitione imperatoris beneficii titulo possidebat, ne quando a iure ecclesiae alienaretur, ei redderetur, per suam auctoritatem hanc villam Cenomanicae sedis ecclesiae illico reddit et Aldrico episcopo eiusque successoribus in perpetuum possidendam confirmat. — ‚Si fidelium nostrorum iustas'.

Aquisgrani pal. reg., 11 kal. apr. a. 25, ind. 1.

<small>Gesta Aldrici in cod. bibl. Cenom. saec. 9.
Baluze miscell. 3, 103 ex gestis = Le Cointe 8, 523 = Tentzel app. 59 = Bouquet 6, 617 n° 222. — Bréquigny ad 838. — Böhmer 479 ad 838.</small>

[838] 17 apr.

358* L., cum consiliarius eius Adalbertus comes ab eo peteret, ut Bonalla iuris Cenomanicae ecclesiae villa in pago Carmicensi sita, quam ex largitione imperatoris beneficii titulo possidebat, ne quando a iure ecclesiae alienaretur, ei redderetur, per suam auctoritatem hanc villam Cenomanicae sedis ecclesiae illico reddit atque Aldrico episcopo eiusque successoribus in perpetuum possidendam confirmat. — ‚Si fidelium nostrorum iustas'.

Aquisgrani pal. reg., 15 kal. mai. a. 27, ind. 1.

<small>Gesta Aldrici in cod. bibl. Cenom. saec. 9.
Baluze miscell. 3, 176 ex gestis = Le Cointe 8, 590 ad 840 = Tentzel app. 65 = Bouquet 6, 618 n° 223 ad 838. — Bréquigny ad 838. — Böhmer 480 ad 838.</small>

838, 23 apr.

359 L., cum vassallus eius Bavo ab eo peteret, ut Tridens iuris Cenomanicae ecclesiae villa in pago Cenomanico sita, quam ex largitione imperatoris beneficii titulo possidebat, ne quando a iure ecclesiae alienaretur, ei redderetur, per suam auctoritatem hanc villam Cenomanicae sedis ecclesiae illico reddit atque Aldrico episcopo eiusque successoribus in perpetuum possidendam confirmat. — ‚Si fidelium nostrorum iustas.'

Aquisgrani pal. reg., 9 kal. mai. a. 25, ind. 1.

<small>Gesta Aldrici in cod. bibl. Cenom. saec. 9.
Baluze miscell. 3, 155 ex gestis = Tentzel app. 60 = Bouquet 6, 619 n° 224. — Bréquigny ad 838. — Böhmer 481 ad 838.</small>

838, 7 iun.

360 L., ambasciante Adalahardo, monasterio Herivurth in ducatu Saxoniae ad honorem s. Mariae constructo, quod Tetta abbatissa regit, certas sui iuris res et mancipia delegat, scilicet ecclesiam villae Reni in pago Bursibant cum decimis et appendiciis et alteram in villa pagi Scopingi Wateringas dicta et tertiam in villa eiusdem pagi Stochheim. — ‚Si illius amore cuius munere'.

Noviomago pal. reg., 7 id. iun. a. 25, ind. 1.

<small>Autogr. in arch. Monasteriensi.
Ex autographo: Wilmans 1, n° 17. — Erhard 1, cod. 10 n° 11. — Schaten 1, 115 = Lünig 18ᵇ, 120 n° 1. — Bréquigny ad 838. — Böhmer 482 ad 838.</small>

838, 14 iun.

361 L., filio suo Hludowico referente et Adalardo ambasciante, per suum praeceptum commutationes pari tenore scriptas confirmat, per quas Tatto abbas Campidonae monasterii, permittente imperatore, Waningo comiti res monasterii in locis Plezza, Pazcinhova, Hoorwanc et Sundheim sitas, exceptis tamen marka silvae et curtili ab Aldrico monasterio delegatis et exceptis pratis in Gundilenstec et Cuttinwanc, iure proprietario possidendas dedit et invicem a Waningo quicquid hic in villa Reoda et in loco Eitraha ex iure comitatus possedit, accepit. — 'Si ea quae fideles imperii'.

Noviomago pal. reg., 18 kal. iul. a. 25, ind. 1.

<small>Chartul. saec. 12 inc. in arch. Monacensi.
Ex hoc chartulario: Mon. Boica 31, 81 n° 37. — Rassler app. 27 = Neugart 1, 231 n° 284. — Bréquigny ad 838. — Böhmer 483 ad 838.</small>

838, 14 iun.

In pal. apud Niomagum oppidum, 18 kal. iul. a. inc. 838, ind. 1: v. act. deperd. Fuldense.

[838.]

362* L. cum comperisset, monachos s. Carilephi ex monasterio egredi ausos ecclesiae ornamenta, vasa, vestimenta, libros secum abstulisse, Ionae episcopo et Henrico abbati praecipit, ut inquisitione continuo instituta operam dent, ut omnes res ecclesiae restituantur. — 'Ionae venerabili episcopo... notum esse volumus'.

S. a. d. l.

<small>Gesta Aldrici in cod. bibl. Cenom. saec. 9.
Baluze miscell. 3, 130 ex gestis = Le Cointe 8, 500 ad 837 = Bouquet 6, 350 n° 14 ad 838. — Bréquigny ad 837.</small>

838, 7 sept.

363 L. per suam auctoritatem sancit oblatam sibi ab Aldrico Cenomanicae urbis episcopo dispositionis conscriptionem, per quam episcopus statuit, quomodo res post obitum suum in episcopio inventae distribuantur. — 'Notum igitur esse volumus... quia Aldricus'.

Carisiaco pal. reg., 7 id. sept. a. 25, ind. 1.

<small>Gesta Aldrici in cod. bibl. Cenom. saec. 9.
Baluze miscell. 3, 93 ex gestis = Le Cointe 8, 495 ad 837 = Bouquet 6, 620 n° 227 ad 838. — Bréquigny ad 838. — Böhmer 485 ad 838.</small>

838, 7 sept.

364 L., petente Aldrico Cenomanicae urbis episcopo, oblatas sibi regum Francorum auctoritates confirmans, monasterium eius in loco Anisola ad honorem s. Carilephi, cuius corpus ibidem requiescit, constructum in sua immunitate et defensione persistere iubet, adiungens ut qui hanc praeceptionem violaverint, poena DC solidorum multentur. — 'Si sacerdotum servorumque dei iustis'.

Carisiaco pal. reg., 7 id. sept. a. 25, ind. 1.

<small>Charta suspectae fidei gestis Aldrici inserta in cod. bibl. Cenom. saec. 9. Baluze miscell. 3, 101 ex gestis = Le Cointe 8, 505 ad 837 = Bouquet 6, 622 n° 229 ad 838. — Bréquigny ad 838. — Böhmer 487 ad 838.</small>

[839] 23 ian.

365* L. fideli suo Odilberto in praemium servitii ab eo praestiti mansum dominicum in villa Huncinchova in pago Durichovia super Murgham fluvium situm in proprium concedit. — 'Si petitionibus fidelium nostrorum devotae mentis'.

Franconifurd, 10 kal. febr. a. 23, ind. 7.

<small>Exemplar eodem fere tempore conscriptum in arch. Sangallensi. Wartmann 1, 331 n° 357 ex hoc exemplari ad 837.</small>

839, 17 febr.

366 L., cum ob petitionem Rabbani abbatis quasdam res iuris imperatorii Helmerico vassallo in beneficium concessas cum imperatore commutaturi, vassallo suo Pepponi praecepisset, ut cum missis abbatis et convicanis illarum rerum quantitatem et qualitatem inspiceret et sibi inbreviatam notitiam deferret, et cum a Peppone relatum esset rem utilem fore utrique parti, sua auctoritate commutationem confirmat, per quam Rabban de rebus monasterii Helmerico iure beneficiario possidendas IV hobas in ducatu Alamanniae in villis Steinheim et Hamarstat sitas cum III hominibus et XVI mancipiis dedit et invicem ab Helmerico de rebus beneficii eius XVI hobas desertas in Zimbra villa accepit. — 'Si petitionibus servorum dei quas nostris auribus'.

Franconofurd pal. reg., 13 kal. mart. a. 26, ind. 2.

<small>Autogr. in arch. Fuldensi.
Dronke 230 n° 523 ex aut. — Rassler app. 34 ex aut. = Schannat trad. 176 n° 443, collat. cum aut. = Wirtemb. Urkb. 1, 116 n° 101. — Bréquigny ad 839. — Böhmer 489 ad 839.</small>

839, 22 febr.

367 L., supplicantibus Hebraeis quibusdam Gaudioco et filiis eius Iacobo et Vivacio quos imperatoris frater Hugo abbas et sacri palatii summus notarius ad eum adduxit et auctoritatem imperatoriam ipsis antea concessam amisisse retulit, denuo iis praeceptum scribi iubet et concedit, per quod ipsi eorumque posteri res ex hereditate patrum acceptas et Valerianas sive Bagnilas dictas in posterum quiete possideant. — ‚Licet apostolica lectio maxime domesticis'.

Francofurd pal. reg., 8 kal. mart. a. 26, ind. 2.

<small>Vaissete 1, preuves 75 n° 54 ex arch. Crassensi = Bouquet 6, 624 n° 232. — Bréquigny ad 839. — Böhmer 490 ad 839.</small>

839, 27 febr.

368* L. ob petitionem Rabani Fuldensis monasterii abbatis villas iuris sui Geismaram et Borsaham intra Bokoniam sitas et a Bopponc comite iure beneficiario possessas, quas imperatoris filius Ludowicus nulla legitima potestate monasterio tradiderat, abbas autem postea ab imperatore sibi delegari maluit, monasterii fratribus concedit simulque ducentos mansos in pago Graphelt in villis Geltersheim, Urbach, Stocheim, Hagenowa, Ernustesheim et Strewe, quos abbas invicem Bopponi ex rebus monasterii tradiderat, post mortem comitis in usum fratrum redire iubet. — ‚Si locis deo dicatis'.

Franconfurt, 3 kal. mart. ind. 2.

<small>Charta vitiata codicis Eberhardi in arch. Fuldensi.
Dronke 231 n° 524 ex cod. Eberh. — Schannat trad. 177 n° 444 ex eodem cod. — Böhmer 491 ad 839, 26 febr.</small>

839, 18 apr.

369 L., fratre suo Drogone archiepiscopo et summo sacri palatii capellano deprecante, monasterio Campidonae, cui Tatto abbas praeest, Aldricicellam in ducatu Alamanniae in pago Albigoi sitam, Karolo quondam imperatori traditam et huc usque a Ratulfo presbytero et capellano imperatoris ex eius largitione possessam tradit et confirmat, ea tamen condicione ut invicem Ratulfus ex rebus monasterii sex hobas vestitas in loco pagi Keltenstein Hroudoldishova dicto atque Herilescellam in pago Augustgoi sitam diebus vitae suae titulo beneficii possidendas accipiat. — ‚Si locis deo dicatis propter amorem'.

Bodoma reg. pal., 14 kal. mai. a. 26, ind. 2.

<small>Chartul. saec. 12 inc. in arch. Monacensi.
Ex hoc chartulario: Mon. Boica 31, 83 n° 38. — Mabillon analecta 448 = Tentzel app. 109. — Rassler app. 29. — Bréquigny ad 839. — Böhmer 492 ad 839.</small>

839, 21 apr.

370* L., Adalaardo ambasciante, monasterio Sinleozesauvae, cui Walafridus abbas praeest, confert villam fisci sui Potimiaci Tettingas dictam, excepta parte silvae cuius termini describuntur, et servitia tributaque Iuncrammi et Folcrati hominum liberorum et duas hobas in Alaholvesbah villa sitas iniuste a iure monasterii abstractas et certas terras eiusdem fisci a liberis hominibus monasterio aut collatas aut venditas. — ,Si locis deo dicatis quippiam muneris'.

Bodoma pal. reg., 11 kal. mai. a. 26, ind. 2.
<small>Autogr. in arch. Karlsruhiano.
Dümgé 68 n° 3 ex autogr.</small>

839, 23 apr.

371 L., Adalaardo ambasciante, fideli suo Aeckardo res proprietatis suae in pago Wetereiba in locis Stetin, Cavilla et Helidaberga sitas, quas eius pater et ipse beneficiario iure possederunt, id est mansum indominicatum, alios mansos, res, mancipia in proprietatem concedit. — ,Imperialis excellentiae magnitudinem decet'.

Bodoma pal. reg., 9 kal. mai. a. 26, ind. 2.
<small>Autogr. in arch. Monacensi.
Ex autographo: Eckhart 2, 885 n° 10. — Mon. Boica 28°, 33 n° 22. — Böhmer 494 ad 839.</small>

839, 20 iun.

372* L., Adalaardo siniscalco ambasciante, monasterio Sindleozessauvae, cui Walafridus abbas praeest, partem census seu tributi sibi singulis annis ex Alamannia persolvendi, scilicet censum centenae Eritgaowae et ministerii Chuonradi comitis, decimam de portione ministerii Rabani comitis, nonam ex fisco Sarbach et nonam tributi ex Brisachgaowe praestandi ea ratione confert, ut pars monasterio concessa eius agentibus detur, antequam summa censuum inter imperatorem et comites dispertiatur. — ,Notum sit igitur omnibus... quia nos pro cumulo'.

Wormacia civ., 12 kal. iul. a. 26, ind. 2.
<small>Autogr. in arch. Karlsruhiano.
Ex autographo: Wirtemb. Urkb. 1, 117 n° 102. — Kopp pal. crit. 1, 399. — Dümgé 69 n° 4. — Böhmer 495 ad 839.</small>

839, 26 iun.

373 L. qui olim ostiario suo Richardo Villanciam villam in Arduenna sitam in proprium concesserat, deinde vero, cum Richardus partibus Lotharii favens ab imperatore defecisset, res eius fisco addixerat, nunc quoniam Lotharius et qui cum eo steterant ad concordiam cum imperatore redierant, Richardo villam restituit et eodem iure quod ex priori praecepto habuerat possidendam concedit, additque insuper quinque servos ex fiscis Romfelt, Munuherstati et Vindrinio. — ‚Notum igitur esse volumus cunctis... quod olim'.

Wormatia civ., 6 kal. iul. a. 26, ind. 2.

<small>Liber aur. Prumiensis saec. 10 in bibl. Trevirensi.
Ex hoc libro: Martène ampl. coll. 1, 97 = Bouquet 6, 625 n° 235. — Beyer 1, 74 n° 66. — Bréquigny ad 839. — Böhmer 496 ad 839.</small>

839, 7 iul.

374* L., referente fratre suo Hug[gi] abbate et summo sacri palatii notario, per suum praeceptum confirmat commutationem inter Rabanum Fuldensis monasterii abbatem et Bopponem comitem factam atque utrique parti utilem, per quam abbas ex rebus monasterii alteri ad partem comitatus XI mansos cum mancipiis in villa Tharehedinges in pago Waltsatio sitos dedit et invicem ad partem ecclesiae s. Bonifatii a comite ex rebus comitatus portionem silvae in eodem pago in foreste Spehteshart sitae accepit. — ‚Cum peticionibus servorum dei rationabilibus'.

Cruciniaco pal., non. iul. a. 25, ind. 2.

<small>Cod. Eberhardi in arch. Fuldensi.
Dronke 302 n° 655 ex hoc codice: dipl. Ludowici Infantis. — Schannat trad. 225 n° 550 ex chartario ad 910.</small>

839, 8 iul.

375 L., ambasciante Adalaardo, fideli suo Gerulfo certas suae proprietatis res in ducatu Frisiae in pago Westracha in villa Cammingehunderi sitas, quae ei antea concessae propter eius incuriam in fiscum redactae sunt, restituit et denuo in eius potestatem transfundit. — ‚Notum sit igitur... quia ante annos'.

Cruciniaco pal. reg., 8 id. iul. a. 26, ind. 2.

<small>Autogr. in arch. Monasteriensi.
Ex autographo: Wilmans 1, n° 20. — Erhard 1, cod. 11 n° 13. — Schaten 1, 118. — Falke 290. — Bréquigny ad 839. — Böhmer 497 ad 839.</small>

839, 1 sept.

376 L. monasterio Campidonae in honorem s. Mariae et ss. Gordiani et Epimachi constructo, in quo mater imperatoris Hildigarda eorundem ss. corpora collocavit et cui Tatto abbas praeest, licentiam abbatem eligendi concedit. — ‚Si erga loca divinis cultibus mancipata'.

Cabalauno civ. pal. reg., kal. sept. a. 26, ind. 2.

<small>Chartul. saec. 12 incip. in arch. Monacensi.
Ex chartulario: Mon. Boica 31, 89 n° 40. — Mabillon analecta 448. — Lünig 18, 169 n° 2. — Bréquigny ad 839. — Böhmer 498 ad 839.</small>

839, 16 nov.

377* L., cum ostiarius atque consiliarius eius Agbertus comes ab eo peteret, ut Calisamen iuris Cenomanicae ecclesiae villa in pago Cenomanico sita, quam ex largitione imperatoris beneficii titulo possidebat, ne quando a iure ecclesiae alienaretur, ei redderetur, per suam auctoritatem hanc villam Cenomanicae sedis ecclesiae illico reddit atque Aldrico eiusque successoribus in perpetuum possidendam confirmat. — ,Si fidelium nostrorum iustas'.

Pictavis civ. publice, 16 kal. dec. a. 26, ind. 2.

<small>Gesta Aldrici in cod. bibl. Cenom. saec. 9.
Baluze miscell. 3, 171 ex gestis = Tentzel app. 63 = Bouquet 6, 627 n° 238. — Bréquigny ad 839. — Böhmer 499 ad 839.</small>

839, 27 nov.

378 L. monasterio Deas in honorem ss. Petri et Paulo constructo, in quo corpus s. Filiberti requiescit et cui Hilbodus abbas praeest, villam iuris sui Scobrit in Pictavo pago in Racensi vicaria sitam confert. — ,Si liberalitatis nostrae munere de beneficiis'.

Pictavis, 5 kal. dec. a. 26, ind. 3.

<small>Chifflet preuves 195 ex autogr. = Iuenin 2, 81 = Bouquet 6, 628 n° 239. — Bréquigny ad 839. — Böhmer 500 ad 839.</small>

839, 29 dec.

379* L. fideli suo Ecchardo certas proprietatis suae res in Augustodunensi pago sitas in proprium tradit et concedit, videlicet Patriciacum villam cum casa indominicata et capella s. Petri et villam Sinciniacum in vicaria Gilbaldi. — ,Imperialis celsitudinis moris est'.

Pictavis civ. pal. reg., 4 kal. ian. a. 27, ind. 3.

<small>Copia chartul. Patriciacensis in bibl. Paris.
Perard 24 ex vet. chartul. — Bouquet 6, 628 n° 240 ex tabul. Patric. — Bréquigny ad 839. — Böhmer 501 ad 839.</small>

[840] 23 ian.

380* L., petente Hilduino abbate monasterii s. Dyonisii et ambasciante magistro, per suum praeceptum commutationes pari tenore scriptas confirmat, per quas abbas ex rebus monasterii sui

Ermentrudi abbatissae sive monasterio s. Mariae Iodorensi tres curtiles in villa Liniaco in pago Moldensi sitas dedit et invicem ab ea, permittente imperatore, ex rebus abbatissae commissis ad partem monasterii sui duas curtiles in eodem pago in villa Cuciaco sitas accepit. — ‚Si enim ea quae fideles imperii nostri'.

Actum Attiniaco pal. reg. a. 26, datum 10 kal. febr. ind. 2.

<small>Autogr. in arch. Parisiensi.
Ex autographo: Mabillon dipl. 525 n° 80 ad 839 = Tentzel app. 35 = Bouquet 6, 623 n° 230. — Tardif 90 n° 129 ad 839. — Félibien 59 n° 78 ad 839. — Specimen script. in Wailly pl. 12 n° 2. — Bréquigny ad 839.</small>

840, 15 febr.

381 L. Aldrico Cenomanicae urbis episcopo, qui propter assiduum apud imperatorem servitium parochiam suam negligi conquestus petiit, ut sibi sive intra sive extra parochiam vel palatium secundum canonicam auctoritatem oeconomum eligere liceat qui vice sua exteriores curas gereret et imperatori serviret, concedit ut, idoneo adiutore atque ecclesiae defensore electo, quiete in parochia sua resideat atque etiam post mortem imperatoris sub mundeburdo et defensione successorum suum ministerium gerat. — ‚Si sacerdotum dei iustis et rationabilibus'.

Pictavis civ. publ., 15 kal. mart. a. 27, ind. 3.

<small>Gesta Aldrici in cod. bibl. Cenom. saec. 9.
Baluze miscell. 3, 174 ex gestis = Le Cointe 8, 588 = Bouquet 6, 629 n° 241. — Bréquigny ad 840. — Böhmer 502 ad 840.</small>

840, 6 mai.

382* L. ob supplicationem Rabani abbatis monasterii super fluvium Fulda in pago Graphelt siti, praecepta sibi oblata, quibus Pippinus et Karolus privilegium s. Bonifatio a Zacharia papa datum corroboraverant, sua quoque auctoritate confirmat et praecipit, ut nullus episcopus neque iudex ullum sibi ius in res Fuldensis monasterii vindicet, sed ut rectores monasterii omnibus rebus quas nunc habeant aut ex oblationibus decimisque fidelium habituri sint, quiete perfruantur, ita tamen ut decimae a servis tantum et colonis ecclesiis monasterio propriis persolvantur. — ‚Cum petitionibus servorum dei iustis'.

Salz[b.] curia regia, 2 non. mai. a. 27.

<small>Charta vitiata codicis Eberhardi in arch. Fuldensi.
Dronke 233 n° 526 ex hoc cod.</small>

840, 8 mai.

383 L. fideli suo Ekkardo villas Funderlo et Marcinas in Lomensi pago super Sameram fluvium sitas concedit et de suo iure sollenni traditione in eius potestatem transfert. — ‚Imperialis celsitudinis moris est fideliter'.

Salz pal., 8 id. mai. a. 27, ind. 2.
<small>Chartul. s. Lamberti saec. 14 incip. in collectione d. Hénaux Leodiensis, et copia saec. 17 in arch. Casseleti oppidi.
Bulletins de l'acad. roy. de Belgique année 32, 2ᵉ série 15, 467 ex chartul. et copia.</small>

840, 12 mai.

384 L. ad quem Helis conquestus est, certas iuris sui res in marca Fachkedorp et in Belliroth super Viseram sitas a fiscalinis fisci Gerafelt iniuste invasas et fisco addictas esse, ex investigatione et relatione Popponis comitis edoctus hanc rem ita se habere, praedicto Heli has res quiete possidendas heredibusque relinquendas reddit. — ‚Notum esse volumus... quia quidam'.

Ketzicha, 4 id. mai. a. 27, ind. 3.
<small>Autogr. in musaeo Britannico.
Rassler app. 35 = Bouquet 6, 632 n° 243, fragm. — Bréquigny ad 840. — Böhmer 504 ad 840.</small>

840, 8 iun.

385 L. monasterio Wirciburg in honorem s. Salvatoris et s. Kiliani, cuius corpus ibidem requiescit, constructo res proprietatis suae in villa Imminestat in pago Walzsazi sitas et a Bernardo comite ex largitione imperatoris iure beneficiario possessas ea condicione confert et tradit, ut a comite illo usque ad decessum eadem ratione retineantur et post eius mortem in ius et dominationem monasterii conveniant. — ‚Si locis deo dicatis quippiam muneris'.

Frankonofurd, 6 id. iun. a. 27, ind. 3.
<small>Autographum in arch. Monacensi.
Mon. Boica 28ᵃ, 35 n° 23 ex aut. — Eckhart 2. 886 n° 11 ex aut. — Böhmer 505 ad 840.</small>

[817—840.]

386 L. Teodoni vassallo filii sui Lotharii caesaris quasdam proprietatis suae res concedit, cum ipse tamen ab eo alias certas res acceperit. — ‚Cum iustum esse constat ut regalis'.

S. a. d. l.
<small>Collectio formul. in cod. bibl. Paris. lat. 2718 saec. 9.
Ex hoc codice: Rosière 1, 356 n° 300. — Carpentier 34 n° 28 = Bouquet 6, 647 n° 28.</small>

[814—840.]

387 L. monasterio s. Iohannis Baptistae in suburbio Andicavinae civitatis constructo, in quo Licinius episcopus requiescit, ob petitionem a clericis monasterii, dum Ingilfridus abbas legati imperatorii titulo in Britannia commoratur, prolatam, res quasdam Massiliaci villae ab Autulfo quondam comite beneficii iure possessas reddit et confirmat. — ‚Si erga loca divinis cultibus mancipata'.

S. a. d. l.

<small>Collectio formul. in cod. bibl. Paris. lat. 2718 saec. 9.
Ex hoc codice: Rozière 2, 714 n° 570. — Carpentier 34 n° 14 = Bouquet 6, 639 n° 14. — Bréquigny pag. 201.</small>

[814—840.]

388 L., cum germani Ermengarius atque Ingilardus apud missos Sicardum et Teutardum comites conquesti essent, res suas a Vultgario quondam abbate contra legem invasas et rebus monasterii in monte Iovis constructi sociatas esse, ex inquisitione missorum et ex testimonio hominum bonae fidei edoctus res illis iniuste esse abreptas, iis has res reddi iubet et confirmat. — ‚Notum sit igitur omnibus... quia quidam homines'.

S. a. d. l.

<small>Collectio formul. in cod. bibl. Paris. lat. 2718 saec. 9.
Ex hoc codice: Rozière 2, 551 n° 452. — Carpentier 70 n° 42 = Bouquet 6, 654 n° 42. — Bréquigny pag. 202.</small>

[814—840.]

389 L. Haimoni comiti per suum praeceptum confirmat res in pago Aulinge superiore et in Caniucensi in Dotanecurte sitas et ab Erchamberto filio Radonis eiusque propinquo Bettone, quos secundum legem Salicam ingenuos relaxavit, per chartas venditionales emtas. — ‚Notum sit igitur omnibus... quia Haimo'.

S. a. d. l.

<small>Collectio formul. in cod. bibl. Paris. lat. 2718 saec. 9.
Ex hoc codice: Rozière 1, 343 n° 285. — Carpentier 84 n° 53 = Bouquet 6, 660 n° 53. — Bréquigny pag. 203.</small>

[814—840.]

390 L. ob petitionem Teofridis Anselmi relictae eam et res eius in suum mundeburdum suscipit. — ‚Notum sit... quia quaedam femina'.

S. a. d. l.

<small>Collectio formul. in cod. bibl. Paris. lat. 2718 saec. 9.
Ex hoc codice: Rozière 1, 14 n° 14. — Carpentier 66 n° 37 = Bouquet 6, 652 n° 37.</small>

[814—840.]

391 L. fideli suo Ricbodoni res proprietatis suae in pago Alsacensi in duabus villis Frankenheim sitas concedit. — ‚Imperialis celsitudinis moris est'.

S. a. d. l.

Collectio formul. in cod. bibl. Paris. lat. 2718 saec. 9.

Ex hoc codice: Rozière 1, 179 n° 141. — Carpentier 56 n° 29 = Bouquet 6, 648 n° 29. — Bréquigny pag. 202.

[814—840.]

392 L. ob petitionem Albrici actoris qui Karoli clementia libertatem consecutus est, decernit ut, si Albricus intestatus decesserit, res eius non secundum ius Francorum vel morem pro fisco occupentur, sed a filiis eius superstitibus excipiantur et quiete possideantur. — ‚Nemini putamus esse incognitum'.

S. a. d. l.

Collectio formul. in cod. bibl. Paris. lat. 2718 saec. 9.

Ex hoc codice: Rozière 1, 150 n° 121. — Carpentier 82 n° 52 = Bouquet 6, 659 n° 52. — Bréquigny pag. 203.

ANMERKUNGEN.

ACTA
REGUM ET IMPERATORUM KAROLINORUM
DIGESTA ET ENARRATA.

DIE URKUNDEN DER KAROLINGER

GESAMMELT UND BEARBEITET

VON

TH. SICKEL.

ZWEITER THEIL: URKUNDENREGESTEN.

II. ABTHEILUNG.

GEDRUCKT MIT UNTERSTÜTZUNG DER K. AKADEMIE DER WISSENSCHAFTEN.

WIEN.
DRUCK UND VERLAG VON CARL GEROLD'S SOHN.
1868.

ACTA GENUINA PIPPINI.

P. 1. Von 50 Diplomen für S. Denis die ich als echte in diese Regesten aufnehme, wären nach dem Urtheile der bisherigen Herausgeber noch 38 in Original erhalten. Anders urtheilte allerdings Kopp über den Charakter der betreffenden Schriftstücke. Als er die älteren Urkunden die jetzt im Pariser Reichsarchive aufbewahrt werden, durcharbeitete, schrieb er an den Rand eines Urkundenverzeichnisses dieses Archivs kurze kritische Bemerkungen (s. Beitr. zur Dipl. 3, 222) über die Diplome und bestritt bei mehr als der Hälfte und so auch bei vielen Urkunden für S. Denis die Originalität und selbst die Authenticität derselben. Nach eingehender Prüfung derselben Schriftstücke glaube ich dass Kopp in den meisten Fällen zu weit gegangen ist. Aber auch ich bin zu dem Ergebniss gelangt, dass manches bisher als Originalausfertigung betrachtete Stück nicht als solche anzusehen ist, und was speciell die Urkunden für S. Denis betrifft, so halte ich nur 33 für Originaldiplome, dagegen P. 28. 29, K. 1 für fast gleichzeitige Copien und K. 51, L. 29 für Exemplare in dem in Ul. § 116 dargelegten Sinne. Von den weiteren 12 Diplomen sind mir 5 blos aus Copialbüchern (s. P. 23* über Cartulaire blanc) und 7 nur noch aus älteren Drucken bekannt (darunter auch K. 38 von dem aber in Pertz Archiv 7, 836 eine mir entgangene Abschrift des 15. Jhdts. erwähnt wird). Bei einigen dieser letzteren Urkunden mag, dass sich im Fonds S. Denis des Pariser Archivs weder Originale noch Copien vorfinden, wol daraus erklären dass manche Diplome im Laufe der Jahrhunderte mit den betreffenden Gütern in andere Hände übergegangen waren, wie dies Mabillon von C. 12 und K. 33 ausdrücklich bemerkt. Andere hierher gehörige Schriftstücke mögen in S. Denis selbst und zwar um die Mitte des 17. Jhdts. in Verlust gerathen sein. Waren auch von jeher, wie der jetzige Bestand zeigt, die Urkunden des Klosters im ganzen gut aufbewahrt worden, so befand sich doch das Archiv in schlechter Ordnung, bis unter dem Cardinal und Abt Louis de Lorraine (1594—1621) sämmtliche Urkunden namentlich vom Parlamentsadvocaten Jacques de Coignée (s. Doublet 282) gesichtet, bezeichnet, verzeichnet und in einer gewissen Ordnung in neuen Schränken untergebracht wurden. Dass damals noch mehr vorhanden war als jetzt, ersehen wir aus Doublets Werk: nur aus ihm ist uns z. B. K. 160, nur aus ihm sind uns einige falsche Urkunden bekannt. Und zwar constatirte schon Mabillon (dipl. suppl. 7) dass nach dem Erscheinen des Werkes von Doublet einige Copialbücher aus dem Archive abhanden gekommen waren. Weitere Verluste fallen dann in die Zeit Mabillons. Noch er konnte P. 1. 9, K. 86 ex archivo Dionysiano publiciren, womit er offenbar Copien meint, da er die Benutzung von Originalen ausdrücklich zu bemerken pflegt. Diese Abschriften waren nach den Drucken zu urtheilen sehr correct, wahrscheinlich also auch sehr alt; um so mehr ist es zu bedauern dass sie jetzt nicht mehr vorhanden sind. Ihr Verlust nun scheint noch in das 17. Jhdt. zurückzureichen. Im J. 1688 nämlich wurde (etwa von D. Thomas François? s. Félibien 524) im Kloster ein Inventaire des chartres de l'abbaye de S. Denis (jetzt LL. 1189 im Pariser Archive) angelegt, in welchem sämmtliche damals bekannte Klosterurkunden verzeichnet sind und in dem theils von erster Hand theils von späteren bei jedem Stücke angegeben ist, ob es in Original oder in Einzelabschrift oder in ein Chartular eingetragen erhalten ist, ferner auch ob und wo es gedruckt ist. Indem nun bei P. 1 usw., von denen jetzt die alten Abschriften fehlen, nur auf die Mabillonschen Drucke verwiesen wird, ist es sehr wahrscheinlich dass die den letzteren zu Grunde liegenden Copien schon damals abhanden gekommen waren. Dies Inventar ist überhaupt für die Geschichte des Klosterarchivs sehr lehrreich. Indem ich für das 8. und 9. Jahrhundert den Bestand des Archivs von 1688 mit dem heutigen verglichen habe, habe ich mich überzeugen können dass alle damals verzeichnete Originale oder alte Abschriften noch jetzt vorhanden sind, dass die jetzt beschädigten Stücke es auch schon damals waren, dass also die älteren Urkundenschätze von S. Denis seit fast zwei Jahrhunderten sich weder verringert noch wesentliche Beschädigungen erfahren haben.

Die erste Publication derselben verdanken wir nun Doublet, dessen Werk 22 echte und 8 unechte der ersten Karolinger enthält. Ueber die Mängel seiner Publication hat sich niemand so offen ausgesprochen als Mabillon. Wir müssen hier besonders constatieren dass Doublet, der selbst nicht angibt ob er Originale oder Copien benutzt, wahrscheinlich zumeist nur nach Chartularien abgedruckt hat und dass er keine Ahnung hatte von diplomatischer oder historischer Kritik. Hatte es sich nun Mabillon zur Aufgabe gemacht speciell auch die Urkunden von S. Denis gegen die durch diese schlechte Publication hervorgerufenen Angriffe in Schutz zu nehmen, so achtete er es doch nicht der Mühe werth alle schon von jenem veröffentlichte Urkunden von neuem und in besserer Gestalt abdrucken zu lassen. Nur drei der uns hier beschäftigenden Diplome wurden von Mabillon wiederholt mitgetheilt, dagegen veröffentlichte er nun 17 derselben zum ersten Male. Und erst Félibien unterzog sich der Aufgabe die Doubletschen Drucke durch bessere auf die Originale gestützte zu ersetzen. Zumeist wurden dann im vorigen Jahrhundert, ohne dass auf die Originale oder ältesten Copien zurückgegangen wurde, nur die fast ganz correcten Texte von Mabillon und Félibien wiederholt, und erst in unserem Jahrhundert fanden neue Vergleichungen statt und wurden zugleich den früheren Forschern entgangene oder doch von ihnen nicht publicirte Stücke veröffentlicht. So verdanken wir Kopp den ersten Druck von L. 172, Kröber den von C. 2 und 4, Tardif endlich den von 8 bisher so gut wie unbekannten Stücken. In des letzteren Werk finden sich zugleich 23 der schon früher publicierten Diplome wiederholt. Empfiehlt sich daher dieses Buch durch seinen Reichthum an Urkunden für S. Denis, ferner durch grössere Correctheit in fast allen Fällen, durch Mittheilung der tironisch geschriebenen Zusätze usw., so kann ich doch nicht bei jedem Stücke (und es gilt dies zugleich von den hier ebenfalls gebotenen neuen Abdrücken der Urkunden für S. Germain und S. Maur des Fossés) den Tardif'schen Text als den brauchbarsten bezeichnen. Als Diplomatiker kann ich es nämlich nicht billigen, dass der Herausgeber um der Raumersparniss willen ziemlich oft die Arengen und die Schlusssätze ausgelassen, und dass er wie fast alle seine Landsleute die Chrismen anzugeben unterlassen hat.

P. 2. Vielleicht nur Concilienbeschlüsse; dass sie in Gegenwart des Königs gefasst worden sind, lässt sich nicht mit Bestimmtheit erweisen.

P. 3. Von den 5 Urkunden für Anisola wurden 4 aus einem jetzt nicht mehr bekannten Chartular des Klosters zuerst von Martène und Durand veröffentlicht, die sofort den Werth dieser Stücke für die Beurtheilung der in den acta episc. Cenomannensium überlieferten und Anisola betreffenden Urkunden richtig hervorhoben (ampl. coll. praef.). Ein fünftes Diplom L. 14 wurde später Bouquet aus dem Archive des Klosters mitgetheilt. — Die in diesen Urkunden vorkommenden Ortsnamen erklärt am besten Th. Cauvin géographie ancienne du diocèse de Mans, Paris 1844.

P. 4. Sämmtliche Urkunden der ersten Karolinger für Prüm sind uns nur aus dem liber aureus Prum. bekannt, der jetzt auf der Stadtbibliothek zu Trier aufbewahrt wird. Nach der Beschreibung von Waitz im Archiv 11, 438 und von Beyer ist dies Chartular (Pergamenthandschrift, kl. fol., 114 Blätter) im 10. Jhdt. begonnen, enthält dann aber zahlreiche Nachträge des 11. und 12. Jhdts. Dem zweiten Theile gehören von unseren Urkunden an: P. 4. 19, C. 10, K. 53. 150. 209, L. 101. 328; die übrigen 18 sind schon von einer Hand des 10. Jhdts. copiert. Bis zum Beginn des vorigen Jahrhunderts nun war nur ein einziges dieser Diplome (P. 20) publiciert worden. Erst durch die Deductionsschrift von Knauff wurden noch vier andere bekannt, indem im fünften Capitel dieses Buches ein Privilegium Ferdinands II. vom 5. September 1628 für Prüm abgedruckt wird, welchem eine Anzahl älterer Diplome in deutscher Uebersetzung und dann auch in lateinischer Sprache inseriert ist; wie eine Vergleichung der lateinischen Texte lehrt, sind dieselben dem lib. aureus in der Weise entnommen dass vidimierte Abschriften aus dem Copialbuche zur Bestätigung vorgelegt wurden (s. Notizenblatt 1, 103). Aus demselben Copialbuch veröffentlichte acht Jahre später Martène, mit Auslassung der schon in Knauff enthaltenen, 18 Diplome der ersten Karolinger für Prüm. Calmet, Bertholet, Hontheim, die Herausgeber der Gallia christiana u. a. wiederholten dann nur die Drucke von Knauff und Martène, bis Günther P. 19 nachtrug, und bis endlich Beyer eine neue vollständige Ausgabe aller im liber aureus überlieferten Diplome veranstaltete. An Beyers Drucke schliessen sich die Regesten von Goers im Mittelrhein. Urkb. 2, 575 an, welche am vollständigsten die Drucke von Prümer Urkunden angeben.

Differieren nun auch die auf dieses Chartular zurückzuführenden Drucke von Knauff und Martène einerseits, von Beyer andererseits in Einzelheiten, so ist ihre Uebereinstimmung doch gross genug, um es zu ermöglichen von den Drucken auf die ihnen gemeinsame Quelle zurückzuschliessen. Als im 10. Jhdt. der liber aureus angelegt wurde, scheint die Mehrzahl der damals in ihn eingetragenen Urkunden in Originalform vorgelegen zu haben: 14 Stück sind mit vollständigem und bis auf einige Fehler in den Namen der Notare und der Ausstellungsorte richtigem Protokoll abgeschrieben, nur 3 mit theilweise mangelnden Schlussformeln. Bereits von dem ersten Sammler wurde eine, man mag sie Karl d. G. oder Karl d. D. zuschreiben wollen, falsche Urkunde aufgenommen. Minder gut sind die Copien von späteren Händen: in ihnen sind die Sprache und einige Formeln modernisiert, namentlich aber ist der Wortlaut von C. 10 und K. 53 von den der alten Sprache nicht kundigen Abschreibern in zum Theil sinnloser Weise entstellt. Alle diese Mängel lassen sich jedoch auf Unkenntniss und Ungenauigkeit zurückführen, und den Inhalt berührende absichtliche Aenderungen oder Interpolationen scheinen sich die Schreiber des lib. aureus nicht haben zu Schulden kommen lassen.

Den Copisten schreibe ich auch zu dass in P. 4 und 20 das Kloster als ad hon. s. Mariae bezeichnet wird. Die besser überlieferten P. 22. 23, ebenso alle älteren chartae pagenses sagen nur ad hon. s. Salvatoris. In Privaturkunden taucht zuerst 866 (Beyer n° 105) die Benennung auf ad reliquias s. Salv. nec non et dei genitricis Mariae. Unter den gut überlieferten Diplomen redet zuerst L. 47 von monasterium s. Salvatoris et ceterorum sanctorum, und endlich bringt L. 240 den Zusatz et s. Mariae, welcher dann auch in den gleichlautenden Confirmationen Lothars, Lothars II. Ludwigs d. D. (Beyer n° 67. 92. 114) wiederkehrt, in anderen gleichzeitigen Diplomen aber noch fehlt. Ich halte demnach die Bezeichnung in P. 4 für der Zeit Pippins und Karls nicht entsprechend. Deshalb aber und wegen der Fehler des Protokolls die Urkunde zu beanstanden, ist um so weniger Grund, da die betreffende Schenkung mit ausdrücklicher Berufung auf ein Praecept Pippins von Ludwig d. D. in Beyer n° 113 bestätigt wird.

P. 5. Die Urkunden für Utrecht liegen nur noch in Copialbüchern vor. Das älteste derselben ist cod. Cotton. Tiberius C. XI im Britischen Museum, nach Pertz (M. G. h. 2, 217 und Archiv 7, 842) saec. 11, und enthält die fünf in diesen Regesten verzeichneten Stücke. Ein chartul. saec. 14 olim. Traiect. ecclesiae im Archive zu Hannover (Archiv 11, 454) enthält von diesen Diplomen nur die Karls und Ludwigs. Endlich existieren privilegia eccl. Traiect. collecta ab Hugone Vusting c. a. 1350 in Handschriften zu Brüssel und Leiden (Archiv 8, 570), über die mir aber nähere Angaben fehlen. — Aufgenommen wurden die fünf Diplome von Heda in sein 1521 geschriebenes Geschichtswerk, das zuerst 1611 in Franecker in 4° gedruckt wurde, dann nochmals wesentlich verbessert und mit zahlreichen Noten und Nachträgen versehen 1642 von Arnold Buchel veröffentlicht wurde. Heda erwähnt nun wol dass er die Utrechter Archive benutzt hat, enthält sich aber aller speciellen Angaben über die ihm vorgelegenen Abschriften oder Chartularien. Die Texte die er gibt sind zum Theil sehr fehlerhaft (noch schlechter sind dann die von Le Mire corrigierten Texte) und weichen sowol von den Copien des Londoner als von denen des Hannoverschen Codex vielfach ab. Diesem letzteren scheint Buchel das richtigere Datum von L. 53

entnommen zu haben. Die vollständigere Datierung von K. 2. findet sich im cod. Cottonianus. — In P. 5 fällt auf dass der ältere Pippin bezeichnet wird als rex Francorum, wol ein Schreibfehler statt dux. Bestätigungen liegen vor in K. 2, L. 53, Dipl. Zwentibolds von 896 in Heda 63. — Ich reihe hier gleich P. 6 an, dessen ganz verderbter Text sich nach Rozière n° 20 verbessern lässt. Schon das Verhältniss zu dieser bald veralteten Formel spricht zu Gunsten dieser Urkunde, welche allerdings Mabillon (ann. 2, 161) als minder zuverlässig, jedoch ohne Gründe anzugeben, und dann Rettberg, 1, 394 sofort als anerkannt falsch bezeichnete. Letzteres ist entschieden in Abrede zu stellen, und nur das ist zuzugeben dass bei der schlechten Ueberlieferung dieses Diploms die Worte: Bonifacius urbis Traiectensis episcopus nicht den Ausschlag in der betreffenden Streitfrage zu geben geeignet sind. Es verhält sich ähnlich mit dem in K. 2 dem Gregor beigelegten Bischofstitel: man kann vollständig dem von Rettberg 2. 533 geführten Beweise dass Gregor nie die Bischofsweihe erhalten, beipflichten und ist noch keineswegs berechtigt, wie Rettberg und Abel 1, 95 thun, daraus zu folgern dass das Diplom falsch ist, denn der unrichtige Titel kann von späteren Copisten eingeschaltet sein (UL. § 112.)

P. 7. Von echten Diplomen für Fulda, zu denen ich auch K. 235 hinzunehme, weil diese Bennit ertheilte Urkunde mit dessen Gütern in den Besitz des Klosters gekommen war, existieren noch heute folgende Originale: im Fulder Landesarchive P. 17. 24, K. 87. 88, L. 84. 114. 342. 366; im Reichsarchiv zu München K. 60. 235. Von Alters her sind nun in dem Kloster zahlreiche Einzelabschriften von den Diplomen angefertigt worden. Einige derselben, die Schannat benutzt haben will, sind jetzt nicht mehr vorhanden, so die Copien von K. 17. 50. 94. 235. Und die noch erhaltenen sind von sehr verschiedenem Werth, wie sich in einigen Fällen genau feststellen lässt. So sind von L. 84 (s. Beitr. zur Dipl. 4, 628) ausser dem Original mehrere unter sich verschiedene Abschriften auf uns gekommen. Ebenso existiert noch P. 24 in Original und alter Copie. Aus der Vergleichung der Abschriften mit den Urschriften ergibt sich aber dass sich die Copisten allerlei Abweichungen und Verstümmlungen zu Schulden kommen liessen. — Ferner wurden frühzeitig auch Copialbücher im Kloster angelegt, über welche am ausführlichsten Dronke in der Vorrede zu den traditiones et antiquitates Fuldenses (Fulda 1844 in 4°) Auskunft ertheilt. Uns interessieren hier nur diejenigen Chartularien welche königliche Urkunden enthalten, d. h. die noch in Fulda befindlichen libri Eberhardi. Ein Mönch Eberhard legte unter dem Abt Markward (1150—1165) diese Sammlung an, deren erster Band vorzüglich die päpstlichen Privilegien und königlichen Praecepte über Immunität und dergl. enthalten sollte, der zweite dagegen die Traditionen von Königen und anderen. Eine genaue Ordnung konnte er dabei nicht inne halten, da er die Stücke, so wie sie ihm von Zeit zu Zeit zugestellt wurden, in sein Sammelwerk eintragen musste. So erklärt sich auch dass er viele Diplome wiederholt copiert hat, indem ihm das eine Mal vielleicht eine Abschrift und dann erst das Original, das andere Mal erst die Urschrift und dann eine Abschrift in die Hände gerieth. In der Weise sind von unseren Diplomen zweimal aufgenommen P. 17, K. 50. 73. 224, L. 374. Was die Genauigkeit seiner Copien betrifft, so entschuldigt sich Eberhard selbst damit dass viele Stücke wegen veralteter Schrift oder wegen starker Beschädigung schwer zu entziffern gewesen seien (UL. § 111, N. 5). Vergleichen wir zunächst seine Texte mit den noch in Original vorliegenden, wie es bei P. 17. 24, K. 87. 88, L. 84. 114. 342. 366 möglich ist, so erscheinen jene von sehr verschiedenem Werthe. Ist z. B. P. 24 von Eberhard ziemlich getreu wiedergegeben und ebenso P. 17 in der einen der zwei Copien, so sind dagegen andere Urkunden in der Eberhardschen Sammlung sehr verunstaltet. So finden wir in K. 88 Namen und Daten verändert, in L. 342 einen unpassenden Zusatz zu der Ankündigung des Siegels, in K. 87 sind sämmtliche Sätze umgearbeitet, wobei der Kanzleisprache der Karolinger fremde Ausdrücke eingeschoben sind, ist ferner ein ganzer Satz interpolirt, ist endlich der Name des Abtes Baugulfus zu Rabanus geworden. Ich will hier, da einiges noch bei den einzelnen Stücken zu deren Vertheidigung gesagt werden muss, nicht des weiteren ausführen, dass die Eberhardschen Texte ebenso von einigen uns noch vorliegenden älteren Abschriften abweichen, so dass bei den von ihm doppelt mitgetheilten Stücken, z. B. bei K. 50 und 224, die Fassungen so von einander abweichen dass es fast fraglich wird, ob wir es da mit zwei differirenden Ueberlieferungen oder gar mit zwei verschiedenen Urkunden zu thun haben. Von untergeordneter Bedeutung ist die Entscheidung darüber, ob wir das Verderbniss dieser Stücke dem Eberhard selbst und allein zuzuschreiben haben, oder ob die Hauptschuld seine Vorgänger trifft, welche zuerst die Originale in Abschriften vervielfältigten. Dagegen ist es für die Kritik wichtig festzustellen dass noch in der Urschrift vorhandene Diplome in den Eberhardschen Chartularien bis zur Unkenntlichkeit verunstaltet sind; denn danach haben wir diejenigen Stücke zu beurtheilen die wie K. 31. 32. 74, L. 141. 288. 368. 374. 382 uns nur in diesen Copialbüchern überliefert sind und die zum Theil so verderbt sind dass sie nur um ihres wenigstens möglichen Inhalts willen als auf echten Urkunden beruhend betrachtet werden können (UL. § 112). Als a. spuria Fuld. habe ich daher diejenigen allein bezeichnet bei denen auch der Inhalt Bedenken erregt. Wie leicht man aber selbst bei so nachsichtiger Beurtheilung verderbter Diplome irren kann, zeigt der in Beitr. zur Dipl. 4, 627 besprochene Fall.

Während die chartae pagenses des Klosters Fulda zum grossen Theil schon 1607 von J. Pistorius veröffentlicht wurden, blieben die Diplome bis auf wenige Ausnahmen lange Zeit unedirt. Zwar wurden von Brower (antiquitates Fuld., Antwerpen 1612) schon manche Stellen aus ihnen mitgetheilt, aber in extenso gedruckt finden sich dort nur zwei unechte Diplome. Von den echten wurde zunächst nur P. 7, das Othlon im 11. Jhdt. in die Lebensgeschichte des h. Bonifacius aufgenommen hatte, und das in die Briefsammlungen des B. (s. Jaffé mon. Mogunt. 500) übergegangen war, durch verschiedene Publicationen des 17. Jhdts. (Duchesne, Le Cointe u. a.) bekannt. Es folgte dann die Veröffentlichung von L. 84. 342. 366 durch Kussler im J. 1711, offenbar nach den Originalen und gut abgedruckt. Endlich liess Schannat seit 1724 seine zahlreichen Fulda betreffenden Werke erscheinen und edirte unter anderm auch 19 der Diplome vor 840, die wir allenfalls als echt betrachten können. Obgleich nun Schannat in Folge der heftigen Angriffe, die er vorzüglich von dem Würzburger Historiographen Eckhart erfuhr, sehr bemerkenswerthe Fortschritte in historischer Kritik überhaupt und in diplomatischer in besonderem machte, und obgleich er später den Drucken der Urkunden grössere Sorgfalt zuwendete, so dürfen wir uns doch auf letztere nicht ganz verlassen. In Fällen in denen wir ihn controlieren können, überzeugen wir uns dass die Correctheit seiner Drucke einiges zu wünschen übrig lässt, dass er zuweilen statt der ihm gewiss zugänglichen besseren Ueberlieferung die minder gute zu Grunde legte und allenfalls auch wieder an schlechteren Texten änderte und besserte. Speciell können wir auch seinen Angaben über von ihm benutzte alte Abschriften nicht unbedingt Glauben schenken. Dennoch muss man ihn auch wieder gegen manche Vorwürfe Eckharts in Schutz nehmen, indem viele Verunechtungen der Urkunden (vgl. K. 235 bei Eckhart, Schannat und im cod. Eberhardi) nicht ihm, sondern den Copisten des Mittelalters zur Last fallen. Und immerhin gereicht es ihm zum Verdienst ein reiches Material aus dem Fulder Archive veröffentlicht zu haben. — Ausser Schannat ist aus dem vorigen Jahrhundert, wenn wir von Drucken einzelner Urkunden absehen, als Herausgeber von Fulder Diplomen nur noch Schöttgen zu nennen, der eine jüngere, jetzt nicht mehr nachweisbare Abschrift eines Theiles der Eberhardschen Sammlung erworben hatte und aus derselben Nachträge und Verbesserungen zu Schannats Publicationen geben zu können vermeinte; diese Drucke jedoch, auf eine schlechte Handschrift gestützt, sind so fehlerhaft dass es zumeist überflüssig erscheint auf sie zu verweisen. Und so ist erst in der jüngsten Zeit Schannats Arbeit durch den von Dronke besorgten cod. dipl. Fuld. übertroffen. Er zeichnet sich zunächst durch grössere Vollständigkeit aus (24 Diplome der ersten Karolinger), ferner dadurch dass im allgemeinen auf die je älteste Ueberlieferung zurückgegangen, dass über die zu Grunde gelegten Ur- oder Abschriften Rechenschaft gegeben ist und deren verschiedene Lesarten mitgetheilt sind. Aber leider war Dronke nicht Diplomatiker genug, um in allen Fällen über die Authenticität alter Schriftstücke entscheiden zu können und um in Bezug auf Correctheit der Drucke allen Anforderungen zu genügen. Inzwischen sind auch die zwei in München befindlichen Originale in den Mon. Boica abgedruckt, so dass sämmtliche Diplome der ersten Karolinger für Fulda, so gut es die Ueberlieferung gestattet, in ziemlich getreuem Abdrucke vorliegen.

Von P. 7, K. 224 und L. 382 habe ich ausführlich in den Beitr. zur Dipl. 4, 597—635 (s. auch UL. § 47. 59. 66) gehandelt und glaube speciell von der ersten Urkunde nachgewiesen zu haben, dass das jetzt noch vorliegende Schriftstück eine ziemlich gleichzeitige Abschrift ist und seinem Inhalte und seiner ganzen Fassung nach als echt zu gelten hat.

P. 9. Stimme ich auch in der Hauptsache der Auffassung dieser Urkunde durch Roth (Feudalität 76) bei, so kann ich ihm doch nicht darin beipflichten dass die Worte confirmatio Childeberti regis miteinander zu verbinden seien. Freilich muss ich, insofern er sich dabei auf die Arenga beruft, zugeben dass die gleiche Fassung derselben noch einmal in P. 25 begegnet und der gleiche Gedanke, nur moderner ausgedrückt (UL. § 62 N. 2), noch einmal in L. 266, d. h. in Diplomen die allerdings von Rückgabe geschenkten und bestätigten, dann aber entfremdeten Gutes handeln. Aber die Prologe brauchen nur im allgemeinen zu den Dispositionen zu passen, und bei ihrem rhetorischen Charakter lässt sich nicht aus einzelnen Worten derselben auf die specielle Bedeutung der Urkunden' schliessen (UL. § 57). Die darauf in der Erzählung folgenden Worte ad ipsam delegationem vel confirmationem entsprechen doch wol dem kurz vorhergegangenen delegare vel firmare, beziehen sich also auf eine charta Guntaldi, und regis ist dann als von precarias abhängig zu betrachten, wie im weiteren Verlauf von der precaria Grimoaldi die Rede ist. Für diesen Ausdruck weiss allerdings auch ich aus dieser Zeit kein zweites Beispiel anzuführen. Aber gerade dadurch dass zuvor schon der sonst übliche und dem Verhältniss entsprechende Ausdruck precaria s. Dionisii gebraucht war, kann sich die weitere minder richtige Bezeichnung prec. regis statt prec. s. Dion. verbo regis erklären. — Zur Vervollständigung des Itinerars verweise ich auf die vita s. Germani in Mabillon acta ss. 4, 88 und auf die Inschrift in Bouillart 285 planche 15, nach denen Pippin der Translation des b. Germanus am 25. Juli 754 (nach andern 755: s. Abel 15) beiwohnte.

P. 10. Zweifelhaft bleibt ob Pippin bei der Fassung dieser Beschlüsse zugegen gewesen ist: s. Rettberg 2, 626 und Hahn status hierarchiae 28. Was letzterer gegen das J. 755 vorbringt, ist nicht stichhaltig, wie Abel Untergang des Longobardenreichs (Göttingen 1859) 122 gezeigt hat. Für den Monatstag habe ich hier die Lesart zweier Handschriften der nur durch eine Handschrift beglaubigten 2 id. iul. vorgezogen.

P. 14. Honau wurde auf gleichnamiger Rheininsel unterhalb Strassburg vom Bischof Benedict um 720 gegründet und zunächst mit Schotten besetzt. Aber schon unter Karl dem D. erscheinen dort Kanoniker. Als die Insel nach und nach von den Fluthen weggespült wurde, zogen die Kanoniker 1290 nach Rheinau unterhalb Schaffhausen, und als auch diese Insel von der Zerstörung bedroht wurde, vereinigten sich die Kanoniker von Honau-Rheinau 1398 mit denen zu S. Peter in Strassburg. So kamen auch die Urkunden von Honau nach Strassburg und finden sich zum Theil noch in den Arch. départ. du Bas-Rhin, fonds S. Pierre le Vieux (s. Rettberg 2, 79; Catalogue des cartulaires 90; Spach lettres sur les arch. du Bas-Rhin 263).

Für die Diplome bis 840 sind nun früher benutzt worden; a) cod. membr. a. 1079 per Leonem Honaugiensem canonicum conscriptus, früher zu S. Peter; aus ihm schrieb der dortige Kanoniker J. Le Laboureur für Mabillon ab P. 13, C. 8, K. 24. 44. 56. 64, und dieselbe Handschrift wurde wahrscheinlich auch von Laguille benutzt. b) cod. s. Petri senioris saec. 15, dem Schöpflin und Grandidier P. 15, C. 8, K. 44. 64. 85 entnahmen. c) chartul. saec. 16 in arch. Tabernensi, von Grandidier für P. 14. 15, K. 56. 64. 85 benutzt. d) liber iurium s. Petri a. 1655, in welchem Grandidier C. 8, K. 24. 44. 56 fand. e) aus einer Wursteisenschen Handschrift theilte Schöpflin K. 56 mit. — Meines Wissens ist die letzte Handschrift allein noch erhalten (Züricher Bibliothek A. 74); sie enthält aber nur ein Fragment der betreffenden Urkunde. Wir sind also jetzt auf die Drucke angewiesen. Unter diesen sind die ältesten in Mabillon und Laguille aus cod. a. sehr fehlerhaft, was aber vielleicht nur letzterem und Le Laboureur zur Last fällt. Weit besser, aber auch noch vielfach der Emendation bedürftig sind die aus den Handschriften c. und d. abgeleiteten Drucke in Grandidier.

P. 14 und ebenso C. 8, K. 64 sind genau nach Rozière n° 16 stilisiert; P. 15 nach Rozière n° 158. Ueber diese Urkunden und die ihnen vorausgegangene des Hausmaiers Pippin in Pardessus n° 599 s. Beitr. zur Dipl. 3, 185. 197; 4, 583.

P. 17. In der einen Copie Eberhards: tradimus villas tres Logingen, Tiningum, Holschirchun sitas in pago Retie super fluvium Egera et Danubiam; in der zweiten: tradimus villam que dicitur Otingen. Schöttgen hat sich durch diese willkürlichen Aenderungen der Copisten irre führen lassen und hat zwei weitere Schenkungsurkunden angenommen: Sch. et Kreysig 1, 2 n° 2 und 3.

P. 19. Sprache modernisiert, Protokoll verderbt, Indiction interpoliert. Vielleicht beruht auch die Bezeichnung von Sinzig als Pfalz auf späterer Einschaltung, denn in anderen Urkunden lässt sich diese Pfalz nicht nachweisen, und unter den Schriftstellern erwähnt auch nur Prudentius zu 842 (M. G. h. 1, 438) S. palatium (s. auch Mabillon dipl. 324).

P. 20. Für den Ausstellungsort finden sich in den Drucken die verschiedensten Lesarten: Trisgodios, Thisgrodos, Frisgodros. Da kein Ort solches Namens bekannt ist, schlug Eckhart 1, 574 vor Arisgodios, Arescotum in Brabant. Aber weder daran noch etwa an Tris castrum an der Mosel, das später vorkommt, wird gedacht werden dürfen, einmal nicht weil gerade die Namen in der Nähe gelegener Ortschaften am wenigsten der Verunstaltung ausgesetzt gewesen wären, dann nicht weil zu der durch das Datum bestimmten Zeit Pippin schwerlich in dieser Gegend sich aufhielt. Nach der contin. Fredegarii, ann. Petav., ann. Laur. usw. fällt in dies Jahr ein neuer Feldzug nach Aquitanien. Damit verträgt sich nun allenfalls noch die Itinerarbestimmung in P. 19, aber nicht mehr ein Verweilen in Austrasien bis in den August hinein. Ich glaube also dass der Ausstellungsort vielmehr in Aquitanien oder auf dem Wege dorthin gesucht werden muss; es kann sogar an castrum quod dicitur Toarcis (ann. Laur. ad 762) gedacht werden, wenn man überhaupt aus einem jedenfalls verderbten Namen auf einen bestimmten Ort rathen will.

P. 21. In den Arch. départ. du Haut-Rhin in Colmar befinden sich noch jetzt ziemlich gut erhalten die Originale von K. 8. 40, L. 91. 92. Dagegen ist P. 21 nur in auch die anderen vier Diplome enthaltenden Copialbüchern überliefert, die aber alle erst im 15—17. Jahrhundert angelegt sind (s. Catalogue des cartul. 100; dazu kommt eine Abschrift des 17. Jhdts. in der Handschriftenabtheilung des Wiener Archivs). — Der erste der meines Wissens drei von diesen Urkunden aus einem Chartular veröffentlichte, war Martène. Dieselben drei und K. 40 publicirte darauf Lünig, leidlich gut und zum Theil wol nach den Originalen. Die fünfte P. 21 wurde zuerst durch Bouquet bekannt, der von dieser und von K. 40 Abschriften in Mabillons Papieren fand. Endlich folgten die Drucke aller fünf Diplome in Schöpflin, dem jedoch auch nur für K. 8 und L. 92 die Originale zu Gebote standen. Sämmtliche Drucke lassen sich daher aus den Originalen noch vielfach verbessern, und der von P. 21 aus Rozière n° 20 und aus den gleichlautenden Bestätigungen.

Am Schlusse von P. 21 bei Schöpflin steht der Name Annicho. Das ist aber nicht als Kanzlerunterschrift zu nehmen, sondern es ist der Name eines der folgenden Aebte von Murbach, des Amico, dessen Urkunden wahrscheinlich in einem der Copialbücher auf die Pippins folgten. Der in unserem Diplome genannte Baldebertus heisst einmal (Schöpflin l. c. n° 32 a. 760) episcopus seu abbas. Dies hat früheren Anlass gegeben den Murbacher Abt mit dem gleichnamigen Baseler Bischof zu identificieren, der in LL. 1, 30 als 765 auf dem Convente von Attigny anwesend genannt wird und wahrscheinlich erst viel später gestorben ist (s. series episc. Basil. in Martène thes. novus 3, 1385 und Rettberg 2, 93). Gegen diese Annahme spricht aber erstens, dass damals Murbach noch zum Strassburger Sprengel gehörte, dann dass der Murbacher Abt schon vor 765 gestorben ist. Denn in drei der auf Murbacher Aufzeichnungen beruhenden Annalen in M. G. h. 1, 28—29 heisst es zum J. 762: Baldebertus obiit; Haribertus abba ordinatus est. Dieser Haribert erscheint denn auch seit 767 in Urkunden des Klosters (Schöpflin n° 35). Der Bischof von Basel Baldebertus ist also eine andere Person als der gleichnamige Murbacher Abt, und dass diesem auch der bischöfliche Titel beigelegt wird, erklärt sich einfach daraus, dass Murbach eine Stiftung des Iren Pirmin ist und dass die Aebte irischer Klöster damals zumeist Bischöfe heissen (Rettberg 2, 675; Beitr. zur Dipl. 4, 572).

P. 22. Hontheim wollte verbessern: actum Massario, welches er für Marsana, Marsna, Meersen bei Maestricht hielt. Aber Massario für Marsna lässt sich nicht nachweisen. Die Namensform bei Beyer, die an sich mehr Glauben verdient, macht jedoch nicht minder Schwierigkeiten. Allenfalls könnte man vorschlagen in Aslaio oder in Aslao, Elsloo am rechten Ufer der Maass (s. Warnkönig et Gerard 2, 143). Aber ein Aufenthalt im August in dieser Gegend stimmt wieder nicht gut zu den Erzählungen der contin. Fredeg. und der ann. Laur., nach denen Pippin das Maifeld in Nevers abhielt und sich dann, wie es scheint auf längere Zeit, nach Aquitanien begab.

P. 25. Das Cartulaire blanc de S. D. (Pariser Archiv LL. 1157—1158) aus drei Foliobänden bestehend ist gegen Ende des 13. Jahrhunderts und wahrscheinlich von Guillaume de Nangis geschrieben. In dieser Sammlung sind die Urkunden nach den Besitzungen eingetheilt und innerhalb der Abtheilungen chronologisch geordnet. Jetzt nur noch hier überliefert sind P. 25. 30, L. 31. 266 und einige Fälschungen; K. 33 findet sich hier und im Cartulaire de Beaurain (Par. Archiv LL. 1168, Ende des 14. Jahrhunderts). Cart. blanc enthält aber auch Abschriften von noch vorhandenen Originalen. Beispielsweise will ich von K. 29 anführen wie sich der Text des Copialbuchs zu dem des Originals verhält: (Original pro quo) propter quod; (marthuris) martyris; (in loco que dicitur Hagrebertingas) in l. qui d. Haibertingas; (novo construxit) novo opere c.; (visi sumus) v. fuimus; (ibidem aspicere viduntur) videtur una cum villa nuncupata Bolamen; (calomniam generare quoque tempore pontificium non habeant) c. g. quo quam tempore presumant usw. Derartige Aenderungen scheint der Copist auch an den nur von ihm überlieferten Stücken vorgenommen zu haben.

P. 26. Die Annahme von Pertz dass dies Capitulare nach Waifars Tode und in Saintes, wo der König erkrankt und von wo er den Rückweg antritt (cont. Fredeg. in Bouquet 5, 8; ann. Laur. in M. G. h. 1, 146), erlassen sei, hat alle Wahrscheinlichkeit für sich. Da nun Waifar am 2. Juni stirbt (ann. s. Amandi in M. G. h. 1, 12; danach in ann. Sangall. zu verbessern: 4 non. iun. = feria 5), und Pippin im Juli in Poitiers urkundet, lässt sich das Capitulare genauer zu Juni bis Juli 768 einreihen.

P. 27. Ueber die Urkunden von S. Hilaire in den Arch. départ. de Vienne s. Mémoires de la soc. des antiquaires de l'Ouest, 23e année (Poitiers 1856) 34 und Rédet table des ms. de D. Fontenean conservés à la bibl. de Poitiers (Poitiers 1839) tom. 1. (conf. K. 169*). — Schon Schönemann System 2, 136 erklärte nach Einsicht der von den Mauriern mitgetheilten Schriftprobe, dass das Stück nicht Original sei. Genau beschrieben wird die Copie von Rédet.

P. 28. Das angebliche Original (K. 5 n° 9) hat etwa den Schriftcharakter der Diplome Ludwigs d. F., und dieser Zeit entsprechen auch die grammaticalisch richtigen Formen. Uebrigens sind das Recognitionszeichen mit richtigen tironischen Noten und die Worte bene valeas neben dem Siegelkreuzschnitt von geübter Hand nachgeahmt.

P. 29. Ueber Inhalt und Fassung dieser Immunität s. Beitr. zur Dipl. 3, 219. — Eigenthümlich ist das Verhältniss der Schrift dieser Urkunde zu der Schrift von C. 2, wie es aus den beiden Schrifttafeln ersichtlich ist. Schon in der ersten Zeile fällt die Gleichheit der Sylbenabtheilung, der Abkürzungen und Abkürzungszeichen auf, welche doch nicht aus dem allgemeinen Brauch diese Worte zu schreiben allein erklärt werden kann, und ebenso wiederholen sich im Context allerlei Aehnlichkeiten. Es macht den Eindruck als wenn auch in Bezug auf die Schrift entweder die Copie P. 29, etwa nach Verlust des Originals, dem Autograph von C. 2 nachgeschrieben sei, oder als wenn für die Copie und für das Original Carlomanns dieselbe nun nicht mehr vorhandene Pippinische Originalurkunde als Vorschrift gedient habe; in dem einen und dem anderen Falle zeugt dies für die ganz mechanische Art mit der bei der Ausstellung von Diplomen vorgegangen wurde.

P. 33. Mit Ausnahme von L. 238 sind die Diplome für Corbie in verschiedenen jetzt auf der Pariser Bibliothek befindlichen Chartularien überliefert, von denen hier folgende in Betracht kommen. Cod. Corbie 18^d im 11. Jhdt. angelegt und im 14. fortgesetzt; der ältere Theil enthält unter anderen K. 3 und L. 46, der jüngere L. 237. Cod. Corbie 18^a aus dem 12. Jhdt. mit den zwei zuerst genannten Diplomen. Endlich cod. Corbie 19 (Cartulaire noir) im J. 1295 unter dem Abt Garnerius angelegt mit L. 237 und mit dem von einer Hand des 14. Jhdts. nachgetragenen P. 33. Ein Theil dieser Stücke scheint den Copisten noch in Original vorgelegen zu haben, da sie den Abschriften Siegelabbildungen beifügen, in denen die Siegel Karls und Ludwigs mit richtigen Legenden versehen sind. Die Texte selbst sind aber in diesen Copien vielfach verderbt, namentlich die der zwei älteren, von den Abschreibern offenbar nicht mehr verstandenen Urkunden. Aus den genannten Chartularien sind nun einerseits die Abschriften von Dom Grenier in der Collection Moreau geflossen (nur für L. 237 lag ihm zugleich das sehr beschädigte Original vor), andererseits die Drucke, nämlich die von K. 3 und L. 237 in Martène und die der zwei anderen Stücke in meinen Beitr. zur Dipl. Vor einigen Jahren ist dann wieder das Original von L. 237 in Amiens zum Vorschein gekommen, aber in solchem Zustande dass es kaum noch entziffert werden konnte und dass sich aus ihm keine wesentlichen Verbesserungen zu dem bisher bekannten Texte gewinnen liessen: s. Mélanges hist. 1, 440 und Pertz Archiv 8, 77.

P. 34. Die älteren Karolingerurkunden für Epternach sind nur aus dem liber aureus Epternacensis bekannt. Die Handschrift, jetzt auf der Bibliothek in Gotha cod. membr. 71, ist von Waitz im Archiv 11, 338 beschrieben und von Wurth-Paquet, der ihren urkundlichen Inhalt zunächst nach einer jüngeren Copie in den Publications de la société etc. de Luxembourg 16 (année 1860). 1—29, dann nach dem Gothaer Codex ibid. 18 (a. 1862), 97 verzeichnet hat. — Unter dem Abt Godefrid begann 1191 Theodericus eiusdem ecclesiae humilis alumpnus eine Geschichte des Klosters zu schreiben, die er bis in die Zeit Heinrichs VI. fortführen wollte, aber dem Codex nach, in dem seine Hand bis f. 43 geht, kaum bis zur Mitte des 8. Jhdts. verfasst hat. Obgleich er selbst seiner Erzählung Urkunden einflocht, wollte er doch die eigentliche Urkundensammlung von anderen schreiben lassen: testamentorum quoque densissimam silvam .. suo loco et ordine a secundo libro incipiens describere sollerter curavi. Diese Sammlung füllt nun den grösseren Theil der Handschrift, in welche ein und dieselbe Hand Urkunden bis zum J. 1222 eingeschrieben hat; es folgen dann Eintragungen, Ergänzungen und Correcturen von verschiedenen späteren Händen. Die von Theodericus selbst mitgetheilten Stücke sind bis auf zwei (f. 28: Schenkung der Irmina von 704; f. 42: Schenkung der Berta von 721) bereits in Pardessus gedruckt. Unter den von der zweiten Hand eingetragenen Urkunden begegnen zuerst zwei falsche von Karolus maior domus filius Pippini und von Pippinus maior domus. Dann folgen unter anderen die 9 in diesen Regesten verzeichneten Diplome, darunter ein falsches. Dem Abschreiber haben wie es scheint nur in wenigen Fällen Originale oder vollständige Copien vorgelegen, denn sonst würde er wol häufiger, so wie von L. 138, die Schlussformeln mitgetheilt haben. Vergleichen wir nun seine Abschriften von späteren Urkunden mit den uns noch erhaltenen Originalen (das älteste Epternacher Original ist so viel ich weiss das Diplom Zuentebulchs vom J. 895 im Trierer Archiv), so erscheinen sie wenig correct, wie auch schon die vielfachen Verbesserungen und Zusätze von Händen des 15. und 16. Jhdts. im lib. aur. Epternacensis zeigen. Besonders fehlerhaft sind aber die Copien der älteren Karolingerdiplome, deren Sprache dem Abschreiber nicht mehr verständlich war, und deren Wortlaut er verbessern zu müssen glaubte, in der That aber verunstaltet hat. — Die Mehrzahl der Urkunden für Epternach wurde 1784 auch für die Collection Moreau (Pertz Archiv 7, 836) abgeschrieben, und zwar zumeist aus dem liber aureus und nur L. 138 aus dem damals noch vorhandenen Originale. Veröffentlicht war früher ausser dem s. spur. Pippini nur K. 157 durch Martène und andere, bis ich kürzlich aus dem lib. aureus die sieben anderen Diplome abgedruckt habe.

Für P. 34 ist eine genauere Zeitbestimmung nicht möglich, da unter diesem König kein Abtswechsel stattfand. Nach Theodericus (s. auch Martène ampl. coll. 4, 509) stirbt Willibrordus 7 id. nov. 739 und folgen auf ihn: Albertus (oder Adebertus) a. 37 (danach Abel 72 zu berichtigen); Beonradus Senonensis episcopus a. 22; Ado a. 20; Sigoaldus Spoletanus episcopus a. 9; Theotgaudus a. 5; Hettinus episc. a. 6; Iheronimus a. 10 etc. — Ueber die Epternacher Immunitäten mit Mundium s. Beitr. zur Dipl. 3, 207. 224.

P. 35. Das älteste noch erhaltene Originaldiplom für Worms ist meines Wissens das Ludwigs d. D. von 860, jetzt im Archiv zu Darmstadt, in welches der grössere Theil der kirchlichen Archive von Worms übergegangen ist. Für die älteren Urkunden sind wir also, was handschriftliche Ueberlieferung anbetrifft, angewiesen auf das jetzt im Archiv zu Hannover befindliche chartularium Wormatiense, das um die Mitte des 12. Jhdts. angelegt ist von Heremannus qui dicor magister scholarum (er findet sich auch in Urkunden 1142—1158 bei Schannat cod. prob. n° 80—85). Hier sind eingetragen P. 35 (Abschrift davon verdanke ich der Güte des Hrn. Archivrathes Grotefend), a. spur. Worm., L. 17. 18. 264. Jüngere Copien dieses Chartulars befinden sich in der Münchener Bibliothek und im Darmstädter Archiv. Letzteres besitzt ausserdem ein domstiftisches Copialbuch saec. 15, das aber von älteren Diplomen nur L. 17 enthält. (Eckhart in der Vorrede zu den comment. erwähnt ein chartul. eccl. Worm. membr. tempore Friderici Barbarossae a quodam canonico Ercamberto scriptum, von dem sonst niemand etwas weiss; ich vermuthe dass nur der Name falsch angegeben und das in Hannover befindliche Copialbuch gemeint ist.) — Der einzige nun der bisher die ältesten Wormser Urkunden veröffentlicht hat, ist Schannat. Da er im Auftrage und zu Gunsten des Bischofs schrieb, standen ihm die Archive offen, und so bezeichnet er auch alle uns hier beschäftigende Diplome als genommen ex arch. episcopi oder ex arch. eccl. cathedralis, ohne jedoch die Beschaffenheit der Schriftstücke anzugeben. Aber es lässt sich leicht erweisen dass Schannat das zuvor genannte Chartular nicht benutzt, ja nicht einmal gekannt hat. Er würde nicht als ältestes urkundliches Zeugniss für den B. Erembertus eine Fulder Urkunde von 770 (Dronke n° 31) angeführt haben, wenn er von P. 35 Kunde gehabt hätte. Ferner weichen seine Texte vielfach von denen der Copialbücher ab, sie sind entschieden besser und vollständiger als diese. Endlich theilt er auch noch L. 246 mit, das sich in den Chartularien nicht findet. Dass seit Schannats Zeit die von ihm benutzten Schriftstücke verschwunden sind, ist um so mehr zu bedauern, da nach seinen Drucken zu urtheilen ihm wahrscheinlich L. 17 und 18, vielleicht auch L. 264 noch im Original vorgelegen haben.

Wie schlecht uns die Diplome vom Magister Hermann überliefert sind, zeigt am deutlichsten P. 35. Zunächst bemerke ich, da ich diese Immunität bei der Veröffentlichung der Beitr. zur Dipl. noch nicht kannte, dass die Fassung am nächsten der der Diplome für Sithiu Pard. n° 507. 515 und K. 5 steht, und dass sie sich andererseits an Rozière n° 20 anschliesst. Die Vergleichung zeigt uns aber auch dass der Schreiber des Chartulars oder seine Vorgänger eine Pippinsche Urkunde nicht mehr verstanden und nach ihrem Ermessen abänderten. Wenn sie nun schreiben: quicquid ibidem ex munificentia regum vel de collatu populi vel de quolibet atrio.... delegatum fuerit, so ist es leicht die ursprüngliche Lesart: attracto herzustellen; ebenso leicht lassen sich die Ankündigung der Unterschrift und andere stehende Wendungen verbessern. Aber andere Sätze machen schon grössere Schwierigkeiten und lassen vermuthen, dass die Urkunde nicht allein stilistisch sondern auch inhaltlich überarbeitet ist. Namentlich scheint die wiederholte Erwähnung von telonea in Zusammenhang mit den anerkannten Fälschungen für Worms zu stehen; sie ist mir ebenso bedenklich als die von Waitz V. G. 4, 12 beanstandete, wol aus L. 17 entlehnte Wendung. Im übrigen lässt sich gerade aus den Wormser Fälschungen, wenn man sie mit einander vergleicht, am ehesten noch auf die ursprünglichen Urkunden und deren Inhalt schliessen. So sprechen die Merovingische Formel für die Ankündigung der Unterschrift in P. 35 und die Arenga dafür, dass damals wirklich ein Diplom Dagoberts vorgelegen hat. Ist nun auch dieses zu einer ganz groben Fälschung (Pard. n° 242) umgearbeitet, so sind doch in ihr die Schlusssätze der Immunitätsformel (ut nullus iudex publicus — consuetudo reddendi) stehen geblieben und bekunden dass von Dagobert eine Immunität ertheilt war; andrerseits ermöglichen uns diese Sätze einen Sinn in den ganz verderbten und wahrscheinlich interpolierten Schluss von P. 35 zu bringen. Aus späteren Immunitäten wie L. 17 kann dies alles nicht entnommen sein, weil ihre Fassungen durchaus zeitgemäss sind und keine Spur mehr von Formeln der Merovingerzeit zeigen. — Ueber andere Wormser Diplome s. L. 264*.

P. 36. Nicht überzeugend ist was Baluze 2, 1030 für den Ansatz zu 756 geltend macht. Mehr haben die Gründe für sich um derentwillen Boretius dies Capitulare zu Ausgang 754 oder zu Anfang 755 setzen will, dass nämlich schon in LL. 1, 27 § 22 (P. 12) auf § 4 hingewiesen zu werden und dass § 7 unter dem Einfluss von Rachis notitia cap. 2, edict. cap. 6 entstanden zu sein scheint. Gfrörer Volksrechte 1, 118 will, ohne Gründe dafür anzuführen, das J. 760 annehmen.

ACTA GENUINA CAROLOMANNI.

C. 3. In den Arch. départ. du Haut-Rhin findet sich ein Pergamentheft vom J. 1503 mit der Aufschrift: Vidimus vorm Consistorio zue Basel aufgricht etlicher Confirmation des Gotshauss Münster in S. Gregorienthal habender Freihaitten. Aus demselben ersehen wir dass auch schon damals nicht mehr ältere Diplome für dies Kloster vorhanden waren, als wir jetzt kennen, nämlich speciell für die Zeit bis 840 C. 3, L. 195. 245. Von diesen dreien bewahrte das Klosterarchiv bis in das vorige Jahrhundert hinein die Originale, aus denen der Reihe nach Mabillon, Martène, Schöpflin diese Urkunden veröffentlichten. Erst im Anfang dieses Jahrhunderts wurde der ältere Theil des Münsterschen Archivs zerstreut. So findet sich heutigen Tages im Fonds Münster des Departementalarchivs nur noch das Original von C. 3. Das von L. 195 war wenigstens vor einigen Jahren noch nicht wieder zum Vorschein gekommen. L. 245 dagegen war mit vielen anderen Urkunden durch Kauf in die Sammlungen des Strassburger Bischofs Raess übergegangen. Vgl. Spach l'abbaye de Münster, im Jahrgang 1861 des Bulletin de la soc. pour la conserv. des monum. hist. d'Alsace, wo jedoch irrthümlich behauptet wird dass sich auch das Original von L. 195 im Besitz des Bischofs befinde.

C. 5. Die Urkunden von Novalese sind dem k. Archive in Turin einverleibt (s. Pertz Archiv 5, 318 und Bethmann in den Noten zu dem chronicon Novalic. in M. G. h. 7, 73). Von denen der ersten Karolinger ist C. 5 allein noch in Original vorhanden. Von C. 11 existiert blos eine Abschrift des 17. Jahrhunderts. Das angebliche Original von K. 21 ist eine um mehrere Jahrhunderte jüngere Copie, welche die alte Schrift nachzuahmen versucht. K. 72 ist uns nur in der um die Mitte des 11. Jhdts. geschriebenen Klosterchronik (Originalcodex im Turiner Archiv) erhalten und K. 249 in einem Urkundenbuche des Bisthums Grenoble, in dem sogenannten premier cartulaire de s. Hugues, das wie in den Mélanges historiques 1, 262 ausführlich dargethan ist, um 1109 geschrieben ist und sich jetzt als cod. Harlay n° 487 auf der Pariser Bibliothek befindet. Die beiden falschen Urkunden für Novalese liegen in Schriftstücken des 11. Jahrhunderts vor. Ob einige dieser Urkunden schon von Rochex (la gloire de l'abbaye de Novalese, Chambéry 1670) veröffentlicht worden sind, habe ich nicht feststellen können. Von diesem Werke abgesehen, sind, mit Ausnahme des schon von Mabillon veröffentlichten K. 249, die Drucke von Muratori die ältesten.

Der Ausstellungsort von C. 5 (Foucard versichert mir dass im Original Cadmoniaco stehe; Bethmann dagegen soll, wie mir Wattenbach mittheilt, Calmiciaco gelesen haben) ist unbekannt. Kröber denkt an Communiacum, Commagny bei Genf; Datta an Caen in der Normandie; Abel 1, 59 möchte Coconiagum zu lesen vorschlagen.

C. 9. Von Ebersheimmünster besitzen wir eine Chronik deren Handschrift jetzt der Stadtbibliothek von Strassburg einverleibt ist, und welche von Marténe, Grandidier, zum Theil auch von Böhmer ediert ist. Im Anfange des 13. Jahrhunderts geschrieben hat sie ein älteres wol im 12. verfasstes Werk in sich aufgenommen, das zum Theil voller Fehler und Fabeln, doch andererseits wieder auf einzelnen alten und guten Ueberlieferungen beruht (s. Rettberg 2, 81; Böhmer fontes 3, Vorrede 16; Spach lettres sur les arch. départ. du Bas-Rhin 338). Ganz wie mit dieser erzählenden Quelle verhält es sich mit den älteren Urkunden des Klosters: zum grösseren Theile sind sie spätere Machwerke unmöglicher Form und falschen Inhalts, aber einzelne andere wiederum, wenn auch mehr oder minder verunechtet, können gar nicht ohne alte und gute Vorlagen entstanden sein, bergen also gleichfalls in sich Reste echter historischer Zeugnisse, echter Diplome. Einige dieser Stücke nun sind mit in die Chronik aufgenommen. Eine der uns hier beschäftigenden Urkunden war in ein Copialbuch von Zabern übergegangen. Die andern wurden noch im vorigen Jahrhundert im Klosterarchive als alte Schriftstücke in Diplomenform aufbewahrt. Jetzt aber scheint keins der letzteren mehr vorhanden zu sein, so dass wir betreffs der Ueberlieferung und der Beurtheilung dieser Urkunden nach äusseren Merkmalen uns an Grandidier halten müssen, der die Mehrzahl derselben zum ersten Male veröffentlichte, aber zugleich für Fälschungen erklärte. Er hat den Nachweis der Unechtheit so vollständig geliefert dass ich die a. spuria nur nach ihm aufzuzählen habe und im übrigen auf ihn verweisen kann. Und so bedarf es hier nur der Rechtfertigung dafür dass ich doch zwei Diplome dieser an Fälschungen so reichen Gruppe, nämlich C. 9 und K. 225, als in der Hauptsache echt bezeichne und nicht, wie Abel 20 thut, vollständig verwerfe. — Es ist an und für sich unwahrscheinlich dass irgendwo eine auf Carlomanns Namen lautende Urkunde später erfunden sei, da die Erinnerung an seine kurze und fast thatenlose Regierung durch die an die lange und thatenreiche Regierung seines Bruders vollständig in den Hintergrund gedrängt wurde. Spricht schon diese Betrachtung zu Gunsten von C. 9, so noch mehr der Umstand dass die Protokolltheile durchaus richtig sind und dass die Ankündigung der Unterschrift ganz charakteristisch lautet. Von dem sonstigen Contexte lässt sich nicht das gleiche sagen, er ist vielmehr durchgehends modernisiert (s. UL. § 61 N. 3). Allerdings lassen auch einzelne Sätze des jetzigen Wortlautes noch eine alte zeitgemässe Fassung durchschimmern, aber andere Sätze, und gerade die der disponierenden Theile, weichen so von allem ab was zu Carlomanns Zeit Brauch war, dass die Ursprünglichkeit dieser Bestimmungen in Zweifel gezogen werden muss. Besonderen Anstoss erregt mir dann die Erwähnung von privilegia Pippini in C. 9 und wieder in K. 225. Es entsteht hier nämlich die Frage ob wir dies Wort in der älteren Bedeutung (s. Beitr. zur Dipl. 4, 569) nehmen sollen oder in der späteren oder, was auf dasselbe hinausläuft, ob wir es als dem ursprünglichen Wortlaute angehörig oder erst bei späterer Ueberarbeitung in den Text gekommen betrachten sollen. Privilegien sind gerade bei den elsässischen Klöstern so häufig, dass sie auch bei Ebersheimmünster wol anzunehmen sind. Aber der Berufung auf älteres Privilegium entsprechen dann nicht die Einzelbestimmungen von C. 9, so dass bei dieser Urkunde entweder privilegium als interpoliert erscheint oder dass die darauf folgenden Bestimmungen als durch Umarbeitung verderbt erscheinen. Günstiger steht es mit K. 225, indem hier die allerdings auch nicht zeitgemässen Worte: nulla iudiciaria potestas spiritalis seu secularis doch richtig auf den Inhalt eines privilegium cum emunitate hinweisen. Können wir nun deshalb privilegium cum emunitate als den wesentlichen Inhalt von K. 225 betrachten und daraus wieder auf analogen Inhalt von C. 9 zurückschliessen, so entsprechen doch den dafür üblichen Formeln nicht alle einzelnen Wendungen in K. 225, noch weniger die in C. 9. Und somit glaube ich zwar den Hauptinhalt beider Diplome als glaubwürdig annehmen zu können, aber nicht dessen specielle Ausführung, welche ich vielmehr späterer Ueberarbeitung zuschreibe. Es kommt dabei endlich noch die formelle Beschaffenheit von K. 225 in Betracht. Grandidiers Behauptung dies Diplom aus dem Original abgedruckt zu haben, muss ich nämlich bestreiten; denn neben zumeist richtigem Protokoll, erscheinen hier Ausdrücke (manu propria confirmantes, signum C. g. regis), die gegen die durch alle Originale bezeugte Norm verstossen. Ich glaube daher dass das von dem Herausgeber für Original erklärte Schriftstück nur eine ziemlich alte Abschrift in Diplomenform gewesen ist, in der dann möglicher Weise auch inhaltliche Aenderungen vorgenommen sind. Aber dass hier wahrscheinlich eine alte Copie vorgelegen hat, ist schon bezeichnend. Denn K. 225 (und ähnliches lässt sich auch von C. 9 sagen) unterscheidet sich alsdann betreffs der Ueberlieferung wesentlich von den auf Ludwigs Namen lautenden Schriftstücken, in denen Grandidier sofort autographa adulterina erkannte, und dem entpricht es vollkommen dass K. 225 und C. 9 formell fast ganz richtig sind, die anderen Stücke dagegen formlose Fälschungen sind, die nur in ganz vereinzelten Wendungen allenfalls an echte Vorlagen erinnern. In jenen alten Abschriften von C. 9 und K. 225 mögen sich alte, wenn auch verunechtete Zeugnisse erhalten haben; die anderen Stücke aber wurden ohne alle Sachkenntniss angefertigt, um alte Diplome zu ersetzen von denen sich kaum mehr als die Kunde ihrer Existenz erhalten hatte. Kunde davon gaben nämlich die annalistischen Aufzeichnungen von Ebersheimmünster, wie sie in die spätere Klosterchronik übergegangen sind. Denn diese berichtet (Martène thes. anecd. 3, 1135 sequ.): Benedicti temporibus Pippinus rex monasterio Noviento cum omnibus pertinentiis suis immunitatem concessit. — Diebaldus abbas..... huic Carolus magnus privilegium immunitatis tradidit et ab omne iure fisci regalis absolvit, cuius etiam exemplar inserimus (fehlt im Abdrucke). — Sabacius abbas..... Ludowicus imperator plus privilegium immunitatis tradidit. Mir erscheinen diese Angaben, die auffallender Weise die Urkunde Carlomanns übergehen, glaubwürdig genug, um auf Grund derselben neben den erhaltenen echten und unechten Diplomen auch verlorene Immunitäten wahrscheinlich mit Privilegienbestimmungen anzunehmen.

C. 10. Der Text ist in der Abschrift so verderbt dass einzelne Stellen jedem Emendationsversuche trotzen. Sicher jedoch scheint mir dass zu lesen ist statt Dirodoinus — Chrodoinus (gleich Rodwinus, wie in der Ueberschrift des lib. aureus steht), statt exoramus — exercemus, statt cum una — cum vena, statt permisis — perviis usw. Besonders wird das Verständniss durch die ganz sinnlose und doch von Beyer beibehaltene Interpunktion des Copisten erschwert. Wohin dergleichen führen kann, zeigt das Missverständniss zu dem der Passus bei Beyer: et suam vel suis gamaladionis tam per veragos homines quamque per confirmaciones regum cognovimus, iusticiam ei reddimus etc. Anlass gegeben hat. Maurer Fronhöfe 1, 305 liest da heraus dass es sich um Zurückgabe der Gerichtsbarkeit handle, während Waitz V. G. 4, 382 iusticia richtig als Recht an etwas übersetzt, aber auch noch den durch die falsche Interpunktion gestörten Zusammenhang übersieht. Es ist zu setzen: dum…suam… cognovimus iusticiam, ei reddimus etc. — Zu gamaladiones, das auch Pertz LL. 2, 7 vorkommt, vergl. die Glossen in Baudi di Vesme edicta 227 und 233; Graff 2, 651 und 4, 206; Zöpfl Rechtsgeschichte 3. Aufl.) 866.

C. 11. Ueber Inhalt und Fassung s. Beitr. zur Dipl. 4, 583 und UL. § 48; über das Privilegium des Stifters Abbo s. Datta in Memorie della r. acad. delle scienze di Torino (1826) 30, 177. — Der Ausstellungsort Noyon ergibt sich aus der besseren Lesart Neum[a]go in Muratori, statt Heumago in Mon. h. p. Die schlecht überlieferte Datierungsformel glaube ich so emendieren zu können: datum sub die quod fecit mensis iunius dies viginti et sex anno secundo etc.

C. 13. Der Angabe Schöpflins die Urkunde ex autogr. abgedruckt zu haben, kann ich nicht Glauben schenken. — Forel régeste de documents relat. à l'hist. de la Suisse romande 18 n° 44 hat aus Versehen die Datierungszeile von C. 3 mit dem Diplom für Granfelden verbunden. — Der Fehler im Titel berechtigt noch nicht C. 13, wie Rettberg 2, 96 gethan hat, zu beanstanden (UL. § 112). Ich bemerke noch gleich hier zu dem a. deperd. von Ludwig, dass auch die gegen die Urkunde Lothars namentlich von Kopp 1, 429 erhobenen Bedenken nicht stichhaltig sind; nur ist allerdings das von Herrgott facsimilierte Schriftstück nicht Original, sondern blos Copie in Diplomform und ist demnach allein nach seinen inneren Merkmalen zu beurtheilen.

ACTA GENUINA KAROLI.

K. 4. Sämmtliche Drucke stammen direct oder indirect aus einem jetzt in Privatbesitz befindlichen chartularium saec. 11—12: s. Marchegay archives d'Anjou, Angers 1843. Ueber einzelne Worte des Textes vgl. UL. § 29 N. 5, § 58 N. 7, § 61, § 83 N. 2. Insofern die Drucke die Namen der betreffenden Villen verschieden angeben, habe ich denen in Bouquet deshalb den Vorzug gegeben, weil sie mit denen der charta Lamberti (s. act. deperd.) übereinstimmen. Die verlorne Urkunde L. ist wahrscheinlich 837—840 zu setzen, vorausgesetzt dass der etwa im J. 837 (UL. § 32) verstorbene Helisachar bis zu seinem Tode Abt von S. Aubin gewesen ist.

K. 5. Etwa im J. 961 begann Folquinus, damals noch Mönch in S. Bertin (Sithiu), später Abt von Lobbes, die Thaten der Aebte des Klosters aufzuzeichnen, d. h. vorzüglich die Urkunden in denen die einzelnen Aebte erwähnt wurden, zusammenzutragen. Spätere schrieben dann theils seine Sammlung ab, theils ergänzten und berichtigten sie dieselbe, theils setzten sie sie fort (s. Guérard préface und Delisle actes de Ph. A. 555). Benutzt wurden die so entstandenen Copialbücher von S. Bertin schon im 17. Jhdt. von dem Jesuiten Malbrancq (de Morinis et Morinorum rebus, Tornaci 1639—1654, 3 in 4°), aber vollständige Urkundendrucke gab zuerst Mabillon, unter andern auch von vier Diplomen der älteren Karolinger. Wie er angibt, hat er noch die Originalhandschrift Folquins benutzt, welche am Ausgang des vorigen Jahrhunderts mit dem grösseren Theile des Archivs verbrannt ist. Auf uns sind also nur hier und da differierende Abschriften des chart. Folquini oder an dasselbe sich anschliessende spätere Sammlungen gekommen. Von diesen sind für unsere Diplome zu benutzen: 1) eine Copie des 12. Jhdts., jetzt auf der Stadtbibliothek von Boulogne sur mer, welche Guérard seinen Drucken zu Grunde gelegt hat; 2) das sogenannte grand cartulaire de S. Bertin auf der Stadtbibliothek zu S. Omer, eine am Ende des vorigen Jahrhunderts von dem Klosterarchivar de Whitte angelegte Sammlung, für welche die damals noch vorhandenen Originale und alten Copien, sonst das chartul. Folquini benutzt sind (s. Pertz Archiv 8, 81). Von den uns hier beschäftigenden Diplomen waren jedoch schon zu de Whittes Zeit Originale nicht mehr erhalten, so dass wir für sie einerseits auf die aus dem Original von Folquins Copialbuch stammenden Drucke Mabillons, andererseits auf die Abschriften dieses Sammelwerkes angewiesen sind. — Ueber die Fassung der Immunitäten s. Beitr. zur Dipl. 3, 224. 232.

K. 6. Im vorigen Jahrhundert befanden sich in dem gut erhaltenen Archive von S. Etienne d'Angers u. a. noch die Originale von K. 6 und L. 100; die dritte Urkunde L. 281 war in dem im 11. — 12. Jhdt. angelegten livre noir überliefert. Wahrscheinlich aus den Originalen veröffentlichten die Brüder Sainte Marthe die zwei ersten Diplome in der Gallia christ., aus der alle späteren Drucke abgeleitet sind, während Baluze das dritte jenem Chartular entnahm. Ebenso stammen aus den Originalen und dem Copialbuch die Abschriften von D. Housseau, die sich in der nach ihm benannten Sammlung der Pariser Bibliothek (s. Marchegay arch. d'Anjou und Pertz Archiv 7, 837) befinden. Die Uebereinstimmung der Drucke mit den Abschriften bürgt für die Zuverlässigkeit beider im allgemeinen; nur K. 6 ist augenscheinlich von allen Copisten sprachlich emendiert. — Das Stephanskloster stand zu Karls Zeiten noch ausserhalb der Stadt, aber dicht an der Mauer, muss jedoch bald in die Stadt einbezogen worden sein, da es schon unter Karl d. K. (Bouquet 8, 436 n° 13) als infra muros ipsius civitatis gelegen bezeichnet wird.

K. 7. Was die Herausgeber bestimmt hat dies Stück zu 769 etwa anzusetzen, ist nicht entscheidend (s. Waitz V. G. 3, 163 N. 4, dessen Bemerkung Abel 56 übersehen zu haben scheint). Will man auf den Titel Werth legen, so ist aus ihm nur das zu ersehen dass K. 7 vor 800 erlassen sein muss, denn in den Capitularien fehlt auch noch nach 774 oder 776 die Beziehung auf das langobardische Königthum (UL. § 117).

K. 9. Von den älteren Urkunden für das Bisthum Trier ist nur noch L. 94 in verstümmeltem Original im Coblenzer Archiv vorhanden. Die anderen echten und unechten sind nur im Baldnineum erhalten, d. h. in einem unter dem Erzb. Balduin (1307 — 1354) angelegten Copialbuch, von dem sich zwei Exemplare in demselben Archive (s. Zeitschrift für vaterl. Gesch. des westphälischen Vereins 10, 300) und ein drittes im Berliner Archiv (s. Pertz Archiv 11, 770) befinden. Alle unsere Diplome stehen in der litterae putrefactae überschriebenen Abtheilung des Balduineum. Im Vorwort heisst es von diesen: alique predictarum litterarum propter extraneam et ignotam scripturam earum fuerunt cum difficultate nimia exemplate. Die Abschriften einiger Urkunden, namentlich die von K. 97, sind denn auch im höchsten Grade verderbt und ohne zahlreiche Emendationen gar nicht verständlich. — Die ältesten Drucke finde ich in Rosières (3 spuria und K. 97), der aber die Urkunden seinen Zwecken entsprechend zugestutzt hat, weshalb ich diese Drucke nur erwähne um vor ihnen zu warnen. Zwei der falschen Urkunden wurden dann in eine für K. Rudolf II. bestimmte, ohne Angabe von Druckort und Jahr erschienene Denkschrift: comment. de origine et statu antiquissimae civit. Augustae-Treverorum aufgenommen; eine derselben wiederholte Brower. Auch durch Hontheim wurde nur das eine echte Diplom L. 94 bekannt gemacht, so dass wir erst von Beyer eine vollständige, aber auch noch höchst mangelhafte Ausgabe erhalten haben. — Ueber K. 9 und L. 94 und über das Verhältniss dieser Immunitäten zu der für Metz K. 36 s. Beitr. z. Dipl. 3, 225. 233; 5, 360; UL. § 66 und 115 N. 14. Die Datierungszeile hier glaube ich so emendieren zu müssen: datum quod fecit. .kal. apr. (s. folgende Anmerkung).

K. 10. Zu Ende des 10. Jhdts. wurden in Lorsch die Urkunden des Stifts gesammelt und zwar in zwei Abtheilungen, deren erste die Urkunden der Päpste, Könige, Fürsten und Grafen der Zeitfolge nach und durch chronikenartige Erzählung verbunden enthält, die zweite dagegen die chartae pagenses nach Gauen geordnet. Nach mannigfaltigen Wanderungen von Lorsch nach Mainz, zurück in die Pfalz, wiederum nach Mainz kam die betreffende Handschrift (des Klosters Lorsch Privilegia, cod. membr. in fol. max.) in das k. Archiv in Würzburg (Pertz Archiv 7, 807), endlich in das k. Reichsarchiv in München.

Zuerst veröffentlichte Freher 1600 einen Theil dieser Handschrift als chronicon Laureshamense mit 5 Diplomen der Zeit vor 840. Dieselben Urkunden erschienen wieder mit der Chronik abgedruckt in Duchesne script., in Le Cointe, in Helwich antiquitates Lauresh. Im Anfang des vorigen Jhdts. beabsichtigte dann Bessel (Chron. Gotwic. praef. 30) eine vollständige Ausgabe der reichen Urkundensammlung von Lorsch und liess eine Abschrift des Originalcodex anfertigen, die sich noch in der Göttweiher Bibliothek befindet. Aber erst nach Bessels Tode erschien von Klein besorgt der cod. diplom. monasterii Laurisheimensis ex ms. mon. Gottwicensis, typis mon. Tegernseeensis 1766, 2 vol. in 4°. Und um dieselbe Zeit veröffentlichte auch Lamey im Auftrage der Academia Theodoro-Palatina nach dem damals wieder in die Pfalz zurückgekehrten Originalchartular seinen cod. Lauresham. diplom., Manuhemii 1768, 3 vol. in 4°. In diesen beiden Ausgaben liegen nun sämmtliche Lorscher Urkunden vor, in beiden wie schon die Uebereinstimmung der Drucke lehrt, ziemlich genau nach der Originalhandschrift abgedruckt. Nur in einem Punkte weichen beide Ausgaben von der Handschrift und zum Theil von einander ab. In dem Chartular ist nämlich den Contexten der Diplome mit alleiniger Ausnahme von K. 10 die subscriptio regis nebst dem Monogramm mit rother Tinte am Rand der Handschrift beigefügt, wie auch Klein l. c. 1, 38 in der Anmerkung anführt. Während nun Freher diese Formel in seinen Abdrücken richtig wiedergab, hat sie Lamey regelmässig ausgelassen; Klein endlich übersah sie bei den Diplomen Karls, druckte sie dann aber bei den Diplomen Ludwigs mit ab. Ich stelle trotz dieses durchgehenden Fehlers der Ausgabe von Lamey diese, weil sie die verbreitetste und im übrigen correct ist, voran. Daneben noch die Kleinsche Edition bei den einzelnen Urkunden zu citieren, halte ich für überflüssig, da die Seitenzahlen in ihr für die älteren Diplome fast dieselben sind wie in der Mannheimer Ausgabe.

Der Mönch von Lorsch sagt nun selbst (cod. dipl. pag. 9 und 35) dass er in seiner Sammlung die Soloecismen der älteren Urkunden zu verbessern bedacht gewesen ist und dass er die Stücke durch Auslassung von Formeln zu kürzen gesucht hat; er hat es auch mit den Namen und Titulaturen und wahrscheinlich auch mit den Daten nicht immer genau genommen; endlich ist die Reihenfolge in der er die Urkunden mittheilt, nicht in allen Fällen die chronologisch richtige. Letzteres kommt gleich bei den ersten Diplomen K. 10. 12. 18. 19. 28 in Betracht, von denen das erste und dritte ohne Datierung überliefert sind. Der Sammler sagt allerdings in der vorausgeschickten Einleitung, dass diese beiden Urkunden im J. 776, im achten Jahre Karls erlassen seien; aber die Titel (UL. § 83—84) und der Inhalt nöthigen uns sie früher zu setzen. Im Januar 773 (K. 19, dann auch K. 28) nennt K. Lorsch schon sein Kloster; folglich muss die Tradition von der K. 18 handelt, schon früher stattgefunden haben, und noch früher muss die Evindicationsurkunde K. 10 ausgestellt sein, wie schon Rettberg 1, 585 bemerkt hat. Letztere muss aber auch noch vor die Immunität vom Mai 772 gesetzt werden, und da andererseits K. erst nach dem Tode seines Bruders diesseits des Rheins herrschte und Caucor erst 771 starb (ann. Lauresh. in M. G. h. 1, 30), kann K. 10 nur in die ersten Monate des J. 772 fallen. Am füglichsten reihen wir dies in Heristal ausgestellte Stück zu Ende März ein, um welche Zeit auch ann. Laur. den König hier verweilen lassen. Den undatierten Mundbrief K. 18 werden wir gleichfalls um des Inhalts willen am füglichsten (Beitr. zur Dipl. 3, 214) zwischen die Immunität K. 12 und die Tradition K. 19 einreihen. In der Hauptsache, dass nämlich K. 10 und 18 zu 772 gehören, stimmt Abel 1, 103 mit mir überein, aber K. 18 will er vor K. 12 setzen. Dass dies möglich ist, stelle ich nicht in Abrede: doch darf dann in der Erzählung nicht der Inhalt von K. 18 als theils vor die Immunitätsverleihung fallend und als theils ihr nachfolgend dargestellt werden, und zweitens, da diese chronologische Anordnung nur möglich aber nicht gewiss ist, darf die Immunitätsverleihung nicht als Folge der Aufnahme in den Schutz bezeichnet werden.

Ich knüpfe hier an was über das Itinerar von 772 zu sagen ist. Nach ann. Laurissenses, deren officieller Charakter (Ranke Abh. der Berliner Academie 1854, 415) sich besonders auch in der Genauigkeit und Zuverlässigkeit der Itinerarangaben bekundet, verweilte K. zu Weihnachten 771 in Attigny. Am 13. Jan. 772 ist K. 8 ausgestellt in Blanciaco. Orte dieses oder ähnlichen Namens lassen sich in Aquitanien, im Moselgau, unweit S. Omer nachweisen, sie alle passen aber nicht in das Itinerar dieser Zeit. Diesem empfiehlt am meisten an das heutige Blagny (Dep. Ardennes, Arrond. Sedan) zu denken. Ostern (29. März) feierte der König nach den Annalen in Heristal. Es ist zulässig vorher einen Aufenthalt in Thionville anzunehmen, wohin ich K. 9 einreihe, und nehme ich deshalb hier an, dass in der Datierung eine Ziffer vor kal. apr. ausgefallen ist. Denn füglich können wir den König nicht am 29. März in Heristal und schon drei Tage später, falls überhaupt actum und data möglichst zusammenfallen sollen, in Thionville sich aufhalten lassen. Man könnte freilich auch versucht sein, in K. 9 kal. apr. in id. apr. umzuändern, wenn nicht alsdann das Verhältniss zu K. 11 neue Schwierigkeiten bereitete. Diese Urkunde, wie sie in alter Abschrift vorliegt, soll am 11. April des 3. Regierungsjahres in Worms ertheilt worden sein. Im entsprechenden Jahre 771 beging aber Karl das Osterfest (7. April) in Heristal, kann folglich nicht am 11. April in Worms gewesen sein. Und da nun auch mindestens zweifelhaft ist, dass Karl damals schon über den Gau von

Paris geherrscht (UL. § 81) hat, meine ich muss die Ziffer für das Regierungsjahr in K. 11 geändert und muss etwa das J. 772 angenommen werden, in dem die Annalen Karl vor dem Feldzuge gegen die Sachsen in Worms verweilen lassen. Dadurch wird dann aber auch die Einreihung von K. 9 in die Tage vor Ostern bestimmt. Nach K. 12 wäre darauf Karl im Mai nochmals nach Thionville zurückgekehrt, und hier oder in der Nähe wird auch K. 13 ausgestellt worden sein: der uns überlieferte Ausstellungsort Drippione ist nicht bekannt (Mabillon dipl. 280 vermuthete dass Dupium gemeint sei, etwa Düffel in Belgien, Provinz Antwerpen, Arrond. Mecheln), und der Name wahrscheinlich entstellt. Des weiteren ist im Juli K. 14 ausgefertigt. Zu Ende des Regierungsjahres reihe ich K. 15 ein, das erst nach dem Tode Carlomanns ertheilt ist. K. 16. 17 machen keine Schwierigkeit, und dass endlich K. 18 noch vor dem Januar 773 eingeschaltet werden muss, ist schon früher gesagt.

K. 11. Für S. Maur des Fossés habe ich hier zu verzeichnen K. 11, L. 87. 88. 207 und eine falsche Urkunde. — Das K. 11 enthaltende Schriftstück verräth sich theils durch Reichthum an grammaticalischen und orthographischen Fehlern, der noch weit über das den damaligen Originalen eigene Mass hinausgeht, theils durch seine äussern Merkmale als das Werk eines Copisten der weder mit der Kanzleisprache noch mit den Kanzleiformen vertraut war. Es wird genügen einiges von den äusseren Merkmalen anzuführen. Unmittelbar an decrevimus roborare schliesst sich an: actum est Warmacia civitate poblici, so dass diese Angabe vom Datum getrennt ist. Die königliche Unterschrift lautet: † Carolus rex, und endet mit sehr schlechtem Recognitionszeichen. Die Kanzlerunterschrift fehlt ganz, denn mit Eligius, das Tardif als am Schluss befindlich angibt, hat es auch seine eigene Bewandtniss. Ich sehe hier nur eine Verschlingung cursiver Buchstaben, die ich nicht vollständig aufzulösen vermag. Mit einiger Sicherheit erkenne ich hier nur el und al, die vielleicht zu Worten wie feliciter, valete gehören könnten. Eben um dieser Beschaffenheit der Copie willen halte ich mich zu der zuvor vorgeschlagenen Aenderung der Jahresangabe berechtigt. — Ueber die Fassung dieser Urkunde s. Beitr. zur Dipl. 3, 225. Auffallender Weise ist dies Stück auf der Rückseite von einer Hand des 9. Jhdts. bezeichnet als praeceptum Karoli imperatoris de teloneo. — Die drei echten Diplome Ludwigs finden sich noch in Original vor. Dass die erste die alte Bezeichnung praeceptum primum de Fossato trägt, erklärt sich daraus dass das erste Kloster dieses Namens eingegangen war und erst unter Ludwig wieder hergestellt wurde. L. 87 und 88 sind ausserdem in mehreren Copialbüchern überliefert, nach denen sie früher auch gedruckt worden sind, nämlich im Livre noir (Pariser Archiv, LL. 112) aus dem 13. Jhdt., im Livre blanc (LL. 114) im J. 1274 geschrieben, endlich in einem chartul. chartac. saec. 15 (LL. 115). L. 207 findet sich dagegen in keinem dieser Copialbücher. Das jetzt sehr verstümmelte Original ist nämlich einst zu einem Einbande verwendet worden, und wahrscheinlich geschah dies schon vor Anlage der Chartulare. Die auf L. Namen lautende Fälschung endlich ist mir aus einem etwa um 1100 geschriebenen, auch von Tardif n° 127 verzeichneten Stücke bekannt. In den beiden älteren Copialbüchern befindet es sich nicht, aber da Bouquet auf einen cod. chartac. Fossat. verweist, vielleicht in dem Copialbuch LL. 115, das ich nur flüchtig eingesehen habe.

K. 13. Zu Anfang des 8. Jhdts. gründete Wolfoaldus zu Ehren des h. Michael ein Kloster in pago Virdunensi, in loco qui dicitur Castellionis, in fine Vindiniaca, ubi ad ipsa radice montis consurgit fluviolus qui dicitur Masupia (Pardessus n° 475). Als später Wolfoald des Hochverraths schuldig erkannt und als seine Güter eingezogen wurden, schenkte Pippin (P. 11) das Kloster an S. Denis. Und auch Lothar soll es etwa im J. 843 (Tardif 107 n° 169) der letztgenannten Abtei wieder zugesprochen haben, nachdem es in den späteren Jahren Ludwigs ihr entzogen worden sei. Letzteres ist jedoch nicht verbürgt, denn die betreffende Urkunde Lothars im Pariser Archive ist keineswegs, wie bisher behauptet wurde, Original. Wie es sich nun aber auch mit der Glaubwürdigkeit des Inhalts vom Diplome Lothars verhalte, das durch P. 11 bezeugte Verhältniss kann nicht lange bestanden haben. Denn in zahlreichen Urkunden, und unter diesen wird einerseits eine Immunität Pippins genannt, andererseits befindet sich unter ihnen auch ein Wahlprivilegium Lothars vom J. 840, erscheint das Kloster als vollkommen unabhängig. Bis 816 (L. 90) wird es ausser nach dem Heiligen bald monast. Castellionis, bald Marsupium genannt. Aber um 819, jedenfalls vor 824 (L. 209. 273) verlegte der Abt Smaragd das Kloster etwa eine Meile weit thalwärts an die Mündung des Baches Marsoupe in die Maas. Zwar bestand die ursprüngliche Stiftung noch als Zelle und Begräbnissort unter dem Namen vetus monasterium fort, und noch im vorigen Jahrhundert erwähnt Calmet eine alte Kirche Vieuxmoutier an der Stelle des ältesten Klosters. Aber als das eigentliche Kloster galt seit Ludwigs Zeiten die neue Stiftung an der Maas, gewöhnlich wie die später dort entstandene Stadt nach dem Schutzheiligen S. Mihiel genannt. — Im 11. Jhdt. wurde eine Chronik des Klosters verfasst, an die sich ein Chartular anschloss. Ueber die Handschrift und ihre Geschichte s. Trosz catal. des arch. de l'abb. de s. Mihiel en Lorraine (Paris 1853 in 8°) und Trosz chronicon s. Mich. (Hammone 1857 in 4°). Sie sollte von der Pariser Bibliothek erworben werden, und bezeichnete ich sie demnach in den Regesten als dort befindlich. Aber nachträglich erfahre ich dass der Kauf in Folge von Einsprache des Archivdepartements im Ministerium des Innern rückgängig geworden ist, und dass die Handschrift für das Archiv des Maas-Departements in Bar le Duc reclamiert wird. Aus diesem Codex theilte zuerst Mabillon die Chronik und die Mehrzahl der Urkunden mit, Baluze edierte etwas später aus derselben Handschrift L. 90, und endlich veröffentlichte Martin Rethelois wahrscheinlich aus anderer Quelle L. 209 mit dem bei Mabillon fehlenden Datum. Auf diese Publicationen stützen sich alle weiteren Drucke. Nach diesen zu urtheilen sind die Urkunden im Chartular, wie oft in derartigen Sammlungen, ohne die Unterschriftszeilen und hie und da incorrect überliefert. Auch eine falsche, wol mit Benutzung von L. 277 geschmiedete Urkunde (s. Le Cointe 7, 728; Heumann 1, 260) ist in das Chartular aufgenommen worden. Wahrscheinlich verunstaltet von dem Copisten ist der Name des Ortes, an dem K. 13 ausgestellt worden ist und der sich nicht bestimmen lässt. Ueber den Inhalt dieser Urkunden s. Beitr. zur Dipl. 4, 589; UL. § 48.

K. 14. Den Bemerkungen welche K. Pertz (s. K. 76*) zu Wartmanns Abdruck gemacht hat, kann ich nicht beistimmen. Mitio et hominis steht jedenfalls den in anderen Mundbriefen an dieser Stelle gebrauchten Ausdrücken näher, als mitio dicti hominis, wie Pertz zu lesen vorschlägt, weil et auf radiertem Grunde steht. Es kommt dazu dass et doch schon von der ersten Hand eingeschrieben ist und dass andererseits der Raum zu klein ist für dicti (denn die später übliche Abkürzung dieses Wortes lässt sich gewiss damals noch nicht nachweisen). Die zweite Bemerkung von Pertz betrifft den Ausstellungsort. Von allen wird anerkannt dass nur noch zu sehen ist: Broc...g.l. palacio. Der Vorschlag von Wyss zu ergänzen Brocomagad palacio (Brumpt bei Strassburg) wäre an sich gut, wenn ein Aufenthalt zu der Zeit im Elsass sich mit den sonstigen Itinerarsangaben vertrüge. Pertz dagegen will ergänzen Brocariaco regali palacio. Wir können ganz dahin gestellt sein lassen ob, was Wartmann bestreitet, die Lücke gross genug ist oder nicht um diese Ergänzung zuzulassen, weil wir auch mit diesem Ortsnamen nichts anfangen können. Pertz denkt nämlich an Bourcheresse zwischen Chalon und Autun (Mabillon dipl. 254). Ausserdem ist ein Brocaria (jetzt Brière in der Nähe von Sens) aus Pardessus n° 361 bekannt. Aber weder in der einen noch in der anderen Gegend kann sich Karl im Juli 772 befunden haben. Will man also nicht eine falsche Zählung der in Buchstaben ausgeschriebenen Regierungsjahre annehmen, so muss man in dem verstümmelten Namen den Namen eines Ortes suchen den Karl auf seinem Sachsenzuge berührt haben kann, etwa zwischen dem Rhein und der damaligen Grenze von Sachsen (so auch Abel 104). Diesen weiter zu bestimmen fehlen mir wenigstens die genügenden Anhaltspunkte, und so enthalte ich mich jedes positiven Vorschlages.

K. 16. Im Pariser Archiv finden sich von älteren Diplomen für S. Germain des Prés: in Original nur K. 68, und in die Originalform mehr oder minder nachahmenden Abschriften K. 16. 108 (beide saec. 9 incip.), L. 96 (saec. 10), a. spur. L. (saec. 12 incip.). Von Chartularien, welche im Catal. des cartul. 110 und in Delisle actes de Ph. A. 558 verzeichnet sind, kommt als das älteste mit Karolingerdiplomen vorzüglich das Cartulaire des Trois-Croix (LL. 1024 saec. 12 — 13) in Betracht: in ihm finden sich in fehlerhaften Abschriften, die auch vielfach von späteren Händen verbessert sind. K. 16. 68. 108, L. 96. 260. Die falsche Urkunde ist zuerst in das Cartul. de l'abbé Guillaume (LL. 1026 saec. 13) eingetragen. Eine von Pertz im Archiv 7, 837 erwähnte Urkunde für S. Germain ohne Datum ist mir nicht zu Gesicht gekommen.

Das K. 16 enthaltende Schriftstück mit der Archivbezeichnung K. 6 n° 1 ist keineswegs, wie bisher angenommen worden ist, Original. Gleichmässig verlängerte Schrift der ersten Zeile, wie sie dies Stück aufweist und wie sie von Mabillon nachgebildet ist, ist in dieser Zeit noch nicht gebräuchlich gewesen (UL. § 94). Entscheidender ist dass die Unterschrift nicht von Rado und dass das Monogramm nicht ganz kanzleimässig ist. Ich bestreite also, wie schon Kopp gethan hat, die Originalität und bezeichne das Schriftstück seinen äusseren Merkmalen nach als im Beginn des 9. Jhdts. angefertigt. Ueber das dem Pergament jetzt aufgedrückte Siegel s. UL. § 105 N. 2. — Lässt nun auch die

Correctheit der Eingangs- und Schlussformeln voraussetzen dass dem Verfertiger dieses Schriftstückes ein echtes Diplom irgend welchen Inhalts vorgelegen habe, so halte ich doch den Inhalt der uns jetzt geboten wird, für rein erfunden. Denn wenn sich auch in dieser angeblichen Immunität zum Theil Bestimmungen und Wendungen finden welche den Immunitäten der Zeit entsprechen, so ist doch die ganze Fassung so abweichend, dass ich sie, die nicht durch eine Originalausfertigung beglaubigt ist, auch nicht als aus der Kanzlei hervorgegangen betrachten kann. Und es liegt auch aus dem nächsten Jahrhundert keine echte Immunitätsbestätigung für dies Kloster vor, sondern nur Fälschungen ähnlichen Inhalts, nämlich a. spur. L. und die gleichfalls gefälschte Urkunde Karls d. K. (Copie des 11. Jhdts.) in Bouquet 8, 485 n° 64. Auf ein Diplom Ludwigs wird allerdings in der Originalurkunde Karls d. E. vom J. 903 in Bouquet 9, 495 n° 29 verwiesen, aber es scheint in demselben vielmehr von Besitzbestätigung als von Immunität die Rede gewesen zu sein. Was nun statt der Immunität in dem K. 16 zu Grunde liegenden Diplom gestanden haben mag, darüber lässt sich in diesem Falle nicht einmal eine Vermuthung aufstellen.

K. 17. Das von Schannat mitgetheilte Urkundenfragment können wir ohne Bedenken nach einem vollständigeren aber sonst incorrecten Texte ergänzen, den Dronke l. c. aus dem cod. Eberhardi abgedruckt hat. Beide Stücke sind gleicher Fassung, nur heisst im letzteren der Angeklagte Dagaleichus. Ob nun hier blos eine willkürliche Namensveränderung durch die Copisten stattgefunden hat oder ob zwei verschiedene Personen betreffende gleichlautende Placita ausgestellt sind, lässt sich nicht mehr entscheiden.

K. 20. Von den fünf echten Diplomen für die Bischöfe von Strassburg liegen L. 95. 196. 287 noch in Original im Departementalarchiv vor. Von dem ersten und dritten theilte schon Guillimann Fragmente mit, die dritte veröffentlichte dann Laguille. Beide erschienen darauf in der Gallia christ. nach den Originalen gedruckt und wiederum nach den Originalen in den Werken von Schöpflin und Grandidier. Diese edierten auch L. 196, aber nur nach Copialbüchern, wahrscheinlich weil zu ihrer Zeit das Original nicht bekannt war. Grandidier veröffentlichte ausserdem K. 20 und 55 und zwar aus Abschriften des bischöflichen Archivs, die jetzt nicht mehr aufzufinden waren.

K. 23. Für die älteren Diplome für Metz (ausgenommen K. 120, das in Verbindung mit Salzburger Urkunden zu besprechen ist) und für Gorze gibt es jetzt nur noch eine handschriftliche Quelle, das von Waitz in Pertz Archiv 11, 435 beschriebene chartularium Gorziense saec. 12 auf der Stadtbibliothek in Metz. Die hier eingetragenen Abschriften von K. 23. 36. 118, L. 54 sind von sehr verschiedenem Werthe: die von K. 36 ist verhältnissmässig gut, die von K. 118 ist was den Wortlaut anbetrifft ziemlich gut, was die Datierung anbetrifft überarbeitet, die von L. 54 ist sehr incorrect; wahrscheinlich haben also schon dem Sammler nicht mehr Originale, sondern mehr oder minder gute Copien vorgelegen. Das Chartular enthält auch eine unechte Urkunde Pippins, ferner eine diesen König erwähnende notitia (Meurisse 104 und mit minder vollständigem Datum in Calmet 2, 95; s. auch Böhmer zum 15. Juni 762), welche jedoch, wie schon Papebroch propyl. 8 bemerkt hat, gar keinen Glauben verdient. — Die erste Publication der Metz-Gorzer Urkunden geschah durch Meurisse, der zum Theil noch Einzelabschriften in Diplomenform, welche er für Originale hielt, in dem Archive vorfand, die Pippin betreffenden Stücke dagegen einem alten Manuscripte entlehnte. Dann veröffentlichte Calmet etwas besser als sein Vorgänger vier Urkunden für Gorze, wahrscheinlich nach dem noch vorhandenen Chartular. Das letztere benutzte ferner Tabouillot sowol für seine histoire de Metz, als zu Abschriften für die Moreausche Sammlung in Paris, und nach ihm die Herausgeber der Gallia christiana. — K. 23 ohne Datum überliefert könnte dem Titel nach zu 768—774 gesetzt werden. Aber Theomarus ist wahrscheinlich erst 769 Abt geworden (falls man nämlich die Notiz in ann. Laurish. in M. G. h. 1, 30 auf seinen Vorgänger den Erzbischof Chrodegang von Metz beziehen will, was trotz der Bemerkungen von Abel 61 zulässig ist), und erscheint urkundlich zum ersten Male 770 (Meurisse 176). Andererseits herrscht Karl erst seit seines Bruders Tode über die Metzer Diöcese; so ergibt sich für K. 23 (und ebenso für K. 24. 25) die Zeitbestimmung: 772 — Mai 774. Das hier von Karl bestätigte Privileg findet sich in Labbe concil. 6, 1698 abgedruckt.

K. 25. Die vier Diplome für Chur die in diesen Regesten zu verzeichnen sind, sind schon von älteren Historikern vielfach benutzt, wurden aber erst im Ausgang des vorigen Jahrhunderts von Schöpflin, Grandidier und Eichhorn veröffentlicht. Alle zusammen druckte dann Mohr 1848 von neuem ab. Nach Angabe dieses letzten Herausgebers besässe das bischöfliche Archiv noch von allen vier die Originale. Dass dies bezüglich L. 290 und 340 unrichtig ist, wird später von mir nachgewiesen werden. Dagegen habe ich mich von der Originalität von K. 25 und L. 291 selbst überzeugen können, indem der jüngere Mohr die Güte gehabt hat, für mich ein vollständiges Facsimile der ersten stark beschädigten Urkunde und ein theilweises von der zweiten anzufertigen. Die Beschädigungen nun des ersten Originals betreffen nur wenige leicht zu ergänzende Stellen des Contextes, dagegen ist von den Schlussformeln nur noch folgendes zu sehen: Caroli als zu der das Monogramm begleitenden Formel gehörig, und data.... de (oder die), etwa einen Zoll weit von einander stehend. Das Datum der Originalschrift ist also nicht erhalten, sondern es existieren nur spätere Angaben über dasselbe. So steht auf der jetzt freilich mit Pergament überklebten Rückseite des Originals von einer Hand des 17. Jahrhunderts: praeceptum Caroli M. de anno domini 784; von etwas jüngerer Hand: probabilius 774 vel adhuc ante. Eine Abschrift im Züricher Codex A 74 (Pertz Archiv 11, 480) setzt das Stück zu 778. Die vollständigste Datierung endlich findet sich in einer Copie des cod. Uffenbach XIII, 843 (Bibl. zu Hannover), nämlich: datum 10 kal. iunii anno propitio 17 regni illustris Caroli Francorum regis, indictione 2, actum civitate Antisiodorensi, in dei nomine feliciter amen. Wollen wir diese verschiedenen Angaben prüfen, so ist zunächst zu bemerken dass wir über das Antritts- und Sterbejahr des in K. 25 genannten Bischofs nicht unterrichtet sind, dass sich daher aus seinem Namen gar keine Zeitbestimmung ergibt (s. Eichhorn episcop.). Einen sichern Anhaltspunkt gewährt dagegen der im Original noch vollständig sichtbare Titel: Carolus gratia dei rex Francorum vir inluster, nach dem wir die Urkunde nur bis 774 ansetzen können. Auf diese erste Periode der Regierung Karls weisen auch die graphischen Merkmale des Originals, das meines Erachtens von derselben Hand ist, welche K. 34 und mehrere andere Stücke dieser Jahre geschrieben hat. Gegenüber dieser sich aus dem Original selbst ergebenden Zeitbestimmung haben alle zuvor angeführten Angaben keinen Werth und am wenigsten die des cod. Uffenbach. Denn diese keinesfalls kanzleigemässe Datierung kann nicht direct aus dem noch unbeschädigten Originale stammen, wie denn überhaupt diese Abschrift vielfach von dem Wortlaut des Originals abweicht und somit unzuverlässig erscheint. Speciell ist noch zu bemerken dass, wenn wir von der nicht zu ihm passenden Indiction absehend das angegebene Regierungsjahr als richtig annehmen und die Urkunde zu 785 setzen wollten, der Ausstellungsort sich nicht in das hinlänglich verbürgte Itinerar fügen würde. Es kann daher höchstens davon die Rede sein, ob wir überhaupt etwas und was wir aus dieser stark überarbeiteten Datierung als ursprüngliche Angabe beibehalten können. Am ehesten vielleicht den Ausstellungsort, da man sich nicht leicht denken kann, wie Abschreiber in Rhätien gerade auf diesen Namen verfallen sein sollen, wenn sie ihn nicht in dem Original vorgefunden haben. Und wenn wir nun zwischen Januar 772 als Anfangspunkt der Alleinherrschaft Karls und dem Mai 774 eine in Auxerre ertheilte Urkunde unterzubringen suchen, so lässt sich am füglichsten als Ausstellungszeit der Mai 773 vorschlagen. Auf dem Zuge nach Genf (Abel 118), wo damals das Maifeld angesagt war (wobei aber an einen späteren Monat zu denken, s. Leibnitz annales 1, 39), ist ein Aufenthalt in Auxerre denkbar, und es könnte dann auch noch das im cod. Uffenb. vorkommende Monatsdatum als auf ursprünglicher Datierung beruhend (etwa sub die 10 kal. iunias) beibehalten werden. Es wäre sehr bezeichnend, wenn gerade um diese Zeit Rector und Volk von Rhätien den König um Schutz und um Anerkennung ihres Gesetzes gebeten, und wenn gerade um diese Zeit Karl sich der Treue und Anhänglichkeit dieses Volkes versichert hätte. Dass ich selbst jedoch damit nicht mehr als eine Vermuthung aussprechen will, besagt schon die der Urkunde in den Regesten angewiesene Stelle zu 772—774, wohin das Stück in jedem Falle gehört. Ueber den Inhalt dieses Schutzbriefes s. Beitr. zur Dipl. 3, 191 und 259.

K. 26. Die von Muratori benutzte Abschrift ist allerdings frei von einigen Fehlern der Turiner Copie, welche gleich mit der entstellten Arenga: fieri ex his etc. beginnt, hat aber andere Fehler, wie Enrichus statt Hitherius, mit dieser gemein, und weist eine Lücke auf, wo die Turiner Copie die wichtige Jahresangabe a. 6 et 1 (UL. § 82) enthält. — Bestätigt wird K. 26 durch die für die act. deperd. Bob. aufgeführten Diplome Lothars und Ludwigs II.

K. 27. In Frankreich ist es jetzt jedermann bekannt dass die Behörden der Revolutionszeit keineswegs, wie es ihnen lange Zeit hindurch nachgesagt worden ist, die Vernichtung der historischen Schätze der Archive beabsichtigt haben, und dass namentlich ein oft geschmähtes Decret des Convents vom 17. Juli 1793 durchaus nicht die ihm beigelegte Tragweite gehabt hat (s. Bordier les arch. de la France 326). Nur an wenigen Orten ist dieses Decret den Archivschätzen verderblich geworden, und wenn zu diesen auch Tours zu zählen ist, so zeigt sich eben da dass die allerdings sehr bedauerlichen Verluste weniger durch die

Männer des Convents, als durch andere verschuldet worden sind. Dem in Tours neu gebildeten Districtsarchive, dem die Urkunden von S. Martin de Tours, Marmontier, Cormery u. a. einverleibt wurden, wurde nämlich im J. 1791 Rougeot, der frühere Archivar des Capitels von S. Gratien, vorgesetzt. Zunächst erwarb sich dieser grosse Verdienste um die Erhaltung und Ordnung der Archivalien; aber furchtsam wie er war, glaubte er jenem Decret, das unter anderem die Vernichtung der titres féodaux anordnete, aufs genaueste nachkommen zu müssen: während er jedes wichtige Stück durch die Bezeichnung conservé pour l'histoire hätte retten können, bereitete er systematisch grosse Massen zu den drei Autodafés vor, die unter feierlicher Theilnahme der Behörden und der Clubs im Juli, August und September 1793 veranstaltet wurden. Das über den letzten Akt aufgenommene und noch erhaltene Protokoll führt unter den damals verbrannten Massen auch ein die Statuten und Privilegien von S. Martin enthaltendes Pergamentregister und ein Bündel lateinischer Urkunden Karls d. G. auf (s. Grandmaison notice histor. sur les arch. du départ. de l'Indre et Loire, Tours 1855, in welchem Buche auch die weiteren bis in die Zeit der Restauration hineinreichenden Verluste aufgezählt werden). Ist trotzdem das Departementalarchiv in Tours noch reichhaltig (im Tableau général des arch. départ. 124 werden als noch vorhanden 161 Bände und über 200,000 Urkunden gezählt), so ist doch der ältere Theil des Fonds S. Martin ganz abhanden gekommen und beginnt derselbe jetzt erst mit dem J. 1155. So ist namentlich auch die pancarta magna dieses Stiftes aus dem 12. Jhdt., welche nach späteren Auszügen und Copien zu urtheilen (s. Delisle act. de Ph. A. 560) die Karolingerdiplome von S. Martin und Cormery enthielt und die wahrscheinlich mit der von Rougeot als Pergamentregister bezeichneten Privilegiensammlung identisch ist, verloren gegangen, und es existieren von den uns hier beschäftigenden Diplomen weder Originale noch ältere Abschriften, sondern nur einzelne Copien, die jünger sind als die älteren Drucke. Die erste Ausgabe von Monsnyer (S. Mart. Turon. eccl. iura propugnata, Paris 1663) habe ich nicht benutzen können, sondern nur die von Baluze, der zuerst L. 97 publicierte, und die von Martène, der sämmtliche ältere Diplome edierte. Diese beiden nun, von denen wir wissen dass sie sich, und zwar Baluze längere Zeit hindurch, im Martinsstifte aufgehalten und das Archiv selbst besucht haben, berufen sich für alle älteren Urkunden nur auf Copialbücher; ebenso sind die in den Baluzeschen Papieren vorgefundenen und jüngst von Hauréau benutzten Abschriften nur auf Chartularien zurückzuführen. Wir müssen danach annehmen dass schon zur Zeit von Baluze und Martène Originale der Karolinger für S. Martin de Tours nicht mehr vorhanden waren. Dem widerspricht allerdings was Mabillon ann 2, 410 und dipl. suppl. 47 von alten Originaldiplomen dieses Archivs erzählt und speciell von dem Original von L. 97, das mit Goldbulle versehen gewesen sei. Aber Mabillon stützt diese seine Angabe keineswegs auf Autopsie, und kann sehr leicht von minder kundiger Seite irre geführt worden sein. Es ist möglich dass es damals im Archive des Martinsklosters von L.97 auch eine alte Abschrift gegeben hat in Diplomenform und nach dem Vorbilde der Urkunde Ottos III. mit einer nachträglich angefertigten Goldbulle geschmückt, eine Abschrift die ein Laie für ein Original halten und Mabillon als solches bezeichnen mochte: das ist jedenfalls wahrscheinlicher als dass Baluze und Martène eines so besonderen Originals nicht Erwähnung gethan und dass sie dasselbe ihren Drucken nicht zu Grunde gelegt haben sollten. Kurz ich kann der ganzen Notiz Mabillons über L. 97 nicht Glauben schenken. Schliesslich bemerke ich noch dass das jetzt verlorene Chartular von S. Martin sehr zuverlässig gewesen zu sein scheint: wenigstens stimmt der ihm von Martène entlehnte Text von K. 27 mit dem von Biancolini nach einer alten Abschrift in S. Zeno maggiore veröffentlichten Texte bis auf den einzigen Punkt überein, dass in Biancolini die Worte curtes Piscariam ac Lionam fehlen.

K. 29. Einige Abweichungen der Abschrift im Cartulaire blanc 2, 471 von dem Original habe ich schon bei P. 25 angegeben. Die Differenz wurde schon im 17. Jhdt. von jemand bemerkt, der allerlei Correcturen und Glossen im Cart. blanc eintrug und hier zuschrieb: il y a ancors une autre chartre. Der Verfasser des Inventars von 1688 sagt dann: nota que les copies de la dite charte sont deffectueuses et portent une addition laquelle ne se trouve pas dans l'original; c'est pourquoy Doublet a fait les mesmes fautes, partant il faut s'arrester a l'original seul. Dies ist allerdings von den neueren Herausgebern geschehen, aber da das Original im unteren Theile beschädigt ist, haben sie doch die Schlussformeln dem Copialbuch oder Doublet entnehmen müssen. Es fragt sich aber ob diese hier richtig angegeben sind. Zunächst beanstande ich die Unterschrift: Wigbaldus advicem Hitberii etc. Denn im Original sind wenigstens noch die verlängerten Schäfte dieser Zeile und der obere Theil des Recognitionszeichens zu sehen, und jene passen nicht zu W., sondern nur zu Rado adv. Hitberii, ebenso wie die noch sichtbaren Züge des Zeichens die des R. und nicht die des W. sind. Nun wäre allerdings möglich dass von dieser Urkunde ebenso wie von der gleich folgenden zwei Ausfertigungen von verschiedenen Personen recognosciert ertheilt worden wären, deren eine mit dem Namen R. uns erhalten, deren andere mit der Unterschrift des W. der Abschrift zu Grunde gelegt. Aber so gut der Text in der Copie verändert ist, können wir auch die Abweichung in der Unterschrift den Copisten Schuld geben. Was nun endlich das nur im Copialbuch erhaltene Datum betrifft, so müssen wir seinen Wortlaut als von den Abschreibern verderbt ansehen, weil es unmöglich ist, da ja zu 779 weder die Titulatur passt noch die Unterschrift adv. Hitberii. Aus denselben Gründen ist 780, das Abel 297 vorschlägt, nicht zulässig. Ich habe also die Jahreszahlen als falsche nicht berücksichtigt und die Urkunde nur nach der Monatsangabe und dem Ausstellungsort eingereiht.

K. 30. Die bisherigen Drucke, unter denen nur der von Tardif correct ist, stützen sich alle auf das Original A. Nur Grandidier bemerkt nach der Mittheilung von La Forcade die Existenz eines zweiten von La Forcade für nicht authentisch gehaltenen Exemplars und theilt in den Noten dessen Lesarten, aber sehr fehlerhaft mit. Richtig wird schon im Inventar von 1688 double original verzeichnet. A (nach meinen Aufzeichnungen K. 6 nº 3ª und das Siegel verloren, während B = K. 6 nº 3 und mit Siegel, womit freilich die Angaben Tardifs nicht übereinstimmen) ist ganz von Wigbald geschrieben, und B ganz von der Hand des Rado. Bezeichnend ist dass die Datierungsformel in beiden gleich lautet: datavi, was sonst weder R. noch W. zu schreiben pflegen (UL. § 84).

Diese Worte und andere lassen erkennen dass den Schreibern die Urkunde dictiert worden ist (UL. § 47. 53 N. 4), wodurch allerdings orthographische Differenzen und einzelne von einander abweichende Wendungen nicht ausgeschlossen worden sind. Besonders zwei Stellen lauten in B. anders als in dem von Tardif wiedergegebenen A, nämlich: eo quod in... reverentia s. Dionisii vel Privati in sua proprietate; ubi b. et s. Yppolitus corpore requiescit et ut monachi ibidem vivere et secundum rectitudinem vel ordinem sanctam conversare debeant. Propterea nos etc. Da die Urkunde nach B noch nicht correct gedruckt ist, lege ich B dem Regest zu Grunde; die einzelnen Ortsnamen unterscheiden sich nur orthographisch von denen in Tardif, jedoch ist nach B entschieden zu lesen Thidinesberch.

K. 32. Da Abel 159 den Schluss dieser Urkunde nicht unverdächtig nennt, verweise ich auf die von ihm übersehene Erörterung in Beitr. zur Dipl 4, 628, welche das ibid. 611 gesagte ergänzt. Meines Erachtens gibt eben das dort dargelegte Verhältniss der Fassung des Diploms zu der Formel Rozière n° 575 volle Bürgschaft für die Echtheit. S. auch UL. § 111.

K. 33. Schon das Inventar von 1688 kennt kein Original mehr und citiert nur die von Doublet benutzte Copie im Cart. blanc 1, 537, mit welcher auch die Abschrift im Cart. de Beaurain (LL. 1168 im Pariser Archiv) ziemlich übereinstimmt. Ob das Exemplar aus dem Ruinart die Urkunde abschrieb, Original war, wie er behauptete, lässt sich nicht mehr feststellen. Für die Richtigkeit seiner Annahme lassen sich allerdings die Sprachformen anführen, anderes aber berechtigt sie in Zweifel zu ziehen. Zunächst die Jahreszahl und die Datierung. Ruinarts Erklärung, dass vielleicht diese ganze Zeile gedankenlos aus C. 12 abgeschrieben sei, ist unzulässig, da ja gerade die Jahresziffern differieren. Aber anno 1, wie im Original gestanden haben soll und in beiden Copialbüchern steht, kann allerdings des Titels und der Kanzlerunterschrift wegen nicht auf das erste Regierungsjahr in Francien bezogen werden. Es muss damit das italische Regierungsjahr gemeint sein, und ursprünglich dagestanden haben anno 7 et 1, was Mabillon (ann. 2, 229) auch wirklich in besseren uns nicht bekannten Abschriften gefunden haben will. — Das von Waitz V G. 4, 44 N. 4 beanstandete mercatis ist jedenfalls Schreibfehler und ist, wie auch schon im Cart. de Beaurain geschieht, in mercatoribus zu verbessern. — Am bedenklichsten ist (s. Waitz 3, 335) vicecomes, das auch ich wenigstens unter Karl noch nicht in Originalen nachweisen kann, sondern zuerst in L. 32 vom J. 814 (UL. § 59). Die Entscheidung darüber ob dies Wort als schon 774 vorkommend angenommen werden darf, hängt, wenn nicht noch neue Belege aufgefunden werden, lediglich davon ab, ob man Ruinarts Angabe das Original von K. 33 vor sich gehabt zu haben Glauben schenkt oder nicht.

Dieses Diplom und das vorausgegangene C. 12 werden nun von Waitz 4, 159 unter denen angeführt, welche für Restitution von den Kirchen entzogenen und als Beneficien ausgeliehenen Besitzungen zeugen sollen. Meiner Meinung nach beruht dies jedoch auf falscher Auffassung des Inhalts, den ich hier eingehender besprechen will, weil es sich um Fragen handelt von deren Beantwortung das richtige Verständniss vieler Schenkungsurkunden der ersten Karolinger abhängt.

In K. 33 scheint von zwei wiederholten Schenkungen die Rede zu sein. Die erste betrifft zwei Villen die schon in C. 12 erwähnt werden, indem C. seinerseits diese Besitzungen, quod ipse genitor noster per manus nostras ad ipsa casa dei dudum delegaverat, dem Kloster schenkt. Ohne dass nun K. seines Bruders Urkunde erwähnt, sagt auch er: quod ipse genitor noster etc. und ertheilt ein neues Schenkungsdiplom. Es wird bei alle dem weder das Wort reddere gebraucht, noch irgendwie gesagt dass das geschenkte Gut einmal wieder entzogen worden sei. Die vermeintliche Restitution erst durch C. und dann wieder durch K. wird also von Waitz offenbar unter anderm daraus gefolgert, dass nach schon stattgehabter Delegation noch zweimal Schenkung durch Urkunden stattfindet. Halten wir uns nun zunächst nur an C. 12 und fragen uns, ob die scheinbar wiederholte Schenkung zwingt Einziehung des von Pippin delegierten Gutes und dann wieder Restitution anzunehmen, oder ob nicht eine andere Auffassung möglich ist und näher liegt. Auch bei königlichen Schenkungen können wir mehrere Akte der Schenkung unterscheiden. Sehr oft liegen Wochen und Monate zwischen der Erklärung des Königs etwas schenken zu wollen und der Ertheilung der betreffenden Schenkungsurkunde. So erfahren wir aus K. 28 dass Karl am 14. August eine concessio vornahm und darüber erst am 2. September urkundete; ähnlich verhält es sich mit L. 181. 324. 353. Wichtiger ist dass in einigen Fällen nicht allein die Absicht erklärt, sondern auch eine Delegation vorgenommen wurde, aber eine Urkunde darüber zunächst nicht ertheilt wurde. Letzteres geschah oft erst durch die Nachfolger, wie wir aus K. 157, L. 254, D. Carlomanns im Kremsmünsterer Urkb. 11 n° 5, D. Ludwigs in Dronke 281 n° 620 usw. erfahren. Zuweilen, wie aus der letztgenannten Urkunde, wird nun nicht ersichtlich, ob derjenige dem etwas delegiert war, dem aber kein Praecept darüber ausgestellt war, den Besitz angetreten hatte oder nicht. K. 157 und L. 254 dagegen zeigen dass die Beschenkten auch ohne Urkunden zu erhalten sich im Besitz finden konnten. Aber jedenfalls gewährte erst ein Praecept volle Sicherheit und jedenfalls war die Schenkung durch Urkunden die Regel. So wird der König einmal in Bouquet 8, 407 n° 6 gebeten: aliquantulum.... more solito per praeceptum magnitudinis nostrae roboratum concederemus. Oder eine redditio zeigte sich unwirksam, quia H.... praeceptum nostrae munificentiae non exinde obtinuerit (Bouquet 8. 636 n° 241). Und aus diesem Grunde suchen auch Prüm und S. Gallen, obgleich sie sich seit Jahren im Besitz der ihnen einst delegierten Güter oder Zinsen befinden, noch bei den Nachfolgern der Schenker um Urkunden nach. Wenden wir nun dies auf C. 12 an. Eine Delegation hatte allerdings schon unter Pippin stattgefunden, aber wahrscheinlich war von ihm keine Urkunde ertheilt worden: in diesem Falle also machte C. nur die Schenkung seines Vaters perfect (vgl. Wartmann 2, 38 n° 418: traditio non perfecta nec litteris fuit mandata) durch Ausstellung eines Diploms. Daneben kommt allerdings auch häufig vor, dass ein Nachfolger durch Urkunde die schon von dem Vorgänger urkundlich vollzogene Schenkung wiederholt, und so könnte es sich auch hier verhalten: das ist aber in der Regel (von Ausnahmen werde ich gleich zu reden haben) eine blosse Formalität, und wird dabei nicht einer inzwischen stattgefundenen Besitzveränderung gedacht, so werden wir auch in diesen Fällen noch nicht berechtigt sein die wiederholte Schenkung durch Praecept als eine Restitution aufzufassen. Was nun das Verhältniss von K. 33 zu C. 12 betrifft, so liegt auf der Hand dass dieses bei der Abfassung jenes vorgelegen hat und benutzt ist; wird dennoch C. 12 dabei nicht erwähnt und wird von Karl das Diplom seines Bruders ganz ignoriert, so erklärt sich das aus dem in Beitr. zur Dipl. 3, 194 und UL. § 47 dargelegten Verhältnisse und gibt ebenso wenig Anlass, eine nach Carlomanns Schenkung eingetretene Entziehung und eine Restitution durch Karl anzunehmen. Damit ist nun auch schon erwiesen dass die Worte beider Urkunden: sicut a vasso nostro A. possessae fuerunt nicht die Bedeutung haben können, dass hier eingezogenes Kirchengut als Beneficium verliehen worden sei. Ueber den früheren Charakter dieser Villen, ehe sie der Vassus erhielt, sagen unsere Urkunden nichts aus. Und überhaupt stehen derartige Zusätze nicht immer in engerem Zusammenhange mit dem augenblicklich vorgenommenen Rechtsgeschäfte, sondern dienen zuweilen nur zur näheren Bezeichnung des Gütercomplexes von dem gerade gehandelt wird.

Ich gehe auf den zweiten Theil von K. 33 über, nach dem die silva Equalina mit allem Zubehör, sicut usque nunc a fisco nostro cognoscuntur esse possessa, geschenkt wird. Derselbe Wald war, wie die ziemlich übereinstimmende Grenzbeschreibung zeigt, schon einmal von Pippin in P. 28 vom Sept. 768 dem Kloster urkundlich geschenkt worden. Wie erklärt sich nun hier dass dennoch der Wald bis 774 dem Fiscus gehört haben soll? Ich will nicht geltend machen dass möglicher Weise die Worte sicut etc. nur gedankenlos aus P. 28 abgeschrieben sind. Aber gegen die Deutung dass diese Besitzung, da sie 768 S. Denis geschenkt, 774 dagegen vom Fiscus besessen wird, dem Kloster entzogen worden sein müsse, die Schenkung von 774 also einer Restitution gleichkomme, muss ich mich doch erklären. Schon der kurze Zeitraum innerhalb dessen mehrfache Veränderung des Besitzverhältnisses stattgefunden haben müsste, erregt Bedenken und drängt uns die Frage auf, ob nicht auch hier eine andere Erklärung möglich ist. Haben wir nun zuvor gesehen dass bei königlichen Schenkungen noch nicht die Delegation allein, sondern erst die Beurkundung Sicherheit gewährte, so fragt es sich weiter, ob auch in allen Fällen das königliche Praecept allein die Gewere gab, wie dies z. B. Roth Beneficialwesen 222 annimmt. Dann und wann lässt sich doch auch Tradition neben der Beurkundung nachweisen. So heisst es im cod. dipl. Lauresh. 1, 58 von Ludwig d. D.: de iure suo in ius meum solenni traditione transtulit ac praecepti sui auctoritate in proprietatem mihi condonavit. Ferner gehört zu K. 60 vom 7. Jan 777 eine im October aufgenommene notitia de vestitura traditionis regis in Dronke n° 60. Oder nachdem Ludwig II. seiner Gemalin eine Schenkungsurkunde ertheilt hatte, missus d. imperatoris.. Petrum ministrum vicem eiusdem auguste per columnam de domo eiusdem curtis...revestivit iure proprietario (Muratori ant. 2, 241; weitere Belege finden sich in den zum Theil noch ungedruckten Urkunden des chartul. Cassaureense). Sollte nun auch die Tradition oder Vestitur in diesen Fällen durch besondere aus den Urkunden nicht ersichtliche Umstände bedingt worden sein, so beweisen sie doch dass die königlichen Praecepte nicht unbedingt in allen Fällen die Gewere gaben und in faktischen Besitz setzten. Und so mag es sich mit manchem Diplom, in dem scheinbar nur zum Ueberfluss eine frühere Schenkung wiederholt wird, in Wirklichkeit so verhalten dass auch die urkundliche Schenkung erneuert werden musste, weil früher zwar ein Schenkungspraecept ertheilt war, aber noch nicht die eventuell erforderliche förmliche Uebertragung stattgefunden hatte. Und ein analoger Fall scheint nun hier in Bezug auf die silva Equalina vorzuliegen: da Pippin unmittelbar nach der Ausstellung von P. 28 gestorben war, mochte die Tradition unterblieben sein; in Folge davon blieb der Fiscus im Besitz des Waldes bis zur neuen Schenkung Karls. Kurz die Angaben dieser die gleichen Güter betreffenden Diplome lassen sich in Einklang miteinander bringen, ohne dass wir eine Restitution annehmen müssen, von der hier kein Wort gesagt wird, während in zahlreichen anderen Urkunden dass es sich um Restitution handelt mit deutlichen Worten ausgedrückt wird.

K. 34. Die Schrifttafeln aus Kopps Nachlass enthalten Abbildungen von nicht weniger als 13 Diplomen für Hersfeld, die sich zu Kopps Zeiten alle noch im Kasseler Archive befanden, von denen aber 5 seitdem spurlos verschwunden sind. Dies Archiv hat jetzt noch aufzuweisen 7 Originalurkunden Karls, eine die Originalform nachahmende Abschrift, ferner ein Chartular das von sonst nicht erhaltenen Diplomen drei echte und ein unechtes enthält. Verloren gegangen sind dagegen die Originale der echten Urkunden K. 75 und L. 157, die Copie von K. 106 in Diplomensform, ferner zwei Schriftstücke (Schrifttafeln n° 19 und 22) welche Karl und Ludwig zugeschriebene Fälschungen enthielten. Der Schrift nach ist das Hersfelder Chartular um die Mitte des 12. Jhdts. angelegt worden, wozu auch vollkommen passt dass die jüngste der von erster Hand eingetragenen Urkunden vom J. 1145 datiert ist. Das Buch ist jetzt defect: es fehlen Blätter der ersten Lage, die zweite fehlt ganz, auch die dritte ist nicht vollständig. Aber das lässt sich noch erkennen dass auf den ersten Blättern päpstliche Bullen copiert waren und dass erst auf den Blättern des dritten Quaternio die Abschriften der Königsurkunden begannen. Auf dem jetzt 7. Blatte finden wir zuerst die Copie von K. 49, jedoch ohne den Titel und die ersten Worte der Arenga, welche offenbar die letzten Zeilen des vorhergehenden jetzt verlorenen Blattes ausfüllten; die Abschrift wie sie jetzt vorliegt beginnt mit deliberatione concedimus, hoc nobis ad eternam beatitudinem vel remedium animę nostrę pertinere confidimus. Quapropter etc. Es folgen dann nicht chronologisch geordnet: K. 67. 65. 75, a. spur. K. 2, K. 93. 91. 182. 107. 106, dann die erste Hälfte vom a. spur. L., worauf wieder mehrere Blätter fehlen. Es lässt sich also nicht feststellen ob auch a. spur. K. 1 hier eingetragen und ob es überhaupt zur Zeit des Sammlers schon vorhanden war. Die Abschriften im Copialbuch sind sehr fehlerhaft. Abgesehen von sprachlichen Verbesserungen wie ob amorem, ob stabilitatem, advicem Radonis etc. lassen sich durch Vergleichung mit den noch vorhandenen Originalen Lesefehler, wie consolidetur statt conservetur, oder auch Aenderungen in den Formeln und Namen, wie et ego Guntharius statt (Chr.) Giltbertus usw. nachweisen. Es existieren ausserdem im Kasseler Archive von einigen der noch vorhandenen Originaldiplome mehrfache Abschriften, die obschon sie zumeist als getreue Abschriften beglaubigt und vidimiert sind, mehr oder minder von den Originalen abweichen und unzweifelhaft machen, dass man in Hersfeld in späterer Zeit die Urkunden nicht allein unbewusst sondern auch absichtlich verderbt hat, dass man nicht allein indifferente sondern auch ganz wesentliche Aenderungen vorgenommen hat. Das Verhältniss dieser Copien zu den Originalen lässt sich am besten bei dem Privilegium K. 34 nachweisen: man vergleiche den Text des Originals wie es in Kopps Schrifttafeln n° 7 abgebildet ist mit dem Vidimus des 13. Jahrhunderts in Wenck 3ᵇ, 3, ferner mit der 1495 von einem Notar Caspar Ambrecht geschriebenen und von einem anderen Notar Johann Petz beglaubigten Copie in Wenck 2ᵇ, 5 n° 3, welche wieder auf eine 1423 von päpstlichen Commissarien vidimierte Abschrift zurückzuführen ist. Es liegt auf der Hand dass diese verderbten Texte der Einzelabschriften oder auch des Copialbuches in allen Fällen in denen noch die Originale erhalten sind, gar keine Beachtung verdienen. Aber wie gesagt sind einzelne Diplome nur in solchen unzuverlässigen Copien auf uns gekommen; an diese können wir also nur den Massstab innerer Kritik legen: was das Ergebniss derselben ist, werde ich bei den einzelnen Stücken sagen.

Ihrem Wortlaute nach sind die Hersfelder Urkunden erst spät bekannt geworden. Zuerst veröffentlichte Ledderhose L. 157. Einige Jahre später publicierte Wenck im Urkundenbuch des 2. Theiles der hessischen Landesgeschichte die Mehrzahl der älteren Diplome nach meist unbrauchbaren Abschriften, liess dann aber im 3. Theile verhältnissmässig bessere, zumeist den Originalen entnommene Drucke folgen. Aber sowol er als der Archivrath Völkel, der ihn bei der Arbeit unterstützte, waren nicht hinlänglich mit der älteren Urkundenschrift vertraut, so dass auch die späteren Drucke noch zahlreiche Lesefehler enthalten; noch weniger waren sie in diplomatischer Kritik geübt, noch weniger vermochten sie die Originalität der von ihnen benutzten Schriftstücke zu beurtheilen. Die neue Ausgabe aber die Kopp verhiess ist unvollendet geblieben. Seine Absicht war, wie das zum grössten Theil erhaltene und in die Sammlungen des Instituts für österreichische Geschichtsforschung in Wien gekommene Manuscript zeigt, jede einzelne Urkunde mit einem kritischen Commentar zu versehen, in welchem sich eine grosse Anzahl lehrreicher Beobachtungen und Bemerkungen niedergelegt findet und in welchem die zahlreichen Irrthümer älterer diplomatischer Werke in treffender Weise berichtigt werden, den es sich aber heutzutage doch nicht mehr zu veröffentlichen lohnen würde. — Erläutert habe ich K. 34 und mehrere der folgenden Urkunden in Beitr. zur Dipl. 1, 370; 3, 209; 4, 23.

K. 36. Indem Meurisse 184 ein Fragment dieser Urkunde mit der verderbten Datierung: 11 kal. febr. a. 769 ab inc. domini et primo regni nostri mittheilte, verzeichnete Bréquigny das Stück auch zum 22. Jan. 769, bemerkte aber doch unter dem 22. Jan. 775 dass es sich um ein und dasselbe Diplom zu handeln scheine. Böhmer dem letzteres entging, reihte die Urkunde einmal B. 39 nach Meurisse ein und wiederum B. 65 nach den anderen Drucken. Auch Abel bemerkte nicht, dass die von ihm p. 21 verworfene Urkunde in der Hauptsache identisch ist mit der dann p. 172 erwähnten. — Ueber Inhalt und Fassung s. Beitr. zur Dipl. 3, 225; 5, 360 und UL. § 66. 115 N. 14.

K. 39. Ueber das Verhältniss der zwei Originalausfertigungen zu einander s. UL. § 48. 53. 95. — Für die Kirchen im Veltlin liess sich Fulrad auch ein päpstliches Privilegium von Hadrian geben: s. Jaffé reg. n° 1879.

K. 41. Von echten Urkunden für Flavigny ist ausser dieser nur noch deren Bestätigung L. 89 erhalten, beide nach Angabe des Herrn Archivar Chamoussy in Autun in dem jetzt auf der Stadtbibliothek von Châtillon s. S. (Côte d'Or) aufbewahrten Chartular, von dem sich eine Abschrift in Paris (Collection Bouhier cod. n° 128) findet, eine andere im Brüsseler Codex n° 7856. Die Abschriften des Chartulars sind nicht genau. In K. 41 sind die Schlussformeln entstellt, verstellt und unvollständig; es ist wahrscheinlich (UL. § 29 N. 3) auch advicem Hitherii ausgefallen. Auch in L. 89 scheint die Datierungsformel nicht correct überliefert zu sein und ist namentlich, da das Diplom dem Ausstellungsort nach nur zu 816 gesetzt werden kann, ind. 9 zu erwarten. Correcturen des Textes ergeben sich aus der Vergleichung der Urkunden unter sich und mit den Formeln; so bemerke ich z. B. dass in L. 89 caudaticum, wie ich nach dem cod. Bouhier gedruckt habe, nach der im zweiten Theile gleichlautenden Bestätigung Karls d. K. (Bouquet 8, 503 n° 86) in laudaticum zu verbessern ist. Beide Diplome erwähnt auch Hugo Flaviniacensis in M. G. h. 8, 285—286.

K. 42. Zumeist ohne alle chronologische Merkmale gedruckt, wurde diese Urkunde sehr verschieden datiert. Unter anderm setzte sie Mabillon ann. 2, 263 zu 783, was schon der Kanzlerunterschrift wegen (UL. § 29) nicht möglich ist. Das Regierungsjahr 6 findet sich in der Baluzeschen Abschrift (die sonst und namentlich was die Namenformen anbetrifft dem Drucke von Martène nachsteht), und noch vollständiger lautet das Datum in Duchesne hist. des chancelliers 55, das ich beibehalten habe. Zwar kenne ich die Quelle dieses Autors nicht, und andererseits enthält dies Datum irgend einen Fehler, da Karl im Mai 774 nicht in Francien weilte. Müssen wir es demnach emendieren, so steht zunächst fest dass nach der Titulatur und dem Kanzlernamen das Diplom nur Juni 774 — Juni 776 gesetzt werden kann. Behalten wir nun das Regierungsjahr 6 bei und geben das Monatsdatum auf, so wäre ein Aufenthalt in Thionville allenfalls in den letzten Tagen dieses Jahres, nämlich auf dem Wege von Düren, wo der König noch am 24. September erscheint, nach Samoucy bei Laon möglich. Aber einfacher ist die Correctur der Jahresziffer in 7 mit Beibehaltung des angegebenen Tages, da die Anwesenheit Karls im Mai 775 in Thionville auch durch K. 41 bezeugt ist.

K. 43. Nach den Berichten von Bethmann in Pertz Archiv 10, 409 und in M. G. h. 11, 519 sequ. sind die älteren Urkunden des Archivs von Farfa fast alle zu Grunde gegangen und beginnt speciell die Reihe der Kaiserdiplome erst mit Otto II. Nur in den im Kloster geschriebenen Chroniken und Copialbüchern finden wir noch Abschriften oder Excerpte von den zahlreichen Diplomen, welche die ersten Karolinger den meist fränkischen Aebten von Farfa ertheilten. Unter den Werken die dabei hier in Betracht kommen, ist das älteste der libellus destructionis monasterii, welchen der Abt Hugo bald nach 1000 verfasste und der nach einer Vaticanischen Handschrift des 16. Jhdts. unter anderm in M. G. h. 11, 532 abgedruckt ist. In dieser Klagschrift wird auf mehrere Karolingerdiplome Bezug genommen und werden so in Kürze auch zwei uns sonst nicht bekannte Stücke erwähnt. Vorzüglich verdanken wir aber die Kunde von älteren Diplomen dem Mönch und Archivar von Farfa Gregorius Catinensis, der unter dem Abte Berard II. seit 1092 mehrere Urkundenwerke verfasste. Zuerst legte er eine Sammlung in zwei Bänden an, die jetzt nicht mehr bekannt ist, die aber noch Mabillon im Kloster sah und aus der er wahrscheinlich L. 155 publicierte; möglicher Weise ist auch eine von Margarini veröffentlichte falsche Urkunde diesem ersten Sammelwerke des Gregor entnommen. Dann schrieb dieser fleissige Archivar zwischen 1092 und 1099 ein zweites Exemplar in einem Bande (jetzt cod. Vaticanus 8487), das er gemniagraphus oder cleronomialis betitelte und das später gewöhnlich registrum Farfense genannt worden ist. Aus dieser Handschrift, welche Muratori, Galletti, Fatteschi u. a. benutzt haben, stammen die Drucke von K. 57. 95. 117. 131, L. 156. Aber die Anzahl der hier vollständig erhaltenen Diplome wird als weit grösser bezeichnet. Ich selbst habe mir von den unedierten keine Copien verschaffen können, und auch die in Pertz Händen befindlichen, die wiederholt von Waitz in der V. G. citiert werden, waren mir unzugänglich. Doch lässt sich diese bedauerliche Lücke in den Regesten wenigstens einigermassen durch Notizen aus einem dritten ähnlichen Werke des Gregor von Catina ausfüllen. Er schrieb nämlich etwa seit 1105 noch eine Klosterchronik, in welche er ebenfalls wieder Urkunden theils vollständig theils im Auszuge aufnahm. Die Originalhandschrift ist noch in Farfa und ist ausserdem öfters copiert; Excerpte aus dieser Chronik publicierte schon Duchesne, endlich gab sie Muratori nach einer im Besitz von Carracioli befindlichen Abschrift vollständig heraus. In diese Chronik eingeflochten finden sich nun K. 43. 135. 187, L. 64. 262 und ein a. spurium, ausserdem mehrere Urkundenauszüge, zu denen Muratori in den Noten noch einige dem registrum Farf. entnommene Excerpte hinzugefügt hat. Endlich hat Muratori in den antiquitates einen leider mit 817 abbrechenden catalogus nonnullarum chartarum regesti monast. Farfensis, d. h. einen Auszug aus Gregorii registrum publiciert, aus dem sich gleichfalls noch Excerpte von mir sonst nicht bekannten Diplomen ergeben; s. acta deperd. Acutiani monasterii und K. 95*.

Die Ueberlieferung der älteren Diplome für Farfa basiert also ausschliesslich auf den Arbeiten des Gregor von Catina. Wie gewissenhaft er copieren wollte, sagt er uns selbst in der Vorrede (M. G. h. 11, 550 und 553), aus der ich folgendes hervorhebe: nichilque in rerum translatione adauxi, sed uti tunc cum scriberem oculis perspexi et respectu capere veraci potui, rescribere studui, preter verborum prolixas inutilesque reciprocationes et transactas quorundam obligationes etc. Er wollte im allgemeinen alles genau wiedergeben, preter quod sillabarum sive partium litteraturas omnino corruptas aliquantulum transferentes correximus. Was er nicht entziffern konnte, liess er lieber aus als dass er sich in Ergänzungen versuchen wollte. Inwieweit nun der Erfolg den guten Absichten entsprach, vermag ich ohne Prüfung der Gregorschen Handschriften nicht genau zu sagen. Bethmann rühmt die Abschriften des registrum, findet aber die des chronicon minder genau. Den Drucken nach zu urtheilen, ist zunächst unverkennbar dass auch Gregor wie ja fast alle Copisten sprachliche Verbesserungen vorgenommen hat, ist ferner wahrscheinlich dass er viele Stücke nicht aus den Originalen sondern aus schon mehr oder minder fehlerhaften Copien abgeschrieben hat; man beachte wie er die Unterschriften der Könige und Notare in der

Regel setzt, in einigen Fällen aber nicht, vermuthlich je nach dem er sie in seinen Vorlagen fand. Damit mag es auch zusammenhängen, dass die Notarsnamen vielfach verunstaltet sind und dass sich hie und da auch in die Ziffern Fehler eingeschlichen haben. Die Art dieser Ungenauigkeiten mögen folgende gleich der ersten Urkunde entnommenen Beispiele veranschaulichen: invictissimus rex statt gloriosissimus r., Guicbaldus oder Guigbaldus statt Wigbaldus, Carilego statt Carisiago usw. Dafür dass er die Urkunden in der Chronik mehr verkürzte als in dem registrum, lässt sich anführen dass in den Abschriften der Chronik regelmässig die Invocation ausgelassen ist, während sie nach L. 156 zu urtheilen in dem eigentlichen Copialbuche wiedergegeben zu sein scheint. Alle derartigen Fehler und Mängel geben aber noch keine Veranlassung die von Gregor überlieferten Diplome zu beanstanden, und zu verwerfen sind nur zwei an grösseren Gebrechen leidende Stücke. — Ueber die Fassung von K. 43 s. Beitr. zur Dipl. 4, 586. — Auf einem handgreiflichen Versehen beruht es dass Muratori in der Ueberschrift dies Stück als monasterio Vulturnensi ertheilt bezeichnet, was Migne natürlich nachdruckt und was Bréquigny verleitet hat zu 774 ein Diplom für S. Vicenzo di Volturno mit Hinweis auf Muratori und zu 775 ein gleiches für Farfa nach Bouquet anzusetzen.

K. 44. Mabillon und Laguille: 10 id. iun. a. 13. Dieses Regierungsjahr = 781 ist nicht möglich, weil Karl damals in Italien und weil der in der Unterschrift genannte Hitherius zu der Zeit nicht mehr als Vorsteher der Kanzlei vorkommt. Beide Ziffern scheinen verlesen statt 5 id. iun. a. 8. Aber auch letzteres Regierungsjahr = 776 ist des Itinerars wegen nicht möglich (Abel 174), und ist die falsche Zahl vielleicht aus Zusammenziehung zweier Ziffern (etwa a. 7 et 1) entstanden.

K. 45. Die hier bestätigte und wörtlich wiederholte Urkunde des Hausmaiers Pippin findet sich in Pardessus n° 608 = Tardif n° 54. Zu den aufgezählten Besitzungen, die Jacobs géogr. des dipl. Mérovingiens 29 bestimmt, kommen nur in K. 45 noch hinzu: Avisinas quem vassus genitoris nostri tenuit, Nialla, Madriu quem Gabbifrisio per beneficium habuit, in pago Parisiago Tabernas. — Auch diese Urkunde ist zuweilen als Beleg für Restitution von eingezogenem und als Beneficium verliehenem Kirchengut angeführt worden. Aber unter Karl zunächst handelt es sich nur um Bestätigung. Und auch nach dem was Pippin erklärt handelt es sich nicht um solche Restitution, wenigstens nicht bei der Mehrzahl der hier genannten Besitzungen. Die Geschichte einzelner Güter können wir genau verfolgen. So liegt uns von der cella qui dicitur ad Cruce noch die Schenkungsurkunde Childeberts III. vom J. 706 (Pard. n° 408) vor, ferner ein Placitum Pippins vom J. 749 (Pard. n° 603), aus welchem ersichtlich wird dass diese Besitzung nicht in Folge von Säcularisation dem Kloster entzogen war. Und so wird es sich, da in Pard. n° 608 ausdrücklich von mehrfachen gerichtlichen Verhandlungen und Entscheidungen die Rede ist (per plures vicibus advenerunt in rationes una cum plures hominibus qui ipsas res malo ordine tenebant), mit vielen der betreffenden Güter verhalten. Nur von den in Pard. n° 608 noch nicht genannten Avisinas und Madriu wird gesagt dass sie Beneficien gewesen waren, nur bei ihnen kann also möglicher Weise von solcher

Restitution die Rede sein; aber auch hier ist doch nicht ausdrücklich bemerkt dass dies vom Hausmaier oder dem König dem Kloster entzogene Güter sind, und ist somit noch immer der Möglichkeit Raum gegeben dass diese Besitzungen dem Kloster zuerst auf andere Weise entzogen und erst in Folge weiterer Besitzveränderungen an Pippin gekommen waren und von ihm seinen Vasallen verliehen wurden.

K. 48. Kopp l. c. 383 entziffert die Noten folgendermassen: Wihbaldus abbas tabernarius ordinante domno meo Karolo rege Francorum et aliorum invicem Hitheri recognovi et subscripsi. Ich halte nur einen Theil dieser Worte für richtig und lese, auch eine andere Reihenfolge annehmend: Wigbaldus advicem Hitheri recognovi et subscripsi, ordinante domno meo Karolo rege Francorum et Fulrado ambasciante, wobei jedoch domno meo vielleicht zu Fulrado gehören kann. Für Fulrado (wie die Noten im Facsimile richtiger als pal. crit. 383 abgebildet sind) vergleiche Kopp 2, 141: fl; 314: r(a); 164: do. Ambasciante dagegen ist mit Auslassung von asci dargestellt, wie das auch in anderen Fällen (s. Kopp 1, 393) geschieht. — Dass W. Abt gewesen, wird meines Wissens nirgends berichtet, und zu künstlich ist Kopps Erklärung von dem vermeintlichen abbas tabernarius.

K. 49. Dass die Eingangsworte in dem Chartular fehlen, ist schon in K. 34* bemerkt. Indem Abel 59 die das Datum betreffende Berichtigung Wencks übersehen hat (s. UL. § 82 N. 15), hat er die Urkunde zu 769 gesetzt und ein zu frühes Jahr für die Gründung des Klosters angenommen.

K. 50. Auf die Tagesangabe: data III die mense etc. in der einen Abschrift Eberhards ist kein Werth zu legen, da diese Abschrift in anderer Beziehung sehr schlecht ist und da die Ziffer sehr leicht aus in hat entstehen können.

K. 51. Ueber diese zu dem a. deperd. s. Dion. 1. gehörige tractoria s. UL. § 114. 116. Nach dem Titel und der Kanzleiunterschrift ist sie zwischen Juni 774 und December 775 zu setzen, ferner in einen Monat in dem ein Aufenthalt in Verberie möglich ist.

K. 52. Der Schreiber des lib. aureus hat hier einen ganzen Satz ausgelassen, der nach tam de carrigio quamque und vor qui sunt infra agros aus P. 22 ergänzt werden kann. Ueber den Inhalt der Urkunde s. Beitr. zur Dipl. 5, 340. 357—359. Nach den Jahresangaben dieses Stückes ist die zweite Ziffer des folgenden zu berichtigen.

K. 56. Ich führe hier die verkürzten Texte mit an, weil sich doch aus ihnen die eine und andere Stelle des Abdrucks von Grandidier verbessern lässt. Wie einzelne verderbte Wendungen zu verstehen sind, ergibt sich aus P. 1, K. 46, Rozière n° 442. — Im cod. Urstisii steht zum Schluss: datum regni Caroli regis a. 10, was nicht richtig sein kann. Meine Zeitbestimmung ergibt sich theils aus dem Titel, theils daraus dass nur damals ein Aufenthalt an diesem Orte verbürgt ist. Der hier genannte Pfalzgraf fand 778 in den Pyrenäen den Tod: s. Einh. vita K. in M. G. h. 2, 448.

K. 57. Zeile 9 in Fatteschi ist offenbar einiges ausgelassen worden.

K. 58. Es ist zwar von de Rubeis u. a. (s. Büdinger österr. Geschichte 1, 142 und Abel 1, 197) die Identität dieses Paulinus und des Patriarchen von

Aquileia bestritten worden, aber ohne stichhaltigen Grund. Was noch besonders für die Identität spricht, ist die Ueberlieferung dieser Urkunde. Der erste nämlich der sie veröffentlichte, Baronius entnahm sie einer vita s. Paulini, in die sie nicht leicht hätte übergehen können, wenn sie einer anderen Person ertheilt worden wäre. Die Handschrift dieser Lebensbeschreibung ist mir allerdings nicht bekannt. Jüngere Abschriften des Diploms, und eine solche hat auch Madrisio benutzt, finden sich vielfach. Die beste ist die oben von mir angeführte, welche einem cod. Guarnerianus entnommen ist, d. h. einer der Handschriften welche Guarnerio d'Artegna 1464 seiner Vaterstadt Sandaniele hinterliess und welche in der dortigen Kirche S. Michele aufgestellt wurden (Cod. arch. Vindob. n° 102 tom. 1, 147; s. auch Blume iter ital. 1, 118). Da in dieser Abschrift der Ausstellungsort richtig angegeben ist, entfallen alle Erklärungsversuche des falschen Namens Loraia von Le Cointe, Leibnis u. a.

Ich bemerke gleich hier was über die Ueberlieferung anderer Urkunden für Paulinus und seine Nachfolger zu sagen ist; nur von K. 231 und L. 148, die allein aus Salzburger Copialbüchern bekannt sind, handle ich erst später. — Die beste Auskunft über die Archive von Aquileia im Mittelalter gibt uns der Kanzler Odoricus de Susannis aus Udine, der 1376 im Auftrage des Patriarchen Marquard die noch vorhandenen Urkunden sammelte und ordnete, wie er selbst im liber vocatus thesauri claritas (jetzt zwei Handschriften im Wiener Archiv, cod. n° 1144; edirt von Bianchi als thesaurus eccl. Aquileiensis, Utini 1847 in 8°) erzählt. Es muss eine sehr stattliche Sammlung von Privilegien gewesen sein, die er damals in zwanzig Schränke vertheilte. Aber in seiner Uebersicht lässt er wol den Inhalt der einzelnen Abtheilungen erkennen, hie und da auch den Inhalt einzelner Privilegien, aber in den wenigsten Fällen nennt er deren Aussteller. So lässt sich nicht mit Bestimmtheit sagen, ob ihm auch noch Karolingerdiplome vorgelegen haben, und nur das eine lässt sich vermuthen dass er mit der certa sententia lata inter d. patriarcham et archiepiscopum Saltzburgansem wahrscheinlich K. 231 oder doch dessen Bestätigungen hat bezeichnen wollen. Sowol der Titel der Arbeit dieses Kanzlers: thesauri claritas als auch ihr Inhalt zeigen deutlich, dass sie zu unterscheiden ist von einer Sammlung oder von Copialbüchern, welche als thesaurus eccl. Aquileiensis zuweilen in Abschriften des 16. und 17. Jahrhunderts und von Madrisio citiert werden: der liber vocatus thesauri claritas erscheint als eine Art Repertorium des eigentlichen thesaurus. — Eine andere Notiz über Urkunden und speciell Kaiserdiplome für Aquileia fand ich im Codex des Wiener Archivs n° 1138. Nach ihr übergaben die Brüder Urbanus und Gibilinus de Savorgnano im J. 1466 dem damaligen Statthalter von Friaul H. Barbadico sechs Urkundenbündel, die sich im Nachlasse ihres Onkels Franc. de Savorgnano gefunden hatten. Nach den hier gebrauchten Ausdrücken handelte es sich wahrscheinlich nur um Kaiserdiplome. Von fünf Bündeln wird angegeben dass sie zusammen 110 Privilegien enthielten. Zumeist werden auch die Namen der Könige angeführt, von denen je die erste und letzte Urkunde jedes Bündels ausgestellt sind: so erfährt man dass es Diplome von Ottonen, Conrad, Heinrich, Friedrich waren, auch von Ludovicus dei gratia etc., worunter vermuthlich Kaiser Ludwig II. gemeint ist. Also war damals noch eine sehr zahlreiche Serie von Kaiserurkunden für Aquileia vorhanden. — Diese und weitere Nachrichten haben mich veranlasst an all den Orten, an welchen sich das auf unverantwortliche Weise zerrissene Archiv der Patriarchen zerstreut findet, in Udine, Cividale, Venedig, Triest und in Wien, nach den älteren Bestandtheilen desselben zu suchen. Aber nur ganz unbedeutende Bruchtheile sind mir zu Gesicht gekommen, und speciell von den Originalen oder auch nur von älteren Copien der Kaiserurkunden oder endlich von jenem thesaurus eccl. Aquil. habe ich bisher keine Spur entdecken können. Im übrigen hat die Zerstreuung des Archivs jedenfalls bereits geraume Zeit vor der Aufhebung des Patriarchats im J. 1752 begonnen, und schon zur Zeit da Bernardo Trevisano, Domenico Fontanini, Filippo della Torre u. a. eifrig Material für die Geschichte ihrer Heimat sammelten, muss vieles verloren gegangen oder doch verborgen gewesen sein. Es ist aus ihren Sammlungen und aus denen ihrer Nachfolger de Rubeis, Bini, Michele della Torre u. a. ersichtlich, dass sie sich nur noch mühsam Kunde von älteren Diplomen verschaffen konnten und dass ihnen nur jüngere, zum Theil schon sehr verderbte Copien vorlagen. Zumeist sind nun auch die noch von ihnen benutzten Copien seitdem verschwunden, und so habe ich in der Regel von den Karolingerdiplomen nur Abschriften des 17. und 18. Jahrhunderts auffinden können. Diese sind allerdings sehr zahlreich, aber schon dadurch dass sie vielfach von einander abweichen, bekunden sie sich als wenig zuverlässig. Es gibt z. B. einzelne Urkunden die in jeder Copie andere Daten tragen, und diese Differenzen wiederholen sich dann zum Theil auch in den Drucken. Um nun möglichst die bessere Ueberlieferung festzustellen habe ich für die Urkunden für Aquileia und für die gewöhnlich in denselben Sammlungen befindlichen für Concordia und Sesto benutzt: die im Wiener Archiv befindlichen Handschriften von Fontanini (cod. n° 102 in 9 Bänden); desselben Handschrift in der Marciana (cod. lat. XIV, 48; s. Valentinelli im Oesterr. Archiv 18, 370); die Handschriften von de Rubeis in derselben Bibliothek (cod. lat. IX, 125; s. ebendas. 18, 360 und Pertz Archiv 5, 615); die Abschriften von Bini theils in der Bibliothek theils im Archiv des Capitels zu Udine; Abschriften im Capitelarchiv zu Cividale. Weiteres über die Ueberlieferung ist bei den einzelnen Stücken zu bemerken. — Zum Schlusse berichtige ich noch die Angabe von Valentinelli im Oesterr. Archiv 18, 345 nach der sich auch ein Diplom Ludwigs d. F. unter den von Fontanini gesammelten Originalen (jetzt auf der Marcusbibliothek cod. lat. XIV, 101) befinden soll; es handelt sich, wie Valentinelli selbst im Notizenblatt vom J. 1854, S. 56 richtig angegeben hatte, um das Diplom Ludwigs II. in de Rubeis 438.

K. 59. Von den sieben echten Diplomen für Nonantola (über das unechte brauche ich wol kein Wort mehr zu sagen) sind sämmtliche mit Ausnahme des ersten noch in Originalen erhalten. Aber leider sind diese zum Theil so beschädigt und so verblasst, dass viele gerade für den Diplomatiker wichtige Stellen sich nicht mehr entziffern lassen. Daher muss man auch die Ausgabe von Tiraboschi (vor ihm war nur L. 12 durch Mabillon annales 2, 409 und durch Muratori bekannt; s. Tiraboschi 1, prefazione 10) nachsichtig beurtheilen, obschon sich seine Drucke, wie ich soweit es wichtig ist bei den einzelnen Stücken bemerken werde, noch vielfach berichtigen lassen. — Das Original von K. 59 soll um 1600 nach Rom gesandt und von dort nicht zurückgekehrt sein. Jetzt liegt die Urkunde nur noch in einer Handschrift des 16. Jahrhunderts vor, welche im vorigen Jhdt. in Rom aufgefunden und der Abtei zurückgestellt wurde, und die seit Tiraboschi codice Romano-Nonantolano genannt wird. Hier findet sich das Stück nach einer 1279 angefertigten Copie eingetragen, welche angeblich aus dem Original stammen soll, aber offenbar nur die verderbte Fassung einer älteren Copie wiedergibt. Diese Abschrift hat nämlich die Eigenthümlichkeit bis quoque tempore non praesumat sehr genau zu sein (es ist dieselbe Fassung die wir in anderen königlichen Schenkungen dieser Zeit finden, und selbst die den damaligen Diplomen entsprechenden Sprachformen sind zumeist beibehalten), von da an aber interpolirt und verderbt zu sein. Letzteres gilt namentlich auch von der Datierung. Die Indiction beruht natürlich auf späterer Einschaltung und ist in jedem Falle falsch. Dagegen lässt sich das Regierungsjahr als italisches und Juli 776 ergebend um so mehr festhalten, da (Chr.) Rado relegi et subscripsi, wie zu lesen ist (UL. § 84 N. 3), dazu gut passt. Nur der Ausstellungsort macht noch Schwierigkeit. An ein Gaggio südlich von Nonantola zu denken, wie Tiraboschi will (s. dessen Karte), erlaubt das Itinerar nicht; der Ort muss auf der Route von Ivrea nach Francien gesucht werden, ist mir aber nicht bekannt.

Ich füge gleich hier hinzu was über die verlornen Urkunden zu sagen ist. Im J. 1279 verfasste ein mit der Aufbewahrung der Urkunden betrauter Mönch ein Inhaltsverzeichniss derselben, von dem nur ein Theil erhalten ist, aber gerade der welcher von den Diplomen der ersten Karolinger handelt. Zuerst in Muratori antiqu. 5, 331 abgedruckt, wurde er von Tiraboschi 2, 1 n° 1 wiederholt. Ich citire dies Verzeichniss als regestum a. 1279. — Ausserdem besitzt das Archiv der Abtei noch ein 1632 angelegtes Urkundenverzeichniss, gleichfalls von Muratori ibid. 667 edirt, welches zwar auch die einzelnen Diplome aufzählt, aber zumeist in so unbestimmten Ausdrücken dass sich der Inhalt der einzelnen Stücke aus ihnen nicht entnehmen und kaum sagen lässt, ob die erwähnten Stücke mit den uns erhaltenen oder mit denen des regestum von 1279 identisch sind oder nicht. Also benutze ich diesen catalogus a. 1632 zur Feststellung der acta deperdita nur insoweit als er genauere Angaben enthält.

K. 61. Im Chartular: anno IX   regni nostri, so dass wahrscheinlich auch das andere Regierungsjahr angegeben war. In der Kanzlerunterschrift halte ich advicem Luitberti nicht blos für einen Lesefehler wie in K. 12 statt adv. Hitherii, sondern geradezu für einen nach K. 12 gemachten Zusatz eines Copisten (UL. § 29 N. 2).

K. 63. Den Inhalt habe ich erläutert in Beitr. zur Dipl. 4, 586, und die Fassung besprochen in UL. § 48. Ueber die zwischen die Zeilen des Originals geschriebene Copie s. UL. § 111 N. 12.

K. 65. Nicht übereinstimmende Regierungsjahre (UL. § 82); des Itinerars wegen verdient 778 den Vorzug.

K. 66. Abel 235: gehört ohne Zweifel erst in das J. 779; aber weder hier noch p. 272, wo die Urkunde zum zweiten Male erwähnt wird, erfahren wir die Gründe dieser Datierung. Der Ausstellungsort ist uns unbekannt, also lässt sich auch nicht sagen ob das Diplom besser in das Itinerar von 778 oder in das von 779 passt. Das fränkische Regierungsjahr 11 kann je nach der Annahme eines früheren oder späteren Octobertages (UL. § 82) 779 oder 778 entsprechen, entscheidet somit gleichfalls nicht. Dagegen weist das italische Regierungsjahr 5 bestimmt auf 778 hin. Und ich sehe, so lange nicht die Lage von Goddinga festgestellt ist und etwa aus derselben ein Grund für 779 abgeleitet wird, gar keinen Anlass das einzig entscheidende chronologische Merkmal als nicht maassgebend zu bezeichnen, und finde es somit willkürlich die Urkunde zu 779 zu setzen. — Ueber Fassung und Sprache s. Beitr. zur Dipl. 3, 219; UL. § 53.

K. 68. Im Recognitionszeichen tironisch: Optatus advicem Radoni ordinantis recognovi et subscripsi. Auf der Rückseite der Urkunde: praeceptum de teloneis (soweit eine Hand des 9. Jhdts., dann eine zweite gleicher Zeit, welche die gesperrt gedruckten Worte in tironischen Noten schreibt) tam de Villanova quam de aliis locis quem Karolus fecit Rotbert abbati, autentico et exemplaria. — Ueber den Wortlaut s. UL. § 45 N. 7 und § 48.

K. 69. Die von Pertz gemachte Unterscheidung verwerfen Baudi di Vesme edicta, praef. 24; Waitz V. G. 3, 305 und mit dem überzeugenden Nachweis dass sie auch durch die handschriftliche Ueberlieferung nicht begründet wird, Boretius 57. — Den damaligen Aufenthalt des Königs in Heristal berichten die ann. Einhardi.

K. 70. Die im Original nicht mehr lesbaren Jahreszahlen ergänze ich aus S. Julien. Der in allen anderen Drucken erscheinende Passus: et si anteactis temporibus — ab impiis hominibus lacerari beruht auf Interpolation des alten Chartulars (Beitr. zur Dipl. 3, 228), das sich jetzt nicht mehr vorfindet und nur noch abschriftlich im cod. Bouhier 37 vorliegt. — L. 332 ist nur aus den Copien dieses verlornen Chartulars bekannt. — Eine neue Ausgabe der Urkunden von S. Marcel bereitet die Société d'hist. et d'archéol. de Châlons vor.

K. 71. Le Mire bezog die Urkunde fälschlich auf das Marienstift in Aachen, wodurch sich auch noch Böhmer und Abel haben irre führen lassen. Gemeint ist, wie schon Mabillon dipl. 246 bemerkt hat, die Marienkirche welche bereits im 9. Jahrhundert den Namen Capremons, Chèvremont (Warnkönig et Gerard 2, 173; Quix Gesch. von Aachen 5) erhielt und die Otto I. im J. 972 an das Marienstift in Aachen schenkte. So kamen auch die Urkunden für Chèvremont in das dortige Stiftsarchiv und wurden in die Copialbücher des letztern, welche Lacomblet Vorrede 10 beschreibt, aufgenommen.

K. 72. In Mon. hist. patriae: anno 6 et 5. In Bouquet 5, 744 n° 48 fälschlich: 10 kal. iul., woraus Bréquigny und Böhmer wieder 22 Juli gemacht haben. — Ueber die Fassung s. Beitr. zur Dipl. 3, 327 und UL. § 48.

K. 73. Dass Kanzlerunterschrift (UL. § 30 N. 6; 84 N. 3) und Datierung falsch sind, beweist noch keineswegs, wie Abel 1, 159 behauptet, die Unechtheit; denn sie können durch die Nachlässigkeit der Fulder Copisten falsch geworden sein, die auch in K. 50 die richtige Unterschrift verunstaltet (UL. § 29) und in K. 88 statt der im Original stehenden Regierungsjahre die Indiction gesetzt haben. Es fragt sich nur, welches die ursprünglichen Lesarten und

Jahresangaben gewesen sein mögen. Der Recognoscent war wol der seit 778 nachweisbare Giltbertus. Und da nun Sturm am 17. Dec. 779 gestorben ist, liegt die Ansetzung der Urkunde zu 778 oder 779 nah. Für letzteres entscheide ich mich aus zwei Gründen. Der Otakar dessen Beneficien an Fulda verschenkt werden, ist offenbar verstorben. Nun erscheint in den Jahren zuvor ein Mann des Namens in vielfachen Beziehungen zu dem Kloster, tradiert an dasselbe und zeugt in den Urkunden, so auch noch in Dronke 41 n° 65 vom August 779, während dann der Name erst 791 wieder in Fulder Urkunden begegnet, so dass wahrscheinlich ist dass es sich seit 791 um eine andere Person handelt und dass der früher oft genannte Otakar bald nach dem August 779 gestorben ist. Dazu würde es gut passen dass seine Beneficien im November 779 verschenkt werden. Dies aber wäre anno regni 12, so dass nur das Wort indictio wie in K. 88 falsch sein würde. — Wie nachlässig zuweilen Regesten gemacht werden, zeigt hier Scriba Regesten der Urk. des Grossherz. Hessen (Darmstadt 1847 in 4°) Abth. 3, welcher diese Urkunde dreimal: n° 279 zu 773, n° 306 zu 774, n° 413 zu 779 ansetzt.

K. 74. Die Zeitbestimmung ergibt sich einerseits aus der erst seit 776 allgemein gebräuchlichen Titulatur (UL. § 84), andererseits aus der Erwähnung des am 17. Dec. 779 gestorbenen Abtes.

K. 76. In der Vorrede zu dem S. Galler Urkundenbuche gibt Wartmann auch nähere Auskunft über die Geschichte des Stiftsarchivs, über dessen jetzigen Bestand und über die verschiedenen Publicationen dieser Urkunden. Es genügt hier aus dieser Vorrede mitzutheilen, was die älteren Königsurkunden betrifft. Die Mönche des Klosters müssen sich zu aller Zeit die Aufbewahrung ihrer Urkunden haben angelegen sein lassen: nur wenige Stücke sind ihnen ganz abhanden gekommen und fast alle haben sich bis auf den heutigen Tag in Original erhalten. Zwar wurde 1531 das Archiv einmal geplündert, aber der grössere Theil der Urkunden wurde im 17. Jahrhundert vom Stift zurückgekauft. Und derselbe Abt Pius der das Verdienst hatte die Archivschätze möglichst wieder zu sammeln, war zugleich darauf bedacht dieselben zum Gebrauche der Stiftsverwaltung drucken zu lassen. In einer von ihm angelegten Druckerei begann 1645 der Druck des codex traditionum s. Galli, der unter anderm auch fünf Diplome der ersten Karolinger in ziemlich genauen Texten enthält. Aber da wahrscheinlich nur 24 Exemplare des Werkes abgezogen worden waren, von denen jetzt etwa noch 12 nachgewiesen werden können, blieben die Königsurkunden, mit Ausnahme des von Herrgott veröffentlichten L. 207, in weiteren Kreisen unbekannt, bis Neugart 1791 seinen codex diplom. Alemanniae et Burgundiae erscheinen liess. Den weitaus grösseren Theil der S. G. Urkunden druckte dieser aus dem cod. tradit. s. Galli ab (so fünf der hier in Betracht kommenden Diplome), einige nach Abschriften der Hallerschen Sammlung (so L. 122), einige auch angeblich aus Original (so K. 76): die Texte von Neugart wiederholen daher zumeist die Fehler des cod. traditionum. Aber das Verdienst kann diesem Herausgeber nicht abgesprochen werden dass er sich ernstlich, wenn auch nicht immer mit gleichem Erfolg bemüht hat, die Daten der Urkunden aufzulösen, und dass er in sehr anerkennenswerther Weise die in den Urkunden vorkommenden Ortsnamen zu erklären gesucht hat. Nachdem dann in unserem Jahrhundert einzelne dieser Urkunden in verschiedenen Werken, vorzüglich im Wirt. Urkundenbuche, von neuem und correcter als früher veröffentlicht worden waren, hat die antiquarische Gesellschaft in Zürich die Herausgabe eines neuen und vollständigen Urkundenbuches der Abtei veranstaltet. Die so entstandene Arbeit Wartmanns muss in fast jeder Hinsicht als musterhaft bezeichnet werden: im ganzen empfehlen sich die Texte durch grosse Genauigkeit und besonders werthvoll sind die ausführlichen Angaben über die betreffenden Schriftstücke, die chronologischen und topographischen Erläuterungen; für die königlichen Urkunden sind jedoch die Nachträge im Band 2, 411 zu beachten. Zu den Texten der Diplome hat endlich K. Pertz in Sybels Zeitschrift (1864) 1, 425 abweichende Lesarten mitgetheilt, von denen aber keineswegs alle wirkliche Verbesserungen sind.

Von älteren Diplomen für die Abtei sind nun 6 in Original erhalten und ziemlich gleichzeitige Abschriften von L. 122 und 365; ausserdem findet sich im Stiftsarchive auch das Original von K. 14. Ausführlich von diesen Urkunden habe ich in den Mittheilungen zur vaterländischen Geschichte des hist. Vereins von S. Gallen (1864) 1 sequ. gehandelt und habe dort auch dargethan, dass den Angaben von Gozbert, Ratpert u. a. über weitere Urkunden der ersten Karolinger für S. Gallen kein Glauben zu schenken ist. Die Ergebnisse zu denen ich gekommen war, sind nun allerdings von Abel 1, 275 bestritten worden, aber da sein Widerspruch nicht die in den Regesten verzeichneten Diplome betrifft, werde ich nicht hier, sondern gelegentlich an anderem Orte die Erörterung über die älteste Geschichte des Klosters wieder aufnehmen und darthun, dass auch nicht einmal die Möglichkeit zuzulassen ist dass S. Gallen, wie es die durch und durch tendenziöse Klosterüberlieferung behauptet, unter Pippin königliches Kloster gewesen sei. Hier ist nur noch eins nachzutragen. Die Bestätigung Ludwigs d. D. in Wartmann nº 433 von 854 gibt als Inhalt der Diplome Karls und Ludwigs d. F. an 1) die Bestimmungen über den Jahrescensus, 2) die Verpflichtung der Aebte ecclesiam s. Stephani extra muros civitatis constructam.... cooperire. Aber weder K. 76, noch L. 76, noch die erste Confirmation des jüngeren Ludwig von 833 in Wartmann nº 344 enthalten den zweiten Punkt. Er kann also nur in den epistulae uno tenore conscriptae des Bischofs Sidonius und des Abtes Johannes enthalten gewesen sein, ist aber doch als stillschweigend in den königlichen Bestätigungen mitenthalten betrachtet worden. Ein derartiges Verhältniss dass eine Confirmation, ohne alle Punkte der zu bestätigenden Urkunde im einzelnen aufgeführt zu haben, doch als Sanction aller Punkte gegolten hat, lässt sich auch anderweitig nachweisen.

Ueber die acta deperd. für S. Gallen sei hier gleich noch folgendes bemerkt. Wenn schon im J. 828 in L. 254 gesagt wird: super hac concessione praeceptum avi nostri Pippini regis conscriptum non habebant, so lassen diese Worte die doppelte Deutung zu, dass entweder gar keine Urkunde ausgestellt worden ist oder dass die ertheilte Urkunde verloren gegangen ist; aber es folgt dann: per constitutionem Pippini, was doch nicht von nur mündlich ertheiltem Befehle gesagt werden kann. Ueber die verlorne Constitution Ludwigs s. Mittheil.

zur vaterl. Geschichte 10. — Weshalb ich Wartmann n° 22 nicht aufgenommen habe, ist in der UL. § 63 N. 4 gesagt worden.

K. 78. Ich stimme Boretius 99 bei dass dieses Stück Karl zuzuschreiben und in die ersten Jahre seiner Regierung in Italien zu setzen ist, halte aber die Gründe, weshalb 781 den zunächst noch in Betracht kommenden Jahren vorgezogen werden soll, nicht für zwingend.

K. 79. Bischof Sicardus liess 1210 die damals noch vorhandenen Urkunden der Bischöfe von Cremona sammeln und von den Notaren Gyrardus und Raimundus abschreiben. Lange Zeit galt das Chartular für verloren, bis es 1860 im Nachlass von Dragoni (conf. a. spur. Cremon.) wieder aufgefunden wurde: s. Miscellanea di storia italiana (Torino 1862) 1, 506 und 522. — Den Inhalt von K. 79 erläutern die Urkunden Lothars und Ludwigs II. für Cremona in Sanclementi 213 n° 5 und in Muratori antiqu. 2, 25—27.

K. 81. Ueber die Fassung s. Beitr. zur Dipl. 3, 200 und UL. § 48. 53. — Wenn auch nicht fehlerfrei, so ist doch der Abdruck von Tiraboschi im ganzen noch besser als der in Ughelli. Auch ist gar kein Verlass auf des letzteren Angabe, dieses Diplom aus dem Original abgedruckt zu haben. Dass Ughelli und Coleti und ihre Mitarbeiter die Originalität älterer Urkunden nicht beurtheilen konnten, steht fest und wird gleich dadurch belegt, dass sie auch die falschen Diplome Karls für Reggio für baare Münze nahmen und in authentischer Ausfertigung vorhanden glaubten. Ich will diese Fälschungen, weil sie in gewissem Zusammenhange mit K. 81 stehen, gleich hier besprechen. In das a. spur. vom 25. Mai sind viele Sätze der echten Immunität übergegangen, dazwischen ist aber die Rede von Zollbefreiung und Schenkung und zwar in Wendungen die ebenso ungewöhnlich sind als die Strafandrohung am Schluss. Es ist offenbar dass hier einfach eine Erweiterung von K. 81 vorliegt, die in dieser Fassung, wie auch schon Tiraboschi urtheilte, unter die Fälschungen verwiesen werden muss. Aber ausser K. 81 scheint doch noch ein anderes Diplom Karls benutzt zu sein. Das Stück beginnt nämlich mit einer in Concessionen jener Zeit üblichen Arenga, beginnt ungefähr wie K. 75. Auch dass hier ein anderer, aber doch in diesen Jahren (UL. § 30) vorkommender Recognoscent genannt wird, lässt auf eine zweite Urkunde schliessen. Und nun lässt sich ferner eine freilich späte Bestätigung für eine nicht erhaltene Schenkung Karls in dem Diplome Ottos von 964 (Stumpf Regesten n° 341) nachweisen, eine Bestätigung die gleichfalls von einem Walde handelt der dort La Marcolaria heisst, womit offenbar der entstellte Name Lamma Fraolaria in jener Fälschung zusammenhängt. Ich verwerfe nichts desto weniger diese um ihrer ganzen Fassung willen, nehme aber zugleich eine verlorne Schenkungsurkunde an. — Die zweite Fälschung hat das Datum mit K. 81 gemein. Das Schriftstück das dem Drucke zu Grunde liegt, wird noch heute im Arch. governativo di Modena aufbewahrt und ist wahrscheinlich schon im 9—10. Jahrhundert von nicht ungeschickter Hand angefertigt, die speciell auch die Unterschrift des Giltbertus nachzunehmen versucht hat. Was Verdacht gegen diese Urkunde erregt, haben zum Theil schon Muratori antiqu. 3, 87 und Tiraboschi l. c. gesagt, und ich brauche hier nur noch zu betonen, dass sowol der Inhalt (ius inquisitionis, ius advocatiae usw.) als der Stil nun und nimmer für die Zeit Karls passen. Freilich könnte auf Bestätigungen analogen Inhalts verwiesen werden wollen. Aber die ziemlich gleiche Urkunde Lothars in Tiraboschi Modena 1, cod. dipl. 30 nº 22 ist ebenfalls eine Fälschung. Und das Diplom Karls des Dicken vom 13. Februar 882 (Tiraboschi 53 nº 24; conf. Dümmler Gesch. des ostfränk. Reichs 2, 185) darf nicht als blosse Bestätigung im eigentlichen Sinne aufgefasst werden. Die auf dem Tage von Ravenna ertheilten Immunitäten gehören nämlich in mehr als einer Hinsicht einer neuen Phase der sich fortentwickelnden Institution an, und was sie im einzelnen bestimmen, darf daher keineswegs als Inhalt der hundert Jahre früher ertheilten Immunität aufgefasst werden. Bestätigt also Karl d. D. unter anderm auch eine ihm vorgelegte Immunität Karls d. G., so haben wir dabei nur an K. 81 zu denken und nicht an die Fälschung welche die viel spätere Phase der Immunitätsentwicklung anticipiert. Ausserdem wurde 882 ein apennis Karoli vorgelegt, und was in Urkunden dieser Kategorie bestimmt zu werden pflegt, findet sich nun auch in der von mir als Fälschung betrachteten Urkunde inbegriffen. Insofern ist mir wahrscheinlich dass ein derartiger apennis mit Veranlassung zur Anfertigung des betreffenden Schriftstückes gegeben hat; aber dieses kann ich wieder nicht als apennis Karoli ansehen, weil es ganz anders lautet als Diplome des Inhalts aus Karls Zeit. Geht doch dieses Stück, indem des Bischofs apologeticum aufgenommen wird, selbst über den Inhalt der Confirmation vom J. 882 hinaus. Wahrscheinlich ist es, um statt des wirklichen apennis Karoli gebraucht zu werden, nach dem Diplom von 882 angefertigt worden und vielleicht um von Otto I. das Diplom vom J. 962 zu erwirken, welches dieselbe und, wie Tiraboschi nachweist, ungenaue Grenzbeschreibung enthält.

K. 82. Friauler Geschichtsforscher des vorigen Jahrhunderts reden wiederholt von damals noch vorhandenen Originalen Karolingischer Diplome: so wollte Mich. della Torre noch 1804 in Sesto das Original des a. spur. K. gesehen haben, und andererseits spricht Bini von dem Original einer Urkunde Ludwigs II. Diese Angaben erscheinen jedoch schon dadurch als unzuverlässig, dass Fontanini, der selbst Abt von Sesto war, keine Originale mehr kannte, sondern seine Abschriften nur als aus dem Klosterarchiv stammend bezeichnete. Von dem von M. della Torre für Original gehaltenen Stücke konnte ich denn auch weder in Sesto noch anderwärts etwas erfahren. Und dass sich Bini geirrt hat, lässt sich vollends nachweisen. Ein Band von Fontanini gesammelter älterer Urkunden ist nämlich erst in die Hände von Bini gekommen, später in das Hauptarchiv in Venedig (s. Cecchetti programma della scuola di paleografia, Venezia 1862, 29) und enthält u. a. das Diplom Ludwigs, aber keineswegs in Originalausfertigung sondern in Copie des 11. Jahrhunderts. So scheint alle weitere Forschung nach den vermeintlichen Originalen vergeblich. Was überhaupt über das Mittelalter hinaus sich erhalten hat, liegt nur in Abschriften vor. Und in dieser Hinsicht kommt besonders in Betracht ein gelegentlich eines Processes im J. 1426 entstandener Band: cod. chartac. abbatiae Sextensis nº 177 in fol, jetzt im Archivio delle finanze, monasteri soppressi, in Udine. Wahrscheinlich sind alle damals im Kloster noch bekannten Diplome hier zusammengetragen, nämlich die bisher meist nur aus Notizen von Liruti bekannten Diplome K. 82, Lothars von 830, Ludwigs II. von 865?, Berengars von 888, Ottos I. von 900 usw. Das a. spur. K. jedoch findet sich hier nicht, sondern nur in einem von Fontanini angelegten Bande (ebenfalls in Udine unter den Archivalien von Sesto und mit H bezeichnet) und ganz gleichlautend in einer von della Torre aus dem vermeintlichen Original genommenen Abschrift (pergamene del capitolo di Cividale tom. 1 n° 4). Von K. 82 findet sich dann noch eine Copie von Fontaninis Hand in dessen Sammlung im Wiener Archiv cod. n° 102; sie enthält hier und da bessere Lesarten (so curte de Rupe fracta) als das Copialbuch von 1426 und nennt u. a. Erembaldus als Recognoscenten, der 781 ebenso möglich ist als Wigbaldus. Endlich gibt es noch von Bini für de Rubeis angefertigte Copien in der Marcusbibliothek cod. lat. XIV, 150, welche zumeist auf den Abschriften von 1426 beruhen.

K. 83. Von Margarini sind für K. 83 und L. 221 offenbar dieselben zwar alten aber unvollständigen Copien benutzt, welche Odorici in der Quirinischen Sammlung der öffentlichen Bibliothek von Brescia fand und seiner Edition zu Grunde legte. Bezeichnete dieser dabei das zweite Diplom als unedirt, so war er durch Margarini irre geführt, der dasselbe Ludwig dem Stammler zugeschrieben hatte. Einen ähnlichen Fehler hat Heumann 1, 251 begangen, indem er noch zwei Diplome Ludwigs d. F. anführt, die in Wirklichkeit dessen gleichnamigem Enkel zukommen. Alle diese Irrthümer hängen damit zusammen, dass viele Diplome für dies Kloster ohne Schlussformeln überliefert und daher schon im Mittelalter falschen Fürsten zugeschrieben worden sind: so wird auch die irrige Aufzählung der älteren Privilegien in dem Karls V., das im Notizenblatt 1, 102 excerpiert ist, entstanden sein. K. 83 ist von jeher (Mabillon ann. 2, 258) zu etwa 781 gesetzt worden, wofür auch (s. Beitr. zur Dipl. 3, 201) die fast wörtliche Uebereinstimmung mit K. 81 spricht.

K. 90. Ueber die Immunitäten für S. Martin K. 90. 166, L. 97 s. Beitr. zur Dipl. 3, 228—233 und UL. § 44 N. 4, § 66. — In K. 90 ist das Regierungsjahr in Italien um eins zu hoch angesetzt.

K. 92. Ueber das Copialbuch s. Pertz Archiv 11, 789. Der Schreiber desselben hat statt des ihm nicht mehr verständlichen nec non patricius Romanorum das ihm geläufige imperator Romanorum gesetzt. Sobald wir dies berücksichtigen, ist kein Grund mehr, wie Rettberg 1, 642 wollte, das Diplom zu 809 oder 810 zu setzen. Ueber das Verhältniss dieser Immunität zu der ersten Verleihung Childerichs II. in Pardessus addit. n° 4, über die Fassung und den Inhalt s. Beitr. zur Dipl. 3, 230 und 5, 357. Den Ausstellungsort betreffend so nehme auch ich wie Abel 1, 342 H. p. für ein nomen appellativum: öffentliche Herberge; aber statt diese an den Quellen der Lippe zu suchen, empfiehlt sich mehr an den Zusammenfluss derselben mit einem Flüsschen, etwa mit der Alme, zu denken, um einen Hersfeld möglichst nahen Ort zu gewinnen; s. übrigens UL. § 77. — Für weitere Diplome der ersten Karolinger für Speier ausser den Immunitäten Pippins und Karls gibt es keinen zuverlässigen Beleg. Allerdings setzt Eysengrein chronologicarum rerum urbis Spirae gestarum libri XVI (Dillingae 1564 in 8°) 148 diese Urkunde zu 810, und ihm folgend bezeichnet dann Le Cointe 7, 153 diese einzige Urkunde Karls als insignia privilegia. Des weiteren führt Eysengrein 152 litterae Ludowici imperatoris für Bischof Gebhard an, welche aber einfach unmöglich sind, da Gebhard erst 841 Bischof wurde.

K. 95. Auf das Kloster S. Angelo in Reate wird auch sonst noch in den Quellen für Farfa Bezug genommen. Im Urkundenkatalog in Muratori antiqu. 3, 695 ist nämlich u. a. verzeichnet: iudicatum Karoli pro monasterio s. Angeli..., ad vadum Medianum finibus Florentinis, m. iulio ind. 4, wozu dann noch die Erzählung oder der Urkundenextract in der Klosterchronik bei Muratori script. 2ᵇ, 352 kommt, wonach ein gewisser Paulus vor Karl Ansprüche auf S. Angelo erhob, Karl dem Herzog Hildeprand auftrug nach Spoleto zurückzukehren und dort diese Angelegenheit zu untersuchen, der Herzog aber die streitige Besitzung Farfa zusprach. Mabillon 2, 256 hat fälschlich daraus gemacht, dass Karl selbst in Spoleto zu Gericht gesessen und diesen Streitfall entschieden habe. Andere, und so auch Abel 1, 322, haben angenommen, dass Karl noch im Juli 781 in der Nähe von Florenz geweilt und dort ein iudicatum erlassen habe. Aber die Notiz im Urkundenkatalog enthält offenbar einen Fehler. Dass die Datierung m. iulio ind. 4 kanzleiwidrig ist, liegt auf der Hand, und schon dieser Umstand hätte auf die Vermuthung führen können dass diese chronologischen Merkmale nicht zu dem etwaigen königlichen Rechtsspruche, sondern zu dem vom Herzoge in Spoleto gefällten gehören. Und dies ergibt sich nun klar aus dem letzteren, wie ihn Galletti 39 aus Gregorii Catin. registrum abgedruckt hat (vadum Medianum wird dort nach einem Briefe von Lami als ein eine Miglie von Florenz gelegener Ort Mezzastrada bei Varlungo erklärt). Karls Aufenthalt im Florentinischen ist also einige Wochen früher anzusetzen, womit sich dann auch vertragen würde was Leibnitz ann. 1, 101 behauptete, dass der König das Pfingstfest (3. Juni) in Mailand gefeiert habe. Die Urkunde bei Galletti besagt nun auch, dass Paulus ad vadum Medianum seine Klage vor den König gebracht und dass der anwesende Herzog u. a. ausgesagt habe: et (monasterium) per vestrae praecelsae potestatis praeceptum inibi confirmatum est; et ipse d. rex praecepit ut, dum reverteretur Spoletum, ... causam ipsam inquireret et finiret. Von einem eigentlichen iudicatum Karoli ist hier nicht die Rede, und es bleibt überhaupt zweifelhaft, ob der König dem Herzog einen schriftlichen oder nur einen mündlichen Befehl gegeben hat, und nur unter der Voraussetzung dass Gregorii registrum wirklich ein derartiges Schriftstück enthält, habe ich ein solches nach dem Urkundenkatalog unter den acta deperd. verzeichnet und zwar als mandatum, wie sonst ein derartiger Befehl genannt zu werden pflegt. Nun fragt es sich noch ob unter dem schon 781 erwähnten vestrae potestatis praeceptum eine königliche Bestätigungsurkunde zu verstehen ist oder nur eine herzogliche, die allenfalls auch so bezeichnet werden konnte. Darüber entscheidet meines Erachtens der Wortlaut von K. 95, nach welchem noch kein diese Besitzung betreffendes Königsdiplom vorgelegen haben kann, sondern ausser zwei Rechtssprüchen des Herzogs nur eine concessio ducis, der das Kloster S. Angelo als zur potestas palatii gehörig fand und dasselbe, wie überhaupt die dortigen Herzoge über Pfalzgüter in des Königs Namen verfügten, an Farfa schenkte und bestätigte, d. h. die von Galletti 24 mitgetheilte Urkunde Hildeprands vom April 778 ist das regiae potestatis praeceptum.

K. 96. Da die Echtheit von Bethmann-Hollweg Ursprung der lomb. Städtefreiheit 92 und jüngst wieder von Abel 1, 357 bezweifelt worden ist, betone ich dass von K. 96 und L. 174 die Originale noch vorhanden sind. K. 96 ist allerdings früher sehr incorrect ediert worden, wahrscheinlich nach einer im Capitelarchiv noch vorhandenen Abschrift des 13. Jhdts., aber selbst diese schlechten Drucke berechtigten noch nicht das Diplom zu verwerfen. Besser hat dann Tiraboschi die Urkunde nach dem Original publiciert, aber auch noch nicht fehlerfrei: s. UL. § 53 N. 6. § 67. Ueber die Fassung s. Beitr. zur Dipl. 3, 201 und über die Confirmation Ludwigs II. UL. § 66 N. 6.

K. 97. Der im Balduineum überlieferte Text bedarf zahlreicher Emendationen, wie sie Waitz gegeben hat und wie ich sie in UL. § 67 vorgeschlagen habe. Gegenüber Beyer der das undatierte Stück 775—776 setzen wollte, und Goerz in Beyer 2, 581 der es 774—791 setzt (Abel 184 enthält sich jeder Zeitbestimmung), ist geltend zu machen dass die ersten Jahre nach Annahme des neuen Königstitels durch die Erwähnung des Bischofs Petrus ausgeschlossen werden. Es ist doch hier offenbar an den gleichnamigen Bischof von Verdun zu denken, der wenn er auch schon 774 nach Francien gekommen war, doch frühestens 777 auf den 776 durch den Tod des Magdalveus erledigten Stuhl erhoben worden ist (s. Rettberg 1, 529 und Abel 196. 334). Urkundlich kommt er dann 781 in K. 84 vor. Angilramnus und Weomadus starben beide im J. 791. Von dem vierten hier genannten Bischofe Borno von Toul wissen wir nur aus K. 118 dass er bereits vor 788 Bischof war. Aus alle dem lassen sich als Grenzen für unsere Urkunde 777—791 feststellen. Habe ich nun weiter gehend sie zu einem bestimmten Jahre einzureihen versucht, so kann ich dafür zwei Umstände geltend machen. Zur Jahreswende 782—783 befindet sich Karl in Diedenhofen (ann. Laur. in M. G. h. 1, 164) und um diese Zeit kommt auch Woraldus (K. 86) oder Woradus als Pfalzgraf vor, der wahrscheinlich nach der verunglückten Expedition gegen die Sachsen mit dem König nach Diedenhofen zurückgekehrt ist. — Ueber die Widonen, deren Stammtafel wir aus K. 97 kennen lernen, s. Waitz in Forschungen 3, 149 und Wüstenfeld ibid. 383.

K. 98. Mabillon analecta (2ª edit.) 18: ex cod. Augiensi saec. IX. — Keinesfalls darf dies Rundschreiben, wie Le Cointe 6, 627 wollte, in die letzten Jahre des Jahrhunderts gesetzt werden. Es gehört offenbar in die Zeit in der Paulus am Hofe Karls lebte, d. h. 782—786 (Wattenbach Geschichtsquellen 106; Abel 1, 341); aber da sich Paulus erst 783 zu bleiben entschloss und die Arbeit doch erst nach einigem Aufenthalte in Francien beendigt haben wird, erscheint 782, wie Büdinger (von den Anfängen des Schulzwanges 54) will, als zu frühes Datum. — In alter und neuer Zeit hat man aus diesem Rundschreiben Beziehungen auf bestimmte Orte und Stätten der Wissenschaft herauslesen wollen. Boulay historia univers. Parisiensis (Parisiis 1665 in fol.) 1, 96 und nach ihm Bréquigny ad a. 790 haben dasselbe sogar als diploma pro erectione universitatis Parisiensis verzeichnet: dergleichen Deuteleien richten sich selbst.

K. 99. Aus UL. § 73 ergibt sich, wie wichtig es für die Diplomatik ist festzustellen, ob diese Urkunde in Originalausfertigung auf uns gekommen ist oder nicht. In dipl. 190 sprach sich Mabillon sehr bestimmt dahin aus, dass das von ihm geprüfte Stück authenticum optimae notae sei. Ohne dies zurückzunehmen äusserte er sich doch in annales 2, 265 minder bestimmt und betonte mehr als die Originalität dass die Urkunde jedenfalls Carolino tempore Carolinisque characteribus scriptum sei. Darauf hin hatten wir, ohne dass meines Wissens in neuerer Zeit eine wiederholte Prüfung des Schriftstücks stattgefunden hatte, bisher in der Diplomatik angenommen dass das Diplom noch in Original vorliege und dass durch dasselbe eine Ausnahme von der Regel der Datierung constatiert sei. Nach Einsicht der jetzt in den Arch. départ. de la Moselle, Fonds de S. Arnoult aufbewahrten Urkunde bin ich jedoch zu anderem Ergebniss gelangt. Allerdings zeigt dies Diplom auf sehr feinem und jetzt aufgeklebtem Pergament durchgehends eine Schrift, wie sie allenfalls schon vor 800 und bis in die Zeit Ludwigs vorkommt; Buchstaben und Chrismon sind von vollkommen geübter Hand gemacht. Auch was den damals von Ercanbald recognoscierten Diplomen eigenthümlich ist (UL. § 84) findet sich zum Theil hier: auf advicem Radoni folgt sofort das Recognitionszeichen. Vertrautheit mit den Kanzleigebräuchen verräth endlich auch das ganz richtige Monogramm. Dem allen stehen aber eben so viele die Originalität ausschliessende Merkmale gegenüber. Die Unterzeichnung ist nicht von Ercanbaldus, dessen Name hier auch fälschlich Ercambaldus lautet, namentlich stimmt das Subscriptionszeichen nicht und dasselbe entbehrt der in allen anderen Fällen von ihm gebrauchten Noten. Nehmen wir dazu dass das Stück, wie schon Mabillon bemerkte, nicht gesiegelt ist und nie gesiegelt war, dass die Sprache selbst für den besser schreibenden Ercanbald zu correct ist, so können wir es diesen Merkmalen nach nur als eine ziemlich gleichzeitige, im ganzen mit grossem Geschick angefertigte Abschrift ansehen. Dann werden wir aber auch Formeln, Fassung und Inhalt anders beurtheilen. Die allen Regeln der Originalausfertigungen zuwiderlaufende Datierung haben wir auch hier auf Rechnung des späteren Schreibers zu setzen. Oder vielmehr die ganze Urkunde, wie sie vorliegt, ist stark überarbeitet. Nur das erste Drittel bis perpetualiter ad possidendum, im Wortlaut ziemlich den anderen Schenkungen jener Zeit wie z. B. K. 60 gleich, scheint unverändert überliefert zu sein, und allenfalls auch noch der nächste Satz. Aber von den Worten an: et quia scimus multa etc. beginnt eine Redaction, welche sich in keinem echten Diplome dieser Zeit nachweisen lässt und welche so ganz wider den traditionellen Stil der Kanzlei grossen Verdacht erregt. Und zwar gilt dies nicht allein von der Imprecation (UL. § 66), sondern auch von dem Satze der bestimmt, dass diese Schenkung niemand weder als beneficium noch als precaria verliehen werden soll: wenn auch Roth Feudalität 142 diese Bestimmung als bei Schenkungen an Kirchen häufig bezeichnet, so führt er doch dafür aus Königsurkunden keinen anderen Beleg an als den des Diploms für S. Arnulf, und ich erinnere mich nicht die gleiche Verfügung schon in irgend einem unzweifelhaften Diplome dieser Zeit gefunden zu haben. — Schliesslich bemerke ich noch dass auch die Donation der Hildigarde vom 13. März 783 in Meurisse 182 durch die theilweise Uebereinstimmung mit K. 99 verdächtigt wird.

K. 101. Der Wortlaut scheint von dem Schreiber des Copialbuchs mehrfach entstellt zu sein. — Helmericus ist Abt 779—784 (ann. Lauresh. in M. G. h. 1, 32 und ann. Mosellani ibid. 16, 497), wozu die Kanzlerunterschrift passt.

K. 105. Dass Abel 1, 440 den Stab über diese Urkunde gebrochen hat, nöthigt mich, soviel über dieselbe schon geschrieben ist, nochmals die gegen ihre Glaubwürdigkeit vorgebrachten Gründe zurückzuweisen. Die für den Historiker wichtigste Frage ist: hat bereits Guntbert, wie in K. 105 berichtet wird, das Kloster Onolzbach (Ansbach) gestiftet oder nicht? Die erzählenden Quellen welche für und wider angezogen werden, entscheiden hier nicht: denn die vita s. Gumberti (Acta ss. 15. Juli) welche die Gründung durch ihn berichtet, ist eine unzuverlässige Quelle; aber auf der anderen Seite darf doch aus dem Schweigen der vita s. Burchardi (Mabillon acta ss. sacc. 3) nicht gefolgert werden, dass G. nicht der Gründer gewesen sein könne, es darf das um so weniger gefolgert werden, da der Verfasser selbst bekennt vom einstigen Zustande dieser Abtei nicht mehr zu wissen, als was man sich im Lande erzählte. Wir haben also nach der Urkunde allein zu urtheilen. — Von ihrer Provenienz hat seiner Zeit Strebel l. c. 126 eingehend gehandelt. Das Ergebniss seiner Forschung war dass ein Diplom dieses Wortlautes bis 1590 in dem Klosterarchive vorhanden war (ob ein Original oder eine Copie, wird aus den von Strebel gesammelten Archivnotizen nicht ersichtlich), später aber nicht mehr aufgefunden werden konnte. Jetzt liegen die Ansbacher Archivalien zumeist in Nürnberg: so ein vor 1530 von Dr. G. Hutter angelegtes Verzeichniss der Stiftsurkunden, ferner ein Repertorium vom J. 1629, endlich drei 1750 geschriebene Copialbücher. In allen diesen Verzeichnissen und Chartularien begegnet man, wie mir der Archivar Baader mitzutheilen die Güte hat, keiner Spur von unserem Diplom. Dagegen hat Schäffler in München in jüngster Zeit in dem dortigen Reichsarchive unter den dorthin gekommenen Akten des Stiftes Onolzbach ein im 17. Jahrhundert beschriebenes Folioblatt entdeckt, das neben K. 105 auch die bereits von Strebel 212 n° 5 veröffentlichte notitia de concambio enthält, welche formell ganz correct ist und inhaltlich mit L. 356 übereinstimmt. Diese handschriftliche Ueberlieferung bietet nun allerdings keine neue Bürgschaft, denn die Copie ist wahrscheinlich sogar jünger als der älteste Druck des Diploms in Hoffmann descriptio locorum sacrorum burggrav. Norimb. von 1617 (ich selbst habe diesen Druck nicht einsehen können), und wir sind und bleiben darauf angewiesen K. 105 nach seinen inneren Merkmalen zu beurtheilen.

Was nun von Bensen in den historischen Untersuchungen über Rotenburg (Nürnberg 1837) 52 vermeintlich als Probe strengsten kritischen Verfahrens gegen die Echtheit vorgebracht ist, zeugt von solcher Oberflächlichkeit und Unkenntniss in diplomatischen Dingen, dass ich eine specielle Widerlegung für überflüssig halte. Gesteht doch auch Abel dass gegen die Urkunde Karls an und für sich betrachtet wenig einzuwenden ist, dass ihm nur consignavit in der Unterschriftszeile auffällt. Derartige Fehler in dem Diplome gibt es jedoch mehr: sub integra communitate ist sinnlos; das italische Regierungsjahr ist um 1 zu hoch angegeben; auch Aquisgrani lasse ich nicht als die ursprüngliche Namensform gelten und dgl. Aber mehr als die Hälfte der in diesen Regesten verzeichneten Diplome müssten wir für falsch erklären und müssten sie als unbrauchbare historische Zeugnisse verwerfen, wenn wir unser kritisches Urtheil durch solche von den Abschreibern gemachte Fehler bestimmen lassen wollten. In diesem

Falle ist auf sie um so weniger Gewicht zu legen, da die Ueberlieferung andere die Echtheit verbürgende Merkmale nicht verwischt hat; ich zähle dahin die Sprachfehler: monasterio aliquo statt des Accusativ, Radoni, die richtigen Formeln, vor allem aber die ganze Fassung (s. Beitr. zur Dipl. 3, 211) welche durchaus den Stempel der Echtheit trägt. — Aber, wendet Abel ein, der historische Inhalt wird durch die unzweifelhafte Urkunde L. 356 widerlegt. Hier muss jedoch betont werden, wie schon Huscher in den Jahrbüchern des hist. Vereins in Mittelfranken (Nürnberg 1839) 9, 107, zum Theil auch Rettberg 2, 341 gethan haben, dass L. 356 einige Angaben von K. 105 direct bestätigt, nämlich dass Guntbert den bischöflichen Titel führte und dass er seine im Rangau belegenen Güter dem Könige tradiret hatte. Freilich nennt nun diese Urkunde nur locum qui dicitur Onoltespah und nicht ein Kloster; doch schliesst dies, wie bereits Huscher bemerkt hat, die Möglichkeit an ein Kloster zu denken nicht aus, lässt aber auch noch eine andere Erklärung zu, die ich gleich geben werde. Betrachten wir zuvor noch den von Rettberg als erheblicher bezeichneten, auch von Abel hoch angeschlagenen Einwurf, dass die Behandlung von Ansbach als Tauschgegenstand durch Karl mit der Verleihung der Immunität in K. 105 in geradem Widerspruch stehe. Dafür dass Immunitätsurkunden gegen Veräusserungen und Vergabungen aller Art keinen genügenden Schutz boten, habe ich in Beitr. zur Dipl. 5, 323 eine genügende Anzahl von Fällen zusammengestellt. Und auch das lässt sich anderweitig erweisen dass dem König tradirte oder auf andere Weise in sein besonderes Mundium gekommene und um dieser Qualität willen immune Klöster veräussert wurden, wie nach L. 279 das Karl tradirte Stettwanc an Kempten verschenkt wurde, wie Nantua (Beitr. zur Dipl. 3, 215) aus königlichem Besitz in bischöflichen überging. Dass glücklich gedeihende, reichere und angesehenere Stiftungen seltener solches Loos traf, werden wir voraussetzen dürfen; aber zu dieser Klasse hat wol Onolzbach, von dem sonst keine Kunde auf uns gekommen ist, nicht gehört. Um so weniger ist Grund den Inhalt der notitia de concambio zu beanstanden. Es kann somit nur noch die Frage aufgeworfen werden, wie man es sich erklären soll oder kann, dass in K. 105 und in der Tauschurkunde von einem Kloster die Rede ist, in L. 356 aber nur vom locus O. Und hier muss nun neben der von Huscher gegebenen Erklärung auch noch die Möglichkeit ins Auge gefasst werden, dass das Kloster, nachdem es vor 800 durch Tausch an die bischöfliche Kirche gekommen war, eingegangen sein kann und dass deshalb 837 von ihm nicht mehr die Rede ist. Wie manche Stiftung hat sich nicht erhalten können und wird in den Quellen nur vorübergehend erwähnt. Auch dafür dass Immunität vor dem Verfall nicht wahrte, haben wir in der Geschichte von erst unabhängigen und immunen, dann aber Bischöfen geschenkten oder anderen Klöstern incorporierten Stiftungen zahlreiche Belege. Ging doch das schon ansehnliche Kloster S. Maur des Fossés, dem von Childebert III. Immunität verliehen, von Pippin und Karl erneuert war, so vollständig ein dass es unter Ludwig erst neu aufgebaut und ausgestattet werden musste (K. 11, L. 87). Viel leichter konnte es geschehen dass eine erst seit einem Menschenalter versammelte Congregation sich wieder auflöste, dass ein noch nicht lange bestehendes Kloster trotz der Immunität wieder aufhörte.

So finde ich alle jene vermeintlichen Widersprüche, welche Rettberg betont hat, nicht unlösbar und finde alle jene Bedenken, welche Abel nochmals zusammengefasst hat, nicht zwingend um eine mit verhältnissmässig geringen Fehlern behaftete, durch den charakteristischen Stil den besten Eindruck machende Urkunde zu verwerfen.

K. 106. 107. Es genügt der Hinweis auf die Abbildungen dieser beiden Urkunden, um den Ausspruch zu rechtfertigen dass wir es hier nicht mit Originalen zu thun haben, sondern mit Schriftstücken nachkarolingischer Zeit. Zunächst nur als solche betrachtet weichen sie in mehreren Punkten von einander ab. Der Schreiber von K. 107 hat noch ein gewisses Verständniss für die Formen karolingischer Diplome und schreibt unverkennbar nach einer bestimmten Vorlage; jedoch sind ihm weder die einzelnen Buchstaben noch die Zeichen gelungen (vgl. auch UL. § 96 N. 17). Charakteristisch ist das Recognitionszeichen. Dass es zu setzen und durch et mit dem vorhergehenden Worte zu verbinden war, welche Gestalt etwa demselben zu geben war, dass in dasselbe Noten einzuzeichnen waren, das alles war dem Schreiber bekannt, aber darüber hinaus ging sein Verständniss nicht. Und um nur einen Fehler besonders hervorzuheben, auf diese Weise geschah es auch dass er für das ganze Zeichen oder doch wenigstens für die tironischen Noten eine Vorlage wählte, welche nicht zu der in Buchstaben ausgeschriebenen Kanzlerunterschrift passte, sondern der Recognition Ercanbaldus ad vicem Radoni entsprach. (Man vergleiche die Noten der Schrifttafel n° 16 mit der zu K. 127 gehörigen Unterschrift auf Schrifttafel n° 23, wonach Kopp 1, 432 zu berichtigen ist.) Lässt nun schon dieser zwiefache Umstand dass der Schreiber Noten als Zubehör des Recognitionszeichens für nöthig hielt und doch deren Wortbedeutung gar nicht mehr kannte, vermuthen dass das Schriftstück um oder nach 900 angefertigt sei, so wird diese Zeitbestimmung auch durch die auf der Rückseite befindliche Aufschrift in Buchstaben die auf das 10. Jahrhundert hinweisen bestätigt (s. UL. § 106). — Von dem K. 106 enthaltenden Schriftstücke lässt sich, da nur noch eine Abbildung desselben vorliegt, allein das sagen dass es bedeutend jünger ist als K. 107 und geringere Kenntniss der Regeln von den äusseren Merkmalen der Diplome verräth; den Buchstaben nach, von denen nur einige noch die Absicht ältere Formen nachzuahmen bekunden, wird dieses Schriftstück in das 11.—12. Jhdt. zu setzen sein. Dass sich der Wortlaut der Urkunde auch in dem Chartular des 12. Jhdts. findet, ist bereits früher gesagt worden.

Auf die äusseren Merkmale allein stützen sich nun die welche, wie Kopp, Stumpf u. a., beide Diplome als verdächtig oder geradezu als Fälschungen bezeichnet haben. Ihnen gegenüber bemerke ich wiederum dass diese äussern Merkmale und ebenso Formelfehler und sprachliche Aenderungen nicht ausschliessen, dass hier mehr oder minder verderbte Copien echter Diplome vorliegen. Gehe ich deshalb auf die inneren Merkmale über, so ist vor allem zu betonen dass K. 107 als Copie betrachtet ohne genügenden Grund verdächtigt wird, während K. 106 zu einigen Zweifeln Anlass gibt. Bei der ersten Urkunde geht u. a. die sprachliche Ueberarbeitung nicht weiter als in andern Copien seit dem 10. Jahrhundert und speciell nicht weiter als in anderen Hersfelder Abschriften. Gleiches gilt von den Fehlern in den Formeln, wie subtus (UL. § 64 N. 7), von der Einschaltung der Indiction usw. Die Kanzlerunterschrift entspricht dem Jahre, der Ausstellungsort (W. palatio nostro findet sich auch sonst z. B. in K. 125) dem aus den ann. Lauresh. in M. G. h. 1, 32 bekannten Itinerar. Gegen die Fassung lässt sich gar nichts einwenden. Ferner wird der Inhalt der Urkunde durch das wahrscheinlich im 9. Jahrhundert aufgesetzte breviarium s. Lulli (Wenck 2b, 16 n° 12) bestätigt, das auch die villa Dorndorf unter den zu Lulls Zeiten dem Kloster von Karl geschenkten Gütern nennt. Dass endlich Lullus im August 786 noch am Leben war, ist von Abel 445 nachgewiesen. Somit halte ich diese als Copie in Diplomenform überlieferte Urkunde für ganz unbedenklich.

Es steht minder günstig mit K. 106, obschon sich einzelne weiter gehende Abweichungen, wie sigilli nostri inpressione oder wie rogatu Lulli instructoris eiusdem loci, ebenso wie die Mängel in der äusseren Form einfach daraus erklären dass das uns vorliegende Schriftstück und die Abschrift in dem Chartular ein bis zwei Jahrhunderte später als K. 107 angefertigt sind. Aus der Gleichzeitigkeit und theilweisen Uebereinstimmung von K. 106 mit K. 107 lässt sich nichts folgern; denn es ist ebenso denkbar dass für zwei an gleichem Tage erfolgte Schenkungen auch zwei ziemlich gleichlautende Diplome ausgestellt worden sind, als dass mit Hülfe einer echten Urkunde wie K. 107 später eine Fälschung, nämlich K. 106 angefertigt worden ist. Bedenklich dagegen ist, ohne jedoch zur Verwerfung dieses Stückes zu nöthigen, erstens dass die betreffende Kirche in Grebenau erst 1057 urkundlich (Wenck 2b, 44 n° 35) als Besitzung von Hersfeld wieder genannt wird, zweitens dass hier noch zu Lulls Lebzeiten ein Abt Buno erwähnt wird. Gerade was letzteren Punkt anbetrifft, lässt der Stand der Quellen eine Entscheidung nicht zu: die sonstigen Nachrichten schliessen nicht aus mit Rettberg 1, 605 einen nur in K. 106 genannten Abt Buno anzunehmen; aber man kann auch, wie Abel 449 thut, dies einzige Zeugniss als nicht vollgiltig verwerfen und diesen Buno aus der Abtsreihe streichen. Jedoch entscheidet auch letztere Annahme noch nicht über unsere Urkunde, da wir auch sonst wie in Diplomen für S. Denis und Fulda, falsche Abtsnamen in übrigens glaubwürdige Urkunden eingeschoben finden.

K. 108. Die Beschaffenheit des Monogramms, die nicht von Wigbald stammende Unterschrift, die verhältnissmässig zu correcte Sprache nöthigen das Schriftstück für eine allerdings mit grossem Geschick angefertigte Copie zu erklären. Die Noten im Recognitionszeichen besagen: Wihbaldus advicem Radonis recognovi et subscripsi, ordinante domno rege per... Hier folgt ein nicht mit Sicherheit zu entziffernder Name. Kopp 1 § 394, indem er die betreffenden Noten nicht ganz genau abbildet, möchte allenfalls Anvirdum oder Levirdum lesen. Die letzte Note ist aber entschieden tum, die vorletzte wie auch Kopp angibt, vir; die erste könnte vielleicht auch (Kopp 2, 40) au sein, so dass der ganze Name Auvirtum lauten könnte. Ob damit etwa der in der Urkunde genannte Autbertus gemeint sein soll? — Bestätigt wird unter andern auch diese Schenkung von Karl d. K. 872 in Tardif 133 n° 208. Die in Tardif 70 n° 92 vom J. 791 erwähnte concessio Karoli regis ist wahrscheinlich unsere Urkunde, in der auch der zu Marolles gehörige und später streitige Wald inbegriffen gewesen sein mag. Im Regent ist die Angabe der Eingangsworte so zu verbessern: omnibus fidelibus... quicquid etc.

K. 109. War auch der Name des Adressaten in den Drucken nicht angegeben, so hatte doch die Annahme des ersten Herausgebers, dass der in Karls Namen geschriebene Brief an den Mainzer Erzbischof Lullus gerichtet sei, grosse Wahrscheinlichkeit für sich, und reihte ich deshalb den Brief vor des Lullus Todesjahre ein. Aber nachträglich erfahre ich von Jaffé, der diesen Brief im cod. Paris. lat. 528 saec. 10 fand, dass nicht einmal der Name Karls feststeht, sondern dass die Handschrift den Absender nur durch ille bezeichnet. Unter diesen Umständen wird es fraglich, ob der Brief Karl zuzuschreiben ist und ob wir es überhaupt mit mehr als einer Uebung im Briefstil zu thun haben.

K. 110. Die Ziffer in Ughelli l. c. verlesend hat Böhmer diese Urkunde einmal zum 31. März angesetzt und dann nochmals nach dem Excerpt in Bouquet 5, 750 n° 60 zu dem 22. März. Dem Ausstellungsort nach kann K. 110 nur zum J. 787 gesetzt werden (s. Abel 1, 473), welchem a. 19 et 13 entsprechen würde: a. 19 findet sich auch richtig in den folgenden Diplomen K. 111. 113, während auch diese die falsche Zahl 14 haben (UL. § 82 und 77).

K. 111. Sämmtliche Diplome für dies Kloster finden sich in dem 1108 vollendeten chronicon Vulturnense des Mönchs Johannes (s. Pertz Archiv 5, 150) und sind mit Ausnahme von L. 130 nur aus dieser Quelle bekannt. Die Chronik besteht hauptsächlich aus Urkunden und Urkundenexcerpten die durch Erzählung verbunden sind. Unfähig Kritik zu üben hat Johannes neben echten auch interpolierte und wahre Muster von plumper Fälschung aufgenommen. Hie und da erzählt er dann von noch weiteren Urkunden, aber zumeist in so unbestimmter und unzuverlässiger Weise, dass sich von seinen Angaben kein Gebrauch machen lässt. — Ueber K. 111 s. Beitr. zur Dipl. 3, 201. — K. 112 ist als Brief wahrscheinlich nie mit Datum versehen gewesen (UL. § 115), und lässt sich, da die Confirmation der Schenkung des Desiderius nicht erhalten ist, nirgends mit Sicherheit einreihen. Der letzte Satz ganz verderbt wird etwa so zu ändern sein: nos... praefatos homines... ut legitimum servitium... omni tempore perficiant, per nostrum donationis praeceptum iubemus.

K. 113. Um 1098 begann Leo Marsicanus seine Klosterchronik zu schreiben, für die er die aus zwei Bränden noch geretteten Urkunden benutzte. Nach seinem vor 1118 erfolgten Tode setzte der Diacon Petrus das Werk bis 1138 fort und legte zugleich im regestum eine Sammlung der ihm vorliegenden Urkunden an. Echte und unechte fanden darin nebeneinander Platz und wurden, soweit noch vorhandene Exemplare die Vergleichung ermöglichen, getreu copiert. Sein regestum in langobardischer Minuskel geschrieben ward dann noch einmal in romanischer Schrift copiert: das ist der cod. Casinensis n° 257 (s. Gattola 22; Pertz Archiv 4, 498; Wattenbach in M. G. h. 7, 551). — Diese Ueberlieferung einerseits durch Leo der z. B. zum J. 787 mehrere ältere Diplome erwähnt, und andererseits durch Petrus der die Urkunden abschreibt, gibt uns natürlich keine Bürgschaft für die Echtheit derselben, welche beide nicht zu beurtheilen im Stande waren, und wir haben demnach den Werth dieser Urkunden lediglich nach deren inneren Merkmalen zu bemessen. Danach erscheint aber nur K. 113 als echt.

Mit dessen Benutzung (s. Beitr. zur Dipl. 3, 200; UL. § 67) sind dann die vier auf Karls Namen lautenden Fälschungen angefertigt, die sich als solche sofort durch die Fassung und zum Theil auch durch den Inhalt (die Grenzbeschreibung in der ersten unechten Urkunde ist dem Diplom Lothars von 835 entlehnt) verrathen.

K. 115. Von 18 Diplomen für Aniane aus der Zeit vor 840 ist nur ein einziges, L. 153 in Original auf uns gekommen, von einem andern K. 159 war früher ein Vidimus von 1314 erhalten, das jetzt aber (s. Layettes, prolégom., index chronolog. n° 4) vermisst wird. Alle anderen Stücke kennen wir nur aus dem Chartular des Klosters in den Arch. départ. de l'Hérault in Montpellier, in welches ausserdem auch die schon vor 837 in das Klosterarchiv übergegangene Urkunde L. 212 eingetragen ist. Waitz im Archiv 7, 842 setzt dieses Copialbuch in das 12. Jahrhundert, während es im Catalogue des cartulaires 230 als dem 14. angehörig bezeichnet wird. Schon im 17. Jhdt. war dasselbe vielfach benutzt, namentlich auch von Mabillon der mehrere dieser Urkunden bereits veröffentlichte (zum Theil freilich ohne die Schlussformeln) und von allen im Chartular befindlichen wie es scheint Abschriften nahm. Die sämmtlichen älteren Urkunden des Klosters edierten dann Claude de Vic und J. Vaissete; bald darauf und zwar zumeist nach Mabillons Copien Bouquet. Da die beiden zuletzt genannten Ausgaben in manchen Einzelheiten differieren, schien es mir nöthig auf das Chartular zurückzugehn. Ich verdanke zahlreiche Mittheilungen aus demselben der Güte des H. Archivar E. Thomas in Montpellier, so dass ich hie und da die Angaben der Drucke verbessern und die Lesarten der Handschrift herstellen kann. Nun ist aber auch die letztere nicht frei von Fehlern. So ist gleich das älteste Diplom K. 115 unterzeichnet: Bartolomeus notarius advicem Bladonnici recognovi (so nach Thomas; Waitz scheint gelesen zu haben: advicem Hludowici), wo wir entschieden adv. Radoni emendieren oder annehmen müssen, dass die ganze Subscriptionszeile fälschlich einem Diplom Karl d. K. etwa dem in Bouquet 8, 525 n° 114 entnommen ist. In späteren Diplomen wie in L. 331. 354. 355 hat der Sammler die Titulatur des Kaisers in etwas verändert (UL. § 89 N. 5). Endlich sind auch zuweilen die Ziffern der Datierungszeile, wie in L. 147 und 161, verderbt. Kurz wir sind ebenso berechtigt als genöthigt Emendationen an den nur in diesem Chartular überlieferten Diplomen vorzunehmen. Aber von kleinen formellen Fehlern abgesehen können wir im ganzen dem Copialbuch von Aniane Glauben schenken: es enthält kein einziges Stück das geradezu zu beanstanden wäre, und auch nur eins das überarbeitet erscheint. Letzteres gilt von K. 115, in dem der moderne Stil und einzelne damals nicht gewöhnliche Worte (vicecomitibus, anathematizamus etc., s. UL. § 59) auffallen. Nahm ich nun früher (Beitr. zur Dipl. 3, 209) an dass gelegentlich der stilistischen Ueberarbeitung zugleich eine Interpolation stattgefunden habe, so meinte ich damit dass vielleicht die in den späteren Diplomen nicht mehr erwähnten Privilegienbestimmungen eingeschaltet seien. Aber ich bin von dieser Ansicht zurückgekommen. Denn diese Bestimmungen an und für sich gehen nicht über das gewöhnliche Mass hinaus, und für die gelegentliche Erwähnung derselben in den Immunitäten lassen sich genug andere Fälle (Beitr. zur Dipl. 4, 589; s. auch UL. § 48) nachweisen.

Und was mir früher besonders anstössig war: ut nullus comes neque episcopus etc., während in den Inscriptionen und ebenso an den betreffenden Stellen der analogen Urkunden für Aniaola, Lorsch, Hersfeld, S. Denis, Farfa und in Rozière n° 23 die Bischöfe den weltlichen Beamten vorangehen und überhaupt schon eine gewisse Rangordnung beobachtet zu werden pflegt, steht doch auch nicht vereinzelt da. In K. 13 heisst es: nec quilibet ex iudiciaria potestate nec de parte pontificum, in L. 289: nullus iudex publicus nec episcopus nec comes. — Das einzige in K. 115 angegebene Regierungsjahr nahm Böhmer als italisches Jahr. Will man dem beistimmen, so muss man glauben dass der Copist das vorausgehende fränkische Jahr ausgelassen hat, denn dass die Kanzlei nur nach italischem Jahre datiert habe, ist unglaublich (UL. § 82). Aber ich sehe keine Nöthigung zu solcher Annahme. Allerdings sagt Abel 1, 361 indem er recht gut die Anfänge von Aniane erzählt (s. auch 496), dass in Anbetracht des Ausstellungsortes Regensburg, wo Karl nachweislich 792, nicht aber 787 verweilte, die Urkunde zu jenem Jahre (= a. r. 19 in Italia) gesetzt werden müsse. Ich kann das nicht anders verstehen als dass das urkundliche Datum, wie wir es in erster Linie auffassen müssen: a. r. 19 in Francia = 787, nicht zulässig sei, weil es durch keine weitere Nachricht bestätigt ist. Bei consequenter Befolgung dieser Methode würden wir aber unendlich viele vereinzelt dastehende Notizen als unzuverlässige Zeugnisse verwerfen müssen. Und die richtige Fragestellung in solchen Fällen scheint mir die zu sein: verträgt sich die Angabe unseres Diplomes, bei der allerdings ein Ueberlieferungsfehler denkbar ist, mit den übrigen uns bekannten Zeugnissen? Darauf ist aber in diesem Falle entschieden mit ja zu antworten. Die erzählenden Quellen (s. Abel 1, 495) nöthigen keineswegs einen ununterbrochenen Aufenthalt des Königs in Augsburg anzunehmen; ann. Lauresh. II. in M. G. h. 1, 33 sagen ausdrücklich: Carolus venit per Alamanniam (am 13. Juli befand er sich noch in Worms; s. M. G. h. 2, 383) usque ad terminos Paiariorum ... introivit etiam in ipsam patriam: darunter lässt sich sehr wol verstehen dass sich Karl auch nach Regensburg zu dem dort aufgestellten Heere der Austrasier und Thüringer begeben habe und zwar in den letzten Julitagen, wie wir dann eben aus dem Diplome für Aniane erfahren. Mit einem Worte: indem ich den Bestand aller Quellen überblicke, sehe ich keinen Grund eine für die historische Chronologie wichtige Notiz zu verschmähen, blos weil sie in den anderen Zeugnissen keine directe Bestätigung findet.

K. 115bis. Ich folge hier und bei K. 116bis in der Datierung Boretius 125—130 (s. jedoch Abel 1, 376) und stimme ihm auch darin bei, dass kein Grund vorhanden ist, wie Pertz that, bei letzterem Stücke eine doppelte Recension anzunehmen, dass dieses Capitulare vielmehr nur für Italien publiciert ist und mit aller Wahrscheinlichkeit Pippin zugeschrieben werden kann. — Was ich in Beitr. zur D. 5, 316 N. 2 am Schluss über K. 116bis sage, ist nach brieflicher Mittheilung von Boretius dahin zu berichtigen, dass der cod. Chisianus den § 6 gar nicht enthält. Sieben Boretius bekannte Handschriften des liber leg. Lang. haben an betreffender Stelle die aus Baluze angegebene Lesart. Der von mir seitdem verglichene cod. s. Pauli gibt das cap. 6 ohne Rubrik, ohne die Worte: de monasteriis et sinodochiis regalibus, und liest dann: videntur ut regale sint, was der Lesart des cod. Epored. sehr nahe kommt. Zu vergleichen ist endlich zu dieser Stelle der Text von LL. 1, 363 § 12.

K. 116. Nach Jaffé im Metzer cod. E 19 saec. 10, welchen auch Sirmond benutzt hat.

K. 119. Die älteren Diplome für Passau finden sich in zwei jetzt dem Münchener Reichsarchiv einverleibten Copialbüchern. Chartul. I (31 Blätter in kl. f°, saec. 12) enthält K. 119, L. 200. 257 und die falsche Urkunde Karls. Chartul. II sehr verschiedener Schrift und wahrscheinlich aus Fragmenten verschiedener Copialbücher entstanden enthält dieselben Stücke in dem jetzt mit f° 26 beginnenden Theile, der im 13. Jahrhundert geschrieben ist. Von K. 119 gibt es ferner eine fehlerhafte Copie in dem gleichfalls in München befindlichen cod. dictus Lonstorfianus saec. 13. Dazu kommen für L. 200 und a. spur. K. ältere Einzelabschriften. Unter den Drucken verdienen entschieden die der Mon. Boica den Vorzug. In diesen wird die erste ohne Datierungsformel überlieferte Urkunde in den Herbst 788 gesetzt, weil damals Karl von Baiern Besitz ergriff und sich im Lande befand, und weil das bekannte hohe Alter der Irminswint empfiehlt das Diplom nicht in spätere Jahre vorzurücken. Diese Gründe lassen sich hören, und reihe daher auch ich das Stück hier ein. Aber unrichtig ist es dass die Herausgeber aus dem Diplom herauslesen wollen, dass es in Passau ausgestellt sei: der Bischof und Irminswint können den König auch anderwärts aufgesucht haben. Und da das vorliegende Stück uns freie Wahl in Bezug des actum lässt, könnte man auch die entschieden auf einer echten Urkunde basierende Datierung des a. spur. K. zu K. 119 hinzuziehen und letzteres in den März 789 setzen.

K. 120. Im ehemals Salzburger, jetzt in Wien befindlichen Archive haben sich von älteren Diplomen und Briefen für dies Bisthum erhalten K. 129. 231, L. 61. 77. 148. 197. 211, ferner K. 120, indem dieses Diplom, als Arnulf 890 die Abtei Chiemsee an Salzburg schenkte, offenbar an letztern Ort ausgeliefert worden ist. Von diesen Stücken liegen aber nur noch L. 77 und 197 (UL. § 116) in Originalausfertigungen vor. L. 211 ist mit sieben anderen die Stellung der Erzbischöfe betreffenden Schreiben auf einer etwa sieben Fuss langen Pergamentrolle verzeichnet (s. Meiller im österr. Archiv 11, 66) und zwar von einer Hand die meiner Meinung nach in den Anfang des 10. Jahrhunderts gehört. Diese drei Stücke finden sich dann noch einmal in Abschrift vor, nämlich in den auch die anderen fünf enthaltenden Salzburger Kammerbüchern (Wiener Haus-, Hof- und Staatsarchiv). Sowol Pertz im Archiv 4, 225 und 6, 495 (wo aus dem liber camerae 1, f° 2 die Vorrede abgedruckt ist) als Meiller l. c. haben nun schlechtweg diese Kammerbücher als gegen Ausgang des 15. Jahrhunderts geschrieben bezeichnet. Aber so verhält es sich nicht mit allen Bänden und namentlich nicht mit dem ersten Bande, in den die Karolingerdiplome eingetragen sind. Als liberi camerae bezeichnete man nämlich in den letzten Jahrhunderten in Salzburg sechs Copialbücher, zu denen dann schliesslich noch drei Registerbände kamen. Aber der Anlage und Entstehung nach ist besonders das erste Copialbuch von den anderen zu unterscheiden. Letztere von sehr verschiedenen Händen geschrieben mögen alle erst im 15. Jhdt. angelegt und bis zum Ende desselben fortgesetzt sein. Dagegen ist der erste bedeutend älter. Der Schrift nach, die durchgängig dieselbe ist, könnte man ihn ebenso gut in die zweite Hälfte des 13. als in die erste Hälfte des folgenden Jhdts. setzen. Inhalt und Anordnung machen aber das erstere wahrscheinlich. Sämmtliche Abtheilungen dieses Bandes (päpstliche Bullen, kaiserliche Privilegien für die Erzbischöfe, für die Canoniker usw.) gehen nämlich nur bis in das 13. Jhdt., höchstens bis in die Zeit Rudolfs, und auch wo nach den einzelnen Abtheilungen Blätter von der ersten Hand unbeschrieben gelassen wurden, sind keine Stücke nachgetragen. Demnach ist dies älteste Copialbuch, und ihm gehört auch die von Perts zu 1497 gesetzte Vorrede an, als Ende des 13. Jhdts. geschrieben zu betrachten. — Dem Sammler hat augenscheinlich noch eine grosse Anzahl von Originalen vorgelegen, aus denen er auch die Unterschriftszeilen und Monogramme mittheilt. In Fällen wo er dies nicht thut, wie bei K. 231, benutzte er wahrscheinlich nur Copien. Wie die meisten Abschreiber hat er die Chrismen nicht bezeichnet, die Stellung der das Monogramm begleitenden Worte nicht genau wiedergegeben, die Orthographie, namentlich auch die der Namen, nach der Gewohnheit seiner Zeit verändert. Ausserdem hat er zuweilen, wie die Vergleichung mit den noch vorhandenen Originalen lehrt, einzelne Worte ausgelassen oder Wortformen geändert, jedoch nie so dass dadurch der Sinn berührt würde. Ueberhaupt, wo er gefehlt hat, macht es stets nur den Eindruck dass es aus Unachtsamkeit geschehen sei oder aus Unkenntniss, wie es z. B. schon ihm widerfahren ist, was Kleimayrn 62 n° 17 ihm nachgemacht hat, dass er eine Urkunde Karls d. Dicken unter die Karls d. G. gesetzt hat. Nach alle dem können wir diese Quelle, für fünf unserer Urkunden die einzige, als glaubwürdig bezeichnen, obgleich einzelne Stücke in ihr nicht correct überliefert sind. — Mit Ausnahme von K. 231 nun, welches schon im 17. Jahrhundert edirt wurde, liegen die älteren Karolingerdiplome nur in dem Werke von Kleimayrn gedruckt vor. Dieser aber hat die noch vorhandenen Originale oder älteren Abschriften nicht benutzt, sondern alle diese Stücke dem Kammerbuche entlehnt und so genau nach diesem wiedergegeben dass er selbst die Interpunction des alten Copisten beibehalten hat. — K. 120 passt nur dann in das Itinerar, wenn es nach dem fränkischen Regierungsjahre datiert wird; über das italische Regierungsjahr s. Ul. § 82.

K. 121. Boretius 68 hat dargethan dass der besseren handschriftlichen Ueberlieferung zufolge, was von den bisherigen Herausgebern als Unterschrift zu dem sogenannten capit. ecclesiasticum (Schluss desselben in Pertz LL. 1, 67) hinzugezogen ist, als Ueberschrift für die folgenden Capitularien zu nehmen ist. Er hat ferner wahrscheinlich gemacht dass die bisher als cap. monasticum und cap. generale geschiedenen Stücke zusammengehören als Theile des in jener Ueberschrift benannten edictum legationis. Ist dies aber der Fall, so kann das was früher als besonderes cap. generale bezeichnet wurde, auch nicht mehr, wie Waitz V. G. 3, 254 vorschlug, in das J. 786 versetzt werden.

Obgleich nun der vermeintlichen Unterschrift entkleidet gehört doch K. 122 oder das cap. ecclesiasticum offenbar in dieselbe Zeit. Seinem Inhalte nach bezeichnet es Boretius als offenen Brief oder als ammonitio, wie Karl selbst sagt.

K. 124. Für die älteren Urkunden des Victorsklosters in Marseille kommt hier nur das sogenannte grand cartulaire in Betracht, das sich in den Archives du département des Bouches-du-Rhône befindet und nach der Beschreibung von Guérard (s. auch Mélanges historiques 1, 40) um 1100 angelegt, im 12. und 13. Jahrhundert ergänzt worden ist. Nachdem für die Zeit der Karolinger dieses und andere Copialbücher bereits von Martène und für Bouquet benutzt worden waren, veranstaltete Guérard in bekannter musterhafter Weise die neue und vollständige Ausgabe des Cartulaire de l'abbaye de S. Victor de Marseille. Und als nun der gesammte Urkundenvorrath gedruckt vorlag, gelang es auch in einem wichtigen Punkte die ältere Geschichte des Klosters, wie sie bis dahin dargestellt war, zu berichtigen und ein Moment festzustellen das auch die in diesen Regesten verzeichneten Diplome betrifft und deshalb hier erwähnt werden muss. Der Archivar Blancard hat nämlich in der Notice sur les anciennes archives des Bouches-du-Rhône (Marseille 1861 in 8°) zuerst bemerkt, dass in den Copialbüchern von S. Victor und ebenso in der Ausgabe von Guérard viele ältere Urkunden dem Kloster zugeschrieben werden, die sich gar nicht auf dasselbe sondern auf die bischöfliche Kirche in Marseille beziehen. Diese Kirche hiess ehemals b. Virginis et s. Victoris, das Kloster wurde ebenso, zuweilen aber auch ss. Petri et Pauli benannt. Ist also in Urkunden nur vom Bischofe und nicht vom Kloster die Rede, wie z. B. in L. 187 und in den Urkunden Lothars und Carlomanns (Cartul. de S. V. 1, n° 9. 11. 12 etc.), so sind diese Stücke auch nur auf die bischöfliche Kirche zu beziehen. Ein weiteres Unterscheidungsmerkmal ergibt sich aus der Erwähnung des corpus s. Victoris, welcher sich früher in der bischöflichen Kirche befand und erst später in das Kloster transferiert wurde. Danach vindiciert Blancard jener das polypticum Wuadaldi, ferner in der Guérardschen Ausgabe n° 1. 3. 9. 11—13. 26. 29. 31 usw. Er erklärt auch wie diese Urkunden im Laufe der Zeit in den Besitz des Klosters gekommen und in dessen Copialbücher übergegangen sind: wahrscheinlich bei der Restauration des zerstörten Klosters durch den h. Honorat Bischof von Marseille, der die Abtei mit bischöflichen Gütern (carta liberalis von 1005 im Cartul. 1 n° 15) ausstattete und ihr bei dieser Gelegenheit auch die Kirche in qua reponit corpus s. Victoris schenkte. In Folge dieser Verä̈usserung änderte sich nun auch der Titel der bischöflichen Kirche, die im 11. Jahrhundert nur noch s. Mariae genannt wird. Um die Zeit von 1005 sind dann auch die der Kirche in qua reponit corpus s. V. oder die den Bischöfen ertheilten Urkunden an das Kloster gekommen. Noch in der Urkunde von 1005 wird dem Kloster nur ein Diplom Karls d. G., offenbar K. 124, zugeschrieben. Im J. 1040 dagegen (Cartul. n° 14, fälschlich von den Herausgebern und von Blancard als Bulle, richtig von Jaffé als acta dedicationis bezeichnet) erscheint das Kloster schon preceptis decoratum imperialibus, videlicet Pipini, Caroli, Carlomanni, Ludovici et Hlotarii regum Francorum, worunter zumeist den Bischöfen oder der Victorskirche ertheilte Diplome zu verstehen sind. So weit Blancard, dessen Ausführung ich überall bestätigt gefunden habe, auch durch eine Urkunde die auf den ersten Blick hin allerdings zu widersprechen scheint. In einem Placitum von 845 nämlich (Cartul. 1, n° 26) belangt advocatus Albuini episcopi vel de ipsa casa dei s. Victoris monasterii Massiliensis auf Grund einer Zollverleihung

Ludwigs an die Victorskirche (L. 187) und auf Grund einer Confirmation Lothars den Grafen Adalbert. Hier scheint also doch vom Kloster die Rede zu sein. Aber nur einmal heisst es in diesem Stücke wie eben angeführt ist. An anderer Stelle heisst es L. 187 entsprechend advocatus A. episcopi vel de ipsa casa dei s. V. martiris Massiliensis und auch im weiteren Verlauf der Urkunde ist stets nur von casa dei s. V. die Rede. Also ist wahrscheinlich monasterii an der ersten Stelle nur durch einen Lesefehler, wahrscheinlich durch falsche Auflösung einer Abbreviatur entstanden und ist in martiris zu verbessern. Alsdann dient gerade diese Urkunde mit zur Bestätigung der von Blancard aufgestellten Ansicht. — Uebrigens hatte das Kloster in der Zeit, die hier in Betracht kommt, keine eigenen Aebte. Ein Abt Magnus kommt gegen 780 vor, dann ist ein solcher bis 884 nicht bekannt, sondern zumeist sind die Bischöfe von Marseille zugleich Vorsteher des Klosters (Guérard l. c. préface 22 und dazu 1, 111 N.) Dies Verhältniss hindert nicht nach dem zuvor gesagten so zu unterscheiden, dass man K. 124 dem Kloster zuschreibt, L. 187 dagegen und mehrere verlorne Urkunden der bischöflichen Kirche. Ueber jenes Diplom s. Beitr. zur Dipl. 3, 201; 5, 340. Ueber die Datierung von K. 124 und 125 ist schliesslich zu bemerken dass sowol 790 als 791 ein Aufenthalt in Worms möglich ist, und dass insofern sich nicht entscheiden lässt, ob a. r. in Francia 22 = 790 oder a. r. in Italia 17 = 791 richtig ist; aber nach dem was in UL. § 76 über die Pfalz in Worms bemerkt ist, muss für K. 125 doch 790 vorgezogen werden, und wird danach auch das mit gleichen Ziffern versehene K. 124 zu datieren sein.

K. 125. Abschrift im Archivio di s. Fedele, welche Fumagalli irriger Weise ins 12. Jahrhundert setzte. Eine aus ihr abgeleitete Copie vom J. 1587 gab fälschlich Placentiae als Ausstellungsort an, was in die älteren Drucke übergegangen ist. Inhalt und Fassung habe ich in Beitr. zur Dipl. 4, 588 und UL. § 46 erklärt; dazu vergleiche man die Urkunden Angilberts und Lothars in Fumagalli cod. 187 und 193. — Von der handschriftlichen Ueberlieferung der falschen Urkunde für den Erzbischof Petrus ist mir nichts bekannt. Desgleichen finde ich nicht worauf sich die Angabe von Ughelli 4, 79 stützt: Angilbertus confirmationem omnium privilegiorum a Carolo olim magno suae ecclesiae concessorum a Ludowico pio obtinuit. Jedenfalls müsste es sich dabei um ein Diplom für die bischöfliche Kirche handeln, denn dass das Kloster S. Ambrogio von Ludwig keine Confirmation aufzuweisen hatte, scheint sich aus dem Diplom Arnulfs von 894 (Fumagalli cod. 534) zu ergeben.

K. 129. Verderbte Ziffern, so dass sich die Urkunde nirgends mit Sicherheit einreihen lässt. Ueber die Bedeutung dieser Confirmation s. Beitr. zur Dipl. 3, 203. Dass dieselbe von der in L. 77 bestätigten Immunität zu unterscheiden ist, liegt auf der Hand. Erwägt man nun dass noch von Ludwig d. Deutschen im J. 837 in zwei getrennten Urkunden den Erzbischöfen Besitzbestätigung und Immunität ertheilt werden (Kleimayrn n° 30 u. 31) und dass in beiden Urkunden auf Diplome gleichen Inhalts von Karl und Ludwig hingewiesen wird, so ergeben sich die von mir betreffenden Orts verzeichneten acta deperdita.

K. 130. In dem sogenannten cod. millenarius in Kremsmünster (s. Monum. graph. medii aevi fasc. 8, tab. 7 und 8) sind auf leeren Seiten im 12. Jhdt.

einige Urkunden eingetragen, darunter auch K. 130 und zwar ohne Datierung. Diese mit den Zusätzen, von denen obendrein 789 unrichtig ist, findet sich also nur in der jüngeren Abschrift des cod. Fridericianus, welcher von Hagn in der Vorrede beschrieben worden ist. — Ueber die Anfänge von Kremsmünster s. Abel 1, 224—227; über die Confirmation Karls s. Beitr. zur Dipl. 3, 203 und UL. § 47.

K. 132. Die in den Drucken angegebenen und nach ihnen von mir in das Regest aufgenommenen Namen Fastrada und Pippinus sind wol unzweifelhaft richtig; aber nach einer mir nachträglich von Jaffé zugehenden Mittheilung finden sie sich nicht in der den Ausgaben zu Grunde liegenden Pariser Handschrift, welche an den betreffenden Stellen nur die Abkürzung ill. aufweist.

K. 133. Die Abschrift welche Madrisio aus dem Archive der Conti di Maniago erhielt, stammte aus dem thesaurus eccl. Aquileiensis (s. K. 58*). Die Abschrift auf der Marciana sowie eine andere gleichfalls von Bini besorgte in der Capitelbibliothek zu Udine, endlich auch eine 1804 angefertigte im Capitelarchiv zu Cividale stützen sich auf ein apographum membran. in dem Municipalarchiv von Udine, welches jedoch vor einigen Jahren daselbst nicht aufzufinden war. — Da die Urkunde nur durch mehrfache Abschriften hindurch auf uns gekommen ist, wäre eine Interpolation denkbar, und solche ist mir was den einen auch in K. 134 wiederkehrenden Satz anbetrifft sehr wahrscheinlich, ich meine den Satz in dem die Gewährung der Bitte tribus ex causis, d. h. in sonst nie vorkommender Weise motiviert wird. Uebrigens ist das Diplom in ziemlich unbeholfener Weise stilisiert. Wie in einigen anderen Fällen entspricht nämlich der Inhalt der Bewilligung nicht dem Inhalt der Bitte; gebeten wird vorzüglich um Erlass des Zehnten, gewährt wird vorzüglich Befreiung von fodrum. Das sind aber verschiedene Dinge, denn wenn auch sonst (Waitz V. G. 4, 14) fodrum als annona militaris erklärt wird, so wird man hier fodrum nicht als gleichbedeutend mit decima de annona aut de peculio betrachten dürfen. Aus späteren Urkunden für Aquileia, wie aus der Lothars von 832 und der Carlomanns von 879 (Muratori antiqu. 5, 977; de Rubeis 444) ergibt sich dass seit Karls Zeiten sowol der Zehnte als die Kriegsabgabe erlassen waren, oder sowol das was als Bitte des Paulinus als was als von Karl bewilligt in K. 133 angegeben wird, folglich ist auch beides trotz der ungeschickten Ausdrucksweise (UL. § 48) als der Inhalt dieser Urkunde anzunehmen.

K. 134. Diese Urkunde hatte sich erhalten in den Archiven der Kirche von Buie und des Veroneser Klosters, welche beide hier speciell unter den Besitzungen von Aquileia genannt werden. Aus den Akten jener Kirche stammt die von de Rubeis benutzte Copie und ebenso die der Marcusbibliothek im cod. lat. XIV, 48. Wenn bei letzterer (s. Oesterr. Archiv 18, 370) hinzugefügt ist: exscripsit ex originali J. Fontanini, so ist diese Angabe falsch oder muss doch richtig gedeutet werden. Es findet sich mehr als einmal in den Fontaninischen Papieren dass von einem autografo oder einem authentico die Rede ist und dass doch, wie die weiteren Erklärungen darthun, damit nur ein exemplum authenticum, autographum, d. h. das Original einer irgendwie legalisierten Abschrift gemeint ist; und so soll auch mit diesen Worten gesagt werden, dass Fontanini das

Stück aus irgend welchem originalen Transsumpt copiert hat. Eine solche notarielle Abschrift war unter anderm auch im J. 1193 in Aquileia unter dem Titel exemplum authenticum angefertigt und befand sich später im Archive von S. Maria in Organo unter Processakten welche G. n° 34 Rotoli A signiert waren. Von ihr abgeleitet sind 1) die 1669 angefertigte Copie welche später in die Fontaninischen Handschriften des Wiener Archivs übergegangen ist, 2) die 1737 für de Rubeis gemachte Copie, jetzt im cod. Marcianus lat. IX, 125 (s. Oesterr. Archiv 18, 360). Alle diese Copien sind wesentlich gleichlautend, nur gibt die jetzt in Wien befindliche das italische Regierungsjahr XXIIII an, was uns schon der wie wir sehen werden richtigen Ziffer XVIIII näher führt und annehmen lässt ,dass die Zahlen überhaupt schlecht überliefert sind. Dass aber in allem anderen die aus Buie stammende und die aus Verona stammenden Abschriften übereinstimmen, zeigt dass sie sämmtlich auf ein und dasselbe Schriftstück zurückzuführen sind. Dieses aber kann nicht das Original gewesen, sondern muss eine in den Formeln verderbte und wahrscheinlich auch interpolierte Copie (s. K. 133*) gewesen sein. Denn es ist ein ganz eitler Versuch den de Rubeis gemacht hat, die Eingangs- und Schlussformeln in Einklang bringen zu wollen: jene gehören der Zeit nach 800, diese der Zeit vor 801 oder da auch Rado genannt wird, vor 797 (UL. § 30) an. Andererseits wäre es nicht gerechtfertigt um der offenbaren Protokollfehler wegen die Urkunde zu beanstanden; denn Inhalt und Fassung sind correct und werden durch mehrfache Confirmationen bestätigt. Es liegt dem Diplom die Formel Rozière n° 16 mit den in der Mehrzahl der für Italien ertheilten Immunitäten wiederkehrenden Modificationen (s. Beitr. zur Dipl. 3, 201) zu Grunde, und ersetzen wir den bereits als ungewöhnlich bezeichneten Passus etwa durch die u. a. in K. 188 gebrauchten Worte: cuius petitionem eius servitiis et meritis compellentibus denegare noluimus, sed pro mercedis nostrae augmento in dei nomine concessisse..... cognoscite, so lässt sich gegen den Wortlaut gar nichts mehr einwenden. Die in den widersprechenden Formeln und in den chronologischen Merkmalen liegenden Schwierigkeiten werden aber am leichtesten behoben, wenn man, wie schon Bini wollte und wie auch Böhmer thut, die Urkunde zu 792 und als zugleich mit K. 133 ertheilt ansetzt. Es ist dann anzunehmen dass die Eingangsformeln aus irgend einer kaiserlichen Urkunde hinübergenommen (UL. § 69 N. 6), die beiden Ziffern aber um Zehner oder um Zehner und Fünfer vermehrt sind, dass also XXXIIII et XXVIII oder XXXIIII et XXIIII aus XXIIII et XVIIII entstanden sind. Dafür dass K. 133 und 134 zu gleicher Zeit ausgestellt sind, spricht auch der Umstand dass sich ihr Inhalt gegenseitig ergänzt, so dass in späterer Zeit der Inhalt beider auch in je eine Bestätigungsurkunde zusammengefasst wurde, wie die Diplome Lothars von 832 und Carlomanns von 879 zeigen.

K. 136. Ich selbst war bereits zu dem Ergebniss gelangt dass was Pertz LL. 1, 50 — 52 als ein Capitular mittheilt, in zwei Theile zu zerlegen sei, als ich die Bemerkung von Waitz V. G. 3, 251 N. 1 und endlich die Darlegung von Boretius 130 kennen lernte. Nach den Ausführungen des letzteren trage ich kein Bedenken mehr die Scheidung auch für diese Regesten zu adoptieren. Zweifelhaft bleibt dabei ob die in K. 136 vorliegende Bestätigung von Statuten italischer Bischöfe von Karl oder Pippin ausgegangen ist, und ich habe darüber nicht entscheiden wollen, indem ich der äusseren Nöthigung das Stück einzureihen gehorchend es Karl zugeschrieben habe. In der Datierung bin ich Boretius gefolgt, während Abel 1, 463, da er K. 137 zu 786 setzt, dasselbe Jahr auch für K. 136 annimmt.

Betreffs des folgenden capitulare missorum (Pertz l. c. § 6 — 9) bemerke ich zunächst, dass die rubrica wol am besten so emendiert wird: de singulis capitulis quibus d. rex missis suis praecepit, quomodo illa (quo m° illa = § 7) sacramenta debeant audire et facere. Bezüglich der Datierung schliesse ich mich ganz der Meinung von Boretius 133 an, indem ich was gegen sie von Abel 1, 435 bemerkt wird, für nicht zutreffend halte. Zwischen einem einzelnen Verschwörern abzunehmenden Eide, wie er nach ann. Nazar. in M. G. h. 1, 42 im J. 786 von Thüringern gefordert wurde, oder auch zwischen einem der einem ganzen Stamme und z. B. nach ann. Einhardi in M. G. h. 1, 173 den Baiern 787 auferlegt wurde, zwischen solchen Eiden und einem allem mündigen Volke des ganzen Reichs abgeforderten Eide besteht doch (s. Waitz 3, 250) ein wesentlicher Unterschied, wenn auch die Rückkehr zu der antiqua consuetudo der allgemeinen Beeidigung eben dadurch veranlasst worden sein mag und dadurch motiviert wird, dass grössere oder kleinere Erhebungen stattgefunden hatten. Und so sehe ich gerade in dem was von vereinzelten Vereidigungen in den J. 786 u. 787 berichtet wird, einen Grund die Vorschrift des allgemeinen Treueides in spätere Jahre, d. h. nach K. 121 und nach 789 zu setzen. Es handelt sich dann weiter darum das Verhältniss zwischen K. 121 und K. 137 richtig aufzufassen. Wenn Boretius 133 von erneuter Abnahme des Fidelitätseides im J. 792 spricht, so erschöpft dies meiner Meinung nach die Sache nicht. K. 137 enthält, wie Abel sagt, genaue Vorschriften über die Ablegung des Eides, wie er dann treffender sagt, genauere Vorschriften, d. h. K. 137 bildet die Ergänzung zu der Verordnung K. 121 vom J. 789. Zuerst wurde nur bestimmt dass der allgemeine Eid abgenommen und nach welcher Formel er geleistet werden solle. Aber da es sich um eine für die damalige Generation neue Massregel handelte, blieb die Ausführung hinter den Absichten des Königs zurück. Dies, was denn doch nicht so befremdend ist als es Abel erscheint, ward offenkundig, als eine neue Verschwörung entdeckt wurde und als die Empörer inquisiti dixerunt quod fidelitatem ei non iurasset. Das kann heissen dass sie in Wirklichkeit nicht vereidigt waren, kann aber bei einzelnen auch die Bedeutung haben dass sich die Vereidigung derselben nicht nachweisen liess. So entstand die neue Verordnung K. 137 über den Modus der Eidesabnahme. Das Volk sollte über dieselbe belehrt und einerseits auf den ehemaligen Brauch, andererseits auf die specielle Veranlassung, wie sie durch die jüngste Verschwörung gegeben war, verwiesen werden. Berechnet war dann die das frühere Gebot ergänzende Verordnung auf zweierlei. Es sollte die Vereidigung aller ohne Ausnahme gesichert werden: zu dem Behufe werden sämmtliche Classen von Unterthanen, denen der Eid abzufordern ist, namhaft gemacht; eine Ausnahme wird nur bezüglich der Benedictinermönche insofern zugelassen, als von ihnen blos eine promissio statt des förmlichen Eides verlangt wird (hier glaube ich lesen zu müssen: de quibus specialiter abbas adducant (brebem) domno nostro, oder odoreant domno nostro). Zweitens sollen Zahl und Namen der vereidigten enthaltende Listen (brebes) angefertigt werden, und zwar einerseits nach Hundertschaften (ich lese: de singulis centeniis semoti, de s. centeniis semotis), andererseits nach Kategorien geordnet (pagensales und aliunde in bassallatico commendati), auch besondere (semoti) Listen über die die sich der Vereidigung entziehen. (Der in LL. 1, 252 abgedruckten Liste gibt Pertz eine im codex s. Pauli nicht vorkommende Ueberschrift, und dass dieses Verzeichniss von ganz anderer Hand geschrieben ist, macht die Beziehung desselben auf das die Sammlung abschliessende Capitulare geradezu zweifelhaft. Die Aufzeichnung enthält auch nicht, wie man nach Pertz glauben könnte, Subscriptionen der einzelnen, sondern ist durchgehends von einer einzigen Hand geschrieben. Ueber die Bedeutung dieser ausser allem Zusammenhange begegnenden Liste lässt sich nichts gewisses sagen, sondern lassen sich nur Vermuthungen aufstellen, und so hat sich mir die Vermuthung aufgedrängt, dass dies vielleicht eine Vereidigungsliste aus dem 9. Jahrhundert ist.) Eine derartige alle Details der Ausführung vorschreibende Verordnung kann gar nicht vor das edictum legationis K. 121, als vor das erste uns bekannte Capitular über allgemeine Vereidigung gesetzt werden, kann auch kaum als demselben gleichzeitig gedacht werden. Sie beruht erst auf der Erfahrung von der mangelhaften Ausführung des ersten Gebotes und ist deshalb einige Zeit nach demselben zu setzen. Und da die zweite Verordnung auf eine eben stattgefundene Verschwörung hinweist, und da die erste nach Erlass von K. 121 uns berichtete Verschwörung die des J. 792 ist, ist die Ansetzung zu diesem Jahre durchaus gerechtfertigt.

K. 138. Dies ist dieselbe Urkunde welche Heumann 1, 135 mit dem falschen Datum 24. April citiert.

K. 139. Im Wiener, aus der Fontaninischen Sammlung stammenden Codex ist die Provenienz nicht angegeben, es scheint aber dieselbe Handschrift zu Grunde zu liegen die Verci benutzt hat und welche dieser betitelt: dissertazione sopra il dominio temporale de' vescovi di Ceneda, also wol irgend eine Deductionsschrift. Bei Fontanini findet sich überdies K. 139 in Verbindung mit einer der ärgsten Fälschungen auf den Namen Liutprands. Nehmen wir endlich dazu dass Ughelli aus dem Vaticanischen Archive ausser obiger Urkunde für Dulcissimus noch eine fast gleichlautende und gleich datierte, angeblich aber dem Vorgänger Valentinus ertheilte veröffentlicht, so wird K. 139 schon durch die Art der Ueberlieferung verdächtigt. Und ebenso verdächtig wird es durch Inhalt und Fassung. Wie ich schon Beitr. zur Dipl. 3, 200 und 5, 331 bemerkt habe, stimmt der grössere Theil desselben (von nos igitur dignam eius petitionem bis zum Schluss des Contextes) wörtlich mit einem Diplom Ottos III. für Ceneda vom J. 997 (Ughelli 5, 177) überein, und dabei kann nicht etwa letzteres der ersteren nachgebildet sein, indem die Bestimmungen, Formeln und Ausdrücke dieser Stelle so zu Karls Zeiten noch nicht vorkommen, sondern es muss umgekehrt der vorliegende Context von K. 139 aus dem Ottonischen Diplom abgeleitet werden. Aber auch in der ersten Hälfte kommen anstössige Ausdrücke wie cum iurisdictionibus imperii locorum vel terrarum vor, welche auch diesen Passus verdächtigen. Ich glaube deshalb von dem speciellen Inhalte der ganzen

Urkunde absehen zu müssen, meine aber dass die richtigen Formeln, die Arenga und Datierung doch auf eine echte Urkunde Karls hinweisen, von der in beschränktem Sinne Notiz zu nehmen deshalb wichtig ist, weil sich aus ihr ein weiteres Zeugniss für die Betheiligung der Bischöfe an der Frankfurter Synode ergibt. Dabei liegt die Vermuthung nahe dass die ursprüngliche Urkunde von Immunität gehandelt und wie die Mehrzahl der für italische Kirchen ertheilten Immunitäten gelautet hat; von dieser Fassung aber hat sich nur die charakteristische Arenga erhalten, während die diesen Immunitäten eigenthümliche Besitzbestätigung dann im Sinne und Stile weit späterer Urkunden umgearbeitet ist.

K. 140. Vgl. UL. § 115 und über das opus de imaginibus § 114 N. 1.

K. 142. Was Baluze 2, 1058 über die Ueberlieferung dieses Stückes mitgetheilt hat, hat wahrscheinlich Pertz bestimmt das ganze Capitulare zu verwerfen und auszulassen. Dem stimmten dann Roth Beneficialwesen 342 N. 117 und auch noch Waitz V. G. 4, 158 N. 2 bei. Indessen hatte schon Eichhorn St. u. R. G. 1 § 143 die Echtheit der drei ersten Capitel vertheidigt, die zwei ersten weil sie von Ansegis (LL. 1, 282, c. 77. 78) und wiederholt von Hincmar Karl d. G. zugeschrieben worden, das dritte, obschon nur von Benedict (LL. 2^b, 94 lib. 2 c. 420) überliefert, wegen des Zusammenhanges mit den ersten Capiteln. Von den zwei ersten Bestimmungen, die später in L. 112^b vom J. 817 wiederholt sind, hat nun in jüngster Zeit Roth Feudalität 107 sehr ausführlich gehandelt, hat einerseits durch mehrfache sichere Zeugnisse dargethan dass dieselben von Karl d. G. erlassen sind, andererseits aber die Unrichtigkeit der von Baluze aus den Handschriften mitgetheilten und für die Datierung benutzten Ueberschriften nachgewiesen und hat 794 als das höchst wahrscheinliche Jahr des Erlasses festgestellt.

K. 143. Von den beiden hier genannten Klöstern ist die Lage des einen genau bekannt. Das mon. s. Johannis hatte Anianus am Flüsschen Argent-Double erbaut, an der Stelle die jetzt die Stadt Caunes (Dép. de l'Aude, Arr. de Carcassonne) einnimmt. Ebendaselbst war von einem Abt Daniel ein Kloster in hon. ss. Petri und Pauli gegründet, welches Karl (act. dep. Caunense) dem Abte Anianus schenkte und mit dem in der Folge und wahrscheinlich schon vor 817 die eigene Stiftung des Anianus verschmolz; als S. Pierre de Caunes bestand diese Abtei bis zur Revolution. — Das mon. s. Laurentii in Olibegio ist wahrscheinlich identisch mit einem später unter dem Namen s. Laurentii Vernaduprensis vorkommenden Kloster. Am Bernasobre und in der gleichnamigen Villa ward nun aber noch ein zweites Kloster unter Ludwig (L. 244) vom Abte Durandus zu Ehren des Bischofs von Orleans des h. Anianus erbaut, jetzt S. Chinian (Dép. de l'Hérault, Arr. de S. Pons). Und zu diesem gehörte schon 844 (Bouquet 8, 459 n° 39) eine cellula non longe distans s. Laurentii, und seit 899 (Bouquet 9, 483 n° 14) wird S. Chinian bezeichnet als mon. s. Aniani confessoris et s. Laurentii martyris. Ob nun schon unter der 844 genannten cellula s. Laur. die zweite Stiftung des Anianus zu verstehen sei, ist zweifelhaft, denn das mon. s. Laur. Vernaduprensis wird noch 897 einmal als Kloster mit eigenem Abt aufgeführt; da es aber in der Folge nicht mehr genannt wird, ist es höchst wahrscheinlich dass es eben um diese Zeit ganz mit S. Chinian vereinigt worden ist

(s. Vaissete 1, 734). Von allen diesen Klöstern sind nun die Archive zu Grunde gegangen, die Urkunden also nur aus den ältesten Drucken bekannt. — Dass unser Diplom nach dem s. 26 zu 794 zu setzen ergibt sich aus dem Ausstellungsort und der Erwähnung des concilium generale: s. K. 141 und ann. Lauresh. in M. G. h. 1, 35. Ueber den Inhalt s. Beitr. zur Dipl. 3, 192. 271 und UL. § 48.

K. 144. Wie die Constitutionen für die flüchtigen Spanier L. 41 und 79 in den bischöflichen Archiven aufbewahrt werden sollten, so haben wahrscheinlich auch einzelne Geschlechter jener Gegenden die ihnen ertheilten Diplome in diesen Archiven niedergelegt. Dass die Urkunde des Johannes und seiner Nachkommen (K. 144, L. 42 u. a.) sich im erzbischöflichen Archiv von Narbonne befanden, erwähnt ausdrücklich Caseneuve la Catelogne françoise (Tolose 1644) 65, und in diesem hat sie auch Baluze angetroffen, an dessen Drucke wir uns halten müssen, da die Urkunden selbst seitdem zu Grunde gegangen sind. Offenbar fand jedoch Baluze nur noch Copien vor, da er sonst die Originale ausdrücklich erwähnt haben würde. Und unter diesen Copien war jedenfalls die von K. 144 eine sehr fehlerhafte (falsch sind die Verbalinvocation und der Titel, verderbt die Namen und Ziffern), so dass die Urkunde Bedenken erregen könnte, wenn nicht wiederholte Confirmationen derselben in besserer Form (L. 42 und Bouquet 8, 459 n° 38) vorlägen. Der Schreiber ist sicherlich Giltbertus, der hier zum letzten Male erscheint. Dass Böhmer wegen advicem Radoni das Stück vor den Juli 794 setzen wollte, ist nicht gerechtfertigt (UL. § 30). Aber freilich sind die Jahreszahlen in keinem Falle in Einklang zu bringen, und da sie emendiert werden müssen, empfiehlt es sich vor allem von den historischen Angaben des Diploms auszugehen. Den Sarazeneneinfall melden die ann. Lauresh. zu 793. Versetzt man nun in dieses Jahr die Thaten des Johannes, so kann, wenn wir den Märzmonat und den Ausstellungsort der Urkunde festhalten wollen, diese nicht schon 794 ertheilt sein, denn damals weilte Karl nicht in Aachen, damals war sein Sohn bei ihm (Funck 16). Dagegen sind 795 und die folgenden Jahre möglich. — Von dem Inhalte dieses Diploms und der Confirmation L. 42 habe ich in Beitr. zur Dipl. 3, 274; 5, 325 gehandelt. Uebrigens ist der Geleits- oder Empfehlungsbrief Ludwigs vielleicht nicht an Karl selbst gerichtet gewesen, sondern ad Sturmionem comitem, wie es in der oben genannten Urkunde Karls d. K. von 844 heisst. — Nachträglich lerne ich noch einen älteren Druck kennen in Le franc-alleu de la province de Langnedoc establi et defendu (par Caseneuve), 2e édit. Tolose 1645 in f°, wo p. 298 die Urkunde gleichfalls aus dem Narbonner Archiv mitgetheilt wird. Hier findet sich der eine Satz vollständiger und verständlicher: et petivit nobis iam dictus fidelis Joannes, ut ipsum villarem quem filius noster ei dederat concedere fecissemus. Nos vero concedimus ei ipsum villarem cum omnes suos terminos etc. Hier heisst der Recognoscent Gitlibertus und fehlen die Regierungsjahre in Italien.

K. 145. Aethelheard wurde am 21. Juli 793 als Erzbischof von Canterbury consecriert (Hardy fasti eccl. Anglicannae 1, 4); Offa starb am 29. Juli 796 (Lappenberg Gesch. von England 1, 231).

K. 146. Leo wurde am 26. December 795 gewählt und notificierte dem Könige die Wahl wahrscheinlich (s. Jaffé reg. n° 1906) im Januar. Darauf erfolgte die Sendung Angilberts nach Rom, welche sich aber nach K. 147 etwas verzögerte. Einhard in M. G. h. 1, 183 berichtet dass Angilbert von Aachen aus abgesandt wurde, und andererseits erzählen die ann. Mosell. ib. 14, 498 dass Karl bis zum Juni in dieser Stadt verweilte. — Ueber eine von Bréquigny fälschlich in dieses Jahr eingereihte Urkunde s. UL. § 107 N. 5, und über die epistola ad Leonem III de processione spiritus sancti s. UL. § 114 N. 1.

K. 148. Sämmtliche oben angeführte Drucke schöpfen direct oder indirect aus Wilh. Malmesberiensis (über die Handschriften s. M. G. h. 10, 451 und Pertz Archiv 7, 855), dem auch der Verfasser der vita Offae den Brief entnommen hat. Eine sehr erweiterte Fassung theilt Wilkins concilia magnae Britanniae 1, 158 mit und zwar ex cod. Usserii penes rev. episc. Assaven. Dieser und der folgende Brief müssen vor dem Juli 796, in dem Offa stirbt, geschrieben sein. Der früheste Termin von K. 149 lässt sich nicht genau bestimmen. Dagegen ergibt sich für K. 148, dass dieser Brief jedenfalls erst 796 geschrieben ist, da P. Hadrian schon als verstorben bezeichnet wird, und da Karl auch nach England Geschenke aus den eben im Avarenring erbeuteten Schätzen (ann. Lauriss. in M. G. h. 1, 182) sendet. — Einen dritten Brief an Offa nehme ich nicht auf, nämlich den zuerst von Spelman 1, 315 ex vita ms. Offae regis veröffentlichten (= Baluze capit. 1, 193 ad 774 = Bouquet 5, 620 n° 1 = Mansi 13, app. secunda 139 = Migne 2, 893 n° 1. — Bréquigny ad 774). Dieser Brief nämlich, in dem Karl die Unterwerfung der Langobarden und Sachsen meldet, lässt sich nicht vertheidigen, auch nicht wenn man ihn, wie noch jüngst Abel 1, 411, zum J. 785 zu setzen versucht. Zu keiner Zeit kann ein Secretär Karls geschrieben haben: rex Desiderius Longobardorum ducesque Saxoniae.... baptismi susceperunt sacramentum. Richtig bemerkt schon Mabillon ann. 2, 298 über den Brief: praeter inscriptionem..... nihil habet succi Carolini, nec digna quae ipsi tribuatur. Auch stammt dieser Brief aus einer sehr trüben Quelle, aus der von unbekanntem Verfasser wahrscheinlich im 13.—14. Jahrhundert geschriebenen vita Offani secundi, welche zum grössten Theil ebenso voller Fabeln und ebenso werthlos ist, als die vita Offani senioris (Hardy descriptive catalogue 498 n° 1000 und Lappenberg Gesch. von England 1, 223). Der Verfasser copierte aus Wilhelm von Malmesbury K. 148 und hat wahrscheinlich nach dem Muster dieses Briefes seinen zweiten erdichtet.

K. 152. Einem Kloster dem Angilbert vorstand und später Helisachar, wird gewiss manche Gunst von den Herrschern erwiesen sein, und doch sind nur zwei Diplome für dasselbe auf uns gekommen. Was noch vom Klosterarchiv erhalten ist, reicht nur bis 1177 zurück, so dass auch jene zwei Urkunden uns blos aus dem im Anfange des 12. Jahrhunderts verfassten chronicon Centulense des Hariulf bekannt sind, der wieder schon zu seiner Zeit nicht mehr Stücke der älteren Zeit vorgefunden zu haben scheint. Auch von dieser Chronik sind ältere Exemplare nicht mehr bekannt, sondern allein eine Abschrift des 17. Jhdts. (Pariser Bibliothek, résidu s. Germain paquet 13), vielleicht die Abschrift die der ältere Duchesne für den Herausgeber der Chronik d'Achery angefertigt hat. — Von der Datierung der Diplome dieses Jahres habe ich in UL. § 82 gehandelt.

K. 153. Nach der Kanzlerunterschrift gehört diese Urkunde mit der Ercanbald eigenthümlichen Zählung in das J. 797 und vor den Epochentag der italischen Regierungsjahre (UL. § 30. 82). Obgleich mir nur ein minder gelungenes Facsimile des Recognitionszeichens vorliegt, erkenne ich doch dass die tironischen Noten die Worte Ercanbaldus und Meginardus ambasciavit enthalten.

K. 155. K. 155—157 lassen sich nur nach dem Namen des Abtes Beonradus einreihen, der etwa 776—798 dem Kloster vorgestanden hat (P. 34*) und bis 797 in Privaturkunden vorkommt. Allerdings ist einer zweiten Abschrift von K. 157 im liber aureus f. 79 das Datum beigefügt: actum a. 12 regnante Karolo rege, was auf 780 hinweisen würde, und indem B. hier als Erzbischof von Sens bezeichnet wird, in den beiden anderen Urkunden aber nur Abt heisst, könnte man versucht sein K. 155. 156 noch vor das J. 780 zu setzen. Aber ich habe Bedenken gegen das K. 157 in der einen Abschrift beigesetzte Datum. Obgleich nämlich die Chronologie der Bischöfe von Sens nicht ganz feststeht (Le Cointe 6, 483 und Gallia christ. 12, 15 lassen B. nur drei Jahre lang auf dem erzbischöflichen Stuhle sitzen und lassen ihn denselben, indem sie seinen Tod allerdings unrichtig zu 795 annehmen, erst 792 besteigen), so ist doch der Vorgänger von Beonradus, der Erzbischof Wilcharius noch mehrere Jahre nach 780 nachweisbar (Abel 301), und es kann somit B. 780 noch nicht Erzbischof heissen. Also muss man entweder jene K. 157 beigefügte Jahresangabe für falsch oder die Bezeichnung des Abtes als Erzbischof für erst später eingeschaltet halten: in dem einen und anderen Falle lässt sich dann aber auch aus dieser Urkunde keine nähere Zeitbestimmung mehr für die zwei anderen gewinnen.

K. 158. Vgl. UL. § 30 N. 2; § 114. — K. 158 steht in Zusammenhang mit Alcuini epist. 65 und 77, und indem das letztere Schreiben Alcuins, das auf Karls Brief Bezug nimmt, im J. 798 abgefasst ist, wie ein dem computus lunaris entnommenes Beispiel zeigt, ist auch K. 158 in oder unmittelbar vor dieses Jahr zu setzen.

K. 159. Im Chartular mit der wol unrichtigen Unterschrift (UL. § 30 N. 1): Archimbaldus advicem Radonis. Nach L. 335 wurden diese Besitzungen dem Kloster tradiert a misso Karoli Leydrath archiepiscopo. Ueberhaupt wird der Inhalt der älteren Diplome für Aniane durch die folgenden nicht allein bestätigt, sondern auch mehrfach ergänzt.

K. 160. Fälschlich heisst in der einzigen uns vorliegenden Ueberlieferung der Abt Fulradus. Dieser war bereits 784 gestorben, und im J. 799 stand schon sein zweiter Nachfolger Fardulfus dem Kloster vor. Es ist also des letzteren Name in die Urkunde zu setzen, deren Echtheit ungeachtet dieses Fehlers nicht zu beanstanden ist. Es liegt nämlich noch das Original der Schenkung der Ghisela an Fardulfus von gleichem Tage wie K. 160 vor und bürgt für den Inhalt der königlichen Bestätigung (Tardif 73 nº 99 mit den richtigen Namen der in der Schenkung inbegriffenen Orte, welche in K. 160 bei Doublet zum Theil arg entstellt sind). Als Erklärung für die von den Copisten verschuldete Namensverwechslung mag dienen dass, indem Fulrad sich eminente Verdienste um das

Kloster erworben und auch ausserhalb desselben eine hervorragende Rolle gespielt hatte, sein Name wahrscheinlich späteren Mönchen bekannter oder doch geläufiger war als der des Fardulf. So findet sich auch in einer um 900 angefertigten Copie der Bulle des Papstes Leo III. vom J. 798 (Tardif 72 n° 98) Fulradus statt Fardulfus genannt, und desgleichen begegnet jener Name in mehreren schon im 9. Jahrhunderte entstandenen Fälschungen. — Ein arger Fehler ist dass Abel 1, 374 den Tod der Ghisela vor den der Königin Bertha setzt; unter obitum illius in Einhard kann gar nichts anderes als ante obitum Karoli verstanden werden. Ghisela starb 810 als Aebtissin von Chelles: s. Mabillon ann. 2, 391.

K. 161. Le Cointe 6, 549 erklärte diese Urkunde für falsch wegen der in ihr enthaltenen Motivierung und wegen der überlieferten Daten (s. auch Gallia christ. 3, 487 und Abel 506). Das erste Bedenken ist ganz nichtig, das zweite allein berechtigt noch nicht das Diplom zu verwerfen. Die von Folquin überlieferte Zahl des Regierungsjahres kann allerdings nicht richtig sein. Dass überhaupt seine chronologischen Angaben nicht immer zuverlässig sind, hat an einem anderen Beispiel Mabillon ann. 2, 236 gezeigt. Hier handelt es sich zunächst darum, ob Autland schon 788 hat Abt sein können. Die im 14. Jhdt. geschriebene Klosterchronik des Johann von Ipra (Martène thes. anecd. 3, 441 sequ.) setzt nämlich den Tod des Vorgängers erst zu 793 an, und im erzählenden Theil des Folquin (Cart. de Sithiu 1, 63) wird dies Ereigniss sogar erst zu 798 erwähnt. Gegen die Annahme dass Autland schon im März 788 gefolgt sei, spricht endlich auch eine Privaturkunde im Cartul. de Sithiu 1, 62 n° 43, nach der noch im Juni 788 Hardrad dem Kloster vorstand. In jedem Falle ist also a. r. 20 zu beanstanden. Auf den ersten Anblick hin scheint es mit dem von Malbrancq 2, 139 mitgetheilten Datum: 2 kal. apr. a. 26 regni nostri, nicht besser zu stehen. Denn dass das J. 796, dem Malbrancq die Urkunde zuschreiben wollte, des Itinerars wegen nicht möglich ist, hat schon Le Cointe bemerkt. Aber auch im März 794 = a. 26 verträgt sich das actum Sithiu nicht mit dem für diese Zeit feststehenden Itinerar. Und doch lässt sich diese Zahl für das Regierungsjahr, welche auch im chron. Iperii (daneben jedoch 7 kal. apr.) überliefert ist, erklären und beibehalten. Ein Aufenthalt in Sithiu kann nämlich nur im März des J. 800 angenommen werden, der kanzleimässig zu bezeichnen wäre: a. 32 et 26 regni nostri. Die erstere Ziffer mag nun von den Abschreibern ganz ausgelassen sein, die zweite in den von J. de Ipra und Malbrancq benutzten Copien beibehalten sein. Das scheint mir die einfachste Erklärung. Aber auch wer ihr nicht beistimmt, darf um des Fehlers in der Datierung willen eine sonst unbedenkliche Urkunde nicht verwerfen, um so weniger da auch eine Le Cointe noch nicht bekannte Bestätigung in dem zum grossen Theil wörtlich gleichlautenden L. 159 vorliegt.

K. 162. Von den Urkunden für Cormery hat sich von L. 351 allein das Original erhalten (Bourassé préf. 105). Die übrigen Diplome waren in die pancarta magna von S. Martin de Tours (K. 27*) eingetragen. Daneben gab es noch ein chartularium Cormar., aus dem z. B. die Abschrift von L. 283 in der Collection D. Houssean auf der Pariser Bibliothek stammt. Ein Theil der Drucke ist direct aus dem Copialbuche von S. Martin geflossen, ein anderer Theil stützt

sich auf Abschriften des vorigen Jahrhunderts welche sich in der Bibliothek
von S. Germain fanden und aller Wahrscheinlichkeit nach auf dasselbe Copialbuch
zurückzuführen sind. Dass einige dieser Diplome schlecht überliefert und auch
stark überarbeitet worden sind, wird bei den einzelnen besonders darzuthun sein.
Von kleinen Fehlern die in den meisten Drucken vorkommen, also wol auch
in den alten Copien standen, führe ich Beispiels halber aus dem ersten Diplom
an: neque nos neque iuniores seu successores nostri, was nur Baluze richtig
emendiert hat: vos, vestri. Die Monatsangabe: IV non. iulii in der Gallia christ.
beruht wol nur auf Druckfehler.

K. 163. Noch mehr als durch das falsche Protokoll wird die starke
Ueberarbeitung dieser Urkunde durch den Stil im allgemeinen und durch Ausdrücke bekundet, wie sie weder der Sprache der Kanzlei noch des Jahrhunderts
angehören: omnibus fidelibus s. M. salutem et prosperitatem (UL. § 58); fraternitas vestra; litteris et sigillo nominis nostri confirmare (UL. § 65 N. 5); Albinus magister usw. Späterer Zeit schreibe ich dann auch den Satz zu: nam
si divina — et salubri praecepto, an dem Roth Beneficialwesen 348 keinen Anstoss nahm, den aber Bourassé préf. 17 wenigstens befremdend fand; sicherlich
wird man für den hier Karl in den Mund gelegten, dann auch in der formell
richtigeren, aber doch auch überarbeiteten Urkunde L. 152 wiederholten Grundsatz keinen Beleg aus ganz unverdächtigen Diplomen beibringen können. So
scheinen mir nur zwei Stellen: postulavit nos ut licitum — tradidit s. Martino;
idcirco omnibus iubemus — abbatibus s. Martini, was Inhalt und Sprache anbetrifft, sach- und zeitgemäss und der echten Urkunde entlehnt zu sein. Was
hier erzählt und verordnet, dann von Ludwig bestätigt wird, entspricht einerseits
dem Stiftsbrief des Hitherius für Cormery (Bourassé n° 1) und der epistola Alcuini 92 (edid. Froben 1, 134), andererseits den besser überlieferten Diplomen
nach 840 (Bouquet 8, n° 98, 163, 194 usw.). Jedoch hat die Ertheilung der Licenz hier wie in anderen Fällen nur die Bedeutung, dass zu einem schon vollzogenen Akte die Erlaubniss des Königs und die in ihr liegende Sicherung nachträglich eingeholt und beurkundet werden: insofern widerspricht nicht dem Inhalte der Urkunde die Thatsache, die durch K. 162 und durch mehrere Briefe
Alcuins bezeugt ist, dass Cormery bereits von Benedictinern besetzt war. Und
dass nun was den sonst beglaubigten Verhältnissen entsprechend hier verordnet
wird, zugleich in correcter Wortfassung erscheint, erleichtert die Ausscheidung
dieser Sätze aus der einer viel späteren Zeit angehörenden Ueberarbeitung der
Urkunde. — In den älteren Drucken von J. Maan hist. Turon. ecclesiae 237
(conf. Le Cointe 6, 715) und von D. Badier l'hist. de Marmoutiers et de s. Martin
de Tours 239 ist dieses Stück nur mit a. 22 regni nostri versehen und danach
von jenem zu 776, von diesem zu 791 – 792 gesetzt und daher von Bréquigny
auch unter 790 verzeichnet worden.

K. 165. Schon am Anfang des vorigen Jhdts. bezeichnete Claude Estiennot das Original dieser Urkunde für Lagrasse (oder wie es früher hiess mon.
Orbionense) als sehr unleserlich und als im unteren Theile zerstört. Ebenso beschreibt mir der H. Archivar Mouynès in Carcassonne den Zustand des jetzt in
den Arch. départ. de l'Aude befindlichen Stückes. Namentlich wo die Datierungs-

zeile stand, ist das Pergament (s. UL. § 91 N. 4) zerrissen und sind nur am Eingange noch Spuren einstiger Schrift sichtbar. Mouynès meint allenfalls noch entziffern zu können: data III nonas iunio. Mit aller Sicherheit soll sich dagegen von der zum Theil gleichfalls zerstörten Unterschriftszeile noch erkennen lassen: Amalbertus ad ..... baldi. Obgleich nun auch Mahul die Urkunde nach dem Original, freilich ziemlich schlecht, abgedruckt hat, hat er doch die Daten aus ziemlich späten Copien ergänzt, nämlich aus zwei noch jetzt im Archiv befindlichen Abschriften eines Notars Boniol von den J. 1668 und 1670, welche am Schlusse enthalten: facta 14. kal. febr. a. 11, Ind. 1, regnante Carolo gloriosissimo rege, actum Compendio pal. regio, i. d. n. f. a. Offenbar stammt der Abdruck in der Gall. christ. aus eben diesen Copien, und ihnen scheint auch Mabillon das ann. 2, 244 mitgetheilte Fragment entnommen zu haben. Inwieweit verdienen aber die Abschriften Boniols Glauben? Die Datierungsformel mit der Indiction ist doch zweifelsohne kanzleiwidrig (UL. § 82 N. 15) und kann nicht aus dem Original stammen. Und wie bereits Bouquet bemerkte, macht auch die Annahme eines Aufenthalts in Compiègne im Januar 779 Schwierigkeiten: wir brauchen uns bei ihnen nicht aufzuhalten, weil gewichtige Gründe zwingen das Diplom in viel spätere Zeit zu setzen. Erstens ist die Sprache (man vergleiche nur die in Silvestres Schriftprobe enthaltenen Sätze) viel zu correct für die Zeit um 779; wir haben es hier schon mit einer grammatikalisch besseren Formel zu thun, die uns noch einmal in K. 159 für Aniane begegnet (UL. § 46), so dass wir auch mit aller Sicherheit und besser als die bisherigen Herausgeber die Lücken in K. 165 nach dem fast wörtlich gleichen K. 159 ausfüllen können. Zweitens entscheidet die Unterschrift A. adv. Ercanbaldi: nach ihr (UL. § 31) und in Anbetracht des Titels können wir das Diplom nur zu Ende des Jhdts. einreihen. Die Zeitangaben der Boniolschen Copien sind somit ganz zu verwerfen, und wir sind dazu um so mehr berechtigt, da Estiennot der das Stück nur wenige Jahrzehnde später sah, das Datum als nicht mehr leserlich bezeichnet und sich selbst jeder Entzifferung enthalten hat. Unter diesen Umständen würde ich auch auf den Namen des Ausstellungsortes in diesen Copien gar keinen Werth legen, wenn derselbe nicht zu beseitigende Schwierigkeiten bereiten würde. Allerdings ist ein Aufenthalt des Königs in Compiègne am 3. Juni, wie Mouynès lesen will, in all den durch die Kanzlerunterschrift gegebenen Jahren entweder unmöglich oder doch unverbürgt. Anders aber sobald wir eine geringfügige und durch die Form iunio geradezu nahe gelegte Emendation vornehmen: lesen wir nämlich in mense iunio, so lässt sich die Angabe des Ortes mit der des Monats für das Jahr 800 in Einklang bringen. Denn indem Karl nach dem 4. Juni 800 Tours verliess und sich über Orleans und Paris nach Aachen begab (ann. Einh. in M. G. h. 1, 187) kann er auf dieser Reise sehr wol noch im Juni Compiègne berührt haben. Für die Annahme dieses Datums spricht auch noch dass um dieselbe Zeit Nimfrid, der Empfänger unserer Urkunde, sich entweder selbst bei Hofe befand oder doch wenigstens mit demselben in Verkehr stand, wie wir aus einem bald nach dem 26. Juni 800 geschriebenen Briefe Alcuins (epist. 176 in Froben 1, 238) erfahren. Nur eine Einwendung scheint gegen diese Zeitbestimmung erhoben werden zu können.

Auf Grund einer Notiz in einem nicht näher bezeichneten necrol. Crassense (Mabillon acta ss. 5, 187) ist nämlich bisher ziemlich allgemein angenommen worden (so auch von Abel 1, 361 N. 2) dass der Abt Nimfrid von Lagrasse identisch sei mit dem zuerst 799 nachweisbaren Narbonner Bischof gleichen Namens. Wäre dem so, so müsste man allerdings erwarten dass in einem Diplome vom J. 800 N. auch nach seiner höheren Würde bezeichnet sei, und müsste aus dem Umstande dass er in K. 165 nur Abt genannt wird, schliessen dass diese Urkunde vor der Erhebung auf den bischöflichen Stuhl ertheilt worden sei. Ich habe aber Bedenken gegen die Richtigkeit jener Notiz. In dem eben angeführten Briefe Alcuins wird nämlich berichtet dass Leidradus episcopus cum abbatibus Benedicto et Nifridio missus est in illas partes occidentales ad extinguendas et evacuandas huius pravissimae assertionis infidelitates (der Ketzereien des B. Felix), quos nostra parvitas quantum potuit scriptis ecclesiasticis adiuvabat, maxime eo libello quem nuper edidimus contra libellum Felicis. Letztere Schrift des Alcuin ist nun zwar adressiert domnis... Leidrado episcopo Lugdunensi et Nifridio episcopo Narbonensi et Benedicto abbati simulque sanctissimis... Gothiae provinciae patribus, episcopis, abbatibus et fratribus, so dass man, da es sich in dem Briefe und in der Streitschrift um dieselbe Angelegenheit handelt, gerade diese beiden Stellen wieder für die Identität des Abtes und des Bischofs anzuführen versucht sein könnte. Aber es ist doch auch denkbar dass, falls in derselben Provinz und zur selben Zeit zwei Männer gleichen Namens, der eine als Abt von Lagrasse, der andere als Bischof von Narbonne gelebt haben, zuerst dem letzteren Alcuins Schrift zugesandt und dann der erstere vom Könige mit der Ausrottung der Ketzerei beauftragt worden ist. Und zu dieser Annahme scheint mir die verschiedene Titulatur geradezu zu nöthigen, da Alcuin es mit der hierarchischen Rangordnung und den entsprechenden Titeln genau zu nehmen pflegte und, wenn es sich um dieselbe Person handelte, auch in der epist. 176 den Nimfrid als Bischof bezeichnet und ihn vor dem Abte Benedict genannt haben würde. Also folgere ich gerade aus diesem Briefe dass es noch im J. 800 neben dem Bischof N. auch einen Abt desselben Namens gegeben hat, und nehme an dass die Notiz des Necrologiums auf einer leicht erklärlichen Vermengung von zwei zu gleicher Zeit und in demselben Sprengel lebenden Geistlichen beruht. Damit wäre dann auch jener Einwand gegen die Ansetzung von K. 165 zum J. 800 beseitigt.

Von weiteren Diplomen für Lagrasse oder von später mit den Besitzungen an dies Kloster gekommenen Urkunden befindet sich das Original von L. 26 auf der Pariser Bibliothek im cod. lat. 8837, das Original von L. 267, dessen richtiges Datum ich der Mittheilung von Mouynès verdanke, im Archive zu Carcassonne, und ebendaselbst abschriftlich in dem um 1500 angelegten Livre vert (s. Catalogue des cartulaires 238) eine falsche Urkunde Karls und L. 25, welch letzteres Stück Vaissete noch im Original vorlag.

K. 167. Innerhalb des Zeitraums zu setzen in welchem die genannten Bischöfe von Köln, Bergamo, Eichstädt und Toulouse vorkommen. Im Text ist wol dr septiformi gratia zu lesen, wie es auch in der falschen Urkunde Ludwigs für Reims (Bouquet 6, 510 n° 75) heisst.

K. 168. Der Archivfonds des einst östlich vor der Stadt gelegenen, später in die Stadt einbezogenen Klosters S. Aignan d'Orleans reicht heutigen Tages nur bis in das 12. Jahrhundert zurück, und die älteren Urkunden wie diese, L. 118 und 119 sind uns nur aus dem 1661 erschienenen Werke von Hubert bekannt, welchem offenbar fehlerhafte, der Schlussformeln entkleidete und zum Theil interpolierte Abschriften vorlagen. Die auffallendsten Fehler hat Le Cointe in seinem Abdruck zu verbessern versucht. — Das erste Diplom nun habe ich nur nach dem Titel Karls eingereiht, während Le Cointe 6, 321 es vor 786 setzen wollte. Er geht nämlich von der falschen Urkunde Karls für Flavigny aus, deren Jahreszahl er aber in 18 verwandelt, um dann daraus zu folgern dass der hier genannte Theodulfus schon 786 Bischof von Orleans gewesen sei. Und weil sich Theodulf in dem wahrscheinlich bei Beginn seines Episcopats erlassenen Capitulare Abt von S. Aignan nennt, schliesst Le Cointe des weiteren dass unsere dem Abt Fulco ertheilte Urkunde vor das J. 786 zu setzen sei. Mit der Verwerfung des Diploms für Flavigny fällt aber diese ganze so künstliche Berechnung. In Bezug auf die Zeit der Erhebung Theodulfs auf den bischöflichen Stuhl lässt sich nur das eine feststellen dass er bereits vor dem Tode Hadrians I. (s. Jaffé n° 1905) Bischof war. Unter der Voraussetzung nun dass auch sein Capitulare schon damals erlassen worden ist, würde Fulco allerdings vor diese Zeit zu setzen sein, etwa 774—797.

K. 169. Die älteren Urkunden für Charroux benutzte zuerst Besly (1571 — 1644) und veröffentlichte unter anderen K. 169 und L. 48, die aber leider in dem neuen Abdruck seines Werkes in der Bibliothèque Poitevine tom. 5 (Niort et Paris 1840) in 8°) ausgelassen sind. Im allgemeinen wird mit Recht die Genauigkeit der Beslyschen Drucke gerühmt (L. Delisle actes de Phil. Aug., préf. 34); aber L. 48, obschon wahrscheinlich aus Original, enthält doch einige offenbare Fehler. Fast gleichzeitig theilte Labbe (éloges histor. und nova bibl. manuscr. 2, 755) Auszüge aus diesen Diplomen mit. Darauf nahm Mabillon Abschriften von den Diplomen L. 229 und 271, welche von Bouquet benutzt sind und welche vermuthlich wie eine jüngere Copie von L. 271 in der Collection Moreau auf der Pariser Bibliothek auf ein im 12. Jhdt. geschriebenes und im 18. noch erhaltenes Copialbuch (petit cartulaire en parchemin du trésor de Charroux) zurückzuführen sind. Um dieselbe Zeit nahm auch Mabillons Ordensbruder D. Fontenau Urkunden für Charroux in seine Sammlung für die Geschichte des Poitou auf und benutzte gleichfalls die jetzt verlorenen älteren Archivschätze des Klosters. Ueber seinen von der Stadt Poitiers erworbenen Nachlass gibt Aufschluss Rédet tables des MSS. de D. Fontenau conservés à la biblioth. de Poitiers (Poitiers 1839) und verzeichnet dort unter anderem auch Copien von L. 229 und 271. Der Wortlaut (s. Beitr. zur Dipl. 3, 210) unterscheidet sich von dem des Diploms für Aniane K. 115 nur dadurch, dass in letzteres auch Privilegienbestimmungen aufgenommen sind. Dass aber Charroux gleichfalls privilegiert war, ergibt sich aus dem sogenannten testamentum Rotgerii in Mabillon ann. 2, 711 n° 19. Der erste Abt des 785 gestifteten Klosters war Dominicus. Wann ihm der in der Immunität genannte David gefolgt ist, lässt sich nicht feststellen. Die Gründe weshalb Mabillon ib. 339 unsere Urkunde zu 799 zu setzen vorschlug, lassen sich hören, sind aber doch nicht entscheidend, und ich begnüge mich also das Stück dem Titel gemäss einzureihen. Vgl. auch Le Cointe 6, 439.

K. 173. Während die erste Urkunde für Arezzo K. 100 Muratori noch im Original vorlag, ist K. 173 nur aus dem Abdrucke von Ughelli, den ausser Migne auch Brunetti 2, 325 nº 3 wiederholt hat, bekannt. Dieser Abdruck erregte schon Le Cointe 6, 762 und Muratori antiqu. 6, 386 (der hier die lange Geschichte des Streites zwischen Arezzo und Siena erzählt) Verdacht, und Heumann 1, 162 verzeichnete die Urkunde geradezu unter den Fälschungen. Des letzteren Bedenken richten sich namentlich gegen die Formeln, und in der That lautet der Titel so dass er weder zur Zeit bis 800 noch zu der nach 801 passt. Ebenso ist die Datierung falsch. Endlich ist auch in der Fassung einiges ungewöhnlich. Wenn ich dennoch die Urkunde in Schutz nehme und alle eben genannten Fehler schlechter Ueberlieferung und starker Ueberarbeitung zuschreibe, so geschieht es weil die Ertheilung einer solchen Confirmation und der Hauptinhalt derselben durch spätere Urkunden bezeugt werden. Eine sententia episcoporum et missorum vom J. 833 und eine unmittelbar darauf ertheilte Bestätigung Lothars, beide in Muratori antiqu. 5, 923—930 abgedruckt und durchaus unverdächtig, erzählen nämlich ganz wie K. 173 die Veranlassung des Streites zwischen den Bischöfen, die Klage vor Karl, die Entscheidung durch den Papst, die erst von Karl, dann von Ludwig ertheilte Bestätigung des päpstlichen Spruches. Steht somit die Ertheilung eines Diploms des Inhalts wie K. 173 fest und handelt es sich nur noch darum das allerdings verderbte Stück chronologisch einzureihen, so lässt sich doch wenigstens das zuerst angegebene Regierungsjahr 33 als der ursprünglichen Redaction angehörig beibehalten.

K. 174. Das Original ist unterzeichnet: (Chr.) Genesius advicem Ercanbaldi scripsi et subscripsi. — Indem die zahlreichen Lücken das Verständniss der Urkunde erschweren, habe ich für das Regest die Bestätigungen Ludwigs II. vom J. 858 und Carlomanns vom J. 879 (Tiraboschi l. c. 54 nº 39, 59 nº 45) mit benutzt. Allerdings nennt jene nicht den Bischof Vitalis und den Abt Anselmus als vor Karl streitend (dagegen werden sie im regestum von 1279 aufgeführt), sondern deren Nachfolger Teodorus und Petrus, so dass man vermuthen könnte dass dieselbe Angelegenheit noch einmal vor Karl verhandelt worden sei; aber dann wäre wol auch in der Urkunde Ludwigs der wiederholten Verhandlung gedacht, und so ist es wahrscheinlich nur ein Versehen des Schreibers dieser Bestätigung dass er andere Personen nennt als in K. 174 erwähnt werden.

K. 175. Ohne genügenden Grund hat Pertz Pavia als Ausstellungsort und Juni als Ausstellungszeit angenommen. Aus dem Prolog ergibt sich (Boretius 120) nur dass das Capitular 801 entweder in Italien selbst oder bald nach der Rückkehr von dort nach Francien erlassen worden ist, aus den chronologischen Merkmalen dass es zwischen Juni und September publicirt ist. — Pertz hat hier nun noch angereiht § 9—13 ex cod. s. Pauli und § 14—24 ex cod. Blankenburg, d. h. eine Reihe sehr verschiedener Bestimmungen die in keinem Falle hierher zu setzen und die überhaupt als Compilationen zu betrachten sind. Nach Boretius würden § 9—11 zu einem Capitular Ludwigs von 814 oder 815 gehören, § 12—13 zu den cap. addenda von 817 (L. 112c), § 14—15 den Anfang eines von mir unter K. 170 verzeichneten Capitulars bilden, § 16—18 dem Vernischen Capitular Pippins (P. 10) entnommen sein und § 19—23 vielleicht Bestandtheile eines kirchenrechtliche Satzungen enthaltenden Capitulars Karls sein. Ich kann jedoch nur in der Beurtheilung von § 14—15 Boretius unbedingt beistimmen. Seinen Vorschlag dagegen § 9—11 in Verbindung mit den von Pertz LL. 1, 195 mitgetheilten Eingangsformeln als ein besonderes Capitulare Ludwigs zu construieren, erscheint mir, obgleich die handschriftliche Ueberlieferung zu Gunsten desselben zu sprechen scheint, doch zu gewagt; noch mehr seine Vermuthung dass dies ein zunächst nur für Italien erlassenes Capitulare sei, während dann in L. 103 vom J. 816 ein analoger Erlass für das ganze Reich publiciert sei. Dass ein Bedenken gegen letztere Annahme aus § 11 in LL. 1, 85 erwachse, hat Boretius 142 selbst anerkannt. Dazu kommt noch ein weiterer Umstand. Der § 9 gehört jedenfalls der Gesetzgebung vor 817 an, indem in ihm noch die 817 verbotene Kreuzesprobe angeordnet wird (s. LL. 1, 209 § 27 und die mit § 9 im übrigen übereinstimmende Stelle in LL. 1, 212 § 10), und insofern ist allerdings mit Boretius anzunehmen dass dieser § 9, wenn er einem Capitular angehören soll, vor LL. 1, 195 § 1 mit dem bestimmten Datum 816 publiciert sein muss. Dabei müsste aber sehr auffallen dass die frühere Bestimmung in § 9 viel ausführlicher lauten würde als die spätere in § 1, ein Verhältniss das auch Boretius in anderen Fällen nicht gelten lässt. Wahrscheinlicher ist mir daher dass dieser § 9, und ähnliches würde dann mehr oder minder von den folgenden Capiteln dieser Compilation gelten, nicht auf officieller Redaction beruht, also auch nicht für Reconstruction eines Capitulars verwendet werden darf.

K. 176. Ich habe dieses Stück, ferner K. 178—180. 180bis. 183—186 nach der von Pertz angenommenen Zeitbestimmung eingereiht, weil wie mir scheint die Discussion über die Datierung dieser Documente noch nicht nach allen Seiten abgeschlossen ist. Uebereinstimmung herrscht nur bezüglich der Datierung von K. 178. 179. 180 (welches aber möglicher Weise nur ein Privatexcerpt ist) und allenfalls von K. 180bis (welches letztere Stück jedoch Boretius 136 nicht zu einem bestimmten Jahre sondern nur 801—810 einreihen will), und diese Uebereinstimmung stützt sich auf das Zeugniss der ann. s. Amandi und Guelf. nach denen im Frühjahr 802 Königsboten ausgesandt wurden.

Was die anderen Capitularien anbetrifft, so hängt ihre Zeitbestimmung von der der in diesen Jahren abgehaltenen Synoden und Reichsversammlungen ab, von denen am ausführlichsten gehandelt haben Waitz V. G. 3, 284; Boretius 71; Müllenhoff und Scherer Denkmäler deutscher Poesie und Prosa (Berlin 1864) 446. Waitz und Boretius halten die Angabe der ann. Juvavenses über die Synoden dieser Zeit für nicht zuverlässig und nehmen nur nach dem Zeugnisse der ann. Lauresh. öffentliche Berathungen in Aachen im Frühling 802 und darauf im Herbst 802 eine eigentliche Reichsversammlung an und setzen beide zu letzterer K. 183. Dabei lässt jedoch Waitz dahingestellt, ob alles was Pertz in LL. 1, 106—109 verbunden hat hierher gehört, und noch bestimmter spricht sich Boretius 75 dahin aus dass K. 183c und 183d ihrer Entstehung nach ungewiss bleiben. Da Waitz keine Versammlung im Herbst 801 gelten lässt, setzt er auch K. 176 in den Herbst 802. — Anders nun Müllenhoff und Scherer. Sie halten fest an der Angabe der ann. Juvavenses vom synodus examinationis in Aquis palatio m. novembris (801) und an der Notiz des einen cod. Paris. nach welcher K. 176 zu 801 gehören soll, sie nehmen an dass die examinatio der ann. Juvav. verschieden sei von der lectio universorum canonum, regulae s. Benedicti etc. der ann. Laureshamenses. Ihrer Meinung nach widersprechen sich also die Berichte der beiden erzählenden Quellen nicht, sondern ergänzen sich vielmehr, indem sie von verschiedenen Dingen erzählen. Und so wird von ihnen dem November 801 zugeschrieben K. 176 (also gleich Pertz), ferner aber auch K. 183 (mit Ausnahme von K. 183c welches sich überhaupt nicht datieren lasse), endlich (wegen vielfacher Uebereinstimmung mit oder Beziehung auf K. 176) auch K. 218. Beachtung verdient dann noch was Müllenhoff und Scherer über den Charakter der von ihnen dem November 801 zugetheilten Stücke sagen, legt aber auch die Frage nahe ob nicht der grössere Theil derselben aus den acta Karoli, vielleicht sogar aus einer Capitulariensammlung auszuscheiden sein würde.

Was ferner die Revision der Volksrechte K. 184. 185 (an die sich offenbar auch K. 186 anschliesst) anbetrifft, so lassen die ann. Lauresh. sie auf der Reichsversammlung vom Herbst 802 stattfinden, während verschiedene Handschriften diese Zusätze zu den Volksrechten in den einleitenden Worten vom J. 803 datieren. Nahm Eichhorn St. u. R. G. 1 § 143 deshalb eine Fortdauer der Reichsversammlung bis in das J. 803 an, so machte Waitz die Ansicht geltend dass das J. 802 von der Revision auf der Reichsversammlung, das J. 803 aber von der Annahme der neuen Volksrechte in den Gauversammlungen zu verstehen sei. Boretius dagegen meint dass wahrscheinlich auf der Versammlung im October 802 nicht alle Gegenstände der Berathung erledigt seien, dass die Revision der Volksrechte erst nach Auflösung des Reichstages in consilio imperatoris und zwar im Beginne des J. 803 zum Abschluss gekommen sei, worauf sie dann noch vor der Mainzer Versammlung vom Juni 803 von dem Volke in den verschiedenen Provinzialversammlungen angenommen sei. In der Ansetzung zu der ersten Hälfte des J. 803, auf die es hier in den Regesten ankommt, stimmt also Boretius mit Pertz überein.

Ausserdem ist über einzelne Stücke noch folgendes zu bemerken. Was schon Daniels Handbuch 1, 285 angedeutet hat, dass die sogenannten capitula in legem salicam mittenda (K. 184) einen allgemeinen Charakter an sich tragen, hat Boretius des weitern dahin ausgeführt dass die übliche Bezeichnung, wenn auch sehr frühzeitig, doch nur durch ein Missverständniss der Sammler und Schreiber entstanden ist und dass die richtige Bezeichnung die auch in einzelnen Handschriften nachweisbar ist: capitula omnibus legibus addenda. Ferner verbessert Boretius mit Recht die Rubrik von K. 186 in capitula missorum und verwirft als nicht zu diesem Stück gehörig die von Pertz LL. 1, 116 angereihten Zusätze und als nicht zu K. 185 gehörig was Pertz LL. 1, 118 anfügt.

K. 177. Es ist wol nur ein Versehen dass Pertz praef. 20 von einem capitulare autographum spricht. Die Schrift dieses einem codex s. Pauli ange-

hefteten Fragments mag allerdings eine gleichzeitige sein, aber nichts berechtigt
zu der Annahme dass in dem Schriftstück eine officielle Ausfertigung vorliege.

K. 181. Sämmtliche Urkunden der ersten Karolinger für Le Mans sind
nur in den Lebensbeschreibungen der dortigen Bischöfe überliefert, von denen
mehrfache Bearbeitungen und diese wieder in verschiedenen Handschriften vorliegen. Da jedoch letztere noch nicht in genügender Weise beschrieben worden
sind, lässt sich auch das Verhältniss der einzelnen Redactionen jener Lebensbeschreibungen zu einander noch nicht genau feststellen und lässt sich nicht
mit Bestimmtheit sagen, ob auch jede Urkunde dieser Gruppe bereits nach der
besten und ältesten handschriftlichen Quelle publiciert worden ist. Mit der Ueberlieferung und den bisherigen Veröffentlichungen steht es nämlich so. Der grössere
Theil der betreffenden Diplome (L. 307—309. 329. 330. 344—346. 350. 352.
357—359. 362—364. 377. 381, und dazu vier Fälschungen) ist verwebt in die
Geschichte des Aldricus, der 832—856 Bischof von Le Mans war, in die sogenannten gesta Aldrici episcopi. Von diesen existiert nun allerdings eine alte,
jetzt auf der Stadtbibliothek von Le Mans aufbewahrte Handschrift (Mittheilung
von L. Delisle; s. auch Haenel catal. libr. mss. 201: hist. ecclés. n° 99 in 4°),
die mindestens der Abfassungszeit sehr nahe steht, wenn sie nicht die Urhand-
schrift selbst ist. Aber eine directe Benutzung dieses Codex des 9. Jhdts. hat
bisher noch nicht stattgefunden. Denn Baluze, der zuerst die gesta Aldrici vollständig edierte, verfügte nur über eine ihm zugeschickte jüngere und, wie er
selbst bemerkt, sehr fehlerhafte Abschrift, von der sich ein zweites Exemplar
noch auf derselben Bibliothek befindet. Und ohne Vergleichung mit dem cod.
saec. 9 lässt sich nicht einmal sagen ob die Baluzesche Abschrift direct aus ihm
geflossen ist oder etwa aus anderen Handschriften oder gar aus anderen Redactionen, in welche die gesta Aldrici übergegangen sind. Es kommt bei dieser
Frage namentlich die Bearbeitung in Betracht welche Mabillon als acta pontificum Cenom. veröffentlicht hat. Diese Ausgabe beruht (conf. vetera anal. 239.
297. 336) zum grösseren Theil auf einer Mabillon zugeschickten Copie eines
Codex des 12. Jhdts. mit bis in dieses Jhdt. reichenden Lebensbeschreibungen
(die gesta Gaufredi de Loduno erscheinen nämlich als Nachtrag), und nur einige
in dieser Abschrift fehlende vitae wurden aus einer von Duchesne copierten und
im allgemeinen kürzeren Redaction der acta pontif. Cenom. ergänzt. Da nun,
wie Mabillon angibt, die seiner Edition zu Grunde liegende Handschrift des 12. Jhdts.
unter den gesta der anderen Bischöfe auch die des Aldricus, so wie sie Baluze
publiciert hatte, enthielt, entsteht die Möglichkeit dass die für Baluze angefertigte
Copie nur auf den jüngeren Codex der acta pont. Cenom. und nicht auf den
älteren der speciellen gesta Aldrici zurückzuführen ist. Jener befindet sich jetzt
ebenfalls auf der Stadtbibliothek, ist aber auch seit Mabillon nicht vollständig
verglichen worden; denn Th. Cauvin der zuletzt einen Theil der Diplome für
Le Mans in der Géographie ancienne du diocèse de Mans veröffentlicht und
zugleich alle in ihnen vorkommende Ortsnamen erklärt hat, stützt sich im allgemeinen auch nur auf die älteren Drucke und theilt nur wenige und was die
Königsurkunden anbetrifft unwesentliche Ergänzungen aus der Handschrift des
12. Jhdts. mit. Somit erübrigt noch immer eine neue Publication oder doch Re-

vision der Texte dieser Urkunden. Für die den Vorgängern des Aldricus ertheilten Diplome K. 181, L. 13 und zwei a. spuria ist die Handschrift des 12. Jhdts. die älteste bisher bekannte Quelle, während sich die zuvor genannten 22 Stücke bereits in den codex saec. 9 eingetragen und dann in dem cod. saec. 12 wiederholt finden.

Mögen nun auch vielleicht aus diesen Handschriften für unsere Diplome noch einige Verbesserungen der Drucke zu gewinnen sein, so wird dadurch das Urtheil nicht modificiert werden das wir über diese Urkunden im allgemeinen schon jetzt fällen können und müssen. Die Glaubwürdigkeit dieser Urkunden ist natürlich durch die der Lebensbeschreibungen bedingt. Unter diesen bilden, wie schon Mabillon und Papebroch angedeutet hatten und wie in jüngster Zeit Roth (Benificialwesen 431) ausführlich dargethan hat, die der ersten zwei und zwanzig Bischöfe und des 23. Aldricus, wenn sie auch handschriftlich verschieden überliefert sind, ein Ganzes: sie sind von ein und demselben Verfasser und sind entweder in den letzten Jahren des Aldricus oder doch bald nach dessen Tode in ihrer jetzigen Gestalt niedergeschrieben, während dann die Leben der folgenden Bischöfe zu verschiedenen Zeiten abgefasst worden sind. Durch den ganzen ersten Theil der acta p. C. geht aber die bestimmte Tendenz hindurch, gewisse Ansprüche der Bischöfe von Le Mans als rechtmässige darzustellen und als solche sowol durch die Erzählung als durch die eingeflochtenen Urkunden zu begründen. Besonders soll bewiesen werden, dass das Kloster Anisola oder S. Calais seit seiner Stiftung dem Bisthume gehört habe. Nun sind wir aber über den Rechtsstreit zwischen den Bischöfen und diesem Kloster, welcher um die Mitte des 9. Jhdts. zur Zeit des Aldricus und seines Nachfolgers zu mehrfachen Verhandlungen geführt hat, auch von anderer Seite her vollkommen unterrichtet (s. Hincmari ann. in M. G. h. 1, 462; Mabillon ann. 3, 47. 93. 102; die päpstlichen Schreiben in Jaffé reg. n° 2069—2073 und n° 2064, welches Stück später als die andern zu setzen ist). Wir wissen bestimmt dass Anisola, wie auch die ihm von den Merovingerkönigen, dann von Pippin, Karl und Ludwig ertheilten Diplome besagen, von Alters her unabhängig von den Bischöfen gewesen ist, dass nur Bischof Franco (792—816) non amplius quam novem annis illud (monasterium) tenuit et in vita sua, retento episcopatu, amisit, dass dann ipsum monasterium Haldrico (832—856) non restitutionis sed beneficii iure largitum..... nec Haldricus idem monasterium amplius quam duobus annis et dimidio habuit, dass auch König Karl dem Bischof Rotbert illud non restituendo sed beneficii nomine largiendo commisit. Damit ist die Unwahrheit der Erzählung der acta p. C. erwiesen, und indem sich diese nun auf eine grosse Anzahl eingeflochtener Urkunden stützt, die theils die ursprüngliche bischöfliche Qualität des Klosters darthun, theils beweisen sollen dass, wenn sich zeitweise Franco, Aldricus und Rotbertus thatsächlich im Besitz von Anisola befunden haben, dies nicht in Folge specieller Verleihung durch die Könige geschehen sei, sondern auf Grund rechtmässiger Restitution nach vorhergegangener Untersuchung, ist zugleich das Urtheil über alle Urkunden in jenen Lebensbeschreibungen gesprochen welche die betreffenden Verhältnisse unrichtig darstellen. So sagt denn auch die notitia evindicationis vom J. 863 (Mabillon ann. 3, 105) über die damals vom Bischofe beigebrachten Instrumente dass sie erkannt worden seien als non vera nec effectum habentia, und verordnet dass dieselben quae inutilia et falsa probata erant, intra quartum decimum diem in (regis) exhiberentur praesentia penitusque abolerentur. Und damit hängt es zusammen dass diese älteren Urkunden sich nur in den acta p. C. erhalten haben, in die sie wol in der Absicht eingetragen worden sind, doch noch einmal zu gelegener Zeit mit Hülfe derselben die bischöflichen Ansprüche geltend zu machen. Wann aber die einzelnen falschen Diplome dieser Gruppe entstanden sein mögen, lässt sich nur bei einem Theile mit Bestimmtheit sagen. Es ist möglich dass der Verfasser jener acta, wie er nachweislich ältere erzählende Quellen benutzt hat, auch einen Theil der gefälschten Urkunden, nämlich die der Merovingerzeit zugeschriebenen, bereits vorgefunden hat: dann ist er doch mit vollem Bewusstsein auf die Tendenz eingegangen, in welcher schon vor ihm diese Stücke geschmiedet waren. Die auf Karls Namen lautenden Diplome dagegen können, wie wir sehen werden, nur unter Ludwig d. F. angefertigt sein, und wenn wir endlich auch unter denen die Ludwig dem Aldricus ertheilt haben soll, einige als gefälscht erkennen werden, so können die letzteren nur zu der Zeit verfasst worden sein, da die Lebensbeschreibungen der 23 ersten Bischöfe niedergeschrieben worden sind.

Dies allgemeine Urtheil über die in den acta p. C. überlieferten Urkunden für Le Mans steht schon seit langer Zeit fest. Aber eingehend hat sich die Kritik bisher nur mit den den Merovingern zugeschriebenen befasst. Aeltere Forscher und unter den neueren namentlich Roth haben nachgewiesen, dass diese Diplome zumeist auch noch an Formfehlern und inneren Widersprüchen leiden, und man ist darüber einig (Pardessus prolegom. 18 u. 292; Roth l. c. 49.) dass sie bis auf sehr wenige Ausnahmen als Fälschungen zu betrachten sind. Die den Karolingern zugeschriebenen Diplome dagegen sind noch nicht gleich strenger Prüfung unterzogen worden. Wenn speciell Roth es für minder wichtig für die Rechtsgeschichte erklärt den Grad der Zuverlässigkeit dieser Karolingerurkunden für Le Mans festzustellen, so kann ihm wol selbst vom Standpunkt des Rechtshistorikers aus widersprochen werden. Drei dieser Diplome wollen nämlich der Zeit um 800 angehören, während die Aufzeichnung derselben in den acta episcoporum etwa 50 Jahre später stattgefunden hat. Da nun nach allen anderen Quellen zu urtheilen gerade innerhalb dieser Zeit einige der in den Urkunden für Le Mans berührten Verhältnisse sich wesentlich fortentwickelt haben, ist es doch wichtig zu wissen ob die in ihnen gegebene Darstellung der Verhältnisse als schon für die Zeit Karls d. G. richtig angesehen werden darf oder nicht. Und was dann die späteren erst den letzten Jahren Ludwigs angehörenden Stücke betrifft, so ist auch hier noch zwischen Rechtsforderungen welche der Clerus dem immer schwächer werdenden Königthum gegenüber erhob, und zwischen der Anerkennung derselben durch das Königthum zu unterscheiden. Sind auch einige dieser Diplome gefälscht, so geben sie uns nur wie so viele literarische und urkundliche Fälschungen aus der Mitte des Jahrhunderts Zeugniss von den Bestrebungen einer Partei; sind sie wie sie uns vorliegen von dem Kaiser ertheilt, so bekunden sie den bereits errungenen Erfolg dieser Bestrebungen. Erscheint also auch insofern die Feststellung des Urtheils über diese

Stücke wichtig, so bringt es überdies die specielle Aufgabe dieses Werkes mit sich dass ich über jede Einzelurkunde dieser Gruppe als historisches Zeugniss betrachtet mir ein Urtheil zu bilden und dasselbe zu begründen gesucht habe. Wir sind nicht berechtigt diese Diplome, weil wir sie nur aus einer entschieden unlautern Quelle kennen, in Bausch und Bogen zu verwerfen. Wir sind ebenso wenig berechtigt sie schon deshalb zu beanstanden, weil sie kleinere Formfehler oder etwa unrichtige Ziffern, wie sie oft bei abschriftlich überlieferten Urkunden vorkommen, enthalten. Andererseits wird jedoch auch die formelle Richtigkeit nicht zu Gunsten der Stücke entscheiden können, da auch die anerkannten Fälschungen für die Merovingerzeit mit verhältnissmässig grossem Geschick angefertigt sind, und da es vollends leicht war für die Zeit Ludwigs sich gute Vorlagen zu verschaffen und mit den Gebräuchen der Kanzlei vertraut zu machen (Roth Feudalität 104 Note). Es ist somit vorzüglich der historische und Rechtsinhalt welcher bei jeder Urkunde den Ausschlag zu geben hat, und in Fällen in denen dieser nicht entscheidet, ist es mir wenigstens nicht gelungen ein bestimmtes Urtheil zu fällen.

Ich gehe zur Besprechung von K. 181 über. Von den geringen formellen Fehlern, wie der nicht ganz richtigen Subscriptionsformel oder dem Singular volo (s. UL. § 61) kann man absehen. Ein Theil der Bestimmungen der Urkunde entspricht ganz der Zeit und den Verhältnissen. Was hier im allgemeinen von der Verpflichtung gesagt wird, für Kirchengut das als Beneficium verliehen war decimae et nonae usw. zu entrichten, ist nichts anderes als was die Capitularien seit 779 (s. Roth Beneficialwesen 364) vorschreiben. Und obgleich aus Karls Zeit ausser diesem Diplome kein zweites erhalten ist, in welchem was bereits gesetzlich feststand nochmals durch Specialbefehle (iussiones de decimis, wie wir solche Stücke nach L. 80. 227 und Rozière n° 355 nennen können), angeordnet wird, so ergibt sich doch aus L. 80 und Roz. n° 355 dass auch schon unter Karl solche Befehle erlassen worden sind (Roth Feudalität 127). Durch Vergleichung mit den späteren iussiones de decimis (es gehört hier noch her L. 252) lässt sich auch annähernd feststellen was der Inhalt derartiger Urkunden zu sein pflegte, und soweit sich unsere Urkunde auf diesen Inhalt beschränkt, steht sie auch in stilistischer Hinsicht den gleichartigen Stücken sehr nahe. Nur darin weicht der erste Theil derselben von den übrigen ab, dass die iussio hier nicht auf Grund einer Bitte, sondern auf Grund einer im Königsgericht erhobenen Klage erfolgt. Dem entsprechend ist der Eingang nach Art der iudicia regum abgefasst, und zwar nach einer Formel wie sie Marculf in Roz. n° 442 für den Fall cum de magna rem duo causantur, aufgestellt hat, d. h. es wird dem gewöhnlichen Prooemium solcher Urkunden noch eine Arenga vorausgeschickt. Und dass es hier nun heisst in Aquis palatio, lässt annehmen dass dieser Passus wirklich schon unter Karl niedergeschrieben ist. Endlich lautet auch die Datierung wie in Gerichtsurkunden (UL. § 108 N. 12).

Lässt sich demnach soweit eine echte Urkunde, wahrscheinlich ein placitum mit einem den iussiones de decimis gleichen Spruche annehmen, so ist doch der weitere Inhalt als interpoliert zu betrachten (s. Guérard polypt. 1, 662). Der in jeder Beziehung bedenkliche Theil beginnt mit: insuper humiliter flagitantes.

Er enthält stilistische Wendungen welche ich mich nicht erinnere in echten Diplomen der älteren Zeit gefunden zu haben (vgl. UL. § 58 N. 7). Und auch die Auffassung der betreffenden Verhältnisse und die näheren Bestimmungen über dieselben lassen sich eben nur in den Urkunden und der Erzählung der gesta Aldrici nachweisen. Ich führe besonders an: ut nobis seu decessoribus vel progenitoribus nostris propter ablationes vel minorationes harum rerum... aliquod detrimentum aut periculum regni non adcrescat. Diese Beurtheilung oder Verurtheilung der Säcularisation hat unter Karl kaum die Geistlichkeit schon auszusprechen gewagt, geschweige dass die Regierung sie sich bereits zu eigen gemacht hätte (Roth Benef. 345 und Feudalität 119). Es ist sogar fraglich, ob wir denselben Ausspruch in der ziemlich gleich lautenden Urk. L. 308 gelten lassen können. Und dasselbe halte ich von der am Schluss begegnenden Bestimmung über die Bestrafung derer, welche sich fortgesetzt weigern der Kirche die gesetzliche Abgabe zu entrichten. Allerdings ordnet schon Karl wiederholt an, dass gegen solche eingeschritten werden soll, und unter Ludwig heisst es im capit. Wormat. a. 829 (LL. 1, 353): qui nonas et decimas neglexerit.. caveat ne saepius iterando beneficium amittat. Aber weder in den Gesetzen noch in den andern iussiones de decimis (s. auch L. 54 und 311) wird wie in unserm Diplom gestattet, ut (episcopus) in suam vel canonicorum suorum potestatem... easdem res revocare faciat, und desgleichen begegnet der hier gebrauchte Spruch: qui negligit censum perdat agrum, sonst erst im capit. a. 846 in LL. 1, 353. Dazu kommt dass in den in derselben Lebensbeschreibung überlieferten Precarien (Baluze misc. 163 vom J. 798, 162 vom J. 800, 170 vom J. 840) als stehende Formel erscheint: et si negligens aut tardus exinde (in der Bezahlung des stipulierten Census) apparuero, fidem exinde facere debeam et ipsas res dum ego advivo perdere non debeam. Nimmt man trotzdem keinen Anstoss daran, in einer angeblich 802 ertheilten Urkunde Bestimmungen zu finden welche in allen übrigen Documenten erst viel später nachzuweisen sind, so muss man mindestens betonen dass sie zu Karls Zeit ganz vereinzelt dastehen. Nun kommt aber noch hinzu dass unter den Klöstern die hier als dem Bisthum gehörig, augenblicklich aber als zu Beneficium verliehen aufgezählt werden, auch monasterium s. Kariletti oder Anisola genannt wird, und unter den Villen in unbestrittenem Besitz der Bischöfe solche die ihnen erst später durch redditiones wieder zugesprochen werden: hier liegt also die Interpolation auf der Hand und um so wahrscheinlicher wird es, dass auch die zuvor beanstandeten Bestimmungen erst gelegentlich der Einschiebung der Ortsnamen in die ursprünglich kürzer und einfacher lautende iussio de decimis eingeschaltet sind. — Ueber eine vierte Urkunde welche Karl den Bischof Franco ausser dieser und zwei falschen ertheilt haben soll, s. L. 362°

K. 182. Die jedenfalls nicht regelrecht gemachten Noten erklärte Kopp 1, 386: Genesius advicem Erecaanbaldi recognovit et subscripsit; fieri documento imperator praecepit. Nach der Zeichnung die ich mir gemacht habe und die in etwas von dem Facsimile in Kopps Schrifttafeln abweicht, glaube ich lesen zu müssen: G. adv. E. recognovi et (subscripsi unter dem Siegel); dann G. adv. E. relegi et subscripsi; endlich fieri (oder ipse) domnus imperator praecepit. — Ueber das Siegel s. UL. § 104 N. 9.

K. 188. Die Urkunden für Grado sind nur aus dem oben angeführten, nach dem früheren Besitzer Bernardo Trevisano benannten Codex bekannt, der den Titel führt: series litterarum, privilegiorum et pactorum etc. pontificum, imperatorum et aliorum principum ad Venetorum ducatum et ecclesias spectantium. Abgeleitet von ihm ist der cod. Marcianus lat. X, 181 (s. Oesterr. Archiv 18, 444). Ferner stammen aus ihm Abschriften von Bini in der Capitelbibliothek zu Udine. Und wahrscheinlich sind auf ihn auch die Drucke von Ughelli und Carli zurückzuführen. Dass die Urkunden im cod. Trevis. nicht genau überliefert sind, ergibt sich schon daraus dass die zwei Abschriften die er von K. 188 enthält nicht ganz übereinstimmen. So sind nun hier auch die Regierungsjahre falsch angegeben. Doch kann das Jahr 803 = a. imp. 3 nicht zweifelhaft sein. Wir wissen nicht allein dass sich der Kaiser im Sommer 803 in Salz an der fränkischen Saale (Königshofen) aufhielt, sondern auch aus den ann. Mettenses in welche die ann. Einhardi übergegangen (M. G. h. 1, 191 — cod. 9b), dass Fortunatus auf dem Mainzer Convent erschienen war, dessen Zeit näher durch zwei in conventu regali in urbe Mogontia am 7. und 11. Juli ausgestellte Traditionen (Dronke n° 209. 210) bestimmt wird. Man könnte daher den Zollbrief für Fortunatus K. 189 auch schon in den Juli setzen, wenn nicht in der Regel derartige Befreiung und Immunität zu gleicher Zeit ausgestellt worden wären. In diese Zeit gehört also auch das pactum faciendae pacis, das Einhard l. c. erwähnt. — Ueber K. 188 s. auch Beitr. zur Dipl. 3, 201 und UL. § 54.

K. 191. Wie Waitz schon in den Berliner Jahrbüchern (1838) 1, 94 bemerkte, sind die Gründe welche Pertz für 803 anführt nicht überzeugend. In V. G. 3. 515 wiederholt Waitz seine Zweifel, ohne sich jedoch für ein bestimmtes Jahr zu entscheiden. Ebenso Eichhorn St. u. R. G. 1 § 143. Jedenfalls ist auf den Titel imperator in der Ueberschrift, wie er sich in den ältesten Handschriften findet und den Pertz und Merkel als massgebend für die Datierung betrachteten, kein Werth zu legen. Schon die Kanzlei Ludwigs redet von Karl regelmässig als Kaiser (UL. § 61 N. 7 und § 117), und ebenso steht fest dass in den Privataufzeichnungen des 9. Jhdts. nicht mehr streng zwischen dem König und dem Kaiser Karl unterschieden worden ist. Die Zeit ist also lediglich nach dem Inhalt und den historischen Verhältnissen zu bestimmen, und empfiehlt sich insofern diese Einführung der acht Raunfälle in die ersten Jahre der Erwerbung zu setzen; da ich aber ein bestimmtes Jahr nicht anzugeben wusste, habe ich das Stück doch nach der Datierung in Pertz eingereiht.

K. 192. Wegen ad fidem avi et genitoris nostri hat man dies Capitular Karl d. G. absprechen wollen: s. dagegen Waitz V. G. 3, 515.

K. 193. Noch in den letzten Jahren haben L. Ferrario und Hidber (s. Schweizerisches Urkundenregister 1b, Vorwort 5) in Como nach Abschriften der ältesten Urkunden oder nach Chartularien geforscht, jedoch vergeblich. Der nun wol sichere Verlust ist aber zu verschmerzen. Dass schon am Ausgang des Mittelalters nicht mehr als wir von älteren Diplomen für Como kennen, nämlich ausser K. 193 nur noch ein falsches Ludwigs, vorhanden war, lässt sich aus der gewiss alles umfassenden Erzählung des Benedetto Giovio in seiner historia patria entnehmen und ebenso aus einem im 16. Jhdt. vom Bischof Archinti angefertigten

Register. Diese beiden Stücke waren in einem cod. privilegiorum saec. 15 überliefert, der nach Rovelli storia di Como (Milano 1789—1803, 5 vol. in 4°) 2, 52 noch 1794 im bischöflichen Archiv aufbewahrt wurde, und aus dem offenbar auch Ughelli und Tatti geschöpft hatten. Konnte nun Rovelli aus der Handschrift allerdings noch einige Verbesserungen zu den von Tatti publicierten Urkunden mittheilen, so waren diese doch unwesentlich, und im Grunde stand es mit dieser handschriftlichen Ueberlieferung nicht besser als mit der in den Drucken. — Ueber K. 193 haben schon Muratori antiq. 6, 39 und Rovelli l. c. richtig geurtheilt. Was als wahrscheinlich interpoliert auszuscheiden ist, habe ich im Regest angedeutet; weiteres über den vorliegenden Wortlaut in Beitr. zur Dipl. 5, 352, wozu ich nur noch bemerke dass auch neuere Geschichtschreiber wie Monti storia di Como 1, 307 wol von einem luogo di Gegio o Zezio reden, aber so wenig wie Tatti ihn nachzuweisen im Stande sind.

K. 195. Von Boretius, so wie Baluze und nach ihm Pertz das Capitular ediert haben, beanstandet. Seine Ansicht ist dass § 1—3 ein Capitular für sich bilden, welches nach K. 202 zu setzen sei. Dagegen sind § 16—22 Bestandtheile eines vor 800 erlassenen Capitulars, das ich als K. 170 verzeichnet habe.

K. 197. Vgl. Alcuini epist. (ed. Froben) 118. 195; Baluze capit. 2, 1062; Mabillon ann. 2, 362; endlich über die Handschrift UL. § 44.

K. 204. Es ist nur ein Druckfehler dass bei Pertz der 8. Februar angegeben ist, da auf die notae hist. S. Gallenses in M. G. h. 1. 70 verwiesen wird, nach denen die Theilung stattfand 8 id. febr. die Veneris.

K. 206. Dies Mandat ist nur aus dem Niederaltaicher Codex im Münchener Archiv (s. K. 234*) bekannt, steht da aber nicht unter den ursprünglich gesammelten Urkunden, sondern ist erst von einer Hand des 14. Jhdts. am Rande beigefügt. Also stammt die Eintragung nicht, wie früher angenommen wurde, vom Abt Hermann, und wie im übrigen in Mon. Boica 31, 25 richtig bemerkt worden ist, bleibt es zweifelhaft ob das copierte Stück aus dem Niederaltaicher Archiv stammt oder von einem andern Orte. Wahrscheinlich ist das letztere; denn in dieser ganzen Zeit kommt ein Abt Fulrad in Niederaltaich nicht vor (conf. den catalogus abbatum in M. G. h. 13, 366). Abel 1, 385 denkt an den Abt Fulrad von Lobbes und S. Quentin; ebenso Jaffé, der in der Biblioth. rer. Germ. 4, 387 dies Stück genau nach der Handschrift abdruckt. Dass die frühere Ansetzung zu 784 nicht zulässig ist, hat besonders Erhard regesta 1, 87 n° 257 betont, und in der kaiserlichen Zeit auf die der Titel hinweist, passt entschieden am besten die Beziehung auf den Feldzug gegen die Böhmen im J. 806 (M. G. h. 1, 192). Richtig bemerkt Büdinger österr. Geschichte 1, 126 dass im Context 12. kal. iul., wie die Handschrift haben soll, wol zu verbessern ist in 15 kal. iul. quod est septem diebus ante missam s. Johannis baptiste.

K. 210. Schon Leopold von Bebenburg bemerkte, als er 1346 die Urkunden der Würzburger Kirche zu sammeln begann, dass einige der älteren Diplome wie die Zehntschenkung Pippins nicht mehr vorhanden seien: harum donationum privilegia neglientia vel vetustate, incendio seu alio casu fortuito sunt perdita vel consumpta. Und ebenso fehlen in dem ältesten auf uns gekommenen Chartular von Würzburg, dem im Münchener Reichsarchiv befind-

lichen gegen Ende des 13. Jhdts. geschriebenen liber albus privilegiorum mehrere
Diplome die ich als acta deperdita verzeichne, ferner L. 274 das uns sowol aus
den späteren Bestätigungen, als auch seinem fast vollständigen Wortlaut nach
aus der Formelsammlung des cod. Paris. n° 2718 (UL. § 44) bekannt ist. Haben
wir somit einerseits offenbar Verluste zu beklagen, so liegen uns andererseits viele
Urkunden noch in Original vor, darunter eine von Karl und fünf von Ludwig,
alle ziemlich correct von Eckhart, besser dann in den Mon. Boica abgedruckt.
Nur eine der hier zu besprechenden Urkunden L. 190 ist uns aus Copialbüchern
allein bekannt, nämlich aus dem lib. albus und aus den verschiedenen Copien
(älteste c. a. 1400) der von Bebenburg angelegten Sammlung. Die Texte dieser
Chartularien enthalten, wie die Vergleichung mit den noch vorhandenen Originalen zeigt, manche Fehler, theils eigentliche Lesefehler, theils orthographische
Aenderungen, theils Auslassungen oder auch Zusätze, und zwar begegnen in den
Bebenburgschen Copialbüchern zumeist dieselben Fehler wie im liber albus, so
dass für die Abschriften jener dieser benutzt zu sein scheint. Danach ist der
Text von L. 190 mit dem falschen Namen Hirminmarus (und in einer Handschrift Hisminmarus) und mit der wahrscheinlich falschen Ziffer 10 statt 9
zu beurtheilen. Auch die falschen Urkunden für Würzburg und für Neustadt
am Main finden sich in den Ub albus und andere Würzburger Copialbücher
eingetragen.

Zu K. 210 bemerke ich dass die Indictionsziffer 14 Folge einer freilich
sehr alten Correctur ist und dass ursprünglich die richtige Ziffer 15 dagestanden
zu haben scheint. In Ingelheim war der Kaiser nach einer Urkunde für Hornbach (Acta acad. Theodoro-Palatinae 1, 313) schon am 13. Mai. Ueber das Siegel
von K. 210 s. UL. § 104. 105.

K. 211. Boretius glaubt hier zwei selbständige Capitularien unterscheiden
zu müssen: das eine § 1—3 umfassend und der Aufschrift entsprechend von 807,
das andere § 4—7 ohne Zeitangabe.

K. 214. Ich habe bereits früher (Beitr. zur Dipl. 5, 329 und 336) einen
Theil des Wortlautes dieser Urkunde beanstandet. Denn wenn auch diese donatio cum emunitate zum grösseren Theile als nach Rozière n° 145 oder 147
stilisiert erscheint, so sind doch offenbar in die ursprüngliche Fassung einzelne
Ausdrücke und Sätze eingeschaltet worden: ich meine damit zumal die Inscrip-
tion (UL. § 58), den wenigstens seltenen Satz: ut deinceps nullus dux, gastal-
dius etc., und die Grenzbeschreibung mit den romanischen Namenformen Castel-
lioni, in la Vegiola, de la Vegiola (UL. § 67). Danach und nach den Bemerkungen über das betreffende Schriftstück von Poggiali memorie storiche della
città di Piacenza (P. 1757, 12 vol. in 4°) 2, 295 konnte ich kein Original annehmen. Und in der That erweist sich die betreffende Urkunde im Archiv der
Kathedrale von Piacenza, von der mir Dr. Zahn aus Leipzig ein Facsimile angefertigt hat, als ein Schriftstück, das zwar alt und mit gewissem Geschick geschrieben ist, sich aber doch durch Fehler in der Unterschrift und in den Noten
(UL. § 31. 101) verräth.

K. 215. Die wesentlichsten Verbesserungen aus dem Original zu dem
Abdrucke sind: magnus pacificus, in fisco revocatam, Blado advicem E. Die

falsche Ziffer 38 (UL. § 8.) steht dagegen ganz deutlich im Original, berechtigt aber ebenso wenig wie die Beschaffenheit des Pergaments die Originalität anzuzweifeln. — Ueber die Fortführung dieser Langobarden s. Abel 1, 148. 198.

K. 217. Roth (Beneficialwesen 397; s. auch Waitz V. G. 4, 470 N. 1) hat dargethan dass, was Pertz für den Ansatz zu 803 geltend macht, nicht massgebend sein kann. Er will das Capitulare jedenfalls nach 807 setzen: dann empfiehlt sich das J. 808, da, worauf mich Boretius aufmerksam macht, die ordinatio praeteriti anni wahrscheinlich K. 211 ist, als dessen Datum 807 feststeht.

K. 223. Vielleicht von Ludwig d. F., conf. capit a. 825 in Pertz LL. 1, 245 § 20. Jedoch ist Soetbeer (in Forschungen 4, 203) der Meinung dass K. 223 am füglichsten bald nach K. 202 und K. 213 zu setzen sei, also etwa zu 809.

K. 224. Diese Urkunde liegt in mehrfachen von einander abweichenden, aber wie ich glaube sich gegenseitig ergänzenden und berichtigenden Ueberlieferungen vor. Gehen wir von dem ältesten hierher gehörigen Schriftstück aus, welches Dronke n° 247 abgedruckt hat. Dasselbe ist nicht wie Dronke annahm Original, sondern mag dem zehnten Jahrhundert angehören. Durch Vermengung von Formeln der königlichen und kaiserlichen Diplome verräth es sich gleich als ein ungeschicktes Machwerk, und begegnen wir in ihm trotzdem einzelnen ganz correcten Sätzen, so sind diese eben nur den echten Schenkungsurkunden Karls für Fulda entlehnt. Eberhard hat nun dies Stück einmal wortgetreu, ein zweites Mal mit einigen Abänderungen in seine Sammlung aufgenommen. Endlich theilt er eine dritte Urkunde mit (Dronke n° 248) die in der Hauptsache denselben Gegenstand betrifft, aber ganz anders stilisiert ist, anderes Protokoll enthält und der Datierungszeile entbehrt. Dass nun diese Urkunde, abgesehen von einigen Nachlässigkeiten der Ueberlieferung, ihrem Inhalte und ihrer Fassung nach echt ist, ergibt sich aus der in den Beitr. zur Dipl. 4, 625 ausgeführten Vergleichung mit den päpstlichen Privilegien für Fulda und deren Bestätigungen durch die weltlichen Fürsten (s. auch UL. § 48). Und da nun mit dieser Urkunde offenbar die von Dronke n° 247 mitgetheilte Verunechtung zusammenhängt, ist es wahrscheinlich dass das in dieser theilweise erhaltene Datum (data 10 kal. maias a. Christo propitio imperii nostri 42 in Francia atque XXX.... in Italia, indictione secunda, actum Aquisgrani in dei nomine feliciter amen.) dem ursprünglichen Diplome angehört. Stützt sich in Wirklichkeit die von Schannat mitgetheilte, zwischen Dronke n° 247 und 248 die Mitte haltende Fassung auf eine alte Abschrift, so würde meine Ansicht nur bestätigt werden; aber da diese alte Abschrift nicht mehr aufzufinden ist, halte ich es auch für nicht unmöglich dass Schannat selbst seinen Text aus den verschiedenen noch erhaltenen Ueberlieferungen zusammengesetzt hat.

K. 227. Die Zeit wird bestimmt durch Einh. ann. in M. G. h. 1, 198. — Meine obige Angabe über die Ueberlieferung ist dahin zu berichtigen dass der Brief nur aus einer S. Galler Handschrift bekannt ist.

K. 231. Indem dem Schreiber des Kammerbuches nur eine Abschrift zur Verfügung gestanden zu haben scheint, könnten sich allerdings Fehler eingeschlichen haben. Aber manches Wort das auf den ersten Blick hin bedenklich erscheinen mochte, ist es gar nicht in Wirklichkeit. So hat die neuere Forschung z. B. festgestellt dass der von W. Valvasor beanstandete Name Ursus durchaus richtig ist. Desgleichen kann die abweichende Corroborationsformel doch als ursprünglich betrachtet werden (UL. § 65 N. 8). Endlich können auch die chronologischen Merkmale, d. h. die Jahre (denn dass die Monatsangaben differieren, beruht ja nur auf einem Versehen des ersten Herausgebers) hier so gut wie in anderen Diplomen dieser Periode (UL. § 82) bereits im Original falsch angesetzt worden sein. A. r. 42 et 37 führt nämlich auf 210, zu welchem Jahre unter anderen Dümmler (Oesterr. Archiv 10, 22) und Büdinger (Oesterr. Geschichte 35 und 174) die Urkunde gesetzt haben, während a. imp. 11, ind. 4 auf das folgende Jahr hinweisen; diesem gebe ich den Vorzug, weil in der kaiserlichen Periode die letzteren Zeitmerkmale im allgemeinen zuverlässiger sind. — Nach convers. Bagoar. in M. G. h. 10, 9 soll schon Pippin die Drau als Grenze zwischen beiden Sprengeln bestimmt haben, und anno 803 Karolus imperator Bagoariam intravit et in mense octobrio Salzburc venit et praefatam concessionem filii sui iterans potestative multis adstantibus suis fidelibus adfirmavit et in aevum inconvulsum fieri concessit. Es ist möglich dass die Entscheidung schon damals getroffen worden, aber erst nach Jahren, nach dem Tode des Ursus, in Urkundenform gebracht worden ist, denn eine schon 803 ertheilte Urkunde hätte in K. 231 wieder erwähnt werden müssen. S. übrigens Zeissberg in Wiener S. B. 43, 358.

K. 234. In dem um die Mitte des 13. Jahrhunderts vom Abt Hermann angelegten Niederaltaicher Chartular finden sich eingetragen K. 234, L. 34. 169 (s. auch K. 206*). Das Münchner Archiv bewahrt aber auch noch das Original von L. 169 und ältere Copien der beiden andern Diplome. Nicht bekannt sind mir die von Hund-Gewold benutzten Abschriften, die den Drucken nach zu urtheilen in Einzelheiten abwichen (UL. § 31 N. 9). Mit der ältesten vorhandenen Copie von K. 234, welche ich citiere, verhält es sich so. Auf der Rückseite der Originaldiplome Arnulfs vom 15. April 890 und vom 5. Mai 897 hat ein Schreiber der ersten Hälfte des 10. Jhdts. eine Anzahl älterer Diplome im ganzen sehr genau, jedoch zum Theil mit Weglassung der Unterschriftszeilen copiert. Auf dem verso der Urkunde von 890 steht unter anderm L. 169, auf dem der andern K. 234, letzteres nur in der Orthographie etwas von der Abschrift des Chartulars abweichend. — Auf K. 234 bezieht sich die Notiz der Schrift de institutione mon. Altah. in M. G. h. 15, 366.

K. 242. Mit diesem Capitular wird jene Eidesformel in Rozière n° 3bis, die Lindenbrog aus nicht bekannter Handschrift ediert hat, am füglichsten in Verbindung gebracht werden können. Sie unterscheidet sich nämlich von der in K. 179 enthaltenen Eidesformel von 802 einmal dadurch dass sie die wiederholte Eidesleistung betont, dann dadurch dass sie datiert ist: anno 11 feliciter regni d. nostri K. gloriosissimi regis, in mense martio. Scheint dieses Datum zunächst auf die Zeit vor 801 hinzuweisen, so steht dem im Wege dass im Eide selbst Karl schon als Kaiser bezeichnet wird; wir müssen also die Formel der Zeit nach 800 zuschreiben und annehmen dass die jetzt vorliegende Fassung der Datierung ausserhalb der Kanzlei entstanden ist, wo wol auch einmal rex statt imperator gebraucht wird (UL. § 61). Der Meinung ist auch Rozière; indem er aber, wofür gar kein Grund vorliegt, die Lindenbrogsche Formel für gleichzeitig mit der von 802 hält, versucht er eine Emendation und eine nicht haltbare Erklärung des überlieferten Datums a. 11: er setzt statt dessen 31 und will dies Jahr dann von einer für officielle Stücke nicht existierenden Epoche (UL. § 82) von 771 an berechnen. Da scheint es mir näher zu liegen die Formel mit dem Capitular K. 242 zusammenzustellen. Dann taucht allerdings die weitere Frage auf, ob wir die Ziffer in der Formel in 12, nämlich a. 12 feliciter imperii, zu verbessern haben oder ob wir umgekehrt das Capitular um 1 Jahr in den März 811 vorzurücken haben. Für die Bezeichnung bei Baluze als capit. tertium a. 812 wird nämlich kein besonderer Grund angeführt; ebenso wenig von Pertz, der dasselbe Jahr beibehält. Also scheint sich diese Zeitbestimmung lediglich auf die Stellung dieses Stückes in den Handschriften zu stützen, speciell auf die Stellung in dem cod. Paris. suppl. n° 75, der nach Pertz LL. 1, praef. 31 wahrscheinlich mit der von Baluze benutzten und als cod. a. Vincentii Mettensis bezeichneten Handschrift identisch ist. Indem nun aber dieser Pariser Codex nicht streng die chronologische Reihenfolge der Capitularien beobachtet, kann auch die Stellung von K. 242 nach dem in den October 811 gehörigen Capitulare von Bologna nicht als unbedingt massgebend betrachtet werden, und würde ich somit bei dem sehr wahrscheinlichen Zusammenhange der Eidesformel mit dem Capitulare dieses nach dem Datum von jener zu 811 und vor den März setzen. Dem entsprechend könnte dann auch K. 243 um ein Jahr vorgerückt werden.

K. 246. Die Zeit ergibt sich aus Einh. ann. in M. G. h. 1, 200. Ueber den Titel s. UL. § 115. Dieser Brief und nicht K. 227 steht in dem fälschlich unter letzterem Stück angeführten Codex, aus dem ihn Bréquigny abschrieb und Froben mittheilte; s. Mémoires de l'acad. des inscriptions 37, 531.

K. 247. Da ich mich von der Originalität des betreffenden Schriftstückes überzeugt habe, halte ich eine Widerlegung von Abel 1, 214, der dies Diplom als interpoliert bezeichnet, und von Cohn in Forschungen 6, 576, der nicht allein die Unechtheit behauptet sondern auch die Entstehung der vermeintlichen Fälschung nachweisen zu können meint, für überflüssig. — Im Regest ist übrigens zu verbessern Havvacabrunno. Dass dieser Name nicht von der Hand des Urkundenschreibers ist, sondern von anderer jedoch gleichzeitiger Hand, erregt mir auch kein Bedenken. Denn in Originaldiplomen wenigstens der nachfolgenden Zeit findet sich ziemlich häufig dass die Kanzleischreiber, wenn sie eines Namens nicht sicher waren, eine Lücke gelassen und den Empfängern dieselbe auszufüllen überlassen haben; höchstens kann also ein solcher Name beanstandet werden, aber nicht das Diplom selbst. — Ueber das Siegel s. UL. § 105 N. 10.

K. 249. Da der Abt Frodoinus wahrscheinlich erst am 10. Mai 816 gestorben ist (M. G. h. 9, 103), ist eine nähere Zeitbestimmung als 801—814 nicht möglich. Ueber die Glaubwürdigkeit s. UL. § 47 und § 65 N. 8: namentlich die Fassung des Schlusssatzes kann beanstandet werden.

K. 251. Erklärt von Helfferich in Zeitschr. f. Rechtsgesch. 2, 417.

ACTA GENVINA LVDOVVICI.

L. 1. Ueber die Fonteneauschen Copien s. K. 169*. Der Petent Ato ist der Abt von S. Hilaire und es handelt sich hier um die Bestätigung der S. Hilaire früher verliehenen Immunität, s. Beitr. zur Dipl. 3, 320 N. 2. In L. 4 wird das Verhältniss von Nouaillé zu S. Hilaire des weiteren geregelt. — Richtiger als die früheren Herausgeber setzt Rédet tables 2 die Urkunde zu 794. Dem entspricht Ludwigs 14. Regierungsjahr, und nur scheinbar widerspricht das von Mabillon angegebene 25. Regierungsjahr Karls. Denn wie schon seine Ergänzung Caroli gloriosissimi regis zeigt, war das Original an dieser Stelle beschädigt oder unleserlich, und wahrscheinlich waren die vorausgehenden Ziffern nicht mehr vollständig zu sehen, wie denn auch die Herausgeber der Gallia christ. aus demselben Original mittheilen: anno XX... XIV regni nostri. Die Ergänzung XXVI ist also eben so berechtigt als die von Mabillon vorgenommene. Vollends entscheidend für die Datierung ist, dass L. im August 793 nicht in Aquitanien war, dagegen im August des folgenden Jahres, wie im Gegensatz zu der Mehrzahl der französischen Historiker schon Leibniz ann. 1, 158 und später Funck 13 gezeigt haben. Denn nach ann. Lauresh., Guelferb., vita Hlud. (M. G. h. 1, 35. 45; 2, 610) fällt der Zug Pippins und Ludwigs nach Benevent in den Winter 79 3/3, nach diesem begeben sich beide Brüder direct zu ihrem in Baiern weilenden Vater, bei dem Ludwig den Rest des Jahres über bleibt, um endlich im Frühling 794 in sein Königreich zurückzukehren. Was Foss (Ludwig d. F. 8 — 10) gegen diese chronologische Anordnung einwendet, beruht doch alles nur darauf dass er Böhmers Datierung für L. 1, nämlich zu 793, als ganz sicher annahm, was eben nicht der Fall ist.

L. 2. Die Unzuverlässigkeit der Ueberlieferung der älteren Urkunden für S. Guillem du Désert zeigt sich am deutlichsten darin, dass unter andern zwei nach Inhalt und Form sehr verschiedene Stiftungsurkunden (Bibl. de l'École 2e série, 2, 117) vorliegen. Auch L. 2 ist schlecht überliefert. Schon in der ältesten Abschrift, die ich in das 12. Jhdt. setze (Waitz dagegen in Perts Archiv 7, 837 in das 11.), sind die Schlussformeln ganz verstellt. Ebenso fehlerhaft ist die Copie in einem Chartular des 12. — 13. Jahrhunderts (Catal. des cartul. 230). Ueberdies weichen die Drucke in einzelnen Namen und in den Ziffern von einander ab. Obige Ziffern sind der ältesten Abschrift entnommen, sind aber nicht alle in Einklang zu bringen. Freilich hat Mabillon dipl. 195 als richtige Lesart ind. 1 bezeichnet, aber das älteste Exemplar hat deutlich ind. 10, so dass Mabillon wol nur eine Emendation hat geben wollen. Beide Regierungsjahre passen zu 807. — Erwähnt wird das Diplom in der vita s. Willelmi in Bouquet 5, 475.

L. 4. Erläutert in Beitr. zur Dipl. 3, 211; conf. Diplom Pippins von 827 in Mélanges historiques 3, 417.

L. 5. Von den in das Stuttgarter Archiv gekommenen älteren Diplomen für Ellwangen ist nur L. 203 Original. L. 5 dagegen, das bisher gleichfalls für Original gehalten wurde, ist nur Copie. Zwar war der Schreiber derselben mit den Formen und der Schrift der Diplome sehr vertraut und wusste u. a. das Chrismon des Helisachar täuschend nachzuahmen; aber andererseits bildete er doch das Monogramm falsch, zeichnete er das Subscriptionszeichen etwa so wie es gegen Ende des 9. Jhdts. Brauch war, und versah es auch mit Noten die der Unterschrift Engilmarus scripsi entsprechen würden, also zu dieser Recognition nicht passen. Auf Rechnung des Copisten wird man auch die kleine Abweichung vom Protokoll setzen dürfen (UL. § 88 N. 4). Aber anders beurtheile ich es dass auch die Fassung von der aller anderen Diplome Ludwigs abweicht. Rettberg 2, 170 scheint eben dadurch bestimmt worden zu sein die Urkunde verdächtig zu nennen. Aber man muss hier doch die besondere Art der Differenz berücksichtigen. Ausser der ungewöhnlichen Erwähnung des Consenses (UL. § 25) sind es nämlich vorzüglich veraltete Sprachformen und Wendungen, wie ut nullus praesumatur (Beitr. zur Dipl. 5, 327 und UL. § 52) oder wie das schon von Heumann 1, 239 bemerkte sub sermone tuitionis nostrae oder wie die Verbindung von Adresse und Promulgation (UL. § 58), welche dies Diplom kennzeichnet, also Merkmale die am wenigsten in später entstandenen Fälschungen angetroffen werden. Ich glaube daher die abweichende Fassung vielmehr dadurch erklären zu müssen, dass der Dictator die Urkunde entweder ganz frei oder in Anschluss an die vorgelegte Immunität Karls stilisiert und sich noch nicht der unter Ludwig ausgearbeiteten neuen Formeln bedient hat (UL. § 55). — Nach der vita Hariolfi in M. G. h. 10, 12 wäre das Kloster schon Pippin tradiert worden.

L. 9. Donzerre von Lothar an das Bisthum Viviers geschenkt und demselben von Karl d. K. bestätigt, wurde unter Karl d. Dicken (Chifflet 239) mit der Abtei Tournus verbunden. So kamen auch die ältern Diplome für Donzerre L. 9 und 327 in das Archiv des letztern Klosters, und fanden sich dort zu Zeiten des ersten Herausgebers Chifflet noch in Original vor. — Von dem Inhalt und speciell davon dass in dieser Urkunde über Besitzbestätigung und Immunität das in den Immunitäten Ludwigs gewöhnliche Wort defensio nicht vorkommt, habe ich in Beitr. zur Dipl. 3, 238 gehandelt.

L. 10. Der erhaltene Theil des Archivs reicht nur bis in das 13. Jhdt. zurück (Tableau des arch. départ. 238), so dass diese Urkunde nur aus dem Drucke des sehr zuverlässigen Bealy bekannt ist, der jedoch in diesem Falle blos eine Abschrift benutzt hat.

L. 11. Das vom prévôt Conon d'Estavayer zwischen 1228 und 1240 angelegte und in den Mémoires etc. de la Suisse romande vollständig edierte Chartular enthält f° 56 nicht, wie Forel régeste n° 50 u. a. angeben, zwei Diplome, sondern nur eins in zwei unmittelbar auf einander folgenden Abschriften, deren zweite einige Sätze mehr enthält als die erste. In allen Drucken ist statt donatione zu lesen dominatione, was allerdings im Chartular abgekürzt ist. — Im Register zu dem Cartul. de Lausanne 680 wird fälschlich eine ibid. 132 abgedruckte Urkunde Karl d. G. zugeschrieben, während sie schon von Zapf richtig Karl d. D. und dem J. 885 beigelegt ist. — Pertz Archiv 5, 499 verzeichnet auch einen Brief Ludwigs der im cod. Bernensis n° 322 stehen soll; ich fand jedoch in dieser Handschrift nur Boncompagni formulae.

L. 15. Von Hornbacher Diplomen ist nur dieses noch in sehr beschädigtem Original vorhanden. Die drei andern sind aus einem 1430 unter dem Abt J. Danckart angelegten Copialbuch bekannt, das früher im Münchner Reichsarchiv, seit einer Reihe von Jahren vermisst wird. Den Drucken nach zu urtheilen hat der Schreiber des Chartulars manches verlesen und hat vielfach die Schlussformeln ausgelassen, die aber bei L. 142 von einer Hand des 16. Jahrhunderts nachgetragen sind. — Ueber den besonderen Inhalt von L. 15 und 16 s. Beitr. zur Dipl. 5, 376. Dass beide Diplome die gleichlautende Bedingung enthalten dass die Verleihungen nur so lange gelten sollen als das Klostergut ungetheilt beisammen bleibe, bestimmt mich die zweite ohne Daten überlieferte Urkunde unmittelbar der ersteren anzureihen.

L. 19. Zahlreiche und zum Theil noch unedierte Karolingerurkunden für das Bisthum Langres bewahrt das Departementalarchiv zu Chaumont (s. Tableau des arch. départ. 52), darunter zwei von Ludwig, welche zuerst in der 2. Ausgabe der Gallia christ. veröffentlicht sind. Fälschlich haben jedoch die Herausgeber das L. 19 enthaltende Schriftstück als Original bezeichnet. Ausser jüngeren Abschriften finden sich nämlich noch jetzt im Fonds Langres G. I n° 1 zwei ältere Copien dieser Urkunde vor. Von diesen halte ich für die bessere die Copie des 10. Jahrhunderts, die in gewöhnlicher Minuskel geschrieben ist und nur die Unterschriften in verlängerter Schrift enthält. Aelter und wahrscheinlich schon aus dem Ende des 9. Jhdts. ist das andere die Diplomenform nachahmende Exemplar, das den Drucken zu Grunde liegende angebliche Original. Dieses ist reich an Fehlern, schaltet im ersten Theile mehrere den Inhalt modificierende Sätze ein, kürzt dann aber im zweiten Theile, wahrscheinlich weil das Pergament nicht ausreichte, die Urkunde mehrfach ab Interpoliert sind vorzüglich zwei Stellen. 1) Munitionem videlicet Lingonicae civitatis — monasterium Besuense. Allerdings lässt sich von der Mehrzahl der hier genannten Besitzungen, wie von den Klöstern Bèze und S. Benigne, nachweisen dass sie bereits 814 der Kirche von Langres gehörten; aber dass die munitio civitatis Lingonicae und das castrum Divionense schon damals im Besitz der Bischöfe gewesen seien, muss in Zweifel gezogen werden. Das Gebiet der letzteren Burg wird nämlich im J. 869 (Urk. Karl d. K. in Bouquet 8, 618 n° 220) ausdrücklich noch von dem des Klosters in Dijon unterschieden, und was Langres anbetrifft, so wurde dessen Stadtmauer nebst den anstossenden Gründen den Bischöfen erst von Karl d. D. 887 (Bouquet 9, 346 n° 15) geschenkt. Wahrscheinlich sind wie an andern Orten so auch hier die Castelle erst während der Normanneneinfälle an die Bischöfe gekommen. Bezeugt wird dieser Besitz erst durch das Originaldiplom des K. Odo von 889 (ibid. 449 n° 11), welches überhaupt dem Inhalt und der Fassung nach der Urkunde Ludwigs nahe steht und zuerst die Besitzungen so wie die interpolierte Copie von L. 19 aufzählt. Eingeschaltet erscheint mir dann 2) pro amore omnipotentis — s. Mammetis conditum est. Diese Reliquie wird nämlich sonst erst im J. 885 in der Originalurkunde Karl d. D. für Langres (ibid. 344 n° 12) als dort befindlich erwähnt. Was auf der andern Seite das ältere Exemplar im zweiten Theile übergeht, lässt sich leicht erkennen: es gibt die Immunitätsformel die in der jüngeren Copie und im Diplom von 889 richtig lautet, unvollständig wieder, und es lässt den apennis aus, der sich, genau nach dem Schlusssatz von Rozière n° 416 stilisiert, an die Immunität anschliesst, so dass L. 19 in der Fassung die ich für die ursprüngliche halte, L. 82 sehr nahe steht.

L. 20. Von Diplomen für Paris ist nur dieses eine in ältester Form (s. UL. § 116 N. 2) auf uns gekommen. Seltsamer Weise blieb es sowol den Sammlern des Mittelalters als den späteren Herausgebern unbekannt, so dass es erst jüngst durch Tardif ediert worden ist. Von ihm existiert im Pariser Archiv auch noch eine Copie des 10. Jhdts., in dem überhaupt die älteren Urkunden für die Pariser Kirche vielfach abgeschrieben zu sein scheinen; denn etwa derselben Zeit gehören die älteste Einzelabschrift von L. 145 und das s. spur. K. enthaltende Schriftstück an, in denen beiden durch Verlängerung der Schrift in einzelnen Zeilen die Diplomform nachzuahmen versucht worden ist. So wie diese zwei Stücke also seit etwa 1000 vorliegen, sind sie nebst dem dritten L. 163 in die verschiedenen Copialbücher übergegangen, die in der Vorrede des Cart. de N. D. de Paris von Guérard beschrieben werden, und von denen hier das um 1250 angelegte parvum pastorale und das etwas jüngere magnum pastorale, beide im Pariser Archiv, in Betracht kommen. Für die Drucke von Baluze, Le Cointe, Dubois, Félibien und Guérard ist stets jenes benutzt worden, nur die falsche Urkunde Karls ist auch nach der beinahe gleichlautenden Abschrift im zweiten Chartular publiciert worden. Wie nun diese Fälschung spätestens im 19. Jhdt. angefertigt ist, so haben sich gleichfalls schon um diese Zeit in die Copien von L. 145 und 163 einige Fehler eingeschlichen. die jedoch der Glaubwürdigkeit dieser Urkunden im allgemeinen keinen Abbruch thun. Zu berücksichtigen sind endlich noch die Copien von a. spur. K. und L. 163 in der Pariser Archivabtheilung J. 152 Paris III, auf welche ich erst durch Layettes prolégomènes, index chronol. n° 3 und n° 7 aufmerksam gemacht worden bin.

L. 21. Die Urkunden für Mâcon liegen jetzt zumeist nur noch in zwei jüngeren Copialbüchern vor. Einerseits nämlich im Pariser codex Bouhier 44, der folgendermassen überschrieben ist: cartulare ecclesie cathedralis s. Vincentii Matisconensis qui liber incatenatus dicebatur, cuius autographum ab haereticis fuit discerptum, descriptum ex antiquo codice manu J. Bouhier senatoris Divionensis 1721, und der zum Schluss die Bemerkung enthält dass der lib. incaten. etwa 1567 verbrannt ist. Also liegt zwischen diesem und der Bouhierschen Copie eine andere Handschrift (antiquus codex) in der Mitte. Andererseits findet sich in den Arch. du départ. de Saône-et-Loire eine Abschrift, welche 1750 angefertigt ist sur la coppie ancienne manuscritte du recueil des anciens tiltres et chartes de l'église cathédrale de Mâcon (s. Cartul. de S. Vincent, avertissement und p. 357). Diese beiden Copialbücher stimmen bis auf wenige Kleinigkeiten überein und müssen aus gemeinschaftlicher Quelle, entweder aus derselben Copie des lib. incatenatus oder doch mittelbar beide aus dem letzteren stammen. Den lib. incaten. selbst scheint nur Jean Fustailler um 1520 benutzt zu haben, dessen handschriftliche Arbeiten dann Paradin, S. Julien und Severt vorlagen (s. Guichenon hist. de Bresse 1, 40). Aber diesen Forschern des 16. und 17. Jhdts. und ebenso Guichenon stand offenbar noch eine andere Quelle zu Gebote. Guichenon citiert in der Bibl. Sebusiana ein chartul. s. Vinc. Matisconensis. Vor ihm erwähnt S. Julien den liber de antiquis titulis eccl. Mat., und am häufigsten citiert diesen J. Severt in der Chronol. hist. antistitum Lugdun. archiepiscopatus (zuerst 1607 in 4°; die zweite vermehrte Ausgabe 1628 in f° habe ich mir nicht verschaffen können). Und alle Angaben dieser Autoren zeigen dass sie sämmtlich von einem und demselben Chartular reden. Mit diesem stimmen aber, wie namentlich die mehrfachen Wiederholungen von Urkunden zeigen, auch die beiden jetzt bekannten Copialbücher überein, so dass das Verhältniss der Ueberlieferung klar zu Tage liegt: von lib. incaten. existirte eine alte Abschrift, die wahrscheinlich lib. de antiquis titulis benannt war und sich jedenfalls noch um die Mitte des vorigen Jahrhunderts im Cathedralarchive befand; diese wurde 1721 von Bouhier und dann wieder 1750 copiert. Wir besitzen jetzt also nur Abschriften zweiter Hand von dem lib. incatenatus, der etwa um 1200 angelegt die älteren Urkunden zum Theil auch schon fehlerhaft überliefert hat.

Dieses älteste Chartular nun enthielt von uns hier beschäftigenden Diplomen L. 21. 28. 80. 105, ferner die in Bouquet 9, 345 n° 13 veröffentlichte Urkunde. Diese, L. 28 u. 105 wurden zuerst aus dem jetzt nicht mehr bekannten lib. de antiquis titulis, dann L. 21 und 80 nach der Bouhier'schen Copie, endlich alle nach der Abschrift von 1750 abgedruckt. Die von Bouquet richtig Karl d. D. zugeschriebene Urkunde erwähne ich hier deshalb, weil sie zumeist (S. Julien 272 = Le Cointe 6, 803 ad 802. — Gallia christ. 4, instr. 263 n° 2. — Cartul. de S. Vincent 35, n° 68 c. a. 801 und 90 n° 120 a. 802—810. — Bréquigny ad 801 et 802) als Diplom Karls d. G. bezeichnet worden ist. — Ueber eine weitere Mâcon betreffende Urkunde s. L. 215.

L. 22. Die von Pertz im Archiv 7, 837 erwähnte Abschrift in der Moreauschen Sammlung in Paris habe ich noch nicht verglichen.

L. 23. Nachdem Lünig mehrere ältere Urkunden für Stablo veröffentlicht hatte, publicierte Martène eine zahlreiche Serie, und darunter L. 23. 24. 250, nach einem zu seiner Zeit noch in dem Kloster befindlichen Copialbuche. Dieses, das um 1240 geschrieben sein soll, kam in unserem Jahrhunderte in das Provinzialarchiv zu Düsseldorf, wird aber schon seit einer Reihe von Jahren vermisst (s. Pertz Archiv 4, 412; 11, 453). Zum Theil sind jedoch noch ältere Abschriften bekannt: so von L. 23 in einem chartul. Malmundariense saec. 11 im Brüsseler Archiv (Pertz l. c. 7, 841) und L 24 in einer Bamberger Handschrift saec. 10 (Pertz l. c. 11, 453 und UL. § 5 N. 4). — Von dem Verhältnisse von L. 24 zu der Formel Rozière n° 156 war schon in UL. § 44 die Rede. Hier bemerke ich nur noch dass die zur Formel verkürzte Urkunde auch in Lünig spic. eccl. 3, 181 n° 3 abgedruckt ist, leider ohne Angabe des Fundortes, den zu kennen für die Geschichte dieser Formel wichtig wäre. — Die in L. 24 erwähnten Diplome finden sich in Pardessus n° 313. 354.

L. 27. Die jetzt in den Arch. départ. du Gard in Nimes befindliche Abschrift (H. 174) stützt sich auf ein Vidimus vom J. 1334, entbehrt aber der

Schlussformeln, welche nur aus der von Baluze benutzten Handschrift (von ihm als MS. Colbert 3910 bezeichnet, wobei jedoch ein Fehler untergelaufen sein muss, da dieses MS., jetzt cod. Paris. lat. 3430, die Urkunde nicht enthält) bekannt sind. Im vorigen Jahrhundert besass nach Ménard hist. civile et littéraire de Nismes (Paris 1750 in 4°) 1, 115 das bischöfliche Archiv auch noch eine von Karl im 40. Regierungsjahr dem Bischof Christian ertheilte Urkunde, vermuthlich die in L. 27 bestätigte Immunität.

L. 28. Obwol es hier heisst immunitas avi nostri Pipini regis, so ist offenbar die von Pippin als Hausmaier ertheilte Urkunde (Pardessus n° 565; s. Beitr. zur Dipl. 3, 196) gemeint.

L. 32. Auch in diese Urkunde, wie in K. 160, haben die Copisten einen falschen Namen eingesetzt, und es muss in der im Original nicht mehr lesbaren Einleitung statt Hludovicus, wie Cart. blanc hat, Hildoinus gelesen werden. Schon im Inventar vom J. 1688 wird dies Stück als original fort mutilé verzeichnet und schon damals war man genöthigt die Datierungszeile aus dem Copialbuche zu ergänzen, in dem die Fassung etwas verändert worden zu sein scheint. Auch die Invocation lautet im Copialbuch incorrect, indem domini ausgelassen ist. Der Satz dagegen in dem vicecomes vorkommt, ist dem Original entnommen.

L. 33. Ich kenne die beiden Diplome für Marmoutier lès Tours L. 33 und 306 nur aus dem Abdruck in Bouquet und aus dem theilweisen Abdruck des letzteren in Labbe mélange curieux 457. Beide Herausgeber berufen sich auf ein Chartular des Klosters. Cod. lat. Paris. 5442 saec. 12 incip., an den man dabei zunächst denken könnte, enthält jedoch diese Urkunden nicht. Ob etwa der cod. Paris. 5441, d. h. die Sammlung der von dem sehr zuverlässigen R. Gaignières (stirbt 1715) abgeschriebenen Urkunden des Klosters, auch unsere Diplome in sich begreift, kann ich nicht angeben. Dagegen theilt mir Delisle mit, dass Abschriften beider Diplome in der unter dem Regest verzeichneten Handschrift stehen und ausserdem eine Copie von L. 33 in der Collection Moreau vol. 284.

L. 34. Wie Kopp über eine ganze Reihe von Urkunden des Niederaltaicher Klosterarchivs in nicht gerechtfertigter Weise (s. Beitr. zur Dipl. 2, 117) den Stab gebrochen hat, so hat er auch aus der äusseren Beschaffenheit des L. 34 enthaltenden Schriftstückes eine mindestens voreilige Folgerung gezogen. Mit vollem Rechte hat er demselben die Originalität abgesprochen; was uns vorliegt ist nur eine die Diplomform nachahmende Copie, deren Verfertiger soweit gegangen ist dass er selbst gewisse dem Durandus eigenthümliche Abkürzungszeichen nachzuzeichnen versucht und dass er auch ein Siegel (abgebildet in Mon. Boica 11, tab. 1 n° 2) für die Urkunde hat anfertigen lassen. Aber das allein berechtigt noch nicht das Diplom geradezu wie Kopp thut zu verwerfen, und über Echtheit oder Unechtheit desselben kann nur die Prüfung der inneren Merkmale entscheiden. Mit diesen steht es freilich gerade im vorliegenden Falle eigenthümlich. Das Protokoll nämlich passt nicht zu der Zeit auf welche die überlieferten Jahre hinweisen, wäre aber bis auf die ungewöhnliche Benennung des Ausstellungsortes correct, falls wir von den Zahlen der Copie als verderbt absehen und das Diplom in die erste Periode Ludwigs versetzen wollen. Und die Fassung entspricht zwar einer Formel des 9. Jhdts., jedoch nur einer der Formeln fraglicher Herkunft (s. UL. § 45; 59 N. 9; 112 N. 13), so dass auch die Stilisierung die Echtheit nicht zu verbürgen vermag. Auch ich habe also wegen des Widerspruchs zwischen dem Protokoll und der Datierung das Diplom als verdächtig bezeichnen müssen und mache nur unter diesem Vorbehalte einen Versuch die Datierung zu emendieren. Der Kanzlerunterschrift nach müsste L. 34 vor dem Herbst 819 ertheilt sein (UL. § 32), und da innerhalb der betreffenden Jahre Ludwig im December, den wir am füglichsten festhalten, der J. 814. 815. 818 in Aachen weilte, würde eines dieser Jahre anzunehmen sein, etwa 814 d. h. a. I (statt XXI), ind. VII (statt III).

L. 35. Nach Waitz V. G. 4, 244 soll sich eine ungedruckte Immunität Karls für das Kloster s. Mariae in Narbonne unter den Sammlungen der M. G. h. befinden; offenbar handelt es sich aber um die falsche Urkunde Karls für das Kloster s. Mariae ad Orabionem. — Ebenso beruht es auf einem Missverständniss, dass Troya storia d'Italia (Napoli 1839 in 8°) 4, parte 5, 45 n° 730 eine Urkunde Pippins für Narbonne vom J. 759 verzeichnet mit Hinweis auf die Confirmation Karl d. K. in Bouquet 8, 442 n° 21, indem hier unter Pippinus der König von Aquitanien zu verstehen ist.

L. 36. Gegen den Rechtsinhalt dieser Urkunde lässt sich nichts einwenden (s. Waitz V. G. 4, 192) und ebenso wenig gegen die Fassung des Contextes. Aber das Protokoll ist fehlerhaft: Invocation und kaiserliche Unterschrift lauten wie in Diplomen Lothars, die überlieferten Zahlen lassen sich nicht in Einklang bringen, und wollten wir wie der Herausgeber das Regierungsjahr als richtig beibehalten, so vertrüge sich damit die Kanzlerunterschrift nicht. Nehmen wir dazu noch dass für dieselben Brüder eine im Protokoll durchaus richtige, in der Fassung L. 36 wörtlich gleiche und nur auf andere Besitzungen lautende Urkunde Lothars (Bouquet 8, 365 n° 1) vom 18 Dec. 832 in demselben Chartular überliefert war, so drängt sich allerdings der Gedanke auf dass L. 36 mit Hülfe des Diploms Lothars gefälscht sei. Aber dies Verhältniss lässt auch noch die Erklärung zu, dass die Urkunde Lothars einer vorausgegangenen seines Vaters nachgebildet sei und dass der spätere Copist bei der Eintragung in das Chartular einzelne Formeln der Urkunde Lothars auf die andere übertragen habe. Eine positive Entscheidung lässt sich hier nicht treffen (UL. § 112). Angenommen aber dass ein Diplom Ludwigs ertheilt sei, lässt sich die in den überlieferten Daten liegende Schwierigkeit am ehesten beseitigen, wenn man a. imp. 20, welches vielleicht auch aus der Urkunde Lothars herübergenommen ist, aufgibt, sich nur an die Indiction hält und das ihr entsprechende Jahr 814 annimmt. Dazu passt die Kanzlerunterschrift, und um diese Zeit waren viele Bewohner Aquitaniens und der spanischen Mark nach der Pfalz in Aachen gekommen sich Gnaden zu erbitten. — Ob die concessio Karoli schriftlich ertheilt worden ist oder nicht, lässt sich gleichfalls nicht entscheiden.

L. 37. Pertz im Archiv 5, 322 bezeichnete das in Siena befindliche Schriftstück als der Schrift und der Form nach falsch. Ebenso schreibt mir Dr Wüstenfeld dass die gekünstelten Buchstaben deutlich die Nachbildung erkennen lassen.

Die Formfehler werden schon aus den Drucken ersichtlich. Aber abgesehen von diesen, der aller Wahrscheinlichkeit nach interpolierten Grensbeschreibung und der ebenso anstössigen Strafandrohung machen die übrigen Theile einen guten Eindruck und kann deshalb eine echte Vorlage angenommen werden. Anlass zu Interpolationen mochten die späteren Streitigkeiten mit Siena (s. Tommasi 1, 203) geben. Der Abt Apollinaris wird auch in einem Placitum von 833 in Muratori antiqu. 5, 923 als um 814 lebend angeführt. Das Kloster in Val d'Orcia gelegen wurde unter Pius II. dem Bisthum Montalcino incorporiert.

L. 38. Da später Helisachar als Abt von Jumiéges vorkommt, muss Adam in die ersten Jahre Ludwigs gesetzt werden: s. Gallia christ. 11, 954. — Die uns erhaltenen Urkunden des Klosters (Catal. des cartul. 39) reichen nicht bis in dies Jahrhundert zurück.

L. 39. Da die Urkunde ohne Eingangs- und Schlussformeln überliefert ist, habe ich sie nur deshalb gleich hier eingereiht, weil die gleiche Fassung schon in L. 44 begegnet. Ueber Betto lassen sich nur Vermuthungen aufstellen; s. Rozière l. c.

L. 40. Von Dandolo zu 815 gesetzt, von Leibniz zu 818, von Muratori zu 819 usw.: dies zeigt schon dass sich ein bestimmtes Jahr nicht feststellen lässt. Jedoch ist 821 der letzte Termin, da in diesem Jahre Fortunat (M. G. h. 1, 208) nach Constantinopel entwich. — Das indicatum legatorum steht in Ughelli 5, 1097 und ist am besten erläutert von Hauleville origine des communes lombardes 1, 468.

L. 43. Wahrscheinlich aus einem im 13. Jhdt. angelegten, jetzt nicht mehr nachweisbaren Chartular von S. Mesmin (verschiedene Auszüge aus demselben verzeichnet Delisle actes de Phil. Aug. 562) stammen der Abdruck von L. 43 und der ebenso dürftige als fehlerhafte Auszug von L. 167 in der Collection Moreau. Eine dritte Urkunde für dies Kloster L. 241 hat d'Achery aus einem gleichfalls verlornen chartul. s. Crucis Aurelianensis veröffentlicht. Von beiden Copialbüchern verschieden scheint der cod. chartac. Miciacensis gewesen zu sein, aus dem zuerst Le Cointe das unechte Diplom Ludwigs ediert hat. — Aus der Bestätigung durch Karl d. K. (Bouquet 8, 427 n° 2) ergibt sich deutlicher als aus L. 43, dass hier Zollbefreiung für drei Schiffe und zugleich für allen Landverkehr ertheilt wird.

L. 45. Zu L. 45. 58. 73. 281. 282 ist nachzutragen dass sie im cod. Paris. lat. 5214 saec. 17 stehen, d. h. in einer aus der Sammlung von Baluze stammenden Handschrift, die allein für die älteren Chartulare Ersatz bietet. — Fälschlich schreibt Bréquigny ad a. 790 Karl d. G. eine Urkunde (ordinationes a Carolo magno pro ecclesia Viennensi factae) zu mit Hinweis auf Le Lièvre hist. de l'antiquité et saincteté de la cité de Vienne (Vienne 1623 in 8°) 191. In diesem Buche wird allerdings erzählt, dass Karl die dortige Kirche restauriert und den Canonikern Statuten (u. a. de habitu, de dignitatibus, personatibus et officiis ecclesiae) ertheilt habe. Aber die angeblichen Statuten Karls, an die sich Canones des Mainzer Concils von 813 anschliessen, gehören einer weit späteren Zeit an und sind ganz formlose Aufzeichnungen.

L. 47. Goerz in Beyer 2, 585 bezeichnet die Urkunde als interpoliert, wahrscheinlich wegen der weiteren Ausführung der Immunitätsrechte. Siehe dagegen Beitr. zur Dipl. 3, 234; 5, 340. 375 wo ausführlich von dieser Immunität für Prüm und der zweiten L. 240 gehandelt ist.

L. 48. Unter den Fehlern der Drucke hebe ich besonders hervor: sub sua devotione, das in s. s. defensione zu verbessern (s. Beitr. zur Dipl. 5, 235 und UL. § 56).

L. 50. Der erste Band des Chartulars von Montiérender im Archiv zu Chaumont (Haute-Marne) mag bald nach 1200 geschrieben sein. Bréquigny sagt von ihm in einem Briefe: c'est un des plus beaux cartulaires que j'aie vus, und was Reichhaltigkeit und Schrift anbetrifft, unterschreibe ich das gern. Aber der Correctheit der Abschrift der älteren Urkunden lässt sich nicht gleiches Lob spenden: der Copist nimmt es weder mit der Orthographie der Namen noch mit einzelnen Worten und Ziffern genau. Benutzt wurde es zuerst von Duchesne, von Sainte-Marthe und Mabillon. — Das Copialbuch f° 20 enthält auch zwei epistolae Karoli die, ich glaube fälschlich, Karl d. G. zugeschrieben worden sind. Der eine Brief, gedruckt in D'Arbois de Jubainville hist. des ducs de Champagne (Paris 1859) 434 ex chartul. Derv. beginnt: K. divina favente clementia imperator augustus et triumphator perpetuus. Aledramo fideli nostro salutem. Diese Titulatur weist auf Karl den Dicken hin (Stumpf 1, 87). Auch kommt um diese Zeit ein Ministeriale oder Graf Aledramnus in der Champagne vor (Bouquet 8, 636 n° 241; 642 n° 247; 9, 414 n° 19), den D'Arbois selbst als ersten Graf von Troyes aufführt und an den offenbar dieses Mandat gerichtet ist. Der zweite Brief (wol noch ungedruckt, aber citiert von Barthélemy diocèse ancien de Chalons sur Marne (Paris 1861) 1, 367) hebt an: K. divina ordinante providentia imperator. Letrico et Ademaro fidelibus nostris salutem. Auch dieser Brief kommt dem Titel nach Karl d. D. zu.

L. 53. Ich bemerke ausdrücklich dass in dieser Urkunde nicht, wie Böhmer annahm, von Immunität die Rede ist, obschon Utrecht allerdings schon von den Vorgängern Pippins, dann von diesem und endlich auch wieder von Ludwig (act. dep. Traiect.) Immunitätsdiplome erhalten hat. Unsere Urkunde hat Inhalt und Fassung ziemlich gemein mit der Formel Rozière n° 155. Unter dem fiscalischen Gut das der Kirche einstmals geschenkt ist, befinden sich auch Fiscalleute qui in illa decima parte vel sub mundiburdo ecclesiae s. Martini consistunt. Nur in Bezug auf diese ist von tuitio die Rede, aber nicht von Schutz des Kaisers sondern von Schutz der sie besitzenden Kirche, und nur das wird hier gelegentlich der Bestätigung gesagt dass sie nicht dem Fiscus sondern ihrer Kirche Banngelder usw. entrichten sollen.

L. 54. Diese Urkunde ist von jeher sehr verschieden beurtheilt worden: schon Papebroch nannte sie interpoliert, Waitz (V. G. 3, 498 und 4, 163) bezweifelte ihre Echtheit, Roth dagegen (Feudalität 197) suchte des letzteren Ansicht zu widerlegen. Ueberliefert ist sie in einem Chartular (s. K. 23°) das uns weder Bürgschaft für die Echtheit gibt, noch auch die Möglichkeit starken Verderbnisses ausschliesst. Die Fehler an denen die Urkunde leidet, sind doch zahlreicher als Roth meinte. So sind schon im Protokoll der Eingangstitel, der

Titel in der Unterschriftszeile, ego in der Recognitionsformel und einige chronologische Merkmale in der Datierung falsch. Doch können alle diese Abweichungen und ebenso die eigenthümliche Fassung der Corroboration (UL. § 65 N. e) sehr wol auf Rechnung der Copisten gesetzt werden. Bedenklicher sind andere Stellen des Contextes. Es liegt auf der Hand dass im Eingang entweder nicht hierher gehörige Sätze eingeschaltet oder dass für das Verständniss nothwendige Worte ausgefallen sind. Besondere Schwierigkeiten macht der Passus: res quasdam Theodemarus proprietatis suae etc. Theodemarus heisst einer der früheren Aebte des Klosters (K. 23). Da aber später ausdrücklich gesagt wird dass die remuneratorische Precarie erst unter dem Abte Optarius ausgestellt worden ist, kann die Erwähnung des Theodemarus keinen anderen Sinn haben, als dass hier auf frühere in seine Zeit fallende Besitzveränderungen hingewiesen werden soll; welcher Art dieselben waren, lässt sich aber aus dem unvollständigen Satze nicht ersehen. Oder sollte etwa dieser Name ganz falsch sein und ursprünglich auch an dieser Stelle der des Hartmannus gestanden haben? Nun verdient dabei noch folgendes Beachtung. Die ganze Arenga ist gleich der in Rozière n° 300 oder gleich der in L. 114, d. h. sie begegnet sonst nur in Urkunden über commutatio cum rege facta. Dadurch wird der Gedanke nahe gelegt dass ursprünglich ein Diplom über solches Tauschgeschäft vorgelegen habe, dass dieses etwa bis zu den Worten aquarumve decursibus copiert und dass dann, ohne auch nur den folgenden Theil in der Construction richtig anzuschliessen, zu einem ganz anderen Gegenstande übergegangen sei. Ich möchte deshalb doch noch nicht den zweiten Theil als rein erfunden betrachten, sondern vielmehr eine Vermengung von zwei wirklich ertheilten Diplomen annehmen. Für sich betrachtet macht nämlich der zweite Theil (etwa von den Worten quicquid ab hac die Hartmannus) einen guten Eindruck. Die Fassung entspricht ganz dem Kanzleistil jener Zeit. Und was den Inhalt anbetrifft, so steht weder die Aufrechthaltung eines Precarievertrags durch den König vereinzelt da, noch die Bestimmung dass Versäumniss in der Zinszahlung nicht den Verlust des Precariengutes zur Folge haben soll (s. Roth Feud. 173. 199); nur die Wendung in diesem Theile: captato fidelium nostrorum consilio erregt Bedenken (UL. § 25) und möchte späterer Ueberarbeitung zuzuschreiben sein. Daher habe ich gerade den zweiten Theil von L. 53 in dem Regest verwerthen zu dürfen geglaubt, während ich den ersten als in der vorliegenden Gestalt unverständlich unberücksichtigt gelassen habe.

L. 56. Wenn Warnkönig et Gerard 2, 170 von noch im Archiv der Kathedrale S. Bavon in Gent befindlichem Originale reden, so verwechseln sie wahrscheinlich L. 56 mit L. 136. Schon im Beginne dieses Jhdts. versicherte nämlich Diericx (mémoires sur le droit publ. et polit. de la ville de Gand 1, préf. 16) dass die Diplome der nächsten Nachfolger Karls nur in vidimierten Copien erhalten seien. Auch hätte der ausführliche Bericht von S. Genois über die Archive der Provinz Ostflandern (Méssager des sciences hist. de Belgique a. 1841, 184) und speciell über das Archiv dieses Klosters gewiss ein noch vorhandenes Original erwähnt. — Ueber die falsche Invocation s. UL. § 112 N. 5.

L. 57. Von neun Diplomen Ludwigs für Kempten sind vier in Original erhalten. Alle neun und dazu zwei auf Karls Namen lautende Fälschungen finden sich in einem Copialbuche (jetzt im Reichsarchiv in München), das nach meiner Schätzung in der ersten Hälfte des 12. Jhdts. geschrieben ist und den Titel führt: conscriptio antiquiss. bullarum diplomatum et privilegiorum Campidonensium. Da dies Chartular, wenn man seine Abschriften mit den noch vorhandenen Originalen vergleicht, die Art des Mittelalters Urkunden zu copieren sehr gut veranschaulicht, lege ich das Ergebniss dieser Vergleichung hier des näheren dar. Der Sammler verstand die alte Schrift recht gut zu entziffern und war im allgemeinen darauf bedacht die Diplome buchstäblich genau wiederzugeben. Als Beispiel grösster Correctheit führe ich L. 57 an: abgesehen von einigen Stellen, an denen frühzeitig Rasuren und Correcturen vorgenommen waren, zeichnet sich diese Copie des Chartulars durch musterhafte Genauigkeit aus. Der Sammler legte auch Werth auf die Vollständigkeit in Bezug auf alle Schlussformeln und gab unter andern bei der kaiserlichen Unterschrift selbst Form und Stellung des Monogramms genau wieder. Letztres findet sich wol auch in anderen guten Chartularien, aber fast einzig steht das Kemptener darin da, dass der Copist auch einzelne äussere Merkmale der Originale in einer den Facsimiles nahe kommenden Weise nachzubilden versuchte, speciell Chrismon, Recognitionszeichen, tironische Noten in letzterem oder am Schlusse des Contextes. Allerdings ist die Treue dieser Nachbildungen eine verschiedene. Am besten gelungen sind die Chrismen, welche regelmässig die den einzelnen Recognoscenten eigenthümlichen Gestalten wieder erkennen lassen. Etwas anders steht es schon mit den Recognitionszeichen. Die einfacheren aus den Zeiten der Ottonen mit den gleichfalls einfachen von den damaligen Schreibern ersonnenen Noten weiss der Copist ziemlich gut nachzubilden. Aber von den complicierteren Zeichen der Notare Ludwigs vermag er nur die Hauptzüge wiederzugeben, jedoch genügt auch hier sein Bild den Kundigen das besondere Zeichen dieses oder jenes Schreibers wieder erkennen zu lassen. Am schlechtesten sind endlich die dem Copisten unverständlichen Noten ausgefallen, so dass namentlich die in ihnen enthaltenen Namen kaum noch mit Sicherheit zu entziffern sind. Zu diesen relativen Vorzügen des Kemptener Chartulars ist endlich noch hinzuzufügen dass die den einzelnen Urkunden vorgesetzte summa gewöhnlich aus denselben Worten besteht, welche den noch erhaltenen Originalen von alter Hand auf der Rückseite aufgeschrieben sind. Nun aber hat dieser so gewissenhafte Copist sich doch auch Veränderungen gestattet und zwar in solchen Fällen und Punkten, in denen er die Sache besser zu verstehen glaubte als die Schreiber der Originale. Nach den übrigen Proben seines Verständnisses der alten Schrift kann ich nicht bezweifeln dass er auch den Namen Hirminmaris in L. 313 richtig entziffert hat; aber offenbar hielt er Hirminhardus für die bessere Namensform und setzte sie also in seine Copien. Ferner scheint er sich aus den vielen ihm vorliegenden Königsurkunden als allgemeine Regel abstrahiert zu haben, dass sie mit einem Chrismon beginnen und auch ohne vorausgegangene Ankündigung mit königlicher Unterschrift und Monogramm versehen sein müssen. Und da ihm nun in dieser zweifachen Beziehung die Diplome Ludwigs fehlerhaft erschienen, trug er keinen Anstand dem vermeintlichen Mangel abzuhelfen. So versah er L. 279. 313. 320 mit einem in den Originalen fehlenden Chrismon am Eingang; so fügte er zu L. 313. 320 die in den Originalen fehlende Subscription hinzu. Es ist also ein gewisses System in der ganzen Art wie er genau abschreibt oder eventuell verändert. Und hat man dieses erkannt, so wird es leicht auch die Copien der Stücke die nicht mehr im Original erhalten sind, zu beurtheilen, die Zuthaten oder vermeintlichen Emendationen des Sammlers auszuscheiden und auf die ursprüngliche correcte Gestalt der betreffenden Diplome zurückzuschliessen. — Mit diesem Copialbuche hängt auch eine handschriftliche Arbeit des einstigen Stiftsbibliothekars F. L. B. von Khronegg (um 1754 unter dem Abt Engelbert) zusammen, welche vor kurzem im Münchner Reichsarchiv in der Abtheilung Kempten aufgefunden wurde und über die mir A. Schäffler ausführlich berichtet hat. Sie enthält gleichfalls sämmtliche Urkunden Ludwigs und zwar auch mit den Zeichnungen der Chrismen und Recognitionszeichen. Aber diese Zeichnungen sind nicht etwa, wie man in München vermuthete, nach den Originalen angefertigt, sondern nach dem zuvor beschriebenen Chartular, wie denn auch sämmtliche Lesarten der Khroneggschen Copien mit denen des Chartulars übereinstimmen. Somit haben diese Abschriften keinen selbständigen Werth für die Ueberlieferung.

Wie an andern Orten so ist es nun auch in Kempten geschehen, dass die falschen Urkunden mit ihrem jüngere Traditionen wiederspiegelnden Inhalte und mit ihrem den Zuständen späterer Jahrhunderte näher stehenden Rechtsinhalte am frühesten die Aufmerksamkeit der Historiker auf sich gezogen haben und publiciert worden sind. Dass die zwei Karl zugeschriebenen Urkunden falsch sind, haben zur Genüge Heumann 1, 146; Rettberg 2, 131 u. a. erwiesen. Die eine der Fälschungen hängt offenbar mit der für Ottenbeuern zusammen. Von beiden Kemptener Fälschungen liegen auch im Münchner Archiv alte Exemplare vor, die bald nach 1200 angefertigt worden zu sein scheinen, und die auch durch die äusseren Merkmale darauf hinweisen, dass Urkunden Karls des Dicken als Vorbilder gedient haben. Doch müssen die Fälschungen schon früher entstanden sein, da sie bereits in das ältere Chartular Aufnahme gefunden haben.

Erst geraume Zeit nach Publication dieser unechten Stücke wurden die echten Diplome Ludwigs edirt, zuerst gelegentlich der bella diplomatica die vier jüngeren von Mabillon und Rassler. Sieben wurden dann von Neugart theils nach den Originalen theils nach dem Chartular herausgegeben, und endlich wurden sämmtliche neun echte Urkunden nochmals in fast ganz correcter Weise in den Mon. Boica edirt. Wesentliche Bemerkungen zu der letzteren Publication habe ich nur in Bezug auf L. 57 zu machen. Im Original (ganz ohne Grund bezeichnet Lang 1, 5 die Urkunde als verdächtig) ist am Namen des Abtes in früher Zeit radiert und corrigiert, so dass von ursprünglichen Buchstaben nur noch Theod..us zu erkennen. Aus den durch Correctur entstandenen Zügen kann nun am wenigsten Theodemirus (wie in M. Boic.) herausgelesen werden, sondern etwa Theotunus (so im Chartular), oder Theodunus. Letztre Namensform, die auch Lang gewählt hat, scheint die bessere zu sein. Zweitens ist an den Ziffern der Datierungszeile radiert. Jetzt sichtbar ist anno 1mo..... ind. III, unmittelbar vor letzterer Ziffer gleichfalls Spuren von Rasur; doch lässt sich mit Bestimmtheit sagen, dass hier nicht VII gestanden haben kann, sondern nur VIII. Da nun auch die erste Zahl 1mo nicht unberührt geblieben, also nicht zuverlässig ist, glaube ich sie durch II ersetzen zu dürfen, wozu dann ind. VIII stimmen würde.

L. 59. Die einzige mir bekannte und oben erwähnte Abschrift (s. Pertz Archiv 7, 837. 845) stammt aus der Sammlung von Peyresc, welche der Bischof d'Inguimbert der Bibliothek von Carpentras einverleibte. Sie ist aber kaum älter als der Druck von Columbi, welcher alle zu seiner Zeit noch vorhandenen Urkunden des Bisthums und darunter auch noch Originale benutzen konnte.

L. 60. Ueber die Collection Fonteneau s. K. 169*. Ebenfalls jüngere Copien von D. Col enthält der cod. Paris. lat. 9196.

L. 63. Ich nehme an der Ueberlieferung dieses Fragmentes, welche Provana in den Mon. hist. patr. ausführlich darlegt, keinen Anstoss, da was uns durch das Excerpt des Abtes Meiranesio erhalten ist, den besten Eindruck macht. Der grössere Theil der Sätze scheint allerdings einem älteren Diplome, vielleicht der Confirmation Karls nachgeschrieben zu sein; die dazwischen eingeschobenen Sätze aber sind ganz im Stil der Urkunden Ludwigs gehalten.

L. 64. S. Beitr. zur Dipl. 4, 592. — Produciert wurde dies Privilegium in einer Verhandlung vom J. 821: s. placitum in Muratori script. 2b, 373.

L. 65. Von den Klöstern der so oft heimgesuchten Normandie sind ältere Originalurkunden nicht auf uns gekommen und so auch nicht von S. Wandrille, obgleich in dessen Chronik (append. II in Bouquet 9, 5) erzählt wird, dass trotz der Zerstörung der Abtei die alten Besitztitel gerettet und im 10. Jhdt. noch vorhanden gewesen seien. Später renovierte und confirmierte Philipp von Valois 1329 dem Kloster alte schadhafte Urkunden, unter ihnen auch ein Diplom vom J. 673 (s. Pardessus n° 370); aber es genügt dessen Formeln in Betracht zu ziehen um sich zu überzeugen, dass das damals zur Bestätigung vorgelegte Stück nicht Original gewesen ist. Und jedenfalls sind jetzt ältere Originaldiplome nicht mehr bekannt, sondern nur Abschriften in Chroniken und Copialbüchern. In letzteren sollen laut einem alten Archivverzeichnisse u. a. auch ein Diplom Karls und ein Diplom Ludwigs stehen. Aber in den jetzt in den Arch. départ. de Seine-Inférieure aufbewahrten Copialbüchern (Catal. des cartul. 40) findet sich keine Spur derselben, und so bezieht sich jener Hinweis wahrscheinlich auf einen Band des ältesten, nämlich im 13. Jhdt. angelegten Chartulars, das im Besitz der Comtesse de Cossette (Château de Roquefort bei Yvetot) ist und von mir nicht eingesehen werden konnte. — Ueber die Fassung von L. 65 und über die Erwähnung der Zölle s. Beitr. zur Dipl. 3, 252; 5, 355.

L. 66. Das in Paris befindliche Schriftstück ist nicht, wie Bernard annahm, Original sondern eine im 10. Jhdt. geschriebene Copie, deren Schriftzüge jedoch besser sind als sie von Le Moine suppl. tab. 41 nachgebildet worden sind. Es fallen damit alle von Bernard aus der vermeintlichen Originalität gezogenen Folgerungen in Bezug auf die Datierung dieser und der folgenden Diplome, und wie schon Delisle in der Bibl. de l'École 3e série, 5, 475 bemerkt hat, fragt es sich ob beide Urkunden ganz zu verwerfen oder ob nur ein Verderbniss der Daten anzunehmen ist. Ich entscheide mich für letzteres. Denn abgesehen von der Datierungszeile sind die Abweichungen vom Protokoll zu gering um bei einer Copie Anstoss zu erregen. Helisachar als Recognoscent erscheint im Nov. 815 noch ebenso zulässig als in den Diplomen vom Juni, und nur der ihm sonst nicht beigelegte Titel notarius ist zu beanstanden (UL. § 32). Die Darstellung der Verhältnisse des Klosters entspricht allen sonst auf uns gekommenen Nachrichten, wie sie Mabillon ann. 2, 334—336 zusammengestellt hat, und auch der bestätigenden Urkunde des K. Karl in Bouquet 8, 400 nᵒ 7. Nur das könnte auffallen dass Leidradus hier noch als Lugdunensis ecclesiae praesul bezeichnet wird, da er nach chron. Adonis in M. G. h. 2, 320 initio imperii Ludovici..... Suessionis monasterii locum petiit. Muss denn aber dies nothwendiger Weise auf 814 gedeutet werden und kann nicht auch an 815 gedacht werden? Gerade der Rücktritt Leidrads könnte ihm Anlass gegeben haben zur Sicherung seiner Stiftung die kaiserliche Urkunde nachzusuchen. Was endlich die überlieferten Daten selbst betrifft, so hat Bouquet bereits die Unverträglichkeit mit dem sonst verbürgten Itinerar hervorgehoben und das Stück der Indiction entsprechend zu 815 gesetzt. Das Incarnationsjahr verräth sich schon durch scilicet als späterer erläuternder Zusatz; ausserdem ist aber auch das Regierungsjahr vom Schreiber verderbt. Dass das zweite Diplom für Île Barbe in der Abschrift von c. 1500 und vollständig nach ihr von dem Propst der Abtei Le Laboureur ediert dieselbe Datierungszeile enthält, lässt auf gleichzeitige Umarbeitung der Daten in beiden Urkunden schliessen. Gegen die Fassung dieses Zollbriefes ist nichts einzuwenden und ist nur zu bemerken, dass die das Strandrecht betreffende Bestimmung (s. Waitz V. G. 4, 38) ganz vereinzelt dasteht.

L. 69. Schon Bouquet hob die Differenzen hervor zwischen der seinem Drucke zu Grunde gelegten Abschrift (A), welche ihm aus dem Archiv des Capitels von Alais (mit dem einst Kloster Psalmody vereinigt worden war) mitgetheilt war, und zwischen einer damals noch in Psalmody befindlichen und von D. Estiennot abgeschriebenen Copie (B), welche dann sowol für die Gall. christ. als für das Vaissetesche Werk benutzt wurde. In B ist nämlich der ganze disponierende Theil (Immunitätsformel und Bestimmungen über die Abtswahl) kürzer stilisiert als in A; ferner lauten in B die Corroboration und die Datierung anders, letztere lautet: in nonis dec.... ind. 8. Das alles sind aber nur Ueberlieferungsfehler, denn das früher in Alais befindliche Schriftstück war das Original, das jetzt nach Nimes in die Arch. dép. du Gard, Fonds de Psalmody gekommen ist, und war in der für Bouquet angefertigten Copie A ganz correct wiedergegeben.

L. 71. Wörtlich bestätigt von Pippin im J. 828, von Karl d. K. im J. 854, von Odo im J. 889: s. Bouquet 6, 667 nᵒ 8; 8, 534 nᵒ 125; 9, 443 nᵒ 4.

L. 72. Vier Diplome Ludwigs für Reichenau sind noch in Original vorhanden. Das erste seit längerer Zeit in das bischöfliche Archiv von Zabern gekommen, wurde bereits von den Elsässer Forschern des vorigen Jahrhunderts publiciert, die drei anderen erst in unserer Zeit. — In Pertz Archiv 11, 426 wird eine in den Uffenbachschen Handschriften der Bibliothek zu Hannover befindliche Urkunde Ludwigs für Abt Heito und das Kloster Leozesavia in pago Undresinse verzeichnet: es ist das nichts anderes als eine schlechte Copie von L. 72 mit dem falschen Datum 19 kal. iun. etc. — Die hier bestätigte Immunität Karls will Abel 1, 390 etwa in das J. 783 setzen; ich glaube aber nicht dass sich aus den vorliegenden Nachrichten die Zeit der Ertheilung bestimmen lässt.

L. 74. Die linke untere Ecke ist abgeschnitten, so dass vom Monatsnamen nur noch rias sichtbar ist, worüber eine Hand des 15. Jhdts. geschrieben hat: data kal. ianuarias.

L. 75. Da schon im J. 884 Bonmoutier von Karl d. D. mit Andlau, der Stiftung der Richardis, vereinigt wurde, kam die Urkunde in das Archiv dieses Klosters und wurde dort in ein etwa 1348 angelegtes Salbuch eingetragen. Aus diesem stammen beide Drucke, obschon Grandidier 2, 329 auch ein von ihm gesehenes Original erwähnt. Jetzt war weder ein Original noch jenes Chartular mehr aufzufinden, indem der Fonds Andlau in den Arch. départ. du Bas-Rhin (Tableau des arch. dép. 76; Spach lettres 410) nur bis zum J. 1137 zurückreicht. — Ueber die Lage von Bonmoutier s. Grandidier 2, 160.

L. 78. Das älteste Freisinger Chartular im Münchner Archiv ist gegen Ende des 12. Jhdts. angelegt, wie sich schon aus den Daten der jüngsten von der ersten Hand eingetragenen Urkunde ergibt. In der Regel fehlen in ihm die Kanzleruntersshriften. In den Texten begegnen manche Fehler und auch Lücken, und in L. 78 hat der Copist sogar die Namen des 810 gestorbenen Bischofs Atto und des Nachfolgers Hitto verwechselt (s. Meichelbeck 1, 106). Diese Urkunde deshalb zu beanstanden wäre nicht gerechtfertigt. Von ihrem Inhalte handelt Roth Feudalität 95.

L. 80. Nach Severt 178 wäre dies Diplom a. imp. 1 ausgestellt, was aber nicht zu Ind. 9 passen würde.

L. 81. Nach Quantin enthält das noch vorhandene Chartular nur L. 333, so dass wir für L. 81 auf den ältesten Druck oder auf jüngere Copien angewiesen sind.

L. 82. Nur aus Lobineau bekannt, da alle ältern Urkunden für S. Méen verloren gegangen sind. A. 3 in Bouquet ist nur Ergänzung, da sowol in dem von Lobineau benutzten als in einem jüngeren Vidimus die Zahl des Regierungsjahres fehlte. Es ist kein Grund vorhanden das Diplom, wie in der Gallia christ. bemerkt wird, zu beanstanden. Dass D. Morice hist. de Brétagne 1, 26 die verlorne Urkunde Karls zu 799 setzt, ist ganz willkürlich.

L. 83. Ich habe lange Zeit an der Originalität dieser Urkunde gezweifelt. Nach dem zuerst von Le Carpentier veröffentlichten, von Le Mire, Le Cointe und Bouquet wiederholten Fragment liess sich kein Urtheil fällen. Den Abdruck von Mutte konnte ich mir nicht verschaffen. Die Angaben aber dass das Original noch vorhanden sei, fand ich stets von Umständen begleitet die Verdacht erregen mussten. Der eine war dass das Diplom die so seltene Strafandrohung (Ul. § 66) enthalten sollte; der andere war dass alle aus dem angeblichen Original stammenden Abschriften an gewissen Fehlern litten. So steht in einer Copie der Collection Moreau in Paris: ego Durandus diaconus etc., was allein schon genügen würde ein älteres diese Worte aufweisendes Schriftstück für Copie zu erklären. In unserem Jahrhundert hatte dann zuerst Le Glay wieder vom Original gesprochen. In seiner Ausgabe der von ihm dem Baldericus von Noyon zugeschriebenen Chronik von Cambray, in welche unter andern auch L. 83 inseriert ist, druckte er auch diese Urkunde und zwar nicht nach dem Text der Chronik, sondern nach dem von ihm wieder aufgefundenen (s. Mélanges historiques 2, 105) und für Original gehaltenen Schriftstück ab: aber auch hier kehrte die unrichtige Unterschriftszeile wieder. In meinen Zweifeln bestärkte mich endlich das von Le Glay mitgetheilte Facsimile. Allerdings machten diese Schriftzüge den allerbesten Eindruck; aber es fehlte in dem Facsimile die meines Erachtens entscheidende Unterschrift des Durandus. Ferner fiel mir an dem gleichfalls abgebildeten Siegel die Grösse auf und in der Legende die mir noch nie vorgekommene Schreibung HLVDOVICVM. Auch Bethmanns Zeugniss (Pertz Archiv 8, 94) genügte mir nicht. Denn indem er in M. G. h. 7, 415 in den gest. pontif. Camerac. zu dem Text von L. 83, wie ihn die Chronik enthält, die Lesarten der charta originaria in tabulario Cameracensi mittheilte, verbesserte auch er die anstössigen Worte: ego D. d. nicht und bestärkte mich so in dem Glauben dass das betreffende Schriftstück zwar eine gleichzeitige und die Diplomschrift täuschend nachahmende Copie, aber nicht eine Originalausfertigung sei. Erst durch die Güte des jetzigen Archivars H. Desplanques in Lille habe ich mir Gewissheit verschaffen können: das mir von ihm zugesandte Facsimile der Subscriptionszeile nebst Zeichen und tironischen Noten behebt jeden Zweifel und belehrt mich, dass auch die neueren Forscher noch immer das Chrismon verkannt haben. Die Originalität des Diploms steht jetzt für mich fest. Fraglich bleibt nur wie die Legende des Siegels ursprünglich gelautet hat, indem der Rand stellenweise verletzt ist und sich nicht mit aller Sicherheit sagen lässt, ob im Namen Ludwigs V oder W steht und ob die Endung des letzten Wortes E mit Abkürzungsstrich oder ausgeschrieben EM ist.

L. 86. Nichts als eine Erweiterung dieser Urkunde, bei der dann der Abtsname und die Indiction geändert worden sind, ist das gewöhnlich zu 815 gesetzte, von mir unter den s. spur. verzeichnete Stück. Welche Bedenken es erregt, hatte schon Muratori gesagt. Zweck dieser Art von Fälschung war, noch für andere als in L. 86 genannte Schenkungen eine Confirmation aufzuweisen; dabei wurde aber L. 86 so mechanisch copiert dass auch die nun nicht mehr passenden Worte: has quinque donationes etc. mit aufgenommen wurden.

L. 87. In den Ausgaben: anno Chr. propitio imp. d. Hl. piissimi augusti III, indictione IX. Ich selbst hatte mir vermerkt dass die Ziffer für die Regierungsjahre im Originale ganz fehlt. Auf neue Anfrage von meiner Seite berichtet mir aber Tardif dass, soviel er von den sehr verblassten Zügen noch erkennen könne, der untere Theil des Chrismons der Recognition in die Datierungszeile hinabreiche und zwar rechts von augusti zu stehen komme, dass sich an den Chrismonzug ein Punkt und dann zwei perpendiculare Striche (der zweite etwas länger als der erste) anschliessen und dass dann endlich indictione VIIII folge. Danach ist Tardif jetzt geneigt zu lesen: anno C. p. i. d. Hl. p. augusti II indictione IX. Ist dies ganz richtig, so ist das Regierungsjahr falsch angegeben, da bei der Zusammengehörigkeit von L. 87 und 88 die Ansetzung zu 816 nicht zweifelhaft sein kann. Aber es ist doch noch ein zweites denkbar. Die betreffende Zahl stände jedenfalls nicht da wo sie nach sonstigem Brauch zu erwarten wäre, nämlich nach anno oder nach propitio. Und so sind die Striche nach dem Chrismonzuge vielleicht noch zu diesem gehörig, und ist, wie ich dies früher angenommen habe (UL. § 87 N. 1), doch wol die Zahl der Regierungsjahre zu setzen vergessen worden.

L. 91. Der untere linke Theil des Originals ist abgeschnitten, so dass der Anfang der Datierungszeile fehlt. Die Copialbücher, aus denen die Drucke stammen, geben hier an: XI kal. sept.; die sonst sehr genaue Copie des 9. Jhdts. dagegen: XIIII. kal. sept. ... ind. VIII. Ist nun auch die letztere Ziffer falsch, so halte ich doch die erstere für richtig, da der Schreibfehler XIIII statt XI sich nicht leicht erklärt, während es wol denkbar ist dass die späteren Copisten deshalb XI statt XIV gesetzt haben, weil sie jenes in L. 92 fanden. Ueber L. 92 s. Beitr. zur Dipl. 5, 376.

L. 93. Meichelbeck l. c. 152 n° 284 theilt eine dieselben Objecte betreffende Tauschurkunde zwischen Bischof Atto und Rifwinus von dem J. 811 mit, in der ausdrücklich gesagt wird dass die kaiserliche Bestätigung für den Tausch eingeholt werden soll. Dennoch fragt es sich, ob es diese Urkunde ist welche durch L. 93 confirmiert wird. Atto starb nämlich noch im J. 811, und 816, wohin wir unser Diplom nach der Indiction zu setzen haben, war Hitto Bischof von Freisingen. Nun ist zwar nicht daran Anstoss zu nehmen dass eine Bestätigung erst nach Jahren und von dem Nachfolger dessen der getauscht hat, nachgesucht wird. Auch für einen zwischen dem Freisinger Bischof Anno und dem Grafen Ernpert abgeschlossenen Tausch (Meichelbeck n° 730) wurde erst unter dem folgenden Bischofe Arnold die Zustimmung des Königs erwirkt. Aber selbst wenn es sich auch mit unserer Urkunde so verhält, so muss auffallen dass Atto in ihr nicht als quondam episcopus bezeichnet wird, dass seines jetzigen Nachfolgers gar nicht gedacht wird, und dass Ludwig per nostram licentiam sagt, wenn es sich um ein bereits unter seinem Vater abgeschlossenes Tauschgeschäft handelt. Wahrscheinlicher ist mir daher dass hier wie in L. 78 der Copist Atto statt des ursprünglichen Hitto geschrieben hat, dass da Atto bald nach Abschluss des durch die Urkunde von 811 bezeugten Tausches gestorben ist, Rifwinus und der Bischof Hitto den Tauschakt wiederholt haben und zwar erst nach Ludwigs Regierungsantritte neue commutationes pari tenore conscriptas ausgewechselt haben, und dass es diese neuen und uns nicht erhaltenen Urkunden sind welche durch L. 93 bestätigt werden.

L. 94. Ich reihe hier in die letzten Augusttage des J. 816 die Urkunden L. 94—98 ein, die bisher sowol von den Herausgebern als in den Regestenwerken verschieden datiert worden sind. Bisher ist nämlich noch nicht beachtet worden dass sie alle gemein haben a. imp. 3, ind. 10, d. h. nicht übereinstimmende Jahresangaben, welche wir auch noch in einer falschen Urkunde für Neustadt antreffen. Wahrscheinlich beruht doch diese Datierung auf einem damals in der Kanzlei gemachten und eine Zeit lang festgehaltenen Fehler (s. UL. § 87), und gehören eben um des gemeinsamen Fehlers willen die fünf Diplome in ein und dieselbe Zeit. Da fragt es sich dann ob wir 816 (= a. imp. 3) oder 817 (= ind. 10) den Vorzug geben sollen. Für jenes Jahr steht, abgesehen von L. 94—98, der Aufenthalt in Aachen fest am 22. und 23. August und wieder am 2. September (L. 92. 93. 99) und von einer Entfernung aus Aachen in der Zwischenzeit ist nichts bekannt, so dass sich auch L. 94—98 sehr wol hier einreihen lassen. Es steht minder günstig mit dem J. 817, in welchem wir den Kaiser am 24. Juli in Aachen, dann am 4. August in Ingelheim finden; von letzterem Ort zog er, wie Einhard berichtet, ehe er nach Aachen zurückkehrte, erst auf die Jagd in die Vogesen: er müsste also ziemlich schnell den Jagdausflug beendet haben, um bereits am 27. August wieder in Aachen haben urkunden zu können. Ist unter diesen Umständen für L. 94—98 das J. 816 vorzuziehen, so ist augenscheinlich damals die Indiction um 1 zu hoch angesetzt worden, ein Fehler der um so leichter begangen werden mochte, da die wirkliche Indictionsepoche von den kal. sept. bevorstand und da man diese leicht auf die letzten Augusttage als auf Tage ante kal. sept. (s. UL. § 73 N. 2) übertragen konnte.

L. 95. Aus der series episc. in M. G. h. 17, 87 und 117 ersehen wir nur dass als Bischöfe auf einander folgen Rachio, Udo, Erlehardus, Adallochus; die Todesjahre sind nicht angegeben. Von Udo wissen wir aus einem Necrologium (Böhmer fontes 3, Vorrede 15) dass er am 26. August starb, wozu Böhmer 815 hinzufügt. Sein Nachfolger hat jedenfalls nicht lange auf dem bischöflichen Stuhle gesessen. Und somit steht wenigstens nichts im Wege, auch L. 95 nach dem zu L. 94 bemerkten in das J. 816 zu setzen, während ausser den obengenannten Herausgebern auch Le Cointe 7, 481 und Spach lettres 206 das J. 817 angenommen haben. — Ueber sigilli in einigen der Drucke s. UL. § 65 N. 6.

L. 96. Die vorliegende Fassung enthält mehrere in der Kanzlei Ludwigs nicht übliche Wendungen, die man aber um so mehr späterer Ueberarbeitung zuschreiben darf, da das richtige Protokoll und die eigenthümliche Datierung (s. L. 94°) auf ein echtes Diplom schliessen lassen.

L. 100. Von der Ueberlieferung handelt K. 6°. Ueber die Zollbefreiung s. Beitr. zur Dipl. 5, 350.

L. 102. Ausser dem Original gibt es verschiedene mehr oder minder abweichende Abschriften: so nach Angabe von Milanesi eine des 12. Jhdts. im Florentiner Archiv, andere nach Gregorovius im cod. dipl. Amiatinus der Sessoriana zu Rom. Unter den Drucken, die alle aus Copien stammen, sind allenfalls die oben erwähnten brauchbar, während z. B. ein in Rom 1703 in der Streitschrift: sacra congregatione concilii... contra episc. Clusinum erschienener die grössten Abweichungen von dem Original aufweist. Einige Emendationen zu dem gedruckten Texte habe ich in Beitr. zur Dipl. 5, 338 N. 1 verzeichnet. Die Namen der Cellen scheinen vom Schreiber des Originals verunstaltet zu sein (UL. § 103), dagegen in der Dorsualaufschrift des Originals und zum Theil in den Copien richtiger angegeben zu sein, nämlich ecclesia s. Petri in Margarita, cellula s. Savini et sanctae Restitutae.

L. 105. Nach Gallia christ. 4, 1044 wäre diese Urkunde auch schon von Severt veröffentlicht; vielleicht in der mir nicht zugänglichen Ausgabe von 1628. Augenscheinlich ist sie schlecht überliefert: einige Worte sind ausgefallen, andere verlesen. Verständlicher wird der Text durch Vergleichung mit der Confirmation Karls in Bouquet 8, 571 n° 170. Dass die Urkunde in die ersten Jahre Ludwigs gehört, ergibt sich aus der Erwähnung des Erzbischofs Leidrad (s. L. 66°).

aber allerdings kann die Restitution erst einige Zeit nach der Berichterstattung erfolgt sein, und habe ich deshalb als approximatives Jahr 816 angenommen.

L. 106. Ich habe den Druck von Brugeles, der sich auf Abschrift in den Archives de Saramon beruft, wegen der Angabe des Monatstages vorgezogen. Nach Einhard in M. G. h. 1, 204 reiste nämlich Ludwig 20 Tage nach dem Unfalle, der ihn am 9. April betraf, nach Nimwegen ab; somit konnte er noch am 27. April in Aachen urkunden, aber nicht mehr am 5. Mai, wie das Datum bei Bouquet lautet. Bis auf das Datum lauten die Drucke fast gleich, und es handelt sich also nicht um zwei verschiedene Urkunden, wie sie Bréquigny verzeichnet. Ueber das von Bouquet citierte chronicon abb. ss. Petri et Pauli in pago Blisentino habe ich nirgends Aufschluss gefunden. Delisle vermuthet dass es sich um irgend eine Publication handelt, welche Estiennot auf seinen Reisen kennen gelernt und benutzt hat. — Vielfach ist auch eine Urkunde Pippins für Sorèze abgedruckt und verzeichnet worden: Baluze capit. 2, 1391 n° 13 ex arch. monasterii, ad 754 = Gall. christ. 13, instr. 263 n° 1. — Bréquigny ad 753. — Böhmer 8 ad 753. Schon Mabillon ann. 2, 439 und Le Cointe 7, 475 beanstandeten diese Urkunde, bemerkten aber nicht dass dies Diplom Pippin von Aquitanien zuzuschreiben ist, wie in Gallia christ. 13, 356 richtig angegeben ist.

L. 108. Während jetzt für diese und die folgende Urkunde nur noch verschiedene jüngere Copien auf der Pariser Bibliothek vorliegen, scheint L. 108 von dem sehr zuverlässigen Besly aus dem Original abgedruckt zu sein.

L. 111. Indem ich früher Böhmer folgend L. 111 als vor L. 97 geschrieben betrachtet hatte, hatte ich das Verhältniss beider Urkunden zu einander in Beitr. zur Dipl. 3, 252 falsch dargestellt; wie es aufzufassen ist, ist in UL. § 44 N. 4 gesagt.

L. 112. Mehrere dieser Stücke werden allerdings in einzelnen Handschriften durch die Ueberschriften bestimmten Jahren zugewiesen und sind danach von Baluze, dem zum Theil auch noch Stobbe Rechtsquellen 1, 229 beistimmt, datiert worden. Aber einerseits sind diese Angaben der Handschriften nicht genügend verbürgt, andererseits lassen sie sich nicht in Einklang bringen, während sich doch die Zusammengehörigkeit dieser Stücke aus dem Prolog ergibt: s. Pertz l. c. 197 und Boretius 143—146.

L. 114. Schannat berichtete und Dronke bestätigte im J. 1850, dass sich das sehr verstümmelte Original dieser Urkunde als Umschlag eines Buches erhalten habe. Bei meinem wiederholten Aufenthalte in Fulda war jedoch das betreffende Buch nicht zu finden und wurde erst im August 1866 von dem jetzigen Archivar H. Keitz unter allerlei Archivalien wieder entdeckt. Dem Regest ist also hinzuzufügen: autogr. mutilum in arch. Fuldensi. Keitz vermochte aber nur wenige Buchstaben mehr als Dronke zu entziffern. Noch am besten ist die Recognition erhalten mit den tironischen Noten: Durandus advicem Helisacaar recognovi et subscripsi. Von anderen auf die Corroboration folgenden Noten, wie sie mir in Zeichnung vorliegen, vermag ich nur ambasciaverunt zu entziffern. — Zu beachten ist dass hier die Mönche als Petenten erscheinen, offenbar weil der Abt Ratgarius bereits abgesetzt war, wie ja auch ann. Laur. min. und ann. Einhardi (M. G. h. 1, 123. 356) die Absetzung zum J. 817 berichten.

Die letzte Urkunde mit bestimmtem Datum, in der R. als Abt genannt wird, ist L. 84.

L. 118. Schon die ersten Worte f. Christi verrathen eine spätere Ueberarbeitung. Die richtige Einleitung ist uns in Rozière n° 35 erhalten, mit welcher Formel die Urkunde bis zu den Worten: secure ire et redire bis auf wenige in letzterer fehlende Ausdrücke übereinstimmt. Auffallender Weise hat der Copist auch den die Lage des Klosters näher bestimmenden Passus, wie er sich in der Immunität L. 119 und in der Formel findet, ausgelassen. Für entschieden späteren Zusatz halte ich den ganzen zweiten Theil: has itaque immunitates etc., nicht allein um der letzten Worte: sigilli nostri impressione sigillari willen, sondern weil die ganze Fassung nicht dem damaligen Kanzleistil entspricht. Und ist auch der Inhalt an sich unbedenklich, um so mehr da ja schon in K. 168 eine Confirmation der Gütertheilung gegeben war, so pflegen doch derartige Bestimmungen und vollends Immunitätsbestätigungen nicht so gelegentlich als Anhang eines Zollbriefes ausgesprochen zu werden. In der vorliegenden Gestalt macht die ganze Urkunde den Eindruck dass ein späterer Copist eine Confirmation für die gesammten Rechte des Klosters hat anfertigen wollen, dass er zu dem Behufe zuerst den Zollbrief mit einigen Abänderungen und Auslassungen abgeschrieben und dann in sehr freier Weise den Inhalt von anderen Urkunden des Klosters als zweiten Theil des Diploms mitgetheilt hat. — Die Zeitbestimmung für L. 118 und 119 ergibt sich daraus, dass beide noch auf Bitten des Theodulf ausgestellt sind, der sich an der 817 entdeckten Verschwörung des Bernhard betheiligt hatte, in Folge davon exiliert wurde (ann. Einh. und Thegan in M. G. h. 1, 204; 2, 596 usw.) und wahrscheinlich auch alle ihm übertragenen Klöster verlor (s. L. 123 für Fleury, wo bereits Adalgaudus als Nachfolger von Theodulf erscheint). Dass Le Cointe 7, 572 beide Urkunden zum zweiten Male abdruckt, hat Bréquigny irre geführt und veranlasst sie noch einmal zu 826 zu verzeichnen.

L. 123. Alte Abschriften oder Copialbücher von Fleury sind nicht mehr bekannt. Die Hauptsammlung in den Arch. dép. du Loiret (Catal. des cartul. 144) enthält die ältesten Diplome nicht. Doch sind letztere, nachdem J. a. Bosco Floriac. vet. biblioth. (Paris 1605) 1, 252 auf sie aufmerksam gemacht hatte, vielfach von Sammlern des 17. Jhdts. abgeschrieben und so edirt worden. Wie der Text von L. 123 zu ergänzen ist, sage ich in UL. § 67. — Auch das Cartul. de Perrecy, aus dem L. 124 veröffentlicht wurde, ist nicht mehr vorhanden, sondern nur eine jüngere Abschrift desselben auf der Pariser Bibliothek (s. L. 379*).

L. 126. Für S. Antonin en Rovergne verzeichne ich ein act. deperd. Pippini nach einer von Vaissete aus dem Trésor des chartes du roi, Toulouse sac 4 n° 9 mitgetheilten notitia, die in keinem Falle als königliches Diplom gelten kann, deren Inhalt aber insofern als glaubwürdig erscheint, als das Datum der hier berichteten Schenkung vollständig zu den Angaben der ann. s. Amandi, Petav., Lauresham. passt. — Von einer zweiten Schenkung Pippins die abbatia s. Audardi betreffend, welche dann auch Karl und Ludwig bestätigt haben sollen, berichtet eine alte Aufzeichnung die Baluze capit. 2, 1434 n° 51 aus dem Klosterarchiv mitgetheilt hat. In ihrem ersten Theile ganz formlos enthält sie zum Schluss den Wortlaut von L. 126, der allerdings sehr verderbt ist, aber doch auf einer echten Urkunde beruhen mag. Dieselbe muss jedenfalls wegen der Erwähnung der Irmingard vor den October 818 gesetzt werden und kann mit einiger Wahrscheinlichkeit nach der in einer falschen Urkunde Ludwigs für dasselbe Kloster erhaltenen Zeitangabe datiert werden. Dies letztere Stück enthält nämlich neben einigen Fehlern im Formular und neben einer geradezu unmöglichen Fassung doch auch einige mehr oder minder correcte Formeln: aus der verderbten Kanzleruntaterschrift erkennt man noch die diesem Jahre entsprechende heraus und in allem richtig lautet die Datierungszeile. Daraus glaube ich folgern zu können dass das Kloster wirklich ein Diplom von Ludwig empfangen hat, dessen Formular sich in der Fälschung, dessen Inhalt wenn auch stilistisch verderbt sich in L. 126 erhalten zu haben scheint: ich ergänze daher was dem einen Stücke fehlt aus dem anderen. — Schliesslich bemerke ich noch dass der Pariser Urkundenfascikel Section hist. série I, 308, Toulouse IV, in dem sich die von Teulet in den Layettes veröffentlichte Copie jener Fälschung befindet, wol derselbe ist dem Vaissete die notitia Pippini entnommen hat.

L. 127. Nach der vita s. Winwaloei hat L. dieses Mandat erlassen, dum in eadem Britannia castra fixerat super fluvium Eligium (Ellé) iuxta silvam quae dicitur Brisiaci (Brisiac); dieser Feldzug aber fällt nach ann. Einh. und nach Ermoldus (M. G. h. 1, 205; 2, 494) in den September 818.

L. 128. Stobbe 1, 49 will das Stück nur als Entwurf eines Reichsgesetzes gelten lassen, welches damals noch der kaiserlichen Bestätigung entbehrte und sie erst später erhielt. — Boretius bestreitet die Richtigkeit der Ueberschrift, die sich aus der Beschaffenheit der einzigen Handschrift erkläre.

L. 129. Vgl. Stobbe 1, 49 N. 81.

L. 130. Das Monatsdatum entnehme ich Pertz Archiv 7, 20. In den beiden Jahren 819 und 820, je nachdem man a. 5, ind. 12 oder a. 6, ind. 13 annimmt, verweilt der Kaiser im Januar in Aachen. Das erstere Jahr verdient nur insofern den Vorzug, als nach der allerdings nicht zuverlässigen Abtsreihe (Ughelli 6, 378) Abt Josue schon 818 gestorben sein soll. — Der erste Theil der Urkunde steht in der Fassung L. 86 sehr nahe, der zweite Theil aber erregt Verdacht durch sonst in dieser Zeit noch nicht vorkommende Bestimmungen, durch die Beziehung auf das edictum Aistulfi (s. Brunner Inquisitionsbeweis 48) und durch die Strafandrohung: vielleicht ist es von dem Copisten hinzugefügt und zwar aus der Urkunde Ludwigs II. von 866 in Muratori script. 1^b, 395 herübergenommen.

L. 132. Magalone bis zum 16. Jahrhundert Sitz des dann nach Montpellier verlegten Bisthums bildet heutigen Tages, obgleich sich die im 12. Jhdt. erbaute Kirche gut erhalten hat, nicht einmal mehr eine eigene Commune, sondern gehört zu Villeneuve (Arr. de Montpellier, Cant. de Frontignac). Von alten Urkunden kennen wir nur eine aus Gariel und Vaissete und das Fragment einer zweiten undatierten aus ersterem. Worauf sich die Angabe der Gallia christ.

6, 732 über Privilegien Ludwigs für den Bischof Ricuinus stützt, habe ich nicht finden können.

L. 134. Wiederholt von den Normannen heimgesucht bauten sich die Mönche von Hermontier (oder Noirmoustier, Nermoutier; conf. Piet recherches topogr. statist. et histor. sur l'île de Noirmoutier, Nantes 1864) ein neues Kloster in Dée (oder S. Philibert de Grandlieu) im Poitou, verliessen das alte Kloster auf immer im J. 830 und übertrugen 836 auch die Gebeine ihres Schutzheiligen nach der neuen Wohnstätte (chron. Aquit. in M. G. h. 2, 253). Aber auch hier fanden sie keine Ruhe, bis sie endlich 875 im Kloster S. Valerien de Tournus Aufnahme fanden, das dann auch später unter anderen nach dem h. Philibert benannt wurde. So sind denn auch die Urkunden für Hermoutier und Dée nach Tournus gekommen. Der Fonds de l'abb. de Tournus in den Arch. départ. de Saone et Loire reicht nun nach dem Tableau des arch. dép. 157 bis ins J. 819 zurück, enthält also möglicher Weise als älteste Urkunde eben L. 134; aber ich habe mir keine Gewissheit darüber verschaffen können. Das aber steht fest dass bis ins 17. Jhdt. die Diplome für Dée sich im Archiv von Tournus und zumeist noch in Original erhalten hatten und dort von Chifflet copiert wurden. Einerseits liegen seine Abschriften in seinem jetzt in Middlehill befindlichen Nachlasse vor (Archives des missions 1, 569), andererseits sind L. 134 und 378 von ihm in der Geschichte von Tournus publiciert. Woher die von Bouquet für L. 270 benutzte Copie stammt, ist mir nicht bekannt. — Die von Chifflet 190 fälschlich Karl d. G. zugeschriebene Urkunde hat bereits Bouquet richtig zum J. 876 gesetzt.

L. 135. Der Angabe dass der letztgenannte Druck aus dem Originale stamme, kann ich nicht Glauben schenken. Unverständlich ist der Passus: a quo quidem tenore et Selvaniacum et omnia etc.; soll es etwa heissen: eo quidem tenore ut sanctum locum et omnia etc.? — In der commutatio a. 823 bei Baluze capit. 2, 1423 n° 40 wird eine iussio imperatoris erwähnt, worunter aber nicht nothwendiger Weise ein schriftlicher Befehl verstanden werden muss. Desgleichen lässt sich aus dem was Ermoldus Nig. (M. G. h. 2, 470) von der Stiftung des Klosters erzählt, noch nicht die Ertheilung einer Dotationsurkunde entnehmen: weder die eine noch die andere Notiz gibt also Anlass ein act. deperditum zu verzeichnen.

L. 136. Ueber das Archiv s. Messager des sciences hist. de Belgique 1841, 167 und van Lokeren hist. de l'abb. de S. Bavon (Gand 1855 in 4°) 2° partie, 1. — Abschrift und Facsimile verdanke ich der Güte des Baron de St. Génois und meines Freundes Prof. Wagener. Von ihnen erfahre ich zugleich dass der Archivar Serrure schon 1836 ein Cartulaire de S. Bavon zu drucken begonnen hat und dass 272 Seiten mit 288 Urkunden von 655 — 1253 bereits gedruckt sind; die Veröffentlichung dieser Bogen wäre doch sehr zu wünschen, selbst wenn die Arbeit nicht vollendet werden könnte.

L. 140. Aus dem Klosterarchiv des sächsischen Corvey sind acht echte Diplome Ludwigs für das Stift selbst und ausserdem die frühzeitig in dasselbe übergegangenen K. 247, L. 140. 143. 375 bekannt geworden. In unserem Jahrhundert mit L. 178 für Paderborn und L. 360 für Herford in dem Provinzialarchiv zu Münster vereinigt, werden diese Urkunden noch jetzt daselbst aufbewahrt, mit Ausnahme der später in das Berliner Staatsarchiv übergegangenen Originale von K. 247 und L. 178. Von Originalen sind in Münster verblieben L. 202. 314. 315. 317. 319. 375. Aeltere Einzelabschriften existieren dort von L. 143 und 297. Dagegen heutigen Tages nur aus Chartularen bekannt sind L. 140. 201. 242. 326. Und zwar finden sich die drei letztgenannten schon in einem Copialbuch des 10. Jhdts., das lange Zeit verschollen erst in jüngster Zeit wieder zum Vorschein gekommen ist. Andere Chartulare des 15. und 17. Jhdts., die Erhard beschreibt, wiederholen so ziemlich alle obigen Urkunden und enthalten überdies L. 140 und ein a. spurium. Eine zweite Fälschung ist nur aus dem Werke des Fälschers, nämlich Falkes bekannt. — In grösserer Anzahl veröffentlichten zuerst Fürstenberg und Schaten Corveyer Urkunden und zwar im allgemeinen gut. Schaten behauptete dabei unter andern auch L. 201. 242. 326 noch nach den Originalen abzudrucken. Andere Diplome sind zuerst nach jüngeren Copien publiciert worden, so dass Erhard und endlich Wilmans auf die je ältere Ueberlieferung zurückgehend zahlreiche Verbesserungen zu den alten Drucken beibringen konnten, die soweit sie von Bedeutung bei den einzelnen Stücken anzuführen sind. — Die neueste musterhafte Ausgabe der Kaiserurkunden der Provinz Westphalen oder vielmehr die nach allen Seiten erschöpfende und gründliche Bearbeitung derselben von Wilmans konnte ich allerdings für die Regesten und für die Urkundenlehre noch nicht benutzen. Ich wusste nur aus brieflichen Mittheilungen, welche Diplome Wilmans für den Druck bereit hielt und welche Nummern er ihnen geben wollte, und citierte danach die neuen Drucke (zu verbessern ist dass L. 242 = W. 1, 25 n° 9 und L. 317 = W. 1, 28 n° 10 ist). Das Urkundenbuch selbst geht mir erst in dem Augenblicke zu, da ich diese Anmerkung drucken lassen will. So kann ich wenigstens in den Anmerkungen noch einige Nachträge und Verbesserungen aus demselben mittheilen und kann hier einen L. 201. 242. 326 betreffenden Fehler berichtigen. Mich auf Schatens Angabe verlassend dass er diese Urkunden nach den Originalen ediere, stellte ich seine Drucke in erste Linie. Da aber, wie Wilmans versichert, Schaten auch nur das älteste Chartular benutzt und nicht einmal in allen Einzelheiten correct abgedruckt hat, werden füglich auch bei diesen Urkunden die Texte von Wilmans vorzuziehen sein. — Das in den Abschriften von L. 140 fehlende Monatsdatum lässt sich nur nach dem Itinerar ergänzen.

L. 141. Durch das erst von den Copisten beigesetzte und entschieden auf falscher Berechnung der Regierungsjahre beruhende Incarnationsjahr haben sich die Herausgeber verleiten lassen die Urkunde zu 820 anzusetzen, während 819 der Indiction entspricht und das Diplom so datiert besser in das Itinerar passt.

L. 143. Obgleich Falke die Buchstaben elegantissimae et plane singulares nannte, hielt er das Stück dennoch für Original. Einer Schriftprobe nach hatte ich das Stück dem 10. bis 12. Jhdt. zugeschrieben, während Wilmans es noch ins 9. versetzen will. Wie die den Monatstag bezeichnende Ziffer falsch ist, so hat sich auch in die das Jahr bezeichnenden ein Fehler eingeschlichen.

Die älteren Herausgeber wollten deshalb die überlieferte Indiction der Zahl der Regierungsjahre gemäss emendiren. Dem steht aber die Recognition im Wege, und ist daher die 12. Indiction festzuhalten. — Indem Visbeck schon 855 mit Corvey vereinigt wurde (Wilmans 1, 138 n° 30), kam auch diese Urkunde in das Corveyer Archiv.

L. 144. Da uns Mabillon den Ausstellungsort und das Monatsdatum überliefert hat, und da feststeht dass sich der Kaiser am 1. Oct. 818 in Angers aufhielt, ist diese Urkunde zu 819 zu setzen, woraus wieder folgt dass für die Indiction die Neujahrsepoche angenommen ist (UL. § 87). Ueber die stipulierte Geldstrafe s. UL. § 66 N. 5.

L. 145. Wie schon wiederholt bemerkt ist, machen die chronologischen Merkmale dieser Urkunde, nach denen L. am 19. Oct. 820 in Aachen gewesen wäre, Schwierigkeiten. Le Cointe wollte deshalb a. imp. 8 lesen statt a. imp. 7, wie sowol in der ältesten Copie als im Chartular steht; aber auch die Annahme eines Aufenthalts in Aachen am betreffenden Tage des J. 821 verträgt sich nicht mit unseren sonstigen Nachrichten. Da jedoch das Diplom nur in mehrfach fehlerhaften Copien vorliegt, ist eine Emendation der Datierungszeile allerdings gerechtfertigt. Halten wir zunächst dies Stück mit L. 163 zusammen, so liegt auf der Hand dass das letztere inhaltlich das erstere ergänzt: zuerst ist unter anderem Bestätigung ertheilt für res quae per strumenta cartarum eidem praefatae traditae fuerunt ecclesiae, dann folgt ein apennis, d. h. Confirmation solcher Besitzungen für welche die Rechtstitel verloren gegangen sind. Aus diesem Grunde werden wir L. 145 jedenfalls vor L. 163 vom 29. Oct. 820 stellen. Beide als fast gleichzeitig anzunehmen wäre jedoch nur dann möglich, wenn man den Ausstellungsort von L. 145 geradezu für falsch erklären wollte. Dem ziehe ich als geringere Emendation vor die Jahresziffer in a. imp. 6 abzuändern: Aachen, 19. Oct. 819 passt in das Itinerar und verträgt sich mit der Kanzlerunterschrift. Und diese Emendation scheint um so zulässiger, da die Datierungszeilen von L. 145 und 163 offenbar in gleicher Weise von irgend einem Copisten verändert sind (publiciter, Auslassung der Indiction), wobei auch leicht die Jahreszahl von L. 163 in L. 145 übergegangen sein kann. — Dass die ganze Fassung des Diploms eine ungewöhnliche ist, muss zugegeben werden, aber es enthält doch keine Bestimmung die sich nicht anderweitig nachweisen liesse, und ist deshalb nicht zu beanstanden.

L. 147. Im Chartular ist die Indiction unrichtig angegeben und ind. 12 in den Ausgaben ist nur Correctur; mit gleichem Rechte lässt sich also die überlieferte Zahl auch in ind. 13 verbessern. Die Annahme des J. 819 ist durch die Kanzlerunterschrift (UL. § 32) geboten. Ergänzt wird L. 147 durch das einige Monate später ertheilte L. 153. Ueber den sachlichen und stilistischen Zusammenhang der Urkunden für Aniane s. UL. § 56.

L. 152. Was ich der Ueberarbeitung dieser Urkunde zuschreibe, ergibt sich aus K. 163*. Den grösseren Theil des Diploms hat sie unberührt gelassen. Die Bestimmungen über die Zahl der Mönche, über die Abtswahl usw. entsprechen den Verhältnissen und der Zeit, und soweit der Inhalt richtig erscheint, ist auch die Fassung dem damaligen Kanzleistil gemäss.

L. 154. Eine oft (s. z. B. Wailly 2, 47) Ludwig d. F. zugeschriebene Urkunde für S. Sisto di Piacenza in Campi 1, 458 gehört dessen gleichnamigem Enkel an; vgl. UL. § 65 N. 1.

L. 156. Die besondere Fassung erklärt sich daraus dass der grössere Theil des Diploms der vorgelegten Vertragsurkunde nachgeschrieben ist (UL. § 47).

L. 157. S. Beitr. zur Dipl. 1, 371; 4, 592; UL. § 56. — Hier ist die in den Nachträgen verzeichnete Urkunde L. 157bis einzuschalten.

L. 158. Nach Angabe des H. Archivars Alart finden sich gar keine ältere Urkunden mehr in den Arch. départ. des Pyrenées-Orientales. Eine charta pagensis von 801 für das Kloster Arles hat sich allerdings in Pariser Abschriften (Mélanges histor. 3, 405) erhalten, für die Diplome sind wir aber einzig und allein auf die Drucke in Marca angewiesen. L. 158 nun ist, wie auch Bouquet annimmt, einem Copialbuche entlehnt, und deshalb ist an dem geringfügigen Fehler in der Invocation kein Anstoss zu nehmen. Was die von den Immunitätsformeln abweichende Fassung anbetrifft, so habe ich in Beitr. zur Dipl. 3, 237. 248; 5, 339 durch Vergleichung mit der Urkunde Karls d. K. in Bouquet 8, 458 n° 37 nachgewiesen, dass es sich um die gewöhnliche Immunität handelt. Eine Berufung auf L. 158 findet sich in der notitia revestitoria a. 832 in Marca 769 n° 5.

L. 161. Nicht allein die Kanzlerunterschrift (UL. § 33) sondern auch der Inhalt nöthigt zu der Annahme dass die chronologischen Merkmale im Chartular unrichtig überliefert sind. Nach den hier verzeichneten Diplomen, unter denen besonders die Pancarte L. 355 in Betracht kommt, und nach allen anderen von Vaissete veröffentlichten Urkunden hat Aniane damals nur eine Martinscelle, nämlich die zu Arles besessen. Diese wurde dem Kloster aber erst im December 819 (L. 147 und 153) geschenkt. Folglich kann L. 161, das auf diese Schenkung Bezug nimmt, frühestens im October 820 ertheilt sein. Andererseits wird aber die Annahme eines späteren Jahres durch die Erwähnung des Abtes Benedictus ausgeschlossen, da dieser (s. vita s. Benedicti in Bouquet 6, 275) im Februar 821 gestorben ist. Und diese Ansetzung der in Compiègne ausgestellten Urkunde zum 15. October 820 verträgt sich nun auch mit dem Itinerar, wie wir es aus den übrigen Diplomen dieser Zeit (L. 160. 162. 163) und zwar, da die Annalen keine näheren Angaben enthalten, nur aus diesen Diplomen kennen lernen. Zu erwarten wäre also die Datierung: a. 7 und, da Durandus recognosciert, ind. 14; aus der ersten Ziffer konnte aber leicht durch Lesefehler 3 entstehen und vielleicht ist diesem falschen Regierungsjahr entsprechend dann auch die Indiction geändert worden.

L. 166. In Anbetracht der Seltenheit des Buches auf das ich hier verweise, will ich mittheilen in welcher Verbindung Chifflet dies Stück fand und veröffentlichte. In einem alten Codex der Kirche von Besançon stand ein libellus ecclesiae supplex Ludovico regi atque imperatori offerendus pro libertate obtinenda cuiusdam servi apud se enutriti ac per omnes ministerii sui gradus probati, also ein Stück etwa wie Rozière n° 70. Daran schlossen sich an formulae quibus manumissiones in libellis concipi iubebantur L. imperatoris mandato, aber kaum noch lesbar, so dass Chifflet nur den Eingang mittheilen konnte. Dieser geullgt schon um uns erkennen zu lassen, dass es sich um dieselbe Formel handelt die mit ganz unwesentlichen Modificationen in den verschiedensten Handschriften begegnet (Rozière n° 72. 74. 75. 76 — im Grunde nur eine Formel) und die sich zum Theil auch in Urkunden angewendet findet, wie in einer manumissio von 876 (?) aus S. Aignan d'Orleans in Mabillon annales 2, 742 n° 60. Auf die Formel folgte endlich in der Besançoner Handschrift obige Urkunde Ludwigs, zum Theil unleserlich und daher von Chifflet ergänzt. Nun ist dies Stück bis auf wenige Sätze, die ich sofort erwähnen werde, wörtlich der dem Salzburger Erzbischof zwei Jahre später ertheilten Urkunde L. 197 (vgl. UL. § 116) gleich: L. 166 lässt sich somit leicht emendieren und L. 197 lässt sich ergänzen, indem hier auch in dem noch erhaltenen Originalexemplar durch Versehen des Schreibers etwa eine Zeile von 11 für das Verständniss unentbehrlichen Worten ausgefallen ist. Derartige auctoritates müssen aber in grosser Anzahl ausgefertigt sein. In der Urkunde von S. Aignan heisst es: iuxta memorati piissimi augusti praeceptum; in der aus Sens stammenden Formel Rozière n° 71: tanta serenissimi Hludowici augusti auctoritate, quae Senonis in arcibo ecclesiae episcopii servatur, fultus. Und in allen Fällen scheint mit solcher Urkunde die Formel für diese Art Freilassung mitgetheilt zu sein. Das wirft nun ein weiteres Licht auf das Capitulare von 817 (L. 112; LL. 1, 207 § 6), in dem in Bezug auf solche Manumission bestimmt wird: ut archiepiscopi per singulas provincias constituti nostram auctoritatem, suffraganei vero illorum exemplar illius penes se habeant. Zur Ausführung dieser Bestimmung wurde doch, wie L. 166 und 197 zeigen, ausdrückliche Verleihung der auctoritas erforderlich und erfolgte dieselbe, wie die Daten zeigen, erst im Verlauf von Jahren, vielleicht immer erst wie in Besançon in Folge einer Bittschrift. Auch wird es fraglich, ob damals schon in allen Fällen das Recht auf die Suffraganbischöfe übertragen werden durfte. In L. 166 findet nämlich diese Uebertragung am Schlusse in ausdrücklichen Worten statt und wird auch schon zuvor an zwei Stellen erwähnt. Indem nun L. 197 ganz nach demselben Schema geschrieben ist, kann die Auslassung dieser drei Stellen keine zufällige sein, sondern muss dahin gedeutet werden dass in der Salzburger Diöcese dem Erzbischof allein dies Recht ertheilt werden sollte. Sonst weicht L. 197 in seinen Bestimmungen von dem um zwei Jahre älteren Stücke nur noch in einem Punkte ab; es enthält den Zusatz, zu dem wol in der Zwischenzeit gemachte Erfahrungen Anlass gegeben haben mochten: ut noverit se is qui libertate donatur in pristinam servitutis conditionem relapsurum, si sacri ordinis quem susceperit praevaricator fuerit comprobatus; auch dem libellus ingenuitatis soll diese Bestimmung einverleibt werden. In den Formeln für manumissiones ad gradus ecclesiasticos finde ich diesen hier vorgeschriebenen Zusatz nicht, ausser in Rozière n° 71 am Schlusse der Formel von Sens: vielleicht lässt sich danach die Zeit dieser Formeln bestimmen. — Ueber Crisopolitana ecclesia s. A. Castan in Révue archéologique 12e année (1855), 280.

L. 167. In der ganz fehlerhaften Abschrift: Mumagam.

L. 169. Vor allem habe ich hier Kopp (pal. crit. 1, 431) zu widerlegen, der diese Urkunde, obgleich er an den Buchstaben nichts auszusetzen fand, wegen der ihm unverständlichen und deshalb von ihm für sinnlos erklärten Noten verwarf. Kopp hat hier wie in anderen Fällen die Noten unrichtig nachgebildet. Allerdings ist dies Schriftstück sehr verblasst und namentlich die mit sehr feinem Zuge gemachten Noten sind kaum noch sichtbar. Dennoch ist es mir bei wiederholter Prüfung gelungen die erste Zeile ganz zu entziffern; sie enthält: anno imperii domni Clodovici (oder Cludovici) octavo. In der zweiten scheinen die letzten Noten (ein signum principale mit zwei s. auxiliaria) zu bedeuten: emanatum, was in diesen Zusammenhang passen würde (preceptum et confirmationem emanare findet sich im Original von K. 63). Nur für die erste Hälfte der zweiten Zeile finde ich die Auflösung noch nicht. Von Sigibert recognosciert kenne ich freilich keine zweite Urkunde und vermag daher dessen Handschrift nicht zu vergleichen. Dagegen bürgt für die Echtheit, dass der Context von der Hand des damals mehrere Diplome schreibenden Gundulfus (UL. § 33) ist. Die Urkunde ist auch noch mit dem ursprünglichen Siegel versehen; dass dasselbe auf der Schriftseite von einem Metallring umgeben ist, findet sich bei fast allen älteren Diplomen für Niederaltaich (Beitr. zur Dipl. 1, 366 und UL. § 165 N. 12). Von dem Inhalt dieses Mundbriefes habe ich schon in Beitr. zur Dipl. 3, 256 gehandelt, und füge nur noch hinzu wie derselbe von den Zeitgenossen aufgefasst ist. Auf die Rückseite hat nämlich eine Hand des 9. Jhdts. geschrieben: qualiter pius Hludovicus imperator augustus Deotpaldo abbati condonavit, ut nemo ei nihil iniusti vel rebus s. Mauricii ageret, was wörtlich auch in der in K. 234* erwähnten alten Abschrift wiederholt wird.

L. 173. Die Datierungszeile fehlt jetzt; die Unterschrift lautet: Hirminmaris diaconus advicem Fridugisi abbatis. Da nun H. zuerst in L. 172 vorkommt und seit L. 203 den Titel notarius führt, darf dies Diplom nur zwischen Nov. 821 und Juni 823 gesetzt werden. Indem es aber soweit als möglich mit L. 172 übereinstimmt und diesem auch in allen äusserlichen Merkmalen gleicht, habe ich, obgleich diese Uebereinstimmung bei Tauschurkunden auch sonst vorkommt (UL. § 95 N. 1), das undatierte Stück dem datierten angereiht. — Wenn in Pertz Archiv 7, 837 von diesem Diplom gesagt wird dass es zweimal vorhanden sei, so vermuthe ich dass damit einmal das im Pariser Archiv als K. 8 n° 12 signierte Original L. 173 gemeint ist und zweitens das gleichfalls unten verstümmelte und K. 8 n° 12² bezeichnete Original L. 218.

L. 174. Alle Drucke sind mehr oder minder fehlerhaft (z. z. B. UL. § 76 N. 15). Von keinem Herausgeber ist bemerkt dass die Worte am Schluss nach iussimus: violatorem duobus libris auri obrizi condempnantes von einer späteren Hand zugesetzt sind, welche allerdings die Schrift der Originalausfertigung nachzuahmen versucht hat. Ueber den Inhalt s. Beitr. zur Dipl. 3, 246.

L. 175. Es liegt auf der Hand dass dieser Brief vor L. 176 zu setzen ist, und es ist wahrscheinlich dass er erst kurze Zeit zuvor geschrieben ist. Möglicherweise war es auf dem Reichstage zu Diedenhofen im Oct. 821, dass Agobardus vor dem Kaiser erschien und ihm über die Abtswahl in Aniane Bericht erstattete. Ueber die Fassung s. UL. § 116 N. 6.

L. 176. S. Beitr. zur Dipl. 5, 331 und 376; Waitz V. G. 4, 261.

L. 177. Fast wörtliche Wiederholung der dem früheren Abte Benedictus ertheilten Urkunde L. 8, nur werden die in die Zwischenzeit fallenden Schenkungen L. 147 und 153 eingeschaltet (UL. § 56).

L. 180. Ueber das chartularium Elnonense, das auch L. 278 enthält, s. Pertz Archiv 11, 526 und Le Glay mémoire sur les arch. de S. Amand, Valenciennes 1854.

L. 181. Die Indictionsziffer fehlt im Chartular, ind. 15 in Bouquet ist also nur Ergänzung. — Benedict war schon am 11. Febr. 821 gestorben, so dass also auch hier die Beurkundung erst einige Zeit nach der Tradition erfolgte.

L. 183. Der Abdruck von Merino, der sich España l. c. 327 ausführlich über die von ihm benutzte Copie ausspricht, ist in jeder Hinsicht besser als der von Baluze. Und indem er a. imp. 9 enthält, entfallen alle Schwierigkeiten der Datirung. Die wiederholt versuchte Ansetzung zu 823 verträgt sich auch nicht mit dem Itinerar, wobei ich noch bemerke, dass die von Mabillon ann. 2, 487 herbeigezogene Urkunde für Amalfredus abbas Conchensis (in Baluze capit. 2, 1424 n° 40) keine kaiserliche Urkunde ist, dass sich aus der Erwähnung der von Ludwig in Aachen ertheilten Erlaubniss zu tauschen gar nicht ergibt wann dies geschehen ist, dass also auch aus dem Datum nichts für das Itinerar des Kaisers im J. 823 gefolgert werden kann. — Aus einer andern Urkunde in Marca 821 n° 49: confirmatio possessionum monasterii Balneolensis a Servo episcopo a. 889 facta, in der unter anderm praeceptum piissimi Karoli aug. imp. erwähnt wird, hat man auch herauslesen wollen, dass bereits Karl d. G. dem Abte Bonitus ein Diplom ertheilt habe. Bei genauerer Prüfung zeigt es sich aber dass hier allerdings von Bonitus erbaute Kirchen in Betracht kommen, aber keineswegs von einem diesem ausgestellten praeceptum Karoli die Rede ist; letztere Worte sind vielmehr auf Karl d. K. zu beziehen, wahrscheinlich auf dessen Diplom vom J. 866 in Bouquet 8, 599 n° 197. — Ueber L. 183 s. Beitr. zur Dipl. 3 273; 5, 344.

L. 184. Von den Herausgebern übereinstimmend zu 822 gesetzt, da nur zwei Generalconvente Ludwigs zu Attigny, nämlich in den J. 821 und 834 bekannt sind und da der zweite dadurch ausgeschlossen wird, dass der hier offenbar gemeinte Graf Matfrid von Orleans 834 bereits seine Grafschaft und Beneficien verloren hatte. Doch ist damit nur der Zeitpunkt der Klage bestimmt, nicht der der kaiserlichen Confirmation.

L. 185. Le Cointe sagt ausdrücklich dass der vet. codex Longob., aus dem Baluze Abschrift erhalten hatte, identisch ist mit dem registrum immunitatum civit. Papiae, Vercellarum etc., auf das sich sein Druck stützt. Wahrscheinlich hatte Vyon d'Hérouval, von dem Le Cointe seine Abschrift des Diploms erhalten hatte, sie auch Baluze mitgetheilt. Die Sammlungen von d'Hérouval haben sich nicht erhalten. Und auch jenes registrum immunitatum scheint verloren gegangen zu sein, so dass die angeführten Drucke als einzige Quelle für dieses und die späteren Urkunden des Klosters zu betrachten sind.

L. 186. Statt Suizgardus in allen Drucken ist nach Kopp pal. crit. l. 325 Suizgarius zu lesen.

L. 192. Da mehrere mit dieser Formel übereinstimmende Urkunden wie L. 195. 199 u. a. vom J. 823 vorliegen, wird man auch die als Formel überlieferte Urkunde für Willibert etwa hierher setzen können. Uebrigens ist dies Diplom selbst wieder nach einem älteren Schema abgefasst worden, wie die theilweise Uebereinstimmung zwischen L. 192 und älteren Diplomen wie L. 21 zeigt. Ohne Zweifel handelt es sich hier um den Rouener Erzbischof dieses Namens. In welchen Jahren dieser auf dem erzbischöflichen Stuhle gesessen, lässt sich nicht mit Bestimmtheit sagen, da die einzige uns aus Roberti de Monte auctarium (M. G. h. 6, 477) bekannte series episcoporum für diese Zeit unzuverlässig ist.

L. 196. In dem schon seit Jahrhunderten unten beschädigten Originale ist noch mit Sicherheit zu erkennen: ... d iunias. Kalendas kann nicht dagestanden haben, da davon die entsprechenden Schäfte noch sichtbar sein müssten. Also ist idus zu lesen, vor dem jedoch ein Raum auszufüllen bleibt, in den am füglichsten pridie passen würde.

L. 197. Ueber den Inhalt s. L. 166* und über die äussere Form UL. § 106 N. 6 und § 116.

L. 198. Das Wort immunitas kommt allerdings in der Urkunde nicht vor, aber die Einzelbestimmungen der Immunität werden aufgeführt, und überdies sagt Karl d. K. in seiner Bestätigung vom J. 844 (Bouquet 8, 461 u° 40), welche zum Theil L. 198 nachgebildet ist, dass das Kloster semper sub defensione atque immunitate gewesen und dass es Ludwig per immunitatis suae praeceptum sub sua defensione genommen; s. Beitr. zur Dipl. 3, 248; 5, 313.

L. 200. Ich habe schon im Regest angedeutet dass ich nichts als die Ertheilung eines Diploms zu dieser Zeit an Passau annehme (UL. § 112 N. 13). Denn dass der Inhalt desselben, der zuerst durch Aventin (annales edit. a. 1627, 195 und Oefele script. rer. Boic. 1, 703) bekannt wurde, sowol in dieser Fassung als in der etwas kürzeren welche Stülz Gesch. des Stiftes S. Florian 204 mittheilt, durch und durch falsch ist, hat zur Genüge Dümmler im österr. Archiv 10, 76 dargethan (über den Zusammenhang mit weiteren Fälschungen s. Büdinger österr. Geschichte 1, 433). Deshalb kann auch die in den Mon. Boic. ausgesprochene Vermuthung, dass die alten Exemplare modo renovandi diplomata antiquissimo angefertigt, nicht zugelassen werden. Was den Inhalt anbetrifft, so liegt eine einfache Fälschung vor, deren Zeit durch die spätestens ins 10. Jhdt. gehörende Schrift der Exemplare bestimmt wird. Nur glaube ich, da das Formular ziemlich richtig ist (s. UL. § 33 N. 13), dass ein echtes Diplom Ludwigs mit dieser Datierung benutzt, dann aber wahrscheinlich vernichtet ist, indem die beiden Copialbücher nur noch die in den Exemplaren vorliegende Fassung kennen. Bréquigny verzeichnet nach Aventin, Gewold und Le Cointe noch zwei Diplome Ludwigs für Passau unter dem 17. Februar 817 und dem 18. April 820: gemeint ist aber damit ein und dasselbe Diplom Ludwigs d. D. vom 16. Februar 836 (Mon. Boica 28a, 29 n° 19).

L. 201. In jüngern Copialbüchern, und danach in den Drucken, mit 6 id. aug. versehen. Aber die Lesart des ältesten Chartulars verdient auch wegen des Zusammenhanges mit L. 202 den Vorzug.

L. 202. Aus der vorhergehenden Urkunde ergibt sich die Ausfüllung der Lücke: res et mancipia commutare oder, wie im chart. saec. 10 steht, r. e. m. legaliter commutare. Ueber die Berufung auf die Immunität anderer Kirchen s. Beitr. zur Dipl. 5, 314. — Aus der transl. s. Viti in M. G. h. 2, 580 erfahren wir dass Wala diese Urkunde auswirkte (impetravit).

L. 204. Dass Confluentes zu lesen, ist wol keinem Zweifel unterworfen. Die Indictionsziffer fehlt im Copialbuch und ist von Martène nur ergänzt.

L. 207. Da auch Tardif 84 n° 122 nur ein Regest dieser noch unedierten Urkunde gibt, theile ich folgendes aus meinen Aufzeichnungen über dieselbe mit. Es fehlen die Eingangszeilen vollständig und die Datierungszeile zum grösseren Theile. Was erhalten ist beginnt mit den Worten: praes. scil. et fut. quia vir venerabilis Benedictus abba. Dieser trägt dieselbe Bitte vor wie Bego in L. 87, was auch ziemlich mit denselben Worten berichtet wird. Von proinde volumus ut praedictus abba bis anuli nostri inpr(a)essione signari iussimus ist L. 207 wörtliche Copie von L. 87, wobei z. B. auch inpraessione zuerst genau nachgeschrieben und dann erst in impressione umgeändert wurde. Von den Schlussformeln, soweit das Pergament nicht zerstört ist, lässt sich noch lesen:

signum (M.) Hludowici serenissimi imperatoris.

signum (M.) Hlotharii augusti invictissimi domni Hludowici imperatoris filius.

(C.) Faramundus ad ...... novi et (S. R.)

d .... anno Christo propitio ... imperii domni nostri Hludowici ... actum Compendio palatio regio. Dazu kommt in tironischen Noten in das Recognitionszeichen eingetragen: Faramund advicem Fridugisi recognovi et subscripsi; anno Christo propitio ... (die folgenden Noten vollständig verblasst und ohne Anwendung von Reagentien nicht zu entziffern). Den in den Noten enthaltenen Unterschriften entsprechen die noch sichtbaren Spitzen der Buchstabenschäfte in der eigentlichen Subscriptionszeile, welche gelautet haben muss: F. advicem Fridugisi abbatis etc. Danach ist diese Urkunde (UL. § 33) zwischen 819 und 832 zu setzen. Nähere Bestimmung ergibt sich aus der fürstlichen Unterschrift. Dürfen wir aus ihr folgern, dass das Diplom zur Zeit da Ludwig und Lothar gemeinschaftlich urkunden (UL. § 89), ertheilt worden ist? Da die ersten Zeilen fehlen, ersehen wir nicht ob im Eingang beide Fürsten genannt waren oder nicht. Aber in der Ankündigung der Unterschrift heisst es nur manu propria, was, obschon dieser Theil aus L. 87 abgeschrieben ist, doch bezeichnend ist. Dazu kommt dass sich, obgleich die Datierungszeile zum grösseren Theil zerstört ist, mit Bestimmtheit sagen lässt, dass in ihr kein Raum für die Angabe von Regierungsjahren Lothars war. Also an zwei Stellen entspricht das Formular nicht den Jahren 825—830. Und das gilt nun auch von der Subscriptionsformel Lothars: die sein Monogramm begleitenden Worte lauten nicht wie in den eben genannten Jahren, sondern enthalten Titel und Epithet, wie sie Lothar nur in den von ihm allein ausgehenden Praecepten bis 833 führt (Stumpf 1, 84). Muss somit L. 207 vor die dritte Regierungsperiode Ludwigs gesetzt werden, so hat die Unterschrift nur die Bedeutung eines zustimmenden Zeugnisses. Und da in diesem Falle die Schriftvergleichung lehrt, dass die Subscription des Vaters und die des Sohnes von derselben Hand und zu gleicher Zeit eingeschrieben sind, so muss Lothar bei der Ausfertigung zugegen gewesen sein. Einen Aufenthalt beider in Compiègne können wir aber nur vom November 823 bis in den Sommer 824 nachweisen und habe ich deshalb die Urkunde dieser Zeit zugeschrieben.

L. 208. Die Urkunde liegt in zahlreichen älteren Abschriften vor. In den Arch. départ. de Maine et Loire (Catal. des cartulaires 122, — Marchegay archives d'Anjou 1, 237) finden sich ausser der Urkundenrolle noch ein codex argenteus saec. 12. fin. und ein cod. rubeus saec. 13. fin., welche mit diesem Diplom beginnen. Aelter als diese beiden Copialbücher ist der in die Sammlung von Middlehill gekommene cod. niger saec. 11. (Marchegay in Bibl. de l'École 4e série, 1, 97; Pertz Archiv 7, 837; D. Pitra arch. des missions 1, 577), welcher gleichfalls mit der Urkunde Ludwigs anhebt. Eine Abschrift aus diesem Chartular findet sich endlich auf der Pariser Bibliothek Collect. Housseau, Anjou et Touraine tom. 1. n° 28. Letztere hat dieselben Ziffern wie die Drucke und da auch Marchegay nach den drei alten in Angers befindlichen Copien 824 als das Jahr der Urkunde angibt, so kann a. imperii 11 als allen Ueberlieferungen gemeinsam angesehen werden, wozu allerdings ind. 12. nicht stimmt. Mabillons Vorschlag nun a. i. 21. zu lesen muss sowol aus dem von Bouquet angeführten Grunde, als um der Kanzlerunterschrift willen verworfen werden, und es steht nichts im Wege das Regierungsjahr festzuhalten, die Indiction dagegen als verschrieben zu betrachten. — Ich bemerke schliesslich dass die Coll. Housseau l. c. n° 18 eine meines Wissens noch nicht gedruckte Urkunde Karls für dasselbe Kloster enthält, d. h. eine ganz plumpe Fälschung, zu der vielleicht die Worte im Diplom Karls d. K. (Bouquet 8, 501 n° 84 a. 849 = Böhmer 1608): cum constet eumdem locum a... Carolo avo nostro praeclaris aedificiis et plurimis possessionibus nobilitatum etc. Anlass gegeben haben.

L. 211. Eugen wurde im Mai oder Juni 824 consecriert; Adalramm empfing das Pallium in Rom (M. G. h. 11, 10: cod. B) idus nov. praesente Lothario.

L. 212. Waitz V. G. 4, 178 N. 3 betrachtet den Kaiser als Verleiher der Beneficien welche Graf Leibulf hatte, und sieht darin den Grund, dass für das Tauschgeschäft die Erlaubniss und Genehmigung des Kaisers eingeholt wurde. Aber dass es sich um königliches Beneficium aus Kirchengut handele, wird nirgends gesagt. Die von Leibulf durch diesen Tausch erworbenen Besitzungen wurden später von ihm an Aniane geschenkt (s. L. 355), und kam so auch die Tauschurkunde in das Archiv dieses Klosters.

L. 213. In Beitr. zur Dipl. 5, 386 habe ich ausführlicher diese Urkunde besprochen und nachzuweisen versucht, dass namentlich folgende Stellen interpoliert zu sein scheinen: ut memorata s. Senonica ecclesia — securum esse decernimus; cuius temeratorem — constat statutum; nam pietatis opus — amplectentes. Bedenken erregen auch die auf 826 hinweisenden chronologischen Merkmale, in welchem Jahre Ludwig nicht allein urkundet, und an dessen Stelle ich 825 angenommen habe. Die Interpolation hängt vielleicht mit dem lange Zeit streitigen und oft wechselnden Verhältnisse des Klosters S. Colombe de Sens zusammen (s. Baluze opera Servati Lupi 352). Allerdings steht fest dass Ludwig dem Erzbischof Hieremias dies Kloster geschenkt hatte (s. L. 347 und die Chronik von S. Pierre-le-Vif in Bouquet 6, 236). Aber die betreffende Schenkungsurkunde mag, als Ludwig das Kloster wieder unabhängig erklärte, ausgeliefert und vernichtet worden sein, so dass die Erzbischöfe, als sie neue Ansprüche erheben wollten, die nicht mehr vorhandene Urkunde zu ersetzen bedacht sein mussten. Und dabei haben sie möglicher Weise ein ihnen für die andern Klöster des Bisthums ertheiltes Diplom benutzt. Die genannte Chronik erzählt nämlich von einer vom Erzbischof Hieremias und dem Abt Frodbert von S. Pierre erwirkten Urkunde und gibt als Inhalt derselben Bestimmungen an die sich alle in L. 213 finden, erwähnt aber nicht dass die Urkunde zugleich das Kloster S. Colombe betroffen habe. Ist dies ein Grund mehr die vorliegende Fassung für nicht ursprünglich zu halten, so bezeugt doch anderseits die Chronik dass eine ähnliche Urkunde ertheilt worden ist, und daher meine ich nicht allein dieselbe hier einreihen, sondern auch ihre Angaben über frühere Diplome benutzen zu dürfen. Neben L. 213 wird in Gallia christ. 2, 16 ein Privilegium Ludwigs von 10 kal. iun. a. 13 vel 14 erwähnt, das ich nirgends aufzufinden vermochte.

L. 215. In den Abschriften des lib. incatenatus Matisconensis (L. 21*) findet sich die 825 aufgesetzte Urkunde über den Tausch zwischen B. Hildebald und Graf Warin (erwähnt von Severt 179, gedruckt im Cartul. de S. Vincent 42 n° 55), welcher hier bestätigt wird. Indem die Tauschurkunde in zwei Exemplaren ausgestellt wurde, kam das eine in das Archiv von Mâcon; die Confirmation aber scheint nur dem Grafen ertheilt zu sein: daher findet sie sich nicht in dem Chartular von Mâcon, sondern nur in dem von Clugny, das damals in Warins Besitz überging. In der Tauschurkunde wird die eine Villa Loptaniacum genannt statt Aptannacum; welcher Name der richtige ist, müssen Ortskundige entscheiden. An die Tauschurkunde schliesst sich auch eine notitia traditionis vel consignationis an, laut welcher Hildebald die Tradition per hostium de ipsa casa (dominica) vel cespitem de ipsa terra vornahm und zwar in presentia d. Hludovici imperatoris die martis 4 non. iulii Cluniaco villa.... a. 12 regnante Hludovico rege. Im J. 825 fällt der 4. Juli wirklich auf Dinstag. Aber sehr zweifelhaft erscheint doch dass der Kaiser an diesem Tage selbst in Clugny gewesen. So wie die Traditionsnotiz vorliegt, ist sie entweder wie andere Stücke des lib. incat. schlecht überliefert oder ursprünglich schlecht stilisiert worden, so dass in presentia etc. sich wol nur darauf bezieht dass der Tausch von dem Kaiser bestätigt worden war, und nicht mit der Ortsangabe Cluniaco villa zu verbinden ist.

L. 216. Im 17. Jahrhundert wurde ein altes Chartular, das liber de honoribus s. Juliano collatis betitelt war, von d'Hérouval, Baluze und Le Cointe benutzt; letzterer erwähnt (ann. 7, 829) dass die Handschrift aus 292 Blättern bestand und 449 Urkunden enthielt. Offenbar eine Copie von diesem jetzt nicht mehr bekannten Codex ist das Pariser Copialbuch, im 17. Jhdt. und wahrscheinlich für Nicolaus Desmarets geschrieben; allerdings enthält es acht Urkunden weniger als das alte Chartular, aber die Abschriften der Diplome in ihm stimmen fast ganz mit den aus dem älteren Chartular stammenden Drucken überein. Speciell hat L. 216 hier und dort dieselben Formelfehler. Ueber den Inhalt von L. 216 s. Beitr. zur Dipl. 5, 378.

L. 217. Der Thürsteher Richard wurde, wie wir u. a. aus L. 373 erfahren, als Anhänger Lothars bestraft, wurde etwa 830 vom Hofe entfernt, hielt es auch ferner mit Lothar und bekam erst 839 die ihm früher confiscierten Güter zurück. Nun ist es aber doch zweifelhaft ob hier derselbe Richard gemeint ist, und insofern empfiehlt es sich die Ausstellungszeit mit Rücksicht auf Matfrid zu bestimmen, dessen Einfluss bei Hofe etwa bis 828 dauerte.

L. 218. Es folgt hier eine Reihe von Urkunden die ohne Datum überliefert sind, und die, wenn sie zunächst nur nach dem Ludwig beigelegten Titel gesetzt werden, in die Zeit bis zur Mitregierung Lothars oder in die nächsten Jahre nach derselben gehören. Zumeist bieten diese Diplome aber noch irgend einen anderen Anhaltspunkt die Zeit der Ausstellung annähernd zu bestimmen, was ich dann bei den einzelnen Stücken bemerke. So ergibt sich das früheste Datum für L. 218 aus der Kanzlerunterschrift. Die Jahre nach 830 aber werden dadurch ausgeschlossen, dass Hilduin in dieser Urkunde noch mit der Würde des archicappellanus bekleidet erscheint, die er gegen Ende 830 verlor (s. L. 285*).

L. 220. Den einen Ortsnamen, der im Original nicht mehr lesbar ist, entnehme ich Mabillon dipl. 526 und dem Inventar von 1688. Wenn letzteres ausserdem bemerkt: la datte de laquelle charte est lacerée, et est d'environ l'an 834, so beruht diese Datierung nur auf einer Vermuthung. Und sie ist entschieden falsch, wie sich aus der Unterschrift und der Erwähnung des Hilduin als summus capellanus ergibt.

L. 221. Durch die Erwähnung der Judit wird das früheste Datum bestimmt; das späteste, obgleich zuerst 835 eine andere Inhaberin nachweisbar ist, dadurch dass der Ludwig hier beigelegte Titel nur bis Ausgang 825 und dann wieder seit 831 vorkommt (UL. § 88. 89), in diesem letzteren Jahre aber schwerlich Judit noch im Besitz des Klosters gewesen ist. Ueber die Fassung der Urkunde s. Beitr. zur Dipl. 3, 232.

L. 222. Trotz der Fürsorge der Bischöfe von Reims für ihre Urkunden (von Ebo berichtet uns Flodoard: archivum ecclesiae tutissimis aedificiis..... opere decenti construxit) sind doch in Folge wiederholter Feuersbrünste (Archives administr. de la ville de Reims 1, préf. 159) die älteren Urkunden des Bisthums alle zu Grunde gegangen. Von Karolingerdiplomen gibt uns Flodoard allein noch Kunde in seiner um 950 geschriebenen hist. eccl. Remensis (älteste bekannte Handschrift in Montpellier cod. n° 186 saec. 13). Wahrscheinlich ist er selbst Archivar gewesen, jedenfalls hat er das Archiv benutzt. In einem Falle können wir auch die Zuverlässigkeit seiner archivalischen Mittheilungen constatieren, indem der von ihm der Erzählung eingeschaltete libellus depositionis Ebonis noch anderweitig (s. Pertz LL. 1, 370) überliefert ist. Seine Angaben über die Urkunden verdienen also vollen Glauben. — Vorzüglich sind es nun acta deperd., die wir aus seiner Schrift kennen lernen. Zwei derselben werden auch in einer dem Erzbischof Hincmar zugeschriebenen Aufzeichnung de villa Noviliaco erwähnt, die von Sirmond im Anhang zu Flodoard abgedruckt ist. Indem hier ausführlich die Geschichte dieser Besitzung erzählt wird, erfahren wir dass eins dieser Präcepte zu 771 gehört, ferner dass seit Karl d. G. diese Villa verschiedenen zu Beneficium verliehen worden war. Bei diesen Verleihungen scheinen aber keine Urkunden ausgestellt worden zu sein, wenigstens erwähnt der Berichterstatter keine, während er, so oft es sich um Schenkung zu Eigen handelt, Präcepte anführt. — Ich kehre zu Flodoard zurück. In den uns hier berührenden Capiteln spricht er ausführlicher von dem Neubau der Kirche und von Restitutionen an dieselbe zu Zeiten Ludwigs und theilt dabei auch L. 222 und 276 ihrem Wortlaute nach, aber ohne die Schlussformeln mit (aus Flodoard ist L. 222 dann auch in den codex epistol. Udalrici Babenberg. übergegangen). Die erste derselben setze ich vor 825, weil Ebo nach 830 sich schwerlich noch der Gunst des Kaisers erfreute (Funck 102, dem allerdings Rückert dissert. de Ebonis vita 19 widerspricht). Ebo aber war, wenn hier Flodoard 2, 19 uns recht berichtet, schon Bischof, als P. Stephan im Oct. 816 nach Reims kam, so dass L. 222 ausgestellt sein kann 817—825. Gegen Waitz der diese Urkunde in V. G. 3, 219 und sonst als falsch oder interpoliert bezeichnet, hat sich bereits Roth Feudalität 93 und 114 erklärt und muss auch ich mich erklären. Allerdings ist die Fassung eine besondere, aber doch nur bedingt durch den besonderen Inhalt und sonst ganz im damaligen Kanzleistil. Bestätigt wird der Inhalt durch die Urkunden Karls d. K. in Bouquet 8, 492 n° 72; 510 n° 97. Besonders zu bemerken ist dass mit dem Hinweis auf frühere Verfügungen Pippins und Karls nicht specielle Diplome für Reims gemeint sein müssen, sondern wahrscheinlich Gesetze gemeint sind. — Die Einreihung des zweiten Diploms wird durch die Titulatur bestimmt. Vielleicht gehören zu L. 276 die in der gleich zu besprechenden Fälschung zum Theil erhaltenen chronologischen Merkmale, nämlich (s. L. 243. 246) kal. nov. a. [13] imp. d. ill. [et Hloth.] 5, ind. 4 = 826. — Es liegt endlich eine dritte Urkunde Ludwigs vor, welche zuerst Mabillon ex chartario Dervense veröffentlicht hat. Im Fonds de l'abb. de Montiérender (Arch. dép. de la Haute-Marne) fand ich dieses Stück nicht und konnte nur feststellen, dass es in dem unter L. 50ª besprochenen Chartular nicht enthalten ist. Die überlieferten Daten erklärte schon Mabillon ann. 2, 421 für verderbt und setzte das Diplom nur nach dem Ausstellungsort Reims zum Nov. 816; aber dies Jahr ist schon der Kanzlerunterschrift wegen nicht möglich. Meines Erachtens ist die Urkunde ganz zu verwerfen. Nach einer langen Einleitung, die als blosse Erweiterung von der Arenga des auch im weiteren benutzten L. 276 erscheint, finden wir eine Schenkung des Klosters Montiérender an die Reimser Kirche, für die sonst kein Zeugniss vorliegt und die, was den Ausschlag gibt, mit allem was wir sonst von der Geschichte dieser ansehnlichen Abtei wissen unverträglich ist. Die drei Diplome für sie L. 50. 249. 295 lassen sie als unabhängig erscheinen; wäre dem nicht so gewesen, so hätte namentlich in L. 249 das Verhältniss zu Ebo und seiner Kirche berührt werden müssen. Auch in den Urkunden der folgenden Könige findet sich nicht die geringste Andeutung, dass das Kloster je zu Reims gehört habe. Dazu kommt dass Flodoard, der die geringfügigsten Königsurkunden aufzählt, von dieser so bedeutenden Schenkung nichts weiss: zwar erwähnt er als auf den Kirchenbau bezüglich praeceptionis decreta, führt dann aber auch zwei namentlich an und daneben keine derartige Schenkung. Offenbar war sie ihm also nicht bekannt, und so ist mir wahrscheinlich dass die betreffende Urkunde erst nach seiner Zeit ersonnen worden ist. — Erst nachdem ich mein Urtheil über dies Stück begründet, kann ich mich gegen Abel 1, 261 wenden der dasselbe für echt, dagegen gleich Waitz L. 222 für unbedingt unecht erklärt. Für letzteres führt er an dass Chlodovechs Taufe und Salbung in einer Weise erwähnt seien, wie es von Ludwig nicht denkbar sei. Zunächst möchte ich statt dessen sagen: von dem Kanzleipersonal Ludwigs, da man die damaligen Herrscher durchaus nicht für jedes Wort in ihren Urkunden verantwortlich machen darf. Was nun die Taufe anbetrifft, so ist ja anerkannt dass diese Notiz sich wol mit dem Bericht Gregors von Tours verträgt, und so greift Abel nur die Ausdrucksweise an, indem derselbe Gedanke in zwei anderen Urkunden anders ausgedrückt sei. Diese zwei Urkunden sind aber L. 276 und die mit Benutzung von L. 276 entstandene Fälschung. In Wirklichkeit steht es also nur so, dass eine und dieselbe Sache in L. 222 anders als in L. 276 ausgedrückt ist: das aber ist kein Grund weder die eine noch die andere Urkunde zu beanstanden. Und ebenso möchte ich um der Behauptung willen dass Chlodovech die Salbung empfangen, das Diplom nicht verwerfen. Die hier in Betracht kommenden Stellen (s. Waitz V. G. 3, 61) weisen doch darauf hin dass die falsche Vorstellung, auch die Fürsten des vorausgegangenen Königsgeschlechts seien gesalbt worden, sich nach und nach verbreitete. Speciell von Reims aus wurde, wahrscheinlich mit Absicht, dieser Glaube verbreitet, wie am schlagendsten das spätestens bis 845 entstandene falsche Testament des Remigius (s. Roth Beneficialwesen 464) beweist. Und so gut bereits 845 von K. Karl (Bouquet 8, 478 n° 55) Rechtsansprüche anerkannt wurden welche sich auf dieses falsche Testament stützten, so gut kann auch schon früher jene im Testament gleichfalls ausgesprochene falsche Behauptung bei Männern der Kanzlei Ludwigs Glauben gefunden haben. Nicht diese lieferten die in die Urkunden eingeflochtenen, die Geschichte der Kirchen und Klöster und ihre Heiligen betreffenden Notizen, sondern sie erhielten sie zumeist von den Petenten. Und auf diese Weise kann sehr leicht die in Reims schon liebgewonnene und von dort aus verbreitete Tradition auch in die ursprüngliche Fassung von L. 222 gekommen sein. Andererseits könnte man aber auch zugeben dass die Worte: sed et ipse rex..... inventus fuit auf späterer mit den anderen Reimser Fälschungen der Vorgeschichte zusammenhängender Interpolation beruhen, ohne deshalb genöthigt zu sein, eine in anderer Beziehung unverdächtige Urkunde zu verwerfen.

L. 223. Die Rolle welche Graf Hugo von Tours spielte, macht die Ertheilung dieser Urkunde nach 830 unwahrscheinlich. Das vorgelegte Diplom Karls ist uns vermuthlich in der Formel Rozière n° 23 erhalten (s. Beitr. zur Dipl. 4, 581 und UL. § 45), die dann von den Schreibern Ludwigs nur mit anderer Arenga versehen und sprachlich verbessert worden ist.

L. 224. Für diesen und die folgenden Judenschutzbriefe nehme ich die Zeit bis 825 an, weil einerseits um 828 eine starke Opposition gegen die Juden begann (s. Agobardi epist. in Bouquet 6, 362) und weil andererseits diese Briefe von Ludwig allein ausgestellt zu sein scheinen. — Ueber den Inhalt s. Waitz V. G. 4, 39; Brunner Inquisitionsbeweis 108.

L. 227. Schon 827 (s. Mabillon ann. 2, 517) lässt sich der Nachfolger des Herlegaudus nachweisen.

L. 228. Da der Nachfolger im Erzbisthum Adalelmus bereits 828 erwähnt wird (Le Cointe 8, 9), kann die Urkunde nur vor der Zeit der Mitregierung Lothars ertheilt sein, und wahrscheinlich gehört sie in die ersteren Jahre Ludwigs, in denen die zu Grunde liegende Formel Rozière n° 21 am häufigsten gebraucht worden ist.

L. 230. Gaucelinus in Marca, Gaucelmus in Bouquet: ebenso schwanken in Bezug auf die Namensform die Handschriften der ihn erwähnenden Annalen (s. vita Hlud. in M. G. h. 2, 637). Er wurde 834 ermordet; also lässt sich aus der Erwähnung dieses Grafen von Roussillon keine nähere Zeitbestimmung gewinnen. — Die gewöhnlichen Immunitätsrechte werden auch hier aufgezählt, das Wort immunitas aber nicht gebraucht; dennoch wird die Urkunde in den Confirmationen Karls d. K. in Bouquet 8, 515 n° 102 und 613 n° 214 als Immunität bezeichnet (Beitr. zur Dipl. 3, 248; 5, 313, wo das Diplom fälschlich als Arles ertheilt aufgeführt ist). — Gallia christ. 6, 1079 spricht auch von einer Urkunde Ludwigs für den ersten Abt Miro, was aber auf einem Missverständniss zu beruhen scheint.

L. 231. Die älteren Urkunden sind nur aus den Drucken von Baluze und Bouges bekannt. — Ueber den Inhalt s. Beitr. zur Dipl. 3, 249.

L. 232. Da von den Aebten nur die Namen bekannt sind (Gallia christ. 4, 693), lässt sich das Jahr der Ausstellung nicht bestimmen. — Dasselbe Chartular (Fonds de S. Seine n° 165) enthält in ziemlich fehlerhafter Abschrift ein Diplom Karls d. D. in Quierzy am 4. Sept. 886 ausgestellt, welches unter andern Besitzungen auch die von Ludwig geschenkten bestätigt. Ob etwa beide Urkunden in dem Recueil des differ. pièces concernantes les droits de S. Seine (1784 in 4°) schon veröffentlicht sind, habe ich nicht feststellen können.

L. 235. Im Sommer 825 holten die kaiserlichen Gesandten Bischof Freculf von Lisieux und Abt Adegar die Zustimmung Eugens II zu einer Synode der fränkischen Bischöfe ein. Diese tagten im November in Paris und liessen am 6. December das Ergebniss ihrer Arbeiten Ludwig vorlegen. Da die ganze Angelegenheit möglichst beschleunigt wurde, können wir diesen und den folgenden Brief noch in den December 825 setzen. — Dass die Akten dieser Synode zuerst erschienen, ohne dass sich der Herausgeber nannte und ohne dass er die Provenienz der Akten näher angab, erleichterte es Bellarmin und Baronius dieselben zu verdächtigen. In mehrere Sammelwerke der Concilakten wurden daher diese oder doch ein Theil derselben nicht aufgenommen. Auch Sirmond räumte nur den beiden Briefen Ludwigs einen Platz in seiner Sammlung ein. Indessen fand P. Delalande in der Bibliothek von de Thou die aus S. Rémi de Reims stammende Handschrift, aus welcher auch der Frankfurter Druck stammte, wieder auf und theilte aus ihr was Sirmond ausgelassen hatte im supplementum conciliorum (Lut. Paris. 1666) 106 mit.

L. 237. Adalard stirbt am 2. Jan. 826, so dass die Urkunde nur in die ersten Wochen der dritten Regierungsperiode Ludwigs gesetzt werden kann. Deshalb reihe ich hier auch L. 238 an, da sich aus den Schlussworten manibus propriis ergibt, dass die als Formel überlieferte Urkunde im Namen beider Fürsten ausgestellt worden ist.

L. 239. Die Urkunde ist einige Zeit nach L. 219 zu setzen (conf. capitulare missorum in Pertz LL. 1, 246); ob sie von Ludwig allein oder in Gemeinschaft mit Lothar ertheilt worden, lässt sich, da das Protokoll unterdrückt ist, nicht mehr entscheiden.

L. 241. Dass Ludwig mit seinem Sohne urkundet, passt wol zu seinem 13. Regierungsjahre, aber weder die Indiction noch die Datierungsformel, wie sie überliefert sind (s. UL. § 86 N. 8), passen dazu; wollte man aber mit Le Cointe a. imp. 12 = 825 setzen, so würde dazu wieder nicht passen dass auch Lothar als Aussteller genannt wird. Nehmen wir dazu dass die Unterschrift in damals nicht üblichen Worten angekündigt wird, so erscheint die Urkunde in den Formeln verderbt. Aber Inhalt und Fassung machen den besten Eindruck und schliessen sich wahrscheinlich (s. Beitr. zur Dipl. 4, 593) an das vorgelegte bischöfliche Privileg an. Betreffs der Einzelangaben dieses Diploms mache ich auf die altera cella s. Maximini aufmerksam, welche weder von Mabillon noch von den Verfassern der Gallia christ. beachtet worden ist. Wenn dies Privileg für Mici s. Mesmin ausgestellt worden ist, was zwar nicht ausdrücklich gesagt wird aber wahrscheinlich ist, so werden wir die zweite gleichnamige Celle bei der ausserhalb der Stadt und neben S. Aignan erbauten ecclesia s. Maximini zu suchen haben.

L. 243. Muratori bezweifelte wegen der unrichtigen Zahl für Ludwigs Regierungsjahre die Originalität dieses Stückes; aber es scheint nur die ihm mitgetheilte Copie fehlerhaft gewesen zu sein. Abgesehen von einzelnen Fehlern deren Emendation auf der Hand liegt, macht die Urkunde den besten Eindruck.

L. 244. S. K. 143* und über den Inhalt Brunner Zeugen- und Inquisitionsbeweis (Wiener S. B. 51) 83.

L. 248. Für diesen Brief und den darauf folgenden L. 251 lässt sich die Abfassungszeit ziemlich genau bestimmen. Da die Briefe von beiden Kaisern ausgehen, können wir sie nicht vor 826 setzen. Dem Inhalte nach müssen sie aber beide vor dem Juni 827 geschrieben sein, indem über die Streitigkeiten zwischen den Patriarchen von Grado und Aquileia auf die sich die Schreiben beziehen, bereits am 6. Juni 827 auf einem Concil zu Mantua (s. de Rubeis monum. 408; Romanin stor. di Venezia 1, 167) entschieden wurde. Dazu kommt noch folgendes. Aus dem ersten Brief des Venerius, der in L. 248 beantwortet wird, erfahren wir dass er überbracht wurde vom Diacon Petrus und von einem Boten der beiden Dogen Agnellus und Justinianus: das aber muss auch vor dem J. 827 gewesen sein, da in diesem Agnellus starb. Es wird also annähernd richtig sein L. 248 zu 826, L. 251 dagegen zu Anfang 827 einzureihen.

L. 249. Obige Ziffern nach dem Chartular, in dem jedoch erst geschrieben war ind. 11. Baluze gab an: a. 14, a. Loth. 10, ind. 5, was dann Le Cointe zu vertheidigen suchte, indem er für die Regierungsjahre Lothars eine Epoche vor 817 annehmen wollte. Wieder anders Mabillon, obgleich auch er offenbar aus dem Chartular geschöpft hat: a. 14, a. Loth. 5, ind. 3.

L. 252. Bouquet: 6 [kal.] oct., also kal. nur ergänzt, während in der Fonteneauschen Copie nach Rédet tables des manuscrits de D. F. 1, 3 steht 6 id. oct. Das Jahr kann trotz dem falschen Regierungsjahre 13 nicht zweifelhaft sein, da sich Ludwig im Oct. 826 am Rhein aufhält (ann. Einh. in M. G. h. 1, 216), da ferner diese Urkunde (s. Beitr. zur Dipl. 5, 364) eine wörtliche Bestätigung eines von Pippin von Aquitanien erst im Januar 827 ausgestellten Diploms (Bouquet 6, 665 n° 7) ist.

L. 256. Die älteste Geschichte von Schwarzach im Elsass (zu unterscheiden von dem gleichnamigen fränkischen Kloster, das in L. 116 mit genannt wird) hat bereits Rettberg 2, 83 richtig dargestellt. L. 256 ist die einzige unzweifelhafte Urkunde älterer Zeit für dies Kloster. Mit Benutzung derselben ist, wie die Arenga zeigt, das falsche Diplom Ludwigs angefertigt worden.

L. 257. In Acta Palat. 6, 252 findet sich, ex cod. Danckharti abbatis a. 1430 abgedruckt, eine donatio Willgartae monasterio Hornbacensi factae in Form einer Privaturkunde, aber mit angeblicher Unterschrift Ludwigs und mit dem Datum: 16 kal. mai. a. d. inc. 828, ind. 6, regnante Hl. imperatore a. 16, actum Ingylnheim manu Sygibaldi cancellarii. Derartige Confirmation kommt nicht vor (UL. § 63 N. 4), und lasse ich daher dieses Stück nicht als kaiserliche Urkunde gelten. Aber es ist möglich dass Ludwig irgend ein Diplom an dem Ort und zu der Zeit ausgestellt hat (s. Einh. ann. in M. G. h. 1, 217) und dass sich eine Reminiscenz daran in jener formlosen Aufzeichnung erhalten hat.

L. 259. Bischof Jonas starb 829. Ob die Urkunde von Ludwig allein oder von ihm und Lothar ausgestellt wurde, ist nicht mehr ersichtlich.

L. 260. Insofern hier zwischen 13. Jan. 829 (= ind. 7) und 830 (= a. imp. 16) zu wählen ist, habe ich aus den in UL. § 86 und was Hilduin betrifft in L. 265* entwickelten Gründen 829 vorgezogen. Ueber Inhalt und Fassung s. Beitr. zur Dipl. 4, 595 und UL. § 47. Directe Bestätigung liegt vor im Diplom Karls d. K. von 872 in Tardif 133 n° 208. Auch die Urkunde Karls d. E. von 903 in Bouquet 9, 495 n° 29 nimmt auf L. 260 Bezug. Uebrigens scheint Ludwig dem Kloster S. Germain ein zweites Diplom ähnlichen Inhalts für die in Aquitanien gelegenen Besitzungen ertheilt zu haben.

L. 261. Der Monatsname muss schon im livre noir (s. K. 6*) gefehlt haben, da sowol Baluze als D. Housseau eine Lücke anzeigen. Nach den Jahreszifffern könnte die Urkunde zwischen September 828 und Januar 829 ausgestellt sein; aber 26. Sept. und 27. Oct. werden dadurch ausgeschlossen dass nach ann. Einh. in M. G. h. 1, 217 der Kaiser erst um Martini nach Aachen kam. Erwägt man endlich dass in diesen Jahren der Gebrauch der mit dem Neujahr umsetzenden Indiction bereits vorherrscht (UL. § 87), so empfiehlt sich die von mir vorgeschlagene Ansetzung.

L. 262. Kann des Itinerars wegen nur zu 829 gesetzt werden, in dem allerdings das 16. Regierungsjahr erwartet werden muss. Bestätigung dieser Schenkung durch Lothar vom 20. Febr. 833 in Fatteschi 292 n° 49 (vgl. UL. § 86 N. 10).

L. 263bis. Nach Pregitzer copierte Herold (wol der 1511 in Hochstädt geborne und zumeist in Basel lebende Johann Basilius Herold) diese Urkunde aus einem alten Buch der Freiheiten der Kaiser und Päpste Reichenau gehörig. Weder ob sich dies Privilegienbuch noch ob sich die Heroldschen Abschriften erhalten haben, konnte ich erfahren, und musste mich so zunächst mit dem Fragment bei Pregitzer begnügen. Indess ist jüngst die Reichenauer Chronik des Gallus Oheim (über diesen s. Mone Quellensammlung der badischen Landesgeschichte 1, 65; aus dieser Chronik entnahm auch Schönhut seine Notiz über dieses Diplom) veröffentlicht, welche unter andern auch von dieser Urkunde den Text in deutscher Uebersetzung enthält. Zu beachten ist dass hier die Worte des Abdruckes bei Pregitzer: Erleboldus abbas consanguineus s. Meginhardi fehlen, welche, da Meginhard erst 863 starb, in dem Diplom von 829 unmöglich sind und dasselbe verdächtigen würden. Wahrscheinlich sind sie von Herold nach der betreffenden Angabe der unzuverlässigen vita s. Meginradi interpoliert. Dieser Worte entkleidet macht die Fassung der Urkunde, soweit sie mir vorliegt, den besten Eindruck, und nehme ich daher auch daran keinen Anstoss dass sie von Ludwig allein ausgestellt worden ist (UL. § 89). Die Angabe des Herausgebers der Oheimschen Chronik dass der lateinische Text des Diploms bei Neugart zu finden sei, beruht auf einer Verwechslung mit L. 72.

L. 264. Entschieden schlechter als im Schannatschen Drucke sind die Lesarten des Copialbuchs: Ricowicus (dreimal), Wippina. Die Datierung nach UL. § 87; 830 wie Schannat wollte ist auch des Itinerars wegen nicht möglich. — Werden wir nun nach dem Zeugniss dieser Urkunde annehmen können dass die Zolleinnahmen von Worms, Ladenburg und Wimpfen schon von Dagobert der bischöflichen Kirche geschenkt waren und dass für diese Schenkung Diplome von Dagobert, Sigebert, Chilperich, Pippin und Karl vorlagen, so werden wir andererseits gerade durch L. 264 in den Stand gesetzt das Karl zugeschriebene Diplom, das nicht den Zoll allein sondern die civitas Lobodunburg mit allem Zubehör als Gegenstand der Dagobertschen Schenkung darstellt, als Fälschung zu erkennen (s. Papebroch propyl. 20). Doch handelt es sich, wie ich glaube, hier nur um theilweise Abänderung der von Karl ertheilten Urkunde. Der Wortlaut ist im ganzen durchaus sach- und zeitgemäss, und ich würde keinen Anstand genommen haben, diese auctoritas confirmationis et traditionis nach Ausscheidung des einen offenbar interpolierten Passus: civitatem Lobedunburg — ex integro omnia concessit, unter die acta genuina aufzunehmen, wenn nicht Kanzlernamen und Jahreszahl sich widersprächen und die chronologische Bestimmung unmöglich machten. Mit dieser Fälschung hängen dann noch andere zusammen: Pardessus n° 242 und Diplom Ludwigs d. D. in Schannat 2, 7 n° 7 (s. Beitr. zur Dipl. 1, 396).

L. 265. Von den ohne Daten überlieferten Diplomen Ludwigs und Lothars setze ich L. 274 — 276 an den Schluss der Zeit aus welcher von beiden ausgestellte Urkunden vorliegen. Für L. 265 und 266 glaube ich aber einen früheren Endtermin annehmen zu müssen. Es handelt sich nämlich bei diesen Stücken um die Frage, wie lange Hilduin das Amt eines Erzcapellans bekleidet haben wird. L. 255 ist das letzte Diplom mit bestimmtem Datum, in dem er als Erzcapellan erscheint. Aber dass er noch lange als solcher fungierte, zeigt unter anderem eine 829 an ihn (eximio d. et vere sanctissimo Hilduino sacris negotiis a deo praelato) gerichtete Bittschrift im Cartul. de l'Yonne 1, 39 n° 20. So gibt ihm auch Thegan (M. G. h. 2, 597) noch diesen Titel, wo er etwa vom Mai oder Juni 830 erzählt dass auch Hilduin sich der Erhebung Pippins gegen seinen Vater angeschlossen hatte (vergl. Funck 101; Dümmler 1, 62). Dass damals schon eine förmliche Absetzung ausgesprochen worden sei, möchte ich nach der ganzen Lage der Dinge allerdings nicht annehmen; sie erfolgte wol erst im Spätherbst des Jahres, als sich der Kaiser wieder sicherer fühlte und nun unter anderen auch Hilduin nach Paderborn verbannte (vita Hlud. in M. G. h. 2, 633). Aber wenn dem Hilduin auch bis dahin Würde und Titel blieben, so hat er doch schwerlich, seitdem er entschieden Partei ergriffen hatte, noch soviel Einfluss bei Hofe gehabt um für sich oder andere Gnaden zu erwirken. Müssen wir aber deshalb L. 265. 266 und auch 264 vor den Mai 830 rücken, so müssen wir andererseits wegen der Abwesenheit Lothars im Winter von 829 zu 830 den Endtermin für die seinen Namen tragenden Urkunden früher setzen und erhalten so die von mir angegebenen Zeitgrenzen. — Ueber die tironischen Noten von L. 265 s. UL. § 101 N. 10.

L. 267. In den Drucken fälschlich mit 2 kal. oct. Ueber die chronologischen Merkmale s. UL. § 87 und über die Corroborationsformel § 104 N. 5. — Ob auch Bosrellus von Karl ein Schenkungsdiplom erhalten hat, bleibt zweifelhaft.

L. 268. Die Datierungszeile hatte bereits Malbrancq 2, 220 und nach ihm Le Cointe 8, 16 mitgetheilt. Nach der ausdrücklichen Versicherung von Mabillon ann. 2, 529 fand sich dieselbe jedoch weder im chartul. autogr. Folquini noch im chron. Iperii. Mabillon war daher geneigt den Namen des Ausstellungsortes auf blosse Conjectur von Malbrancq zurückzuführen. Das ist nun freilich nicht möglich, da sich die Datierungszeile ganz gleich in die Boulogner Copie des Chartulars eingetragen findet. Aber irgend ein Fehler in Bezug auf den Ausstellungsort muss allerdings hier durch die Schuld des Copisten untergelaufen sein. Entweder ist nämlich der Name der Pfalz in der der Kaiser urkundet, verunstaltet, und das nahm ich an, als ich das Regest drucken liess. Oder, was mir jetzt wahrscheinlicher ist, palatio ist als Zusatz des Copisten zu betrachten. Ann. Mettenses in M. G. h. 1, 336 berichten nämlich einen Besuch des Kaisers im Kloster um diese Zeit, so dass das Diplom im Kloster oder in dessen Nähe ausgestellt sein könnte. Und da nun, worauf ich durch Waitz und Koppmann aufmerksam gemacht warde, in dieser Gegend mehrere Ortsnamen mit der Endung hem vorkommen, könnte Niuhem ein unweit des Klosters gelegener Ort sein. Nur ist eine Pfalz an einem Orte dieses Namens nicht bekannt, und mag daher diese Bezeichnung von den Copisten nach der Analogie anderer Diplome eingeschaltet sein, so dass unter dem Regest zu setzen wäre: Niuhem [pal.]. — Die in L. 268 erwähnte divisio hat Roth Beneficialwesen 335 N. 88 falsch gedeutet. Waitz V. G. 4, 158 N. 1 hat wenigstens dabei bemerkt, dass es sich hier wie in anderen Fällen um andere Art von Gütertheilung, um die zwischen Aebten und Mönchen (s. Beitr. zur Dipl. 4, 595) handeln kann. Und das ist hier entschieden der Fall. Fridugis hatte nämlich (s. Cartul. de S. Bertin 74 und dazu Mabillon ann. 2, 457) die Anzahl der Mönche in Sithiu verringert, hatte statt ihrer in S. Omer Kanoniker eingesetzt und eine Gütertheilung zwischen den Mönchen und Kanonikern vorgenommen. Sich nun wenigstens gegen weitere Beeinträchtigungen sicher zu stellen, wandten sich die Mönche, die in der Urkunde ausdrücklich als Petenten genannt werden, während in der Regel der Abt als Petent erscheint, an den Kaiser und wirkten gleichzeitig mit der Immunitätsbestätigung ein Verbot gegen weitere Gütertheilung und gegen Verwendung des Klostergutes für andere Zwecke, d. h. für die Zwecke eines Kanonikats aus. Directe Bestätigung liegt vor in L. 334 und indirecte im Diplom Karls d. K. von 877 in Bouquet 8, 664 n° 276. Letztere Urkunde jedoch erwähnt eine Constitution Ludwigs, die von den uns erhaltenen Urkunden unterschieden werden muss.

L. 269. In Folge der hier bestätigten Gütertheilung (s. Beitr. zur Dipl. 4, 595) wurde das lehrreiche Güterverzeichniss angelegt welches Hariulf überliefert und D'Achery l. c. veröffentlicht hat.

L. 270. Vgl. Beitr. zur Dipl. 5, 365—370.

L. 271. Ich habe die Ziffern beibehalten, wie sie nach der Mabillonschen Copie und nach der Pariser Abschrift im petit cartulaire gestanden haben sollen. Labbe éloges historiques 457 gibt dagegen an a. Loth. 8, was dann Le Cointe 8, 132 und Mabillon ann. 2, 530 wiederholen. — Nach Bouquet 8, 612 n° 212 muss diese Schenkung mit Hinzufügung der cella s. Saturnini von Ludwig erneuert worden sein.

L. 272. Sämmtliche Drucke und ebenso weitere Abschriften im Capitelarchiv zu Cividale und im Finanzarchiv zu Udine (in welches die Mehrzahl der Urkunden des Klosters gekommen ist) stammen offenbar aus der Copie des 16. Jahrhunderts, obgleich in den jüngeren Abschriften, namentlich in einer 1804 von Michele de la Torre angefertigten und im Archiv zu Cividale befindlichen, einige Fehler der älteren Copie verbessert sind. — Weshalb Dümmler Gesch. d. ostfr. Reichs 1, 62 dies Diplom verdächtig findet, ist mir nicht klar.

L. 273. Wie schon Mabillon bemerkt hat, hat der Mönch Johannes, der Verfasser der Chronik von Bèze (nicht Blaise, wie Pertz das Kloster nennt), die Daten der von ihm mitgetheilten Urkunden zumeist überarbeitet (UL. § 112). Wir werden deshalb nicht Anstoss nehmen an der keineswegs kanzleimässigen Datierung, können sie aber auch nicht unbedingt für zuverlässig halten. Jahr und Indiction lassen sich hier allerdings in Einklang bringen, die angegebene Epakte aber würde nur zum J. 832 passen. Dieselben chronologischen Merkmale finden sich nun auch in der in Langres ausgestellten und hier dem Kaiser vorgelegten Constitution (Le Cointe 8, 163), nämlich: a. inc. 830, ind. 8, ep. 15, 12 kal. dec., a. 14.... Lud. et Loth. 6, wo gleichfalls nur Incarnationsjahr und Indiction zu einander passen. Dass dasselbe Jahr auch von der Klostertradition für die Restauration angenommen wurde, geht aus ann. Besuenses in M. G. h. 2, 248 hervor, und so können, da der Inhalt beider Urkunden es zulässt, auch wir 830 als das richtige Jahr annehmen. Der Monat für L. 273 ergibt sich dann aus dem Monatsdatum der bestätigten Constitution.

L. 274. Aus der Ankündigung der Unterschrift: propriis manibus subscribere etc. ergibt sich, dass das Diplom in die Zeit gehört in der Ludwig und Lothar zusammen urkunden. Aus der wörtlichen Nachbildung Ludwigs d. D.

vom J. 846 lernen wir auch noch die in der Formel ausgelassenen Namen der Bischöfe kennen welche unter Karl die Kirchen erbauten, nämlich Berewulphus, Liudridus, Egilwardus. Vgl. zu dieser Urkunde Hirsch Jahrbücher d. d. R. unter Heinrich II. (Berlin 1864) 2, 29.

L. 275. Mabillon ann. 2, 452 berichtet die Verlegung des Klosters zu dem J. 819 und setzt etwa in dieselbe Zeit obige Urkunde. Worauf sich das erstere stützt, finde ich nicht; das zweite ist entschieden falsch, da unsre Urkunde von Ludwig und Lothar ertheilt worden ist. Die Gründung des neuen Klosters muss allerdings nach L. 209 vor 824 gesetzt werden. Aus diesem Diplom wollte nun Mabillon entnehmen dass zur Zeit der Ausstellung Smaragd schon gestorben und Hilduin ihm als Abt gefolgt sei, woraus er dann weiter folgerte, dass das dem Abt Smaragd ertheilte L. 275 früher zu setzen sei. Aber Hilduin wird in L. 209 keineswegs als Abt von S. Mihiel de Marsoupe bezeichnet, sondern nur als derjenige der wie in L. 204 in seiner Eigenschaft als Erzkapellan dem Kaiser die betreffende Angelegenheit vortrug. Smaragd lebte damals noch, und es steht somit auch nichts im Wege L. 275 in die Zeit der Mitregierung Lothars zu setzen.

L. 278. In L. 180 wird Barisy den Mönchen zum Unterhalt zugewiesen, hier erscheint es als Beneficium des Leo. Aber noch Ludwig muss es dem Kloster restituiert haben (s. acta deperd.), da die 840 Lothar vorgelegte Urkunde weder L. 180 noch L. 278 sein kann. Dass die Celle propter insolentiam rectorum, wie Lothar sagt, dem Kloster entzogen, muss also zwischen 822 und 831 geschehen sein; die Restitution dagegen muss zwischen 831 und 840 fallen.

L. 280. Wie von den Herausgebern so ist auch von den Historikern diese Theilungsakte ganz verschiedenen Jahren zugeschrieben. Le Cointe, Pagi, Himly haben 835 angenommen, Funck 836, wie Pertz hat auch Leibniz Ende 830 vorgeschlagen; Wedekind dagegen (Noten zu einigen Geschichtschreibern 2, 441), dem dann Stälin (Wirtemb. Gesch. 1, 252) und Dümmler (Gesch. d. ostfr. Reichs 1, 63) gefolgt sind, hat gezeigt dass diese Theilung am passendsten in den Anfang von 831 gesetzt wird. Was den Charakter des Stückes anbetrifft, so bemerkte Leibniz (ann. 1, 404): sed conceptam magis et meditatam quam publica auctoritate in aliquo generali placito perrogatam puto (hanc chartam), cum historicis (non memoretur, und dieser Meinung hat auch Waitz V. G. 4, 571 beigestimmt. Aber aus dem Fehlen des Datums darf man dies nicht schliessen, da derartige Urkunden, mögen sie nun ganz vollzogen sein oder nicht, ja nur selten vollständig auf uns gekommen sind. Und weiter: geben wir zunächst auch zu dass es nur ein Entwurf sei, so haben wir es doch mindestens mit einem sehr weit gediehenen Entwurf zu thun, da das Schriftstück nicht blos formlose Bestimmungen enthält, sondern bereits ganz ausgearbeitet und mit den üblichen Eingangsformeln versehen ist. Und der Titel nun der hier dem Kaiser beigelegt ist, schliesst zunächst die von den älteren Herausgebern angenommenen Jahre aus: das Stück kann so nur nach Ausgang 830 und vor Mai 834 aufgesetzt sein. Eine nähere Zeitbestimmung lässt sich dann aus der Vergleichung des Inhalts mit den anderweitig bekannten Verhältnissen gewinnen. Lothars ist hier gar nicht gedacht, während Pippin und der jüngere Ludwig in der vollen Gnade des Vaters erscheinen.

So liegen die Verhältnisse aber nur im Frühjahr 831 und im Frühjahr 834. Wollten wir nun das letztere annehmen und diese Theilung in die Zeit zwischen der Flucht Lothars am 2ᵈ. Februar und der spätestens im Mai erfolgten Aenderung des Titels in den Urkunden setzen, so sprechen dagegen wol die Details der projectierten Theilung: um nur das eine anzuführen, würde sich wol Ludwig d. D. haben gefallen lassen, dass ihm Schwaben dessen er sich damals schon bemächtigt hatte, wieder hätte abgesprochen werden sollen? Der Einreihung zu Februar 831 oder zu den nächsten Monaten stehen solche Bedenken nicht im Wege. Das Stück noch einige Monate zurückzurücken, wie Pertz will, scheint mir auch aus einem andern Grunde nicht zulässig. Dass noch bis zum Januar 831 Lothars Name wenigstens in den Datierungen vorkommt (UL. § 87. 89), zeigt dass sein Einfluss noch nicht ganz beseitigt war. Dies geschah offenbar erst, nachdem Ludwig sein Ansehen auf dem Aachener Reichstage zu Lichtmess 831 neu befestigt sah. Damals musste Lothar Einbusse an Ehren und Würden und allerlei Demüthigungen über sich ergehen lassen, damals hatten sich die andern Brüder Anspruch auf den Dank des Vaters erworben, damals mochten sie auch noch durch Verfügungen wie sie hier enthalten sind befriedigt werden können. Speciell spricht dann für die Ansetzung zu dieser Zeit der Inhalt von § 13, dass sich Ludwig vorbehält die bisherige potestas in regimine atque ordinatione et omni dominatione regali et imperiali, wovon nach 833 (s. auch Beitr. zur Dipl. 5, 364) nicht mehr die Rede sein konnte. Nur das fällt auf, wenn dies Stück zu Februar oder März 831 gehört, dass es entweder im Beisein Lothars, der nach den Annalen nicht früher als seine Brüder verabschiedet wurde, oder nach der Abreise aller Söhne aufgesetzt sein würde. Auf die Ansicht von Leibniz über den Charakter des Stückes zurückzukommen, scheint mir einen blossen Entwurf anzunehmen zu wenig. Aber das ist zuzugeben dass sich die Urkunde von der über die Theilung von 817 wesentlich unterscheidet: so durch das Schlusscapitel in dem sich Ludwig Zusatzbestimmungen vorbehält, ferner dadurch dass einer förmlichen Berathung und Beschlussfassung auf einem Reichstage keine Erwähnung geschieht. Diese Theilung geht also nur von dem Kaiser und der augenblicklich herrschenden Partei aus und ist vielleicht, da sie ja ohnedies nicht gleich durchgeführt werden sollte sondern nur auf den Todesfall berechnet war, da endlich die Verhältnisse die sie hervorgerufen von kurzer Dauer waren, gar nicht publiciert worden. Daraus würde sich auch erklären dass die Annalisten der Zeit von ihr gar keine Notiz nehmen, Nithard ausgenommen, dem auch nicht in die Oeffentlichkeit gedrungene Verfügungen bekannt sein konnten und dessen kurze Andeutungen recht wol zu dem Inhalte passen.

L. 281. Entschieden falsch ist die Unterschrift des Helisachar (UL. § 32). Ich vermuthe dass der Schreiber des Chartulars sie zuerst ausgelassen und dass dann er oder ein späterer sie aus L. 45 nachgetragen hat. — Die Schenkung des Ausemundus findet sich in Pardessus nº 140.

L. 285. Bis zum Druck der Regesten kannte ich und wiederholte ich nur die Angaben von Schoonbroodt (inventaire des chartes du chap. de s. Lambert, Liége 1863 in 4°) und von Wauters (bulletins de l'Acad. R. de Belgique 2ᵉ série, 15, 467) über die Ueberlieferung von L. 285 und 383. Dieselben habe ich aber jetzt zu berichtigen nach der indess mir zugegangenen Schrift von F. Henaux le liber cartarum ecclesie Leodiensis (Liège 1863; auch im Bulletin archéol. liégeois a. 1864, p. 1113). — Was nach verschiedenen Feuersbrünsten, namentlich in den J. 882 und 1185, von Urkunden noch gerettet war, wurde bald nach letzterem Brande in dem liber cart. eccl. Leod. gesammelt. Nachdem dieses Copialbuch durch Nachträge angewachsen war, wurde es nach 1330 nochmals abgeschrieben. Dieses zweite Chartular wurde gleichfalls fortgesetzt und bestand endlich im 18. Jhdt. aus sechs Bänden, welche als libri chartarum bezeichnet wurden. In beiden Chartularen begann die Reihe der Urkunden mit dem a. spur. eccl. Leod., auf das ich gleich zurückkomme. Chapeaville standen nur die Copialbücher des 14. Jhdts. zu Gebote, die seit 1794 spurlos verschwunden sind. Das ältere Chartular scheint schon bald nach 1600 in Privatbesitz übergegangen zu sein und wurde erst 1851 unweit Lüttich wieder aufgefunden und von Ferdinand Henaux erworben. Von Urkunden der älteren Karolinger enthält nun der letztgenannte Band L. 285. 383 und das a. spur.; aber nur L. 383 ist bisher nach demselben veröffentlicht worden. Daher ist unter L. 285 richtiger zu bemerken: Chartul. eccl. Leod. saec. 12 exeuntis in coll. d. H. L. — Chapeaville 1, 154 ex chartul. saec. 14 incip. etc., und unter L. 383: Chart. eccl. Leod. saec. 12 exeuntis etc.

Wenn nun Henaux aus den Nachrichten über den Brand des Lambertsklosters im J. 882 schliesst, dass damals alle Urkunden zu Grunde gegangen seien und dass rien donc de moins authentique que les trois diplômes antérieurs à 882, so geht er darin entschieden zu weit. So gut wie anderwärts können die Urkunden aus der Feuersbrunst gerettet und später in das Chartular eingetragen sein. Und ihren innern Merkmalen nach sind L. 285. 383 unbedingt für authentisch zu erklären. Anders steht es mit dem dritten Ludwig zugeschriebenen Diplome. Dieses ist ausser in dem Chartular noch in einem alten Schriftstück des einstigen Capitelarchivs erhalten, welches in Lüttich und u. a. von Schoonbroodt sogar für ein Original gehalten wird. Dass dies unrichtig ist, ergeben schon die äusseren, aus dem Facsimile ersichtlichen Merkmale. Allerdings haben gewisse charakteristische Buchstaben und Buchstabenverbindungen grosse Aehnlichkeit mit denen in Originalen dieser Zeit (wie L. 254. 256 u. a.), und dasselbe gilt von der Unterschrift des Hirminmaris sammt Chrismon und Recognitionszeichen. Und doch wird ein geübtes Auge erkennen dass hier nur eine wenn auch geschickte Nachahmung vorliegt. Das verrathen besonders die häufigen cursiven Verbindungen der Contextschrift (man beachte z. B. hanc nostram), wie sie in den kaiserlichen Urkunden dieser Zeit nie vorkommen, ja überhaupt in diesseits der Alpen und nach 800 geschriebenen Stücken mir noch nicht begegnet sind. Es ist dies ein ganz ungewöhnlicher Fall, dass für eine Fälschung eine Schriftart angewandt wird die nicht jünger sondern älter ist, als die für die Ausstellung angenommene Zeit. Und ich kann mir die Sache nur so erklären, dass der Fälscher einerseits eine echte von Hirminmaris recognoscierte Urkunde vor sich gehabt und zum Theil diese nachgebildet hat, daneben aber auch ältere Urkunden in merovingischer Cursiv, deren er sich als Vorlagen für die Contextschrift bedient hat. Bestärkt werde ich in dieser Annahme durch das was Henaux berichtet: dass auch der Schreiber des älteren Chartulars die Unterschriften der von ihm copierten Stücke nachgezeichnet hat, dass man sich also in Lüttich auf derartige Anfertigung von Facsimiles verstanden hat. Endlich ist über das Siegel an jenem Schriftstück noch zu bemerken, dass es ebenfalls eine Nachbildung ist, wie sowol die Legende als das Bild, soweit es noch erhalten ist, zeigen. Den äusseren Merkmalen nach könnte das betreffende Schriftstück also höchstens Copie sein. Die inneren Merkmale aber ergeben dass es geradezu eine Fälschung ist und zwar eine Fälschung für die L. 285 benutzt ist, was dann, unter der Voraussetzung dass damals L. 285 noch in Original erhalten war, zugleich die theilweise Richtigkeit der äusseren Merkmale erklären würde. Zunächst ist das Protokoll L. 285 entlehnt. Aber auch die Fehler lassen sich auf die Benutzung dieses echten Diplomes zurückführen. In der Tauschurkunde L. 285 ist z. B. die kaiserliche Unterschrift nicht gesetzt und auch nicht angekündigt; sie fehlt nun auch in der Fälschung, obgleich sie angekündigt wird. Ferner ist auch die Arenga L. 285 entnommen, die wenn auch in etwas modificiert, zu dem weiteren Inhalte der Urkunde nicht passt. Auch in der Folge begegnen einzelne den Formeln für Tauschbestätigung (Rozière n° 317. 318) entlehnte Wendungen neben anderen aus Schenkungsformeln. Müssen wir schon um dieser Fassung willen das Stück verwerfen, so kommt als weiterer Verdachtsmoment noch die Erwähnung eines Bischofs Fulcharicus II hinzu, der sonst nicht bekannt ist und sich auch nicht in der Reihe der Bischöfe unterbringen lässt. Zunächst verträgt sich der Name nicht mit dem Ausstellungsjahr, mag man nun als dasselbe nach dem angegebenen Regierungsjahre 826 annehmen, oder nach der Indiction 830; denn bis in den April 831 war (L. 285; M. G. h. 2, 195) Walcandus Bischof von Lüttich. Polain möchte deshalb den Fulcharicus der betreffenden Urkunde einschieben zwischen Walcandus und dem späteren Bischofe Herard, von dem wir nicht wissen, wann er auf den bischöflichen Stuhl erhoben ist, und möchte in Anbetracht dass schon im Juni 832 Theoto dem Fridugis in der Kanzlei folgte (UL. § 35), das Diplom zu 832 setzen. Dass damit den überlieferten Jahreszahlen Zwang angethan würde, liesse sich bei einer sonst fehlerfreien Copie allenfalls rechtfertigen, aber nicht bei einem an so zahlreichen Mängeln leidenden Stücke. Vielmehr ist die Erwähnung dieses sonst nicht bekannten Bischofs ein Grund mehr die ganze Urkunde zu verwerfen, womit dann auch Fulcharicus II aus der Bischofsreihe entfällt.

L. 286. Die Angabe der ann. Bert. in M. G. h. 1, 424 dass sich der Kaiser am 1. Mai in Ingelheim befand, verdient mehr Glauben als die in der Urkunde bei Dronke 212 n° 483, nach welcher Ludwig an diesem Tage in Prüm einem zwischen diesem Kloster und Fulda vollzogenen Tausche beigewohnt und denselben durch seine Unterschrift bestätigt haben soll. Wie schon Schannat und Dronke angenommen haben, sind die betreffenden Worte von dem Copisten zugesetzt; vgl. UL. § 63 N. 4.

L. 288. Obgleich mehrere der Formeln im höchsten Grade verunstaltet sind, lassen sie und das sich in das Itinerar vollkommen einfügende Datum doch eine echte Vorlage voraussetzen. Auch lässt sich trotz ganz ungehöriger Zusätze noch eine Rozière n° 143 entsprechende Fassung erkennen. Aber die Besitzung die Gegenstand solcher Schenkung gewesen sein soll, findet sich allerdings in Fulder Urkunden nicht weiter erwähnt, da Dronke n° 683 vom J. 940 nur von einem Tausche an demselben Orte handelt, und auch dass in Alsheim eine Bonifaciuskirche vorkommt (Schannat Worm. 1, 8), genügt noch nicht den Inhalt unserer Urkunde zu bekräftigen.

L. 289. In dem ehemaligen Klosterarchiv, das jetzt dem S. Galler Cantonalarchiv einverleibt ist, findet sich das noch im vorigen Jahrhundert wiederholt erwähnte Original dieser Urkunde nicht mehr, sondern nur ein Transsumpt von dem ich gleich sprechen werde. Die Echtheit wird aber hinlänglich durch die noch in Original vorliegende Bestätigung Lothars von 840 (Eichhorn cod. prob. 16 n° 9) verbürgt. Ueber Fassung und Inhalt s. Beitr. zur Dipl. 3, 238; 5, 374. — Ausser diesem Diplom sind noch zwei Karl und Ludwig zugeschriebene aus einem Transsumpt vom J. 1656 bekannt, der sich wieder auf ein 1498 unter dem Abt Melchior aufgesetztes Vidimus berufen soll: s. Wegelin die Regesten der Abtei Pfävers (Chur 1850 in 4°), Vorwort. Auffallend ist aber dass dieses Vidimus vor und zunächst nach 1600 nicht bekannt gewesen zu sein scheint. Wie Sebastian Münster (Cosmographie 570) erzählt, waren dem Abt von Pfävers im J. 1547 ältere Urkunden nicht mehr bekannt, sondern nur Freiheiten von Ludwig d. F. (offenbar L. 289) und von den Nachfolgern. Auch in einer 1628 vom Abt Stoklin verfassten Geschichte, aus der Mabillon ann. 2, 546 Auszüge mittheilt, erscheint L. 289 als die älteste damals gekannte Urkunde. Möglicher Weise sind also die zahlreichen falschen Urkunden von Päpsten (Stephan IV, Leo III) und Kaisern im Transsumpt von 1656 erst um diese Zeit entstanden. Dass die zwei von mir verzeichneten Fälschungen nicht zu vertheidigen sind, haben schon im vorigen Jahrhundert Scheuchzer und Salis-Seewis (Wegelin l. c.) dargethan; s. auch Heumann 1, 262.

L. 290. Da ich die Diplome Ludwigs für Cur L. 290. 291. 340 ausführlich in den S. Galler Mittheilungen für vaterländische Geschichte 1866, Heft 3, 1—15 besprochen habe, gebe ich hier nur möglichst kurz das Ergebniss meiner Untersuchung an. L. 291 ist in Original erhalten und ist nach diesem von Mohr abgedruckt; doch bedarf dieser Druck noch einiger von mir gegebenen Verbesserungen und Ergänzungen. — Was Mohr für das Original von L. 290 hielt, ist nur eine in formeller Hinsicht ganz verderbte Abschrift. Statt der in Ludwigs Diplomen gebräuchlichen Formeln hat der Copist die Invocation, Kanzlerunterschrift und Datierung einem Diplome Lothars entlehnt, aller Wahrscheinlichkeit nach entweder dem noch in Original vorhandenen Diplome für Pfävers vom 24. Juli 840 oder einer um dieselbe Zeit ertheilten Urkunde. Das Diplom für Pfävers ist nämlich datiert: d. 9 kal. aug. a. Christo propitio imp. d. Hlotharii piissimi augusti, ind. 3, actum Strazbure civ. in dei nomine feliciter amen, womit die Daten der Abschrift von L. 290 zum Theil übereinstimmen. Trotz dieser argen Fehler halte ich Inhalt und Wortlaut von L. 290 für echt, indem sie durch die bestätigende Originalurkunde Ludwigs d. D. vom 12. Juni 848 verbürgt werden. Es fragt sich nur, da die überlieferten chronologischen Merkmale unmöglich sind und als fingiert nicht in Betracht kommen können, wohin ein derartiges Diplom zu setzen sein wird. Der kaiserlichen Entscheidung gingen vier

Bittschriften des Bischofs Victor von Cur (820—833) voraus, von denen drei (Mohr l. c. n° 15—17) erhalten sind und welche die Zeitbestimmung für L. 290 ermöglichen. Die zweite Petition überreichte Victor dem Kaiser 823 in Frankfurt, wohin er mit Lothar gereist war und wo sich damals auch (L. 195. 196) Bischof Bernold von Strassburg und Abt Gotafrid von Gregorienmünster befanden, welche später als Missi nach Rhätien abgesandt wurden. 823 kamen aber die Missi noch nicht in das Land, Victor petitionierte daher zum dritten Male und begab sich endlich nochmals selbst mit einer vierten Bittschrift an den Hof, den er in Corbeny bei Laon antraf. Dies geschah aller Wahrscheinlichkeit nach 830. Nun endlich begaben sich Bernold, Gotafrid und Graf Hrocharius als Missi nach Rhätien, um die vom Bischof und den dortigen Aebten gegen den Graf Roderich erhobenen Klagen an Ort und Stelle zu prüfen. Ueber ihre missatische Thätigkeit berichtet uns L. 289 für Pfävers. Auf Grund ihres Berichtes wurde diese Urkunde am 9. Juni 831 ertheilt. Dass Bernold eben damals in der Pfalz zu Ingelheim beim Kaiser war, ergibt sich aus L. 287. Wahrscheinlich fällt doch also der Bericht der Missi über die Curer Angelegenheit und die kaiserliche Entscheidung in dieselbe Zeit, d. h. kurz vor die Ertheilung der Immunität L. 291, in der bereits das Restitutionsdiplom L. 290 erwähnt wird. Nur müssen wir dann annehmen dass auch der Text von L. 290 in etwas von dem Copisten verändert worden ist. Nach der Abschrift von L. 290 wäre nämlich der vom Bischof angeklagte Graf Roderich noch am Leben gewesen und hätte sogar selbst an der Untersuchung theilgenommen; nach L. 289 dagegen und nach der Confirmation Ludwigs d. D. war er bereits gestorben. Letzteres ist also besser verbürgt, und überhaupt sind alle Details der Abschrift von L. 290 welche mit denen der bestätigenden Urkunde in Widerspruch stehen, zu verwerfen: so habe ich denn auch das Regest von L. 290 nach der Urkunde von 848 festgestellt.

Dass das L. 340 enthaltende und zuletzt von Mohr abgedruckte Schriftstück nicht, wie behauptet wurde, Original sein könne, schloss ich aus den zahlreichen und auffallenden Schreibfehlern, aus dem nicht zu den chronologischen Angaben passenden Ausstellungsort Frankfurt und aus der gegen allen Kanzleigebrauch verstossenden Art in der die Verleihung des Zolles in Cur erwähnt wird. Meine Ansicht fand volle Bestätigung durch das von mir an anderem Orte wieder aufgefundene Original. In der sechsten Zeile desselben findet sich eine Rasur, auf welche eine spätere Hand die Worte: in Curia civitate theloneum (jedoch ohne ab itinerantibus) gesetzt hat. Dies ist also offenbare Interpolation, und möglicher Weise eine sehr junge, da Chronisten des 16. Jhdts. wie S. Münster und Stumpf, welche die Urkunden erwähnen, noch nichts von der interpolierten Stelle zu wissen scheinen. Wann nun der Zoll an die bischöfliche Kirche gekommen ist, lässt sich nicht mehr mit Bestimmtheit angeben: von Otto I. wird 952 gesagt (Mohr n° 49) dass er ihr schon seit geraumer Zeit übertragen worden. Was nun ursprünglich an der betreffenden Stelle gestanden hat, ergibt sich theils aus der ganzen Fassung theils aus späteren Urkunden: es müssen hier Ortsnamen von im Elsass gelegenen und zur Kirche in Schlettstadt gehörigen Besitzungen der Curer Bischöfe gestanden haben, Namen wie sie in den Urkunden bei Mohr n° 30. 50. 51 vorkommen, vielleicht Winzenheim. Suabesheim, Cuniggesheim.

L. 292. Dies Diplom war in ein Salbuch von Andlau eingetragen, das wie alle älteren Archivalien des Klosters verloren gegangen ist (Spach lettres 410). Die anderen Urkunden für Hohenburg kamen, als diese Abtei im 16. Jahrhundert verfiel, in das Archiv der Strassburger Bischöfe und mit diesem in das jetzige Departementalarchiv. Da findet sich unter anderem von L. 349 eine Copie des 12. Jhdts., die Grandidier fälschlich in das 10. setzte. Aus dem 12. stammt auch das älteste Exemplar der dritten bereits von den Herausgebern und von Rettberg 2, 78 für falsch erklärten Urkunde, von der sich in demselben Archive auch eine deutsche Uebersetzung des 14. Jhdts. erhalten hat.

L. 295. Marrier etc. mit ind. 11, Le Cointe und Mabillon mit ind. 10, während im Chartular die Indiction fehlt. Ueber die Arenga s. UL. § 57 N. 11.

L. 296. S. Waitz V. G. 4, 99.

L. 297. Zu allerlei Fehlern in den Formeln, welche schon genügen das Stück als Copie erkennen zu lassen, kommt die Bezeichnung des Klosters als in honore s. martyrum Stephani atque Viti erbaut, welche die Urkunde als überarbeitet und verderbt erscheinen lässt. Die Uebertragung der Gebeine des letzteren Heiligen fand nämlich nach der transl. s. Viti in M. G. h. 2, 583 erst im J. 836 statt, und kann also das Kloster vorher nicht nach diesem Heiligen benannt worden sein (s. Leibniz ann. 1, 415). Aber, was wegen der entschieden falschen Urkunden zu bemerken ist, auch in der nächsten Zeit nach 836 kam diese Bezeichnung nur ausnahmsweise vor und nur allmählich bürgerte sie sich ein. Zuerst in einem Diplome Ludwigs d. D. von 853 finde ich: in honore s. Stephani ubi etiam s. Viti mart. pretiosa pignora servari noscuntur, was noch wesentlich von obiger Benennung abweicht, und erst 887 begegnet diese in der ganz unverdächtigen Urkunde Karls d. D. Weitere Beweise dafür dass die betreffenden Worte später eingeschoben sind, bringt Wilmans 1, 33 bei. Er weist ferner propinquus noster in demselben Satze als gleichfalls interpoliert nach. Endlich bemerkt er dass vielleicht auch die Stelle: quae (piscatio) quia — hoc war nuncupatur nicht ursprünglich, sondern nur eine gelehrte Scholie ist; es wird sich dies kaum noch entscheiden lassen. Dennoch lässt sich trotz aller Formelfehler (einige derselben wie die in UL. § 88 N. 1 und § 89 vermerkten entfallen überdies, nachdem Wilmans die alte Copie correct abgedruckt hat) und Interpolationen eine echte Vorlage annehmen.

L. 298. Von den Urkunden für Hasenried scheint L. 298 dem ersten Herausgeber Büttner noch im Original und L. 299 als alte Copie vorgelegen zu haben, und auch L. 301 ist offenbar, trotz des einen Zifferfehlers, noch nach dem Original veröffentlicht worden. Ob diese Schriftstücke noch jetzt erhalten sind und wohin sie gekommen sein mögen, habe ich nicht erfahren können. L. 298 und 299 sind dann nochmals aus einem Eichstätter Copialbuch abgedruckt worden, das in den Mon. Boica als um 1200 angelegt bezeichnet wurde. Gemeint ist damit ein im Münchener Reichsarchiv (Eichstätt Hochstift Cart. I. S. II.) befindlicher Pergamentcodex mit der Aufschrift registratura antiqua, von verschiedenen Händen des 13. — 15. Jhdts. geschrieben und Urkunden vom

J. 832 bis zum J. 1452 umfassend, darunter jene beiden Diplome für das 838 an das Bisthum verschenkte Kloster Hasenried. Die Texte sind hier entschieden schlechter als bei Büttner. So ist der zweite Theil von L. 298, das in Beitr. zur Dipl. 5, 378 erläutert ist, nur verständlich, wenn man mit Büttner liest: faciant nisi quando etc. In L. 299 wird die Arenga wol so zu emendieren sein: si ea quae fideles imperii etc.

L. 302. Eingehend erläutert von Mabillon l. c. Ueber die Aebte Benedict von Aniane und Arnulf von Hermoutier s. Ermoldus Nigellus und vita Hlud. in M. G. h. 2, 488. 622, ferner vita s. Bened. Anian. in Bouquet 6, 274. Unter dem Convent in Paris ist die Reformsynode vom J. 829 zu verstehen. In Mabillon dipl. 518—521 werden zwei weitere auf diese Klosterreform bezügliche Stücke mitgetheilt. Das erstere derselben n° 74 setzte Mabillon zu 832, indem er es für die charta secundae synodus in monasterio habiti hielt. Dies scheint mir aber nicht richtig zu sein. Wie in L. 302, so wird nämlich auch in Mabillon dipl. n° 75 (besser in Tardif 84 n° 123) eine synodalis carta erwähnt, die gelegentlich der von Aldricus und Ebo versuchten Reform in zwei Exemplaren geschrieben wurde. Für das im Kloster aufbewahrte Exemplar halte ich nun das Schriftstück dem Mabillon n° 74 entnommen ist. Denn diese Urkunde, aus der dann der erste Theil von L. 302 abgeschrieben ist, enthält nur die Erzählung der Vorgänge bis zu der unter Aldricus und Ebo im Kloster versammelten ersten Synode oder bis zur Aufzeichnung der zweiten promissio und noch kein Wort von der nova coniuratio. Die Originalaufzeichnungen der zweiten im Kloster abgehaltenen Synode besitzen wir dagegen nicht mehr, und was auf ihr beschlossen und geschehen war, können wir nur noch aus der kaiserlichen Bestätigung L. 302. Mit der damaligen Klosterreform hängt nun offenbar auch die Gütertheilung zwischen dem Abte und Mönchen zusammen, die uns noch in Mabillon n° 75 vorliegt. Auch diese Urkunde confirmierte der Kaiser durch L. 303, welches (s. Beitr. zur Dipl. 4, 593) ganze Sätze aus der zur Bestätigung vorgelegten Urkunde des Abtes wiederholt und da wo es die Vorlage abkürzt ausdrücklich auf sie verweist mit den Worten: quod ideo praetermisimus, quoniam in eisdem locis liquide et exacte constat esse descriptum.

L. 307. Weder Fassung noch Inhalt können beanstandet werden. Die Ziffern aber sowol dieser als der zweitfolgenden Urkunde sind verderbt; dennoch bedarf es nicht der willkürlichen Emendation von Le Cointe, da der Aufenthalt des Kaisers in Le Mans zu Weihnachten 832 auch durch die ann. Bertin. in M. G. h. 1, 146 bezeugt wird.

L. 308. Die hier als dem Bisthum gehörend aufgezählten Klöster sind bis auf das neu hinzukommende Caladon die schon in K. 181 genannten. Aber offenbar ist auch hier und für diese Zeit der Besitzstand unrichtig angegeben; denn um nur einiges anzuführen, ist das monasterium s. Marine intra murum civitatis et Sartham nach L. 344 dem Bischof erst später restituiert und desgleichen ist Aldrich erst in den folgenden Jahren und nicht restitutionis nomine sondern nur iure beneficii in den Besitz von Anisola gekommen. Also hat die Urkunde jedenfalls eine Erweiterung erfahren. Dadurch werden auch die Bestimmungen die ich in K. 181 beanstandet habe und die hier wiederkehren, etwas verdächtigt, obgleich sie viel eher für die Zeit Ludwigs als für die seines Vaters passen. Uebrigens liegt der stilistische Zusammenhang beider Stücke auf der Hand: selbst volo haben sie gemein, und unverständliche Stellen der einen (wie in K. 181 tam de sua dominicata quam et de vassalorum) wird man nach der anderen (in L. 308 tam de sua dominatione etc.) emendieren dürfen. So kann man auch hier als Minimum des ursprünglichen Inhalts eine iussio de decimis nach dem Vorbilde der von Karl ertheilten unbedingt annehmen. Auch der Zusatz in unserem Diplom zu K. 181: de vicis enim canonicis etc. (so ist zu lesen) ist, da solche Bestimmungen auch anderwärts vorkommen, unbedenklich. Was aber die weiteren Verordnungen und die Aufzählung der Besitzungen im allgemeinen anbetrifft, so lässt sich nicht mit Bestimmtheit entscheiden, ob sie auch hier auf Fälschung beruhen oder ob sie in einem echten Diplom Ludwigs enthalten gewesen und nur aus diesem in das Karls eingeschaltet sind.

L. 309. Mehr als der zehnte Theil der uns bekannten Diplome Ludwigs handelt von Restitution grösserer oder kleinerer Besitzungen, die unter den Vorgängern in der einen und anderen Weise den kirchlichen Instituten entzogen worden waren. Vier Urkunden der Art für die Bischöfe von Vienne sind uns erhalten, eine noch grössere Anzahl für Alderich von Le Mans, den auch sein Biograph unermüdlich thätig schildert das Gut seiner Kirche wieder zu mehren und dem die Gunst des Kaisers dabei trefflich zu statten kam. Die betreffenden Urkunden für Le Mans L. 309. 330. 357—359. 377 lassen sich in keiner Weise beanstanden. Die vier letzten stimmen ganz überein, mit ihnen die zwei ersten zum grossen Theil. Und die einzelnen Theile lassen sich auch wieder in anderen Urkunden nachweisen und auf Formeln zurückführen. Man vergleiche die Schlusssätze der sechs Diplome (per quam decernimus etc.) mit Rozière n° 570 oder mit L. 154 für Piacenza. Die Arengen von L. 309 und 330 finden sich in L. 313 wieder, die der anderen vier Stücke in L. 332. Dass fünf dieser Urkunden durch kaiserliche Unterschrift bekräftigt sind, L. 309 dagegen nicht, entspricht gleichfalls dem in UL. § 63 bemerkten.

L. 311. Die Urkunde kann der Kanzlerunterschrift wegen frühestens in den Januar des J. 833 gesetzt werden, um welche Zeit auch in L. 309 fälschlich das 18. Regierungsjahr angegeben wird.

L. 312. Nach Einsicht des Originals habe ich zu verbessern dass in ihm der Name des beschenkten Grafen Rihdag und Rihdac geschrieben ist (so auch Wilmans). Die erste tironische Note weiss ich auch jetzt noch nicht mit Sicherheit zu entziffern. Als sie mir nur in einem Facsimile vorlag, glaubte ich den Namen Vala herauszulesen und theilte dies Wilmans mit, und auch noch nach Prüfung des Originals muss ich diese Entzifferung als die nächstliegende bezeichnen. Aber das Factum dass Wala damals eine Urkunde vom Kaiser erwirkt, verträgt sich durchaus nicht mit alle dem was wir von seiner politischen Haltung in dieser Zeit wissen; so nahm ich im Regest von dieser Entzifferung keine Notiz und erwähne sie nur nachträglich, weil ich durch sie Wilmans wol irre geführt habe. Dass letzterer der Arenga von L. 312 eine besondere Bedeutung beilegt, scheint mir auch in diesem Falle (s. UL. § 57) zu weit zu gehen, und nur das scheint mir bemerkenswerth, dass in solchem Augenblicke ein wahrscheinlich aus Sachsen stammender Graf einen Beweis besonderer Gunst erhalten hat.

L. 313. Wie Brunner (Zeugen- und Inquisitionsbeweis 84) gezeigt hat, das erste sichere Beispiel eines Inquisitionsprivilegiums.

L. 314. Mein früheres Urtheil über diese Urkunde habe ich schon in UL. § 110 N. 8 zurückgenommen, und Einzelheiten die mir früher anstössig erschienen, habe ich in UL. § 25; 56 N. 4; 63 N. 5; 64 besprochen. Inzwischen hat auch Soetbeer in Forschungen 6, 23 — 37 den Inhalt dieses und anderer Münzprivilegien jener Zeit erläutert und hat damit auch die bisher gegen den Inhalt erhobenen Zweifel beseitigt.

L. 316. Vom Original ist keine Spur mehr aufzufinden. Die im Facsimile schlecht nachgebildeten tironischen Noten versuchte Kopp 1, 393 zu entziffern: richtig las er heraus dass wie gewöhnlich die Unterschriftszeile wiederholt ist, ganz unrichtig aber veränderte er die weitern Noten so, dass sie monasterium Columbae ergeben würden. Durch viel geringere Rectification erhalten wir dieselben Noten welche in L. 313 begegnen und bedeuten: Fulco impetravit. Da der eine der hiergenannten Orte jetzt Cuy heisst, ist wahrscheinlich Cusiacum zu lesen.

L. 317. Die Befreiung der Klosterleute vom Kriegsdienst durch Ludwig wird auch durch die späteren Confirmationen, besonders durch die Karls d. D. in Erhard l. c. n° 31 bezeugt. Wie Roth Feudalität 236 nachgewiesen hat, folgte dieselbe nicht aus der Immunität, sondern war durch besondere Urkunde und zwar nach transl. s. Viti in M. G. h. 2, 579 im Juli 815 ausgesprochen. Dieses nicht erhaltene Diplom soll den Grafen verlesen werden. Weshalb ich den Zeitraum innerhalb dessen der Brief geschrieben sein kann, mehr einschränke als die bisherigen Herausgeber (auch Wilmans 1, 28 n° 10 setzt noch an zu 826—833) wird aus UL. § 86. 89 ersichtlich.

L. 318. Von Le Cointe 7, 791 und nach ihm von vielen andern zu 826 gesetzt, von Funck 258 zu Anfang 829: beides verträgt sich nicht damit dass Ludwig hier ohne Lothar genannt wird. Jedenfalls kann der Brief erst nach dem 822 erfolgten Tode des Hakem Abulassi geschrieben sein. Ist nun die Empörung der Meridaner gegen Abderrahman die vom J. 827 berichtet wird (Reinaud invasion des Sarrasins 130) die erste, so dass wir deshalb den Brief nicht zwischen 822 und den Beginn der Mitregierung Lothars setzen dürfen, so müssen wir ihn mit dem wiederholten Aufstande der Meridaner von 832 oder 833 in Verbindung bringen, wozu auch die Worte: vos semper iniurias repulistis etc. passen. — Ausser L. 318 enthält der lib. epistol. Einhardi noch drei im Namen Ludwigs geschriebene Briefe (Teulet 2, 30 n° 19—21 = Bouquet 6, 373 n° 19—21), in denen aber wie in Formeln die Personennamen nur durch Siglen ausgedrückt sind: da letztere eine sichere Auflösung nicht zulassen, habe ich diese Briefe nicht aufgenommen.

L. 319. Gegenüber der Deutung welche Wilmans 1, 47 dem tironischen Zusatze gibt, glaube ich doch die von mir in UL. § 35 angegebene aufrecht erhalten zu können. Vom Siegel sagt auch Wilmans dass es sich von denen der Diplome L. 178. 202. 312. 360. 375 unterscheide: die letzteren seien ersichtlich

Abdruck einer alten Gemme, während das Siegel von L. 319 mit einem nach jenen Siegeln geschnittenen Stempel gemacht zu sein scheine. Zunächst bestätigen diese Angaben das Ergebniss meiner Untersuchungen (UL. § 105), dass nämlich die Kanzlei Ludwigs sich eine Zeit lang eines anderen jedoch möglichst gleichen Stempels bedient hat. In einem Punkte aber mögen sie meine Annahmen berichtigen. Da ich die Beschaffenheit des Bildes nach den mir vorliegenden stark abgeschliffenen Siegeln nicht mit Sicherheit feststellen konnte, glaubte ich dass die Kanzlei sich eine möglichst ähnliche antike Gemme zu verschaffen gesucht habe. Wie jedoch Wilmans nach besser erhaltenen Exemplaren das Verhältniss des einen Siegels zu dem andern schildert, wie er bei sonstiger Aehnlichkeit die Züge des zweiten gröber findet als die des ersten, muss auch ich die Möglichkeit zugeben dass man schon im J. 834 neue Siegelgemmen zu schneiden versucht habe. Nichtsdestoweniger werden wol Werke der Glyptik dieser Zeit sich noch von antiken Kunstproducten (s. UL. § 104 N. 13) unterscheiden lassen.

L. 320. Auf der Rückseite steht von einer Hand des 9. Jahrhunderts: praeceptum domni Hludowici imp. de absolutione functionum et operum publicorum expeditionisque hostilis coenobii Campidonensis. Vgl. Beitr. zur Dipl. i. 364—376.

L. 324. Im Laufe des 11. Jahrhunderts wurde in Redon ein Chartular angelegt, aus dem Lobineau und nach ihm Morice viele Urkunden des Klosters und unter ihnen auch L. 324 und 353 edierten. Seitdem ist die Handschrift welche jetzt dem Erzbischof von Rennes gehört, vielfach beschädigt worden und speciell fehlen die Blätter auf denen diese Diplome eingetragen waren: s. Melanges histor. 1, 191; Courson Cartul., avaut - propos. Jedoch sind Auszüge aus dem alten Chartular im cod. Blancs-manteaux nº 46 erhalten, aus welchem Courson für L. 353 einige Varianten zu den früheren Drucken nachgetragen hat. Bestätigt und zum Theil ergänzt wird der Inhalt beider Diplome durch die vita s. Conwoionis (Mabillon acta ss. saec. IV, 2, 188), sobald wir davon absehen dass L. 324 hier fälschlich als Immunität bezeichnet wird, welche dem Kloster erst von Karl d. K. (Bouquet 8, 513 nº 99) verliehen wurde. Wir erfahren aus den Lebensbeschreibungen dass der Abt Conwoin den Kaiser einmal im J. 833 in Aquitanien, dann wieder in Tours aufgesucht, aber nicht Gehör für seine Bitten gefunden hatte, dass er sich endlich auf den Rath des Nominoe und mit dessen Gesandten wieder an den Hof begab, der damals, wol im Juli 834, in Thionville weilte, und dass er diesmal an dem Bischof Hermor von Alet einen Fürbitter fand und auf dessen Verwendung die erste Schenkung erhielt. Einige Jahre später, da discordia facta est inter Francos et Britones, sandte Nominoe wiederum Legaten an den Kaiser; auch diesmal schloss sich Coinwoin an und bat um weitere Schenkungen, die ihm durch L. 353 bewilligt wurden (vgl. 17. § 77). In beiden Fällen nun sagt Ludwig, dass er ex oratu atque interventu fidelis nostri Nominoe die Urkunden ertheilt: es findet also auch wenn die betreffenden nicht persönlich anwesend sind, Erwähnung von Intervention statt während umgekehrt anwesende Fürbitter, wie in dem einen Falle Bischof Hermor, nicht genannt zu werden brauchen. — Da in L. 353 die Jahresangaben differieren, haben schon die ersten Herausgeber um sie in Einklang zu bringen vorgeschlagen zu lesen 3 non. oder 3 id. sept. und haben für die Indiction die Septemberepoche angenommen. Dafür schien auch noch zu sprechen dass die Conflicte in Britannien, mit denen die vitae s. C. die Absendung von Legaten an den Kaiser und die Reise des Abtes an den Hof in Verbindung bringen, von der vita Hlud. (M. G. h. 2, 642) in solchem Zusammenhang erwähnt werden, dass man gewöhnlich (s. auch Leibniz ann. 1, 463) sie zu 836 setzen zu müssen glaubte. Aber die Indiction mit der Septemberepoche ist doch in dieser Zeit nicht die Regel (UL. § 87), auch passt die Urkunde mit dem Ausstellungsort Quierzy nicht in das Itinerar von 836, indem nach Prudentius Ludwig im September von Remiremont nach Aachen geht. Dagegen ist 837 nach dem Zuge in die Gegend von Nimwegen eine Rückkehr nach Quierzy möglich, und überdies sind in diesem Jahre auch andere Urkunden wie L. 350 und 352 mit der Jahreszahl 23 statt 24 versehen. Somit siehe ich vor L. 353 zu 837 einzureihen.

L. 325. Ob die von Merino benutzten Copialbücher: cartulario de la notaria und libro verde de la secretaria noch erhalten und wohin sie gekommen sind, habe ich nicht in Erfahrung bringen können.

L. 327. Die Epoche des Regierungsjahres scheint anticipiert zu sein; die Urkunde kann, um sich in das Itinerar einzufügen, nur zu Januar 835 = a. 21 gesetzt werden.

L. 330. Auffallend ist dass die nicht häufige Subscriptionsformel (UL. § 88): signum Ill. piissimi imperatoris gerade in den Diplomen für Le Mans. wiederholt vorkommt, nämlich noch in dem ganz correcten L. 381, in den zweifelhaften L. 335. 336. 364 und in zwei von mir als falsch betrachteten Diplomen. Dass dieser Urkunde der Brief L. 329 vorausgegangen sein muss, liegt auf der Hand, und andererseits zeigt der dem Kaiser beigelegte Titel dass er nicht vor 834 geschrieben worden ist.

L. 331. Die Lücke in den ersten Zeilen glaube ich so ausfüllen zu können: de advocatione monasterii cuius advocatum ad hoc in nostram perceperamus commendationem, ut ... valeret. Vgl. Beitr. zur Dipl. 3, 259. 274.

L. 334. Wenn Mabillon ann. 2, 566 bemerkt: ind. 13, non 10 ut in editis legitur, so bemängelt er damit seinen eigenen früheren Abdruck, will aber wahrscheinlich, da er kein handschriftliches Zeugniss für ind. 13 anführt, nur eine Emendation darbieten. In gewissen alten Abschriften (s. Malbrancq 2, 232 und chron. Iperii) scheint die Indictionsziffer ganz gefehlt zu haben. Aber in der Boulogner Handschrift steht ind. 10. Dass diese Zahl falsch ist, unterliegt keinem Zweifel, da bei Ausstellung der Urkunde bereits Hugo der Kanzlei vorsteht und da Folquin dieselbe in a. 2 regiminis Hugonis abbatis, d. h. 835 setzt.

L. 335. 8 kal. sept. bei Bouquet scheint, da alle andern Ausgaben und auch J. a Bosco Floriac. bibl. 1, 253 lesen 9 kal. sept., nur Druckfehler. Zweifelhaft bleibt wie der Ausstellungsort lautet und wo er liegt; J. a Bosco nennt ihn Circiaco, Labbe Cusiaco, Le Cointe Cuciaco, Mabillon bald Cusiaco bald Circiaco, und jeder denkt dabei an andre Orte ähnlichen Namens. Die nächstliegenden Diplome geben uns über das Itinerar nicht mehr Aufschluss als ann. Bertin. in M. G. h. 1, 428, welche den Kaiser von Aachen zur Jagd in die Ardennen reisen und dann nach Aachen zurückkehren lassen. Damit verträgt sich also am wenigsten mit Mabillon dipl. 262 (der aber ibid. 268 und 279 und ann. 2, 568 wieder andere Erklärungen versucht) Circiaco = Carisiaco zu nehmen. Auch Leibniz ann. 1, 452 ist nicht über Hypothesen hinausgekommen.

L. 337. Die kaiserliche Unterschrift nebst dem Monogramm ist der Urkunde erst von späterer Hand beigefügt (UL. § 63 N. 5). Das bischöfliche Privilegium (in D'Achery spicil. 2, 579) enthält kein Datum, ist aber offenbar zur Zeit der exauctoratio Ludowici und in den damals üblichen Formeln abgefasst. In ihm wird die Zahl der Mönche auf dreissig festgesetzt, ihnen die Abtswahl vorbehaltlich der Genehmigung durch den Bischof zugesichert, ihnen als Jahresabgabe Ross, Schwert und Lanze auferlegt, ferner die Verpflichtung beizutragen ad expeditionem publicam.

L. 343. Ausser der obigen Urkunde theilt Baluze in Marca 770 n° 6 aus demselben nicht mehr vorhandenen Chartular noch eine zweite, auch von Böhmer n° 436 verzeichnete Urkunde mit, welche nur in folgendem abweicht. sie ist dem Bischof Ramno ertheilt, sie lässt die Worte: id est cella s. Felicis — seu de pascuario aus, sie hat bei gleicher Kanzlerunterschrift, gleichem Ort und Monatstag für die Jahre die Zahlen: a. 20 d. L., ind. 14. Vaissete machte zuerst darauf aufmerksam dass dies zweite Stück nicht in das J. 833 gesetzt werden könne, da nach einer Urkunde in Marca 769 bereits 832 dem Ramno der Bischof Salomo gefolgt war, wahrscheinlich derselbe Salomo der in K. 241 als presbyter erscheint. Ferner bemerkte Vaissete mit Recht (s. ann. Bertin. und Thegan in M. G. h. 1, 426; 2, 598) dass sich der Kaiser am 5. März 833 nicht mehr in Aachen befand. Er wollte deshalb mit Beibehaltung der ohnedies nicht zu 833 passenden ind. 14 das 8. Regierungsjahr = 821 annehmen, was dann auch in der Gallia christ. 6, 1033 adoptiert wurde. Richtiger hat Bouquet die beiden in Marca abgedruckten Stücke für eine und dieselbe Urkunde genommen und den Namen Fulmo in dem zweiten Abdruck für verschrieben statt Salomo erklärt. Zu dem ersteren nöthigt die in beiden Exemplaren gleichlautende erst seit 834 vorkommende Kanzlerunterschrift (UL. § 36), zu dem zweiten der Umstand dass ein Bischof Fulmo von Elne sonst nicht bekannt ist. Endlich nimmt Bouquet aus der von ihm verworfenen Abschrift die ind. 14 als zu 836 stimmend in seinen Abdruck auf. Ich kann ihm in alledem nur beistimmen, habe aber noch weiteres zu bemerken. Die Urkunde ist bis zu den Worten iugredi audeat genau nach Rozière n° 17 geschrieben, nur die oben schon angeführten Worte: id est cella etc. sind in die Formel eingeschoben, während sie in der ersten Abschrift in Marca 770 fehlen. Und hierin scheint nun diese sonst zu verwerfende Copie richtiger zu sein, denn die angeführten Besitzungen wurden erst von Karl d Einf. in zwei Diplomen der J. 898 und 899 (Bouquet 9, 472 n° 7; 482 n° 15) dem Bisthum geschenkt, und der betreffende Satz ist wahrscheinlich aus diesen Urkunden in das zweite Exemplar der Immunität Ludwigs eingeschaltet (danach ist Beitr. zur Dipl. 5, 354 zu berichtigen).

L. 344. Die betreffende Quelle enthält zwei auf das mon. s. Mariae et s. Petri in suburbio bezügliche Diplome, nach deren einem Ludwig das Kloster dem Bischof geschenkt, nach deren anderem er es ihm fünf Tage später restituiert haben soll. Die Unwahrscheinlichkeit dieses Vorgangs wird durch die noch unwahrscheinlichere Erklärung des Biographen (s. Baluze l. c. 33, vergl. die analoge Erzählung ibid. 17) nicht gemindert und nöthigt eine der beiden Urkunden als Fälschung preiszugeben. Da nun der Wortlaut von L. 344 in keiner Weise Anstoss erregt, das andere Stück aber ungewöhnliche Publications- und Ankündigungsformeln und nicht übliche Wendungen (wie rebus immobilibus ac seipsas moventibus) enthält, entscheide ich mich zu Gunsten des ersteren.

L. 345. Muss ich auch das wesentlichste Bedenken welches ich in Beitr. zur Dipl. 2, 132 gegen die Echtheit dieser Urkunde aussprach, fallen lassen, nachdem ich durch Soetbeer (in Forschungen 6, 31) über die Tragweite derartiger Münzverleihungen eines bessern belehrt worden bin, und muss ich zugleich zugestehen dass sich in formeller Hinsicht gegen die Urkunde, namentlich wie sie von Corvaisier mitgetheilt wird, auch kaum noch etwas einwenden lässt, so nehme ich doch noch an dem Passus Anstoss, welcher Münzverleihungen von Theoderich, Pippin und Karl erwähnt und in welchem zugleich die nicht gerade gebräuchlichen Worte (UL. § 65 N. 5) signa atque sigilla regum gebraucht werden. Oder sollte etwa Alderich eben durch Fälschung von Urkunden der Vorgänger das Diplom Ludwigs erwirkt haben? Ueber Fragen der Art oder über Vermuthungen ist einmal bei der Beschaffenheit der Quelle dieser Urkunden nicht hinauszukommen.

L. 346. Ich muss bemerken dass sowol diese Urkunde als die aus derselben trüben Quelle stammende und vollständig gleichlautende L. 364 von ungewöhnlicher Fassung sind und die seltene Androhung der Immunitätsbusse (UL. § 66) enthalten; aber geradezu deshalb verwerfen dürfen wir sie nicht. In der Indictionsziffer ist offenbar 10 ausgefallen.

L. 347. Die Handschrift der Arsenalbibliothek stammt aus der Bibliothek von S. Germain und die in ihr befindliche Copie ist wahrscheinlich identisch mit der den Drucken zu Grunde liegenden. Fälschlich heisst es in ihr propitiante (UL. § 89 N. 5), und unrichtig ist die in ihr überlieferte Indiction 13, indem das Diplom sich nur in das Itinerar von 836 einfügt, also indict. 14 haben sollte.

L. 350. Die Fassung ist zwar eine sonst nicht nachweisbare, schliesst sich auch nicht an das hier bestätigte scriptum dotationis (Baluze misc. 3, 72) an, aber der Stil ist doch zeitgemäss und daher kein Grund vorhanden die Urkunde zu beanstanden. Dass sie zu 837 zu setzen ist, obschon die für das Regierungsjahr überlieferte Ziffer auf 836 hinweist, ergibt sich aus dem correct ausgedrückten Datum (1. April 837) der vom Kaiser confirmierten Dotationsurkunde. Auch passt actum Gundulfi villa (Gondreville südlich von Toul) im allgemeinen in das Itinerar. Nach dem im Mai 837 versammelten Reichstage hatte der Kaiser bereits die Fahrt nach Italien angetreten, als ihm die Kunde vom Normanneneinfall kam und ihn zu schleuniger Umkehr veranlasste (Prudentii und Ruod. Fuld. ann. in M. G. h. 1, 430. 361). Und dass er bereits über Toul hinaus gewesen war, erfahren wir aus Thegani append. (M. G. h. 2, 604): hoc audiens imperator dimisit iter quod praenunciatum habebat et revertens ad praedium Gundulfi.... venit Noviomagum castrum. Aber das Monatsdatum unserer Urkunde 15. Juni macht Schwierigkeiten, denn nach dem Original

L. 351 befindet sich der Kaiser schon am 16. Juni in Thionville, wo dann zwei Tage später noch ein Diplom für Aldrich ausgestellt wird. Das aber ist undenkbar dass Ludwig an dem einen Tage in Gondreville und schon am folgenden in Thionville. Wir sind deshalb auch hier (UL. § 77) zu der Annahme genöthigt dass actum und data nicht in allen Fällen der Zeit nach ganz zusammenfallen, dass die durch L. 350 bekundete Entscheidung des Kaisers zwar in Gondreville ausgesprochen und da vielleicht auch die Weisung an die Kanzlei erflossen ist, dass die Urkunde aber erst einen oder einige Tage später in Thionville oder auf dem Wege dahin vollzogen und vom 15. Juni datiert, dennoch aber mit dem actum G. versehen worden ist.

L. 352. Aldrici testamenti conscriptio vom 1. April 837 in Baluze miscell. 3, 63.

L. 355. Die Schenkungen an Aniane wurden, wie schon bei L. 177 bemerkt worden ist, mehrmals wiederholt und zwar stets in denselben Ausdrücken der Tradition: ex rebus nostris tradere, concedere, perpetualiter ad habendum tradere etc., und ohne Anwendung der bei Confirmationen gebräuchlichen Worte. Anlass zu diesen wiederholten Schenkungen scheint nur das gegeben zu haben, dass mit der Zeit neue Aebte eintraten. Die letzte Urkunde Ludwigs für Aniane L. 355 fasst nun in der Weise der Pancarten alle früheren Verleihungen, Schenkungen nämlich und Immunität, noch einmal zusammen und schliesst sich dabei in der Redaction genau an die früheren Diplome an, soweit uns diese erhalten sind (UL. § 56). Und zwar ist das specielle stilistische Verhältniss dieser Urkunde zu den früheren folgendes: Arenga, Publicationsformel und erste Güteraufzählung sind L. 8 nachgeschrieben, worauf die Inhaltsangabe von L. 354 und 181 folgt. Dann werden Traditionen genannt die durch uns nicht erhaltene Diplome verbrieft waren. Des weiteren wird wieder der Inhalt von L. 8 angegeben und dabei der von K. 159 eingeschaltet. Daran schliesst sich die Aufzählung der in L. 147. 153. 212. 55 tradierten Besitzungen. Für die Recapitulation wird nochmals ein Satz aus L. 8 aufgenommen. Endlich wird der ganze zweite Theil der Immunität L. 6 wiederholt.

L. 358. Trotz der falschen Jahresziffer setze ich diese Urkunde mit denen gleichen Inhalts (s. L. 309*) zusammen. Wie auch der Name Erminmarus zeigt, ist dieses Stück minder genau als die anderen copiert, und mag so auch die Ziffer falsch abgeschrieben sein. Derartige Fälle kommen in den gesta Aldrici mehrfach vor. So wäre die Precarie über das in L. 359 restituierte Gut (Baluze l. c. 154) angeblich 9 kal. mai. a. Hlud. 18, also am 23. April 831 (nicht 832 wie Roth annimmt) ausgestellt, was unmöglich ist, da der in ihr genannte Aldricus erst Ende 832 Bischof wurde.

L. 362. Anknüpfend an K. 181* habe ich hier nochmals die auf das Kloster S. Calais bezüglichen Diplome für Le Mans zu besprechen. Ich schicke voraus was die durchaus glaubwürdige notitia evindicationis vom J. 863 (Mabillon ann. 3, 105) berichtet: rex interrogando adiuravit Wenilonem Senonensem et Helmeradum Ambianensem et Herpuinum Silvanectensem episcopum, qui temporibus.... Hludowici fuerant, Adalardum quoque illustrem comitem secretorum eius conscium et ministrum, qui veraciter testati sunt monasterium praescripto

Haldrico non restitutionis, sed beneficii iure largitum..... nec..... Haldricus idem monasterium amplius quam duobus annis et dimidio habuit. Zu welcher Zeit diese Verleihung stattgefunden hat, lässt sich ziemlich genau aus den gesta Aldrici bestimmen, denen wir doch in vielen Dingen Glauben schenken dürfen. Nach ihnen (Baluze l. c. 106) hielt Aldrich am 15. Mai 838 einen feierlichen Einzug in Anisola. Dass ihm nun eben damals das Kloster zu Beneficium übertragen worden, stimmt sehr gut zu den vom Kaiser um diese Zeit vorbereiteten und im September in Quierzy ausgeführten Plänen (Dümmler Gesch. d. ostfr. Reichs 1, 123), für die er den einflussreichen Bischof des Karl zugedachten Landes zu gewinnen suchen musste. Und dass es dieser von da an 2½ Jahre lang besessen, stimmt wieder zu der Erzählung der gesta (l. c. 140) dass Aldrich das Kloster in den Anfängen der Regierung Karls verloren habe; nach Nithard besuchte dieser im Beginne des J. 841 diese Gegend und mag damals den vom Bischof verdrängten Abt wieder eingesetzt haben.

Der Brief L. 362 enthält nun nichts, was mit diesem beglaubigten Hergange im Widerspruch wäre, kann also als echt betrachtet und in das Jahr eingereiht werden, in dem die Verleihung des Klosters stattfand und zur Auflehnung eines Theils der Mönche Anlass geben mochte. Bedenklich ist aber der zweite Brief (a. spur. Cenom. 4), weil er die unwahre Erzählung dass das Kloster reddiert sei, enthält. Und vollends zu verwerfen ist die eigentliche Restitutionsurkunde (a. spur. C. 5), welche Ludwig Aldrich ertheilt haben soll und welche in ihrem grösseren Theile dem Karl zugeschriebenen Diplome (a. sp. C. 2) gleich lautet und nur noch hinzufügt, wie seit jener Zeit der Streit zwischen Bischöfen und Aebten verlaufen sein soll. Im ganzen geschickt abgefasst verräth sich diese Fälschung doch auch wieder durch einzelne nicht kanzleimässige Ausdrücke, wie dass Karl einmal rex Francorum genannt wird, dass auch hier (UL. § 65 N. 5) regum praecepta sigillis eorum subter sigillata erwähnt werden.

Ueber L. 364, das auch von dem Kloster handelt, wird sich kein bestimmtes Urtheil fällen lassen. Der Wortlaut stimmt ganz mit dem des schon besprochenen L. 346 überein. Für die Echtheit spricht noch am meisten, dass die Fabeln von der ursprünglichen Qualität des Klosters, der Evindication und Restitution nicht vorkommen, dass Anisola einfach als monasterium suum, d. h. des Bischofs bezeichnet wird, was es damals auf Grund der Verleihung wirklich war. Und dass der neue Inhaber sich die Immunität wieder bestätigen liess, entspricht vollkommen dem damaligen Brauche. Also erregt Verdacht nur die ungewöhnliche Fassung und der nahe liegende Zusammenhang mit den anderen Anisola betreffenden Fälschungen. — Zu den künstlichen Emendationen die Le Cointe versucht, um für L. 363 und 364 das Datum 837 zu gewinnen, und denen Mabillon ann. 2, 592 beigestimmt hat, ist meiner Meinung nach kein Grund vorhanden. Die zu L. 363 gehörige paginola testamenti steht in Baluze l. c. 82 — 92.

Endlich ist hier noch zu erwähnen, dass die gesta Aldrici (l. c. 129), indem sie von den der Restitution vorausgegangenen Verhandlungen erzählen, als damals von dem Bischof den Richtern vorgelegt 25 Urkunden aufzählen und unter diesen zwei Urkunden Karls und eine Ludwigs. Nur die eine Karls ist in der Fälschung a. sp. C. 2 erhalten. Der Inhalt der zweiten wird so angegeben: K. Franconi concessit ut hostes et itinera nulla faceret, sed Adalghisus suus propinquus omnia regalia servitia pro eo faceret et per licentiam Franconis aliquam partem abbatiae s. Carilephi teneret, et post obitum Adalghisi ad ius et regimen Cenomanicae matris ecclesiae absque ulla contradictione reverteretur. Durch diese fingierte Urkunde hat offenbar erklärt werden sollen, wie trotz der angeblichen Reddition durch Karl Anisola für die Bischöfe wieder verloren gegangen ist, was der Biograph an anderer Stelle des weiteren ausmalt. Ebenso verräth sich als Fälschung das nicht erhaltene Instrument Ludwigs de mancipiis s. Mariae et s. Carilephi, in quo continetur monasterium Anisolae subiectum esse debere Cenomanicae matri ecclesiae. Weder an die Echtheit dieser Urkunden noch an die der in L. 345 citierten praecepta P. et K. de moneta kann ich glauben und verzeichne sie deshalb auch nicht unter den acta deperdita.

L. 365. Die Urkunde ganz von einer Hand geschrieben würde ich für Original halten, wenn nicht die Unterschriftszeile von der in L. 366 abwiche (UL. § 116). Freilich da mir von Diplomen die von Bartholomeus gezeichnet sind und sonst den Eindruck von Originalen machen, nur diese beiden bekannt sind, vermag ich nicht mit Sicherheit zu entscheiden ob die Recognition in L. 365 oder in L. 366 von des B. Hand ist. Für letzteres kann ich nur anführen dass Chrismon und Recognitionszeichen, wie sie von L. 361 im liber cop. Campid. (s. L. 57*) nachgebildet sind, L. 366 näher stehen als der anderen Urkunde. — Bei den offenkundigen Fehlern in den Ziffern bleibt nichts übrig als das Stück nach dem Itinerar unterzubringen. — Karl Pertz (s. K. 76*) hat für die Noten die Auflösung vorgeschlagen: Bartholomeus notarius ambasciavit advicem Hugonis, was schon deshalb zu verwerfen ist, weil stellvertretende Fürbitter nirgends vorkommen und auch niemals so untergeordnete Personen als Fürbitter erscheinen. Das dritte Wort ist einfach advicem, was hier (und ebenso in L. 265) durch zwei getrennte Noten: ad (Kopp 2, 8) und vicem (Kopp 2, 392) ausgedrückt ist.

L. 368. So verderbt die Urkunde ist (s. Heumann 1, 269 und UL. § 111 N. 10), so ist doch gegen den Inhalt und gegen die L. 385 nahe stehende Fassung nichts einzuwenden.

L. 370. Im Abdruck bei Dümgé ist noch zu verbessern: Gebisindofurt, Cozzo, Gundpreht.

L. 372. Wie schon Kopp bemerkt hat, ist die kaiserliche Unterschrift erst von späterer Hand hinzugefügt. Dem Datum nach würde sich hier Pertz LL. 1, 373 anschliessen, falls man diese Notiz noch als actum imper. gelten lassen will.

L. 374. Dem Formulare nach kann dies Stück nur Ludwig d. F. zugeschrieben werden, und dazu passen auch so ziemlich die Jahresangaben in der einen von Dronke zu Grunde gelegten Abschrift Eberhards. Doch habe ich die Tagesbezeichnung in dieser Copie VIIII Iul., weil sie nicht kanzleimässig ist, nach der der andern Abschrift Eberhards verbessert. So fügt sich die Urkunde vollkommen in das Itinerar. — Eine weitere Bürgschaft für die Urkunde liegt in der Fassung. Nicht in Ordnung erscheinen nur die letzten fünf Worte der Corroboration, einmal weil die kaiserliche Unterschrift nie in solchen Ausdrücken angekündigt wird, dann weil diese Ankündigung nie der des Siegels nachfolgt, und so werden wir diese Worte allerdings als Zusatz des Copisten zu betrachten haben. Abgesehen von ihnen entspricht die Fassung ganz den Regeln. Da es sich um Tausch von Amtsgütern handelt, wird hier wie in L. 366 nicht die Formel für Tauschbestätigung Ros. n° 317 oder 318 angewandt, sondern die für Tausch mit dem Kaiser Ros. n° 209 (UL. § 57 N. 7), mit welcher namentlich der Schlusssatz unserer Urkunde übereinstimmt. Von Einzelheiten ist bezeichnend der in dieser Zeit häufige Gebrauch von maiestas. Allen diesen zu Gunsten des Diploms sprechenden Merkmalen gegenüber scheint aber ein Umstand die Echtheit desselben auszuschliessen, der Umstand dass es in der narratio heisst: frater noster Huggi abbas sacrique palacii nostri notariorum summus nostre innotescere studuit maiestati quod predecessor suus Rabanus abbas etc., denn Raban überlebte Kaiser Ludwig und Huggi war erst 891—915 Abt von Fulda. Erinnern wir uns aber der Stellung welche damals des Kaisers Bruder Hugo einnimmt, so liegt es sehr nahe ein Verderbniss dieser Stelle anzunehmen. Die Fulder Copisten behandelten die Namen so willkürlich, dass Eberhard z. B. aus Baovulfus in K. 87 Rabanus machte. Eine viel geringere Aenderung war es, dass ein späterer Mönch aus dem ihm nicht bekannten Abt Hugo von S. Quentin, Lobbes und Sithiu den ihm gut bekannten Fulder Abt Huggi machte und dem entsprechend predecessor suus vor Rabanus einschaltete. Tilgen wir diesen auf einem Missverständniss beruhenden Fehler, so ist der einzige erhebliche Verdachtsgrund beseitigt. — Bemerken will ich noch dass die Ausstellung dieser Urkunde die Anwesenheit des Grafen Boppo wahrscheinlich macht: das passt gut zu der von Dümmler (Gesch. des ostfränk. Reichs I, 131) ausgesprochenen Vermuthung, dass ein Schreiben Einhards das diesen und andere Grafen zum Kaiser entbietet, in diese Zeit gehöre.

L. 377. Auf dasselbe Gut Chammes das hier der Kirche zurückgegeben wird, bezieht sich die Precarie in Baluze l. c. 170 mit dem Datum: a. 27 imp. d. Hlud. piiss. aug., 9 kal. febr., ein Datum das nur unter der Voraussetzung dass der Epochentag der kaiserlichen Jahre nicht beachtet ist, möglich ist, und dann den 24. Januar 840 ergibt. Dazu bemerkt nun Le Cointe 8, 579: at villas redditio precariam prius factam procul dubio supponit, und wie er mit allen Daten etwas willkürlich umgeht, will er die des Diploms mit denen der Precarie vertauschen, diese zum November 839, jenes in den Februar 840 setzen. Auch Roth Feudalität 167 scheint, ohne jedoch die Daten überhaupt zu beachten, die Precarie als die frühere Urkunde zu betrachten, denn er rechnet sie zu den precariae verbo regis, in welcher über nonae et decimae bestimmt, in welcher aber ausnahmsweise der königliche Befehl nicht erwähnt werde. Richtiger scheint mir die überlieferten Daten festzuhalten, die Redditionsurkunde zu 839 und die Precarie zu 840 zu setzen. Es erklärt sich dann, dass bei der Wiedervergabung einer der Kirche restituierten Villa durch den Bischof eines königlichen Befehls nicht mehr gedacht wird, und das betreffende Stück ist eine precaria data, in der als Ja auch bei diesen üblicher Zins dieselbe Abgabe beibehalten wird, welche Agbert früher für das königliche Beneficium entrichtete.

L. 379. Das alte Chartular ist verloren; Abschrift desselben in der Collection Bouhier cod. n° 126. — Zuerst machte K. Pippin diese Schenkung und seinem Diplome (Bouquet 6, 677 n° 19) ist L. 379 zum grossen Theil nachgebildet. Eckhard schenkte dann (Perard 25) Perrecy an das Kloster Fleuri.

L. 380. Ich habe hier vollständiger als sonst die Haupttheile der Datierungszeile unter dem Regest angegeben, weil die besondere Fassung möglicher Weise mit der ja ganz vereinzelt dastehenden Angabe über Ort und Zeit zusammenhängt (vgl. UL. § 77. 89). Diese lässt nämlich in keinem Falle die gewöhnliche Deutung zu. Da um diese Jahreszeit herum für 839 der Aufenthalt in Frankfurt, für 840 der in Poitiers feststeht, kann Ludwig am 23. Januar dieser Jahre nicht in Attigny gewesen sein. Wollten wir noch weiter zurückgehen, so würden auch frühere Jahre nicht passen. Zuletzt vor 840 ist L. in Attigny nachweisbar im Herbst 838, aber wahrscheinlich hat er diesen Ort auch 839 berührt, als er etwa im August in den Ardennen jagte und dann nach Châlons sur Saone zog. So erscheint ein actum Attiniaco a. 26 im August 839 möglich. Hier müsste also die kaiserliche Entscheidung erfolgt und etwa auch der Befehl an die Kanzlei ertheilt worden sein. Aber nach Monaten erst und zwar während des Aufenthalts in Poitiers wäre es dann zur Ausfertigung und Datierung des Diploms gekommen. Mit gleichem Rechte liesse sich allerdings das actum A. auch zum Herbst 838 (= ind. 2) und die Ausfertigung in den Januar 839 setzen, wobei dann das Regierungsjahr falsch vermerkt wäre. Mehr als das eine oder andere vorschlagen lässt sich in diesem Falle nicht, da die Originalität der Urkunde nicht in Frage kommen kann.

L. 382. Aus dieser Urkunde und aus K. 224 ist die Aufzeichnung entstanden, die Bodmann Rheinganische Alterthümer 872 aus einer Pergamentrolle des Fulder Archivs abgedruckt und die Böhmer n° 152 zum J. 795 unter den Urkunden Karls d. G. verzeichnet hat. Sie hat keinen anderen Werth, als dass wir aus ihr noch die zu L. 382 gehörige Kanzlerunterschrift kennen lernen.

ACTA DEPERDITA.

ACTA DEPERDITA.

Acutianum monasterium.

1. K. immunitas; Carisiago pal., 4 kal. iun. a. 7 et 1: v. catalogum chartarum in Muratori antiqu. 5, 694; conf. Waitz V. G. 4, 247; Beitr. zur Dipl. 5, 313. — 2. K. mandatum de monasterio s. Angeli civitatis Reatae; ad vadum Medianum in finibus Florentinis a. 781: v. catal. ibid. 695 et K. 95*. — 3. K. monasterio confirmat donationes ab Ansilberga monasterii Salvatoris Brixiensis abbatissa factas: v. placitum a. 829 in Muratori script. 2^b, 375 N. 40. — 4. K. ei confert monasterium s. Mariae in Minione: v. Hugonis libellum de destructione in Muratori antiqu. 6, 273. — 5. K. ei concedit monasterium s. Marci prope muros Spoletanae civitatis situm: ibidem et L. 64. — 6. L. immunitas sive privilegium confirmatorium privilegii Karoli; Francofurt, 2 non. aug. ind. 8: v. catal. chart. l. c. 700. — 7. L., petente Ingoaldo abbate, monasterio restituit res a Maiorano eiusque filiis condonatas, postea vero, cum Gadoaldus Maiorani filius rebellis ad Beneventanos fugisset, in fiscum redactas; Aquisgrani pal. reg., 11 kal. iul. a. 3, ind. 9: v. catal. chart. l. c. 700; chron. Farf. in Muratori script. 2^b, 366; dipl. Lotharii a. 840 ibid. 387. — 8. L. per indiculum missis suis Aledranno comiti et Leoni praecipit, ut lites inter Guinigisum ducem et Ingoaldum abbatem sive Audulfum advocatum ortas diiudicent: v. placitum a. 821 in Muratori script. 2^b, 373 N. 39. — 9. L. mandatum de iustitiis faciendis ad missos Iosephum episcopum et Leonem comitem directum: v. placit. a. 829 ibid. 375 N. 40. — 10. L. et Lotharius monasterio res a Paulo et Tassila traditas confirmant: v. iudicatum a. 845 in Fatteschi 294 n° 52. — 11. L. Ingoaldo abbati praeceptum inquisitionis concedens praecipit, ut pars monasterii statim iustitiam ipsius recipiat et ea tantum differantur quae propter conviguitatem definiri non possint: v. chron. in Muratori script. 2$_b$, 378. — 12. L. eidem abbati gualdum Rivum-

Curvum in Reatinis finibus situm concedit: ibid. et dipl. Loth. a. 840. — 13. L. ei cellam s. Mariae in Apinianico, curtem s. Leucii, curtem s. Mariae Transaquae in Marsicano territorio confirmat: ibid. — 14. L. Ingoaldo omnia pontificum privilegia, anteriorum regum praecepta et sua quae priori abbati dedit praecepta denuo confirmat; c. a. 824: v. chron. ibid., dipl. Loth. a. 840 et act. spur. L.

5. Die betreffende Stelle des Hugo lautet bei Muratori: aliud denique K. monasterium, dagegen in M. G. h. 11, 532: alius d. K. m. Ich glaube nun jener Lesart den Vorzug geben zu müssen, da L. 64 die Schenkung dieses Klosters durch Karl d. G. bezeugt. — 6. Nach späterem Sprachgebrauch als privilegium bezeichnet, während L. 64 offenbar das im Verzeichniss folgende alterum privilegium confirmatorium ist. — 8. Die hier genannten missi werden auch in Fatteschi 288 n° 25 als 821 in dieser Gegend anwesend erwähnt. — 14. Ist Confirmation von L. 64 und andern Praecepten Ludwigs für den 816 Abt gewordenen Ingoald, eine Art pancarta in welcher alle Besitzungen und Rechte aufgezählt werden. Die Urkunde Lothars erzählt ausführlich von den Farfa betreffenden Verhandlungen in Rom, und da diese (s. Jaffé) im J. 823 stattfanden, werden wir auch die auf Lothars Bericht ertheilte Generalbestätigung zu Ende dieses oder in den Anfang des folgenden Jahres zu setzen haben. Statt dieser ist nur ein sich gleich durch die Sprache als späteres Machwerk oder mindestens als sehr freie Bearbeitung verrathendes Schriftstück auf uns gekommen.

S. Albini monast. Andegavense.

1. P. auctoritas: v. K. 4. — 2. L. ob petitionem Ebroini episcopi et rectoris XLV fratribus ibidem constitutis certas villas deputat atque confirmat: v. chartam Lamberti comitis c. a. 850 in Martène thes. anecd. 1, 36.

Alethensis ecclesia.

1. K. apennis: v. L. 82.

S. Amandi monast. Elnonense.

1. 2. 3. P., K., L. immunitates: v. dipl. Karoli Simpl. a. 899 in Bouquet 9, 473 n° 8. — 4. 5. P. et L. praecepta de Barisiaco: v. idem dipl. et dipl. Loth. a. 840 in Bouquet 8, 368 n° 5.

Anianense monasterium.

1. K. ei donat castrum Montecalmense: v. L. 8. — 2. L. r. Aquit. ei delegat villam Curcionatem: v. L. 354.

S. Aniani monast. Aurelianense.

1. 2. P. et K. immunitates: v. L. 119. — 3. 4. P. et K. praecepta de teloneis: v. L. 118.

Anisolense monasterium.

1. K. praeceptum immunitatis et defensionis: v. L. 14.

Ich finde nicht worauf sich die Angabe in Mabillon ann. 2, 226 stützt: idem Rabigaudus (abbas Anis.) iam a Carolo praeceptum immunitatis obtinuerat apud Valentianas anno regni eius tertio. Den Aufenthalt in Valenciennes im J. 771 erwähnen auch die ann. Laur. in M. G. h. 1, 148, und dazu würde das bis in den October reichende dritte Regierungsjahr passen.

S. Anthemii monasterium.

1. K. monasterio Cugium vocatum Cicilianum concedit: v. sententiam a. 833 in Muratori antiqu. 5, 923. — 2. K. Tanimundo abbati cellulam s. Petri de Axso beneficii nomine concedit: ibidem. — 3. L. et Lotharius Vigilio abbati eandem cellulam beneficii nomine concedunt: ibidem.

S. Antonini monast. in pago Rutenico.

1. P. Ferrancio monasterii s. Antonini in valle Nobili abbati monasterium Mormacum super Avarionem in pago Caturino ad honorem s. Petri constructum tradit; 2 kal. apr. a. 16: v. notitiam traditoriam in Vaissete 1, pr. 23 n° 4. — Bréquigny ad 767.

S. Apri monast. Tullense.

1. L. privilegium monasterio a Frotario episcopo concessum confirmat; c. a. 836: v. dipl. Kar. Calvi et Kar. Crassi in Bouquet 8, 620 n° 222; 9, 340 n° 10; conf. privil. Frotarii in Mabillon dipl. 524 n° 79.

Aquileiensis ecclesia.

1. L. immunitas: v. dipl. Loth. a. 832 in Muratori ant. 5, 977.

Möglicher Weise hat Karl oder Ludwig dem Patriarchen Maxentius noch ein weiteres Diplom verliehen, indem der Patriarch von Grado Venerius dem Papst Gregor IV (Ughelli 5, 1105) schreibt: gloriatur se idem Maxentius palam per praeceptum d. imperatoris diocesim Istriensem habere.

Aretina ecclesia.

1. 2. K. et L. immunitates: v. dipl. Loth. a. 843 et Kar. Cr. a. 879 in Muratori antiqu. 5, 941 – 944. — 3. L. confirmat praeceptum K. 173: v. sententiam missorum et dipl. Loth. a. 833 in Mur. ant. 5, 923 — 927.

Vielleicht ist nach obiger Urkunde vom J. 879 auch noch eine Schenkung Karls das monast. s. Angeli betreffend anzunehmen.

Arrius.

1. K. patri cius castrum Turrem et castrum de Mesoae in Agathensi pago iure beneficiario possidenda concedit: v. dipl.

Kar. C. a. 843 in Bouquet 8, 440 n° 16. — 2. L. Arrio seu Axymo praeceptum de iisdem rebus concedit: ibidem.

Augustana ecclesia.

1. K. Sindperto episcopo res a Pippino traditas confirmat: v. transl. s. Magni in M. G. h. 4, 425.

Augustodunensis ecclesia.

1. K. immunitas: v. L. 62. — 2. L. appennis pro Modoino episcopo: v. dipl. Kar. C. a. 843 in Bouquet 8, 443 n° 22.

Aurelianensis ecclesia.

1. K. immunitas: v. L. 22.

S. Bavonis monasterium.

1. K. immunitas: v. L. 136. — 2. L. praeceptum de villis canonicorum: v. dipl. Kar. C. a. 864 in Bouquet 8, 594 n° 191.

Benedictoburanum monasterium.

1. K. monachis vel Elilando abbati privilegium libertatis concedit: v. rotulos et chron. Bened. in M. G. h. 9, 216 et 232.

Bergomensis ecclesia.

1. K. praeceptum de monasteriolo s. Michaelis: v. dipl Arnulfi a. 895 in Ughelli 4, 420. — 2. 3. K. et L. immunitates et confirmationes: v. dipl. Kar. Cr. a. 883 ibid. 416.

Blandinium monasterium.

1. K. immunitas: v. L. 56.

Bobiense monasterium.

1. K. immunitas: v. dipl. Ludowici II a. 861 in Mon. hist. patr. 1, 48 n° 30. — 2. 3. L. immunitas et L. confirmatio: v. dipl. Loth. a. 843 ibid. 40 n° 24.

Bodecense monasterium.

1. L. litterae Meinulpho fundatori monasterii concessae: v. vitam s. Meinulphi in Actis ss. 5 oct.

Fälschlich nimmt auch noch Erhard Reg. n° 294 das J. 816 an. Nach der transl. s. Liborii war Mainulph unter denen welche die Gebeine dieses Heiligen von Le Mans nach Paderborn überführten, und gelobte er bei dieser Gelegenheit, d. h. im J. 836, ein Kloster zu stiften: s. Erhard Reg. n° 354.

Bodonis monasterium.

1. K. immunitas: v. L. 75.

Brugnatense monasterium.

1. 2. K. et L. ei cultam Accolam confirmant: v. dipl. Kar. Cr. a. 881 in Ughelli 4, 980.

Burdigalensis ecclesia.

1. K. immunitas: v. L. 228.

Calmiliense monasterium.

1. L. monasterium a Berengario comite in pago Vellaico ad honorem ss. Petri et Theofredi constructum et sibi oblatum in immunitatis suae tuitionem suscipit et Bodoni abbati iure proprio possidendum atque regendum concedit: v. dipl. Pipp. II Aquit. r. a. 845 in Bouquet 8, 357 n° 4.

Das Kloster das unter den von Ludwig restaurierten aufgezählt wird (M. G. h. 2, 616: vita Hlud.), erhielt die Immunität des Kaisers zuerst durch Karl d. K. in einer nicht erhaltenen Urkunde bestätigt, dann durch Pippin, endlich 877 nochmals durch Karl, der dabei gleichfalls die Immunität Ludwigs anführt (Bouquet 8, 669 n° 282). Ein Jahr zuvor hatte Karl das Kloster dem Bischof Wido von Le Puy zugesprochen (ib. 649 n° 258), was unter anderm damit begründet wird: ostendit (episcopus) nobis praeceptum a patre nostro antecessori suo factum. Nach dem Diplom von 877 aber hatte Wido den König getäuscht, und so handelte es sich im J. 876 wahrscheinlich nur um ein angebliches Diplom Ludwigs zu Gunsten der Bischöfe.

Cameracensis ecclesia.

1. 2. P. et K. immunitates: v. L. 83.

Campidonense monasterium.

1. K. immunitas: v. L. 57. — 2. L. praeceptum de tributariis: v. L. 320.

Carroffense monasterium.

1. L., suggerente filio suo Karolo, monasterio et res iam antea collatas et cellam s. Saturnini in Andegavensi pago sitam concedit atque confirmat: v. dipl. Kar. C. ante a. 869 in Bouquet 8, 612 n° 212; conf. L. 271*.

Casinense monasterium.

1. L. praeceptum: v. dipl. Loth. a. 835 in Gattola 1, 32.

Caunense monasterium.

1. K. Aniano abbati monasterium Caunas dictum super Argentoduplicem in honorem ss. Petri et Pauli constructum, cui Daniel abbas praefuit, concedit: v. dipl. Kar. C. s. a. in Bouquet 8, 466 n° 44.

S. Christinae monasterium.
   1. K. immunitas: v. L. 185.

S. Columbae monast. Senonicum.
   1. K. immunitas et confirmatio: v. L. 316.

Corbeia-nova monasterium.
   1. L. hominibus monasterii et liberis et latis servitium hostile remittit; in l. Patherbrunna, iul. a. 2: v. L. 317 et transl. s. Viti in M. G. h. 2, 579.

Cormaricense monasterium.
   1. K. donat Alchuino terram inter duos pontes et duas aquas Sequanae fluminis sitam itemque in Remensi Campania terram decem manentium in Marmerico villa: v. chartam Alchuini a. 804 in Bourassé 10 n° 4.

Cremonensis ecclesia.
   1. K. Stephano episcopo Cucullo curtem, Tecledum, Caprariolas, Brivisulam cum portu Vulpariolo donat: v. dipl. Loth. a. 841 in Sanclementi 209 n° 2 et notitiam inquisitionis a. 842 in Muratori antiqu. 2, 977. — 2. 3. K. et L. immunitates: v. dipl. Loth. l. c.

   Wahrscheinlich ist noch eine grössere Anzahl von Urkunden von K. und L. den Bischöfen ertheilt, doch lassen sich die einzelnen Stücke nach den späteren Bestätigungen nicht genau unterscheiden. Blasius Rubeus (tabula diptyca episcoporum, Cremonae 1599) setzt die Immunität Ludwigs ins J. 821: eine Notiz die ich nicht zu controlieren vermag.

S. Crucis monast. Pictavense.
   1. 2. K. et L. immunitates: v. dipl. Lud. Balbi a. 878 et Carlomanni a. 884 in Bouquet 9, 404 n° 8; 433 n° 18.

Cumana ecclesia.
   1. K. huic ecclesiae omnes possessiones confirmat et inter eas tres ecclesias baptismales vallis Tellinae monasteriumque s. Fidelis, de quibus inter Petrum episcopum et Waldonem s. Dionysii abbatem altercatio facta est: v. dipl. Loth. a. 824 in Tatti 949. — 2. L. hanc Karoli auctoritatem confirmat: ibidem. — 3. L. immunitas: v. dipl. Lud. II a. 855 in Tatti 953.

   Die Urkunde Lothars ist bis auf den Zusatz des Incarnationsjahres formell richtig, und Bedenken erregt nur die letzte Bestimmung (s. Muratori annali ad 824; Beitr. zur Dipl. 3, 261), dass die Besitzungen der bischöflichen Kirche stehen sollen sub defensione et mundio palatii nostri sicut tempore patris et avi nostri fuerunt. Das Lothar vorgelegte Praecept kann aber nicht K. 193 sein, denn dieses erwähnt keine zwischen Como und S. Denis streitige Güter. Will man also den zweiten Theil des Diploms Lothars (insuper in eadem continebatur auctoritate etc.), für dessen Angaben allerdings kein weiteres Zeugniss vorliegt, nicht ganz verwerfen, so muss man annehmen dass Karl dem Bischofe ausser K. 193 noch eine Urkunde ertheilt hat, in der der Inhalt von K. 193 wiederholt und ausserdem dem Bisthume die streitigen Güter zugesprochen worden waren. Waldo ist, wie schon Mabillon ann. 2, 487 richtig bemerkte, der Abt des bekanntlich auch im Veltlin begüterten S. Denis; er folgte dem zuletzt 805 (Tardif n° 100) nachweisbaren Fardulf und starb 814. Der Urtheilsspruch des Kaisers erfolgte somit 806—814; daraus dass er zu Ungunsten von S. Denis ausfiel, erklärt es sich dass in dessen Archive keine auf diese Angelegenheit bezügliche Urkunde vorhanden war.

Curiensis ecclesia.

1. K. praeceptum donationis: v. L. 340. — 2. L. auctoritas de mundeburdo: v. dipl. Loth. a. 843 in Mohr 1, 41 n° 26; conf. Beitr. zur Dipl. 3, 259.

Stumpf in der Schweizerchronik erwähnt noch eine Urkunde Ludwigs für den Bischof Verendarius (Immunität und Zollfreiheit für Schiffe auf dem Wallensee), für die ich aber bisher kein älteres Zeugniss aufgefunden habe.

S. Dalmatii monast. Pedonense.

1. K. confirmatio et donatio: v. L. 63.

Deense monasterium.

1. 2. 3. P. et K. et L. praecepta de immunitate DC solidorum et de libera electione: v. L. 270 et dipl. Kar. C. a. 874 atque Lud. Balbi a. 878 in Bouquet 8, 647 n° 253; 9, 413 n° 17. — 4. L. sex monasterii naves a teloneo solvendo liberat: v. dipl. Pipp. r. Aquit. a. 826 in Bouquet 6, 664 n" 4.

Dervense monasterium.

1. P. immunitas: v. L. 50.

S. Dionysii monasterium.

1. K. praeceptum de teloneis occasione mercatus in festivitate s. Dionysii instituti solvendis: v. K. 51 et L. 30. — 2. L. caesaris testamentum: v. dipl. Kar. C. a. 862 in Tardif 116 n° 186.

Die in C. 4 und K. 38 erwähnte Urkunde Pippins ist nicht verloren; es ist nämlich darunter Pardessus n° 608 zu verstehen.

Duserense monasterium.

1. K. concessio Norfidio abbati facta: v. L. 9.

Elehenwangense monasterium.
   1. K. praeceptum tuitionis et emunitatis: v. L. 5.

SS. Emeterii et Genesii monasterium.
   1. L., ob interventum Gauzelini marchionis, Deodatum abbatem eiusque monasterium in Gerundensi pago constructum in suam defensionem et immunitatis tuitionem suscipit: v. dipl. Kar. C. a. 860 in Bouquet 8, 561 n° 157.

S. Eparchii monast. Engolismense.
   Ich habe hier kein act. deperd. zu verzeichnen, sondern nur die Annahme eines solchen zurückzuweisen. In Ademari histor. lib. II (sonst auch monachus Engolism. de vita K. M. genannt, im Grunde nur Copie der Lorscher Annalen mit Aquitanien eigenthümlichen Notizen: s. Wattenbach Geschichtsquellen 32²) findet sich die Notiz von einem Diplom, das Karl d. G. dem Kloster S. Éparche oder S. Cybard 769 in Angoulême ertheilt haben soll (M. G. h. 1, 148; 4, 117). Mehr oder minder hat man dieser Notiz Glauben geschenkt. Aber Ademar verwechselt hier Karl d. G. und seinen gleichnamigen Enkel, von dem eine den Angaben Ademars vollkommen entsprechende Urkunde noch vorliegt: s. Bouquet 8, 521 n° 110. Wahrscheinlich ist es auch diese Urkunde die in einem Copialbuch des 15. Jahrhunderts (s. Catal. des cartul. 193) Karl d. G. und dem J. 784 zugeschrieben wird. Noch weiter sind die Verfasser der Gallia christ. 2, 1029 gegangen, die ausser einem Diplom Karls auch eins seines Vaters angenommen haben: offenbar handelt es sich dabei um eine Urkunde eines der aquitanischen Könige Namens Pippin. — Ueberhaupt hat die Tradition vielfach an die Nachrichten über Karls aquitanischen Zug vom J. 769 angeknüpft und hat mehr oder minder bestimmt lautende Notizen über Schenkungen des Königs an aquitanische Klöster und Kirchen veranlasst. Dahin gehört die Brantome betreffende Notiz in einer Handschrift der ann. Lauriss. in M. G. h. 1, 146, die S. Ausone d'Angoulême betreffende Angabe in Gallia christ. 2, 1039, die Behauptung dass S. Étienne de Baignes von Karl gegründet sei. Richtig beurtheilt sind alle diese Notizen im Bulletin de la soc. archéol. et histor. de la Charente (Angoulême 1845 in 8°) 2, 186 sequ.

Epternacense monasterium.
   1. K. praeceptum: v. L. 138.

Fabariense monasterium.
   1. K. immunitas: v. dipl. Loth. a. 840 in Eichhorn cod. prob. 16 n° 9.

S. Farae monast. Eboriacense.
   1. L. ob petitionem Rothildis abbatissae huic monasterio Giacum monasterium in Wastinensi comitatu situm coniungit: v. dipl. Loth. s. a. in Bouquet 8, 377 n° 17.
   Auch immunitates antecessorum werden, ohne dass die Namen der Aussteller angegeben werden, in der Urkunde Karls d. K. ibid. 431 n° 6 erwähnt

Flaviniacense monasterium.

1. L. monasterium in suam tuitionem atque immunitatis defensionem suscipit et ab omni episcoporum dominatione eximit: v. dipl. Kar. C. a. 849 in Bouquet 8, 503 n° 76.

<small>Noch bestätigt Lothar (Bouquet 8, 376 n° 16; s. a.) ordinationem quam... genitor noster Hl. augustus inibi propter evitandas discordias per missos suos, per Haldricum... Senonensis ecclesiae... archiepiscopum nec non et Albericum Lingonensis ecclesiae episcopum seu Motoinum Augustodunensis episcopum vel Basinum .. s. Benedicti abbatem olim instituit; es scheint aber dafür kein kaiserliches Diplom ausgestellt zu sein, sondern nur eine Urkunde der Missi Lothar zur Bestätigung vorgelegt zu sein. Unter dem in Pertz Archiv 9, 272 erwähnten praeceptum Carlomanni ist wahrscheinlich eine Urkunde des spätern westfränkischen Königs, wie Bouquet 9, 430 n° 14, gemeint.</small>

Floriacense monasterium.

1. P. donatio: v. L. 335. — 2. 3. P. et K. praecepta de teloneis: v. L. 123. — 4. 5. P. et K. immunitates: v. L. 124.

Fontanellense monasterium.

1. P. egregio patri Austrulpho edidit.... privilegium quoddam sacrae suae auctoritatis in quo praecepit, ut nullus iudex neque exactor reipublicae gentis Francorum ad causas audiendas ac freda exigenda nec fideiussores accipiendos nec ad ullam exacturam gerendam potestatem huius coenobii ingredi audeat, sed sub perenni sua defensione ac protectione secura in aeternum ab omne querimonia valeret permanere: quod privilegium.... editum est a. d. inc. 750 die 8 id. iun. Vermeria pal. reg., quo anno... P. ex consultu b. Zachariae.... a Bonifacio archiepiscopo unctus rex constituitur Francorum': v. gesta abb. Font. in M. G. h. 2, 289. — 2. K. monasterium in plenissimam defensionem et immunitatis tuitionem suscipit: v. L. 65. — 3. K. ob suggestionem Gervoldi abbatis monasterio omnes res iniuste ablatas restituit; a. 801—806: v. gesta abb. Font. ibid. 292.

<small>Es ist allgemein anerkannt dass der unter Ludwig lebende Verfasser jener gesta sich durch genaue Kenntniss der Geschichte seines Klosters und durch die genauen Angaben über dessen Urkunden auszeichnet, und so wird man auch nicht verkennen, dass er von dem Diplom Pippins einen fast wörtlichen Auszug gegeben hat. Nur entsteht die Frage ob er das Wort defensio auch in der Urkunde vorgefunden hat, oder ob er mit ihm nur nach dem zu seiner Zeit selbst von der Kanzlei adoptierten Sprachgebrauche die in der Immunität liegende Sicherung bezeichnen will (s. Beitr. zur Dipl. 3, 240), mit andern Worten, ob das Diplom immunitas cum speciali defensione oder immunitas schlechtweg enthalten hat. Ich entscheide mich für das erstere. S. Wandrille kann nämlich mit grosser Wahrscheinlichkeit zu den Stiftungen der karolingischen Familie gerechnet werden (s. Roth Feudalität 117): ihr gehört der Stifter an und ebenso unter den folgenden</small>

Aebten Hugo und Wido. Ferner berichtet die Klostergeschichte vom Abt Lando: impetravit a Carolo praefato principe privilegium immunitatis perennis, in quo continetur quod coenobium istud sub sua defensione ac tuitione idem princeps specialius receptum haberet. Endlich weisen die Worte obigen Urkundenauszuges: secura in aeternum ab omni querimonia (s. Beitr. zur Dipl. 3, 255—264) gleichfalls auf besonderes Schutzverhältniss hin. — Halte ich demnach die Inhaltsangabe der Urkunden bei diesem Schriftsteller für ganz zuverlässig, so glaube ich seine Angaben über die Daten derselben doch anders beurtheilen zu müssen. Hier müssen wir unterscheiden was er den ihm offenbar vorliegenden Originalen entnommen hat, von dem was er nach Art anderer Chronisten zur Erklärung und Bestimmung der urkundlichen Daten hinzugefügt hat, nämlich die Incarnationsjahre. Es darf doch nimmermehr angenommen werden dass er solche Jahreszählung auch schon in Urkunden der Merovingerzeit vorgefunden habe, und ebenso wenig können wir dies von dem Diplome Pippins glauben (UL. § 73). In diesem Falle will der Chronist offenbar, wie es auch Mabillon ann. 2, 160 auffasst, sagen dass das Stück im ersten Regierungsjahre ausgestellt sei. Und dies berechnet er nun, durch den ihm bekannten Fortsetzer des Fredegar verleitet, fälschlich als das J. 750, während er an anderen Stellen die Jahre Pippins richtig als von 751—752 ausgehend zählt. Suchen wir also die kanzleimässige Datierung herzustellen, so wird sie gelautet haben: dat. die 8 id. iun. anno primo regni nostri, d. h. 752. Später können wir die Urkunde schon deshalb nicht setzen, weil der Empfänger Austrulphus bereits am 14. Sept. 752 (gesta l. c. 290) gestorben ist. — Für die Restitutionsurkunde Karls ergeben sich die von mir angesetzten Jahre daraus, dass Gervold 787—806 Abt ist, dass ferner der Chronist in seiner Erzählung genau zwischen C. rex und C. imperator unterscheidet und dieses Diplom als vom Kaiser ausgestellt bezeichnet. — Die Handschrift der gesta abb. Fontan. ist vor einigen Jahren wieder zum Vorschein gekommen auf der Bibliothek von Havre. Delisle setzt den Codex ins 10. Jhdt. und hält eine neue Edition für sehr wünschenswerth, da die von D'Achery sehr mangelhaft sei.

Fossatense monasterium.

1. P. immunitas: v. K. 11. — 2. L. ob petitionem Gauzberti conversi villam Mairiacum in pago Andegavo in centena Briosartensi, quam Gauzbertus beneficii nomine habuit, monasterio concedit et confirmat: v. dipl. Pippini a. 835 et Kar. C. a. 846 in Tardif 89 n° 128 et 100 n° 154.

Fuldense monasterium.

1. L. praeceptum de commutatione quam cum Ratgerio abbate fecit; ante a. 817: v. notitiam concambii in Dronke 157 n° 324. — 2. A. inc. 838, ind. 1, 18 kal. iul., residentibus L. imperatore eiusque filiis Ludowico et Karolo in palatio apud Niomagum oppidum, contentio inter Gozboldum et Hrabanum abbatem orta diiudicatur: v. notitiam in Dronke 226 n° 513. — 3. L. monasterio villam Salzhungam in finibus Turingiae super Wisaram sitam tradit: v. dipl. Loth. a. 841 in Dronke 240 n° 537.

Ausserdem werden mehrere Traditionen jedoch ohne ausdrückliche Erwähnung von Urkunden berichtet. So Dronke 157 n° 323: duae forestes quas Pippinus et Karolus s. Bonifacio et Sturmi abbati tradiderunt, hoc est Bramvirst et Salzvorst. — Dronke 157 n° 324: locus Ibistat nuncupatus quem Karolus tradiderat. — Dronke 176 n° 390: Abenheim locum quem Karolus contradidit. — Dronke 281 n° 620, Urk. Ludwigs des J. von 880: Berge quod et ipsum avus noster Hludowicus... tradidit, sed quod non rationabiliter confirmatum ab ipso est. — Schenkung eines Olivengartens in Italien versprach Ludwig d. F. nach Forschungen 5, 374.

S. Galli monasterium.

1. P. constitutio: v. L. 254. — 2. L. confirmatio privilegii: v. dipl. Lud. Germ. a. 833 in Wartmann I, 318 n° 344.

Gaudiocus Hebraeus.

1. L. praeceptum pro eo eiusque filiis: v. L. 367.

Gemeticum monasterium.

1. 2. P. et K. praecepta de teloneis: v. L. 38.

S. Genesii monast. de Fontanis.

1. L. Assarico abbati monasterii s. G. in Ruscinonensi pago constructi immunitatis praeceptum concedit; a. 819: v. Marca 347.

Gerardus comes.

1. L. ei Vizeliacum villam Avalensis pagi confert: v. testamentum Gerardi in D'Achery spicil. 3, 446.

S. Germani monast. Autissiodorense.

1. 2. P. et K. praecepta de teloneis: v. L. 81. — 3. L. Deusdedit abbati praeceptum liberae electionis concedit: v. L. 333. — 4. L. immunitas: v. dipl. Kar. C. a. 859 in Bouquet 8, 559 n° 155.

Glannafoliense monasterium.

1. L. ob petitionem Rorigonis comitis monasterium ab eo reconstructum, in quo b. Mauri corpus requiescit, Ingelberto Fossatensis monasterii abbati regendum et possidendum committit; c. a. 833: v. Odonis transl. s. Mauri in Mabillon acta ss. 5, 173 et fragm. hist. Fossat. in M. G. h. 9, 370. — 2. L. Ebroino episcopo tradit monasteriolum in p. Andecavo super Ligerim constructum, in quo b. Mauri corpus requiescit; c. a. 839: v. dipl. Kar. C. a. 847 in Bouquet 8, 490 n° 70 et Odonis transl. s. Mauri l. c.

Ich berufe mich für die erste dieser verlornen Urkunden, weil ich ein auf uns gekommenes Diplom fast gleichen Inhalts (a. spur. Fossat.) verwerfen zu müssen glaube, nur auf erzählende Quellen, unter denen namentlich die erste, um 868 von dem damaligen Abt von Glanfeuil geschrieben, allen Glauben verdient. Abt Ingelbert der die erste Urkunde erhielt, ist zuerst 832 nachweisbar, zuletzt im März 846 (Tardif n° 150). Noch zu seinen Lebzeiten, erzählt Odo, kam die Urkunde abhanden und wurde verbrannt, und wurde über das Kloster S. Maur sur Loire anders verfügt. Nachdem nämlich Ludwig seinem Sohne Pippin die Grafschaft Anjou übergeben hatte, schenkte dieser auf Bitten des Rorigo das Kloster einem jungen der aquitanischen Kanzlei angehörigen Cleriker Ebroinus, dem dann, als er zum Bischof von Poitiers emporgestiegen war, auch der K. Ludwig den Besitz von Glanfeuil bestätigte, wie wir aus Odo und dem Diplom vom J. 847 erfahren. Auch diese Confirmationsurkunde Ludwigs ist nicht auf uns gekommen. Das älteste Diplom in dem chartularium monast. Glannafoliensis (herausgeg. von Marchegay archives d'Anjou 1, 326 ff.) ist vom J. 845 (Böhmer Reg. n° 1584): es lässt Ebroin, der unterdessen Erzkapellan Karls d. K. geworden war, in unbestrittenem Besitz von Glanfeuil erscheinen. Die Schenkung an Ebroin nun, welche die frühere Verfügung zu Gunsten des Klosters S. Maur des Fossés aufhob, erklärt sich, was Mabillon ann. 2, 622 übersehen hat, daraus, dass Ebroin zu der Familie des Grafen Rorigo, des Restaurators von Glanfeuil, gehörte. Der Vater von Rorigo hiess Gauzlinus, einer seiner Brüder, der Mönch des Klosters war, hiess Gauzbertus, sein Sohn endlich, der ebenfalls Mönch wurde, hiess wieder Gauzlinus (s. die Urk. in Marchegay und in Besly evesques de Poictiers, besonders pag. 29). Als Verwandter des letztern wird nun auch Ebroinus bezeichnet, und laut dem Diplom vom J. 847 sollte nach dem Tode des Ebroin der jüngere Gauzlin Abt werden, nach dessen Tode ein andres dem geistlichen Stande angehöriges Mitglied der Familie usw. Es ist also offenbar, wie Odo angibt, auf den Wunsch des Rorigo selbst geschehn, dass die Schenkung an S. Maur des Fossés rückgängig gemacht worden und seinen Nachkommen der Besitz seiner Stiftung gesichert worden ist. Fragen wir endlich wann die zweite Verfügung getroffen sein mag. Die Uebertragung von Anjou an Pippin werden wir am füglichsten zum J. 834 setzen, in dem Ludwig von seinen Söhnen befreit Pippin in Gnaden entlässt, und jedenfalls vor 836. In diesen Jahren mag der aquitanische König seinem Kanzler Ebroin Glanfeuil zugewiesen haben. 839 nun trat Ebroin als Haupt der Partei auf welche sich gegen den jüngern Pippin für Karl d. K. entschied (vita Hlud. in M. G. h. 2, 645 und dazu Mabillon ann. 2, 610); wahrscheinlich damals wurde er Bischof von Poitiers und wurde vom Kaiser mit mehreren Abteien belohnt: in dies Jahr werden wir also auch das Diplom Ludwigs setzen dürfen das dem Ebroin den Besitz von Glanfeuil bestätigt. Erwägen wir endlich dass bereits eine Traditionsurkunde von Pippin vorausgegangen war, und dieser wieder die erste Vergabung von Glanfeuil an S. Maur des Fossés, so können wir für letztere etwa das Jahr annehmen das die später angefertigte falsche Urkunde für S. Maur trägt, und welches auch nach dem Verlust des echten Diploms den Mönchen von S. Maur bekannt gewesen sein mag.

Gradensis ecclesia.

1. K. Iohanni patriarchae praeceptum confirmationis et immunitatis concedit: v. L. 248 et epistolam Venerii ad Ludowicum et Lotharium imperatores. — 2. L. et Lotharius Venerio praeceptum Karoli confirmant: v. L. 248.

Grandivallense monasterium.
 1. P. immunitas: v. C. 13. — 2. L. immunitas: v. dipl. Loth. a. 849 in Bouquet 8, 385 n° 28.

S. Gregorii monasterium.
 1. K. immunitas: v. L. 245.

S. Gudilae monasterium.
 1. K. donatio: v. vit. s. Gudilae sacc. 11 conscript. in Act. ss. 8. ian.

Helmoinus.
 1. K. donatio et confirmatio pro Helmoino: v. chartam a. 794 apud Meichelbeck 1b, 85 n° 111.

Hersfeldense monasterium.
 1. 2. K. et L. immunitates: v. dipl. Lud. Germ. a. 843 in Wenck 3b, 21 n° 23.

Die Urkunde Ludwigs wird in der Confirmation von 843 ausdrücklich angeführt (s. Beitr. zur Dipl. 1, 371). Dass aber auch von Karl neben dem Privilegium K. 34 eine Immunität ertheilt worden ist, folgere ich daraus dass noch im Diplom von 843 einzelne Wendungen (z. B. ut neque vos neque iuniores etc.) vorkommen, die in neuen Redactionen der Kanzlei Ludwigs d. F. nicht gesetzt zu werden pflegen, sondern nur in vorausgegangenen Urkunden wörtlich nachgeschriebenen Bestätigungen; somit weist die Fassung des Diploms von 843 auf ziemlich gleichlautende Immunität Karls hin.

S. Hilarii monast. Carcassonense.
 1. K. Nampioni abbati immunitatis beneficium indulget: v. L. 231. — 2. L. ei villam Salas cum villaribus Issart et Iruliam concedit: v. L. 231 et dipl. Kar. C. s. a. in Bouquet 8, 535 n° 126. — 3. L. ob petitionem Egidonis abbatis monasterium in immunitatis suae defensionem suscipit: v. dipl. Pipp. r. Aquit. s. a. in Bouquet 6, 668 n° 9.

Hirsaugiense monasterium.
 1. L., petentibus Erlafrido comite et Lutberto abbate, donationem ab Erlafrido monasterio factam confirmat: v. Trithemii chron. Hirsaug. (ed. S. Gallensis 1690) 1, 7.

Hispani.
 1. K. praeceptum pro iis: v. L. 79.

Hohenburg monasterium.
 1. K. immunitas: v. L. 349.

Hornbacense monasterium.

1. 2. P. et K. praecepta de teloneis: v. L. 15. — 3. 4. P. et K. praecepta de concessione tributorum: v. L. 16. — 5. K. monasterio decimam in Rymilingas fisco ex pice solvendam concedit: v. dipl. Loth. II a. 865 in Mon. Boic. 31, 100 n° 46.

Indense monasterium.

1. L. monasterio in loco Inda constructo et ex rebus fisci dotato immunitatem concedit, statuens ut XXX monachi in eodem monasterio deo serviant; in die dedicationis ecclesiae, c. a. 814: v. vitam s. Benedicti Anian. in Bouquet 6, 274.

Die reiche Ausstattung erwähnt Ermoldus Nig. in M. G. h. 2, 489. Die älteste uns erhaltene Immunität von K. Otto I von 948 beruft sich auf Verleihungen der Vorgänger ohne diese namhaft zu machen. Die Immunität und L. 164, vielleicht auch noch eine Dotationsurkunde, wurden von dem nächstfolgenden Abte Wicardus (821—842) abschriftlich dem Bischof Frothar von Toul zugesandt (epist. Frotharii n° 12 in Bouquet 6, 391).

Insulae-Barbarae monasterium.

1. K. praeceptum: v. dipl. Karoli Prov. regis a. 861 in Bouquet 8, 400 n° 7.

S. Iuliani monast. Autissiodorense.

1. K. immunitas: v. L. 223. — 2. L. virginibus deo sacratis certas res ad necessitates earum explendas deputat: v. dipl. Kar. C. in Quantin 1, 52 n° 26.

Iuvavensis ecclesia.

1. K. immunitas: v. L. 77, conf. K. 129*. — 2. L. auctoritas confirmationis: v. dipl. Lud. Germ. a. 837 in Kleimayrn Anhang 35 n° 30.

S. Launomari monast. Curbionense.

1. L. ob petitionem Heririci abbatis monasterio a loco Mitiacensi pagi Aurelianensis in locum Curbionis pagi Dorcassini translato immunitatem concedit simulque ei cellulam Buxiacum in pago Cenomannico tradit: v. dipl. Kar. C. a. 842 et 843 in Bouquet 8, 433 n° 8; 445 n° 23.

S. Laurentii monast. Matisconense.

1. L., consentiente Hildebaldo, Hugoni Bressiae marchioni abbatiam s. L. cum Balgiaco confert: v. antiqu. civitatis Matiscon. a Ioh. Fustaillier c. a. 1520 ex arch. collectas apud Guichenon hist. de Bresse 1, 41.

S. Laurentii monast. in pago Narbonensi.

1. L. David abbati immunitatem concedit: v. dipl. Kar. C. a. 844 in Bouquet 8, 457 n° 36.

Laureshamense monasterium.

1. K. suo praecepto testificationem Richardi et Guntramni missorum suorum de villa Sueinheim in Hurfeldo marca, quam s. Nazario donaverat, confirmat; post a. 782: v. cod. Laur. dipl. 1, 321 n° 228; conf. Abel 1, 359.

Lemovicensis ecclesia.

1. K. immunitas: v. L. 109.

Leodiensis ecclesia.

1. K. praeceptum pro Agilfrido episcopo: v. Aegidii gesta pontif. Leod. in Chapeaville 1, 149. — 2. L. ecclesiae s. Mariae et s. Lamberti coenobium Suguilis et silvam Wangisisum-montem dictam donat: v. chron. s. Huberti Andagin. in M. G. h. 8, 571.

Lodovensis ecclesia.

1. L. Sisemundo episcopo valles de Laurosio et de Pegueirollis et quatuor ecclesias concedit: v. Plantavitii chronologiam episc. Lodov. (Aramontii 1634 in 4°) 29. — 2. L. eundem in suum mundeburdium suscipit; Numagio 14 kal. iun. a. 4, ind. IO: ibidem.

Nach Plantavitius 352 wurde 1498 ein Repertorium der Privilegien der bischöflichen Kirche angelegt, dem die Angaben über obige und viele andere Urkunden entnommen sind. Erwähnt werden hier noch, wenn auch in minder bestimmter Weise, eine Schenkung Karls d. G. von Karl d. K. am 28. Mai 844 bestätigt, und Schenkungen Karls und Ludwigs von Hadrian III confirmiert. Wie es scheint waren den Diplomen im Repertorium Incarnationsjahre und zwar oft ganz falsche beigesetzt. So war die obige Immunität mit 824 versehen, während die chronologischen Merkmale 19. Mai 817 ergeben, was zu ann. Einh. in M. G. h. 1, 204 stimmt.

Magnilocense monasterium.

1. L. immunitas: v. L. 125.

Malasti monasterium.

1. K. auctoritas: v. L. 71.

S. Marcelli monast. in Hubiliaco.

1. P. immunitas: v. K. 70.

S. Mariae ecclesia in Novo-castello.

1. L. confirmatio et immunitas: v. dipl. Loth. a. 844 in L. comblet 1, 26 n° 59.

S. Martini monast. Turonense.

1. P. immunitas: v. K. 90. — |2. 3. P. et K. privilegia: v. L. 293. — 4. K. praeceptum de teloneis Vulfardo concessum: v. L. 98.

<small>Die in Bouquet 8, 453 n° 31 erwähnte Urkunde ist wahrscheinlich L. 305. und in Bouquet 8, 574 n° 173 ist wahrscheinlich nur L. 97 und kein Dipl.: weiter gehenden Inhalts gemeint. Schenkungen der früheren Könige werden in späteren Diplomen noch mehrfach erwähnt, jedoch ohne bestimmten Hinweis auf Schenkungsurkunden.</small>

S. Martini maioris monast. in suburbio Turonum.

1. K. immunitas: v. L. 33.

Massiliensis ecclesia.

1. P. concessio teloneorum: v. placitum a. 845 in Cartul. de S. Victor 1, 32 n° 26. — 2. K. praeceptum de iisdem teloneis: v. plac. a. 845 et L. 187. — 3. Immunitates antecessorum: v. dipl. Loth. a. 833 in Cartul. de S. Victor 1, 13 n° 12.

S. Mauritii monast. Agaunense.

1. K. privilegium: v. chron. in Gremaud origines et docum. de S. Maur. d'Agaune 30.

<small>Diese Notiz ist glaubwürdiger als alle den Karolingern zugeschriebenen aber erst im späteren Mittelalter angefertigten Urkunden des Klosters oder auch des Bisthums Sitten, von denen Notizenblatt 1, 225 eine Probe enthält.</small>

S. Mauritii monast. in Altacha.

1. K. immunitas: v. dipl. Lud. Germ. a. 857 in Mon. Boic. 11, 115 n° 11.'

<small>Ueber das Verhältniss dieser Immunität zu L. 169 s. Beitr. zur Dipl. 3. 257. Zweifelhaft bleibt ob nach den Worten per defensionem K. in L. 169 ein Mundbrief Karls anzunehmen ist. Desgleichen ob die Worte: sed quia auctoritas traditionis exinde minime apparebat, in der Besitzconfirmation Ludwigs d. D. von 830 in M. B. 11, 105 n° 5 besagen sollen, dass eine Schenkungsurkunde Karls verloren gegangen oder dass eine solche nicht ausgestellt worden ist. — Bréquigny verzeichnet noch unter dem 9. März 829 ein Wahlprivilegium Ludwigs d. F. für Niederaltaich mit Berufung auf Aventini ann. (edit. a. 1627 in f°) 185. Aventin spricht dort allerdings von solcher Urkunde und führt ihre Daten an meint aber damit das Diplom Ludwigs d. D. von 849 in M. B. 11, 112 a° 9.</small>

S. Mauritii ecclesia Andegavensis.

1. P. ecclesiae medietatem teloneorum ex Andecavis civitate aliisque mercatibus solvendorum confirmat: v. dipl. Pipp. II r. Aquit. a. 838 in Bouquet 6, 674 n° 16. — 2. K. immunitas: v. L. 100.

Letztere Urkunde muss von K. 6 für das Kloster S. Etienne unterschieden werden. Zweifelhaft bleibt ob von Karl in ein und demselben Diplom Immunität und Zollbefreiung ertheilt worden ist. Ebenso lässt sich nicht bestimmen ob unter den von Karl d. K. 843 (Bouquet 8, 436 n° 13) bestätigten Diplomen Pippins, Karls und Ludwigs die uns bekannten oder noch andere zu verstehen sind.

S. Mauritii eccl. Turonensis.

1. L. immunitas: v. dipl. Kar. Cr. a. 886 in Bouquet 9, 354 n° 22.

S. Medardi monast. Suessionense.

1. K. Ursioni abbati praeceptum immunitatis concedit: v. Mabillon ann. 2, 480. — 2. L. CXXX monasterii fratribus certa praedia et stipendia assignat; a. imp. 13: ibidem.

Das erste Stück wollte Mabillon in einem cod. chartac. monasterii gefunden haben, das zweite hatte er vergeblich aufgesucht und kannte es nur aus den Mittheilungen des 1612 verstorbenen J. de Breul. Die Angaben über beide Urkunden vermag ich nicht zu controliren. Der jetzige Archivfonds beginnt erst später, und auch das Chartular auf der Pariser Bibliothek cod. lat. 9986 enthält keine Karolingerdiplome. Doch muss es noch irgend eine Handschrift mit älteren Urkunden für dies Kloster geben. In Pertz Archiv 7, 836 wird nämlich eine Schenkung Karls ohne Jahreszahl angeführt, die vielleicht identisch ist mit der von Mabillon l. c. und in Gallia christ. 9, 405 erwähnten. Wenn endlich auch in der transl. s. Sebastiani et s. Greg. (Mabillon acta ss. 5, 388) auf allerlei Schenkungen und auf litterae commendatitiae Ludwigs hingewiesen wird, so verdienen diese Notizen bei der Beschaffenheit der Quelle keine Beachtung.

Medema monasterium.

1. K. praeceptum de mundoburdo: v. dipl. Lud. Germ. a. 837 in Mon. Boic. 11, 420 n° 1.

Melbodiense monasterium.

1. K. temporibus Eliphantis abbatis coniunctionem cellae s. Ghisleni cum Molbodiensi coenobio confirmat: v. I. de Guisia ann. Hanoniae 7, 274.

S. Michaelis monast. Virdunense.

1. P. immunitas: v. K. 13. — 2. K. praeceptum de nonis et decimis monasterio solvendis: v. L. 90. — 3. K. constitutionem

ab Ermengaudo abbate factam confirmat fratribusque ius electionis concedit: v. chron. s. Mich. in M. G. h. 4, 80.

Moissacense monasterium.

1. L. immunitas: v. dipl. Pipp. r. Aquit. a. 818 in Bouquet 6, 663 n⁰ 1.

Auch als König von Aquitanien scheint Ludwig (v. chartam Cadurcensis episcopi a. 783 in Mabillon ann. 2, 267) dem Kloster eine Bestätigungsurkunde ertheilt zu haben.

Murbacense monasterium.

1. K. praeceptum de teloneis: v. L. 91. — 2. K. auctoritas de liberis monasterii hominibus: v. L. 92. — 3. 4. K. et L. privilegia liberae electionis: v. dipl. Kar. Cr. a. 877 in Bouquet 9, 333 n⁰ 1. — 5. L. auctoritas ,in qua erat insertum, qualiter.... Pippinus quondam rex et ipse postmodum concessissent monasterium Luciariae Vivario et.... homines ingenuos quinque.... commanentes in loco nuncupante villa Eman super fluvium Rufa in pago Aregava': v. dipl. Loth. a. 840 in Bouquet 8, 366 n⁰ 2.

Bei letzterem Stück bleibt es zweifelhaft ob auch Pippin eine Urkunde für diese Schenkung ausgestellt hatte oder nicht. Das zu zweit genannte a. deperd. K. kann vielleicht als Erledigung der in Rozière n⁰ 417 erhaltenen Petition betrachtet werden. Ausser den drei oben angeführten Urkunden Karls muss mindestens noch eine vierte vor K. 8 fallende verloren gegangen sein: s. UL. § 116.

Mutinensis ecclesia.

1. K. donatio sive confirmatio: v. L. 174.

Nantuacense monasterium.

1. L. et Loth. monasterium, cui Ermoldus abbas praeest, ab omni teloneo solvendo liberant: v. Mabillon ann. 2, 447 (ex chartul. Nantuacensi).

Nemausensis ecclesia.

1. K. immunitas; a. 808: v. L. 27.

Nigellense monasterium.

1. L. Adelardo abbati immunitatem concedit: v. dipl. Loth. s. a. in D'Arbois de Jubainville voy. paléogr. dans le dép. de l'Aube (Troies 1855) 16.

Nivernensis ecclesia.

1. K. auctoritas redditionis: v. dipl. Kar. C. a. 841 in Bouquet 8, 428 n⁰ 3. — 2. 3. K. et L. immunitates: ibidem.

Nonantulanum monasterium.

1. K. Anselmo abbati confirmat praecepta Aistulfi, Adelchisi, Desiderii regum: v. regestum a. 1279 et chartam a. 818 in Tiraboschi Nonantola 2, 1 n° 1; 29 n° 22. — 2. K. monasterio plebem de Bondeno donat: v. regestum, ibidem. — 3. K. praeceptum de mundeburdo et de iure electionis: v. idem regestum. — 4. K. confirmat sententiam de vicis Salecta et Flexis latam: v. regestum. — 5. K. sancit sententiam inter Anselmum abbatem et Raynaldum novae civitatis castaldionem latam: v. regestum. — 6. K. praeceptum de liberis Persicetani territorii hominibus monasterio servientibus: v. regestum. — 7. L. confirmat Petro abbati praecepta regum Langobardorum et Karoli: v. regestum. — 8. L. eidem confirmat viam per Guilzacaram et fluvium Genae: v. regestum. — 9. L. praeceptum defensionis, immunitatis et electionis: v. regestum. — 10. L. Petrum abbatem monet ne homines in Galba et in Lizano monasterio subiectos gravare velit: v. catalogum a. 1632 in Muratori antiqu. 5, 669. — 11. L. monasterio privilegium de valle Fabriae in Assisinate territorio concedit; Aquisgrani, 6 id. dec. a. 7: v. catal. eundem.

Es wird endlich in einem iudicatum von 898 in Tiraboschi l. c. 2, 75 n° 56 ein praeceptum d. Hlodovici imperatoris scriptum per manum Elisachar, id. iun. a. imp. 20, ind. 11 für den Abt Petrus erwähnt. Der Inhaltsangabe nach scheint es mit Ludwigs Bestätigung der Urkunden der langobardischen Könige identisch zu sein. Aber entweder in den auf 833 führenden chronologischen Merkmalen oder in der zu diesem Jahre nicht mehr passenden Kanzlerunterschrift muss ein Fehler stecken; wahrscheinlich ist das erstere der Fall, da ja auch Petrus nur bis 824 Abt war.

Novaliciense monasterium.

1. P. privilegium cum emunitate: v. C. 11 et K. 72. — 2. 3. K. et L. praecepta de teloneo: v. dipl. Loth. a. 845 in Muratori antiqu. 5, 791. — 4. 5. K. et L. praecepta de valle Bardiniscae et L. immunitas: v. dipl. suspectum Loth. a. 845 ibid. 6, 345.

Novarensis ecclesia.

1. L. immunitas: v. dipl. Lud. II a. 854 in Muratori antiqu. 1, 925.

Novientense monasterium.

1. P. privilegium cum emunitate: v. C. 9 et K. 225. — 2. L. immunitas: v. C. 9*.

Noviomagensis ecclesia.

1. 2. K. et L. immunitates: v. dipl. Kar. Simpl. c. a. 901 in Bouquet 9, 492 n° 26. — 3. L. canonicis ecclesiae res quasdam concedit: v. dipl. eiusdem a. 901, ibid. 491 n° 25.

Orbionense monasterium.

1. K. monasterio et cellulis ei subiectis immunitatem concedit: v. L. 25.

Orgelitana ecclesia.

1. 2. K. et L. concessiones et confirmationes: v. dipl. Kar. C. a. 860 in Bouquet 8, 562 n° 159 et act. spur. L. — 3. L. rex Possedonio episcopo loca erema ad construenda monasteria concedit: v. L. 198.

Parisiaca ecclesia.

1. 2. P. et K. confirmationes omnium possessionum: v. L. 145. — 3. K. praeceptum de teloneis: v. L. 20. — 4. K. apennis: v. L. 163.

Parmensis ecclesia.

1. K. confirmatio: v. dipl. Carlomanni a. 872 in Ugbelli 2, 145.

Patavina ecclesia.

1. K. immunitas: v. dipl. Lud. II a. 855 in Muratori antiqu. 2, 55.

Placentina ecclesia.

1. 2. K. et L. immunitates: v. dipl. Kar. Cr. a. 881 in Campi 1, 466. — 3. 4. K. et post eum L. ecclesiae mercatum cum omni teloneo concedunt: ibid. — 5. K. Iuliano episcopo omnes ecclesiae res confirmat: ibid. — 6. L. confirmatio: ibid. — 7. 8. K. et L. praecepta antecessoribus Adalberti de Ruzzolo concessa: v. dipl. Kar. Cr. a. 883 in Campi 1, 469; conf. Beitr. zur Dipl. 5, 325.

S. Polycarpi monast. in Septimania.

1. K. monasterium ab Atala abbate, qui ex Hispania fugit, in Redensi comitatu constructum in suam tuitionem suscipit: v. Mabillon ann. 2, 251 (vitiosae sunt notae chronologicae: Antoniaco pal., a. imp. 43, ind. 13). — 2. L. immunitas Centullo abbati concessa: v. dipl. Kar. C. a. 844 in Bouquet 8, 465 n° 43.

Prumiense monasterium.

1. 2. P. et post eum K. monasterio ad piscationes et vinnas faciendas ripam Rheni in Naucravia villa concedunt: v. dipl. Lud. G. a. 871 in Beyer 1, 119 n° 113. — 3. K. Asoario abbati, qui villas Lauriacum et Catiacum in Andecavo fisco addictas sibi hereditario iure pertinere asserebat, has villas reddit; ante a. 787: v. K. 150. — 4. K. monasterio Lauriacum villam in iudicio contra Asoarium evindicatam delegat; ante a. 787: ibidem. — 5. K. Asoario villam Catiacum ab avia eius iure alodii possessam confirmat; ante a. 787: v. K. 150 et prestariam Asoarii a. 787 in Beyer 1, 38 n° 34. — 6. K. cellam s. Goaris, de qua inter Weomadum Treverensem episcopum et Asuerum abbatem contentio orta erat, hac causa in generali conventu ad fontem Lippiae in Saxonia habito coram rege definita atque episcopo adquiescente, monasterio perpetuo possidendam tradit; c. a. 782: v. vitam s. Goaris Wandelberto auctore in Mabillon acta ss. 2, 285; conf. Abel 1, 348. — 7. 8. K. et L. praecepta de teloneis: v. dipl. Loth. a. 845 in Beyer 1, 80 n° 73. — 9. L. Baterico vasallo suo villam Madalbodi pirarium dictam in proprium concedit: v. L. 321. — 10. L. Richardo ostiario suo Villanciam villam in Arduenna in proprium concedit: v. L. 373.

Weitere Schenkungen an Prüm, ohne dass jedoch ausdrücklich Urkunden erwähnt werden, ergeben sich noch aus dem Diplom Ludwigs d. D. von 873 in Beyer 1, 120 n° 115 und aus der vita s. Goaris.

Reggiensis ecclesia.

1. K. donatio: v. dipl. Ottonis I a. 964 in Ughelli 2, 269. — 2. 3. K. et L. apennes: v. dipl. Kar. Cr. a. 882 in Tiraboschi Modena 1, cod. dipl. 53 n° 24. — 4. L. immunitas: ibidem.

Vgl. K. 81°. — In Affo Guastalla 1, 23 wird noch aus einer handschriftlichen Quelle mitgetheilt: Apollinari Vitalis in urbis nostrae episcopatu successit qui Mazenzaticum, cuius agros beneficiario iure postea privatis concessit, et Luzzariam oppida a Ludovico Pio a. 828 ecclesiae nomine emit.

Remensis ecclesia.

1. C. Tilpino praesuli praeceptum immunitatis ad exemplar prolatarum praedecessorum immunitatum concedit; a. regni 1. — 2. C. eidem praeceptum de teloneis dat. — 3. C. praeceptum de Baisonensi ponte pro eodem. — 4. C. apennis pro eodem. — 5. C. militibus in Iuviniaco villa ecclesiae s. Mariae et s. Remigii residentibus omnem militiae exactionem remittit. — 6. C. militibus ecclesiae in Cruciniaco, in Curbavilla vel in Tardonensi

pago residentibus omnem militiae exactionem remittit. — 7. C. basilicae seu monasterio s. Remigii Novilliacum villam in Urcensi pago donat; a. 771. — 8. K. Tilpino e more antecessorum immunitatem concedit. — 9. K. praeceptum de militibus Tardonensis pagi. — 10. K. apennis. — 11. K. basilicae s. Remigii Novilliacum et Bebriliacum villas confirmat. — 12. L., petente Vulfario episcopo, ecclesiae Remensi et monasterio s. Remigii immunitatem a Karolo indultam confirmat. — 13. L. commutationes inter Ebonem aliosque factas confirmat. — 14. L. litterae ad Robertum comitem de defendendis ecclesiae rebus. — 15. L. Eboni immunitatis praeceptum concedit. — 16. L. praeceptum de Bansionensi ponte et de teloneis. — 17. L. apennis. — 18. L. auctoritas de Sparnaco villa: v. Flodoardi hist. eccl. Rem. 2, 17—19, ed. Sirmond 133 sequ. — 19. L., interveniente Bigone, Donato qui antea villam Novilliacum beneficii titulo habuit, certas villae res in proprium concedit: v. gesta de v. Novilliaco in append. Flodoardi, ed. Sirmond 409.

Romana ecclesia.

1. P. promissio Carisiaca; 754, 14 apr.: v. vitam Stephani III in libro pontif. (edid. Fabroti, Paris. 1649 in f°) 2, 85 et ann. Lauriss. in M. G. h. 1, 138. — 2. P. donatio a. 756: v. vitam Steph. ibid. 2, 87. — 3. P. concessio Soractensis monasterii; c. a. 766: v. epistolam Pauli in Cenni cod. Carol. n°41. — 4. K. donationis promissio ad instar promissionis Pippini facta; 774, 6 apr.: v. vit. Hadriani I in libro pontif. 2, 108. — 5. K. concessio Savinensis territorii; a. 781: v. epist. Hadr. in Cenni n° 69 et 74. — 6. K. oblatio civitatum in partibus Beneventanis; a. 787: v. epist. Hadr. ibid. n° 90. — 7. L. charta pro Stephano p.; a. 816: v. Ermoldum Nigellum et Einh. ann. in M. G. h. 2, 485; 1, 203. — 8. L. Stephano curtem fisci quandam donat; a. 816: v. vitam Steph. in libro pontif. 2, 147. — 9. L. pactum cum Paschali p.; a. 817: v. Einh. ann. l. l.

Von den Schenkungen der ersten Karolinger an die Päpste hat zuletzt S. Abel in den Forschungen 1, 455 eingehend gehandelt und hat dabei auch die verschiedenen Ansichten früherer Forscher gebührend berücksichtigt. Indem ich in der Hauptsache den Ergebnissen seiner Untersuchungen beistimme, begnüge ich mich diese in Kürze anzugeben und namentlich die Punkte hervorzuheben, über welche die Meinungen der Historiker bisher noch vielfach auseinandergingen.

Das wichtigste Zeugniss für die ersten Schenkungen findet sich in der vita Hadriani. Dass die ganze Biographie mit Einschluss der betreffenden Stelle durchaus glaubwürdig ist, hat in neuester Zeit besonders Mock dargethan (de donatione a C. M. sedi apostolicae a. 774 oblata, Monasterii 1866). Daher ist auch an den Angaben des Biographen über die Gebiete und Ortschaften auf welche sich zunächst die Promission von 774 bezieht, nicht zu rütteln. Aber dieses und alle anderen Zeugnisse lassen es unbestimmt, welches Mass specieller Rechte den Päpsten an den einzelnen Orten eingeräumt worden ist. Nur soviel ergibt sich aus der Summe uns bekannter Thatsachen, dass es sich nicht überall um die gleichen Rechte handelte, sondern an gewissen Orten nur um privatrechtlichen Besitz, an andern um Hoheitsrechte, und dass auch in den Gebieten für welche letztere zugestanden wurden, dieselben durch die dem Patricius Karl zustehenden und von ihm ausgeübten Rechte begrenzt und eingeschränkt wurden. Können wir auch aus Mangel an Nachrichten nicht den Nachweis im einzelnen führen, so ist doch an dieser Unterscheidung der Rechte festzuhalten. Und sobald wir dies thun, lässt sich auch die bisher noch am meisten streitige Frage leichter beantworten, ob nämlich hinsichtlich des Umfangs der betreffenden Gebiete oder Ortschaften die Promission von 774 der von 754 gleich gewesen ist oder nicht. Nach jener Biographie waren sie gleich, und was gegen diese Auslegung der angeführten Stelle zuletzt von Mock eingewandt ist, verliert zum grossen Theil alle Beweiskraft, sobald festgestellt ist dass es sich sowol 774 als 754 in Corsica z. B. um ganz andere Verhältnisse handelte als etwa im Exarchat, dass dort die Kirche nur einzelne Patrimonien, hier dagegen die Herrschaft beanspruchte und sich durch königliche Urkunden zu sichern bedacht war. Speciell habe ich gegen Mock 86 noch einzuwenden dass er die das ganze Mittelalter hindurchgehende Bedeutung der bestätigenden Urkunden oder erneuten Schenkungen verkennt, bei denen es sich keineswegs um Mehrung oder Besserung der Rechte handelt. Nach der ersten Promission von 754 hat man zuweilen neben dem zwischen Pippin und Aistulph 755 abgeschlossenen Vertrage noch eine Schenkungsurkunde des erstern an den Papst angenommen; doch finden sich in unsern Quellen keine Belege dafür (Mock 64; Waitz V. G. 3, 81 N. 4). Wodurch die weiteren Schenkungen oder Restitutionen in den J. 756. 781 und 787 bezeugt werden, und inwieweit sich ihr Inhalt feststellen lässt, hat Abel l. c. 469. 503. 517 dargethan. Ausser diesen mögen nun noch andere Schenkungen im eigentlichen Sinne von einzelnen Besitzungen vorgekommen sein; aber nur für die eine Soracte betreffende liegt ein bestimmtes Zeugniss in den päpstlichen Briefen vor.

Was endlich die beiden wichtigeren act. deperd. L. anbetrifft, so lässt sich aus den kurzen Andeutungen Einhards und der poetisch ausgeschmückten Erzählung des Ermoldus nicht mehr als das Factum entnehmen, dass die Verhältnisse durch schriftliche Verträge geregelt worden sind. Weitergehenden Angaben über ein von Ludwig dem Paschalis ausgestelltes pactum constitutionis et confirmationis begegnen wir dann etwa seit 1100 bei italienischen Chronisten, bei Leo Marsicanus und bei dem Mönch Johann von S. Vincenzo di Volturno. Unzweifelhaft haben sie (und namentlich bei der Herkunft und Stellung des ersteren erklärt sich dies sehr gut) bereits Kenntniss von der unter den act. spur. verzeichneten Urkunde Ludwigs gehabt, welche in der Folgezeit als der hauptsächlichste Rechtstitel für die Stellung der Päpste geltend gemacht worden ist. Die älteste bisher bekannt gewordene Abschrift derselben im cod. Vatic. n° 1984 wird allgemein in den Anfang des 12. Jhdts. gesetzt. Aber die Fälschung selbst existierte schon früher: nach M. Marini (nuovo esame dell' autenticità de' diplomi di Ludovico P., Ottone I et Arrigo II, Roma 1822) findet sie sich bereits in die um 1075 verfasste Schrift des Deusdedit de privilegiis et auctoritate ecclesiae Romanae aufgenommen. Und wie sie vollständig zu den unter Gregor VII aufgestellten Lehrmeinungen passt, darf man wol auch die Aufertigung der Urkunde in diese Zeit setzen. Zunächst waren es freilich nur die Theoretiker die von ihr Gebrauch machten. Ivo von Chartres (decr. pars 5, cap. 51) und Gratian (c. 30 dist. 63) nahmen den Eingang und die Schlusssätze (diese wörtlich gleich — daher ist es unrichtig, wenn zuweilen von verschiedenen Fassungen dieser Urkunde gesprochen wird) in ihre Sammlungen auf; vollständig copierte sie dann Cencius im liber censualis. Und um die Zeit des letzteren wurde auch zuerst praktischer Gebrauch von derselben gemacht. Allerdings ist auch schon in der promissio Heinrici V von 1111 (Pertz LL. 2, 66) die Rede von Concession und Restitution des Kirchengutes sicut a Karolo, Lodoico, Heinrico et aliis imperatoribus factum est. Aber in der Verbindung mit einem actum Karoli haben wir wahrscheinlich hier unter dem actum Ludovici nur an eine der von den fränkischen Annalisten erwähnten, dem speciellen Inhalt nach uns nicht bekannten Urkunden zu denken und nicht an die im J. 1111 allerdings schon vorhandene Fälschung. Eine unzweifelhafte Beziehung auf diese taucht zuerst im iuramentum Ottonis IV von 1198 (LL. 2, 205) auf, indem hier multa privilegia a tempore Lodoici angeführt werden. Bezeichnend ist hier der Ausdruck privilegium, ferner die Bestätigung von Besitzungen cum omni iurisdictione, districtu et honore, endlich dass auf solche Urkunde von Ludwig hingewiesen wird und nicht etwa von Karl, von dem es wol auch noch in jener Zeit bekannt war, welche Herrschergewalt er in Rom und in Italien überhaupt ausgeübt hatte. In gleicher Weise wurde dann zu Zeiten Friedrichs II und wieder Rudolphs auf die angebliche Urkunde Ludwigs verwiesen, bis endlich Nicolaus III 1278 die ganze Urkunde (s. Raynaldi annales ad 1278 n° 58, wo jedoch nur einzelne aber wörtlich gleichlautende Sätze abgedruckt sind) producierte und ihre Anerkennung von Seite des Reichsoberhaupts und der Kurfürsten zu erwirken wusste (Lorenz deutsche Geschichte 2ª, 200. 29.)). Mag immerhin dabei die politische Lage den Ausschlag gegeben und zur Anerkennung dieses Privilegiums genöthigt haben, so ist doch auch anzunehmen dass man damals am königlichen Hofe gar nicht in der Lage war die Fälschung als solche nach- und zurückzuweisen. Denn auch die die weltliche Macht der Päpste bekämpfenden Publicisten des 15. Jahrhunderts haben meines Wissens die Unechtheit der Urkunde Ludwigs noch nicht erkannt. Ueber die Constantinische Schenkung, um die sich damals die Discussion vorzüglich bewegte und die ja schon Otto von Freisingen bedenklich erschienen war, brachen die Vorläufer der Reformation Lorenzo Valla, Enea Silvio, Nicolaus von Cusa in gleicher Weise den Stab, aber das Privilegium Ludwigs blieb noch aus dem Spiel oder wurde von dem erstgenannten ausdrücklich als echt bezeichnet. (Bemerkenswerth ist dass die Urkunde Ludwigs in dem von Muratori antiqu. 6, 75 mitgetheilten und im J. 1364 angefertigten catalogus chartarum archivi s. Rom. ecclesiae nicht verzeichnet ist.) Der erste der meines Wissens diese Urkunde entschieden verworfen hat, ist Sleidan (de quatuor summis imperiis, lib. 3), dem dann die Magdeburger Centuriatoren gefolgt sind. Und seitdem die grossen Annalen der römischen Kirche gedruckt vorlagen, wurden immer mehr Zweifel laut und wurden die Zweifel immer besser begründet. Besonders eingehend lieferte Pagi in der Kritik zu diesen Annalen den Nachweis der Fälschung, den alle Vertheidiger der Urkunde Orsi, Cenni, M. Marini u. a. (auch Theiner erklärt dieselbe für echt und hat 1862 eine Specialarbeit über sie in Aussicht gestellt) nicht zu entkräften vermocht haben. In neuester Zeit hat Hasse (über die Vereinigung der geistl. und weltl. Obergewalt im röm. Kirchenstaate, Haarlem 1852 in 4°) nochmals die Unechtheit aus dem Inhalte der Urkunde erwiesen. Hat er, dem die angeführte Schrift von Marini nicht zugänglich war, nicht berücksichtigen können was dieser noch zum Schutz der Fassung und diplomatischen Form vorzubringen versucht, so bedürfen doch die betreffenden Behauptungen und kritischen Grundsätze von Marini keiner besonderen Widerlegung mehr; es genügt hier zu sagen dass sämmtliche in der Abschrift erhaltene Formeln des Stückes unrichtig lauten.

Sabionensis ecclesia.

1. 2. K. et L. immunitates: v. dipl. Lud. Inf. a. 909 et Konradi a. 916 in Resch annales (Augustae Vindel. 1740 in f°) 2, 359 et 373.

Auffallender Weise ertheilt Ludwig d. D. 847 Immunität ohne frühere Verleihungen zu erwähnen; im J. 909 wird dann nur die Urkunde Ludwigs d. F., und erst seit Konrad auch die Karls angeführt. Auch waren die obigen Diplome, nach den Brixener Copialbüchern zu urtheilen, schon im 14. Jhdt. nicht mehr vorhanden.

Salvatoris monast. in Berg.

1. K. immunitas: v. L. 70.

Salvatoris monast. in monte Amiata.

1. K. immunitas et confirmatio: v. L. 102.

Senonica ecclesia.

1. K. immunitas et apennis: v. L. 213. — 2. L. prior immunitas: ibid. — 3. L. archiepiscopo monasterium s. Columbae donat: ibid. — 4. L. auctoritas de manumissione servorum: v. libellum manumissionis in Rozière 1, 96 n° 71 et L. 166*.

Sextense monasterium.

1. K. immunitas: v. dipl. ined. Lotharii a. 830 quod commemorat Liruti notizie stor. delle cose del Friuli 3, 74; 5, 304.

Sindleozesauva monasterium.

1. K. immunitas: v. L. 72. — 2. K. praeceptum de teloneis: v. dipl. Kar. Cr. a. 886 in Dümgé 76 n° 12. — 3. K. donatio censuum: ibidem. — 4. L. Grimaldo abbati quasdam res in ducatu Alamanniae in pago Appha sitas donat: v. dipl. Lud. Germ. a. 835 in Wirtemb. Urkb. 1, 109 n° 95.

Zweifelhaft bleibt wer Reichenau das Inquisitionsrecht verliehen hat, das ihm nach der Urkunde Ludwigs des Deutschen für S. Gallen von 873 (Wartmann 2, 182 n° 569) zustand. — Die Angaben in G. Oheims Chronik (s. L. 263[bis*]) über die älteren Urkunden des Klosters lauten zu unbestimmt und sind, da auch falsche Urkunden vorlagen, zu unzuverlässig, um hier verwerthet werden zu können.

Sistaricensis ecclesia.

1. K. Iohanni episcopo castrum de Lurio tradit: v. Columbi 101.

<small>Während jetzt in den Arch. départ. de Basses-Alpes kein Fonds Sisteron vorkommt, existierte im 17. Jahrhundert, nachdem das bischöfliche Archiv 1561 in den Religionskriegen verbrannt worden war, wenigstens noch ein um 1500 vom Bischof Bureau angelegtes Chartular (cod. viridis). Den Urkunden war hier ein Abriss der Geschichte der Bischöfe vorausgeschickt, der allerdings voller Fehler war und wenig Glauben verdient: nur aus diesem Abriss haben wir Kunde von obigem Diplom.</small>

Sithiense monasterium.

1. K. praeceptum Carisiaci factum de traditione Calmontis villae: v. Cartul. de S. Bertin 73 et chron. I. de Ipra in Martène thes. anecd. 3, 441 sequ. cap. 8. — 2. L. constitutio: v. dipl. Kar. C. a. 877 in Bouquet 8, 664 n° 276.

Sollemniacum monasterium.

1. 2. P. et K. immunitates: v. L. 111.

Spirensis ecclesia.

1. P. immunitas: v. K. 92.

Sublacense monasterium.

1. K. privilegium: v. chron. Subl. saec. 14 in Muratori antiqu. 4, 1061.

Tegarinseo monasterium.

1. 2. 3. P., K. et L. privilegia: v. dipl. Ottonis II a. 979 in Mon. Boic. 6, 154 n° 2.

Tolosana ecclesia.

1. L. e more antecessorum huic ecclesiae eiusque monasteriis s. Mariae et s. Saturnini emunitatem concedit: v. dipl. Kar. C. a. 843 in Bouquet 8, 439 n° 15.

Traiectensis ecclesia.

1. L. praeceptum defensionis et immunitatis: v. dipl. Loth. a. 846 in Heda 52.

Trevirensis ecclesia.

1. P. immunitas: v. K. 9. — 2. 3. P. et L. auctoritates de Medelaco monasterio: v. dipl. Loth. a. 842 in Beyer 1, 77 n° 69.

Tullensis ecclesia.

1. K. donatio et apennis pro Bornone episcopo: v. gesta episc. Tull. in M. G. h. 8, 637. — 2. L. et Loth. Frotario episcopo immunitatem et apennem concedunt: ibidem.

Die weiter gehenden Angaben über Diplome in jener Quelle, in Hugonis chron. ibid. 340, endlich aus den nach Jahrhunderten ertheilten Urkunden in Gallia christ. 13, 966 sind zu wenig verbürgt und reimen sich nicht mit andern zuverlässigeren Nachrichten.

Verdunensis ecclesia.

1. P. praeceptum pro Madalveo episcopo: v. Hugonis chron. in M. G. h. 8, 342.

SS. Vincentii et Germani monasterium.

1. P. praeceptio de teloneo: v. K. 68. — 2. K. ecclesiae certas villas in Aquitania sitas reddit: v. dipl. Pipp. r. Aquit. a. 829 in Bouquet 6, 669 n° 10. — 3. L. fratribus certas villas in Aquitania sitas confirmat: ibidem.

S. Vincentii monast. Vulturnense.

1. K. monasterio villam Tritam a Desiderio rege condonatam confirmat: v. K. 112. — 2. L. praeceptum de iure inquisitionis: v. placitum a. 854 in Muratori script. 1^b, 398.

Volaterrana ecclesia.

1. 2. K. et L. immunitates: v. dipl. Lud. II a. 874 in Ughelli 1, 1428.

Werthina monasterium.

1. L. auctoritas defensionis: v. dipl. Arnulfi a. 888 in Lacomblet 1, 40 n° 76.

Wirziburgensis ecclesia.

1. 2. P. et C. donationes: v. L. 189. 356. — 3. K. confirmatio: v. L. 189. — 4. K. immunitas: v. L. 188. — 5. 6. 7. P., C., L. basilicae ss. Salvatoris et Kiliani decimam partem tributi a Francis orientalibus solvendi concedunt: v. dipl. Arnulfi a. 889 in Mon. Boic. 28^a, 97 n° 71.

Wizenburgense monasterium.

1. P. immunitas: v. dipl. Ottonis II a. 967 in Zeuss traditiones Wizenb. (Spirae 1842 in 4°) append. 137. — 2. L. confirmatio commutationis: v. Zeuss 73 n° 69.

Aus der Ottonischen Urkunde lässt sich um so sicherer auf eine Pippins schliessen (unter den Nachfolgern welche Bestätigungen ertheilt haben, wird noch ein Ludwig genannt, aber nicht näher bezeichnet), da jene in ihrem ersten Theile noch viele Wendungen enthält, welche den Diplomen der ersten Karolinger eigenthümlich sind, so dass sich eine im 8. Jhdt. entstandene Fassung trotz aller Erweiterungen und Aenderungen bis in das Diplom von 967 fortgepflanzt zu haben scheint. Die ältesten Urkunden des wahrscheinlich unter Pippin errichteten Klosters mögen schon frühzeitig verloren und durch ziemlich ungeschickte Fälschungen ersetzt worden sein. Zu letzteren gehört das Dagobert zugeschriebene Diplom (Pardessus 2, 167 n° 377), welches schon in einer Urkunde Heinrichs IV von 1102 erwähnt wird, ferner die von mir verzeichnete ganz formlose und auf Karls Namen lautende Fälschung. — Die Urkunde über den Tausch ist datiert: Carsiaco pal. publ. sub die 4 non. sept. a. 7 regnante d. L. imperatore. und in der Urkunde ist gesagt dass die tauschenden Parteien den Kaiser in der dortigen Pfalz aufsuchten; also wird auch die kaiserliche Confirmation wenn auch nicht an demselben Tage, aber doch wahrscheinlich an diesem Orte und in diesen Tagen ausgestellt worden sein.

Wormatiensis ecclesia.

1. 2. P. et K. auctoritates de teloneis: v. L. 264 et a. spur. K.

S. Zenonis monast. Veronense.

1. K. confirmatio: v. L. 68 et dipl. Loth. a. 833 et Lud. II a. 853 in Ughelli 5, 717. 719 — 2. Pippini (filii Karoli) praeceptum: v. dipl. Loth. et Lud. II. — 3. L. concessio ecclesiae s. Fuscae: v. dipl. Lud. II.

Notizen die ich früher in Verona über die den dortigen Bischöfen und Klöstern ertheilten Karolingerurkunden gesammelt hatte, erwiesen sich bei der Ausarbeitung als ungenügend, und andererseits war es mir in den letzten Jahren nicht möglich nochmals an Ort und Stelle diesen Diplomen nachzuforschen oder auch nur durch andere die Ueberlieferung aller Stücke, soweit und so genau als es für die Kritik erforderlich wäre, feststellen zu lassen. Als sicher kann ich daher nur das bezeichnen, dass auch in Verona die wirklich ertheilten Urkunden vielfach verderbt und interpoliert und allerlei Fälschungen versucht worden sind: aber darüber habe ich noch keine Gewissheit, ob die einzelnen Stücke auch bereits in der je ältesten noch vorhandenen Gestalt publiciert worden sind. Auch mehrere im vorigen Jhdt. erschienene Streitschriften, aus denen vielleicht einiger Aufschluss zu gewinnen wäre, konnte ich diesseits der Alpen nicht auftreiben. und erst im letzten Augenblick sendet mir die Capitelbibliothek von Verona diejenige dieser Publicationen zu nach welcher ich am eifrigsten suchte, weil sie ein sonst nicht ediertes Diplom vom J. 820 enthält, welches zwischen L. 157 und L. 158 einzuschalten ist und dessen Regest ich gleich am Schluss dieser Anmerkung nachtragen will. Verfasser dieser trefflichen (auch die Geschichte des Ratherius vielfach aufklärenden) Schrift sind die Brüder Ballerini. Sie verwerfen mit vollem Recht, als bald nach 1200 interpoliert oder gefälscht, die drei in Ughelli 5, 707. 709. 848 veröffentlichten Urkunden, welche von der Gütertheilung zwischen den Bischöfen und Kanonikern handeln, und publicieren die Constitution des B. Rataldus vom 24. Juni 813 in ihrer ursprünglichen Gestalt und dazu die schon genannte Confirmation Ludwigs vom J. 820, mit der die Urkunde von 865 in Ughelli 5, 721 zu vergleichen ist. Ueber die von ihnen benutzte und dem Anfang des 13. Jhdts. zugeschriebene Copie habe ich nur das erfahren können, dass sie in einem Urkundenregister der Capitelbibliothek als im Beginn dieses Jhdts. noch erhalten verzeichnet wird.

Zu den Urkunden für S. Zeno übergehend habe ich zunächst noch zu L. 68 (über dessen Ueberlieferung mir jede sichere Notiz fehlt) zu bemerken, dass der von Le Cointe vorgeschlagene Ansatz zu dem J. 830 unmöglich ist und dass die Bedenken welche Biancolini (mem. stor. delle chiese di Verona, 1, 47) gegen die Glaubwürdigkeit erhebt, bei richtiger Auffassung des Inhalts (vgl. auch die Urkunde Heinrichs II vom J. 1014) von selbst entfallen; fraglich dagegen ist ob die letzte Bestimmung des Diploms de famulis monasterii, an welche sich dann eine Strafandrohung anschliesst, und die doch in etwas von der Verfügung in L. 64 abweicht, der ursprünglichen Fassung angehört. — Dass die von Ughelli 5, 699 edierte Urkunde nicht, wie von ihm, Biancolini u. a. geschehen ist, dem Maiordomus Carlomann und nicht dem J. 743 zugeschrieben werden darf, liegt auf der Hand; das in jedem Falle verderbte Stück lässt auf ein Diplom Carlomanns, des Sohnes Ludwigs d. D. vielleicht vom J. 877 schliessen. Dagegen hat das Kloster wahrscheinlich mehr als ein Diplom von Pippin, dem Sohne Karls, bekommen. Von Diplomen dieses Fürsten hat sich meines Wissens kein einziges erhalten, und auch Erwähnung derselben geschieht meist nur in so unbestimmten Ausdrücken, dass sich ausser dem obigen act. deperd. keine weiteren mit Bestimmtheit verzeichnen liessen. Ich beschränke mich somit darauf zu bemerken, dass Diplome dieses Pippins u. a. noch in Muratori antiqu. 1, 436; 5, 696. 917 erwähnt werden. Auch von Ludwig d. F. hat S. Zeno ausser L. 68 und dem obigen a. deperd. wol noch weitere Urkunden erhalten; aber der Inhalt derselben lässt sich aus den angeführten Diplomen seines Sohnes und seines Enkels nicht mehr mit Sicherheit feststellen. — Zu S. 130 ist also nachzutragen:

820, 13 iun.

157bis L. ob petitionem Ratoldi Veronensis ecclesiae episcopi, qui scolam sacerdotum et clericorum ab antecessoribus prope ecclesiam s. Mariae erectam, deinde vero destructam restituit eique ex rebus ecclesiae oratorium s. Michaelis situm in Flexu, oratorium s. Iohannis iuxta portam Organi constructum, portam cum palatio s. Zenonis et insuper, consentiente Maxentio patriarcha, decimam aliarum quarundam rerum episcopalium partem contulit, omnes has res sacerdotibus scolae sine diminutione vel iniusta iudicum districtione sub imperiali mundiburdio possidendas confirmat. — ‚Imperialis dignitatis moris est petitionibus sacerdotum'.

Aquisgrani pal. reg., id iun. a. 7, ind. 13.

<small>Conferma della falsità di tre documenti pubbl. nell' Ughelli a favore del capitolo di Verona (Ver. 1754 in 4°) 126 ex apogr. sacc. 13 incip.</small>

ACTA SPURIA.

ACTA SPURIA.

Acutianum monasterium.

1. L. et Lotharii privilegium defensionis et immunitatis. — ‚Si praeveniente gratia dei'.
S. a. d. l.

<small>Gregorii Catin. chron. in bibl. Farfensi.
Ex chronico: Muratori script. 2ᵇ, 380 ad 824. — Duchesne script. 3, 659. — Bréquigny ad 824. — Conf. act. deperd. Acut. monast. 14.</small>

2. L. monasterio omnes eius possessiones confirmat, ius inquisitionis, telonea, decimas concedit. — ‚Quotiescumque imperialis magnitudo.'
Roma civ. pal. imperatorio, 5 kal. iun. a. 13, ind. 4.

<small>Margarini 2, 22 nᵒ 27 ex arch. Farfensi. — Conf. Heumann 1, 270.
Gregorius Catin. legt Karl d. G. noch ein Diplom bei, und ihm sind Duchesne script. 3, 657 und Bréquigny ad 801 gefolgt. Dagegen hat bereits Muratori script. 2ᵇ, 380 richtig bemerkt dass das betreffende Stück Karl d. D. zuzuschreiben ist.</small>

Alianum monasterium.

1. L. praeceptum fundationis, dotationis et exemptionis. — ‚Omnibus Christo faventibus.... dignum et iustum esse'.
A. inc. 813, ind. 8, a. imp. 3, a. Stephani papae 1; s. l.

<small>Charta c. a. 1200 exarata in cod. bibl. Paris. Bourgogne 76.</small>

S. Anastasii monast. ad Aquam-salviam.

1. K. et Leo papa monasterio Ansidoniam civitatem aliasque possessiones conferunt. — ‚Hac die nullo prohibente'.
A. inc. 805, a. imp. 5, a. Leonis 10, ind. 10.

<small>Ughelli 1, 50 ex arch. monast. = Migne 1, 1031 nᵒ 22. — Margarini 2, 20 nᵒ 25. — Bréquigny ad 805. — Conf. Muratori antiqu. 2, 226; Heumann 1, 161; Pertz Archiv 4, 537; Jaffé litt. spur. nᵒ 328.</small>

S. Antonini monast. in pago Rutenico.

1. L. ob petitionem Hermengardis coniugis possessiones monasterii confirmat. — ,Notum sit omnium'.

Andegavis civ., 16 kal. sept. a. 5, ind. 11.

<small>Copia saec. 13 in arch. Parisiensi.
Layettes 1, 8 n° 6 ex hac copia. — Conf. L. 126*.</small>

Aquileiensis ecclesia.

1. K. ob petitionem Paulini patriarchae, qui apud imperatorem et papam de Aquileiensis ecclesiae ruina conquestus est, episcopatus Concordiensem, Utinensem, Histriensem, Ruginensem, Penetensem, Tarsatiensem in eius et successorum potestatem transfundit. — ,Si petitionibus sacerdotum vel servorum dei'.

Romae, 2 non. aug. a. imp. 3, ind. 1.

<small>Cod. bibl. Marcianae lat. IX, 125.
Ex exemplari ecclesiae Utinensis spurio quod autographum esse credebant: Salomoni difesa del capitolo d' Udine (Udine 1596) 51. — Palladio historie del Friuli (Udine 1660) 1, 98 ad 803. — Madrisio 239, append. n° 5 ad 805 = Migne 2, 1448 n° 2.

Palladio erzählt eine lange Geschichte von dem angeblichen Original, das eine Zeit lang für verloren galt und zu seiner Zeit wieder aufgefunden wurde. Ich habe das Schriftstück in Udine nicht sehen und auch nicht einmal erfahren können ob es noch existiert. Von ihm offenbar abgeschrieben ist die Copie im Nachlass von de Rubeis auf der Marcusbibliothek, welcher auch eine Art Facsimile beiliegt; nach diesem hat der Fälscher ein Diplom der späteren Karolinger als Vorbild benutzt, während für den Wortlaut K. 133 benutzt ist. — Nachdem schon Ughelli 5, 35 und de Rubeis 391 die Authenticität bestritten, lieferte Liruti notizie delle cose del Friuli 3, 286 den Nachweis der Unechtheit.</small>

Aquisgranensis basilica.

1. K. privilegium de fundatione et dedicatione. — ,Consilio principum regni nostri'.

S. a. d. l.

<small>Insertum est cum confirmatione Friderici I a. 1166 privilegio Friderici II a. 1244.
Quix cod. dipl. 113 n° 166 ex privil. autogr. Fr. II. — Peek Aquisgranum (Aquisgrani 1620 in 4°) in append. — Vorburg hist. romanogerm. (Francofurti 1648 in f°) 10, 309 = Le Mire 1, 14 n° 11 = Migne 2, 1355. — Conf. Heumann 1, 159; Merkel in Pertz LL. 3, 23; Stumpf Reichskanzler 1, 22 N. 20.</small>

Arimbertus.

1. K. propter servitia Arimberti baroniae Borboniae principis cum marchionem Tusciae creat. — ,Si fidelibus nostri imperii liberalitatis'.

Romae in pal., 12 kal. ian. a. imp. 1, a. inc. 801, ind. 10.
> Confirmatio Leopoldi I a. 1699 in arch. Vindob.
> Soldani historia monast. s. Michaelis de Passiniano (Luccae 1741 in f°) 71 = Brunetti 2, 334 n° 58. — Conf. Notizenblatt 3, 53.

Asculana ecclesia.
1. K. donationi a Ludigaro comite factae subscribit.
> Ughelli 1, 440 c. a. 800 = Migne 1, 1023 n° 16 = Cappelletti 7, 682. — Conf. Henmann 1, 162.

Astensis civitas.
1. K. ei privilegium de nundinis et teloneis concedit.
Papiae, 15 kal. iul. a. imp. 1, a. r. in Italia 28, ind. 9.
> Memoriale Raymundi Turchi civis Ast. ad 801 in cod. chartac. saec. 15 biblioth. Taurinensis.
> Codices bibl. Taur. (Taurini 1749 in f°) 2, 199.

Atanense monasterium.
1. K. testamentum Pippini confirmans canonicos in Athano loco congregat eosque ecclesiae s. Martini Turonensi subiicit. — ‚Anno siquidem tertio imperii.'
In loco Athano, kal. mai. luna 7, ind. 8.
> Labbe eloges hist. 453. — Gallia christ. 2, 178 n° 23 ex tabul. s. Martini. — Bréquigny ad 794.

Bono.
1. L. ob petitionem Karoli filii fideli suo Bononi Hemmericum et Constanciam et Fulduinum mancipia donat.
S. a. d. l.
> Copia (ex chartul. Cluniacensi?) in collect. Moreau bibl. Parisiensis.

Bremensis ecclesia.
1. K. in terra Saxonum nuper victorum in Wigmodia in loco Bremon super Wirraham ecclesiam et episcopalem cathedram constituit, dotat et Willehado committit. — ‚Si domino deo exercituum succurrente'.
In Nemetensi pal., 2 id. iul. a. inc. 788, ind. 12, a. r. 21.
> Adami Brem. gesta saec. 11 conscripta.
> Ex gestis: Winkelmann notitia hist. polit. veteris Saxo-Westphaliae (Oldenburgi 1667 in 4°) 389. — Schaten Westf. 514. — Le Cointe 6, 367. — Baluze capit. 1, 245. — Lappenberg 1, 4 n° 2. — M. G. h. 7, 288. — Bréquigny ad 788. — Böhmer 131 ad 787.

2. K. in terra Saxonum nuper victorum duas ecclesias et episcopales cathedras constituit, quarum alteram in loco Phardum

sitam Suitberto committit et Maguntinensi archiepiscopatui subiicit, alteram autem nobiliorem in Brema loco Willehado committit et Coloniensi archiepiscopatui subiicit. — ,Cum d. nostri I. Christi virtute'.

S. a. d. l.

> H. Wolteri chron. Bremense saec. 15 scriptum.
> Lappenberg 1, 7 n° 4 ex hoc chron. = Ehmck 4 n° 4.

Meines Wissens machte zuerst Gryphiander de weichbildis saxonicis (Argentorati 1666 in 4°) 83 darauf aufmerksam, dass diese beiden Fälschungen mit denen für Verden und für Trutmann zusammenhängen. Die Unechtheit aller vier Urkunden ist genügend nachgewiesen theils von den Herausgebern, theils von Papebroch act. ss. april. 3, 804; Leibniz ann. 1, 122; Heumann 1, 149; Rettberg 2, 453; Erhard Reg. n° 189. 192. 214; Waitz Göttinger gelehrte Anzeigen 1860, 127; Abel 1, 485. Man streitet höchstens noch darüber wie die Fälschungen, wie die eine aus der andern entstanden sein mag. Diese Fragen zu entscheiden haben wir einerseits das stilistische Verhältniss der Urkunden untereinander und andererseits das nachweisbare Alter der einzelnen Stücke festzustellen. So ergibt sich z. B. der jüngere Ursprung der zweiten Bremer Urkunde daraus dass sie offenbar aus der ersten Fälschung für Bremen und aus der für Verden zusammengeschweisst ist, so wie daraus dass sie nicht früher als im 15. Jhdt. begegnet. Dagegen vermag ich wenigstens noch nicht zu sagen, ob der ersten Fälschung für Bremen oder der für Verden die Priorität zuzuerkennen ist. Die älteste Copie der letzteren wird dem 11. Jhdt. zugeschrieben, also demselben Jahrhundert aus dem auch die erstere (die dann auch in den cod. epist. Udalrici Babenberg. aufgenommen ist) überliefert ist, und stilistisch verhalten sich beide Stücke so zu einander dass ebenso gut das Bremer aus dem Verdener abgeleitet sein kann als umgekehrt. Und dass der eine den Zehnten betreffende Passus dieser Urkunden zum Theil wörtlich gleichlautend auch in sächsischen Annalen seit 1000 begegnet, wie Simson in Forschungen zur deutschen Geschichte 1, 312 dargethan hat, weist allerdings auf gemeinschaftliche wahrscheinlich auf Halberstadt zurückzuführende Quelle hin, klärt aber im übrigen die Entstehung der uns vorliegenden Fassungen auch noch nicht auf. Und keinesfalls darf aus der Uebereinstimmung der Urkunden und Annalen in diesem Theile gefolgert werden, dass in ihm eine echte gesetzliche oder urkundliche Bestimmung etwa vom J. 803 erhalten sei: denn dies ist nicht der Stil officieller Stücke aus Karls Zeit, wie schon die Vergleichung mit Pertz LL. 1, 49 § 17 lehrt, aus welcher Stelle möglicher Weise jener Passus entstanden ist.

Die Urkunde für Trutmann endlich ist weit jüngeren Ursprungs. Koppmann, der über alle diese Urkunden eingehende Untersuchungen angestellt hat und deren Ergebnisse binnen kurzem veröffentlichen wird, theilt mir die Ueberlieferung betreffend folgendes mit. Von einem angeblichen Original ist in Dortmund nichts bekannt; ebenso wenig von Abschriften die in das Mittelalter zurückreichen. Dagegen weisen allerlei Umstände darauf hin dass der Dortmunder Stadtschreiber Detmar Mülher die Urkunde geschmiedet und in Umlauf gesetzt hat. Die älteste bisher nachweisbare Abschrift begegnet nämlich in der von Mülher und Maevius im J. 1610 zum Druck vorbereiteten, dann aber nicht erschienenen Beschreibung von Dortmund. Der ältere H. Meibom, mit dem Mülher in Verbindung stand, theilte zuerst nur ein Fragment der Urkunde in den vindiciae Billinganae (erste Ausgabe vom J. 1616) und dann das ganze Stück in den Noten der Widukind-Ausgabe vom J. 1621 mit. Müller standen auch, wie Koppmann gleichfalls nachweisen wird, alle Sätze und Elemente zur Verfügung aus denen das Stück zusammengesetzt ist. Die historische Einleitung konnte er den Fälschungen für Bremen und Verden entnehmen. Für den weiteren Wortlaut benutzte er, unbekümmert darum ob dieser zu den vorhergehenden Sätzen passe, ein praeceptum manumissionis wahrscheinlich aus der Zeit Karls des Dicken und schaltete auch da, von Vorstellungen des späteren Mittelalters oder seiner Zeit ausgehend, allerlei Bestimmungen ein für die er die einzelnen an Formeln anklingenden Ausdrücke den von Goldast seit dem J. 1606 publicierten Urkunden und Formeln entnahm. Auch der Name Trutmann fand sich in Goldast Alam. rerum script. 2, 134 vor.

Buchau monasterium.

1. L. monasterio ad lacum Phedersee in honorem ss. Cornelii et Cypriani constructo villam Magingam in Kreegow centena et ecclesiam villae Sulogau donat simulque ei immunitatem et ius electionis concedit. — ‚Si locis deo dicatis quipiam'.

Engelheimb pal. publ., 11 kal. aug. a. 6, ind. 12.

> Memminger Wirtemb. Jahrbücher (1826) 333 = Wirtemb. Urkb. 1, 94 n° 82 ad 819. — Lünig spic. eccl. 3b, 7 n° 2 ad 821. — Böhmer 319 ad 819.
>
> Im günstigsten Falle hat eine echte Schenkungsurkunde als Muster gedient; der jetzt vorliegende Wortlaut ist unmöglich: s. Rettberg 2, 130; Waitz V. G. 4, 384. 399; Beitr. zur Dipl. 5, 331. 356.

Campidonense monasterium.

1. K., rogante Hildegarde coniuge et interveniente Adriano papa, monasterium multis rebus dotat atque in defensionem et immunitatem suscipit. — ‚Si sanctam dei ecclesiam digne'.

Rome, in s. die pascae a. inc. 773, ind. 11, a. r. 6, a. imp. 1.

> Exemplar saec. 13 incip. in arch. Monacensi.
> Münster cosmogr. 562 ex hoc exemplari = Crusii ann. 1, 318 = Tentzel app. 77 = Lünig spic. eccles. 3, 109 n° 1 = Rehtmayer 1, 94. — Rassler app. 40. — Conf. Mon. Boica 30, 375 n° 1. — Bréquigny ad 773.

2. K. praeceptum de advocatis monasterii. — ‚Quoniam principem ac defensorem aecclesiarum'.

Romae, in s. die pascae a. inc. 773, ind. 11, a. r. 6, a. imp. 1.

> Exemplar saec. 13 incip. in arch. Monacensi.
> Mon. Boica 30, 377 n° 2 ex hoc exemplari.

Capitularia.

1. K. constitutio Scahiningensis. — ‚Cum in Saxonia orientali'.

Scanigge villa, id. aug.

> Harenberg monumenta adhuc inedita (Braunschweig 1758 in 8°) 1. 90 ad 784 = Pertz LL. 2ᵇ, 1 = Migne 1, 671. — Conf. Rettberg 2, 474; Abel 1, 385.

2. K. decretum de expeditione Romana. — 'Si praedecessorum nostrorum morem sequimur'.

Wormatiae, 8 id. iun. a. inc. 790, a. r. 22.

> Cod. olim Chiemensis, nunc Monacensis c. a. 1190 exaratus. Pertz LL. 2ᵇ, 3 = Migne 1, 673. — Karolo Crasso ascribunt: Goldast constit. 1, 207 ad 881. — Lünig Reichsarchiv partis gener. contin. 2, 48 ad 880. — Mon. Boica 31, 105 n° 49 c. a. 878.

3. K. et L. capitulare apud Theodonis villam. — 'Placuit nobis et fidelibus nostris'.

In inscriptione: apud Th. v., s. a. d.

> Codex Gothanus saec. 11.
> Pertz LL. 2ᵇ, 4 ex cod. Goth. = Migne 1, 675. — Crabbe concilia (Coloniae 1551 in f°) 2, 704. — Baluze cap. 1, 625: cap. Triburiense a. 822. — Goldast constit. 2, 13. — Bréquigny ad 822. — Conf. Phillips in W. S. B. 49, 755.

4. L. conquestio de crudelitate et defectione militum et de scelere filiorum suorum. — 'Fractus robusti olim brachii vires'.

S. a. d. l.

> Ex Odilonis transl. s. Sebastiani: Duchesne script. 2, 336 = Le Cointe 7, 262 = Bouquet 6, 323. — Mabillon acta ss. 5, 388. — Bréquigny ad 835. — Conf. Wattenbach Geschichtsquellen 141.

Casinense monasterium.

1. K. ob petitionem Theutmari abbatis monasterio s. Benedicti in Casino castro constructo, in quo eius corpus requiescit, multas terras et silvas sacri palatii, quarum fines hic describuntur, concedit. — 'Omnibus episcopis... maximum regni nostri'.

Capua, 8 kal. mai. a. 19 et 14.

> Regestum Petri in cod. Casin. 257.
> Gattola 1, 13 ex reg. Petri ad 787. — Böhmer 128 ad 787, 25 mart.

2. K. ob petitionem Theodemari abbatis monasterio coenobium s. Mariae in Maurinis ab Ildebrando duce oblatum confirmat. — 'Omnibus episcopis... maximum regni nostri'.

Capua civ., 8 kal. mai. a. 10 et 14, ind. 11.

> Regestum Petri in cod. Casin. 257.
> Tosti 1, 93 ex reg. ad 787 = Migne 1, 1040 n° 27 ad 810.

3. K. ob petitionem Theodemari abbatis monasterio omnes possessiones a Pippino eiusque fratre Karolo ex sacri palatii re-

bus oblatas confirmat. — ‚Omnibus episcopis... maximum regni nostri'.

Papia civ., 18 kal. mart. a. 30, ind. 7.

    Regestum Petri in cod. Casin. 257.
    Tosti 1, 95 ex reg. ad 787 = Migne 1, 1041 n° 28 ad 810.

4. K. ob petitionem Theutmari abbatis monasterio omnem aquam terris monasterii coniunctam cum alveis et ripis concedit. — ‚Omnibus episcopis... maximum regni nostri'.

Papia civ., 18 kal. mart. a. 30, ind. 7.

    Regestum Petri in cod. Casin. 257.
    Tosti 1, 98 ex reg. ad 787 = Migne 1, 1044 n° 29 ad 810.

Cenomanica ecclesia.

1. K. ob petitionem Franconis episcopi per suum praeceptum ecclesiae Cenomanicae omnes possessiones, quarum nomina inseruntur, sub emunitatis tuitione confirmat et ipsum s. locum praeceptis anteriorum regum obsecutus in suam plenissimam defensionem et immunitatis tuitionem suscipit; statuit insuper quid de rebus ecclesiae fidelibus regis beneficiario iure concessis faciendum et apud quem contra advocatos vel ministros ecclesiae agendum sit. — ‚Si sacerdotum ac servorum dei'.

Grani-aquis pal., m. dec. 16 kal. ian. a. 29.

    Acta pontif. Cenom. in cod. bibl. Cenom. saec. 12.
    Mabillon analecta 293 ex actis p. C. = Bouquet 5, 756 n° 73 ad 796 = Migne 1, 981 n° 56bis. — Bréquigny ad 796. — Böhmer 155 ad 796.

2. K. cui Franco episcopus retulit, monasterium s. Karileffi consentiente Innocente quondam episcopo in rebus episcopii constructum et permittente Childeberto rege ecclesiae ss. Gervasii et Protasii contraditum fuisse, deinde vero per aliquod tempus iuri et dominationi huius ecclesiae subtractum esse, inspectis anteriorum regum auctoritatibus, ecclesiae eiusque rectoribus hoc monasterium reddit et perpetuo possidendum confirmat. — ‚Si sacerdotum servorumque dei'.

Mart. 16 kal. apr. a. imp. 1, a. 34 et 28; s. l.

    Acta p. C. in eodem codice.
    Mabillon anal. 295 ex actis p. C. = Bouquet 5, 766 n° 86 ad 802. — Bréquigny ad 802. — Böhmer 163 ad 802.

3. L. ecclesiae Cenomanicae seniori quae Salvatori, s. Mariae, ss. Gervasio, Prothasio, Stephano dicata est et cui Aldricus episcopus praeest, tradit atque concedit cellam in suburbio civitatis

ad honorem s. Mariae, s. Petri aliorumque ss. constructam. — ,Si illius amore cuius munere'.

Aquisgrani pal. reg., 16 kal. apr. a. 23, ind. 14.

<small>Gesta Aldrici in cod. bibl. Cenom. saec. 9.
Baluze miscell. 3, 34 ex gestis = Le Cointe 8, 424 ad 836 = Tentzel app. 58 = Bouquet 6, 607 n° 210. — Bréquigny ad 836. — Böhmer 465 ad 836. — Conf. L. 344°.</small>

4. L. cum comperisset, monachos e monasterio s. Carilephi abbati ablato et Aldrico episcopo legaliter reddito esse egressos, Ionae episcopo et Henrico abbati praecipit, ut eos aut in monasterium redire aut Carisiacum ad proximum imperatoris placitum venire compellant. — ,Ionae venerabili episcopo.... notum tibi esse volumus'.

S. a. d. l.

<small>Gesta Aldrici ibidem.
Baluze miscell. 3, 131 ex gestis = Le Cointe 8, 500 ad 837 = Bouquet 6, 350 n° 15 ad 838. — Bréquigny ad 837. — Conf. L. 362°.</small>

5. L. cui Aldricus episcopus retulit, monasterium Anisolae a s. Carilepho quondam in rebus episcopii constructum et ecclesiae s. Mariae, ss. Gervasii et Prothasii contraditum fuisse, deinde vero per aliquod tempus iuri et dominationi huius ecclesiae subtractum esse, cui Drogo quoque archicapellanus aliique missi, facta hac de re inquisitione, renunciaverunt hanc rem ita se habere ideoque iam Karolum regem Franconi episcopo monasterium s. Carilephi reddidisse, L. inspectis cum Karoli tum aliorum regum auctoritatibus, denuo praedictum monasterium rectoribus huius sedis perpetuo possidendum confirmat. — ,Si sacerdotum servorumque dei'.

Carisiaco pal. reg., 7 id. sept. a. 25, ind. 1.

<small>Gesta Aldrici ibidem.
Baluze miscell. 3, 96 ex gestis = Le Cointe 8, 503 ad 837 = Tentzel app. 62 = Bouquet 6, 621 n° 228 ad 838. — Bréquigny ad 838. — Böhmer 486 ad 838. — Conf. L. 362°.</small>

6. L. ob petitionem Aldrici episcopi, ecclesiae Cenomanicae omnes possessiones, quarum nomina inseruntur, et inter eas res quoque aut a Karolo aut a semet ipso redditas, denuo per suum praeceptum sub emunitatis tuitione confirmat et ipsum s. locum iterum in suam immunitatem suscipit, simul statuens apud quem contra advocatos vel ministros huius ecclesiae agendum sit. — ,Si petitionibus sacerdotum pro quibuslibet'.

Pictavis civ. publ., 10 kal. mart. a. 23, ind. 3.

Gesta Aldrici ibidem.
Cauvin géographie anc. du diocèse de Mans (Paris 1844 in 4°), instr. 62 ex hoc codice ad 840. — Baluze miscell. 3, 38 ex gestis = Bouquet 6, 630 n° 242 ad 840. — Bréquigny ad 840. — Böhmer 503 ad 840.

Mehr als die Invocation, die Namensform Grani-aquis und dergl. ist es die ganze Fassung der ersten Urkunde, die sie als späteres Machwerk erkennen lässt. Im Grunde sind hier mehrere Fälschungen in einander verarbeitet, so dass auch die Formel: ut... pontificibus... pro nobis... exorare delectetur zweimal gesetzt wird, was in echten Diplomen, mögen sie auch mehrfachen Inhalts sein, nie geschieht. Auch der Inhalt entspricht nicht der Zeit Karls. Dass Besitzconfirmationen dieser Art damals nicht vorkommen, habe ich in Beitr. zur Dipl. 3, 203; 4, 584 dargethan. Was dann über das als königliches Beneficium verliehene Kirchengut bestimmt wird, steht auch in dieser Zeit vereinzelt da (Waitz V. G. 4, 163 und 219) oder es begegnet doch nur in Urkunden für Le Mans oder etwa in erst später entstandenen Erzählungen wie in der hist. episc. Autossiod. cap. 33 (Bibliothèque hist. de l'Yonne 1, 351). Dem zweiten Theil liegt eine Formel für Immunitätsbestätigung aus der Zeit Ludwigs zu Grunde, was sofort kenntlich wird durch die Worte: sub plenissima semper defensione et immunitatis tuitione etc. Und selbst diese Formel ist dann noch durch einen Zusatz von Bestimmungen erweitert, welche gleichfalls nur in Urkunden für dies Bisthum vorkommen und auch nach der Ansicht von Waitz (ibid. 4, 383) nicht in die Zeit Karls passen. Es lässt sich unter diesen Umständen von keinem Theile der Urkunde annehmen, dass er auf echter Vorlage beruhe. — Schliesslich bemerke ich noch dass die acta pontif. Cenom. (Mabillon l. c. 290) von einer Urkunde etwa gleichen Inhalts, also auch gleichen Werthes berichten, welche Karl auch dem Bischof Merolus (784 - 788) gelegentlich eines Aufenthaltes in Le Mans ertheilt haben soll.

Ebenso entspricht die ganze Fassung der zweiten Fälschung der Zeit Ludwigs, und besonders weisen auf diese die Worte der Arenga pro excessibus nostris, die in echten Diplomen Karls nicht vorkommen, dagegen ziemlich häufig in den späteren seines Sohnes, wie L. 322. 332 usw., so dass wir die Entstehung des vorliegenden Wortlauts wol in die Zeit Aldrichs zu setzen haben. Noch entscheidender als dies ist, dass der Inhalt dieser Urkunde und der citierten des K. Childebert (s. Pardessus n° 135) in vollem Widerspruch mit der beglaubigten Geschichte von Anisola steht; denn wenn auch nach den 863 gepflogenen Verhandlungen (s. K. 181°) Franco eine Zeit lang das Kloster Anisola besass, so ist doch zu dieser Zeit von einer redditio in dominationem et potestatem dominii, wie sie unsere Urkunde behauptet, nicht die Rede gewesen. Wahrscheinlich ist gerade dies Stück eines der instrumenta quae inutilia et falsa probata erant (a. 863). — Als Vermuthung will ich noch hinzufügen dass bei dieser und der vorhergehenden Fälschung für die Datierung die von K. 181 als Muster gedient zu haben scheint. Alle drei Stücke haben eine in Präcepten dieser Zeit nicht mehr vorkommende Bezeichnung des Monatsdatums gemein: in K. 181 erklärt sie sich wol aus der Form eines iudicium, aber nicht so in den Fälschungen. Damit mag zusammenhängen dass, wie in K. 181 der Verhandlungsort nur im Eingang und nicht am Schluss angegeben ist, in der zweiten falschen Urkunde der Ausstellungsort ganz fehlt, in der ersten aber für ihn eine im J. 796 nicht übliche Namensform gewählt ist (UL. § 76. 108).

Auf den ersten Blick erkennt man den Zusammenhang der fünften Fälschung mit der ersten, und auch hier finden wir gleichsam zwei Urkunden in eine verarbeitet. Der erste Theil, eine Art Pancarte, wäre nun wol möglich bis auf einige ungewöhnliche Ausdrücke (s. L. 362*). Der bestätigte Besitzstand erscheint natürlich grösser als in dem Karl zugeschriebenen Diplom, denn es kommen die Klöster und Villen hinzu die unter Ludwig nach dem Zeugniss der echten Urkunden erworben oder nach der Behauptung der unechten erworben sein sollen: eben der letzteren Erwähnung aber und dass Anisola hier wieder als restituiert angeführt wird, machen diesen Theil verdächtig und verrathen die Absicht des Verfassers für die wirklichen und auch die angeblichen Erwerbungen noch eine Gesammtconfirmation zu erdichten. Dann folgt als zweiter Theil eine Immunität die in der Mehrzahl der Sätze allerdings den echten Urkunden dieser Art entspricht, der aber ebenso wie der ersten Fälschung sonst nicht nachweisbare Bestimmungen angehängt sind und die endlich auch durch einzelne Ausdrücke wie iterum iterumque iubemus verdächtigt wird (s. auch Roth Feudalität 88).

Concordiensis ecclesia.

1. K., interveniente Rodigerio fideli suo, Petrum episcopum et omnes episcopatus res in suam defensionem suscipit eique omnem publicam functionem donat. — ,Si religiosis praesidentibus'.

Franconofurd, 2 non. apr. a. 26, a. inc. 802, ind. 10.

Cod. lat. IV, 52 saec. 14 in bibl. Marciana.

Ughelli 5, 326 ad 802 = Migne 1, 1025 n° 17. — Böhmer 169 ad 802.

Die oben genannte Handschrift ist eine Art Salbuch, in welches hier und da Urkunden (s. Oesterr. Archiv 18, 400) eingetragen sind. Abschriften des vorigen Jahrhunderts (und nicht des 16., wie in Pertz Archiv 4, 157 behauptet ist) aus diesem Codex finden sich dann auf derselben Bibliothek im cod. lat. XIV, 28. Ich kenne ausserdem eine Copie von Fontaninis Hand im Wiener Archiv cod. n° 102 tom. 2, 439, welche sich auf ein Transsumpt von 1638 stützt; Fontanini bemerkt dazu dass sich das Original im Besitz des Bischofs von Treviso Sanudo befinde. Aber von einem Original kann nicht die Rede sein, da die ganze Urkunde, wie schon de Rubeis 393 und Heumann 1, 164 bemerkt haben, falsch ist: Formeln und Daten sind unrichtig, in dem Context kommt höchstens hier und da einmal eine in Diplomen Karls mögliche Wendung vor. Fontanini gibt allerdings die Datierung etwas anders an: 2 non. apr. a. 26 regni eius, ind. 15, dom. inc. a. 793. Aber daraus ersehen wir auch weiter nichts, als dass die angebliche Verleihung dieser Urkunde in das Jahr der Frankfurter Synode, also 794 verlegt werden sollte. Vielleicht hat sich auch der Bischof von Concordia dorthin begeben, vielleicht hat er dort auch ein Diplom erhalten — aber das kann nie und nimmer wie das jetzt vorliegende und vollkommen unbrauchbare gelautet haben.

Corbeia-nova monasterium.

1. L., petente propinquo suo Warino abbate, monasterio ad honorem ss. Stephani et Viti constructo res ab Addila traditas, mansum regalem Tyheyle, dominicale in Osthoven aliasque res in

oppidis Opphenheim et Wachenheim sitas confirmat. — ‚Si unius fidelis nostri iustam'.

Ingelenheim, 18 kal. dec. a. 25.
<small>Chartul. Corbei. saec. 15 in arch. Monasteriensi.
Wilmans 1, 33 n° 18 ex hoc chartul. — Erhard 1, cod. 10 n° 12 ex eodem chart. ad 838. — Schaten l, 117 ad 838 = Lünig spicil. eccles. 3, 63 n° 9. — Böhmer 488 ad 838.</small>

2. L. propinquae suae Idae res a marito eius Ekharto comite in villa Imminchusen in pago Niftharsi concessas per suam auctoritatem confirmat. — ‚Si iustis petitionibus unius fidelis'.

Ingelenheim pal, 11 kal. dec. a. 25, ind. 1.
<small>Falke 284 ex originali.
Mehrere Fehler an denen die erste Urkunde leidet, finden sich schon bei Wilmans zusammengestellt: er bemerkt dass Invocation und Kanzlerunterschrift falsch sind, dass der Context jene unrichtigen Angaben enthält die ich bereits in L. 297* besprochen habe, dass endlich die betreffenden Güter in den späteren Güterverzeichnissen des Klosters nicht vorkommen. Da er trotzdem in Zweifel ist ob der geschichtliche Inhalt der Urkunde ganz zu verwerfen ist oder nicht, hebe ich hervor dass die Fehler noch zahlreicher und gewichtiger sind als Wilmans annimmt. Nicht ein Theil des Protokolls ist richtig: s. Ul. § 88. 89. Entscheidender aber ist dass ausser der Corroborationsformel nicht ein Satz des Contextes den unter Ludwig gebrauchten Formeln entspricht oder auch nur insoweit an sie anklingt, als es selbst bei sehr freien Ueberarbeitungen von echten Diplomen der Fall ist. Vielmehr erscheint die ganze Fassung als Product freier Dichtung. Unter diesen Umständen darf die Urkunde auch nicht mehr als glaubwürdiges Zeugniss für ein Verwandtschaftsverhältniss zwischen Addila und Wariu benutzt werden.
Dass das zweite Stück ein Machwerk Falkes ist, hat Wilmans in überzeugender Weise dargethan. Ich will nur noch darauf aufmerksam machen dass schon Harenberg, als Falke sein Werk in den Miscell. Lips. nova vol. 4ª (1745), 242 ankündigte und dabei eine Probe aus dieser Urkunde mittheilte, die Bemerkung hinzufügte: pervelim scire an hoc diploma et alia vetusta Corbeiensia monumenta sint satis genuina.</small>

Cotallus de Crao.

1. K. ei baroniam castri de Centellis confert. — ‚Cum dictus nobilis'.

25 febr. a. inc. 792; s. l.
<small>Gaspar Escolano decada prim. de la hist. de Valencia (Valencia 1610 in f°) 6, 165. — Bréquigny ad 792. — Conf. Ménage hist. de Sablé (Paris 1683 in f°) 112.</small>

Cremonensis ecclesia.

1. K. cui diaconi cardinales praecepta Luitprandi priorumque regum sancienda obtulerunt, possessiones ecclesiae confirmat eique immunitatem et alias libertates concedit. — ‚Si petitionibus'.

24. dec., hic in Italia a. 7, ind. 4; s. l.
: Collectio Dragoni in bibl. Cremonensi.
Conf. Arch. storico, nuova serie 2, 17 ad 780, et Miscell. di storia 1, 554.

2. K., petente Stephano episcopo, diaconis cardinalibus ordinariis denuo immunitatis suae praeceptum concedit et Castrumvetus donat.

Ravenna pal., 4 id. mai.
: Coll. Dragoni.
Conf. Arch. stor. ibid. 21 ad 801, et Misc. di stor. 1, 554.

3. K. ecclesiam s. Mariae in suam imperialem tuitionem et immunitatem suscipit. — „.... qualiter vix dum ad imperiale fastigium'.

Ravenna pal., 4 id. mai.
: Collectio Bonafossa in arch. episc. Cremon.
Conf. Miscell. di storia 1, 554.

Im J. 1796 wurde die Mehrzahl der Archive von Cremona der Plünderung und dem Verderben preisgegeben. Nur wenig wurde gerettet und konnte in späterer Zeit wieder vereinigt werden. Um so mehr Werth legte man auf zwei neuere Sammlungen, die einigermassen die Verluste zu ersetzen schienen. Die eine hatte zu Ende des vorigen Jahrhunderts Bonafossa angelegt unter dem Titel Monumenta Cremonensis ecclesiae collecta a I usque ad XIX saec., 19 vol. in f°, jetzt im dortigen bischöflichen Archive (s. Robolotti dei docum. storici di Cremona, Cremona 1857). Wenigstens die Schätze des einstigen bischöflichen Archivs, namentlich auch die im cod. Sicardianus (conf. K 79*) eingetragenen Urkunden hatten sich in diesen Abschriften erhalten. Minder gut war es dem Capitelarchiv ergangen. Doch sammelte seit 1811 der Cremonesische Historiker Dragoni was angeblich auf die eine oder die andere Weise vor dem Untergang bewahrt geblieben war, in einem cod. dipl. capituli Cremonensis. Die ältesten Urkunden theilte er Troya mit, der diese allen früheren Forschern entgangenen Schätze nicht genug rühmen konnte. Aber auch an Urkunden späterer Zeit, an Diplomen der Karolinger war der sogenannte cod. Dragonianus reich: Auszüge aus diesem Theil veröffentlichte Odorici im Archivio storico, nuova serie 2, 1 sequ.; ausführlichere Auszüge verdanke ich der gütigen Mittheilung des Dr. Wüstenfeld in Göttingen. Freilich hatte schon hie und da ein italischer Forscher an einzelnen der von Dragoni mitgetheilten Urkunden Anstoss genommen, aber niemand zweifelte an der Redlichkeit und Wahrheitsliebe von Dragoni, und Odorici gab nur der öffentlichen Meinung Ausdruck, als er in seiner Arbeit die Verdienste dieses unermüdeten Sammlers pries. Da sprach sich zuerst Wüstenfeld (Arch. storico, n. s. 10, 6* gegen die Glaubwürdigkeit der von Dragoni verbreiteten Urkunden aus und wies in schlagender Weise nach dass sie der Mehrzahl nach Fälschungen seien. Cantù stimmte ihm bei, und als endlich Dragoni gestorben und sein Nachlass untersucht werden konnte, durchschaute man selbst die Art der Entstehung seiner Fälschungen. Und mag man auch noch über deren Motive streiten, so gilt es heute als ausgemachte Sache dass kein einziges aus dieser Quelle stammendes Stück als echt betrachtet werden kann, so lange nicht ältere Zeugnisse dafür beigebracht werden können: s. Robolotti in Miscellanea di storia Ital. 1, 506.

Es sind da auch die zwei ersten Karl zugeschriebenen Urkunden zur Genüge kritisiert. Die zweite ist offenbar mit Hülfe der dritten geschmiedet, welche sich in der Sammlung des Bonafossa befindet. Auch dieses Stück, von dem mir Wüstenfeld gleichfalls ein ausführliches Excerpt mitgetheilt hat, ist entschieden falsch: zum grösseren Theil enthält es Namen, Bestimmungen und Wendungen welche wol auf ein Diplom Karls d. D. zurückzuführen sind, und nur einzelnes mag einem nicht mehr erhaltenen Diplom Karls d. G. entnommen sein. So kann namentlich das Datum dieser Fälschung zu dem einen act. deperd. K. gehören, dessen Ertheilung ebenso wie die Ertheilung der andern von mir verzeichneten a. deperd. hinlänglich durch die Ueberlieferung der späteren Diplome in dem durchaus glaubwürdigen cod. Sicardianus (über dessen Inhalt s. Miscell. l. c. 541) bezeugt ist. — Die unter andern von Cappelletti 12, 130 mitgetheilte Inschrift, nach der Karl bei der Einweihung einer Kirche in Verona anno d. 801 sub die 8 m. octobris iud. 9 zugegen gewesen sein soll, verdient keinen Glauben, wie schon Sanclementi series episc. Cremon. 15 bemerkt hat. —

Cumana ecclesia.

1. L. s. Cumanae ecclesiae curtem iuris sui Anutium ad lacum Luganum sitam concedit. — ,Cum iustis petitionibus sacerdotum'.

Cumo ad s. Petrum, 2 kal. aug. a. inc. 818, ind. 11, a. imp. 4.

Ughelli 5, 264 = Cappelletti 11, 321. — Tatti 946 ex tabul. ecclesiae.

Vergebens sucht Tatti 808 an den überlieferten Ziffern zu ändern und die mit allen Berichten in Widerspruch befindliche Annahme eines Aufenthalts des Kaisers in Oberitalien plausibel zu machen. Es ist nicht der Ausstellungsort allein um dessentwillen die Urkunde verworfen werden muss. Zwar mag dem Verfasser eine der jetzt verlorenen echten Urkunden als Vorlage gedient haben: daher das im allgemeinen richtige Protokoll, daher die zum Theil richtige Fassung; aber zwischen deren Sätze sind allüberall ungehörige Bestimmungen und Wendungen eingeschaltet. Auch lässt sich in den zahlreichen Diplomen bis zum J. 1000 nirgends eine Confirmation für diese Besitzung (nach Tatti Ainutio, daneben aber kommen auch die Lesarten Tunicio, Iuveio usw. vor) nachweisen.

Desertinense monasterium.

1. P. monasterio donationes a Widone comite factas confirmat.

Copia s. 1639 in cod. arch. Vindobonensis 116.

Eine ganz formlose Aufzeichnung unter den Akten des Kl. Disentis (s. Pertz Archiv 6, 109), die aber doch Mabillon ann. 2, 170 benutzt hat und ebenso der Verfasser einer nur handschriftlich vorliegenden Klostergeschichte, aus welcher Mohr Regesten der Abtei Disentis (Cur 1853 in 4°) 6 Auszüge mittheilt. Diese lässt auch Karl 780 auf dem Zuge nach Rom und 801 auf der Heimreise von Rom im Kloster verweilen und dasselbe beschenken. Im ersteren Jahre kann wenigstens Karl durch Graubünden gezogen sein, während für 801 feststeht dass er die westlichen Alpen passiert hat. Aber auch die erste Notiz ist zu schlecht beglaubigt um Beachtung zu verdienen.

S. Dionysii monasterium.

1. P. ob petitionem Constramni abbatis monasterii s. D. constituit, ut omnis progenies ex servis et ancillis monasterii procreanda eiusdem potestati subiiciatur. — ‚Omnibus agentibus... cum illa bona voluntate'.

Suessionis pal., 3 non. apr. a. 6, ind. 4.

> Doublet 697 = Le Cointe 5, 557. — Bréquigny ad 755. — Conf. Mabillon ann. 2, 148 et dipl. 71.

2. K. ob petitionem Fulradi abbatis coenobio omnes res et cellas sub emunitatis nomine confirmat omnibusque eius villis mercatum concedit. — ‚Omnibus episcopis.... in rebus ecclesiasticis'.

Aquisgrani pal., 12 kal. mai. a. 13, ind. 9.

> Exemplar spurium et chartul. saec. 13 in arch. Paris.
> Doublet 713. — Bréquigny ad 781.

3. K. ob petitionem Fulradi ecclesiae Lebrahae in pago Alsacensi constructae decimas terrarum ad ipsam spectantium concedit. — ‚Omnibus fidelibus... quicquid enim locis'.

Wormatia civ., a. 13.

> Doublet 714 ex chartul. = Grandidier 2, preuves 139 n° 76 = Migne 1, 966 n° 44. — Böhmer 108 ad 781. — Conf. Le Cointe 6, 214.

4. K. ob petitionem Folleradi abbatis basilicae s. D. omnes res in testamento abbatis atque in privilegio Leonis descriptas confirmat eique licentiam dat res et mancipia ubique comparandi aut commutandi. — ‚Si petitionibus servorum dei et utilitatibus'.

Duria pal. reg., 16 kal. oct. a. 14 et 8.

> Duo exemplaria saec. 9 et tertium saec. 12 confecta atque chartul. saec. 13 in arch. Paris.
> Doublet 717 ex exempl. s. 12. — Bréquigny ad 790.

5. K. ob petitionem nepotis sui Folradi abbatis, coram Leone papa, ducem Lotharingiae advocatum ecclesiae Lebrahae constituit. — ‚Si petitionibus servorum dei et utilitatibus'.

Romae pal. publ., 16 kal. oct. a. 23 et 8.

> Doublet 722 = Grandidier 2, preuves 142 n° 79 (conf. 1, 107) = Migne 1, 1080 n° 3. — Conf. Mabillon dipl. 72.

6. K., petente Folrado nepote suo, omnes monasterii Lebrahae ab eo constructi possessiones confirmat, abbati eiusdem omnimodam iurisdictionem temporalem atque dominium fundi concedit, fratres et homines monasterii ab omnibus teloneis et ser-

vitiis solvendis liberat et ducem Lotharingiae advocatum monasterii constituit. — ˏQuicquid enim ad loca sanctorum'.
  Aquisgrani a. 803, a. imp. 1, a. r. 15.
    Insertum diplomati Karoli IV a. 1348.
    Grandidier 2, pr. 148 n° 83 (conf. 1, 109) ex hoc dipl. = Migne 1, 1082.

  7. K. ob petitionem Wilelmi et Rotberti comitum monasterio omnes res iniuste ereptas reddit et sua auctoritate ac privilegio Leonis papae confirmat. — ˏOmnibus archiepiscopis.... cum regiam sublimitatem'.
  Apud urbem Suession., 11 kal. sept. a. i. 11, a. r. 44, ind. 5.
    Doublet 727 = Le Cointe 7, 9. — Du Bouchet la veritable origine de la seconde et troisieme lignée de la maison r. de France (Paris 1646 in f°), preuves 245. — Conf. Mabillon ann. 2, 372.

  8. K. praecipit ut ecclesia s. D. caput ecclesiarum regni censeatur, ut eius abbas primas habeatur, ut reges Franciae in hac ecclesia coronam accipiant etc. — ˏOmnibus... minime decet regiam sublimitatem'.
  In mon. s. D., a. d. 813.
    Doublet 725 = Le Cointe 7, 282 = Dubois 1, 313. — Bréquigny ad 813.

  9. L. ob petitionem Hilduini abbatis oblata sibi priorum regum statuta de acquisitione et copulationibus et progenie servorum monasterii confirmat. — ˏOmnibus... cum ea quae sanctis locis'.
  Aquisgrani publ. pal., 4 id. apr. a. 5.
    Doublet 735. — Bréquigny ad 818.

  10. L. ob petitionem Wilegisi archicustodis monasterio confirmat res a Karolo imperatore in pago Milidunensi in villa Fericiaco et in aliis burgis collatas. — ˏSi ea quae fidelibus nostris'.
  In mon. s. Dionysii, 3 kal. apr. a. 1, ind. 11.
    Doublet 730. — Bréquigny ad 815. — Recte Lud. Balbo ascribunt Bouquet 9, 401 n° 4 et Böhmer 1832 ad 878.
    2. Etwas abweichend von der von Doublet benutzten Copie lautet das Datum im Cart. blanc: 12 kal. mai. A. palatio a. 14 regnante... Karolo... imperii vero a. 4, ind. 9. Neben vielen echten Diplomen entnommenen Sätzen begegnen namentlich am Schluss in Karls Urkunden nie gebrauchte Sätze. Vgl. Le Cointe 6, 214. — 4. Von den drei Exemplaren die im Pariser Archiv unter K. 7 n° 7 aufbewahrt werden, mag das älteste mit der Dorsualbezeichnung: praeceptum Karoli imperatoris super omnibus rebus Folradi abbatis um 850 geschrieben sein, wofür auch die verhältnissmässig correcte Sprache spricht. Der Schreiber desselben war offenbar mit den Kanzleiformen der Zeit Karls vertraut und hat die Unterschrift des Wigbald mit allem Zubehör und selbst mit dem alten Zusatz benevalete nachzuahmen versucht, was ihm auch bis auf einen Fehler

in den tironischen Noten für Wigbaldus gut gelungen ist. Fast ebenso alt und mit gleicher Kenntniss der Formen angefertigt ist das zweite Exemplar, dessen Schreiber aber einige Male einzelne Worte ausgelassen hat, welche dann über den Zeilen in Noten nachgetragen sind. Der wesentlichste Unterschied zwischen diesen beiden Stücken ist, dass in dem ersten die Unterschrift lautet: Wigbaldus advicem Hitherii recognovit, in dem zweiten: Wigbaldus recognovit. Beide haben in der Datierung die von mir mitgetheilten Ziffern, während die von Doublet abgedruckte und auch von Tardif 70 n° 91 verzeichnete Copie des 12. Jhdts. hat: anno 22 et 8. Der Abschrift im Cartulaire blanc liegt eins der älteren Exemplare zu Grunde. Die Jahresziffer 22 im dritten Exemplar ist nun schon deshalb nicht möglich, weil Fulrad bereits 784 gestorben war. Wollten wir aber die Urkunde nach den Daten der älteren Exemplare zu 781 oder 782 einreihen, so steht auch dem die Erwähnung des Hitherius im Wege (UL. § 29). Und des weitern ist die Zusammenstellung von Fulrad mit Leo, der erst 795 auf den päpstlichen Stuhl erhoben wird, unmöglich. Kurz die verschiedenen Angaben dieser Urkunde sind in keiner Weise in Einklang zu bringen, und das ganze Stück muss, obwol es mit ziemlicher Sachkenntniss abgefasst und geschrieben ist, verworfen werden. Zum Schluss mache ich noch auf den Zusammenhang aufmerksam, der zwischen dieser Fälschung und den gleichfalls mit dem falschen Namen versehenen Abschriften von K. 160 und von der Bulle des P. Leo vom J. 798 (Tardif 72 n° 98) besteht.

S. Emmerami eccl. Ratisponensis.

1. K. ecclesiam ad honorem Salvatoris, s. Mariae et ss. Petri, Georii et Emmerami constructam liberam esse vult, ea tamen condicione ut rectores coenobii singulis annis VII aureos Romam ad altare s. Petri persolvant. — ‚Quicquid enim ob amorem dei locis.'

Franchenfurt super Moinum, 8 kal. apr. a. 32.

Lib. copialis s. Emmer. saec. 11 incip. in arch. Monacensi et cod. epist. Udalrici Babenb. in bibl. Vindob.
Mon. Boica 31, 22 n° 9 ex duobus codic. ad 799. — Pez thes. anecd. 1c, 2 n° 2 ex libro cop. — Hund-Gewold 1, 149 = Le Cointe 3, 249 (conf. 6, 208). — Yepes cronica general de la orden de s. Benito (1609 in f°) 2, app. 20 n° 27. — Bréquigny ad 798.

2. K., admonente Adelwardo episcopo, s. Emmeramo martyri decimam partem vectigalium ex ministerio N. solvendorum donat. — ‚Si ecclesias dei aliqua semper utilitate'.

3 kal. iul. a. inc. 810; s. l.

Lünig spicil. eccles. 3, 642 n° 4 ad 810.

3. L. ecclesiam s. Emmerami, quam Karolus ex auctoritate Leonis papae a sede episcopali in ecclesiam s. Stephani translata separavit, a potestate episcoporum aut ducum liberam et soli imperatorum regimini subiectam esse iubet. — ‚Oportet igitur nos qui divina sumus'.

S. a. d. l.

> Lib. copialis s. Emmerami suprascriptus.
> Mon. Boica 31, 52 n° 21 ex libro cop. — Pez thes. anecd. 1c, 6 n° 4. — Lünig spicil. eccles. 3, 642 n° 5. — Yepes cronica 2, app. 21 n° 29.

Die Unechtheit dieser Stücke haben genügend nachgewiesen Le Cointe 6, 208; Heumann 1, 269; Rettberg 2, 273.

Epternacense monasterium.

1. P. monasterio Aefternacensi ecclesiam in Crovia decimamque Cuntellae silvae partem donat eique omne teloneum remittit. — ‚Cum propitia divinitate'.

Compendio pal., 3 non. mai. a. inc. 752, ind. 4, a. r. 3.

> Dipl. ficticium saec. 12 exaratum in arch. Berolinensi et liber aur. Epternac. saec. 13 incip. in bibl. Gothana.
> Beyer 1, 14 n° 11 ex dipl. ad 752 (conf. Goerz in Beyer 2, 574). — Le Mire 1, 641 = Hontheim 1, 119 n° 43. — Bertholet 2, preuves 39. — Calmet 2, preuves 95. — Bréquigny ad 752. — Böhmer 2 ad 752. — Conf. Papebroch propyl. 16; UL. § 113.

S. Eugendi monast. Condatiscense.

1. K. praeceptum.

> Bréquigny ad 790. — Recte ascribunt Kar. Calvo et a. 862 Bouquet 8, 583 n° 88 et Böhmer 1698.

Den Irrthum von Perard, Chifflet, Le Cointe u. a. hat längst Mabillon ann. 2, 294 berichtigt; dennoch hat jüngst wieder Hauréau (Gallia christ. 15, 19) die Urkunde Karl d. G. vindicieren wollen. Wahrscheinlich ist es dasselbe Diplom das D. Pitra (Arch. des missions 1, 570), indem er über die jetzt in Middlehill befindlichen Papiere Chifflets berichtet, Karl d. G. zuschreibt. Durchaus unverbürgt und durch den Inhalt verdächtig (Waitz V. G. 4, 81 N. 4) ist auch die von Mabillon ann. 1, 678; 2, 183 mitgetheilte Notiz einer Reimchronik von S. Oyan über mehrere Urkunden Pippins und Karls.

S. Euvertii monasterium.

1. K. ecclesiae s. Mariae extra urbem Aurelianorum constructae, in qua s. Euvertii corpus requiescit, ad usus canonicorum certas fisci terras confert. — ‚Omnibus orthodoxis'.

Aurelianis publice, 2 kal. iul. a. 15.

> Copia veteris chartul. in bibl. Aurelianensi.
> Acta ss. 7. sept. ex cod. reginae Sueciae. — Gallia christ. 8, 1574 et instr. 480. — Bréquigny ad 783.

In einer mir nicht zugänglichen Abhandlung der Mém. de la soc. archéol. d'Orléans tom. 5 soll ein vergeblicher Versuch gemacht sein die Urkunde in Schutz zu nehmen.

Fabariense monasterium.

1. K., interveniente Waldone episcopo, ecclesiam iussu Pirminii in Curowalhoan constructam immunem esse iubet eique iura ex apostolica Leonis auctoritate concessa confirmat — ‚Notum sit omnibus successoribus... qualiter nos'.

Lüttenhofen pal. reg., 3 id. nov. a. 807, ind. 15.

> Transsumptum a. 1656 in arch. Fabariensi.
> Eichhorn cod. prob. 12 n° 5 ex transs. ad 807. — Böhmer 179 ad 805. — Conf. L. 289* et Wegelin 1 n° 3.

2. L. ob petitionem Gebenii capellani sui et abbatis qui sibi auctoritatem Karoli sanciendam obtulit, monasterium s. Mariae in Curiensi comitatu in Churowala provincia constructum in suum mundiburdium suscipit. — ‚Notum facimus omnibus... quod vir'.

Theodonis villa, 2 id. iun. a. imp. 6, a. inc. 819, ind. 2.

> Transsumptum suprascriptum.
> Herrgott 2°, 29 n° 38 ex arch. — Conf L. 289* et Wegelin 1 n° 4.

Figiacense monasterium.

1. P. monasterium olim in convalle Ionantis in Caturcino pago constructum in locum Figiacum transfert eique villas quasdam et ius electionis concedit. — ‚Omnibus s. matris ecclesie'.

6 id. nov. a. inc. 755. ind. 9; s. l.

> Copia saec. 13 in arch. Parisiensi.
> Layettes 1 n° 1 ex hac copia. — D'Achery spicil. 13, 255 ex copia A. d'Herouval. — Bréquigny ad 755.

2. P. alterum praeceptum.

> Copia saec. 11—12 in cod. bibl. Paris. 5219.

Letztere Urkunde führt neben andern Fälschungen für Figeac Delisle actes de Ph. Aug. introd. 98 an. — Die erstere wurde noch von Mabillon ann. 2, 402 und in Gallia christ. 1, 173 in Schutz genommen. Vaissete 1, 740 wollte sie eher als Diplom Pippius von Aquitanien gelten lassen; aber auch dies ist nicht zulässig. Erwähnt wird sie übrigens schon im Beginne des 11. Jhdts. von Ademar in M. G. h. 4, 115.

Flaviniacense monasterium.

1. K., petente Theodulfo episcopo Aurelianensi et abbate Floriacensi, Manassae Flaviniacensi abbati licentiam dat Corbiniacum cellam construendi eique capsam argenteam s. Iacobi reliquias continentem mittit. — ‚Benedictum nomen'.

S. l.; a. 8.

> Chartul. Flavin. in bibl. civitatis Castellionis ad Sequanam, cuius copia exstat in cod. bibl. Paris. Bouhier 128.
> Labbe nova bibl. manuscr. 1, 270 ex schedis I. Sirmondi = Le Cointe 6, 316 ad 796 = Mabillon acta ss. 3, 640 = Bouquet 5, 627 n. 13 =

Migne 2, 909 n° 10 ad 798. — Plancher 1, preuves 5 n° 3 ex chart. Flavin. ad 776. — Gallia christ. 4, instr. 44 n° 5 ex tabul. Flavin. — Bréquigny ad 786.

Das Stück, das schon Hugo Flavin. in M. G. h 8, 352 zu kennen scheint und das wol auch Sirmond dem obengenannten Copialbuche (s. K. 41*) entnommen hat, hat von jeher (Mabillon ann. 2, 335) Anstoss erregt, weil hier Theodulf schon zu Lebzeiten des 787 verstorbenen Manasse (M. G h. 8, 351. 502) als Bischof von Orleans und Abt von Fleury bezeichnet wird, und vergebens haben Le Cointe u. a. versucht durch Aenderung der überlieferten Zahl des Regierungsjahres diese Schwierigkeit zu beseitigen. Es kann höchstens angenommen werden dass diesem Stücke ein Brief des Königs an Manasse zu Grunde liegt, wozu die ersten und letzten Sätze passen könnten; der eigentliche Inhalt aber in gar nicht üblicher Fassung wird auf späterer Dichtung beruhen.

Fossatense monasterium.

1. L. ob petitionem Rorigonis comitis, qui unacum Bilechilde coniuge monasterium Glannafolium in pago Andegavo super Ligerim, in quo s. Maurus humatus est, restauravit et Engilberto abbati coenobii Fossatensis commisit, abbati eiusque successoribus dominationem et gubernationem monasterii Glannafoliensis ipsique monasterio defensionem suam et immunitatis tuitionem concedit. — 'Si petitionibus servorum dei iustis'.

Aquisgrani pal. reg., 8 kal. sept. a. imp 20, ind 11.

Exemplar saec. 11—12 in arch. Parisiensi.

Baluze capit. 2, 1436 ad 833 ex chartul. Fossatensi = Le Cointe 8, 226 ad 833, ian. = Bouquet 6, 591 n° 187. — Dubois 1, 358 ex chartul. — Bréquigny ad 843.

Kaum hatte Baluze dieses Stück veröffentlicht, als Le Cointe dasselbe als stark überarbeitet und speciell das Datum als unverträglich mit dem sonst bekannten Itinerar bezeichnete, dennoch aber die Urkunde in seiner ziemlich willkürlichen Weise zu emendieren und zu retten versuchte. Auch Mabillon dipl. 102 und ann. 2, 557 beanstandete die vorliegende Fassung. Weitere Bedenken machte endlich Bouquet geltend und hob namentlich auch hervor, dass nach Odos Erzählung (conf. a. deperd. Glannafol.) die echte Schenkungsurkunde Ludwigs schon zu Lebzeiten des Abtes Ingilbert vernichtet worden war. Dennoch hat man bisher die Urkunde nicht geradezu verworfen, sondern nur Ueberarbeitung einer auf das echte Diplom zurückzuführenden Copie angenommen. Es ist freilich möglich dass vor Vernichtung des Originals eine Abschrift genommen worden ist und dass aus dieser das noch erhaltene Schriftstück entstanden ist. Betrachtet man aber das letztere näher, so wird es doch wahrscheinlicher dass es ohne derartige Vorlage in späterer Zeit angefertigt ist. Es ist nämlich unverkennbar dass dem Wortlaute die Immunitätsurkunde für S. Maur des Fossés L. 87 zu Grunde liegt. Was von dieser abweicht, das sind entweder für jene Zeit ganz unmögliche Wendungen (decernimus ut nullus nobis successor etc.; libertatem absque militari servitio etc.; confirmamus ut nullus iudex, non imperator, non rex etc.) oder es sind die Geschichte von Glanfeuil betreffende und einfach den erzählenden Quellen entnommene Angaben. Auf diese

Weise kann das Stück sehr leicht zu der Zeit verfasst worden sein, als wie nachweisbar ist S. Maur Ansprüche auf Glanfeuil zu machen versuchte. Auch eine ziemlich gleich lautende Urkunde Karls d. K. (Bouquet 8, 609 n° 203, angeblich vom J. 868 = Böhmer 1747) wurde zu diesem Behufe angefertigt. Und wie überhaupt in S. Maur gar manche Fälschung fabriciert worden ist (s. Bordier du recueil des chartes Mérovingiennes 34), so nehme ich an dass auch die auf Glanfeuil bezüglichen Urkunden nicht allein interpoliert, sondern geradezu erfunden sind, nachdem einmal das echte Diplom Ludwigs in Verlust gerathen war. Ueber die Ueberlieferung s. K. 11°.

Frisones.

1. K. privilegium pro iis. — 'Omnibus tam praesentibus ... ne ea quae aguntur'.

Lateranis, a. inc. 802, ind. 10, a. r. 2.

> Chartul. Brabantinum saec. 14 in bibl. Paris. et chartul. saec. 15 in arch. Bruxellensi.
> Kempius de origine Frisiae (Coloniae 1588 in 8°) 284. — I. de Guisia 8, 288. — Ostfriesische Historie (ed. Brenneisen, Aurich 1720 in f°, 1ᵇ, 1 n° 1: latine et germanice. — Mieris 1, 8—11: lat. et holland. — Goldast Reichssatzungen (Hanau 1609 in f°) 2: german. = Lünig Reichsarch. pars spec. contin. 2, Fortsetz. 3, 490 n° 1. — Conf. Heumann 1, 100; Baring 33.

Fuldense monasterium.

1. P. et Carlomannus monasterio s. Bonifacii omnes parentum suorum Pippini et Caroli traditiones confirmant, villas Geisaha, Ufhusen, Richonbach et Wegefurtum donant et Ratgerio abbati advocationem Fuldensis oppidi concedunt. — 'Decet nos qui ex regio stemmate'.

S. a. d. l.

> Schöttgen et Kreysig 1, 3 n° 5 ex copia cod. Eberhardi. — Conf. P. 7°.

2. P. s. Bonifacio sive Fuldensi monasterio, cui Sturmio abbas praeest, ex rebus suis in Mogontiacensi civitate sitis teloneum navis per Renum, teloneum farine Fuldensis oppidi et certas familias censuales tradit, simulque mercatores Fuldenses ab omni teloneo solvendo eximit. — 'Quia nostrum est consulere'.

S. a. d. l.

> Schöttgen et Kreysig 1, 2 n° 4 ex copia cod. Eberh.

3. K. omnes fideles suos scire vult, Warinum comitem eiusque uxorem Friderun fratribus s. Bonifacii locum Biberbah in pago Moyngowe et certas res in pago Folcfelt in locis Isens-

heim, Isilingen, Cisolvestat sitas contulisse. — ‚Cunctis principibus regni'.

In Lauresham monasterio, 4 non. sept. ind. 9.
> Cod. Eberhardi in arch. Fuldensi.
> Dronke 51 n° 84 ex cod. Eberh. ad 786.

4. K. Fuldensi monasterio in p. Grapfeld in hon. ss. Petri et Pauli constructo, cui Sturmi abbas praeest, locum proprietatis suae Clingenburc in p. Rinecgowe super fluvium Sulaha donat. — ‚Quicquid locis venerabilibus ob amorem domini'.
S. a. d. l.
> Cod. Eberh. in arch. Fuldensi.
> Schöttgen et Kreysig 1, 4 n° 8 ex copia cod. Eberhardi.

5. K. monasterio Fulda in p. Graphelt constructo, cui Sturmio abbas praeest, ex rebus proprietatis suae donat locum Hamalo nuncupatum in pago Saxoniae. — ‚Quicquid enim ob amorem dei'.
S. a. d. l.
> Cod. Eberh. in arch. Fuld. et transsumptum a. 1259 in arch. Monasteriensi.
> Würdtwein nova subsidia dipl. 5, 2. — Schannat trad. 23 n° 43 c. a. 775 ex apogr. ad autogr. confecto = Migne 1, 1051 n° 5. — Wilmans 1, 3 n° 1 ex transs. Monast. — Conf. Dronke 36 n° 57; Eckhart 1, 649; Rettberg 2, 449.

6. K. Baugulfo abbati monasterium Baugolfesmunster in proprietate Fuldensis monasterii aedificare permittit novoque coenobio villas suas Seleheim, Salchenmunster, Flieden et Frikenhusen donat. — ‚Notum fieri volo'.
S. a. d. l.
> Cod. Eberh. in arch. Fuld.
> Dronke 110 n° 206 ex hoc cod.

7. K. s. Bonifacio, qui in Fuldensi monasterio requiescit, terram conceptionis suae, id est totam conprovinciam circa flumen Unstrut cum curte Vargalaha donat. — ‚Noverint omnes nostri Christique fideles'.
S. a. d. l.
> Cod. Eberh. in arch. Fuld.
> Dronke 46 n° 74 ex hoc cod. (conf. Dronke trad. et antiqu. Fuld. 64). — Schannat trad. 36 n° 69 ex veteri apographo = Migne 1, 1076 n° 25. — Conf. Abel 1, 12.

8. K. s. Bonifacio et fratribus Fuldensis monasterii locum Milize ab Embilda cognata sua donatum confirmat. — ‚Omnibus suis familiaribus... constat nos'.

S. a. d. l.
>   Cod. Eberh. in arch. Fuld.
>   Dronke 89 n° 158 ex hoc cod. — Schöttgen et Kreysig 1, 7 n° 13 ex copia cod. Eberhardi.

9. L. conventionem coram missis suis inter Ratgarium abbatem et Wolfgerum episcopum factam ratam habet et confirmat. — 'Notum sit omnibus Christi fidelibus'.

Aquisgrani, 6 non. mai. a. 3.

>   Cod. Eberh. et exemplar saec. 12 in arch. Fuldensi.
>   Schannat hist. 2, 86 n° 11 ex vet. membrana ad 816. — Dronke 156 n° 323 ex apogr. et cod. Eberh. ad 816 = Wirtemb. Urkb. 1, 409. — Conf. Eckhart 2, 877.

10. L., petente secretario suo Rabano abbate, qui nuper corpus s. Venantii ex longinquis terris acquisitum in ecclesiam s. Iohannis Baptistae collocaverat, s. Bonifacio et s. Venantio villam suam Urespringen donat. — 'Omnibus suis familiaribus... quia nostrae providentiae'.

Fuldae, id. mai.; s. a.

>   Cod. Eberh. in arch. Fuldensi.
>   Dronke 233 n° 527 ex cod. Eberh. — Brower antiquitates Fuld. (Antverpiae 1612 in 4°) 220 = Lünig spicil. eccles. 3, 143 n° 23. — Schöttgen et Kreysig 1, 11 n° 29 ex copia cod. Eberh. — Conf. Heumann 1, 269 et Eckhart animadversiones in Schannatii dioecesin (Wirzeburgi 1727 in f°) 75.

11. L. ob suggestionem Rabani abbatis villas suas Mulenheim iuxta fluvium Altmule in pago Sualefelt et Altheim, quas adhuc venationis causa in sua immunitate habuit, in ius et possessionem s. Bonifatii tradit. — 'Si inter mortales mutua beneficiorum collatio'.

S. a. d. l.

>   Cod. Eberh. in arch. Fuldensi.
>   Dronke 234 n° 528 ex cod. Eberh. — Brower antiqu. Fuld. 157 = Lünig spicil. eccles. 3, 143 n° 22 = Schannat trad. 178 n° 446. — Falckenstein 12 n° 6.

Gerrense monasterium.

1. K., petentibus Fredolo et Guidone comitibus et Gaudemiro abbate, Fredolo praecipit u coenobium Gerrense a paganis combustum restauret. — 'Piis et iustis postulationibus'.

S. a. d. l.

>   Copia a. 1423 in bibl. Parisiensi.
>   Mélanges hist. 3, 408 ex hac copia ad 814.

Glanderiense monasterium.

1. L., suggerentibus Gruingardi regina et principibus curiae, fratribus ecclesiae in honorem s. Mariae et s. Martini constructae res quasdam iniuste ablatas reddit. — ‚Si loca divino cultui mancipata'.

Vormatiae, id. mai. a. inc. 836, ind. 7, a. consecrationis 8.

Calmet 2, preuves 128. — Bréquigny ad 836. — Conf. Heumann 1, 265.

Gleichenses comites.

1. K. iis metallifodinarum privilegium concedit. — ‚Dilectis... considerata devotione vestra'.

Ad portum Naonis in Francia, a. inc. 786.

Peckenstein theatrum Saxoniae (Iehna 1608 in f°) 235 ex exemplari Quernofurti reperto = Goldast 1, 17 = Lünig spic. secul. 1, 266 n° 1 = Tentzel app. 83. — Conf. Heumann 1, 144.

Gorziense monasterium.

1. P. ob petitionem Chrodegandi archiepiscopi loco in hon. ss. Petri et Pauli et Gorgonii ad Gorziam fluviolum constructo mansos sex et ecclesiam cum decimatione in pago Iniensi in comitatu Scarponensi donat. — ‚Quicquid enim locis sanctorum'.

A. inc. 752; s. l.

Chartul. Gorz. saec. 12 in bibl. Mettensi.
Ex chartul.: Meurisse 106 ad 752 vel 761. — Calmet 2, pr. 95. — Gallia christ. 13, instr. 371 n° 3. — Bréquigny ad 752.

Halberstadensis ecclesia.

1. L. oblatam sibi ab Hildegrimo Catholanensi Halberstadensis ecclesiae episcopo auctoritatem Karoli confirmans hanc ecclesiam super Holtemnam in honorem Christi et s. Stephani constructam in suam defensionem et immunitatis tuitionem suscipit et incolas parochiae ecclesiae decimas persolvere iubet. — ‚Si sacerdotum ac servorum dei petitiones'.

Aquisgrani pal., 4 non. sept. a. inc. 814, a. imp. 1, ind. 7.

Chronicon saec. 13 in cod. bibl. Halberst. a. 1423 conscripto.
Ex chronico: Schatz chron. Halb. (Halberstadt 1839 in 4°) 25. — Leibniz script. rer. Brunsvic. (Hannov. 1707 in f°) 2, 111 et introd. 15. — Lünig spicil. eccl. 2, append. 15. — Bréquigny ad 814. — Böhmer 221 ad 814. — Conf. act. spur. Helmonst.

Hammaburgensis ecclesia.

1. L., postquam in partibus aquilonaribus multitudo gentium in fidem Christi conversa est, sedem episcopalem trans Al-

biam in Hammaburg constituit, Ansgario archiepiscopo regendam
committit, in plenissimam immunitatis tuitionem suscipit eique
Turholt cellam donat. — ‚Si specialibus cuiusque fidelium nostrorum necessitatibus'.

Aquisgrani pal. reg., id. mai. a. 21, ind. 12.

<small>Cäsar triapostolatus septemtrionis (Coloniae 1642 in 8°) 173 ex man.
Hamb. eccl. libro. — Lappenberg 1, 10 n° 8 ex copiis = Meklenb.
Urkb. 1, 2 n° 3. — Lindenbrog script. (edit. Fabricii, Hamburg 1706
in f°) 125 = Baluze capit. 1, 681 = Mabillon acta ss. 6, 122 = Bouquet 6, 593 n° 188. — Bréquigny ad 834. — Böhmer 443 ad 834.</small>

Nachdem bereits Heumann 1, 263, dann in neuerer Zeit besonders Rettberg 2, 491; Waitz V. G. 3, 148; Dümmler Gesch. d. ostfr. Reichs 1, 264 diese Urkunde von den verschiedensten Seiten beleuchtet und als unecht verworfen hatten, hat Koppmann in einer gründlichen und an positiven Resultaten reichen Schrift (die ältesten Urk. des Erzbisthums Hamburg-Bremen, Hamburg 1866) auch die Entstehung dieser Fälschung und ihr Verhältniss zu allen andern echten und unechten Zeugnissen analogen Inhalts klar dargelegt. Wie von mancher andern Fälschung so gibt es auch von dieser mehrfache, sich immer mehr erweiternde Fassungen. Die kürzeste und wol älteste Fassung ist die von Cäsar veröffentlichte, die er auf den Deckblättern eines jetzt nicht mehr bekannten Codex fand. Erweitert ist dann der Wortlaut schon in den Copien einer sicher vor 1123 nach Paderborn geschenkten Handschrift (cod. Vicelini) und des ziemlich gleichalterigen cod. epist. Udalrici Babenbergensis, und noch mehr in einer Copie von Eenner, die dann wieder Lindenbrog abgeschrieben hat. (Ein angebliches Original wird von Koppmann nicht erwähnt; aber auch ein solches muss einst in Hamburg existiert haben, da man Abbildungen von dessen Siegel oder Bulle publiciert hat: s. Staphorst hist. eccl. Hamb. diplomatica 1, 23.) Verfolgen wir die Spuren dieser Fälschung noch weiter zurück, so steht fest dass bereits Adam von Bremen das Ludwig zugeschriebene Diplom kannte, und so ist es wahrscheinlich dass die älteste Fassung bereits vor 1012 existierte und damals schon für weitere Fälschungen benutzt wurde. Anlass zu diesem ersten Versuche eine auf Ludwigs Namen lautende Urkunde anzufertigen mochte der Wunsch sein, einen Besitztitel über das dem Erzbisthum einst geschenkte und dann entrissene Thourout aufweisen zu können. Aus welchen Elementen diese ursprüngliche Fassung gebildet wurde, lässt sich leicht erkennen. Das Protokoll in allen seinen Theilen muss einem echten Diplome entlehnt worden sein, dessen Formeln etwa wie die in L. 319 gelautet haben. Für die historischen Angaben wird theils die Bulle Gregors IV für Hamburg (Jaffé reg. n° 1959) theils die Erzählung der vita Anskarii (vgl. besonders über die Schenkung von Thourout M. G. h. 2, 698) benutzt worden sein. Endlich sind Sätze aus den allgemein bekannten Immunitätsformeln eingewebt. Die weiteren Zusätze in den jüngeren Abschriften hängen dann, wie Koppmann im einzelnen nachgewiesen hat, mit all den Fälschungen und Interpolationen zusammen durch die fast sämmtliche ältere Urkunden des Erzbisthums und selbst die Biographien der Erzbischöfe Anskar und Rimbert im Laufe des 11. und wahrscheinlich auch noch in der ersten Hälfte des 12. Jhdts. für den ganz bestimmten Zweck umgearbeitet wurden, um Ansprüche auf eine Art Patriarchat über die ganze nordische Kirche zu begründen.

Helmonstede monasterium.

1. K., consentiente Hildegrimo Halverstadensi episcopo, monasterio villam Karlstorff cum omni integritate et decimis donat. — ‚Noverint omnes fideles nostri'.

Seligenstadt, 6 kal. mai. a. inc. 802, imp. 2.

<small>Lünig spic. eccl. 3, 691 n° 2 ad 802 = Rehtmeyer 1, 150 = Behrends in Förstemann neue Mittheil. (Halle 1834 in 8) 2, 452.</small>

<small>Nach der nur handschriftlich vorliegenden im 17. Jhdt. von dem Propst Gregor Overham verfassten Geschichte des S. Liudgeriklosters bei Helmstedt fand sich diese Urkunde von einer Hand des 15. Jhdts. in ein älteres Copialbuch eingetragen. Schon Overham glaubte sie nicht vertheidigen zu können. Die Formfehler um derentwillen sie zu verwerfen ist, hat dann Erhard Reg. n° 247 in genügender Weise zusammengestellt (s. auch Heumann 1, 158). Als späteres Machwerk verräth sich die Urkunde dann noch durch die Erwähnung eines Bischofs Hildegrim von Halberstadt unter Karl d. G., der uns auch im a. spur. Halberst. begegnet, und durch den Ausstellungsort. Es taucht nämlich zuerst in sächsischen Quellen des 11. Jhdts., in Thietmar und den Quedlingburger Annalen, denen beiden dann auch die der Folgezeit und speciell das chron. Halberstadense nachschreiben, die Nachricht auf dass der Bischof Liudger von Münster unter andern Klöster auch das später nach ihm benannte am Elm bei Helmstedt gestiftet habe, dass sein Bruder der Bischof Hildegrim von Châlons an der Marne von Karl auch dem im Harzgau neu errichteten Bisthume vorgesetzt worden und dass zuerst Seligenstadt und später Halberstadt Sitz dieses Bisthums gewesen sei. Aber, wie Rettberg 2, 469 (s. auch Abel 1, 290) ausführlich dargethan hat, sind diese Angaben zum Theil geradezu in Widerspruch mit denen der älteren und besseren Quellen, oder werden was Seligenstadt betrifft durch diese wenigstens nicht beglaubigt, und die sächsischen Quellen geben uns hier nur Zeugniss von einer später entstandenen Tradition. Ihr gegenüber steht fest dass Hildegrim von Châlons nicht zugleich dem Halberstädter Bisthum hat vorstehen können, von dessen Anfängen wir überhaupt keine nähere Kunde haben. Es steht ferner fest dass die Gründung des Klosters bei Helmstedt erst in spätere Zeit fällt und von der von Liudger gestifteten Abtei Werden ausgegangen ist, was zu dem Namen Liudgerikloster Anlass gegeben haben wird. Endlich bleibt es mindestens fraglich ob das später Halberstädter Bisthum zuerst in Seligenstadt errichtet worden ist, und ob dieser urkundlich nur bis ins 11. Jhdt. nachweisbare Ort identisch ist oder nicht mit dem heutigen Osterwiek an der Ilse. Also nöthigt auch der Inhalt der Urkunden für Helmstedt und Halberstadt dieselben zu verwerfen. Vgl. auch das falsche Diplom für Werden von gleichem Tage.</small>

Hersfeldense monasterium.

1. K. monasteriolo Erolvesfelt in vasto Boconia iuxta fluvium Fuldam in honorem ss. Simonis et Tathei constructo, cui familiaris regis Lullo Magontinus archipraesul praeest, ecclesias in A·tstedi, Ritstaedi et Osterhusan cum omni decimatione de Frisonovelde et Hassega in comitatibus Alberici et Marcwardi exigenda donat. — ‚Quicquid locis venerabilibus ob amorem'.

Wormacia civ. publ., 12 kal. nov. a. inc. 776, ind. 15, a. r. 9.

<small>Wenck 3b, 11 n° 8 ex charta arch. Kasselani quam authenticam esse credebat, ad 777. — Ectypon in Kopp Schrifttafeln n° 19. — Böhmer 86 ad 776.</small>

2. K. monasterio Hersveldensi a familiari suo Lullone in vasta Buchonia ad honorem apostolorum Simonis et Taddei constructo villam Ottraha cum matre ecclesia et cum decimatione terrae donat. — ‚Notum sit omnium fidelium nostrorum magnitudini'.

Inglinheim pal. publ., 2 kal. sept. ind. 8, a. inc. 782, a. r. 14.

<small>Chartul. Hersfeldense saec. 12 in arch. Kasselano. Wenck 2b, 12 n° 9 et 3b, 15 n° 14 ex chartul. ad 782. — Böhmer 109 ad 781.</small>

3. L., petente Buno abbate monasterii Herolfesfeld in pago Hassensi super Fuldam in honorem ss. Symonis et Tathei constructi, oblatam sibi auctoritatem confirmat, per quam Karolus ob petitionem Lulli Mogontinae civitatis archiepiscopi monasterio tres ecclesias cum decimis contulerat idemque, prohibito omni episcoporum vel comitum introitu, in suam tuicionem atque immunitatis defensionem receperat. — ‚Cum peticionibus servorum dei iustis'.

Franconofurt pal. reg., 2 kal. apr. a. r. 1, ind. 9.

<small>Wenck 3b, 19 n° 20 ex charta arch. Kasselani quae plerumque pro autographo habebatur, ad 814. — Ectypon in Kopp pal. crit. 1, tab. 7 = Kopp Schrifttafeln n° 22. — Böhmer 207 ad 814.

Das nur noch aus Kopps Facsimile bekannte Schriftstück welches die erste Urkunde enthält, scheint allerdings mit einem echten Siegel Karls d. G. versehen gewesen zu sein, verräth sich aber in allem übrigen als ein späteres, etwa im 11. Jhdt. angefertigtes Machwerk. Steht es insofern auf gleicher Stufe mit den Copien von K. 106 und 107, so unterscheidet es sich von diesen wesentlich durch die inneren Merkmale, namentlich durch zahlreiche den echten Diplomen fremde Ausdrücke und Wendungen. Was daneben unverfänglich ist, ist offenbar K. 75 entlehnt, wie denn überhaupt die ganze Urkunde eine Erweiterung von K. 75 ist, indem zu dieser Schenkung die des Zehnten im Friesenfelde und die dreier Kirchen hinzugefügt wird. Von diesen Kirchen weiss aber das breviarium Lulli (Wenck 2b, 15 n° 12) noch nichts. Später jedoch wurden sie und die mit ihnen in Zusammenhang stehenden Zehnten Gegenstand langwieriger Streitigkeiten mit den Bischöfen von Halberstadt s. Wenck 2a, 201 ff.; Knochenbauer Geschichte Thüringens 186), die erst unter K. Lothar 1133 und 1134 (Wenck 2b, 81 n° 55 und 56) zu Gunsten des Klosters beigelegt wurden. Damals producierte letzteres zwei Privilegien Karls, eine Schenkung und eine Confirmation der drei Kirchen und der Zehnten; als jene wird das a. spur. 1 oder ein Schriftstück ähnlichen Inhalts vorgezeigt sein. Jedoch müssen die betreffenden Ansprüche von Hersfeld schon früher geltend gemacht worden sein, da auch das entschieden früher an-</small>

gefertigte a. spur. 3 auf drei von Karl geschenkte Kirchen hinweist. — Als Fälschung bezeichne ich auch das zweite Stück: die Fassung weicht von der aller Schenkungsdiplome ab und der Inhalt steht gleichfalls nicht in Einklang mit dem breviarium Lulli (vgl. auch Abel 332 und Waitz V. G. 3, 449). — Die dritte Urkunde lag früher in einem Schriftstück vor das nach der Abbildung im 10. Jhdt. geschrieben sein mag. Wahrscheinlich hatte der Schreiber ein Diplom Ludwigs des Deutschen als Vorbild gewählt: daher, wie schon Kopp pal. 1. 432 bemerkte, die Nachzeichnung von Noten des Comeatus, daher wol auch einzelne in den Diplomen dieses Königs gebrauchte Formeln neben andern wie sie in des Kaisers Ludwig Urkunden vorkommen und neben einer Recognitionsformel, in der der Name eines erst unter den späteren Karolingern fungierenden Erzkanzlers begegnet. Was den Inhalt anbetrifft, so liegt der Zusammenhang mit L. 157 oder vielmehr mit der gleichlautenden Bestätigung Ludwigs des Deutschen (Beitr. zur Dipl. 1, 399) auf der Hand. Nur darin weicht der Inhalt von dem der drei noch in Original vorhandenen Privilegien (K. 34 L. 157 und Confirmation des jüngern Ludwigs) ab, dass erstens der Inhalt von K. 34 etwas anders angegeben wird, indem eine Beziehung auf drei dem Kloster geschenkte Kirchen oder ein Hinweis auf die angebliche Urkunde von 776 eingeschaltet wird, und dass zweitens die Abtswahl nicht mehr von dem Consens des Kaisers abhängig gemacht wird.

Hohenburg monasterium.

1. L. ob petitionem Iudith coniugis monasterio donationes et privilegia Adelrici sive Ethici ducis patris s. Odilae confirmat. — ,Pium esse censemus'.

7 id. mart. a. inc. 837, a. r. 12, ind. 10; s. l.

Exemplar saec. 12 in arch. Argentinensi.
Schöpflin 1, 106 n° 132 ex hoc exempl. — Albrecht History von Hohenburg (Schletstatt 1751 in 4°) repert. probat. 16 ex transsumpto a. 1385, ad 823. — Grandidier 2, preuves 205 n° 110 (conf. 2, 15) ex cod. transsumpto. — Böhmer 472 ad 837. — Conf. L. 292*.

Iuncellense monasterium.

1. P. praeceptum.

Baluze capit. 2, 1393 n° 15. — Bréquigny ad 762. — Recte Pippino Aquitaniae regi ascribunt Bouquet 6, 676 n° 18 et Böhmer 2080 ad 838.

Leodiensis ecclesia.

1. L., petente Fulcharico episcopo, ecclesiae Tungrensi curtem dominicatam villae Promhem in Vitachgowi pago confert. — ,Si ea quae fideles imperii nostri'.

Aquisgrani pal., 6 kal. mai. a. 13, ind. 8.

Exemplar in arch. Leodiensi et liber cart. saec. 12 exeuntis in collectione d. Hénaux Leodiensis.
Bulletins de l'acad. roy. de Belgique 19°, 454 ex exemplari ad a. 832, cum ectypo. — Chapeaville 1, 147 ex chartul. saec. 14. = Le Cointe 5, 628 = Lünig spicil. eccl. 2, 481 n° 3. — Bréquigny ad 826. — Conf. L. 285*.

Lindaviense monasterium.

1. L. ob petitionem Adalberti vasalli sui et comitis palatii et ob interventum Rabani Mogontini metropolitae et Salomonis Constantiensis praesulis coenobio sanctimonialium Lindaugiae ab Adalberto in honorem s. Mariae constructo et imperatori oblato omnes possessiones confirmat, eandem qua Constantiensis ecclesia fruitur libertatem indulget, iura advocati monasterii ordinat et sanctimonialibus ius abbatissam eligendi concedit. — ,Si locis deo dicatis quippiam muneris'.

Bodama pal. reg., 11 kal. mai. a. 26, ind. 2, a. inc. 866.

<small>Exemplar saec. 11 — 12 in arch. Vindobonensi.

Ex hoc exemplari: Heider gründliche Ausführung der Reichsstadt Lindau (Nürnberg 1643 in f°) 724. — Standhaffte Rettung und Beweysung der Freyheit des St. Lindaw (von Wangnereck, Embs 1646 in f°) cum specim. scripturae = Conring 7 = Teutzel 29 cum spec. script. = Rassler 42 = Heumann 1, 471. — Mon. Boica 31, 85 n° 39 ex copia saec. 13. — Bréquigny ad 839. — Böhmer 493 ad 839.

Diese Urkunde, von der schon in UL. § 11 die Rede war, trägt auf der Rückseite Aufschriften die spätestens dem 12. Jhdt. angehören, muss also schon vor dieser Zeit angefertigt sein. Mehr noch als die richtigen Formeln (denn das allein fehlerhafte Incarnationsjahr steht wie ein nachträglicher Zusatz über der eigentlichen Datierungszeile) weisen die äusseren Merkmale darauf hin, dass dem Verfasser und Schreiber ein echtes Diplom als Muster vorgelegen hat. Besonders lässt sich die Nachbildung an der Unterschriftszeile erkennen, wo einzelne die Recognition des Hirminmaris characterisierende Züge möglichst nachgeahmt sind. Doch ist der Versuch keineswegs gelungen, und sowol die gewöhnlichen als die verlängerten Buchstaben verrathen sich durch gekünstelte und theilweise fehlerhafte Gestalt. Desgleichen lässt sich am Siegel die Fälschung nachweisen. Zwar zeigt dasselbe das richtige Bild und die richtige Legende, aber es ist auch unverkennbar dass von einem echten Siegel die oberste Wachsschichte abgelöst und einem unförmlichen Wachsklumpen eingefügt zur Besiegelung des Stückes verwendet worden ist. Das gleiche Verhältniss waltet in Bezug auf die inneren Merkmale ob. Man konnte die einzelnen Formeln einer echten Urkunde entlehnen und getreu copieren, man konnte aber für einen der Zeit Ludwigs nicht entsprechenden Rechtsinhalt kein Muster unter dessen Urkunden finden und war genöthigt eine besondere Fassung zu versuchen, welche in Inhalt und Ausdruck von der der echten abweicht. Was historisch oder rechtshistorisch unrichtig ist in dieser Redaction, welche Ausdrücke und Wendungen der Kanzleisprache des 9. Jhdts. fremd sind, ist in den zahlreichen Streitschriften über diese Urkunde zur Genüge zusammengestellt und leuchtet für den der Diplome Ludwigs kundigen von selbst ein. So will ich nur Beispiels halber anführen, wie sich das Stück gleich am Eingang als Fälschung verräth. Aus der gewöhnlichen Phrase: nostram adiens celsitudinem obtulit obtutibus nostris quoddam praeceptum macht der Fälscher, indem er eine Tradition des Klosters an den Kaiser einflechten will: obtulit obtutibus nostris quoddam coenobium. In gleicher Weise geräth er an andern Stellen aus der üblichen Stilisierung in unerhörte Wendungen.</small>

Daher würden, auch wenn das angebliche Original nicht mehr vorläge, schon Inhalt und Fassung genügen die Urkunde zu verwerfen.

Luxoviense monasterium.

1. K. praeceptum a. 815.

Das ansehnliche Musterkloster hat sicherlich auch von den ersten Karolingern zahlreiche Urkunden erhalten, die aber frühzeitig abhanden gekommen sein müssen und wahrscheinlich schon zur Zeit des Abtes Adso im 10. Jhdt. durch Fälschungen ersetzt worden sind. In Kaiserurkunden seit dem 12. Jhdt., zuerst im Diplom Heinrichs V vom 27 Juni 1123, werden verschiedene Urkunden Pippins, Karls, Ludwigs erwähnt. Von allen diesen ist meines Wissens nur eine sehr plumpe auf Karls Namen lautende Fälschung auf uns gekommen, die ich unter anderm in dem cod. n° 41 der Bibliothek von Besançon in einer im vorigen Jhdt. angelegten Sammlung (Cartulaire de Luxueil) fand. Eine andere Abschrift enthält die collectio Droziana in Paris. Wahrscheinlich identisch ist die notitia de monast. Luxoviensi a. 815 im Pariser Archiv J. 208, Luxueil n° 14, die in Layettes prolégom., index chronol. n° 5 verzeichnet ist.

S. Mariae monast. Lemovicense.

1. P. ecclesiae b. Mariae quae Regula dicitur crucem Buxeriae aliasque res donat.

    S. Amable vie de S. Martial (Clermont 1676 in f°) 2, 239. — Bréquigny ad 767.

S. Mariae in Organo monast. Veronense.

1. K. ob petitionem Guadelberti abbatis monasterium ab omni teloneo solvendo liberat atque eius possessiones et iura confirmat. — ,Si erga venerabilium commoditatem locorum'.

    A. imp. 4, ind. 13, nov; s. l.

    Ughelli 5, 704 ex exemplari = Le Cointe 7, 14 = Migne 1, 1030 n° 21. — Bréquigny ad 804. — Böhmer 178 ad 804.

    Bereits von Mabillon ann. 2, 373 und Heumann 1, 161 verworfen. Dass die eingeschaltete Inquisitionsformel erst in viel späterer Zeit entstanden sein kann, bemerkt Brunner Inquisitionsbeweis 93. Der Name des Abtes ist wol dem des Gundalbertus nachgebildet, welcher dem Kloster im J. 889 (vgl. Diplom Berengars vom 28 Februar 889) vorstand. Wahrscheinlich liegt die Fälschung in einem älteren Schriftstück des Archivio del dominio vor, welches Blubme (s. Pertz Archiv 5, 581) für ein Original hielt. - Der Vollständigkeit wegen bemerke ich noch dass ein Diplom Ludwigs für dies Kloster nicht bekannt ist. Was I. I. M. de Dionysiis (de duobus episcopis Aldone et Notingo, Veronae 1758 in 4°) dafür ausgegeben hat, ist die von Ughelli 5, 716 publicierte Urkunde, die, wenn sie überhaupt einen echten Kern birgt, Ludwig II zuzuschreiben ist.

Maricolense monasterium.

1. L. monasterio s. Humberti in pago Hainoensi constructo et Maricolas dicto villam Sassigniacas concedit. — ,Rege regum ac domino'.

Aquisgrani pal. reg., kal. mai. a. 5, ind. 13.

Exemplar saec. 13 in arch. Parisiensi.
Le Mire 1, 246 ex chron. Iacobi de Guisia, ad 821. — 1. de Guisia 9, 322. — Böhmer 328 ad 820.

Das Pariser Exemplar, das einige unwesentliche Varianten enthält, ist wahrscheinlich identisch mit dem im vorigen Jhdt. in der Chambre des comptes zu Lille aufbewahrten (s. S. Genois monuments anciens essentiellement utiles à la France 464). — Conf. Heumann 1, 261.

S. Martialis monast. Lemovicense.

1. L. in dedicatione basilicae Lemovici ad honorem Salvatoris constructae, praesentibus Lothario, Pippino, Ludovico et Audoeno episcopo, s. Marciali castrum in quo eius corpus requiescit, et septem ecclesias donat. — ‚Edificata basilica'.
A. inc. 833, ind. 11; s. l.

Charta manu saec. 11 cod. bibl. Paris. lat. 5 inscripta.
Conf. Bouquet 6, 239 N. a.

Masonis monasterium.

1. L. monasterio a Masone principe in parte Fosagi ad honorem s. Leudegarii constructo praeceptum confirmationis, immunitatis et advocatiae concedit. — ‚Quia nostrum est cuncta loca'.
Franconofourt pal., 11 kal. iul. a. 10, ind. 1.

Copia saec. 18 in arch. Colmariensi.
Schöpflin 1, 70 n° 86 ex transsumpto ad 823 = Trouillat 1, 103 n° 52. — Laguille 2, 15 ex vidimus a. 1379, ad 823 = Bouquet 6, 535 n° 118. — Bréquigny ad 823. — Böhmer 359 ad 823.

Obschon für das Formular ein echtes Diplom benutzt ist, so sind Inhalt und Fassung unmöglich: s. Heumann 1, 262; Pardessus in Bibl. de l'École des ch. 2b, 113; Rettberg 2, 615; Waitz V. G. 3, 429; 4, 12. 332; Beitr. zur Dipl. 5, 356.

Mauziacense monasterium.

1. P. praeceptum restitutionis. — ‚Si quando fidelibus domus dei'.
Arvernis civ. publ., kal. febr. a. 24, ind. 11.

Gallia christ. 2, instr. 108 n° 43. — Rectius P. Aquitaniae regi ascribunt Le Cointe 8, 229 et Bréquigny ad 833.

S. Maximini monast. Trevirense.

1. P. hoc monasterium s. Iohanni dedicatum, cui Utilradus abbas praeest, in regale mundiburdium suscipit monachisque ius electionis concedit. — ‚Domino et salvatore nostro vitam aeternam'.

... pupl. pal., m. ian. a. 14.
> Exompl. saec. 11 instar autogr. confect. in cod. bibl. Paris. lat. 9264.
> Zyllesius 2, 11 n° 3 ex exemplari = Le Cointe 5, 686 = Bertholet 2,
> preuves 44 = Hontheim 1, 129 n° 48 ad 765. — Le Mire 1, 130. —
> Beyer 1, 25 n° 20 ex chartul. saec. 12—14 (conf. 2, 576 n° 24). —
> Bréquigny ad 764. — Böhmer 21 ad 766.

2. K. praecepto Pippini obsecutus monasterium, cui Verinolfus abbas praeest, suam defensionem et ius electionis concedit. — ‚Notum sit omnibus... quod ego'.
> Patresbrunna, m. aug. a. 40.
>> Exempl. s. 11 instar autogr. confectum in eodem codice.
>> Zyllesius 2, 12 n° 4 ex exemplari = Bertholet 2, preuves 51 ad 808
>> = Hontheim 1, 139 n° 56 ad 779 = Migne 1, 1061 n° 13. — Le
>> Mire 1, 130 c. a. 790 = Le Cointe 6. 700. — Beyer 1, 52 n° 46 ex
>> chartul. s. 12—14 (conf. 2, 580 n° 41). — Specimen script. in Papebroch propyl. tab. 3. — Bréquigny ad 790 et 808.

3. L. ob petitionem Helysachar abbatis privilegium Karoli roborat. — ‚Si quieti monasteriorum providemus'.
> S. a. d. l.
>> Chartul. saec. 12—14 in arch. Berolinensi.
>> Hontheim 1, 164 n° 68 ex prototypo ad s. Max. exstante c. a. 814 =
>> Gall. christ. 13, 305 n° 17. — Beyer 1, 53 n° 47 ex chartul. Berol.
>> c. a. 814 (conf. 2, 589 n° 88).

4. L. oblatum sibi ab Elysachar abbate privilegium Karoli confirmat. — ‚Universis episcopis... notum sit quoniam insignis'.
> In Longolane, 4 non. apr. a. regni 9.
>> Exemplar s. 11 instar autogr. confectum in praedicto cod. Paris.
>> Zyllesius 2, 13 n° 5 ex exemplari = Bertholet 2, preuves 56 ad 823
>> = Hontheim 1, 174 n° 75 ad 822. — Le Mire 1, 132. — Beyer 1,
>> 60 n° 54 ex chartul. saec. 12—14 (conf. 2, 586 n° 73). — Bréquigny
>> ad 823.

Nicht eins dieser Stücke lässt sich vertheidigen (s. Baring 27; Heumann 1, 149 und 270; Rettberg 2, 474 usw.) und auch nicht in einem lässt sich eine Spur echter Tradition erkennen. Allerdings wird durch die Originalurkunde Karls d. D. von 885 (Beyer 1, 130 n° 124) bezeugt dass das Kloster von den Vorfahren Privilegien erhalten hatte (Beitr. zur Dipl. 5, 319); aber die waren wahrscheinlich schon damals abhanden gekommen und sollten nun spätestens im 11. Jhdt. durch in jeder Hinsicht ungeschickte Fälschungen ersetzt werden. Von dreien der obigen Stücke liegen noch die Originalfälschungen vor, während die des a. sp. 3, welche Hontheim noch gesehen zu haben scheint, verloren gegangen ist. Das Alter dieser Schriftstücke ergibt sich aus den auf der Rückseite befindlichen Aufschriften, die von derselben Hand sind wie die Urkundenschrift. Dem Fälscher scheint dabei nur ein echtes Diplom Ludwigs zu Gebote gestanden zu haben: in Folge davon ist es ihm gelungen in dem a. sp. 4 einige

Formeln richtig anzugeben, einige kanzleimässige Wendungen anzubringen und ein dem Itinerar entsprechendes Datum anzusetzen. Auch trägt dieses Schriftstück ein Siegel, das echt sein kann oder doch Abguss eines echten ist. Trotzdem sind der Fehler im Protokoll und der Fassung so viele, dass sie sich nicht erklären würden, wenn dem Schreiber ein Diplom für S. Maximin gleichen Inhalts vorgelegen hätte. Daher ist auch dieses Stück zu verwerfen. Was ferner die zwei ersten Diplome anbetrifft, so verräth der ganze Wortlaut so grosse Unkenntniss in diplomatischen Dingen, dass dem Fälscher nicht einmal Urkunden dieser Fürsten zur Benutzung vorgelegen haben können. Dagegen muss er Schriftmuster aus erster karolingischer oder auch noch früherer Zeit gehabt haben und haben nachahmen wollen. Letzteres aber fiel so schlecht aus dass man manches in keiner Weise entziffern kann oder in jeder beliebigen. In der Urkunde Pippins z. B. ist der Ausstellungsort in ganz willkürlichen und bedeutungslosen Zügen dargestellt, aus denen man Magontiae hat herauslesen wollen. Und auch in dem a. sp. 2. begegnen in der Datierungszeile Schriftzüge, die sich nur daraus erklären lassen dass der Schreiber die Buchstaben seiner Vorlage selbst nicht verstanden hat. — Diese falschen Diplome sind dann auch theils in einige Handschriften der gesta Trevirorum (s. M. G. h. 8, 163) übergegangen, theils in Chartulare. Ueber das älteste der letztern s. Beyer 1, Vorrede 4; über ein Chartular des 16. Jhdts. auf der Pariser Bibliothek s. Pertz Archiv 11, 437; über eine Abschrift vom J. 1693 ibid. 8, 604 und Beyer 1, Vorr. 6.

S. Medardi monasterium.

1. L., petente Hilduino monasterii abbate et sacri palatii archicapellano, ob venerationem s. Medardi et s. Sebastiani, cuius corpus Roma ad Suessionem civitatem translatum est, monasterio s. Medardi monasterium Cauciacum in Noviomensi pago ad honorem s. Stephani constructum donat. — ‚Licet nichil ad augmentum gloriae sanctorum'.

In monasterio M. et s. S. Suessionensi, 2 non. aug a. inc. 821, ind. 5.

Gallia christ. 10, instr. 95 n° 1 ex chartul. s. Medardi ad 827. — Mabillon acta ss. 5, praef. 112 = Bouquet 6, 539 n° 26. — Bréquigny ad 827. — Böhmer 388 ad 827.

Obgleich eine Anzahl späterer Diplome bezeugt dass das hier geschenkte Choisy dem Kloster S. Médard gehört hat, so macht doch diese Urkunde den Eindruck erst in späterer Zeit, vielleicht um eine verlorne Schenkungsurkunde zu ersetzen, angefertigt zu sein. Die Datierungszeile, welche Mabillon gar nicht mitgetheilt hat, gibt abgesehen von dem Incarnationsjahr einen Zeitpunkt an, zu dem die Translation der Gebeine des h. Sebastian noch nicht stattgefunden hatte. Vor allem ist mir aber die ganze Fassung als ganz gegen den damaligen Kanzleistil verstossend verdächtig und scheint mir auf einen Mönch des 10. Jhdts. als Verfasser hinzuweisen.

Mediolanensis ecclesia.

1. K. ob petitionem Petri Oldradi archiepiscopi ecclesiae Mediolanensi omnes possessiones, iurisdictionem urbis, districtum,

telonia aliaque iura confirmat. — ‚Omnibus comitibus.... noverint omnes'.

>Dertonae, kal. mai. a. imp. 9, a. r. 42, a. inc. 809, ind. 3.
>
>Ripamonti hist. ecclesiae Mediol. dec. (Mediolani 1617 in 4°) 1, 581 = Ughelli 4, 70 ad 809 = Le Cointe 7, 144: pseudo-diploma ad 810 (conf. 6, 833) = Migne 1, 1038 n° 26. — Bréquigny ad 810. — Böhmer 189 ad 810. — Conf. Muratori antiqu. 6, 37; Fumagalli istituzioni 1, 388; Beitr. zur Dipl. 5, 331.

S. Michaelis monast. Virdunense.

1. L. monasterio s. M. super Mosam a Pippino, Karolo et Wolfando duce fundato cellam Sallonae cum villis Lertiauz, Fezoniscurte, Pligesindi aliisque appendiciis donat. — ‚Si erga loca divinis cultibus mancipata'.

>Compendio pal. reg., 8 kal. iul., a. regni 8, a. imp. 2, ind. 10.
>
>Chronicon et chartul. s. Mich. saec. 11.
>Mabillon analecta 356 ex chron. — Calmet 2, preuves 123. — Bréquigny ad 815. — Conf. K. 13°.

Miciacense monasterium.

1. L. et Lotharius Ionae Aurelianensi episcopo coenobium regiae potestatis Miciacum committunt, res monasterii confirmant, tres naves eius ab omni teloneo solvendo liberant et monachis liberam abbatum electionem aliaque iura concedunt. — ‚Notum fieri volumus imprimis successoribus'.

>Aquisgrani pal. reg., 14 kal. mart. a. 24, ind. 14.
>
>Le Cointe 8, 418 ex chartul. chartac. Miciac. ad 836. — Gallia christ. 8, 481 ad 836. — Bouquet 6, 554 n° 146 ex chartul., ante a. 828. — Bréquigny ad 836.
>
>Vergebens suchte Le Cointe dies Stück dadurch zu retten, dass er den Namen des hier genannten Metropoliten Hieremias in Aldricus veränderte; es leidet, wie schon Mabillon ann. 2, 588 und Bouquet 6, 606 bemerkt haben, an zahlreichen andern Fehlern. Und selbst den Hauptinhalt, den Mabillon noch rechtfertigen möchte, wird man preisgeben müssen, weil nicht allein die Formeln sondern die ganze Fassung gegen den Kanzleigebrauch verstossen. Dabei ist unverkennbar dass der Fälscher die andern uns noch erhaltenen Diplome benutzt hat, und möglicher Weise gibt er in dem Passus: ac in Pictavensi territorio etc. uns den Inhalt von L. 167 besser an, als in dem allein noch vorliegenden Auszuge geschieht. Auf die Angaben dieser Fälschung über frühere Diplome kann man sich natürlich auch nicht verlassen.

Murhart monasterium.

1. L. monasterium fundat, in protectionem suscipit multisque iuribus exornat. — ‚Fratribus in Murhart... quia dignitas'.

Wormatiae a. inc. 817, ind. 10, a. imp. 8.
>   Charta inserta bullae Honorii III a. 1225 et diplomati Kar. V a. 1550.
>   Wirtemb. Urkb. 1, 87 n° 78 ex dipl. Kar. — Würdtwein subs. 4, 310
>   ex eodem dipl. = Ussermann cod. prob. 9 n° 8. — Crusii ann. Sue-
>   vici (Francoforti 1595) 2, 20. — Mon. Boica 31, 36 n° 15 ex chartul.
>   Wirzib. saec. 16. — Conf. Tentzel app. 89 et Eckhart 2, 139.

Neustadiense monasterium.

1. K. monasterio Rorinalacha sive Niwenstat, quod in silva Spechteshart iuxta Moynam construxit, multa praedia donat, mundiburdium, immunitatem, ius electionis aliaque iura concedit. — ‚Quicquid pro ecclesiarum opportunitate'.

Aquisgrani, mai. a. inc. 794, ind. 2, a. 19 et 12.
>   Transsumpta a. 1279. 1311. 1366 etc. in arch. Monacensi.
>   Mon. Boica 31, 14 n° 6 ex transsumptis, a. 786 potius quam 794. —
>   Acta ss. 17 mart. ex arch. monasterii = Le Cointe 6, 532 = Leuck-
>   feld 241 = Ussermann cod. prob. 4 n° 4 ad 786. — Bréquigny ad 794. —
>   Böhmer 121 ad 786.

2. K. ecclesiae in hon. s. Mariae constructae Nuewenstat sive Rorenlacha dictae villas Steinfeld et Cellam a sorore sua Gertrude donatas confirmat eique unacum Ruencoffo et Rinoldo comitibus plurimas familias tradit, quarum iura ac servitia fusius exponuntur. — ‚Sanctam ecclesiam duobus gladiis munitam'.

In ecclesia Nuewenstatensi, a. inc. 812, ind. 5, a. regni 13.
>   Lib. albus Wirziburg. in arch. Monacensi.
>   Mon. Boica 31, 11 n° 5 ex libro albo, a. 782 potius quam 812. —
>   Acta ss. 17 mart. ex arch. monasterii = Le Cointe 7, 280 = Leuck-
>   feld 243 = Ussermann cod. prob. 6 n° 5 ad 812. — Bréquigny ad 813.

3. L., petente Spattone episcopo et abbate, monasterio Niwenstat in silva Spechteshart iuxta Moinam constructo oblatam sibi Karoli immunitatem corroborat eique omnes res a patre suo, a Filomouot, Helbbure et Aldigart sororibus aliisque traditas confirmat. — ‚Cum petitionibus servorum dei'.

Noviomago, 6 kal. sept. a. inc. 823, ind. 10, a. imp. 3.
>   Transsumptum a. 1541 in arch. Monacensi.
>   Mon. Boica 31, 40 n° 16 ex transs., a. 817 potius quam 823. — Leuck-
>   feld 245 = Ussermann cod. prob. 8 n° 7 ad 817.

>   Den ausführlichen Angaben der Mon. Boica über die vielfache Ueber-
>   lieferung dieser Stücke habe ich nur die Berichtigung hinzuzufügen, dass die
>   letzten Blätter des liber albus Wirzib., auf denen die zweite auf Karls Namen
>   lautende Fälschung eingetragen ist, nicht von einer älteren sondern von einer
>   jüngeren Hand (Eude des 14. Jhdts.) beschrieben sind. Die Unechtheit der
>   Urkunden ist nachgewiesen von Le Cointe l. c.; Eckhart 1, 705—709; 2, 138;
>   Heumann 1, 156. 261; Rettberg 2, 333.

Nonantulanum monasterium.

1. K. et Nortepertus dux Anselmo abbati omnes suas curtes in Fossolano, Pistoriensi, Lucensi, Rigensi, Senensi, Lucardo comitatibus donant. — ‚Veneravile cenobio'.

S. a. d. l.

<small>Muratori antiqu. 5, 647 ex antiquissimo apographo c. a. 774 = Migne 1, 1002 n° 3. — Conf. Heumann 1, 167.</small>

Novaliciense monasterium.

1. K., petentibus Frodoino abbate et filio suo Hugone monacho, monasterio omnes possessiones confirmat et ut soli imperatorum potestati subiectum sit, decernit. — ‚Consilio domni apostolici'.

Ticinensi pal., feria 7 m. iunii, a. inc. 874, ind. 6.

<small>Dipl. ficticium saec. 11 in arch. Taurinensi.
Ughelli 4, 1427 ex authentico exemplari. — Mon. hist. patriae 1, 53 n° 32 ex authentico ad 874. — Bréquigny ad 789. — Conf. Le Cointe 6, 434; Mabillon dipl. 72; Heumann 1, 164; Bethmann in M. G. h. 7, 80; C. 5*.</small>

2. L. ob petitionem Frodoini abbatis testamentum Abbonis iam a Karolo renovatum confirmat. — ‚Imperiali celsitudine decet'.

Aquisgrane pal. reg., a. 1, ind. 7.

<small>Dipl. ficticium saec. 11 in arch. Taurinensi.
Muratori antiqu. 3, 31. — Mon. hist. patriae 1, 31 n° 17 ex authentico ad 814. — Böhmer 216 ad 814. — Conf. Heumann 1, 259 et Bethmann l. c. 105.</small>

Novientense monasterium.

1. K., petente Thiotbaldo abbate, monasterio Noviento privilegia Pippini atque anteriorum regum confirmat eique immunitatem concedit. — ‚Omnibus regni fidelibus... quod scriptura'.

Ingelenheim pal. publ., 9 id. mart., a. 8, a. inc. 770.

<small>Schöpflin 1, 104 n° 130: adulterinum. — Grandidier 2, preuves 104 n° 61 ex autogr. suppositio tabularii Aprimonasteriensis = Migne 1, 1080 n° 2. — Böhmer 43 ad 770. — Conf. Grandidier 1, 99 et C. 9*.</small>

2. L., petente Sambatio abbate, monasterio immunitatem absque introitu iudicum aut episcopi concedit. — ‚Cum prophete testimonio'.

Ingelenheim curte reg., 3 non. nov. a. 10, ind. 5, a. inc. 814.

<small>Grandidier l. c. 156 n° 87 ex autogr. adulterino eiusdem archivi. — Böhmer 229 ad 814. — Conf. Grand. 1, 103.</small>

3. L., petente Theopaldo abbate, monasterio immunitatem Karoli confirmat. — ‚Si erga loca divinis cultibus mancipata'.

Trhonie seu Kilikheim, kal. mai. a. 4, ind. 6, a. inc. 817.

<small>Schöpflin 1, 66 n° 82 et 105 n° 131 ex chron. Novient. — Grandidier l. c. 168 n° 93 ex chron., interpolatum. — Conf. Grand. 2, 4.</small>

4. L., petente Sambatio abbate, monasterio omnes eius possessiones et iura confirmat. — ‚Cum prophetae testimonio'.

Ingelenheim curte reg., 3 non. nov. a. 10, ind. 5, a. inc. 824.

<small>Grandidier l. c. 176 n° 96 ex aut. adult. eiusdem archivi. — Conf. Grand. 1, 103; 2, 7; Heumann 1, 270.</small>

5. L., petente Theopaldo abbate, monasterio immunitatem et privilegia a Karolo concessa confirmat. — ‚Si ergo loca divinis cultibus mancipata'.

Forachheim curte reg., id. iun. ind. 7, a. inc. 829.

<small>Grandidier l. c. 190 n° 101 ex aut. corrupto eiusdem archivi. — Conf. Grand. 2, 12.</small>

Orbionense monasterium.

1. K. ob petitionem Imphridii abbatis monasterio s. Mariae in territorio Narbonensi super Urbionem constructo et Crassae vocato vallem Borrianam cum tribus ecclesiis donat, simulque monasterium a iudiciaria potestate atque a teloneis immune esse iubet. — ‚Omnibus archiepiscopis... notum sit fidelitati vestrae'.

Apud Narbona, non. apr a. imp. 6, a. r. 39 et 32, ind. 13.

<small>Chartul. dictum viride c. a. 1500 conscriptum in arch. Carcassonnensi. Mahul 2, 209 ex chartul. ad 807. — Bréquigny ad 806.

Schon Mabillon ann. 2, 376 beanstandete die Datierung dieses Stückes, von dem zuerst Catel mém. de l'hist. de Languedoc 745 ein Bruchstück mitgetheilt hatte; richtiger nannte es Le Cointe 7, 80 charta commentitia. Besonders erregt die Einschaltung des späteren Namens des Klosters Verdacht. Crassa findet sich nämlich erst 850 in einer charta pagensis und wird erst seit 953 häufiger gebraucht (Mahul 2, 214. 225). Auch werden die drei hier genannten Kirchen in den älteren so zahlreichen Urkunden des Klosters (s. K. 165*) nirgendwieder erwähnt. Der Fälschung zu Grunde gelegt ist wahrscheinlich die nicht überlieferte Immunität Karls, die vielleicht ähnlich wie das a. spur. datiert und apud Niumagam, woraus dann apud Narb. entstanden sein mag, ausgestellt gewesen ist. — Eine Urkunde Karls d. K. von 876 (Bouquet 8, 655 n° 269) ist fälschlich von Le Cointe 6, 770, von Bréquigny ad 801 u. a. Karl d. G. zugeschrieben worden.</small>

Orgelitana ecclesia.

1. L. ob conquestionem Possedonii episcopi ecclesiae omnes parochias Karoli temporibus possessas confirmat eiusque presbyteros a iudiciaria potestate absolvit. — ‚Si petitionibus servorum dei quas auribus'.

Lugduno civ. pal. reg., 12 kal. ian. a. 22, ind. 15.

<small>Marca app. 774 n° 11 ex arch. ad 836. — Bréquigny ad 835.</small>

<small>Nicht allein Kanzlerunterschrift und Daten sind zu beanstanden, sondern die ganze Fassung. Ueberdies hat es mehrere Urkunden gleichen Inhalts für die Bischöfe von Urgel gegeben. Marca 347 führt nämlich ein damals in Abschrift erhaltenes Diplom Ludwigs für Sisibutus, den Vorgänger von Possedonius an, das nach der citierten Stelle mit dem für Possedonius gleichlautend gewesen sein muss, dessen Daten aber ebenfalls unmöglich sind. Beide Urkunden sind daher als Verunechtungen von ertheilten aber nicht erhaltenen Diplomen zu betrachten.</small>

Osnabruggensis ecclesia.

1. K. basilicae s. Petri in loco Osnabrugki constructae, in quam ss. Crispini et Crispiniani corpora transtulit et cui Wiho episcopus praeest, omne seculare iudicium donat et perpetuam de regia potestate absolutionem confirmat. — ‚Quicquid enim locis sanctorum'.

Aquis pal. publ., 14 kal. ian., a. imp. 3, a. r. 36 et 30, ind. 11.

<small>Copia saec. 18 in bibl. gymnasii Osnabruggensis.
Fürstenberg 325 ex exemplari quod authenticum esse credebat, ad 803 = Le Cointe 6, 824 = Mabillon dipl. 390 = Schaten Westf. 609. — Henseler dissert. critico-historica de dipl. K. (Monasterii 1721 in 4°) 35 = Sandhoff 3 n° 1 = Möser 8, 3 n° 1. — Bréquigny ad 803. — Böhmer 176 ad 803.</small>

2. K. ecclesiae Osnabrukgensi, quam primam omnium in Saxonia ad honorem ss. Petri, Crispini et Crispiniani construxit, forestem cuius termini hic describuntur donat, Wihonem episcopum ab omni regali servitio absolvit et scholas grecas et latinas in hoc loco constituit. — ‚Notum sit omnibus.... qualiter nos'.

Aquisgrani pal., 14 kal. ian. a. imp. 4, a. r. 37 et 31.

<small>Copia saec. 18 ibidem.
Fürstenberg 327 ex exempl. pro autographo habito, ad 804 = Baluze 1, 417 = Schaten Westf. 612 = Le Mire 1, 16 = Migne 1, 1072 n° 22. — Henseler 11 = Sandhoff 4 n° 2. = Möser 8, 4 n° 2. — Krantz metropolis (Francofurti 1576 in f°) 4 = Le Cointe 6, 826. — Bréquigny ad 804. — Böhmer 177 ad 803.</small>

3. L. oblatum sibi a Meingaz episcopo praeceptum Karoli de ordinatione decimisque Osnabruggensis ecclesiae confirmat. — ‚Si petitiones sacerdotum quas nostris'.

Wormacia civ. publ., 7 id. sept. a. 11, ind. 4.

Copia saec. 18 ibidem.

Ex hac copia: Sandhoff 6 n° 3. — Möser 8, 5 n° 3. — Böhmer 370 ad 825.

Es ist hier nicht der Ort alle die Fragen sächsischer und Osnabrückischer Geschichte zu erörtern, in welche diese Urkunden eingreifen und von deren Beantwortung wieder die Beurtheilung ihres historischen Inhalts abhängt. Der innige Zusammenhang in dem sie mit andern Urkunden gleicher und auch anderer Herkunft stehen, ist ohnedies von jeher beachtet und Gegenstand eingehender Untersuchungen geworden. Die älteren dahin gehörigen Schriften verzeichnen Baring 27 und Möser 6, 303. In neuerer Zeit haben dann von diesen und andern Osnabrückischen Urkunden am eingehendsten gehandelt: Erhard Regesten n° 251. 255. 317 usw.; Fechner Leben des Erzb. Wichmann von Magdeburg (Programm des Erfurter Realgymnasiums 1864 und Forschungen 5, 417; dem Programm ist ein Excurs über den Corveyschen Zehntstreit angehängt, welchen der Verfasser später noch umgearbeitet und verbessert und mir in dieser neuen Gestalt als Manuscript mitgetheilt hat); Wilmans 1, 319—386; D. Meyer in Mitth. des hist. Vereins in Osnabrück 8, 328—362. Nur der letztgenannte hat noch den Versuch gemacht, wenigstens einen Theil der Osnabrücker Urkunden und einen Theil ihres geschichtlichen Inhalts aufrecht zu erhalten, während Erhard, Fechner und Wilmans, obwol sie über einzelne in Betracht kommende Punkte verschiedener Ansicht sind, in der Hauptsache zu demselben Ergebnisse gekommen sind, dass obige Urkunden zu einer Reihe von Fälschungen gehören welche in der zweiten Hälfte des 11. Jhdts. von dem Bischof Benno II angefertigt ist, um einerseits sich Rechtstitel für den Bezug von Zehnten zu schaffen der dem Bisthum seit Jahrhunderten von den Klöstern Corvey und Hervord bestritten wurde, und um andererseits gewissen Traditionen über die Gründung des Bisthums weiteren Eingang zu verschaffen. Da ich dies durch deren Untersuchungen für erwiesen halte, gehe ich auf die betreffenden Fragen hier nicht mehr ein, sondern beschränke mich darauf obige Stücke im einzelnen vom ausschliesslich diplomatischen Standpunkte aus zu beurtheilen. — Als der erste Chronist welcher eine dieser Urkunden, nämlich a. sp. 2, in bestimmter Weise erwähnt, gilt Henricus de Hervordia. Am Ausgang des 15. Jhdts. gedenkt der beiden ersten Erdwin Erdmann, nach ihm Krantz u. a. Schon hatte der Streit über ihre Echtheit begonnen, als diese zwei Diplome dem Paderborner Bischof von Fürstenberg überbracht und von ihm, der die Schriftstücke für Originale hielt, in seinem Werke genau abgedruckt wurden. Nachdem dann Papebroch und Henschen dieselben ihnen vorgelegten Urkunden gleichfalls für Originale erklärt hatten, sprachen sich auch Baluze, Le Cointe, Mabillon für deren Echtheit aus. Dennoch wiederholten sich die Angriffe und riefen neue Vertheidigungsschriften hervor; so u. a. von dem Jesuiten Henseler, der sich speciell mit Osnabrücker Geschichte beschäftigte, in vier Bänden die Urkunden des Bisthums sammelte und dabei auch obige drei Urkunden aus den vermeintlichen Originalen abschrieb. In den Napoleonischen Kriegen wurden nun auch die Osnabrücker Archivalien zerstreut oder vernichtet, und wie bisher angenommen wurde, sollten damals alle älteren Urkunden des Bisthums zu Grunde gegangen sein; erst Meyer hat wieder Anhaltspunkte dafür gewonnen dass auch nach dem J. 1815 ältere Diplome bis auf Arnulf hinab noch vorhanden gewesen und von dem Weihbischof Lüpke benutzt worden sind, und knüpft daran die Erwartung dass vielleicht auch noch einmal die allerältesten Karolingerurkunden wieder zum Vorschein kommen könnten. Bis diese Hoffnung in Erfüllung geht, müssen wir uns an die sehr zuverlässigen Drucke von Fürstenberg und an die auf der Gymnasialbibliothek befindlichen Abschriften von Heuseler halten. — Meines Erachtens genügen auch die Texte ein Urtheil über die Urkunden zu fällen, und lautet dies dahin dass sie den innern Merkmalen nach nicht echt sein können, so werden wir uns darin nicht durch die Behauptung von Fürstenberg, Papebroch und so fort bis auf Lüpke, dass ihnen die Originale vorgelegen, beirren lassen, sondern werden aus ihr nur die Folgerung ziehen dass die Fälschungen auch äusserlich geschickt und täuschend angefertigt worden waren. Als Fälschungen erkenne ich nämlich die einzelnen Stücke an folgendem. A. sp. 1: die einzelnen Formeln des Protokolls sind allerdings richtig; aber Kanzlerunterschrift und Datum passen nicht zu einander (UL. § 30). Verrätherisch ist besonders der Name Jacob: er legt die Vermuthung nah dass Benno die Fälschungen während seines Aufenthalts in Italien entworfen hat. (Die Entscheidung in der Zehntfrage zu Gunsten des Bisthums, für die Benno seine Falsificate vorbereitet hatte, erfolgte unter Heinrich IV; ob schon im J. 1077 oder zuerst im J. 1079 lasse ich hier dahingestellt.) Im Context sind die ersten und letzten Sätze wol an und für sich betrachtet ganz correct, aber die Arenga passt nun und nimmermehr zu den Dispositionen der Urkunde, sondern sie und alles bis zu den Worten qualiter donamus weist auf eine Schenkung hin, während doch Exemtionen folgen, wofür man in dieser Zeit nirgends donamus immunitatem gebraucht findet. Prüfen wir des weitern die Disposition, so begegnen auch da Worte, Wendungen und Bestimmungen welche sich in keiner damaligen Immunität nachweisen lassen; als besonders verdächtig oder geradezu unmöglich in dieser Zeit hebe ich hervor: regale vel seculare iudicium; perpetuam de regia potestate absolutionem; nullus iudex publicus, dux, comes vel vicecomes vel scultetus; ad mortem diiudicare. — Ueber s. sp. 2 ist zu bemerken dass es falsche Invocation hat, unerhörten Zusatz im Titel, dass sich das actum nicht mit den Zeitangaben verträgt. Solche Fehler werden nicht dadurch aufgewogen dass das alte Schriftstück ein, wie es scheint, richtiges Siegel trug, dass die Kanzleiunterschrift möglich und dass die Datierung gut stilisiert ist. An der Fassung des Contextes nehme ich auch Anstoss, will dies aber nicht urgieren, weil sie allerdings eine besondere sein müsste für diesen in seiner Art einzigen Inhalt, falls derselbe glaubwürdig wäre. Dass letzteres aber nicht der Fall ist, haben zur Genüge Erhard Reg. n° 205 und Wilmans 307 dargethan. Ich habe nur hinzuzufügen dass von dem was hier über Forst und Forstbann gesagt wird, auch nicht einmal annähernd gleiches in Urkunden jener Zeit nachweisbar ist, und dass dieser Passus dem Ottonischen Diplome vom J. 965 entlehnt ist, geht auch daraus hervor dass Otto keineswegs eine Confirmation sondern eine Schenkung schlechtweg ertheilt. Deshalb darf man auch nicht einmal in dem beschränkten Sinne in dem es Ledebur (Archiv für Gesch. Westphalens I^b, 76) u. a. versucht haben, die Urkunde Karls als Zeugniss für Zustände seiner Zeit benutzen. — Das dritte Diplom leidet an zahlreichen Protokollfehlern, hat nicht in Einklang zu bringende Jahreszahlen und fügt sich nicht in das Itinerar; dass auch der Vorschlag von Meyer es zum J. 826 zu setzen unzulässig ist, ergibt sich aus UL. § 86. 89. Diese Mängel könnten allerdings Folge schlechter Ueberlieferung sein wie bei den von den Vertheidigern dieses Stückes herbeigezogenen mehr oder minder verderbten Urkunden. Aber auch die ganze Fassung ist, man mag sie als ganzes betrachten

oder ihre einzelnen Worte und Wendungen, weder zeit- noch kanzleigemäss und
trägt die deutlichen Spuren ihrer Entstehung, nämlich fast freier und nur hie
und da an Urkunden Ludwigs anklingender Dichtung. Und nehmen wir dazu
dass auch der Inhalt auf das hinausläuft was durch zahlreiche zum Theil demselben Archive entnommene Urkunden, wie das eine Präcept Arnulfs vom
13 Oct. 889 und die querimonia Egilmari von 890 (Möser 8, 14 n° 8; 301 n° 243)
als historisch unrichtig erwiesen wird, und wofür erst B. Benno II unter Heinrich IV königliche Bestätigung erwirkte, so drängt sich auch hier der Gedanke
auf dass Benno der Autor dieses Stückes sei.

Mit derselben Consequenz und Entschiedenheit mit der dieser Bischof
die Pläne seiner Vorgänger, die allerdings ungünstige Lage des Bisthums zu
verbessern, aufgenommen hat, hat er sich einen vollständigen Apparat von Rechts-
titeln für seine Ansprüche zu schaffen versucht, und mit demselben Geschick
mit dem er die damaligen politischen Verhältnisse für seine Zwecke auszubeuten
verstanden hat, hat er eine Reihe falscher Urkunden anzufertigen gewusst. Diese
seine Producte zeugen von gewisser Forschung über die Formeln und Formen
der Diplome der Karolingerzeit, zeugen von richtiger Wahl der Muster und fast
gelungener Benutzung derselben. Aber wie etwa ein Papebroch sich über die
Regeln diplomatischer Kritik täuschen konnte und musste, weil er sie von einer
verhältnissmässig zu geringen Anzahl von Beispielen abstrahierte, so erging es
auch diesem Forscher und Fälscher des 11. Jhdts: nicht in alle Details der
Kanzleigebräuche eingeweiht mochte er immerhin mit seinen Fabricaten diejenigen
täuschen die auch nur ungenügende Kenntniss des Diplomenwesens der ersten
Karolinger besassen, aber die Prüfung vor dem Richterstuhl der heutigen Wissenschaft können diese Urkunden nicht bestehn.

Ottenburense monasterium.

1. K. Totoni abbati vel monasterio mundiburdium, ius electionis, alia iura concedit. — ‚Quoniam principem ac defensorem
ecclesiarum'.

Mogontia, in pentecosten a. inc. 769.

> Chronicon saec. 12 in arch. Monacensi.
> Steichele Archiv f. Gesch. des Bisth. Augsburg (Augsb. 1856 in 8°)
> 2, 11 ex chron. — Feyerabend Jahrbücher des St. Ottenbeuren (Ottenb.
> 1813 in 8°) 1, 621. — Mon. Boica 31, 7 n° 3 ex collect. privil. saec.
> 16. — Mager de advocatia armata (Francof. 1625 in f°) 152 = Conring
> 307 = Tentzel app. 73.

2. K. monasterio XII sui iuris mancipia cum eorum familiis et decimam ex pago Hilargowe solvendam concedit. — ‚Die
praesenti ad praefatum'.

S. a. d. l.

> Ibidem.
> Steichele 2, 13 ex chron. — Feyerabend 1, 621 ex chron. — Mon.
> Boica 31, 10 n° 4 ex collect. saec. 16.

Parisiaca ecclesia.

1. K., petente Erkenrado episcopo, ecclesiae Parisiacae in honorem s. Mariae, ss. Stephani, Dyonisii, Germani, Marcelli, Clodoaldi constructae integram immunitatem ab anterioribus regibus indultam de omnibus eius villis hic enumeratis denuo concedit. — ‚Si petitionibus sacerdotum hoc quod.'

S. a. d. l.

> Exemplar saec. 10—11 et chartularia in arch. Parisiensi.
> Cartul. de N D. de Paris 1, 240 n° 1 ex parvo pastorali c. a. 795. — Gallia christ. 7, instr. 9 n° 9 ex magno pastorali ad 829. — Layettes 1, 4 n° 3 ex copia, c. a. 795.

Obgleich Guérard zu einer Stelle des Diploms bemerkt: nemo non advertet, quantum haec verba cum regia dignitate parum conveniant, benutzt er dasselbe doch (préf. 77) als historisches Zeugniss. Ich halte dies nicht für gerechtfertigt. Freilich steht fest dass Karl der Pariser Kirche mehrere nicht erhaltene Urkunden ertheilt hat und ohne besonderes Zeugniss wird man annehmen können, dass er so gut wie andern bischöflichen Kirchen auch dieser Immunität ertheilt haben wird. Aber die nus vorliegende Immunitätsurkunde ist ein Machwerk späterer Zeit, durch das wol eine frühzeitig verlorne Immunität Karls hat ersetzt werden sollen. Die Unechtheit verräth sich vorzüglich in folgendem. In der an sich anstössigen Besitzaufzählung (Beitr. zur Dipl. 3, 204) begegnen Güter welche der Kirche erst unter dem folgenden Bischofe Inchadus geschenkt worden sind (Cartul. de N. D. 1, 240 n° 3), und überhaupt ist diese ganze Aufzählung der Urkunde des Inchadus von 829 (ibid. 322 n° 14) entlehnt; aus derselben Urkunde stammen auch die Namen der angeblich anwesenden Bischöfe. Dass nun aber hier nicht allein Interpolation dieser Stellen vorliegt, sondern auch alles andre später entstanden ist, ergibt sich daraus dass, mit Ausnahme weniger auch noch bis in das 10. Jhdt. hinein in Immunitäten gebrauchter Wendungen, die ganze Fassung nicht der Zeit Karls entspricht. — In Bibl. de l'École 6e série, 2, 164 will A. de Barthélemy die Urkunde Karls nach 811 setzen, weil in ihr Graf Stephan, der der Pariser Kirche 811 Sucy schenkte, als schon verstorben erwähnt wird. Das ist vollends unmöglich, da Karl noch der Königstitel beigelegt wird und da 811 schon Inchadus auf Erkenradus gefolgt war. Also was Barthélemy bemerkt, ist nur ein Grund mehr das Diplom für falsch zu erklären.

Pataviensis ecclesia.

1. K., petente Waldarico Pataviensis ecclesiae praesule, monasterio Chremsae a Tassilone Waioariorum duce constructo res a duce traditas confirmat et auget. — ‚Si petitiones servorum dei iustas'.

Aquis pal., marc. a. 21, ind. 4, a. inc. 802.

> Exemplar spurium c. a. 900 confectum et chartularia Patav. in arch. Monacensi.
> Buchinger Gesch. des Fürstenthums Passau (München 1816 in 8°) 2, 481; conf. 1, 82. — Hagn 7 n° 3 ex cod. Cremifan. dicto Friderieiano

a. 1302, ad 802 = Urkb. ob der Enns 2, 6 n° 4; conf. Mon. Boica 28, 380 n° 3. — Böhmer 134 ad 789.

Der Besitzstand von Kremsmünster wird hier ziemlich ebenso wie in K. 130 angegeben. Die Fälschung besteht also hauptsächlich darin dass das Kloster als schon damals den Passauer Bischöfen gehörig dargestellt wird: deshalb wird statt des in K. 130 vorkommenden Abtes der Bischof als Petent genannt, deshalb wird der in K. 130 auch noch an anderer Stelle angeführte Abt hier übergangen. — Das in München befindliche Schriftstück verräth gewisse Kenntniss der Kanzleiformen, jedoch hat der Schreiber ein Diplom Karls des Dicken oder eines der nachfolgenden Könige als Vorlage benutzt (s. auch das von Kopp pal. crit. 1, 430 abgebildete signum recognitionis). Aus diesem Schriftstück verdient nun noch hervorgehoben zu werden dass die Datierung folgendermassen geschrieben ist: data iu m. martio anno 21 regni nostri, actum Aquis palatio in dei nomine feliciter amen, und dass dann allerdings von derselben Hand ind. 4. a. dom. incarn. 802 nachgetragen ist. Abgesehen von diesem Zusatz entspricht also die Datierung ganz der in Diplomen Karls üblichen (d. h. ohne Angabe italischer Jahre, s. UL. § 82. 84) und weist auch noch die alte Form Aquis auf: folglich ist sie, wie ich schon zu K. 119° bemerkte, wol einer echten Urkunde entnommen. Und somit nehme ich an dass der Fälscher sowol K. 130 als 119 benutzt hat, endlich aber auch als Schreibvorlage ein Diplom späterer Karolinger.

S. Petri monast. in monte Pingueli.

1. K., petente Ioanne abbate, monasterio in Arretino episcopatu constructo possessiones confirmat atque immunitatem et ius electionis concedit. — ‚Debet imperatoria clementia'.

8 kal. apr. a. inc. 802, ind. 10; s. l.

Margarini 2, 19 n° 23 ex arch. cathedr. Arretinae. — Böhmer 10 ad 802. — Conf. Heumann 1, 165.

Prumiense monasterium.

1. K. ob petitionem Marchardi abbatis edictum de iuribus advocatorum in locis Rivin, Fimai et Fimpim confirmat. — ‚Omnibus fidelibus suis salutem'.

Triburia, 4 id. dec. a. inc. 800, ind. 6, a. imp. 8.

Liber aureus Prum. saec. 10 in bibl. Trevirensi.

Ex hoc libro: Mém. hist. concernant les droits du roi sur les bourgs de Fumay et Revin 2, 5 ad 800. — Beyer 1, 43 n° 38 ad 800.

Protokoll falsch, Sprache modern, Inhalt unmöglich: s. Waitz V. G. 4, 399; Goerz in Beyer 2, 603. Marcwardus wird erst 829 Abt (Regino in M. G. h. 1, 567). Auch Karl d. D. kann die Urkunde nicht zugeschrieben werden, obgleich das Protokoll einem seiner Diplome entlehnt ist.

Psalmodiense monasterium.

1. K. Corbiliano abbati praecipit ut monasterium s. Petri Psalmodiensis a Saracenis destructum restituat, simulque ei re-

potem suum Theodemirum in vita monastica educandum tradit. —
‚Omnibus Christianae religionis fidelibus'.

3 kal. iul. a. imp. 23, ind. 14; s. l.

<small>Exemplar saec. 12 in arch. Nemausensi, ineditum.

Aus jenem ältesten Exemplar (Arch. dép. du Gard, Fonds de Psalmodi II 106) ist eine jüngere Copie (ebendaselbst II 103) geflossen, sowie die Abschrift des Claude Estiennot in dem cod. lat. s. Germ. 571 der Pariser Bibliothek. Schon Estiennot erkannte das Stück als Fälschung, und ihm stimmte Mabillon dipl. 615 bei.</small>

Reggiensis ecclesia.

1. K. ob petitionem Apollenaris episcopi huic ecclesiae immunitatem concedit, omnia telonea perdonat ot silvam iuris sui Lamma Fraolaria dictam donat. — ‚Quicquid enim locis sanctorum'.

Papia civ., 8 kal. iun. a. 13 et 7.

<small>Ughelli 2, 243 ex exemplari arch. Reggiensis quod authenticum esse credebat = Migne 1, 1007 n° 5 = Tiraboschi Modena 1, cod. dipl. 4 n° 4: diploma suppositicium. — Bréquigny ad 781. — Böhmer 105 ad 781. — Conf. K. 81*.</small>

2. K., ad quem Apollenaris episcopus retulit nonnulla Regensis ecclesiae instrumenta combusta esse, huic ecclesiae omnes possessiones, quarum termini secundum apologeticum ab episcopo oblatum describuntur, confirmat, iudicatum adversus Anselmum Nonantolanensem abbatem evindicatum corroborat, ius inquisitionis atque advocationis concedit certasque res donat. — ‚Si ecclesiarum dei servitoribus'.

Papia civ., 8 iun. a. 13 et 7, ind. 10.

<small>Exemplar spurium c. a. 900 exaratum in arch. Mutinensi.

Ex eodem exemplari: Muratori antiqu. 3, 85 = Affo storia del ducato di Guastalla (Guastalla 1785 in 4°) 1, 297 = Migne 1, 1010 n° 7. — Tiraboschi Modena 1, cod. dipl. 5 n° 5. — Ughelli 2, 245, qui hoc exempl. authenticum esse credebat. — Bréquigny ad 781. — Böhmer 107 ad 781. — Conf. K. 81*.</small>

Remensis ecclesia.

1. L. ad restaurandam s. Remensem ecclesiam ei abbatiam s. Petri in Blesensi comitatu in silva Ders super Veram constructam et fiscum quendam pagi Laumensis ad fodiendam plumbi minam aptum et Germiniacam villam concedit. — ‚Si liberalitatis nostrae munere locis'.

Remis, kal. nov. a. 5, ind. 4.

<small>Mabillon ann. 2, 757 n° 80 ex chartario Dervensi ad 816 = Bouquet 6, 497 n° 60. — Bréquigny ad 816. — Böhmer 289 ad 816. — Conf. L. 222*.</small>

Remigianum monasterium.

1. K. monasterio res a nepti sua Momiana concessas confirmat. — ‚Si nos qui imperiali magnitudine'.

Leodio, 2 kal. iul. a. inc. 812, ind. 6, a. r. 46, a. imp. 13.

    Marlot hist. eccl. Remensis (Insulis 1666 in f°) 1, 321 ex codice. — Bréquigny ad 812.

Romana ecclesia.

1. L. pactum cum Paschali papa. — ‚Statuo et condo per hoc pactum'.

S. a. d. l.

    Cod. Vaticanus 1984 saec. 12 incipientis.
    Pertz LL. 2ᵇ, 9 ex hoc cod. = Migne 1, 681. — Baluze 1, 591 (conf. 2, 1104). — Cenni cod. Carol. 2, 125 = Migne 2, 579. — Theiner cod. dipl. dominii temporalis s. sedis (Romae 1861 in f°) 1, 2 n° 3 ex Cencii cam. libro censuali. — Bréquigny ad 817. — Conf. a. deperd. Rom. ecclesiae.

Salvatoris eccl. in Civitate-nova.

1. K. praeceptum de fundatione et dotatione huius ecclesiae a Leone papa in praedio Magelli constructae. — ‚Cunctis sanum sapientium'.

In pal. iuxta Vaticanum, 22 dec. a. inc. 797, ind. 7.

    Exemplar c. a. 1140 conscriptum in arch. Vaticano.
    Marini 105 n° 71 ex hoc exemplari. — Ughelli 1, 112.

Sextense monasterium.

1. K. ob petitionem Albini abbatis, qui sibi auctoritates anteriorum regum sanciendas obtulit, monasterio s. Mariae Sextensi patrocinium, immunitatem aliaque iura concedit. — ‚ . . . praedecessorum suorum'.

Aquilegia, 4 id. apr. a. inc. 775, ind. 15.

    Copia saec. 17 in arch. fiscali Utinensi et altera a. 1804 in arch. capituli Foroiuliensis; charta inedita.

Die Formeln scheinen einem Diplom Lothars, die Recognition einem Diplom Berengars entlehnt; die Einzelbestimmungen sind der Art wie sie erst um 900 vorkommen. Ganz eigenthümliche Lesefehler machen wahrscheinlich dass eine alte Fälschung vorgelegen hat. Jedesfalls hat das Kloster aber wirklich Immunität von Karl erhalten: s. a. deperd. Wenn es überhaupt je einen Abt Albinus gegeben hat (s. Cappelletti 8, 87), so sicher nicht in dieser Zeit; denn nach K. 82 war Beatus schon unter Adelgis und in den ersten Jahren karolingischer Herrschaft Abt von Sesto.

Sindleozesauva monasterium.

1. K. monasterio Sintlezzesowa sive Augiensi, cui Hetto praesul praeest, villam regalem Ulmam tradit, in qua cognatum suum Adelbertum advocatum monasterii constituit. — ‚Si sanctorum monasteriorum loca ne labantur'.

 Magontiae in concilio magno, a. inc. 813, a. r. 46, a. imp. 13.

<small>Exemplar saec. 13 conscriptum in arch. Stuttgardiensi.
Wirtemb. Urkb. 1, 76 n° 69 ex hoc exemplari. — Mon. Boica 31, 27 n° 12 ex copia. — Naucleri chronica (edit. Colon. a. 1675) 698 = Crusii ann. Suevici 2, 11 = Le Cointe 7, 281. — Lünig spicil. eccl. 3, 188 n° 1 = Trouillat 1, 91 n° 47. — Bréquigny ad 813.</small>

2. K. ob petitionem Hettonis abbatis iura advocatorum monasterii Sincleczesouwae dicti statuit. — ‚Quoniam principem et defensorem ecclesiarum'.

 Wuormacie, 8 id. apr. a. inc. 811, ind. 4, a. imp. 41.

<small>Insertum diplomati Heinrici VII a. 1312, quod exstat in eodem archivo. Wirtemb. Urkb. 1, 72 n° 66 ex dipl. Heinrici. — Bibliothek des litter. Vereins in Stuttgart 84 (Stuttg. 1866), 45: versio germanica ex chron. saec. 15.</small>

<small>Der Zusammenhang beider Fälschungen liegt auf der Hand, für die Formeln beider hat eine Urkunde Karls d. D. als Vorlage gedient und gleichfalls ein solches als Muster für das erstere Schriftstück. Dieses sah seiner Zeit Bruschius in Reichenau, später kam es nach Ulm und von da in das Stuttgarter Archiv. Die Urkunde ist unzählige Male veröffentlicht, aber auch ebenso oft ist die Unechtheit nachgewiesen: s. Mon. Boica l. c.</small>

Strasburgensis ecclesia.

1. K., petentibus Ettone Argentinensi episcopo, Lullo Moguntino metropolitano atque Ioanne Constantinensi episcopo, constitutionem edit de datione praebendarum Argentinensis ecclesiae et de episcopi et praepositi electione. — ‚Cum principem ac defensorem'.

 Romae, 14 kal. mai. a. inc. 773, ind. 11, a. r. 5.

<small>Insertum chronico lat. Iac. Twingeri de Koenigshoven.
Chronic. I. de K. (edid. Schilter, Strassburg 1698 in 4°) 495 = Laguille 2, preuves 18. — Lünig Reichsarchiv, pars spec., contin. prima 3, 275 n° 150. — Grandidier 2, preuves 109 n° 65 ex chron. ad 774, 3 apr. = Migne 1, 928 n° 15.</small>

<small>Wahrscheinlich im 12. Jahrhundert zugleich mit einer auf den Namen Hadrians I lautenden Bulle (Jaffé litt. spur. 329) angefertigt und gegen Ende des 14. Jhdts. von Twinger von Koenigshoven (s. Code hist. et dipl. de la ville de Strasbourg 1843, tom. 1. préf.), der ein Schriftstück dieses Inhalts im Capitelarchiv für Original hielt, in seine ältere lateinische Chronik aufgenommen. Aus dieser Chronik sind dann sämmtliche Drucke abgeleitet, auch der von Gran-</small>

didier, obgleich derselbe namentlich in den Daten von den andern abweicht. Offenbar hat nämlich Grandidier hier wie in andern Fällen die auch ihm verdächtige Urkunde doch als echt erscheinen lassen wollen und hat sie zu dem Behufe emendiert: indem er wusste dass das ursprüngliche Datum der Fälschung von der unrichtigen Voraussetzung eines Aufenthalts Karls in Rom zu Ostern 773 ausging, setzte er ohne weiteres in seinem Drucke das J. 774 und das diesem entsprechende Osterdatum 3 April.

S. Sulpicii monast. Bituricense.

1. L., petente Ranincho abbate, huic monasterio in suburbio Biturigae civitatis constructo praecepta anteriorum regum confirmat eiusque iura auget. — ‚Imperialis celsitudinis moris est'. S. a. d. l.

    Bouquet 6, 525 n° 103 ex chartul. monast. c. a. 821. — Bréquigny ad 821.

    Durch Inhalt und Fassung verräth sich dies Stück als Machwerk späterer Zeit. Aus welchem Chartular Bouquet es veröffentlicht hat, weiss ich nicht zu sagen. Im Catal. des cartul. 141 wird allerdings ein Copialbuch des 14. Jhdts. in den Arch. dép. du Cher verzeichnet mit Privilegien Pippins, Ludwigs usw. Dasselbe ist aber bei einem Brande im J. 1859 zu Grunde gegangen, und es existiert, wie mir H. Bibliothekar Boyer in Bourges mittheilt, jetzt nur noch eine im 17. Jhdt. von einem Benedictiner des Klosters angefertigte Copie der ersten 24 Blätter des alten Chartulars. Weder in dieser Copie nun kommt ein Diplom Ludwigs vor, noch in einem Repertorium des vorigen Jhdts., das als ganz zuverlässig gilt und das als ältestes Stück des Fonds eine Urkunde von 836 bezeichnet. Dagegen enthält die Copie des 17. Jhdts. eine auf den Namen Pippins lautende Urkunde, die in Bouquet 8, 538 n° 130 abgedruckt ist, von ihm jedoch Karl d. K. zugeschrieben wird.

Swarzaha monasterium.

1. L. Widoni abbati licentiam dat monasterium Arnolfesowae trans Renum in locum Swarzaham dictum et ad Ulmena curiam pertinentem transferendi. — ‚Si enim ea quae fideles imperii'.

Ferolsfeld, a. inc. 846, a. r. 32.

    Schöpflin 1, 107 n° 133 ex libro sal. Schwarzac.: dipl. adulterinum. — Grandidier 2, preuves 284 n° 98 ex eodem libro. — Guillimann 120 = Le Cointe 7, 802 ad 826 = Bouquet 6, 550 n° 140. — Bréquigny ad 826. — Conf. L. 236*.

Trevirensis ecclesia.

1. P., petente Wiomado archiepiscopo, ecclesiae s. Petri confirmat cellam s. Maximini, monasterium s. Mariae a Modoaldo constructum et Orrea dictum, ecclesias s. Paulini, s. Eucharii, s. Martini ceterasque possessiones simulque ei immunitatem concedit. — ‚Si liberalitatis nostrae munere'.

Tulpiacho, 15 kal. iul. a. 9, ind. 4.

<small>Balduineum in arch. Confluent.

Commentarium de origine et statu antiqu. civit. Augustae-Treverorum (s. a. l. in f°) 48 = Le Cointe 5, 621 — Hontheim 1, 120 n° 44 ad 761 = Gallia christ. 13, instr. 298 n° 11. — Beyer 1, 15 u° 12 ex Bald. ad 760. — Bréquigny ad 760. — Böhmer 16 ad 760. — Conf. Mabillon dipl. 71.</small>

2. K., petente Wiomado archiepiscopo, suprascriptum P. praeceptum confirmat. — ‚Si liberalitatis nostrae munere'.

Haristalio pal., kal. sept. a. 6, ind. 11.

<small>Balduineum ibid.

Commentarium etc. 49. — Brower antiqu. et annal. Trevir. libri (Leodii 1670 in f°) 1, 380 ad 773 = Hontheim 1, 132 n° 51 = Migne 1, 1049 n° 4. — Beyer 1, 30 n° 26 ex Bald. ad 772. — Bréquigny ad 774. — Böhmer 48 ad 772. — Conf. Eckhart 1, 635 et Heumann 1, 148.</small>

3. K. res fisci publici Cerviam et Serviacum cum foreste s. Petro tradit. — ‚Comitibus... id nobis ad augmentum'.

Haristalio pal., kal. sept. a. 34, ind. 11.

<small>Balduineum ibid.

Hontheim 1, 133 n° 62 ad 802 = Migne 1, 1070 n° 20. — Beyer 1, 43 n° 40 ex Bald. ad 802. — Böhmer 172 ad 802.</small>

4. L. Vocuando archiepiscopo cellas ss. Hylarii et Eucharii a Vidone filio Vidonis ecclesiae abstractas reddit et Austriae Mosellanicae ducem Sadigerum advocatum harum cellarum constituit. — ‚Omnibus... salutem, quoniam non leviter'.

Metis, id. aug. a. inc. 824, a. 15.

<small>Rosières 7 n° 18. — Bréquigny ad 824.

1. und 2. sind nach einer Immunität Lothars, die sich in der Fassung L. 94 anschloss, angefertigt. — 3. Das Formular ist falsch, die Fassung ist nicht zeitgemäss, die Zeitmerkmale und die Erwähnung des 791 gestorbenen Weomad vertragen sich nicht und der Rechtsinhalt (s. Waitz V. G. 4, 110 N. 3) passt ebenfalls nicht für diese Zeit. Die Schlussformeln lassen jedoch vermuthen dass ein Diplom des Kaisers K. vorgelegen hat, das auch für die Schlussformeln des a spur. 2 benutzt sein mag. Vgl. auch Papebroch propyl. 26.</small>

Trevirense monast. ad horreum dictum.

1. L. Anastasiae abbatissae omnibusque coenobii possessionibus pacem et bannum concedit. — ‚Si iustis fidelium nostrorum precibus'.

Aquisgrani pal. reg., 11 kal. apr. a. 3, ind. 10.

<small>Exemplar instar autographi confectum in arch. Confluentino.

Beyer 1, 54 n° 49 ex hoc exempl. ad 816.</small>

Formeln, Fassung, Rechtsinhalt, historischer Inhalt: alles falsch. Ueber andere Fälschungen gleicher Tendenz s. Rettberg 1, 476 und Baring 41. Die Urkunde kann ebenso wenig Ludwig dem K. beigelegt werden, wie Goerz in Beyer 2, 609 n° 181 vorschlägt, da auch unter diesem und andern gleichnamigen Fürsten die Fassung unmöglich ist. Nur ist offenbar für das Protokoll ein Diplom eines späteren Karolingers benutzt, obgleich der Fälscher, wie die Aufzählung der Vorfahren und die L. 94 entlehnten Jahresangaben zeigen, eine Urkunde Ludwigs d. F. anzufertigen beabsichtigte.

Trutmannus.

1. K. Trutmannum comitem partis Saxoniae ordinat eique advocatiam omnium Saxoniae presbyterorum committit. — ,Si domino deo exercituum succurrente'.

In villa Trutmanni, 4 kal. oct. a. inc. 788, ind. 12, a. r. 21.

Witichindi annalium libri III op. et studio H. Meibomii (Francof. 1621 in f°) 63 ex arch. Tremonensi — Meibom rer. Germ. script. I, 689 (conf. 3, 32) — Baluze capit. 1, 249. — Stangefol 2, 90 ad 789. — Schaten Westf. 538. — Teschenmacher ann. Clivise (Francof. et Lipsiae 1721 in f°) cod. dipl. 38 n° 51. — Bréquigny ad 789. — Böhmer 136 ad 789. — Conf. act. spur. Bremensia.

Turicensis ecclesia.

1. K. descriptionem rerum canonicis collatarum fieri iubet. — ,Consilio episcoporum et principum meorum'.

In Thurego, a. imp. 10, ind. 13, a. d. 820.

Copiae recentiores in bibl. Turicensi.

An der Spitze einer Pergamentrolle des einstigen Chorherrenstiftes in Zürich findet sich als erste und, wie behauptet wird, noch dem 9. Jhdt. angehörige Eintragung ein Güterverzeichniss mit den Eingangsworten: in nomine sancte et individue trinitatis. Karoli clementia Christi imperatoris iussione haec descriptio facta est; sie ist abgedruckt in Wyss K. Karls d. G. Bild am Münster Zürich (Neujahrsblatt der Z. Stadtbibliothek 1861). Diese Eintragung, die aller Wahrscheinlichkeit nach erst geraume Zeit nach Karl stattgefunden hat, ahmt allerdings am Eingang und am Schluss Urkundenformeln nach, kann aber trotzdem nur einer erzählenden Aufzeichnung gleichgeachtet werden und verdient nicht in allen Einzelheiten Glauben. Dass der Schreiber derselben unter Karl. obgleich er ihm einen unpassenden Titel beilegt, Karl d. G. verstanden wissen wollte, unterliegt wol keinem Zweifel. Aber die Berufung auf einen Befehl desselben kann, mochte nun der Schreiber der noch vorhandenen notitia eine ältere Aufzeichnung copieren oder selbst erst nach ihm bekannten Thatsachen oder nach ihm vorliegenden Urkunden das Güterverzeichniss anfertigen, nur den Sinn haben dass nach Karls Gesetzen eine derartige descriptio aufgesetzt werden sollte, oder höchstens noch den dass auch nach Zürich ein Exemplar der betreffenden Gesetze gekommen sei. So aufgefasst entsprechen die Worte Karoli iussione der anderweitig bezeugten Wirklichkeit, während ein speciell den Züricher Kanonikern verliebenes Diplom wol Schenkungen und Besitzbestätigungen oder auch Theilung und Verwendung des Stiftsgutes, aber niemals die Ausführung allgemeiner Verordnungen zum Gegenstande haben konnte, und während ein eigentliches Diplom von einem Schreiber des 9. Jhdts. gewiss geradezu in Abschrift in solches Güterverzeichniss aufgenommen und nicht nur so gelegentlich erwähnt worden wäre. Aber wie an anderen Orten so wurde auch in Zürich die allgemeine Ordnung der Verhältnisse bald mit besonderen Rechtsverleihungen verwechselt, und so liess sich das dortige Stift nachweisbar bereits von Heinrich V im J. 1114 (Arch. für schweiz. Geschichte 1, 82) unter anderen die von Karl verliehenen Rechte und Statuten bestätigen. Damit war die Vorstellung von einer eigentlichen Vergabung, wie sich später z. B. Stumpf in der Schweizerchronik ausdrückt, schon sanctioniert, und die Frage ob nicht auch ein Diplom Karls für das Stift existiere, war nahe gelegt, zumal an einem Orte an dem die Karllegende frühzeitig Glauben und weitere Ausschmückung gefunden hatte und an dem man sich selbst Reliquien des heilig gehaltenen Kaisers zu besitzen rühmen konnte (s. darüber Büdinger von den Anfängen des Schulzwanges, Züricher Festrede 1865). Es würde den damals in Zürich verfolgten und unter anderem auch von Konrad von Mure geförderten Tendenzen recht wol entsprechen, wenn zu der Zeit auch ein auf Karls Namen lautendes Diplom angefertigt worden wäre. Dieser Annahme von der Entstehung des oben verzeichneten a. spur. steht vielleicht nur dessen Formlosigkeit im Wege. Dasselbe unterscheidet sich nämlich von dem Güterverzeichniss des 9. Jhdts. nur dadurch dass die Eingangsworte zu directer Rede Karls umgestaltet sind (Ego K. divina favente clementia Romanus imperator augustus. Consilio episcoporum et principum meorum et eorum maxime Christianorum rogatu qui cum nostra cupiebant licencia ut animas etc.), und dass dem entsprechend auch im weiteren Wortlaute Karl einige Male als in der ersten Person des Singulars sprechend eingeführt wird. Dagegen wurde nicht allein der ganze Inhalt des Güterverzeichnisses in seiner schlechten Stilisierung beibehalten, sondern auch die spätkarolingische Invocation und die ebenso formlose als fehlerhafte Datierung. Meines Erachtens kann der Verfasser solcher Fälschung nicht einmal die Formen und Formeln der Kaiserurkunden des 13. Jhdts gekannt haben, und möchte ich deshalb kaum an einen zu dieser Zeit lebenden Mann und am wenigsten an den mit den Kanzleigebräuchen vertrauten K. v. Mure als Fälscher denken. Die Frage nach der Person des Fälschers ist auch von untergeordneter Bedeutung. Wichtiger ist dass das erste Vorkommen dieser Umarbeitung des Güterverzeichnisses festgestellt werde. Ich aber weiss bis jetzt von der Ueberlieferung nur zu sagen was Büdinger mir mitzutheilen die Güte hatte. Er fand die Fälschung von Bullinger (von den Tigurinern und der Stadt Zürich Sachen; Handschrift der Z. Stadtbibliothek A. 92) abgeschrieben aus einem alten damals im Münster befindlichen Instrument. Ferner fand er eine nur in einzelnen Worten und Wortformen abweichende Copie ex libello vetusto arch. canonicalis in dem von Scheuchzer angelegten diplomatarium helveticum (Handschrift ebendaselbst H. 61), in dem auch eine deutsche Uebersetzung der Urkunde vom J. 1523 erwähnt wird.

Verdensis ecclesia.

1. K. in terra Saxonum nuper victorum in loco Fardium super Aleram ecclesiam et episcopalem cathedram instituit, dotat et Suitberto committit. — ‚Cum d. nostri I. Christi virtute'.

Moguncie, 3 kal. iul. a. inc. 786, ind. 12, a. r. 19.

> Exemplar saec. 11 in arch. Hannov.
> Lappenberg 1, 1 n° 1 ex hoc exempl. == Meklenburg. Urkundenbuch
> (Schwerin 1863) 1 n° 1. — Schaten Westf. 505 ex Verdensi tabulario. — Rehtmeyer 1, 126. — Bréquigny ad 786. — Böhmer 12 ad 786. — Conf. act. spur. Bremensia.

Villalupense monasterium.

1. L. praeceptum.

> Eine ganz plumpe Fälschung die sich in der D. Houssauschen Sammlung der Pariser Bibliothek, Aniou et Touraine tom. 1 n° 24 verzeichnet findet. Das Kloster ist erst unter Karl d. K. erbaut: s. Bouquet 8, 411 n° 98.

S. Vincentii monast. Vulturnense.

1. K., petente oratore suo Authperto abbate, monasterio quamplures possessiones, quarum fines describuntur, confirmat et suae tuitionis munburdum concedit. — ,Cum petitionibus sacerdotum et servorum'.

12 kal. mai. ind. 13, a. inc. 775; s. l.

> Ex chronico Vulturnensi: Muratori script. 1ᵇ, 360: spurium. — Duchesne script. 3, 677 == Mabillon acta ss. 4, 239 == Le Cointe 6, 130. — Bréquigny ad 775. — Böhmer 70 ad 775.

2. K. monasterio ecclesiam s. Peregrini concedit. — ,Inaestimabilis summae'.

S. a. d. l.

> Ex chronico: Muratori script. 1ᵇ, 361: spurium. — Bréquigny ad 776.

3. K. coenobio omnes possessiones et praecepta regum et ducum Langobardorum corroborat eique immunitatem et munburdum tuitionis suae concedit. — ,Cum constat nos a summo'.

8 kal. iun. ind. 14, a. inc. 715; s. l.

> Ex chronico: Muratori script. 1ᵇ, 349. — Duchesne script. 3, 673. - Bréquigny ad 715.

4. L., petente Totone abbate, monasterio praecepta sibi oblata Aystulphi, Desiderii, Karoli itemque donationes Gisulfi et Hildeprandi ducum confirmat. — ,Cum petitionibus sacerdotum ac servorum'.

Aquisgrani pal. reg., 4 id. iun. a....., ind. 8.

> Ex chronico: Muratori script. 1ᵇ, 390. — Duchesne script. 3, 687. - Böhmer 253 ad 815.
>
> Die erste Urkunde ist nicht blos der formellen Fehler wegen (s. Abel 1, 173 N. 6) zu verwerfen, sondern noch mehr wegen des Inhalts und der Fassung

Als Vorlage hat L. 130 gedient; ausserdem ist dieselbe Aufzählung und Güterbeschreibung eingeflochten die im a. sp. 3 begegnet. — Zu a. sp. 4 vgl. L. 86*. — Ueber die auf Pippins Namen lautende Fälschung in Muratori 1. c. 362 ist kein Wort zu verlieren.

SS. Vincentii et Germani monasterium.

1. L., ob petitionem Hilduini sacri palatii archicapellani et abbatis monasterii ss. V. et G., oblatum sibi Karoli praeceptum confirmans monasterio, in quo plerique reges Francorum sepulti sunt, suam defensionem et immunitatem concedit. — ‚Quicquid ob amorem dei pro oportunitate'.

Aquisgrani pal., 5 kal. mart. a. 6, ind. 8.

> Exemplar spurium saec. 11 incip. et chartul. s. Germ. saec. 13 in arch. Parisiensi.
>
> Da dies Stück bisher noch nicht gedruckt ist, bemerke ich dass es in vielen Sätzen mit der gleichfalls unechten Urkunde Karls d. K. in Bouquet 8, 485 n° 64 übereinstimmt und die Unterschrift trägt: Eneas notarius advicem Illudowici recognovit etc. Benutzt ist es unter andern von Bouillart 24, der auf Grund desselben den Tod des Abtes Irmeno vor 819 setzte; dass dies unrichtig und dass das Diplom falsch ist, hat dann Guérard polypt. 1, 14 und 119 dargethan.

Werthina monasterium.

1. K. ecclesiam a Liudgero Mimigernefordensi episcopo in loco proprio Werthina in Wenaswald in pago Ruricho aedificatam in suam tuitionem suscipit et episcopo, ut ibi monasterium perficiat, fiscum Lothusam in pago Brabant donat. — ‚Si sacerdotum ac servorum dei petitionibus'.

Wormatia, 6 kal. mai. a. inc. 802, a. r. 34 et 27, a. imp. 2, ind. 10.

> Exemplar spurium in arch. Berolinensi.
>
> Lacomblet 1, 14 n° 26. — Orig. Guelficae 5, 20 cum ectypo. — Stangefol 2, 105. — Schaten Westf. 601. — Lünig spicil. eccl. 3, 691 n° 1 = Rehtmeyer 1, 149. — Teschenmacher ann. Clivise (Francof. et Lipsiae 1721 in f°) cod. dipl. 51 n° 59 = Le Mire 3, 3 = Migne 1, 1071 n° 21. — Bréquigny ad 802. — Böhmer 171 ad 802.
>
> Die Unechtheit ist dargethan von Eckhart 2, 28; Heumann 1, 157; Erhard Reg. n° 246. — Die Schenkung von Lothusa (Leuze im Hennegan unweit Tournai, s. Warnkoenig et Gerard hist. des Carol. 2, 169) ist allerdings durch die vor 850 von Altfried verfasste vita s. Liudgeri (M. G. h. 2, 411) bezeugt, die Urkunde aber ist offenbar erst später auf Grund dieser Nachricht angefertigt worden und zwar den äussern Merkmalen nach zu urtheilen etwa im 10. Jhdt.

Wirziburgensis ecclesia.

1. K., petente Burchardo Wirceburgensi antistite et intervenientibus Fastrata regina et Bonifacio archiepiscopo, huic

ecclesiae confirmat res quas Burchardus a Pippino rege acceperat et s. Kiliano tradiderat, videlicet Nuwenstadt et Hohenburg et cellulas Amerbach, Sluohderin, Murrahart. — ,Quicquid enim locis venerabilibus'.

In basil. s. Salvatoris, oct. a. 20 et 15.

<small>Lib. albus privil. Wirzib., chartul. Wirzib. c. a. 1400, chartul. a. 1571 in arch. Monacensi.

Mon. Boica 31. 19 n° 8 ex tribus chartul. ad 788. — Wirtemb. Urkb. I. 36 n° 35 ex tribus chartul. — Eckhart 1, 707 ex libro albo.</small>

Wizenburgense monasterium.

1. K. privilegium Pippini de mundiburdio confirmat. — ,Notum sit omnibus... quod ego Carolus'.

Padreborna, aug. a. 40 (alias 49).

<small>Cod. Uffenbachensis saec. 18 in bibl. Hannoverana.</small>

Wormatiensis ecclesia.

1. K. cum quo Erembertus Wormatiensis episcopus conquestus est, certas ecclesiae res in silva Odenwalt et in pago Lobedungouve sitas a reipublicae iudicibus ad fiscum revindicari, oblatas sibi Dagoberti et Hilperici et Pippini donationes basilicae s. Petri in civitate Wormacia factas confirmat, simulque eidem basilicae ecclesiam in Edinga villa, terram censualem in Huson villa et decem mansos in Ulvesheim donat. — ,Quicquid sacerdotibus de suis'.

Valentianas, iul. a. 30.

<small>Chartul. Wormat. saec. 12 in arch. Hannoverano.

Schannat Worm. 2, 1 n° 1 ex arch. episc. ad 798. — Böhmer 160 ad 798. — Conf. L. 264*.</small>

NACHTRÄGE UND BERICHTIGUNGEN.

Da mir bisher noch kein vollständiges Exemplar der Migneschen Patrologia latina zugänglich war, hatte ich keine Kenntniss davon dass in verschiedenen Bänden allerlei Karolingerdiplome abgedruckt sind und führte unter den Drucken nur die der Urkunden Karls (UL. § 18 N. 2) an. Nachträglich werde ich auf andere Bände mit Karolingerdiplomen aufmerksam gemacht, die ich ebenso hätte benutzen sollen. Auch jetzt bin ich nicht in der Lage mir sofort alle betreffende Bände zu verschaffen, z. B. nicht Band 103, welcher die Urkunden für Aniane enthalten soll. Aber wenigstens den urkundlichen Inhalt der B. 96 und 104 kann ich jetzt in Kürze angeben. Jener enthält auf Col. 1501—1581 Urkunden von Pippin und Carlomann, dieser auf Col. 979—1308 Urkunden Ludwigs d. F. und auf Col. 1309—1332 dessen epistolae. Es wird für das Aufsuchen dieser Drucke genügen neben die Nummern meiner Regesten die von Migne den einzelnen Stücken vorgesetzten Nummern zu stellen und dabei letztere in Klammern zu fassen.

Migne patr. lat. tom. 96 enthält: P. 1 (10); 3 (11); 6 (12); 8 (14); 9 (15); 10 (5); 11 (16); 12 (6); 13 (17); 14 (19); 15 (21 und 26); 16 (18); 17 (23); 20 (24 und 25); 21 (13 und 20); 22 (27); 24 (34); 25 (32); 26 (9); 28 (36); 29 (37); 30 (38); 31 (39); 32 (8^b); 36 (8^a) — C. 1 (40); 3 (41); 7 (42); 8 (44); 9 (45); 10 (43); 12 (47); 13 (46) — ferner act. spur. s. Maxim. 1 (30); Trevir. 1 (22).

Migne patr. lat. tom. 104 enthält: L. 1 (1); 2 (3); 3 (2); 9 (4); 10 (5); 12 (22); 13 (6); 14 (7); 19 (8); 21 (10); 22 (46); 23 (11); 25 (12); 26 (13); 27 (14); 30 (15); 31 (16); 33 (17); 35 (18); 37 (20); 41 (25); 43 (26); 45 (24); 47 (42); 48 (28); 50 (29); 53 (114); 54 (30); 58 (27); 59 (32); 60 (33); 64 (34); 65 (36); 67 (37); 68 (38); 69 (39); 71 (40); 73 (41); 75 (52); 76 (54); 79 (43); 80 (44); 81 (47); 82 (49); 87 (51); 88 (57); 91 (55); 92 (56); 94 (50); 95 (73); 96 (68); 97 (48 und 69); 98 (70); 100 (58); 101 (62); 102 (53); 106 (63); 107 (74); 108 (64); 109 (65); 110 (66); 111 (67); 115 (71); 117^b (epist. 1); 120 (80); 121 (75); 122 (76); 123 (78); 124 (77); 125 (79); 132 (83); 134 (84); 135 (85); 136 (86); 143 (96); 145 (92); 151 (91); 154 (88); 155 (89); 158 (90); 163 (93); 164 (95); 165 (98); 174 (106); 175 (ep. 2); 178 (100); 179 (101); 180 (102 und 105); 183 (35); 185 (103); 187 (104); 194 (97); 195 (133); 196 (109); 198 (110); 201 (112); 202 (113); 204 (108); 205 (107); 208 (115); 212 (120); 214 (125); 215 (126); 216 (128); 222 (72); 227 (141); 228 (142); 229 (154); 230 (148); 231 (45); 234 (127); 235 (ep. 6); 236 (ep. 7); 240 (134); 241 (124); 242 (129); 244 (132); 249 (137); 250 (138); 252 (135); 254 (144); 256 (140); 257 (143);

258d (ep. 8); 260 (145); 261 (147); 262 (146); 265 (121); 266 (122); 268 (156);
269 (150); 270 (151); 271 (153); 272 (155); 273 (152); 276 (123); 277 (157);
278 (158); 281 (159); 282 (166); 283 (160); 284 (161); 287 (162); 289 (163);
290 (131); 291 (165); 293 (164); 295 (167); 297 (168); 302 (169); 303 (170); 305
(171); 306 (172); 307 (173); 308 (175); 309 (174); 310 (177); 314 (179); 315
(180); 316 (178); 317 (ep. 4); 319 (189); 321 (192); 322 (193); 324 (194); 325
(190); 326 (188); 327 (195 mit zu L. 335 gehöriger Datierung); 328 (196); 329
(ep. 11); 330 (225); 332 (201); 333 (200); 334 (202); 335 (203 mit zu L. 327
gehöriger Datierung); 336 (204); 337 (205); 338 (ep. 12); 340 (218); 343 (206);
344 (198); 345 (213); 346 (211); 347 (216); 349 (221); 350 (209); 351 (230);
353 (217); 357 (215); 358 (228); 359 (224); 361 (229); 362 (ep. 14); 363 (210);
364 (214); 369 (232); 376 (233); 377 (226); 378 (234); 380 (231); 381 (227) —
ferner act. spur. Acut. 1 (116); Buch. 1 (87); Cenom. 3—6 (197, epist. 4, 212,
199); Cum. 1 (82); Fossat. 1 (181); Fuld. 10 (60); Gland. 1 (219); Halb. 1 (9);
Hohenb. 1 (220); Mas. m. 1 (111); s. Max. m. Tr. 3 (21); s. Med. 1 (117);
Miciac. 1 (139); Noval. 2 (23); Novient. 2, 3, 5 (19, 81, 149); Rem. 1 (61); s.
Sulp. m. 1 (99).

Epistolae Carolinae liegen jetzt auch in dem jüngst erschienenen 4. Bande der Bibliotheca rerum Germanicarum (Monumenta Carolina ed. Ph. Jaffé, Berolini 1867) vor; Jaffé hat alle noch bekannte Handschriften benutzt und hat mit ihrer Hülfe die Texte der meisten Stücke wesentlich verbessert. Ich lasse also auch deren Verzeichniss hier folgen: neben die Nummern meiner Regesten setze ich in Klammern die Seitenzahlen und Nummern der Jafféschen Ausgabe und füge auch, soweit sie von den meinigen abweichen, die Jafféschen Datierungen hinzu:

K. 98 (Mon. Carol. 372 n° 18 ad 782 — 800); K. 104 (341 n° 2); K. 109 (369 n° 16 ad 768 — 800); K. 116 (343 n° 3); K. 132 (349 n° 6); K. 145 (352 n° 8); K. 146 (353 n° 9); K. 147 (354 n° 10); K. 148 (357 n° 11); K. 149 (351 n° 7 ad 784 — 796); K. 167 (374 n° 19 ad 784 — 800); K. 171 (371 n° 17); K. 198 (388 n° 25 ad 802 — 810); K. 206 (387 n° 24 ad 802 — 810); K. 212 (391 n° 27 ad 803 — 810); K. 226 (379 n° 21 ad 807, nov. — dieser Datierung stimme ich unbedingt bei); K. 227 (393 n° 29 ad 811 in.); K. 232 (538); K. 239 (exemplar ad Odilbertum: 401 n° 31 ad 809 — 812; exemplar ad Amalarium: 402 n° 32); K. 245 (409 n° 35 ad 809 — 812); K. 246 (415 n° 40); L. 318 (443 n° 5 ad 828 — 829).

Photographische Nachbildungen von den Originalen P. 17. 24. K. 87. 88 und von den in den Regesten verzeichneten Abschriften von P. 7 und K. 224 sind jüngst (Cassel 1867) von Carl Herquet herausgegeben als Specimina diplomatum monasterio Fuldensi a Karolis exhibitorum. Die von Herquet beigefügten Texte enthalten ziemlich viele Lese- oder Druckfehler. Sein Versuch das P. 7 enthaltende Schriftstück wieder für die Urschrift auszugeben, gibt mir keinen Anlass diese Frage wiederholt zu erörtern. Die von Herquet in der Einleitung erwähnten, im 11. Jhdt. angefertigten Verzeichnisse von Fulda ertheilten Diplomen können für die Kritik der einzelnen Stücke nicht massgebend sein.

NACHTRÄGE UND BERICHTIGUNGEN.

Bei einigen Nummern meiner Regesten sind die Sterne zu streichen, zu andern sind Sterne hinzuzufügen. Ich habe nämlich die Anmerkungen weggelassen bei K. 93. 170. 248, habe dagegen nachträglich mit Anmerkungen versehen K. 79. 101. 116. 132. 168. 251; L. 312. 319. Die Anmerkung zu L. 68 steht S. 387.

S. 3 P. 7 auch in Jaffé mon. Moguntina (biblioth. t. 3) 500.

S. 5 P. 16 lies Tardif 638 n° 57 bis.

S. 10 P. 32 auch in Jaffé mon. Mog. 281 n° 115.

S. 14 C. 9 lies Grandidier.... n° 60.

S. 23 K. 27: Ueber die Ueberlieferung der Urkunden von S. Martin de Tours bietet jetzt Mabille (la pancarte noire de S. M. de Tours, Paris 1866 in 8° weitere Aufschlüsse dar, als ich sie S. 235 geben konnte. Die pancarta magna oder nigra dieses Klosters war 1137 angelegt worden: sie enthielt 148 Urkunden aus den J. 674—1131 (1 aus dem 7. Jhdt., 9 aus dem 8., 72 aus dem 9. usw.; darunter 56 königliche Diplome) in sehr genauen und auch die Schlussformeln wiedergebenden Copien, denen zuweilen noch Abbildungen der Chrismen, Monogramme und tironischen Noten beigefügt waren. Schon im 13. Jhdt. wurde eine Abschrift von diesem Chartular angefertigt, welche pancarta alia betitelt wurde; in dieser sind die Texte vielfach verstümmelt und sind namentlich die Schlussformeln häufig ausgelassen worden. Das Originalchartular ist am 17. Nov. 1793 verbrannt worden und auch die Copie ist um diese Zeit verloren gegangen. Der Mehrzahl der französischen Forscher des 17. und 18. Jhdts. und speciell Martène und Baluze stand nur die pancarta alia zur Verfügung. Dagegen hat Duchesne in seinen späteren Jahren und desgleichen hat D. Housseau das Originalcopialbuch benutzen können. Aus den Papieren sämmtlicher älterer Forscher, welche das eine oder andere Chartular ausgebeutet haben, hat nun Mabille mit glänzendem Erfolge die pancarte noire bis auf wenige Stücke reconstruiert. Seine Publication gibt mir daher Anlass einiges zu berichtigen und anderes nachzutragen. Allerdings kann ich über die Diplome, von denen hier zuerst Kunde gegeben wird, noch kein Urtheil fällen, da Mabille nicht den Wortlaut derselben sondern nur ausführliche Analysen derselben veröffentlicht hat. Und indem er sich dabei der französischen Sprache bedient und sogar die Namen modernisiert, kann ich die nachzutragenden Regesten nicht wie die anderen lateinisch abfassen. — Speciell zu K. 27 ist zu bemerken: die Baluzesche Copie soll sich auf ein Original stützen, mit dem die Abschrift der pancarta übereingestimmt habe. Im Regest bei Mabille 77 n° 29 finden sich die anderslautenden Namen Anser, Wabam, Tione; wenn letzteres für Thonale in den bisherigen Drucken stehen soll, so ist es offenbar falsch, denn Val Camonica das hier geschenkt wird beginnt ja am Tonalpass. Peschiera wird in dieser ersten Copie des Chartulars nicht aufgeführt, während eine zweite Copie (Mabille 117 n° 99) auch Piscaria (vgl. meine Bemerkung S. 237) in der Schenkung inbegriffen sein lässt.

S. 27 K. 42: war gleichfalls zweimal in die panc. nigra eingetragen (Mabille 69 n° 18 und 106 n° 79); beide Abschriften hatten die von mir bezeichnete Datierung und unterschieden sich nur dadurch dass die zweite blos 31 Villen aufzählte.

S. 42 K. 90: Mabille 111 n° 89 mit anno 13 et 9 regni nostri.

S. 45 K. 100 auch in Brunetti 2, 257 n° 21.

S. 63 K. 163: es ist zu beachten dass dieses Stück nicht in die p. nigra eingetragen war; woher die Abschriften von D. Housseau, Baluze u. a. stammen, wird von Mabille 152 nicht gesagt.

S. 100 (und 306) L. 56: als bester Druck ist hier nachzutragen der von Vande Putte annales abbatiae s. Petri Blandiniensis (Gandavi 1842 in 4°) 19. Er stützt sich auf eine Vande Putte gehörige Handschrift des 11. Jhdts. (liber censualis s. Petri Gand.), welche in Pertz Archiv 8, 100 beschrieben wird. Die im Regest vorkommenden Namen sind nach diesem Druck zu verbessern in Einhardus, in p. Turnacensi, super fl. Scaldum. Trotz dieser Differenzen scheinen auch die Drucke von Sander und Le Mire unmittelbar oder mittelbar aus derselben Handschrift abgeleitet zu sein.

S. 113 L. 97: zweimal in dem Chartular (Mabille 55 n° 4; 76 n° 27). Nach der zweiten Abschrift (so ja auch im Druck von Baluze) ist die Immunität nicht allein dem Hauptkloster sondern nec non et Cormaricensi coenobio in (so oder ab wird zu lesen sein) rebus s. Martini constructo verliehen. In der ersten Copie dagegen (auf welche der Druck von Martène zurückzuführen sein wird) und in einer angeblich ex autographo stammenden Baluzeschen Abschrift (auf der Pariser Bibliothek, Armoires de B. tom. 76 f° 27) fehlt dieser Zusatz. Es ist sehr wol denkbar dass mehrere Originale dieser Immunität ausgefertigt worden sind und dass diese ursprünglich in diesem Punkte differierten. — Hier würde ich nun vorläufig das zuerst von Mabille 126 n° 113 bekannt gegebene Mandat ohne Datum als L. 97bis einreihen, in welchem Ludwig allen Beamten die Beobachtung der S. Martin bestätigten Immunität anbefiehlt; es muss nach der Immunitätsconfirmation erlassen sein und ist, wenn hier Fridugisus nur Abt heisst, wahrscheinlich vor dem J. 819 geschrieben. Dies Mandat bestätigt die in III. § 66 ausgesprochene Vermuthung.

S. 113 L. 98: wie hier der freie Verkehr zu Lande bewilligt wird, so sichert Ludwig durch eine zweite Urkunde von gleichem Tage (Mabille 69 n° 19) dem Kloster Zollfreiheit für 12 Schiffe auf den Flüssen Loire, Allier, Cher, Mayenne, Sarthe und Loir zu (vgl. Beitr. zur Dipl. 5, 42). Von diesem L. 98bis sah Baluze noch 3 Originale im Archiv von S. Martin.

S. 116 L. 107: die panc. noire (Mabille 67 n° 16) enthielt noch eine weitere Immunitätsurkunde (L. 107bis), die inhaltlich mit L. 97 übereinstimmte, aber datiert war: data kal. iul. sub anno 4 imperii..... actum Aquisgrani palatio publico.

S. 123 L. 132 und 133: Ausführliche Angaben zur Geschichte des Bisthums Maguelone-Montpellier finden sich im 3. Band der Mémoires de la soc. archéol. de Montpellier 101 (Thomas sommaires hist. des anc. archives du diocèse de M.) und 273 (Germain Villeneuve lez Maguelone). Erst aus dem letzteren Aufsatze habe ich ersehen dass das chartul. Magalonense vom J. 1368 (s. Catalogue des cartulaires 226) auch Karolingerdiplome enthält und speciell L. 132 und 133. Jenes Diplom ist nach dem Chartular auch in diesen Mém. 3, 276 abgedruckt. Desgleichen ist ibid. 311 L. 133 seinem ganzen Wortlaute nach und mit derselben Datierung wie L. 132 versehen nach jenem Chartular veröffentlicht.

S. 128 L. 152: Mabille 80 n° 34 gibt nach den zahlreichen Abschriften aus dem alten Chartular in der Datierung an a. 6 imperii.

S. 130 nach L. 157 ist das S. 387 abgedruckte Regest einzuschalten.

S. 132 L. 163 lies 820; ferner ist nach L. 163 zu vermerken: 820, 8 dec. — Aqnisgrani 6 id. dec. a. 7: v. act. deperd. Nonantul.

S. 134 und 385 ist hinzuzufügen dass nach Cecina notizie stor. della città di Volterra (Pisa 1758 in 4°) zu seiner Zeit die immunitas L. noch im Capitelarchiv vorhanden war, und dass sie das Datum trug 6 kal. nov. a. 8 (also 821, 27 oct.).

S. 138 L. 182: ist aus der Reihe der acta L. zu streichen, da, worauf mich Dümmler aufmerksam macht, hier wol nur eine Erklärung der Bischöfe (vgl. LL. 1, 243 § 3) vorliegt.

S. 157 L. 242 lies Wilmans 1, 25 n° 9.

S. 178 L. 304 lies L., ambasciante magistro, vassallo etc.

S. 178 L. 305: Mabillo 70 n° 20 setzt die Urkunde allerdings auch zu 832, gibt aber nach den Abschriften der Chartulare als Jahresbezeichnungen an anno 18 imperii, indictione 10, also 14 November 831, was sich mit dem bisher bekannten Itinerar nicht verträgt.

S. 182 L. 316 lies Wormacia und N. tr. de dipl. pl. 93.

S. 182 L. 317 lies Wilmans 1, 28 n° 10.

S. 182 L. 319 lies Hemlion in Angrariis.

S. 187 L. 335 lies 9 kal. sept.

S. 305 Anmerkung zu L. 50. Nach wiederholter Prüfung der in Betracht kommenden Urkunden muss ich bemerken, dass der von D'Arbois de Jubainville als erster Graf von Troyes bezeichnete Aledramnus doch schon mindestens unter Ludwig d. F., nämlich im J. 837 als Stifter von Montiéramey nachweisbar ist, und dass dieser A., indem er bereits vor 854 gestorben ist, füglich als Zeitgenosse Karls d. G. betrachtet werden kann. Dennoch sind die zwei Mandate um des Titels wegen nicht Karl d. G. zuzuschreiben, und müssen an einen der später vorkommenden Grafen dieses Namens gerichtet sein.

S. 374 a. dep. s. Maur. m. Agann. lies Gremaud in Mémorial de Fribourg 4, 321 ff. (ich selbst habe diese Publication nicht einsehen können).

S. 393 a. spur. Atan. mon.: vgl. Mabille 152 Note.

Zu Theil I. (Urkundenlehre). S. 324. 325. Das eben erscheinende Musée des archives de l'empire, actes importants de l'hist. de France et autographes des hommes célèbres (Paris chez H. Plon 1867 in 4°) enthält auch kleine Schriftproben aus Karolingerdiplomen und unter ihnen die Subscription des Ercanbaldus in K. 151 und die des Adalulfus in L. 255.

Eb. S. 428 Z. 6 von unten ersetze man die Worte: als auch nur die Hälfte der auf uns gekommenen, durch folgende: dass die auf uns gekommenen wenigstens als die Hälfte der einst vorhandenen betrachtet werden könnten.

VERZEICHNISS

der abgekürzt angeführten Werke.[1]

Acta. Pal. Acta academiae Theodoro-Palatinae, tom. 6 hist. Mannhemii 1789. 4°.

Acta ss. Acta sanctorum Bollandistarum. Bruxellis 1643 sequ. fol. Ich habe mich der Gleichmässigkeit wegen beschränkt die betreffenden Tage anzugeben.

Arch. stor. Archivio storico Italiano. Firenze 1842 sequ. 4°. Nach Serien und Bänden citiert.

Baluze capit. Capitularia regum Francorum ed. Steph. Baluzius. 1—2 Parisiis 1677 fol.

Baluze miscell. Miscellanea, hoc est collectio veterum monumentorum. 1—7 Par. 1678—1715. 8°.

Baronius ann. eccles. Annales ecclesiastici. Zuerst Romae 1588—1593 fol. Hier nur nach den Jahren angeführt.

Beitr. zur Dipl. Sickel Beiträge zur Diplomatik 1—5 in Wiener Sitzungsberichten Bd. 36. 39. 47. 49. Wien 1861—1865. 8°.

Bertholet. Histoire ecclésiastique et civile du duché de Luxembourg. 1—2 Lux. 1741—1742. 4°. Die Urk. im Anhang des 2. Theils (preuves) mit besonderer Paginatur.

Besly. Hist. des comtes de Poictou et ducs de Guyenne. Paris 1647. fol. Der etwaige Zusatz préface weist auf den Anhang mit besonderen Seitenzahlen hin.

Beyer. Urkundenbuch zur Gesch. der mittelrheinischen Territorien. 1—2 (in letzterm Regesten von A. Goerz). Coblenz 1860—1865. 8°.

Bibl. de l'École. Bibliothèque de l'École des chartes. Paris 1839 sequ. Nach Serien und Bänden citiert.

---

[1] In der Urkundenlehre und in den Anmerkungen sind alle Werke beim ersten Vorkommen mit vollständigem Titel oder in mindestens erkenntlicher Weise angeführt. Und auch in den Regesten sind diejenigen Bücher, die hier nur ein oder zwei Mal zu citieren waren und auch in der Fortsetzung der Karolingerregesten wahrscheinlich nicht mehr angezogen werden, mit dem vollen Titel angeführt. Somit enthält das Verzeichniss nur die häufiger und deshalb abgekürzt angeführten Werke urkundlichen Inhalts, nöthigenfalls mit Angabe der speciellen Edition und der von mir gewählten Bezeichnnung der Theile und der Seiten.

Böhmer. Regesta chronologico-diplomatica Karolorum. Frankfurt am Main 1833. 4°. Anführung nach den Nummern.
Böhmer cod. Codex dipl. Moenofrancofurtanus. Frankfurt a. M. 1836. 4°.
Bouges. Histoire eccl. et civ. de la ville et diocèse de Carcassonne. Paris 1741. 4°.
Bouillart. Hist. de l'abbaye roy. de S. Germain des Prez. Paris 1724. fol. Citiert nach den Seiten des Anhangs (recueil des pièces justificatives).
Bouquet. Recueil des historiens des Gaules et de la France. 5—9 Paris 1744—1757. fol.
Bourassé. Cartulaire de Cormery (Mémoires de la soc. archéologique de Touraine tom. 12). Tours et Paris 1861. 8°.
Bréquigny. Table chronolog. des diplomes chartes titres et actes imprimés concernant l'hist. de France. 1. Paris 1769. fol. Nur nach den Jahren citiert.
Brunetti. Codice diplomatico Toscano. 1—2. Firenze 1806—1833. 4°.
Büttner. Beiträge zur Geschichte von Franken. 1 2. Ansbach 1813. 8°.
Calmet. Histoire eccl. et civ. de Lorraine. 2° édition 1—2 Nancy 1745—1757. fol. Obgleich in dieser Ausgabe manche Urkunden der ersten Ausgabe (Nancy 1728; nach ihr citieren Bréquigny und Böhmer) unterdrückt sind, verdient sie wegen grösserer Correctheit für die älteren Diplome den Vorzug. Der Anhang des 2. Bandes (preuves) hat besondere Seitenzählung.
Campi. Dell' historia ecclesiastica di Piacenza. 1—3 Piacenza 1652. fol.
Cappelletti. Le chiese d'Italia. 1—16 Venezia 1844—1861. 8°.
Carli. Delle antichità italiche. 1—4 Milano 1790—1795. 4°.
Carpentier. Alphabetum tironianum cum pluribus Ludovici Pii chartis. Lutetiae Parisiorum 1747. fol.
Cartul. de S. Bertin. Cartulaire de l'abbaye de S. B. (Collection des cartul. de France tom. 3) publié par Guérard. Paris 1840. 4°.
Cartul. de Brioude. Liber de honoribus s. Iuliano collatis publ. par l'Académie de Clermont-Ferrand, avec des notes par H. Doniol. Clermont et Paris 1863. 4°.
Cartul. de N. D. de Paris. Cart. de l'église de Notre-Dame de Paris (Collect. tom. 4—7) publ. par Guérard. 1—4 Paris 1850. 4°.
Cartul. de Redon. Cart. de l'abbaye de Redon en Brétagne publ. par A. de Courson. Paris 1863. 4°.
Cartul. de S. Victor. Cart. de l'abbaye de S. V. de Marseille (Collect. tom. 8—9) publ. par Guérard. 1—2 Paris 1857. 4°.
Cartul. de S. Vincent. Cart. de S. V. de Mâcon connu sous le nom de livre enchainé, publ. par Ragut. Mâcon 1864. 4°.
Cartul. de l'Yonne. Cart. général de l'Y. publ. par Quantin. 1—2 Auxerre 1854—1860. 4°. Hie und da von mir nach dem Namen des Herausgebers citiert.
Catel. Mémoires de l'histoire de Languedoc. Tolose 1633. fol.
Cenni. Monumenta dominationis pontificiae. 1—2 Romae 1760. 4°.
Chapeaville. Gesta pontificum Tungrensium Traiectensium et Leodiensium. 1—3 Leodii 1612—1616. 4°.
Charmasse. Cartulaire de l'église d'Autun. Paris et Autun 1865. 4.
Chifflet. Histoire de l'abbaye r. et de la ville de Tournus. Dijon 1664. 4°. Der Anhang (preuves) mit besonderen Seitenzahlen.
Cod. Laur. dipl. Codex Laureshamensis diplomaticus. 1—3 Mannhemii 1768. 4°. Conf. K. 10°.

Cod. trad. s. Galli. Codex traditionum s. Galli. 1645. fol. Conf. K. 76°.
Columbi. Opuscula varia. Lugduni 1668. fol.
Conring. Censura diplomatis quod Ludovico imperatori fert acceptum coenobium Lindaviense. Helmestadii 1672. 4°.
Croll. Origines Bipontinae. 1—2 Biponti 1761 - 1765. 4°.
Crusii ann. Annales Suevici. Francoforti 1595. fol.
D'Achery spicil. Spicilegium sive collectio veterum aliquot scriptorum. 1—13 (1—2 in verbesserter Auflage von 1665) Parisiis 1655—1677. 4°.
D'Achery opp. Guiberti. Guiberti abbatis b. Mariae de Novigento opera edid. L. D'Achery. Lutetiae Parisiorum 1651. fol.
De Rubeis. Monumenta ecclesiae Aquileiensis. Argentinae 1740. fol.
Doublet. Histoire de l'abbaye de S. Denys. Paris 1625. fol.
Dronke. Codex diplomaticus Fuldensis. Cassel 1850. 4°.
Dubois. Historia ecclesiae Parisiensis. 1 - 2 Parisiis 1690. fol.
Duchesne Alculni opera. Alchuvini abbatis opp. studio Andreae Quercetani. Lutetiae Paris. 1617. fol.
Duchesne script. Historiae Francorum scriptores coaetanei. 1 — 5 Lutetiae Paris. 1636—1649. fol.
Dümgé. Regesta Badensia. Carlsruhe 1836. 4°.
Eckhart. Commentarii de rebus Franciae orientalis et episcopatus Wirceburgensis. 1—2 Wirceburgi 1729. fol.
Ehmck. Bremisches Urkundenbuch. Bremen 1863. 4°.
Eichhorn cod. prob. Episcopatus Curiensis. S. Blasii 1797. 4°. Als Anhang codex probationum mit besonderer Paginatur.
Erhard cod. oder **E. reg.** Regesta historiae Westfaliae, accedit codex diplomaticus. Münster 1847. 4°. Die zweite Hälfte (codex) mit neuer Seitenzählung.
España sagrada. Tom. 43: Merino, tratado de la s. iglesia de Gerona. Madrid 1819. 4°.
Facsim. de l'École des chartes. Facsimile-Sammlung zunächst für den Unterricht in jener Schule berechnet und noch jetzt fortgesetzt. Obgleich nun nur einzelne Theile derselben in den Buchhandel gekommen sind, empfahl sich der Hinweis auf diese Sammlung, weil sie doch in Frankreich ziemlich verbreitet ist, und ward mir geradezu zur Pflicht gemacht, da mir die Reproduction einiger Tafeln für die von mir beabsichtigte Facsimile-Sammlung gestattet wurde.
Falckenstein. Codex diplom. antiquitatum Nordgaviensium. Frankfurti et Lipsiae 1723. fol.
Falke. Codex traditionum Corbeiensium. Lipsiae et Guelpherbyti 1752. fol.
Fatteschi. Memorie istorico-diplomatiche riguardanti la serie de' duchi di Spoleto. Camerino 1801. 4°.
Félibien. Histoire de l'abbaye r. de S. Denis. Paris 1706. fol. Anhang (recueil de titres et de pièces choisies) mit besonderer Paginatur.
Flodoardi hist. ed. Sirmond. Flodoardi historiarum eccl. Remensis libri 4 cura I. Sirmondi. Parisiis 1611. 8°. Die neue Ausgabe von Lejeune stand mir nicht zu Gebote.
Forschungen. Forsch. zur deutschen Geschichte herausg. von der hist. Commission bei der k. bayer. Akad. d. Wissenschaften. Göttingen 1862 sequ. 8°.
Freher script. Germanicarum rerum scriptores. Francofurti 1600. fol.

Froben Alcuini opp. Alcuini opera de novo collecta, studio Frobenii. 1—3 Ratisbonae 1777. fol.
Fumagalli cod. dipl. Codice diplomatico s. Ambrosiano. Milano 1805. 4°.
Fürstenberg. Monumenta Paderbornensia. Amstelodami 1672. 4°.
Galletti. Memorie di tre antiche chiese di Rieti. Roma 1765. 8°.
Gallia christiana. 1ª editio: opus Scaevolae et Ludovici Sammarthanorum, primo in lucem editum a P. Abelio et Nicolao Sammarthanis. 1—4 Lutetiae Par. 1656. fol. — 2ª editio: studio Dion. Sammarthani et aliorum. 1—13 Parisiis 1715—1785 fol.; 14—15 (condidit Hauréau) 1859 sequ.
Gariel. Series praesulum Magalonensium. 2ª editio Tolosae 1665. fol.
Gattola. Ad historiam abbatiae Cassinensis accessiones. Venetiis 1734. fol.
Goldast. Collectio constitutionum imperialium. 1—3 Francofurti 1713. fol.
Grandidier. Histoire de l'église de Strasbourg. 1—2 Strasbourg 1776. 4°. Die von mir angegebenen Seitenzahlen beziehen sich auf den Anhang des 2. Bandes (preuves).
Günther. Cod. diplomaticus Rheno-Mosellanus. 1—5 Coblenz 1822. 8°.
Guichenon hist. de Bresse. Hist. de Br. et de Bugey. 1—2 Lyon 1650. fol.
Guillimann. De episc. Argentinensibus liber commentarius. Friburgi 1608. 4°.
I. de Guisia. Histoire de Hainaut de I. d. G. publ. par de Fortia d'Urban. 1—21 Paris 1826—1837. 8°.
Hagn. Urkundenbuch für die Gesch. des Stiftes Kremsmünster. Wien 1852. 8°.
Hansiz. Germania sacra. 1—2 Augustae Vindelicorum 1727. fol.
Heda. Historia episc. Ultraiactensium, notis illustrata ab A. Buchelio. Ultraiecti 1642. fol.
Helwich. Antiquitates Laurishamenses, inter Ioannis script. Moguntin., tom. novus. Francofurti 1727. fol.
Herrgott. Genealogia diplomatica aug. gentis Habsburgicae. 1—3 Viennae 1737 fol.
Hontheim. Historia Treverensis diplomatica. 1—3 Augustae Vindel. 1750. fol.
Hubert. Antiquités historiques de l'église roy. S. Aignan d'Orleans 1661. 4°.
Hund-Gewold. Metropolis Salisburgensis, cum notis Gewoldi. 1—3 Ratisponae 1719. fol.
Iaffé mon. Carol. Monumenta Carolina. Berolini 1867. 8°.
Ioannis. Tabularum litterarumque veterum spicilegium. Francofurti 1724. 8°.
Iuenin. Nouvelle hist. de l'abbaye r. de S. Filibert et de la ville de Tournus. Dijon 1733. 4°.
Khamm. Hierarchia Augustana. 1—4 Augustae 1709. 4°.
Kleimayrn Anhang. Nachrichten vom Zustand der Gegenden und Stadt Iuvavia. Salzburg 1784. fol. Ich citiere nur den diplom. Anhang, der mit besonderer Paginatur versehen ist.
Knauff. Defensio imp. abbatiae s. Salvatoris Prumiensis. 1716. fol.
Kopp pal. crit. Palaeographia critica. 1—4 Mannhemii 1817—1829. 4°.
Kopp Schrifttafeln. Schrifttafeln aus dem Nachlass von Kopp; werden in Wien 1868 erscheinen.
Kremer. Origines Nassoicae. 1—2 Wisbadae 1779. 4°.
Labbe éloges hist. Éloges historiques des rois de France avec l'hist. des chanceliers. Paris 1651. 4°. Auch bezeichnet als 2. Theil des Werkes: l'abrégé royal de l'alliance chronol. de l'hist. sacrée et profane.
Lacomblet. Urkundenbuch für die Geschichte des Niederrheins. Düsseldorf 1840. 4°.

Laguille. Histoire de la province d'Alsace. 1—2 Strasbourg 1727. fol.
Lappenberg. Hamburgisches Urkundenbuch. Hamburg 1842. 4°.
Layettes. L. du trésor des chartes publ. par Teulet. Paris 1863. 4°.
Le Cointe. Annales ecclesiastici Francorum. tom. 5—8 Parisiis 1673—1683 fol.
Le Glay. Chronique d'Arras et de Cambrai par Balderic. Paris 1834. 8°.
Le Laboureur. Mazures de l'abbaye de l'Isle-Barbe. 1—2 Paris 1681. 4°.
Le Mire. Opera diplom. et historica, 2ª editio curante Foppens. 1—4 Bruxellis 1723. fol.
Leuckfeld. Antiquitates Poeldenses. Wolfenbüttel 1707. 4°.
Lobineau. Histoire de Brétagne. 1—2 Paris 1705—1707. fol.
Lünig. Teutsches Reichsarchiv. 1—24. Leipzig 1713 sequ. fol. Aus Versehen ist einige Mal nach der besonderen Abtheilung: spicil. ecclesiasticum 1—7, welche in der Gesammtreihe die Bände 15—21 bildet, citiert worden.
Mabillon acta ss. Acta sanctorum ordinis s. Benedicti. 2ª editio: Venetiis 1733—1740. fol.
Mabillon analecta. Vetera analecta seu collectio veterum aliquot operum. 2ª editio: Parisiis 1723. fol.
Mabillon ann. Annales ordinis s. Benedicti. 1—6 Lutetiae Paris. 1703 sequ. fol.
Mabillon dipl. De re diplomatica. 2ª editio: Lutetiae Paris. 1709. fol.
Mabillon museum ital. Museum italicum seu collectio veterum scriptorum ex bibliothecis italicis. 1—2 Lutetiae Paris. 1724. 4°.
Madrisio. S. Paulini patr. Aquil. opera collegit M. Venetiis 1737. fol.
Mahul. Cartulaire et archives de l'anc. diocèse et de l'arrondissement de Carcassonne. 1—3 Paris 1857—1861. 4°.
Mansi. S. conciliorum nova et amplissima collectio. 1—30 Florentiae 1759 sequ. fol.
Marca. Marca hispanica sive limes hispanica. Parisiis 1688. fol.
Margarini. Bullarium Casinense. 1—2 Venetiis 1650. fol.
Marini. I papiri diplomatici. Roma 1805. fol.
Marrier et Duchesne. Bibliotheca Cluniacensis collegerunt D. M. Marrier et A. Quercetanus. Lutetiae Paris. 1614. fol.
Martène ampl. coll. Martène et Durand veterum scriptorum et monumentorum amplissima collectio. 1—9 Parisiis 1724—1733. fol.
Martène thes. anecd. Martène et Durand thesaurus novus anecdotorum. 1—5 Lutetiae Paris. 1717. fol.
Meichelbeck. Historia Frisingensis. 1—4 Augustae Vind. 1724—1729. fol.
Meklenb. Urkb. Meklenburgisches Urkundenbuch. Schwerin 1863. 4°.
Mélanges hist. Mél. historiques ou documents hist. inédits, publ. par Champollion-Figeac. 1—4 Paris 1841—1848. 4°.
Mémoires de la Suisse rom. Mém. et documents publ. par la société d'hist. de la Suisse rom. 1—19 Lausanne 1837—1861. 8°.
Meurisse. Histoire des évesques de l'église de Metz. Metz 1634. fol.
Mieris. Charterboek der Graaven van Holland. 1—4 Leyden 1753. fol.
Migne. B. Caroli M. opera omnia (Patrologiae cursus completus tom. 97. 98). 1—2 Parisiis 1851. 8°. — S. Nachträge S. 443.
Möser. Osnabrückische Geschichte. 3. Aufl.: 1—10 Berlin 1843. 8°.
Mohr. Codex diplom. ad historiam Raeticam. Cur 1848. 8°.
Monsnyer. Celeberrimae s. Martini Turon. ecclesiae iura propugnata. Parisiis 1863. 8°.

Mon. Boica. Monumenta Boica. 1—37. Monachii 1763 sequ. 4°.
Mon. G. h. Monumenta Germaniae historica. 1—17 Hannoverae 1826—1861. fol.
Die Legesbände habe ich besonders bezeichnet: Pertz LL.
Mon. hist. patriae. Historiae patriae monumenta, chartarum tom. 1 Augustae Taurinorum. 1836. fol.
Morice. Mémoires pour servir de preuves à l'hist. de Brétagne. 1—3 Paris 1742. fol.
Münster. Cosmographey das ist Beschreibung aller Länder. Basel s. a. fol.
Muratori antiqu. Antiquitates italicae medii aevi. 1—6 Mediolani 1738—1742. fol.
Muratori script. Rerum italicarum scriptores. 1—28 Mediolani 1723—1751. fol.
Mutte, Mémoires pour M. l'archév. de Cambray. Paris 1772. 4°.
Neugart. Codex diplom. Alemanniae et Burgundiae transiuranae. 1—2 S. Blasii 1791. 4°.
Notizenblatt. Beilage zum Archiv für Kunde österr. Geschichtsquellen. 1—9 Wien 1851—1859. 8°.
Nouv. traité de dipl. Nouveau traité de diplomatique par deux Religieux Bénédictins de la congrég. de S. Maur. 1—6 Paris 1750—1765. 4°.
Odorici. Storie Bresciane. 1—9 Brescia 1854 sequ. 8°.
Oesterr. Archiv. Archiv für Kunde österreichischer Geschichtsquellen. 1—35 Wien 1848 sequ. 8°.
Origines Guelf. Origines Guelficae ex schedis Leibnitii, Eccardi et Gruberi edid. Scheidius. 1—5 Hannoverae 1750—1780. fol.
Perard. Receuil de plusieurs pièces curieuses servant à l'hist. de Bourgogne. Paris 1664. fol.
Pertz LL. Monum. Germaniae histor. tom. 3 et 4.
Pez thes. anecd. Thesaurus anecdotorum novissimus. 1—6 Augustae Vindel. 1721—1729. fol.
Plancher. Histoire générale et particulière de Bourgogne. 1—4 Dijon 1739—1748. fol. Anhang (preuves) mit besonderer Paginatur.
Quix. Geschichte der Stadt Aachen. Aachen 1840. 4°. Dazu Codex dipl. Aquensis mit besonderer Seitenzählung.
Rassler. Vindicatio contra vindicias historicas Tentzelii. Campidonae 1711. fol. Die Mehrzahl der Urkunden steht in dem Anhang (R. app.), der neue Seitenzählung hat.
Rédet documents. Documents pour l'histoire de S. Hilaire de Poitiers (Mémoires de la soc. des antiquaires de l'Ouest année 1847). Poitiers 1848. 8°.
Rédet tables. Tables des manuscrits de D. Fonteneau conservés à la biblioth. de Poitiers. 1—2 Poitiers 1839—1855. 8°.
Rehtmeyer. Braunschweig - Lüneburgische Chronica. 1—3 Braunschweig 1722. fol.
Remling. Urkundenbuch zur Gesch. der Bischöfe zu Speyer. Mainz 1852. 8°.
Rettenpacher. Annales monasterii Cremifanensis. Salisburgi 1677. fol.
Ried. Codex chronologico-diplomat. episcopatus Ratisbonensis. 1—2 Ratisbonae 1816, 4°.
Rosières. Stemmatum Lotharingiae ac Barri ducum libri 7. Parisius 1580. fol.
Rozière. Recueil général des formules. 1—2 Paris 1859. 8°.
Saint-Julien. De l'origine des Bourgongnons. Paris 1581. fol.

Sanclementi. Series critico-chronolog. episcoporum Cremonensium. Cremonae 1814. 4°.
Sandhoff. Antistitum Osnabrugensis ecclesiae res gestae. Monasterii 1785. 8°. Anhang mit besonderer Paginatur.
Schannat dioec. Dioecesis Fuldensis cum annexa sua hierarchia. Francofurti 1727. fol.
Schannat hist. Historia Fuldensis. Francofurti 1729. fol. Pars 2 (codex probationum) mit neuer Seitenzählung.
Schannat trad. Corpus traditionum Fuldensium. Lipsiae 1724. fol.
Schannat vind. Vindiciae quorumdam archivi Fuldensis diplomatum. Francofurti 1728. fol.
Schannat Worm. Historia episcopatus Wormatiensis. 1—2 Francofurti 1734. fol.
Schaten. Annales Paderbornenses. 1—2 Neuhusii 1693. fol.
Schaten Westf. Historia Westfaliae. Neuhusii 1690. fol.
Schöpflin. Alsatia diplomatica. 1—2 Mannhemii 1772—1775. fol.
Schöttgen et Kreysig. Diplomataria et scriptores historiae Germanicae. 1—3 Altenburg 1753. fol.
Schütz. Corpus historiae Brandenburgicae diplomaticum. Schwabach s. a. fol.
Seibertz. Urkundenbuch zur Landes- und Rechtsgeschichte Westfalens. 1—2 Arnsberg 1839. 8°.
Silvestre. Paléographie universelle. 1—4 Paris 1839—1841. fol. max.
Sirmond conc. Galliae. Concilia antiqua Galliae. 1—3 Lutetiae Paris. 1629. fol.
Stangefol. Annales circuli Westphalici. 1—2 Coloniae 1640—1656. 4°.
Tabouillot. Histoire de Metz par des Relig. Bénédictins de la congrég. de S. Vanne. 1—4 Metz 1769—1781. 4°.
Tardif. Monuments historiques. Paris 1863. 4°.
Tatti. Degli annali sacri della città di Como. Como 1663. 4°.
Tentzel app. Historicae vindiciae pro H. Conringi censura. Lindaugiae 1702. fol. Appendix mit besonderer Paginatur.
Tiraboschi Modena. Memorie storiche Modenesi. 1—3 Modena 1793—1794. 4°. Cod. diplom. im Anhang mit neuer Seitenzählung.
Tiraboschi Nonantola. Storia della badia di S. Silvestro di Nonantola. 1—2 Modena 1784—1785. fol.
Tosti. Storia della badia di Monte-Cassino. 1—3 Napoli 1842. 8°.
Trouillat. Monuments de l'histoire de l'ancien évêché de Bâle. 1—4 Porrentruy 1852—1861. 8°.
Ughelli. Italia sacra. 2ᵃ edit. cura N. Coleti. 1—10 Venetiis 1717—1722. fol.
Urkb. ob der Enns. Urkundenbuch des Landes ob der Enns. 1—3 Linz 1852—1862. 8°.
Ussermann cod. prob. Episcopatus Wirceburgensis. S. Blasii 1794. 4°. Die Citate beziehen sich auf den Anhang.
Vaissete. V. et Claude de Vic histoire générale de Languedoc. 1—5 Paris 1730—1745. fol. Anhang (preuves) mit besonderer Paginatur.
Verci. Storia della marca Trevigiana. 1—20 Venezia 1786—1791. 8°.
Wailly. Éléments de paléographie. 1—2 Paris 1838. 4°. Die Schrifttafeln befinden sich im 2. Theile.
Wartmann. Urkundenbuch der Abtei S. Gallen. 1—2 Zürich 1863—1866. 4°.

Wenck Hessische Landesgeschichte. 1 — 3 Darmstadt und Giessen 1783 — 1803. 4°.
Wiener S. B. Sitzungsberichte der phil.-hist. Classe der k. Akademie der Wissenschaften. 1—30 Wien 1848 sequ. 8°.
Wigand Archiv. Archiv für Geschichte und Alterthumskunde Westphalens. 1—7 Hamm und Lemgo 1826 — 1838. 8°.
Wilmans. Die Kaiserurkunden der Provinz Westfalen. Münster 1867. 8°.
Wirtemb. Urkb. Wirtemb. Urkundenbuch. 1 Stuttgart 1849. 4°.
Würdtwein subs. Nova subsidia diplomatica. 1 — 14 Heidelbergae 1781 — 1792. 8°.
Zacharia. Cremonensium episcoporum series a F. Ughellio contexta nunc a F. A. Zach. restituta. Mediolani 1749. 4°.
Zapf. Monumenta anecdota historiae Germaniae. Augustae Vindel. 1785. 4°.
Zyllesius. Defensio abbatiae imp. s. Maximini. Treviris 1638. fol.

REGISTER.

Abaciacum v. L. 141.
Abbo a. Novalic. C. 11. K. 21. 249.
   S. 425.
Abbo c. L. 282. 297.
Abbo L. 1.
Accola culta S. 363.
Abdirhaman rex L. 318.
Abenheim L. 141.
Abolas L. 318.
Abraham Hebraeus L. 226.
Achynebach K. 60.
Achiniagas K. 71.
Acutianum m. K. 43. 95. 117. 131. 187.
   L. 64. 155. 156. S. 359. 391; Farfa
   oder Monte S. Maria bei Fara, Kir-
   chenstaat, Rieti.
Adalardus, Adalbardus, Adelhardus a.
   Corbei. L. 46. 201. 202. 237. 238.
   242. 317.
Adalaardus, Adalardus, Adalahardus
   sinisc. L. 292. 348. 360. 361. 370—
   372. 375.
Adalhardus L. 209.
Adelardus a. Nigell. S. 376.
Adelwardus ep. Ratispon. S. 406.
Adalbertus m. sinisc. L. 101. — A. c.
   m. L. 239. — A. v. L. 304. — A. f.
   L. 323. — A. c. cons. L. 358. — A.
   v. c. pal. S. 418.
Adalbertus de Ruzzolo S. 378.
Adelbertus adv. Augiensis S. 435.
Adaleodus a. s. Amandi L. 180.
Adalfredus ep. P. 20.
Adalgaudus a. Floriac. L. 123. 124.
Adalgisus a. Anisol. L. 14.
Adallahus ep. L. 154.
Adaloch ep. Strasburg. L. 95.
Adalrammus, Adelrammus archid., aep.
   Iuvav. L. 148. 197. 211.
Adalricus, Adelricus d. Alsatiae C. 9.
   K. 225. S. 417; s. Athicus, Ethicus.
Adalricus sive Asig K. 247.
Adalsina ux. Volfaudi K. 13.

Adalungus a. Lauresh. L. 51. 52. 132.
Adalungus L. 210.
Adam a. Gemetic. L. 38.
Addila S. 400.
Adebertus a. Eptern. C. 6. K. 15; s.
   Albertus.
Adelchistus, Adelchisus Adelgisus rex
   K. 57. 82. S. 377.
Adelramnus K. 46.
Ademarus c. K. 241.
Aderaldus K. 46.
Aderulfus P. 16.
Ad-montem alpes K. 26.
Ado adv. mon. s. Dion. K. 86.
Ado forest. L. 186.
Adoinus Langobardus K. 153.
Ad-ponte l K. 144.
Adrapatensis p. K. 160.
Adrianus papa K. 173. S. 395.
Aeckardus f. L. 371.
Aefternacense m. S. 407; s. Epternacum.
Aehardus m. K. 126.
Aequalina for. P. 28; s. Equalina.
Agabertus mon. K. 249.
Aganus L. 206; s. Lambertus.
Agatensis, Agathensis p. L. S. 177. 335.
   S. 361.
Agaunense m. K. 43. S. 374; S. Mau-
   rice, Schweis.
Agbertus cons., ostiarius L. 377.
Agellum K. 67.
Agilfridus ep. Leodiensis S. 373.
Agilgaudus K. 91.
Agilwardus ep. Wirsiburg. K. 210.
Agino ep. Constant. K. 167.
Aginulfus f. L. 294.
Agissericus adv. Corbei. K. 56.
Agiulfus a. Sollemniac. L. 111.
Agmantus v. L. 260.
Agira fl. P. 17.
Agobardus aep. Lugdun. L. 175. 271.
Ailina abb. Argentogel. C. 7.
Aimo K. 57.

Ainhardus a. Blandin. L. 56; s. Einhardus.
Aio c. L. 40.
Aistulfus, Aystulfus, Aystulphus rex L. 86. S. 377. 440; s. Haistulfus.
Alamanni v. L. 106.
Alahesheim v. L. 288.
Alabolvesbah v. L. 370.
Alamannia L. 107. 372. — Alamanniae, Alamanie, Alamannicus, Alamanorum ducatus K. 29. 127. 128. L. 72. 279. 291. 366. 369. S. 383. — Alamannus K. 128.
Albana ux. Warini L. 215.
Albericus ep. Lingon. L. 273. 322.
Albericus c. K. 75. S. 415.
Albertus a. Epternac. P. 34; s. Adebertus.
Albensium ep. L. 59.
Albia fl. S. 413.
Albiensis p. L. 131.
Albinsis p. L. 75.
Albigoi p. L. 369;
Albinesbara p. L. 296.
S. Albini m. Andecavense K. 4. S. 360: S. Aubin d'Angers.
Alboinus rex K. 59.
Alboinus a. Anisol. L. 214.
Albinus a. s. Mart. Turon., magister K. 158. 162. 163. 197. L. 152; s. Alchuinus.
Albinus a. S. 434.
S. Albini cella L. 307.
Albricus rector elect. eccl. Traiect. K. 62.
Albricus actor L. 250.
Albricus L. 392.
Albulfi v. pal. reg. L. 328: Albisheim bei Worms, Hessen.
Alchuinus a. s. Mart. Turon. K. 166. S. 364; s. Albinus.
Alchmona, Alchmona fl. L. 203. 298.
Aldaricus L. 209.
Aldigart S. 424.
Aldradus adv. Corbei. K. 56.
Altrepio cella P. 20.
Aldricicella L. 369.
Aldricus a. L. 180.
Aldricus aep. Senon. L. 302. 337.
Aldricus ep. Cenomann. L. 307 – 9. 329. 344—346. 350. 352. 357—359. 363. 364. 377. 381. S. 397. 398.
Aldricus L. 361.
Aledrannus c. S. 359.
Alegrerus a. m. s. Germ. Autissiod. L. 81.
Alera fl. S. 439.
Alethensis eccl. L. 82. S. 360.
Alexussa fl. L. 61.
Alianum m. S. 391: Civitella d'Agliano? Kirchenstaat, Viterbo.
Alningae K. 54.
Alpadus K. 126.

Alpaidis K. 118.
Alsacensis, Alsacinsis ducatus L. 91. 92. — Alsacensis, Alsaciensis, Alsacinsis, Alsecensis, Alisacensis p. P. 15. 21. 31. C. 9. K. 8. 30. 40. 225. L. 12). 196. 245. 256. 291. 301. S. 404; s. Helisacensis.
Alsbanius p. L. 294; s. Hasbaniensis p.
Alsensis p. K. 41. L. 89.
Altacha, Altaha K. 234. L. 169. S. 374: Altaich an Donau, Baiern.
Altbertus mon. Farfensis K. 131.
Altgawe p. K. 182.
Altheim v. S. 412.
Altmule fl. S. 412; s. Alchmona.
Altpertus a. Farf. K. 117.
Altportus K. 71.
Altrepio cella P. 20.
Altstedi S. 415.
Aluwini mons L. 234.
Alvernicus ducatus L. 215.
Amadeus c., v. L. 227.
Amalarius, Amalharius ep. Trevir. K. 239. 245. 246.
Amalarius ep. L. 235.
Amalgarius d. L. 273.
Amalricus c. K. 240.
Amalungus Saxo K. 235.
S. Amandi m. L. 180. S. 360: S. Amand, Dép. Nord.
Ambianensis p. P. 33. K. 3. 180. L. 46. 237.
S. Ambrosius K. 125.
Amerbach cella S. 442.
Amiadus mons, Amiata m. L. 102. S. 383.
Amico a. Morbac. K. 40.
Amingus L. 171.
Amiternum L. 284.
Ammeri silva L. 143.
Ammonicus Iudaeus L. 225.
Anadopa v. L. 312.
Anastasia abb. m. Trevir. ad horreum dicti S. 437.
S. Anastasii m. ad Aquam-salviam S. 391: S Anastasio delle tre fontane oder Abbadia d. t. f. südlich von Rom.
Andecavi, Andegavi civ., pal. L. 125. 126. S. 375. 392; Angers, Dép. Maine et Loire. — Andegavensis urbs L. 100. 261. — Andicavinum suburbium L. 387. — Andecavus fiscus S. 379. — Andecavus, Andegavus, Andegavensis p. K. 150. L. 253. 336. S. 368. 369. 409.
Andegavense m. S. 360; S. Aubin d' Angers.
Andegavensis eccl. s. Mauritii S. 375.
Andegavensis ep. K. 6; s. Mauriolus.
Andlacum K. 5: Angeac, Dép. Charente, Arr. Cognac.

Ando a. Stabul. L. 250.
Andreas ep. Senensis K. 173.
S. Andreae et s. Iacobo dicata sedes L 228; s. Burdigal. eccl.
S. Andreae eccl. L. 282.
S. Andreae cellula sive m. Viennense superius L. 45.
S. Andreae m. Vienn. subterius L. 281.
S. Andreae m. in territ. Helenensi L. 230; S. André am Tech, Dép. Pyrénées Orientales.
Angalramnus, Angilramnus, Angilrannus ep., aep. Mettensis, capell. pal. K. 36. 63. 97. 118.
Angaranheim v. L. 190.
Angelgiagas K. 71.
Angelia Ingilberti avia L. 239.
S. Angeli m. Reatinum S. 359.
Anghilbertus, Angilbertus a. Centul. K. 147. 152; s. Homerus.
Angilbertus m. K. 112.
Angilhelmus ep. Autissiodor. L. 146.
Angrarii L. 319.
Angrisgowe p. K. 126.
Aniana, Anianense, Anianum m., Anianus l K. 115. 159. L. 6—8. 49. 55. 131. 147. 153. 161. 175—177. 181. 331. 354. 355. S. 360; Aniane, Dép. Hérault.
Anianus s. m. s. Ioh. in Extorio K. 143.
S. Aniani m. Aurelian. K. 168. L. 118. 119. S. 360; S. Aignan d'Orléans.
S. Aniani m. in Vernodubrus v. L. 244; S. Chinian, Dép. Hérault, Arr. S. Pons.
Anisola, Anisolense m., L P. 3. 18. K. 22. L. 14. 214. 364. S. 361. 398; Anille oder S. Calais, Dép. Sarthe; s. mon. s. Carilefi.
Anno a. K. 84.
Ansa K. 27.
Ansaldus ep. Pictav. L. L
S. Ansani m. K. 173.
Ansegisus a. (Fontanellensis?) L. 156.
Anselmus a. Nonantul. K. 59. 77. 153. 174. S. 377. 425. 433.
Anselmus, Anshelmus c. pal. K. 46. 56.
Ansemundus L. 281.
Ansfridus a. Nonantul. L. 233.
Ansgarius aep. Hammaburg. S. 414.
Ansidonia civ. S. 391.
Ansilberga abb. m. Salvatoris Brixiensis S. 359.
Ansilda K. 57.
Anslenbana L. 281.
Anstrudis sanctim. L. 21.
Ansulfisheim P. 31.
Antoniacum v. L. 152.
Antoniacum v. L. 260.
S. Antonini m. L. 126. S. 361. 392; S. Antonin en Rovergne, Dép. Tarn et Garonne, Arr. Montauban.

S. Antonini eccl. K. 214; s. Placentina eccl.
S. Anthymi, s. Anthemii m. L. 37 S. ?; S. Antimo, jetzt S. Stefano in Vl d'Orcia, Toscana, Siena.
Anutium curtis S. 403.
Aotingae v. L. 93.
Aphternacum m. L. 138; s. Epternacum
Apinianica K. 111.
Apinianicum S. 360.
Aplast fisc. K. 48.
Apollenaris ep. Regiensis K. 81. S. 433.
Apollinaris a. m. s. Anthymi L. 37.
Apollinaris a. Flaviniac. L. 89.
Appha p. S. 383.
Apponiacus v. K. 168.
S. Apri m. S. 361: S. Evre de Toul.
Apostolorum omnium m. K. 59. L. s. Nonantola.
Apostolorum principum m. K. 249; s. Novalic. mon.
Aptannacum v. L. 215.
Aqua-salvia S. 391; s. S. Anastasii mon.
Aquae pal., p. publ. p. reg., sedes reg. K. L. 2. 63. 121. 150—154. 159. 161. 181. 187. 209. 211. 248. L. 6—8. 116. S. 427. 431: Aachen, Rheinpreussen. —
Aquisgrani pal., p. publ., p. reg. K. 105. 144. 214. 215. 222. 224. 231. 234—236. 241. 247. L. 5. 9. 10. 12. —15. 17—22. 25 — 30. 32—37. 41 —60. 66—89. 91—99. 106--111. 113. 115. 121. 122. 130—132. 134—137. 143 — 148. 150 — 156. 164. 165. 168. 174. 176—179. 212—215. 221. 233. 234. 237. 240. 241. 249. 251 —257. 260—262. 277—279. 281—283. 294—296. 319. 320. 334. 337. 340. —347. 349. 354—359. S. 377. 385. 398. 405. 409. 412—414. 417. 421. 423—425. 427. 437. 440. — Aquisgranensis bas. S. 392. — Aquisgr. capitulare K. 176. 178. 183. 211. 216. 220. 229. 230. 242. L. 112. 149. 218. 258.
Aquitania P. 26. K. 90. 123. 165. L. 97. 98. 198. 308. 309. 354. S. 385.
Aquileia, Aquilegia, Aquileiensis civ. eccl. K. 133. 134. 231. 236. L. 18. 272. S. 361. 392. 434.
Aquotis fl. L. 131.
Araur fl. L. 2.
Arausicum territorium L. 9.
Arausiensis, Arausionis p. L. 147. 177. 355.
S. archangeli Michaelis eccl. K. 25.
Ardenna, Arduenna, Ardennensis silva vasta, Ardinnis terminus P. 20. C. 18. L. 23. 164. 185. 373. S. 379; s. Harduenna.
Ardon plebicula L. 353.
Aredius manc. L. 261.

Aregava p. S. 376.
Arelatensis civ. L. 147. 153. 177. 355. — A. p. L. 212. — A. aep. s. Noto.
Arestalium, Aristalium, Aristallium, Aristellium pal. publ., pal. reg. P. 3. K. 6. 64. L. 205. 285; s. Haristallium.
Aretina, Arretinensis eccl. K. 100. 173. S. 361. — Arretinus ep. S. 432.
Argemirus ep. Magalon. L. 132. 133.
Argentoduplex S. 363.
Argentogelense, Argentogilum, Argentoialum m P. 28. C. 7. L. 266; Argenteuil, Dép. Seine et Oise.
Argenteus ager L. 212.
Argentoratensis eccl. S. 435; s. Strasburg. eccl. — Argentinensis ep. S. 435; s. Etto.
Argubium l. K. 152.
Ariaca c. L. 106.
Aribertus ep. Arretinensis K. 100. 173.
Arimbertus S. 392.
Arnaldus c. L. 181.
Arnaldus presb. K. 14.
Arno ep., aep. Salzburg. K. 129. 231. L. 61. 77. 78. 117. 148.
Arnolfesowa m. S.436: Rheininsel unterhalb Strassburg.
Arnulfus a. Deensis L. 134.
Arnulfus a. K. 302.
S. Arnulfus K. 99.
Arrins seu Axymus S. 361.
Arsatius spatarius Byzant. K. 227.
Arulas, eccl. s. Petri in A. L. 158; Arles sur Tech, Dép. Pyrenées Orientales.
Arverni civ. publ. S. 420: Clermont, Dép. Pui de Dôme. — Arvernicus p. L. 125.
Asbannisae p. L. 285; s. Alsbanius.
Asculana eccl. S. 393: Ascoli am Tronto, Mittelitalien.
Asenbus L. 190.
Asig K. 247.
Asinarius a. Novalic. C. 5. 11.
Askeringen L. 61.
Asoarius m. K. 126.
Asoarius, Asuarius, Asuerus a. Prum. P. 20. 22. K. 52. 53. 126. 150. S. 379.
Asogradus l. K. 158.
Asperia, Asperi vallis L. 36. 158.
Assaricus a. m. s. Genesii S. 369.
Assia l. L. 356.
Assisinate territorium S. 377.
Astanetum silva L. 250.
Astensis civ. S. 393.
Atacis fl. L. 23.
Atanense m. S. 343; S. Yrieix la Perche, Dép. Haute Vienne.
Athicus, Atticus d. C. 9. K. 225; s. Adalricus.
Athilhardus aep. Cantuariensis K. 143.
Ato diac., a. mon. s. Hilarii L. 1.

Atoariense confinium L. 348.
Attala a. m. s. Mariae super Orbionem L. 25. 26.
Attiniacum, Atiniagum pal. publ., p. reg. P. 7. 13. 17. C. 3. 4. L. 182—184. 323 — 325. 380: Attigny, Dép. Ardennes.
Atto c. L. 142. 286.
Atto ep. Frising. L. 93; s. Hatto.
Audacher rector Cormaric. mon. L. 351.
Audaldovillare P. 31. K. 30.
Audegarius v. C. 12. K. 33.
S. Audemarus L. 59. 268. 334; s. Sithiu.
Audinus manc. L. 137.
Audoaldus a. m. Amiat. L. 102.
Audoenus ep. S. 420.
S. Audoeni cella L. 307.
Audolfus c. K. 210.
Audriaca v. K. 3. L. 238: Orville, Dép. Pas de Calais, Arr. d'Arras.
Audulfus adv. S. 359.
Aufoldus l. C. 3.
Augense, Augiense m. L. 263bis S. 435: Reichenau, im Bodensee, Baden; s. Sindleozesauva.
Augustana eccl. S. 362: Augsburg, Baiern.
Augustgoi, Augustgowe, Augustkeowi p. L. 279. 296. 369.
Augustodunensis, Augustudun. urbs, eccl., p. L. 62. 379. S. 362: Autun, Dép. Côte d'Or.
Aulinge superior p. L. 380.
Auraria l. L. 355.
Aureliani, Aurelianum, Aurelianensis, Aurelianorum urbs, civ., civ. publ., p. P. 24. 25. K. 168. 179. L. 123. 124. 167. S. 372. 407: Orléans, Dép. Loiret.
Aurelianensis eccl. L. 22. 118. 119. 241. S. 362. — Aurel. ep. L. 335. S. 408. 423. — Aurelianense m. s. Aniani S. 360.
Ausciensis p. L. 106.
S. Ausone d'Angoulême S. 366: Dép. Charente.
Austerbertus a. m. s. Zenonis L. 68.
Austria K. 90. 166. L. 97. 98. — A. Mosellanica S. 437. — Austrasiorum p K. 91.
Austrulphus a. Fontanell. S. 367.
Autbertus c. K. 108.
Authpertus a. m. s. Vinc. Volturn. S. 440.
Autgansisova v. K. 210.
Autgarius K. 156.
Autisioderensis, Autissiodorensis urbs L. 146. 223: Auxerre, Dép. Yonne. — Autissiodorensium suburbium L. 333.
Autissiodorense m. s. Germani L. 81. 339. S. 369.
Antissiodorense m. s. Iuliani S. 372.
Autlandus a. s. Martini Turon. K. 42.

Autlandus a. m. Sithiu K. 161.
Autmondistat, Autmundisstat P. 24. K. 17.
Autulfus c. L. 387.
Avalensis p. S. 369.
Avari K. 236. — Avaria K. 132. 234. — Avarorum provincia L. 200.
Avario fl. S. 361.
Avenionensis p. L. 147. 177.
Axsus, s. cell. s. Petri de Axso.
Aziriaca v. L. 348.

Badanachgaowi, Badanagavi p. L. 150. 356.
Baderadus ep. Paderbrunn. L. 178. 317.
Bagerna v. L. 162.
Bagnilae L. 367.
Baignes, S. Étienne de B. S. 366.
Bain l., plebs L. 324. 353.
Baioaria L. 217. — Baioariae ducatus K. 120. — Baioariorum d. K. 234. — Baieariorum d. K. 130. — B. lex K. 191. — Baioaricum capitulare K. 192.
Baisonensis, Bansionensis p. S. 379. 380.
Balberianum casale K. 57.
Baldenus mon. Caroffensis L. 229.
Baldobertus a. Murbac. P. 21.
Balgiacus S. 372.
Ballantis curtis K. 57.
Balmeta cell. L. 11.
Balthechildis reg. P. 33. K. 3.
Balvenses fines K. 112.
Baniolae l. L. 183; Bañolas, Spanien, Cataluña, Prov. Gerona.
Banzlegbus c., Saxoniae marchio L. 357.
Baovulfus, Baugulfus a. Fuld. K. 87. 88. 94. 116. S. 411.
Barbara insula L. 66. S. 372: Abb. de l'Île-Barbe, Dép. Rhône.
Barbertus v. L. 227.
Barchinona, Barchinonensis p. K. 144. L. 79.
Bardinisca vallis S. 377.
Bargilli v. L. 356.
Barisiacum fisc., cell. L. 180. 278: Barisis, Dép. Aisne.
Barrensis p. L. 209.
Basigundecurtis K. 84.
Basinus ep. P. 20.
Batenheim L. 336.
Batericus v. L. 321. S. 379.
Baugolfesmunster S. 411.
Bavo v. L. 359.
S. Bavonis m. Gandense L. 136. S. 362: in Gent, Belgien.
Beatus a. Honaug. K. 24. 44. 56. 64. 85.
Beatus a. Sext. K. 83.
Bebriliacum v. S. 380.
Bechi v. L. 243.
Bedensis p. P. 24. 34. C. 6. K. 15. 157. L. 138. 139.

Bedolense territ. L. 235.
Bedonia fl. L. 134.
Beiss v. L. 214.
Bella Cella L. 131.
Belliroth L. 381.
Beloacensis, Belvacensis p. L. 235. 271.
Belslango centena C. 10.
Benezveld C. 10.
Beltildis ux. Warnarii L. 327.
Benedictus a. s. Ambr. Mediol. K. 125.
Benedictus a. Anian. et End. K. 115. 159. L. 6—8. 49. 55. 131. 161. 164. 181. 331. 347. 354.
Benedictus a. s. Dalmatii L. 63.
Benedictus a. Farf. K. 187. L. 64.
Benedictus a. Fossat. L. 87. 207.
Benedictus a. L. 302.
Benedictus ep. Andegav. L. 100.
Benedictus ep. K. 44.
S. Benedicti m. Arret. K. 100.
S. Benedicti m. Casin. K. 113. S. 335.
S. Benedicti m. Floriac. P. 28. L. 124. 335; Fleuri, S. Benoit sur Loire, Dép. Loiret.
S. Benedicti. m. in hon. s. B. L. 131; s. Bella-Cella.
S. Benedicti corpus K. 113. L. 124. S. 396.
S. Benedicti norma, regula, statuta K. 162. 163. L. 1. 4. 64. 127. 152. 155. 180. 249. 260. 283. 295. 302. 303.
Benedictoburanum m. S. 362: Benediktbeuern, Oberbaiern.
Beneventum, Beneventana civ. K. 110. 111. 113: Benevento, Italien, Neapolit. Provinz. — Beneventanum territorium K. 112. L. 86. 130. 284. S. 380. — Beneventani S. 359.
S. Benigni eccl. L. 227: S. Benigne de Dijon, Dép. Côte d'Or.
Bennit c. K. 235.
Benno K. 236.
Beonradus, Bernerardus aep. Senon., a. Epternac. K. 155—157.
Berana c. K. 241.
Bercilli K. 168.
Berengarius c. L. 216. S. 363.
Berethelmus ep. P. 20.
Berg, Salvatoris m. in B. L. 70. S. 383: Baiern, Donaugau.
Bergomensis eccl. S. 362.
Berhtilda ux. Haboldi L. 61.
Berinscozo v. K. 93.
Beriuzona plebs K. 193.
Bernaldus, Bernoldus ep. Strazburg. L. 196. 287. 289. 290.
Bernaldus L. 256.
Bernardus rex L. 102. 171.
Bernardus ep., aep. Vienn. L. 45. 58. 73. 281. 282.
Bernardus c. L. 385.

REGISTER. 461

Bernardus L. 256.
Bernarius ep. L. 150.
Bernbarius ep. Wormat. L. 17. 18.
Bernowinus aep. Vesontin. L. 166.
Berowelpus ep. Wirciburg. L. 356.
Berswinda, Berswinda ux. Adalrici C. 9. K. 223.
Berta L. 261.
Bertha reg. L. 151; s. Bertrada.
Bertarith Langobardus L. 63.
Berthadus v. L. 330.
Bertinus a. s. Hilarii Pictav. P. 27. S. Bertinus K. 161. L. 268. 334.
Bertoldesbara L. 286.
Bertrada, Berterada reg. P. 4. 19. 20. K. 126. 150. L. 240; s. Bertha.
Bertrandus a. Suricin. L. 106.
Bes v. L. 309.
Betto ep. Lingon. L. 19.
Betto L. 39. 389.
Biberbah S. 410.
Biberesheim v. L. 151.
Biberons K. 82.
Bico, Bigo, Bego L. 1. 87. S. 380. — B. c. L. 31. 88.
Bidobricum fisc. L. 151.
Bielaha fl. K. 234.
Bilechildis ux. Rorigonis S. 409.
Binga L. 114.
Bingenheim l. L. 114.
Binushaim K. 127.
Birgisburiae P. 20.
Birmento curtis L. 289.
Bisudunensis p. L. 183.
Biterrae L. 79; — Biterrensis, Biderrensis, Beterensis, Bederensis p. L. 2. S. 177. 181. 355.
Bituriga civ. S. 436. — Bitur. m. s. Sulpicii S. 436: S. Sulpice de Bourges.
Blanciacum pal. K. 8. L. 326: Blagny? s. K. 10*.
Blavia m. L. 228.
Blandinium m. L. 56. S. 362; S. Peter in Gent, Belgien.
Bleicifeld v. L. 190.
Blixentia v. L. 106.
Bobiense m. S. 362; Bobbio am Trebia, Italien, Prov. Genua.
Blesensis, Blisensis p. K. 168. L. 306.
Blisensis p. L. 142.
Bochonia, Boconia, Bokonia, Bocchonia, Buchonia silva, waldus, solitudo, vasta P. 7. K. 32. 48. 49. 65. 67. 87. 88. 93. 107. 235. 247. L. 368. S. 415. 416.
Bodebrium castrum L. 299.
Bodecense m. S. 362; Böddeken bei Wevelsburg, Preussen, Prov. Westfalen.
Bodo v. L. 330.
Bodolesvillare L. 196.

Bodoma, Bodama pal. reg.: L. 369—371. S. 418: Bodmann, Baden, Seekreis; s. Potimiacus fiscus.
Bodonis m. L. 75. S. 362; Bonmoutier in Vogesen.
Boga l. K. 134.
Bonaldus a. Crodat. L. 110.
Bonalla v. L. 358.
Bonitus L. 183.
Bonifacius, Bonifatius, Bonefacius, Bonefatius, s. B. ep., aep., legatus apost. P. 5—7. K. 109. 224. L. 382. S. 367. 411. 441. — S. Bonifacii corpus P. 17. 24. K. 60. 87.
S. Bonifacii, Bonefacii, Bonifatii eccl., mon. K. 32. 50. L. 84. 141. 342. 374. S. 410; s. Fulda.
Bondeno, plebs de B. S. 377.
Bono S. 393.
Bononia in littore maris K. 233: Boulogne sur mer, Dép. Pas de Calais.
Bononiense territ., Bononiensis urbs: K. 153. 174: Bologna, Italien, Emilia.
Boppo c. L. 368. 374.
Boratre p. L. 312
Borbonia baronia S. 392.
Borno ep. Tullensis K. 97. 118. S. 385.
Borriana vallis S. 426.
Borsaha v. L. 368.
Boscus l. L. 336.
Bosegia fl. L. 198.
Boseronti l. L. 332.
Boso a. s. Bened. Aurelian. L. 335.
Boso c. L. 248.
Boso f. L. 243.
Boerellus L. 267.
Bovo K. 236.
Brabant, Brachatensis, Bragbantensis p., Bragbandum K. 71. L. 136. 180. 294. S. 441.
Brancia fl. K. 29.
Brantome S. 366.
Breckera-Wetrida insula K. 156.
Brema, Bremon l., Bremensis eccl. S. 393: Bremen, Norddeutschland.
Breonensis com. L. 295.
Breonerae K. 156.
Bressia S. 372.
Bretiniacum L. 276.
Briosartensis centena S. 368.
Brisigavia p., Brisachgaowe K. 127. 128. L. 372.
Britannia K. 140. L. 127. 387.
Brivatensis com. L. 216.
Brivisula S. 364.
Brixia civ. K. 83. L. 12. 221.
Brixiense m. Salvatoris K. 83. L. 12. 221. S. 359: S. Salvatore di Brescia.
Broc ... pal. K. 14.
Brocmagad, Bruocmagad pal. publ. C. 9. 10; Brumat, Brumpt, Dép. Bas Rhin.

Brogilus L. 309.
Broialus l. L. 350.
Broweroch p. L. 324. 353.
Brugnatense m. S. 363: Brugnetto am Var, Italien, Prov. Genua.
Buccunheim v. L. 205.
Buchau m. S. 395: Buchau am Federsee, Wirtemberg, Donaukreis.
Buciacus fl. L. 158.
Budilium v. K. 71.
Budinisvelt ducatus L. 315.
Bugella curtis L. 243.
Bunus a. Hersfeld. K. 106. L. 157. S. 416.
Buoch v. L. 93.
Burchardus c. L. 114.
Burchardus, Burghardus ep. Wircib. P. 7. S. 441.
Burdegalensis, Burdigalensis eccl., urbs, p. L. 10. 228. S. 363; Bordeaux, Dép. Gironde.
Burg pons L. 143.
Burgheim L. 356.
Burgreni L. 93.
Burgundia K. 90. 166. L. 97. 98.
Bursibant p. L. 360.
Buxariae, Buxeria v. L. 352. S. 419.
Buxiacum cell. S. 372.
Buxitum K. 54.

Cabilonense opp., Cabalaunum civ. pal. reg. K. 70. L. 376: Chalon sur Saône, Dép. Saône et Loire. — Cabilonensis p., Cabilonense confinium L. 332. 348.
Cadmoniacum pal. publ. C. 5*.
Cadola c. L. 40.
Cadoldus L. 298.
Caduppa v. L. 306: Chaource? Dép. Aube, Arr. Bar sur Seine.
Caesaraugusta civ. L. 226.
Calcinatum v. L. 12.
Calda-aqua v. L. 215.
Caldarius fundus K. 153.
Calisamen v. L. 377.
Calmiliense m. S. 363: S. Chaffre oder S. Théofroy de Carmery, Dép. Haute Loire.
Calmons v. S. 384.
Chamberliacum v. L. 261.
Cambo v. L. 306.
Cameracensis eccl., urbs L. 83. S. 363: Cambrai, Dép. Nord. — Cameracensis p. K. 160.
Camliacensis p. L. 162.
Cammingebunderi v. L. 375.
Camnittum v. K. 99.
Camonia vallis K. 27.
Camoriana curtis K. 59.
Campania Remensis S. 364.
Campanianum v. L. 2.

Campidona, Campitona, Cambidona m. L. 57. 279. 286. 296. 313. 320. 361. 369. 376. S. 363. 395: Kempten. Baiern, Schwaben.
Campio a. Insulae Barbarae L. 67.
Cancor K. 10.
Cancrinus K. 18.
Candeverrae v. L. 105.
Canera v. L. 276.
Caniucense territorium L. 389.
Caonas v., Caunense m. K. 143. S. 363: Caunes, Dép. Aude.
Caprariolae S. 364.
Capua civ. K. 110. 111. S. 396: Capoa, Italien, Terra di Lavoro.
Caputspina cellula L. 25.
Carantana, Karantana provincia K. 231. L. 148.
Karanta, Karentona, Carentona fl. K. 169. L. 48. 229.
Carascum P. 20.
Carbonacus v. pal. reg. L. 181: Corbeny, Dép. Aisne, Arr. Laon.
Carcassona L. 79. — Carcassense territ., Carcassonensis p. L. 25. 71. 231. — Carcass. m. s. Hilarii S. 371.
Carentenagus l. L. 108.
S. Carilefi, Carilephi, Charilephi, Karileffi m. P. 3. 18. K. 22. L. 214. 322. 364. S. 397. 398; s. Anisola.
Carilegum pal. publ. K. 43; s. Carisiacum.
Caris fl. L. 259.
Carisiacum, Carisiagum, Cariciacum, Karisiacum v., pal., p. publ., p. reg. K. 21. 34—36. 38—40. 43—45. 86 —88. 90. L. 163. 244. 253. 353. 363—364. S. 359. 380. 384. 395: Quierzy, Dép. Aisne.
Karloburgum L. 189.
Carlomannus, Karlomannus frater Pippini regis P. 5. 7. K. 2. 127. 128.
Carlomannus, Karlomannus, Karolomannus frater Karoli regis P. 20. K. 157. L. 189. 356.
Karlstorff v. S. 415.
Carmarita L. 102.
Carmicensis p. L. 358.
Carnarii l. L. 336.
Carnotensis eccl. s. Mariae P. 28.
Carnotinus p. C. 12. K. 33.
Caroascus p. L. 277.
Karolivenna piscaria L. 96.
Carolus, Karolus maior domus P. 5. K. 2. 97. L. 96. S. 410.
Karolus patruus K. regis K. 113.
Carolus, Karolus Magnus P. 21. L. 1. 2. 5. 6. 8. 9. 14—16. 20—22. 23. 27. 29—31. 33. 36. 38—40. 42. 46 —49. 51—53. 55—57. 62—65. 68. 70—72. 75—77. 81—83. 85. 86. 87.

91. 92. 94. 95. 97. 98. 100. 102. 109.
111. 118. 119. 123. 124. 130. 136.
138. 139. 141. 142. 145. 148. 152.
154. 157. 159. 163. 169. 174. 177.
184. 185. 187—189. 194. 200. 213.
217. 221. 222. 228. 231. 237. 240.
242. 245. 248. 264. 266—268. 274.
284. 287. 293. 296. 305. 308. 316.
325. 340. 345. 349. 355. 356. 369.
382. 392. S. 359. 377. 386. 398.
406. 408. 413. 416. 421. 424—427.
440. 441.
Karolus Calvus L. 279. S. 363. 368. 393.
Karolus S. 396. 423.
Charosvilla P. 20.
Karofus l., Carrofense, Carroffense m.
K. 169. L. 48. 229. 271. S. 363:
Charroux, Dép. Vienne, Arr. Civray.
Casa-nova cell. L. 55. 355.
Casanovala fundus K. 153.
Casinum castrum, m. K. 113. S. 396:
Monte Cassino, Italien, Terra di
Lavoro.
Casleoca, Casloaca cella P. 19. 21.
Cassanogelum pal. L. 3: Casseneuil,
Dép. Lot et Garonne.
Castellanus a. Arulensis L. 138.
Castellionis l., m. K. 13. L. 85. 99.
275; s. K. 13*.
Castellio v. L. 12.
Castra L. S. 177. 355.
Castrapastura L. 2.
Castrum-vetus S. 402.
Castus a. Fischbechensis L. 143.
Catholanensis ep. Hildegrimus S. 413.
Catiacum v. K. 150. S. 379.
Caticantum cell. L. 260.
Catonis v. L. 335.
Caturcinus p. S. 408.
Caturinus p. S. 361.
Caucina K. 209.
Caucinus l. K. 159. L. 355.
Cauciacum m. S. 422.
Cavilla l L. 371.
Cella v. S. 424.
Cello Carboniles L. 42.
Celsiacus v. K. 108.
Keltenstein p. L. 369.
Cenedensium castrum K. 139: Ceneda,
Italien, Lombardei.
Cenomani, Cenomanni civ., urbs K. 22.
L. 307—309: Le Mans, Dép. Sarthe. —
Cenomanica, Cenomannica civ., eccl.
K. 181. L. 13. 309. 330. 344. 345.
350. 352. 357—359. 363. 364. 377.
381. S. 397. 398. — Cenomanicus,
Cenomannicus, Cinomannicus p. P. 1.
3. 18. K. 22. 164. L. 357. 359. 377.
S. 372.
Centellis, castrum de C. S. 401.
Centullus a. s. Polycarpi S. 378.

Centulum m. K. 152: S. Riquier, Dép.
Somme.
Ceolvulfus ep. Sidnacestrensis K. 143.
Cersiacum v. L. 316.
Cervia fisc. S. 437.
Cesareticus fundus K. 153.
Ketzicha L. 384.
Cicer fl. L. 55.
Cicilianum K. 57. S. 361.
Kieminseo m. K. 120: Chiemsee, Ober-
baiern.
Cilcarius vicus L. 37.
Childebertus rex P. 9. 33. C. 1. K. 3.
S. 397.
Childericus rex P. 33. K. 3. L. 24; s.
Hildericus.
S. Kilianus, s. Kyliani, s. Ciliani m.
Wirciburg. K. 210. L. 190. 356. S. 442.
Kilikheim S. 426.
Cilimannus ep. P. 7.
Cimbero v. K. 49.
Cincianum v. L. 181. 355.
Cingla K. 113.
Kyrichpach K. 119.
Cirsiacum pal. reg. L. 335.
Cisolvestat S. 411.
Cispiacum, Cispiachum in Ardenna pal.
L. 23. 24. 185.
Civitas-nova S. 434: Città Leonina in
Rom.
Clamesitis riv. L. 25.
Clavennae com. K. 193.
Clementiniacum K. 4.
Clingenburc S. 411.
Clipiacum pal. publ. K. 85: Clichi la
Garenne. Dép. Seine, Arr. S. Denis.
Chlodoveus, Chlodovius rex P. 25. 31.
K. 3.
Chlotharius, Chlotarius, Clotharius
rex P. 6. S. 25. 33. K. 3; s. Hlo-
tharius, Lotharius.
Cluniacum v. L. 215.
Clusinum territorium L. 102.
Clusae L. 287.
Collogaoe p. K. 210.
Colodonia v. L. 152.
Coloniensis archiepiscopatus S. 394. —
Coloniensis ep. Hildeboldus K. 149.
S. Columbae m. Senonense L. 213. 316.
347. S. 364. 383: S. Colombe de Sens,
Dép. Yonne.
S. Columbani corp. K. 26.
S. Columbani eccl. L. 290.
Columbaria silva fisc. L. 278.
Columbarius fisc. L. 185.
Comaclenses K. 79.
Comaiacae, Comaiagae K. 159. L. 355.
Compendium, Conpendium pal., p. publ.,
p. reg. P. 11. 12. 16. K. 165. L. 101.
102. 160. 161. 206—209. 252. S. 407.
423: Compiègne, Dép. Oise.

Concae l. L. 135: Conques, Dép. Aveyron, Arr. Rodes.
Concordiensis eccl. S. 392. 400: Concordia, Italien, Venetien.
Condatiscense m. s. Eugendi S. 407; S. Claude, Dép. Jura.
Confluens, Confleus m. L. 195. 245; Münster, Dép. Haut Rhin, Arr. Colmar; s. mon. s. Gregorii.
Confluentes super Mosellam L. 204: Coblenz, Rheinpreussen.
Constancia manc. S. 393.
Constantia eccl., urbs K. 76. L. 76. 122. 263ᵇⁱˢ: Constans, Baden. — Constantianensis parochia L. 74. — Constantiensis, Constantinensis ep. S. 418. 435.
Constantius rector Raetiae K. 25.
Constramnus a. s. Dionysii S. 404.
Conwoion a. Roton. L. 324. 353.
Copsistainum K. 127. 128: Kostbain, Rheinhessen.
Corbeia, Corbeiense m., C. m. vetus in pago Ambianensi P. 33. K. 3. 56. L. 46. 242: Corbie, Dép. Somme.
Corbeia, Corbegia, Corbagiense m., Corbeianova m. in partibus Saxoniae L. 201. 202. 242. 314. S. 364. 400: Corvey, Preussen, Prov. Westfalen.
Corbilianus a. Psalmod. S. 432.
Corbiniacum cella S. 408.
Corellus K. 46.
Cormaricus l., cell., m., Cormaricense m. K. 162. 163. L. 3. 152. 283. 351. S. 364: Cormeri, Dép. Indre et Loire.
Ss. Cornelii et Cypriani m. S. 395; s. Buchau.
Corneri v. K. 182.
Ss. Cosmae et Damiani eccl. K. 37.
Cotallus de Crao S. 401.
Cozbertus a. s. Galli L. 165.
Cranheim v. L. 341.
Crassa mon. S. 426; s. Orbionense mon.
Creachesheim, Creicchesheim v. L. 196. 256.
Krecgow centena S. 395.
Chremsa, Cremisa m. K. 130. L. 257. S. 431: Kremsmünster, Oberösterreich.
Cremonensis eccl. S. 364. 401: Cremona, Italien.
Chrilheim L. 61.
Crimaste K. 82.
Crisopolitana eccl. L. 166: Besançon, Dép. Doubs.
Ss. Crispini et Crispiniani corp. S. 427.
Christi, m. Hasereot in hon. Chr. constructum L. 298.
Christi, eccl. in hon. Chr. et s. Hemmeramni constr. K. 138; s. s. Hemmer.
Christi, eccl. Halberstud. in hon. Chr. et s. Stephani constr. S. 413.

Christianus a. mon. s. Germani Autissiod. L. 333.
Christianus ep. Nemaus. L. 27.
S. Christinae m. L. 185. S. 364; s. Olonna.
Chrodardus c. P. 20.
Chrodegangus, Chrodegandus aep. Metensis K. 23. S. 413; s. Rudgangus.
Chrodoinus c. pal. C. 10.
Crovia S. 407.
Cruciniacum pal., pal. reg. L. 374. 375: Kreutznach, Rheinpreussen.
Cruciniacum S. 379.
S. Crucis eccl. Aurelian. L. 22.
S. Crucis m. Pictaviense L. 191. S. 364: S. Croix de Poitiers, Dép. Vienne.
Crudatus l. L. 110: Cruas, Dép. Ardèche, Arr. Privas.
Cuciacum v. L. 380.
S. Cucufati cell. L. 25.
Cucullo curtis S. 364.
Cugium vocatum Cicilianum S. 361.
Chuinegae v. K. 71.
Cumum, Cumana, Comensis eccl. K. 193. S. 364. 403: Como, Italien, Lombardei.
Cumpertus L. 63.
Cunemundus ep. K. 100.
Cunigessunteri, Kuningessunteri p. L. 141. 323.
Cuntella silva S. 407.
Chuonradus c. L. 372.
Curbavilla S. 379.
Curbionis l S. 372.
Curcenatis, Curcionatis fisc., v. L. 354. 355. S. 360.
Curia L. 263ᵇⁱˢ: Chur, Schweiz. — Curiae, Curiensis ep. L. 291. 340. — Curiensis eccl. L. 290. S. 365. — Curiensis p. L. 291. — Curiensis com. S. 408.
Curowalboan, Churowala provincia, Curwallensis p. L. 289. S. 408.
Curtebosane v. K. 22.
Curticella L. 12.
Cusciacus v. L. 351.
Cuttinwano L. 361.

Dado L. 135.
Dagni p. L. 106.
Dagobertus rex P. 8. 16. 33. 35. K. 3. L. 32. 264. 316. S. 442.
Dagulfus L. 246.
Dalforiana v. L. 73.
S. Dalmatii m. Pedonense L. 63. S. 365: Borgo S. Dalmazzo, Italien, Sardinien, Prov. Cuneo.
Daniel a. Cannensis S. 363.
Dannistath K. 47.
Danubius K. 234.
David a. Caroffensis K. 169.
David a. s. Laurentii Narbon. S. 373.
David ep. Beneventanus K. 110.

David Hebraeus L. 225.
Deas l., m., Deense m. L. 134. 378.
  S. 365; Dée, s. L. 134*.
Decorosus medicus K. 131.
Deocarius, Deukarius a. Hasenrid.
  L. 298. 301; s. Teutgarius.
Deodatus a. ss. Emeterii et Genesii
  S. 366.
S. Deodati m. K. 1.
Ders, Dervensis silva, Dervum L. 50.
  249. S. 433. — Ders, Dervense m.
  L. 295. S. 365; Montiérender, Dép.
  Haute Marne.
Dertona S. 423.
Desertinense m. S. 403; Disentis,
  Schweiz, Graubünden.
Desiderius rex K. 112. L. 96. 154. 174.
  S. 377. 385.
S. Desiderii cell. L. 11.
Dethenobach riv. P. 20.
Deusdedit a. s., Germani Autissiodor.
  L. 333. 339. S. 369.
Deusdedit ep. Mutinensis L. 174.
Dinenheim v. K. 94. L. 141.
Dionenheim L. 336.
S. Dionysii, Dionisii, Diunisii, Dyonisii
  basilica, casa, eccl. P. 1. S. 9. 23.
  29. C. 1. 2. K. 1. 39. 66. S. 404. —
  S. D. mon. P. 11. 25. 28—31. C. 4.
  12. K. 33. 37. 38. 45. 46. 86. 127.
  160. L. 29. 30. 32. 96. 160. 162.
  172. 173. 218. 220. 255. 265. 266.
  302. 303. 338. 380. S. 365. 404. 405;
  S. Denis bei Paris. — S. Dion. ab-
  bates P. 16. K. 63. 84. L. 137. 253. —
  S. D, caput L. 302. — S. D. festi-
  vitas, mercatus P. 8. C. 1. K. 51. L. 30.
  31. S. 365. — Ss. D. et Privati casa
  K. 54. — Ss. D., Privatus et Yppo-
  litus K. 30. — Ss. D., Rustici et
  Eleutherii mon. K. 160.
S. Dionisii eccl. in Hagrebertingis K. 29.
Doddo a. m. Bodonis L. 75.
Doddogrecus K. 120.
Dodiniaca v. L. 295.
Dodiniacum L. 173.
Domatus Rabbi L. 224.
Dominica-villa L. 271.
Dominicus L. 248.
Donahgaoe p. L. 70.
Donatus L. 142. S. 380.
S. Donati eccl. K. 100; s. Aretina.
Donobrensis p. L. 215.
Dorcassinus p. S. 372.
Dorduuus fl. L. 135.
Dorestat K. 55. 62. L. 287.
Dotanecurtis L. 389.
Dravus fl. K. 231. L. 78. 148.
Dreise L K. 157.
Drippione pal. reg. K. 13; s. K. 10*.
Droco c. P. 20.

Drogo c. L. 44.
Drogo aep. Mettensis et archicapella-
  nus L. 340. 342. 356. 369. S. 398.
Drungaoe p. K. 130; s. Trungowe.
Dubanus ep. et a. Hohenaug. P. 14. 15.
Dubis fl. L. 67.
Dubragaoe p. K. 210.
Dulcissimus ep. Cenedensis K. 139.
Dulcomensis p. L. 276.
Dulnosus riv. L. 250.
Duminheim v. L. 196.
Dunensis p. L. 306.
Duovendorf v. K. 155.
Dura, Duria pal. publ., p. reg. P. 14.
  K. 29—32. 46—50. 91. S. 404; Düren,
  Rheinpreussen, Bez. Aachen.
Durandus a. s. Aniani L. 244.
Duranus fl. L. 71.
Durgaowe, Durichovia p. L. 76. 107.
  121. 122. 365.
Duringa v. L. 74.
Durocortorum aep. Ebo L. 302.
Duserense m. L. 9. 327. S. 365; Don-
  zerre, Dép. Drôme.
Dutresindus a. Miciacensis L. 43.

Eadalago K. 54.
Ebarcius ep. Pictav. L. 1.
Eberhardus, Ebroardus P. 21. K. 8. 40.
Ebo ep. Remensis, metropolita Duro-
  cortorum L. 222. 302. S. 380; s.
  Hebo.
Ebobiense m. K. 26; s. Bobiense.
Eborea civ. K. 58; Ivrea, Italien, Pie-
  mont.
Eboriacense m. S. 366; s. s. Farae m.
Ebreus a. Medolacensis K. 97.
Ebroinus maiordomus P. 9.
Ebroinus ep. Andegav. S. 360.
Ecchardus, Ekkardus f. L. 379. 383.
Ekhartus c. S. 401.
Edagus fl. K. 82.
Eddo, Etto ep. Strasburg. K. 20. 55;
  s. Etto, Haeddo.
Edinga v. S. 442.
Efinsis p. P. 20.
Egeus praepositus P. 19.
Egido a. s. Hilarii Carcasson. S. 371.
Ehemuotingen L. 61.
Eichesfeld v. L. 150.
Einhardus a. Lauresham. et mon. s. Petri
  Gandensis L. 44. 136.
Eitraha l L. 361.
Elarius fl. L. 259.
Elehenwang l., Elehenwangense m. L. 5.
  203. S. 366; Ellwangen, Wirtemberg,
  Jagstkreis.
Elenensis eccl. L. 343; Elne, Dép. Py-
  rénées Orientales, Arr. Perpignan;
  s. Helenense.

S. Eleutherius K. 160.
S. Eligius L. 111.
Elilandus a. Benedictobur. S. 362.
Elipandus Toletanus metropolita K. 140.
Eliphans a. Melbodiensis S. 375.
Elysachar a. s. Maximini S. 421; s. Helisacar.
Elnonense m. S. 360; s. s. Amandi m.
Elpodorius c. L. 110.
Eman v. S. 376.
Emeritanus populus L. 318.
Ss. Emeterii et Genesii m. S. 366; S. Maria de Amer, Cataluña, Sprengel von Gerona.
Emhilda S. 411.
S. Emmerami eccl. Ratispon. S. 406.
Empuriae L. 79.
Enda, Indense m. L. 164. S. 372; Inden, Rheinpreussen, Bez. Aachen.
Engelheim pal. publ. S. 395; s. Ingelheim.
Engilbertus a. Fossatensis S. 409.
Engilbertus servus L. 74.
Engilrammus aep. K. 120; s. Angalramnus.
Engolismense m. s. Eparchii S. 366; S. Éparche (S. Cybard) d'Angoulême, Dép. Charente.
Engrisgoe p. L. 168.
Enisa fl. L. 34.
Enveri v. L. 335.
Eoban ep. P. 7.
Eodo dux L. 306.
S. Eparchii m. S. 366; s. mon. Engolismense.
Epiphanius a. s. Vincentii Volturn. L. 284.
Eppaonis vicus L. 282.
Epternacum l., m. P. 34. C. 6. K. 15. 155—157. L. 139. S. 366. 407; Echternach, Holland, Luxemburg; s. Aefternacum.
Equalina silva K. 33.
Erbadellicus, Erbadilicus p. L. 134. 167.
Erchambertus L. 389.
Erkenradus ep. Paris. S. 431; s. Herchenradus.
Erkingarius c. L. 196. 256.
Erembertus, Erenbertus ep. Wormat. P. 35. L. 356. S. 442.
Eritgaowa centena L. 372.
Erlafridus c. S. 371.
Erleboldus a. Augensis L. 263bis.
Erlegaldus m. L. 140.
Erlinus c. K. 241.
Erloinus L. 318.
Erloldisvillare marca L. 256.
Erluinus mon. L. 157.
Ermangarius c. K. 241.
Ermenaldus a. Aniacensis L. 331. 354.
Ermenaldus manc. L. 261.

Ermenfridus c. L. 150.
Ermengardis regina L. 355; s. Hermengardis.
Ermengarius L. 388.
Ermenhardus a. m. s. Mariae in Novocastello K. 71.
Ermenricus c. L. 206.
Ermenricus L. 266.
Ermentrudis abb. Ioderensis L. 380.
Ermengaudus a. s. Michaelis Virden. S. 376.
Ermeraga v. K. 54.
Ermoldus a. Nantuacensis S. 376.
Ernustesheim v. L. 368.
Erolvesfelt, Erulvisfelt m. K. 75. S. 415; s. Herulfisfelt.
Ertangarius c. L. 140.
Ethelredus rex Northanhumbrorum K. 148.
Ethicus dux S. 417; s. Adalricus.
Ethingh L. 140.
Etti aep. m. L. 239; s. Heto.
S. Étienne de Baignes S. 366.
Etto ep. Strazburg. S. 435; s. Eddo.
S. Eucharii eccl. S. 436. 437.
Eufimia abb. s. Petri Mettensis K. 84.
S. Eugendi m. S. 407; s. m. Condatiscense.
Eugenia sive Remila L. 281.
Eugenius papa L. 211. 236.
S. Euvertii m. S. 407; S. Euverte d'Orléans, Dép. Loiret.
Exartigae v. L. 106.
Exona v. P. 25.
Extorio, m. s. Iohannis in E. K. 143*.

Fabariense m. L. 289. S. 366. 408; Pfäfers, Schweiz, S. Gallen.
Faberola, Faverola v. C. 12. K. 33.
Fabria vallis S. 377.
Fachina riv. C. 3.
Fachkedorp marca L. 384.
S. Farae m. Eboriacense S. 366; Faremoutiers, Dép. Seine et Marne.
Fardium l. S. 439.
Fasiana v L. 45.
Fastrada, Fastrata regina K. 132. 217. S. 441.
Fater a. Chremisae mon. K. 130.
Fedinheim L. 256.
Felix Longobardus K. 236.
Fenkiga p. L. 143.
Ferciacum v. L. 152.
Ferdi in Saxonia K. 225; Verden, Preussen, Hannover.
Ferolsfeld S. 436.
Ferox a. m. s. Mariae Veron. K. 134.
Ferrancius a. m. s. Antonini S. 361.
Fezoniscurtis S. 423.
S. Fidelis m. S. 364.

Figiacum l., m. S. 408; Figeac, Dép. Lot.
Filfurdum v. K. 71.
S. Filiberti m. L. 134. 378; s. L. 134*.
Filicione curtis K. 54. 84.
Filomouot S. 424.
Filuhonbiunte v. L. 356.
Fimpim L S. 432.
Firmana civ. K. 117.
Firnheim marca L. 52.
Fiscbechi eccl. L 143; Fischbeck bei Rinteln, Preussen, Prov. Hessen.
Fiscpah l. L. 356.
Fiuhtan L. 61.
Flaconheim v. L. 205.
Flavianicum m. K. 41. L. 89. S. 367. 408; Flavigny, Dép. Côte d'Or.
Flehite p. K. 62.
Flexus, Flexi L. 25. S. 377. 387 (L. 157bis).
Flieden v. S. 411.
Flodegarius ep. Andegav. L. 261.
Florentini fines S. 359.
S. Florentii corpus L. 208.
Floriacense m. s. Benedicti P. 28. L. 123. 124. S. 367. 408; Fleury oder S. Benoit sur Loire, Dép. Loiret.
Floriacum v. L. 332.
Folcfelt p. S. 410.
Folcratus L. 370.
Folcremmus presb. P. 7.
Folradus, Folratus, Folleradus, Foloradus, Fulradus a. mon. s. Dionysii et capell. pal. P. L. 8. 11. 16. 25. 28—31. C. L. 2. 4. K. 1. 29. 30. 33. 37—39. 45. 46. 48. 51. 54. 63. 66. 84. 86. 160. S. 404.
Folunca fl. K. 37.
Fons-agricolae K. 159. L. 355.
Fons-Besuus m. L. 273; Bèze, Dép. Côte d'Or, Arr. Dijon.
Fons-coopertus v. L. 267.
Fons-ioncosus v. L. 42.
Fontes villare K. 144. L. 42.
Fontanae v. L. 304.
Fontanis, m. s. Genesii de F. S. 369; S. Genis des Fontaines, Dép. Pyrénées Orientales, Arr. Céret.
Fontanedum v. L. 220.
Fontanella m. L. 65. S. 367; S. Wandrille, Dép. Seine Inférieure.
Forachheim curtis reg. S. 426.
Foroiulium, Foroiuliensis civ. K. 133. 134. L. 272.
Forrarii L. 11.
Fortunatus Gradensis patriarcha K. 188. 189. L. 40. 248.
Fosagus silva S. 429.
Fossatis cella, Fossatum, Fossatense m. P. 28. K. 11. 87. 88. 207. S. 368. 409; S. Maur des Fossés bei Paris.

Fossolanus com. S. 425.
Fraido ep. Spirensis K. 92.
Frankenheim v. L. 391.
Francia K. 38. 39. 215. L. 64. 202. S. 413. — Franci K. 48. 120. 151. 235. 247. L. 140. 171. — Fr. orientales S. 385. — Francorum gens L. 222. S. 367. — Fr. reges L. 97. 276. 346. 364. S. 405. 441. — Fr. lex, ius K. 236. L. 392.
Francorum-villa L. 303.
Franco ep. Cenomann. K. 181. L. 13. S. 397. 398.
Franconofurd (Franchono-, Franconi-, Francuno-, Francon-, Franco-, Franchen-, Frankenfurt, -fuort, -fort, -vord, -vurd, -vurt) fisc., pal., p. reg. K. 138. 139. 141. 143. L. 63. 64. 114. 188—190. 194—200. 217. 297—301. 365—368. 385. S. 359. 400. 406; Frankfurt am Main, Preussen.
Frastenestum v. L. 289.
Fraxinidum v. L. 271.
Fraxinum K. 71.
Fredarius ep. Lausonnensis L. 11.
Fredebaldus L. 310.
Fredolus c. S. 412.
Fregistat L. 256.
Fridugisus, Fridogisus, Fridegisus, Fredegisus a. s. Martini Turon., a. Sithiensis, summus pal. cancellarius L. 3. 97. 98. 152. 159. 268. 283. 293. 305. 334.
Friderun S. 410.
Frideslar K. 91.
Fridolvesheim marca L. 277.
Fridunbach v. K. 210.
Frikenhusen v. S. 411.
Frisiae duc. L. 375. — Frisiones P. S. L. 30. 264. S. 410. — Frisionum lex K. 103. 194.
Frisonovelde S. 415.
Frisingensis eccl. L. 78. 93.
Frobertus a. Glonnensis L. 208.
Frodoenus, Frodoinus, Frodinus a. Novalic. K. 21. 72. 240. S. 425.
Frodoinus P. 9.
Frodonis v. L. 335.
Frohildis L. 150.
Frotarius ep. Tullensis S. 361. 385.
Frucelenses fines L. 173.
S. Fructuosi cell. L. 108.
Fulbertus f. L. 348.
Fulcbertus L. 205.
Fulcharicus ep. Leodiensis S. 417.
Fulcharicus ep. P. 20.
Fulco a. s. Aniani Aurelian. K. 168.
Fulco a. Gemetic., archicap. L. 313. 316.
Fulcoaldus c., m. L. 355.
Fulcoicus, Fulcowicus ep. Wormat. L. 246. 264.

30*

Fulcolingae L. 186; Folkendingen?, Luxemburg.
Fulcricus L. 253.
Fuldaa, Fulda, Fulta, Vuldaha fl. P. 7. K. 31. 34. 48—50. 65. 87. 88. 93. 106. 235. 247. L. 157. 382. S. 415. 416. — F. l. L. 84. 141. S. 412 — F. mon. P. 17. 24. K. 17. 31. 32. 60. 73. 74. 94. 224. L. 114. 288. 342. 368. 374. 382. S. 368. 410. 411. — Fuldense oppidum S. 410; Fulda, Preussen, Prov. Hessen.
Fulduinus manc. S. 393.
Fulmo ep. Elenensis L. 343.
Fulquinus L. 168.
Fulradus a. s. Quintini Veromanduensis K. 206.
Fulradovillare K. 30.
Fulridus Alamannus K. 128.
Funderlo v. L. 383.
S. Fuscae eccl. S. 386.

Gadoaldus S. 359.
Gaerhardus c. K. 68.
Gairefredus, Guairfridus c. P. 8. C. 1.
Gairchardus c. P. 8.
Galba l. S. 377.
S. Galli, Galloni m. K. 76. L. 76. 107. 121. 122. 165. 254. S. 369; S. Gallen, Schweiz.
Gamundias m. L. 15. 16; s. Hornbach.
Ganda m. L. 136; s. mon. s. Bavonis. — Gandensis p. L. 56.
Gandra fl. K. 155.
Garamannus L. 137.
Garibaldus, Ghaerbaldus ep. Leodiensis K. 198. 226.
Garinus c. rector mon. s. Marcelli L. 332.
Garona, Garumna fl. L. 10. 228.
Gastriae l. L. 2.
Gaucelinus, Gauscelinus c. K. 241. L. 230.
Gauzelinus marchio S. 366.
Gauciacensis for. L. 309.
Gaudemirns a. Gerrensis S. 412.
Gaudiocus Hebraeus L. 367. S. 369.
Gaugulfus c. P. 20.
Gautlenus ep. P. 20.
Gauzbertus a. s. Galli L. 107. 121. 122. 254.
Gauzbertus conversus S. 368.
Gausciolenus ep. Cenoman. L. 345.
Gauzoldus K. 93.
Geazabaha fl. K. 93.
Gebehardus f. L. 300.
Gebenius a. Fabariensis et capell. S. 408.
Gehfida l. K. 58.
Geisaha v. S. 410.
Geiske v. L. 312.
Geismara v. L. 368.

Gellonis cell., m. L. 2. S. 175. 177. 333: S. Guillem du Désert, Dép. Hérault, Arr. Montpellier.
Geltersheim v. L. 368.
Gemeticum m. L. 38. S. 369; Iumièges, Dép. Seine Inférieure.
Geminianus ep. Mutinensis K. 96.
S. Geminiani eccl. Mutinensis K. 96. L. 174; Modena, Italien, Emilia.
Gena fl. S. 377.
Genebaudus ep. P. 20.
S. Genesii eccl. L. 212.
S. Genesii m. de Fontanis S. 369; S. Genis des Fontaines, Dép. Pyrénées Orientales.
Genuliacum v. L. 215.
Georgius a. Anian. L. 147.
Gerafelt fisc. L. 384.
Geraldus m. K. 155.
Gerardus c. P. 16.
Gerardus c. L. 156. S. 369.
Gerhardus P. 20. K. 65.
Gerbriga K. 56.
Gerfredus c. L. 30.
Gerfridus ep. Mimigernafordensis L. 143.
Gerbaus d. K. 247.
Gerhohus ep. Eistetensis K. 167.
Germania L. 44.
S. Germani m. Autissiod. L. 81. 333. 339. S. 369; S. Germain d'Auxerre, Dép. Yonne.
S. Germani bas., m. Paris. P. 28. K. 68. 108. L. 96; S. Germain des Près in Paris.
Germaniciana curtis K. 57.
Ghermari P. 31.
Germiniaca v. S. 433.
Ghermundus v. L. 330.
Geroldus c. K. 234. L. 34. 257.
Gheroldus actor L. 194.
Geroldus L. 165.
Gerrense m. S. 412; Gerri, Spanien, Cataluña, Prov. Lérida.
Gertrudis S. 424.
Gerulfus f. L. 375.
Gerunda, Gerundensis eccl., p. L. 79. 325. S. 366; Gerona, Spanien, Cataluña.
Geruntus P. 9.
S. Gervasii, ss. G. et Protasii eccl. in urbe Cenomannica K. 22. 181. L. 13. 308. S. 397.
S. Gervasii corpus K. 125.
Gervoldus a. Fontanell. S. 367.
Giacum m. S. 366.
Gibulesstadt v. L. 150.
Gilbaldi vicaria L. 379.
Gildinstein p. L. 296.
Gylnheim marca L. 142.
Gisclafredus c. K. 241.
Gisla K. 100.

Gislerannus mon. K. 249.
Gislemarus P. 1.
Gisleharius v. L. 335.
S. Ghisleni cell. S. 375.
Giso ep. Mutinensis L. 144.
Gisulfus d. Langobard. L. 130. S. 440.
Glanderiense m. S. 413.: Glandières oder Longeville, Dép. Moselle.
Glannafolium m. S. 369. 409: S. Maur, Dép. Maine et Loire.
Glaolfesheim v. L. 205.
Gleichenses comites S. 413.
Glonna m. super Ligerim L. 208: S. Florent de Saumur, S. Florent le Vieil, Dép. Maine et Loire.
S. Goaris cell. L. 151. S. 379: S. Goar, Rheinpreussen, Bez. Coblenz.
Goddinga v. K. 66.
Goddinovilla L. 209.
Godebertus K. 209.
Godefredus, Godefridus, Gotafridus a. s. Gregorii L. 195. 245. 289. 290.
Godenaugia, Godenowa l. K. 61. L. 52.
Gollahgewi p. L. 190.
Gordanicum cell. L. 55.
Ss. Gordiani et Epimachi corp. L. 296.
Gorzia m. K. 23. 118. L. 54. S. 413: Gorze, Dép. Moselle. — Gorzia fl. S. 413.
Gothaha v. K. 49.
Gothi K. 236.
Gowirkhesheim L. 328.
Gozboldus S. 368.
Gozfeld p. L. 190.
Grabonouva K. 106.
Gradensis eccl. K. 188. L. 248. S. 370: Grado, Italien, Venetien.
Graecia, Graeci K. 153. L. 235. 236. — Graeci codices L. 338.
Graffelt, Graphelt, Grapheld p. K. 31. 32. 50. 60. L. 84. 356. 368. 382. S. 411.
Grandevallis, Grandivallense m. C. 13. S. 371: Granfelden, Schweiz, Basel.
Grandis-campus v. L. 316.
Granesdorf v. L. 34.
Grani-aquae pal. S. 397; s. Aquae.
S. Gratae mon. L. 198.
Gravacum m. L. 154.
Gregorius ep. Traiect. K. 2.
Gregorius iocator K. 153.
S. Gregorii m. L. 195. 245. S. 371; s. Confluens. — S. G. abbas L. 289. 290.
S. Gregorii curtis L. 322.
Gressus v. L. 160.
Grimaldus a. Augiensis S. 383.
Grimaldus, Grimoldus, Grimoaldus maior domus P. S. 9. C. 1. K. 51. L. 30.
Grimowaldus rex Langob. L. 63.
Grucinbaim P. 31.
Gruingardis regina S. 413.

Grunzwiti p. L. 257.
Guadelbertus a. s. Mariae Veren. S. 419.
S. Gualarici m. L. 269: S. Riquier en Pontieu, Dép. Somme, Arr. Abbeville.
S. Gudilae m. S. 371: in Brüssel, Belgien.
Guido c. S. 412.
Guillelmus c., mon. L. 2; s. Willelmus.
Guilzacara S. 377.
Guinibaldus a. Bobiensis K. 26.
Guinigisus d. S. 359.
Gulbertus manc. L. 137.
Gulfardus a. s. Martini Turon. K. 27.
Gumbaldus, Gonbaldus a. Caroff. L. 229. 271.
Guntbaldus L. 279.
Gundardus K. 247.
Guntaldus P. 9.
Guntharus rect. s. Albini Andeg. K. 4.
Guntbertus ep. K. 105. L. 356.
Gunbertus ep. Senonicus L. 213.
Gundelandus a. Laureshem. K. 10. 12. 18. 19. 28. 81.
Gundilenstec L. 361.
Gundoaldus a. Grandivall. C. 13.
Gundulfi v. L. 350 Gondreville, Dép. Meurthe, Arr. Toul.
Guntramnus a. Murbac. L. 91. 92.
Guntramnus m. S. 373.
Guntrannus rex L. 281.
Guntzinheim K. 73.
Gunzinhusir m. L. 203: Gunzenhausen an der Altmühl, Baiern, Franken.
Guozbertus ep. Pictav. L. 1.
Gusianus curtis K. 214.

Habuch p. L. 300.
Haderbaldi v. L. 335.
Hado a. Corbei. K. 3.
Haeddo ep. Strasburg. K. 76; s. Eddo.
Hagadeus K. 46.
Haganus v. L. 278.
Hagenowa v. L. 368.
Haginans p. K. 71.
Hagrebertingae fisc. K. 29.
Haguno v. L. 168.
Hahirradus L. 162.
Haboldus L. 61.
Haimericus K. 93.
Haimo c. L. 389.
Hainoensis p. S. 419.
Haistulfus, Haixtulfus rex K. 57. 77. 174. L. 154; s. Aistulfus.
Halanus a. Farfensis K. 57.
Halberstadensis eccl. S. 413; Halberstadt, Preussisch Sachsen. — Halverst. ep. Hildegrimus S. 415.
Haleruna K. 117.
Halitgarius ep. Cameracensis L. 235.
Hamalo l. S. 411.
Hamalumburcc K. 60.
Hamarstat v. L. 366.

470 REGISTER.

Hammaburg, Hammaburgensis eccl. S. 413.
Hardradus a. mon. Sithiu K. 5.
Hardradus K. 88.
Harduenna L. 321; s. Ardenna.
Haribergum publ. K. 92.
Haribertus a. Morbac. K. 8.
Harimala v. K. 71.
Hariolfus ep. Lingon. et a. Elchenwang. L. 5.
Haristalium, Haristallium, Haristellium. Heristalium, Herstallium pal., p. publ. K. 10. 16. 60. 61. 65. 67. 68. 71. 84. 95. S. 437: Herstal an der Maas, Belgien, Lüttich; s. Arestalium.
Harital K. 60.
Harthamus a. Medolac. K. 97.
Hartmannus c. L. 54. 154.
Hartmannus m. L. 115.
Hartrichus ep. K. 167.
Harvesheim L. 336.
Hasalaha v. K. 49.
Hasbaniensis p. K. 71; s. Alsbanius p.
Hasenrida,' Hasereot,' Hassnreod mon. L. 298. 299. 301: Hasenried oder Herrieden, Baiern, Franken.
Haskmundesheim L. 336.
Hassega, Hassensis p. K. 75. L. 157. S. 415. 416.
Hatimero-marca L. 300.
Hatto ep. Frising. L. 78; s. Atto.
Hatto ep. m. L. 156.
Haurunbach m. L. 15; s. Hornbach.
Hauto, Haudo a. Dervensis L. 50. 249. 295.
Havvacabrunnum K. 247.
Heberarius L. 336.
Hebo aep. Remensis L. 249; s. Ebo.
Hebraei L. 224—226. 367. S. 369; s. Iudaei.
Hebrardus L. 336.
Heimericus K. 10.
Heimo a. Magnilorensis L. 125.
Heimulfus mon. L. 157.
Heinrichi p. K. 126.
Heinwinesbah L. 356.
Heito, Haito Basil. ep. L. 72. 74.
Helbburc S. 424.
Helenense territ. L. 230; s. Elenense.
Heliandus L. 150.
Helias v. L. 227.
Helidaberga l. L. 371.
Helis L. 384.
Helisa l. L. 114.
Helisacensis p. L. 340; s. Alsacensis.
Helisacar, Helisacharus, Helysachar a. L. 245. 330. S. 421; s. Elysachar.
Helmericus a. Lauresham. K. 101.
Helmericus v. L. 366.
Helmgawe p. K. 182.
Helmoinus S. 371.

Helmonstede m. S. 415: Helmstedt, Braunschweig.
Helogar ep. Alethensis L. 82.
Hemeltrude manc. L. 137.
Hemlion v. L. 319.
Hemmericus S. 393.
Hemus fl. K. 62.
Henricus a. L. 362. S. 398.
Hephenheim v. K. 19.
Herardus L. 142.
Herbiliacus v. K. 168.
Herchenradus ep. Paris. K. 46; s. Erkenradus.
Herembertus v. L. 309.
Heresburg castellum L. 242.
Heri insula L. 134. 270.
Herilescella L. 369.
Heriltibisheimero-marca L. 300.
Herinstein v. L. 120.
Heriricus a. Curbion. S. 372.
Herivurth m. L. 360: Herford, Preussen, Westfalen.
Herlafredus a. Fossat. K. 11.
Herlegandus diac. L. 227.
Herloinus a. P. 20.
Hermenaldus a. Anian. L. 355.
Hermembertus rector cell. s. Hilarii L. L.
Hermengardis ux. Ludowici Pii L. 125. S. 392; s. Ermengardis.
Hermengaudus ep., a. s. Michaelis Virdun. K. 13.
Herulfisfelt, Haerulfesfelt, Haerulfisfelt, Hairulfisfelt, Haireulfisfeld, Haireulfisfelt, Hariulfisfelt, Herolvesfeld, Herolfesfeld, Herolfesfelt, Hersfeldense, Hersveldense, Herfeldense m. K. 34. 35. 47—49. 67. 93. 94. 106. 107. 182. L. 157. S. 371. 415. 416: Hersfeld, Preussen, Hessen; s. Erolvesfelt.
Hesiga p. L. 143.
Heto aep. Trever. L. 94; s. Etti.
Hetto ep. Basil. et a. Augiensis S. 435.
Hiddi K. 247.
Hieremias aep. Senonensis L. 179. 213. 235. 236.
Hilargowe, Hilirgaoe p. L. 296. 313. S. 430.
S. Hylarii cella S. 437.
S. Hilarii eccl. L. 8. 177. 355.
S. Hilarii m. Carcassonense L. 231. S. 371: S. Hilaire, Dép. Aude, Arr. Limoux.
S. Hilarii m. Pictavense P. 27. L. l. 4: S. Hilaire de Poitiers, Dép. Vienne.
Hilbodus a. Deensis L. 378.
Hilciperga K. 131.
Hildebaldus ep. Matiscon. L. 21. 28. 80. 105. 215. S. 372.
Hildeboldus, Hiltibaldus ep. Colon. K. 149. 167.

Hildefridus L. 311.
Hildegard, Hildegarda, Hildegardis regina K. 27. 95. L. 376. S. 395.
Hildegrimus ep. Catholanensis et Halberstadensis S. 413. 415.
Hildemannus v. L. 309.
Hildeprandus d. K. 57. 117. L. 86. S. 440.
Hildeprandus, Hilprandus rex L. 154. 174.
Hildericus rex P. 8; s. Childericus.
Hildericus K. 131. 135.
Hildigysus a. Duserensis L. 327.
Hildisnota L. 327.
Hildoardus ep. Cameracensis L. 83.
Hildoinus, Hilduinus a. mon. s. Dionysii, mon. s. Medardi, summus palatii capellanus L. 29. 30. 137. 160. 162. 165. 172. 173. 204. 209. 210. 212. 215. 218. 220. 253. 255. 260. 265. 266. 302. 303. 310. 320. 338. 380. S. 405. 422. 441.
Hildulfus actionarius fisci L. 239.
Hildulfus L. 173.
Hilpericus rex L. 264. S. 442.
Hiltbertus maiordomus P. 8.
Hinticha cella L. 78.
Hirmino a. m. s. Germani Paris. L. 96.
Hirsaugiense m. S. 371: Hirschau, Wirtemberg, Schwarzwaldkreis.
Hisimbertus L. 295.
Hispania K. 140. L. 41. S. 378. — Hispani K. 241. L. 41. 79. S. 371.
Hispolitina eccl. L. 138; s. Spoletana civ.
Histriensis episcopatus S. 392.
Hitherius a. s. Martini Turon. K. 42; s. Iterius.
Hlotharius, Hlotarius rex L. 184. 266; s. Chlotharius.
Hlotharius caesar, imp. L. 120. 194. 233—238. 240—258. 260—266. 270—276; s. Lotharius.
Hludovicus a. s. Dionysii L. 32.
Hludowicus rex L. 320. 361; s. Ludowicus.
Hochaim v. K. 67.
Hocwar piscatio L. 297.
Hohenaugia, Hoinaugia, Honaugia, Honogia insula Rheni, mon. P. 14. 15. C. 8. K. 24. 56. 64. 85: Honau a. P. 14°.
Hohenburg m. L. 292. 349. S. 371: Hohenburg bei Barr, Dép. Bas Rhin.
Hohenburg cella S. 442.
Hohstatt, Hostat K. 61. L. 52.
Hoinge L. K. 93.
Holatianus l. L. 244.
Holtemna fl. S. 413.

Holzkiricha m. K. 50.
Homerus (Angilbertus) auricularius K. 146.
Hoorwanc L. 361.
Horagaheim v. L. 323.
Horaheim v. L. 114.
Hornbach m. L. 16. S. 372: Hornbach, Baiern, Pfalz; s. Orombach.
Hostiaicus L. 217.
Hrabanus a. Fuldensis S. 368; s. Rabanus.
Hriniolum K. 71.
Hrinium K. 71.
Hrocharius c. L. 290; s. Retharius.
Hrodhardus K. 127.
Hrodoldus K. 93.
Hrodoldus fil. Lantberti K. 97.
Hrodulfus rector novi mon. Brixiensis L. 12.
Hroggo praefectus P. 7.
Hrotbertus a. s. Germani Paris. K. 68. 108.
Hrotlaus ux. Meginarii L. 337.
Hruoculfus c. L. 115.
Hroudoldisbona L. 369.
Hrantzolfus L. 150.
Hrunzolfus praefectus P. 7.
Hruotbertus c. L. 194.
Hruotbertus f. L. 341.
S. Hruotberti corp. L. 77.
Hruotmar L. 140.
Hruthrudis abb. Hohenburg. L. 292.
Hubiliacus vicus, mon. in Hubiliaco L. 332. S. 373; s. mon. s. Marcelli.
Hucbertus ep. Cabilon. K. 70.
Hucbertus L. 314. 315.
Hugo Bressiae marchio S. 372.
Hugo mon. S. 425.
Hulmontillus l. L. 336.
Hugo a. m. Sithiu, summus s. palatii notarius L. 334. 367. 374.
Hugo c. K. 209.
Hugo c. L. 223. 335.
S. Humberti m. S. 419; s. Maricolonse.
Hunbertus ep. Wirciburg. L. 356.
Huncinchova v. L. 365.
Hundulfus K. 210.
Hunorum regnum L. 200.
Hunrogus c. et m. L. 356.
Huosa v. L. 277.
Hurbaniacum v. L. 322.
Hurfeld marca S. 373.
Hurnia comit. K. 21.
Husfileidesheim L. 336.
Huson v. S. 442.
Hutdonecurtis L. 255.
Huwart K. 65.
Huxeri, Huczori l., v. regia L. 201. 202. 242.

Iacob a. s. Columbae Senon. L. 347.
Iacobus Hebraeus L. 367.
S. Iacobi bas. Mettensis K. 99.
Iasto c. pal. L. 250.
Iaullo alpes L. 355.
Ida S. 401.
Iesu, cell. ad hon. d. I. constructa L. 234. — Mon. ad h. d. I. constr. L. 7. 324. 353. — Mon. ad h. d. L et ss. Petri et Praeiecti constr. K. 41. L. 89.
Ihieremias a. mon. s. Martini maioris L. 33.
Iheremias aep. Senon. L. 241.
Illa fl. C. 9. K. 225.
Ildebrandus d. S. 396.
Imma coniux Einhardi L. 44.
Imma L. 173.
Imminchusen v. S. 401.
Imminestat v. L. 385.
Immo K. 56.
Immo L. 1.
Immo de Laberiano K. 58.
Inaslario pal. publ. P. 22.
Inchadus ep. Paris. L. 20. 145. 163.
Indense m. S. 372; s. Enda.
Ingelbertus a. Fossat. S. 369.
Inghilinhaim, Inghilimhaim, Ingilinheim, Ingelenhaim, Ingilenheim, Ingelinheim, Inglinheim, Ingelnhaim, Inglencheim, Engilinhaim, Engelheim v., pal., p. publ., p. reg., curtis K. 117. 210. L. 114. 138. 140—142. 201—203. 242. 243. 245. 246. 286—289. 291. S. 401. 425. 426.
Ingilardus L. 383.
Ingilbertus L. 239.
Ingilfridus a. mon. s. Ioh. Bapt. L. 387.
Ingoaldus a. Farfensis L. 155. 156. 262. S. 359. 360.
Ingobertus m. L. 115.
Inguriacum L. 173.
Iniaca v. L. 253.
Iniensis p. S. 413.
Innocens ep. Cenoman. L. 344. S. 397.
Insula-Barbara m. L. 67. S. 372; s. Barbara.
Ioba P. 1.
Ioderense m. L. 380; Ionarre, Dép. Seine et Marne, Arr. Meaux.
Iogundiacum pal. L. 1: Iouac oder le Palais, Dép. Haute Vienne, Arr. Bellac; s. Iuvenciacum.
Iohannes, Ioannes a. s. Galli, ep. Constant. K. 76. L. 76. 165. S. 435.
Ioannes a. Fabariensis L. 289.
Ioannes a. s. Petri in m. Pingueli S. 432.
Iohannes aep. Arelatensis L. 241.
Iohannes ep. Sistaricensis S. 384.
Iohannes f. K. 144. L. 42.
Iohannes patr. Gradensis L. 248. S. 370.
Iohannes Parmensis L. 193.
Iohannes P. 9.
S. Iohannis bas. Foroiul. L. 272.
S. Iohannis cell. Senonica L. 179.
S. Iohannis eccl. in Riardo L. 158.
S. Iohannis m. in Extorio K. 143.
S. Iohanni dedic. m. Trevir. S. 420.
S. Iohannis oratorium Veron. S. 387.
S. Iohannis titulus L. 276.
S. Iohannis xenodochium in Foroiulio K. 134.
S. Iohannis Bapt. eccl. Fuld. S. 412.
S. Iohannis Bapt. m. Malasti L. 71.
S. Ioh. Bapt. m. Andegav. L. 387.
Ionantis vallis S. 408.
Ionas ep. Aurelian. L. 235. 236. 241. 259. 335. 362. S. 398. 423.
Iosephus ep. S. 359.
Iosephus Hebraeus L. 225.
Iosephus metrop. Turon. K. 181.
Iosue a. s. Vincentii Vulturn. L. 86. 130.
Irimbirgua L. 277.
Iris L. 91.
Irminswinda K. 119.
Irmio a. L. 115.
Irulia villare S. 371.
Isca v. L. 294.
Isembardus v. L. 227.
Isemburg pal. reg. L. 187; Isenburg, Rheinpreussen, Bez. Coblenz.
Isenhardus a. Novient. C. 9.
Isensheim l. S. 410.
Iserna v. L. 311.
Isilingen l. S. 411.
Isimgrimus L. 121.
Isincowe p. L. 61.
Ismercleke p. L. 312.
Iso presb. L. 40.
Issart villare S. 371.
Istria K. 133. 188. L. 40. 248. — Istrienses K. 189.
Italia K. 38. 39. 132. 175. 212. 231. L. 97. 98. 154. 171. 187; s. Langobardia.
Iterius, Itherius a. s. Martini Turon. K. 90. 128. 163. L. 152. 283. 305. 351; s. Hitherius.
Itta fl. K. 86.
Iudaei K. 250. 251; s. Hebraei.
S. Iudicaelis eccl. L. 82.
Iudit, Iudith reg., imperatrix L. 221. 256. 292. 293. 306. 310. 311. 349. S. 417.
Iugae L. 105.
Iulianus ep. Placentinus K. 214. S. 378.
S. Iulianae eccl. Placent. K. 214.
S. Iuliani corpus L. 216; mon. s. L Brivatense: Brioude, Dép. Haute-Loire.
S. Iuliani eccl. super Buciacum L. 158.
S. Iuliani m. Antissiod. L. 223. S. 372.

Iuliofredus a. m. Gellonis L. 2
Iuncellense m. S. 417; Ioncels, Dép. Hérault, Arr. Lodève.
Iuncrammus L. 370.
Iuppo c. L. 284.
Iustus a. Carrofensis L. 48.
S. Iustus, eccl. ss. Iusti et Pastoris et Mariae L. 35.
Iuto L. 150.
Invavensis eccl. K. 231. L. 61. 148. 197. 211. S. 372; Salzburg, Oesterreich.
Iuvenciacum pal. reg. L. 304; s. Iogundiacum.
Iuviniacus fisc. K. 159. L. 355.
Iuviniacum v. S. 379.

Laberiano, Immo de L. K. 58.
Labrocensis condita K. 22.
Lambertus cognomine Aganus L. 206.
Lamma Fraolaria silva S. 433.
Lancpartheim L. 256.
S. Landeberti m. L. 285; S. Lambert in Lüttich, Belgien.
Landevennoch m. L. 127; Landevennec, Dép. Finistère, Arr. Châteaulin.
Landulficurtis L. 255.
Landulus K. 236.
Langobardia, Longobardia, Lungobardia K. 39. 188. L. 243. — Langobardi K. 215. 231. — Langobardorum regnum K. 215. — L. reges, duces K. 193. L. 86. 130. S. 377. 440. — L. edictum, lex K. 117. 175. 236. L. 64. — L. capitularia K. 80. 89 bis 114. 115 bis 116 bis 136. 172. 175. 180 bis
Laniacum K. 209.
Lantbertus c. L. 142. 194.
Lantbertus fil. Widonis K. 97.
Lantdegon L. L. 324.
Lantfredus a. s. Germani Paris. K. 16.
Lantfredus L. 255.
Lanprehtus L. 165.
Lateranense pal. Rom. S. 410.
Latini codices L. 338.
Laudunum castrum K. 166; Laon, Dép. Aisne. — Laudunensis p. L. 180.
Laumensis p. S. 433.
S. Launomari m. Curbionense S. 372; S. Laumer de Blois, Dép. Loir et Cher.
Laurentius presb. K. 131.
S. Laurentii eccl. Foroiul. K. 134.
S. Laurentii m. Matiscon. S. 372; S. Laurent de Mâcon, Dép. Saône et Loire.
S. Laurentii m. in Olibegio K. 143°.
S. Laurentii m. in p. Narbon. S. 373; S. Laurent de la Cabreresse, Dép. Aude, Arr. Narbonne.

Lauresham, Laureshamense m. K. 10. 12. 18. 19. 28. 61. L. 51. 52. S. 373. 411; Lorsch, Hessen-Darmstadt.
Lausonnac eccl., p. L. 11; Lausanne, Schweiz.
Lauriacum v. K. 150. S. 379.
Laurosii vallis S. 373.
Lanziacum v. L. 209.
Lebraha eccl. S. 404.
Ledus fl. K. 162. L. 259.
Leibulfus, Laihulfus, Leybulfus c., m. K. 241. L. 8. 177. 212. 355.
Leidradus, Leidrardus, Leydrath aep. Lugdun. L. 66. 105. 355.
Leivurdesheim L. 205.
Lemovica urbs L. 108. 109; Limoges, Dép. Haute Vienne. — Lemovicensis eccl. S. 373. — Lemovicense m. s. Mariae S. 419; N. Dame de la Règle. — L. m. s. Martialis S. 420; S. Martial de L.
Leo c., m. S. 359.
Leo papa K. 147. 173. S. 391. 404—406. 408. 434.
Leo rector Barisiaci cell. L. 278.
Leodegarius a. Corbei. P. 33.
S. Leodegarii corp. L. 252.
Ss. Leodegarii, Petri et Mariae m. P. 21. K. S. 40. L. 91. 92; s. Morbacense.
S. Leodegarii m. in p. Fosagi S. 420; s. Masonis m.
Leodium, Leodiensis eccl. S. 373. 417. 434; Lüttich, Belgien.
Leodonius ep. Trever. K. 97.
Leonio v. L. 187.
Leriga p. L. 143.
Lertiaux v. S. 423.
Letus fl. K. 159. L. 355.
Leuchius p. K. 71.
Leuchus fl. L. 231.
S. Leucii curtis S. 360.
Licianus vicus K. 174.
Licinius ep. L. 387.
S. Lifardi m. Magedunum L. 184; Meuny sur Loire, Dép. Loiret, Arr. Orléans.
Ligeris fl. K. 162. L. 33. 43. 81. 123. 124. 208. 239. 306. S. 369. 409.
Linconum v. L. 172.
Lindaugia, Lindaviense m. S. 418; Lindau, Baiern, Schwaben.
Linderiacum v. L. 146.
Liugones civ., Lingonica, Lingonensis eccl. L. 19. 273. 322; Langres, Dép. Haute Marne.
Liniacum v. in p. Alsbanio L. 294.
Liniacum v. in p. Meldensi L. 380.
Lintgowe p. L. 296.
Linsgawe p. L. 74.
Lioba K. 93.
Liona curtis K. 27.
Lippa, Lippia fl. K. 92. S. 379.

Lippiegesprin ... curtis K. 77: Lippespring, Preussen, Westfalen.
Lirinense m. K. 43.
Lisera fl. K. 157.
Lisiduna v. K. 62.
Liudgerus ep. Mimigerneford. S. 441.
Liudoldus L. 277.
Lituiniae v. L. 215.
Liusci v. L. 297.
Liutbrandus, Liutprandus, Luitprandus rex K. 79. 153. L. 63. 174. S. 401.
Liutfredus L. 311.
Liutfridus praef. P. 7.
Liutharius c. L. 254.
Liutpoteshaim v. L. 196.
Lizanum m. S. 377.
Lobedunburg castellum L. 264.
Lobodenais p., Lobotengowe, Lobedungouve K. 61. L. 52. 199. S. 442.
Lodolfus K. 236.
Lodovensis eccl. S. 373: Lodève, Dép. Hérault. — Ludovensis, Lutevensis, Lutovensis p. L. 2. S. 177. 354. 355.
Loganaha, Logonahe p. K. 126. L. 300.
Logni p. L. 315.
Logonensis p. K. 93.
Lomensis p. P. 20. K. 71. L. 383.
Longlarii v., Longolare pal., Longolane K. 17. 19. S. 421: Longlier, Belgien Luxemburg.
Lorechum v. L. 301.
Lotharius rex L. 316; s. Chlotharius.
Lotharius caesar, imp. L. 207. 233—238. 240—258. 260—263. 264—266. 270. 276. 373. 386. S. 359. 361. 370. 376. 391. 420. 423; s. Hlotharius.
Lotharingiae d. S. 404. 405.
Lothusa fisc. S. 441.
Lubringowa K. 73.
Lucana L. 262.
Lucardus, Lucensis comit. S. 425.
Luciariae m. S. 376.
Lucida v. L. 276.
Luco v. L. 333.
Ludigarus c. S. 393.
Ludio m. K. 45.
Ludovicus rex Aquitaniae K. 144. 241.
Ludowicus rex Baioar. L. 257. 263bis 368. S. 368. 420; s. Hludowicus.
Luganus lacus S. 403.
Lugdunum urbs, civ., pal. reg. L. 67. 225. S. 427: Lyon, Dép. Rhône. — Lugdunensis eccl. L. 66. — L. p. L. 21.
Lugdunum v. in p. Cenoman. L. 357.
Lul, Lullus ep., aep. Magontinus, s. Hersfeld. P. 7. 32. K. 34. 35. 47—49. 65. 67. 75. 91. 93. 106. 107. S. 415. 416. 435.
Lupentia fisc. K. 67.
Lupinum v. L. 146.

Lupus d. K. 57. L. 88. 284.
S. Lupi corp. L. 316.
Lurium castrum S. 384.
Lusarca l. K. 37.
Lüttenhofen pal. reg. S. 406.
Luxoviense m. K. 43. S. 419: Lexueil, Dép. Haute Saône.

Machuti insula L. 82.
Madalbodis pirarium v. L. 321. S. 379.
Madalveus ep. Verdun. S. 385.
Madriacensis, Matriacensis p. P. 1. C. 12. K. 33.
Madriolae v. K. 108.
Mafiaris v. L. 303.
Magalonensis eccl. L. 132. 133; s. L. 132*.
Magaranciatis, Magarantiatis v. L. 2. S. 177. 355.
Magdalonensis p. K. 115. 152. L. 6—8. 49. 55. 147. 153. 177. 355.
Magedunum m. L. 184; s. s. Lifardi m.
Magelli praedium S. 434.
Maginarius c. L. 238; s. Meginarius.
Maginensis p. L. 299.
Maginfredus, Meginfredus servus K. 182. 203.
Maginga v. S. 395.
Maginhartus ep. K. 167.
Magnarius L. 1.
Magniloci, Magnilocense m. L. 125. S. 373: Manlieu, Dép. Pui de Dôme.
Magnimontensis p. L. 232. 332.
Magnus aep. Senon. L. 117. 213.
Magulphus a Gors. L. 54.
Mainarius a. s. Dionysii K. 127.
Maioranus S. 359.
Maiormouasterium L. 33. 306: Marmoutier lès Tours, Dép. Indre et Loire.
Mairiacum v. S. 368.
Maironnum v. K. 4.
Mairulfi v. L. 335.
Malasti m. L. 71. S. 373: Montolieu, Dép. Aude.
Malmundarium m. L. 23. 24. 250; s. Stabulaum.
Manasse a. Flaviniac. K. 41. S. 408.
S. Mammae eccl. K. 174.
Manfredus K. 215.
Mantfredus L. 194.
Mantua K. 79. 80.
S. Marcelli m. K. 70. L. 332. S. 373: S. Marcel lès Châlons, Dép. Côte d'Or.
S. Marci m. Spolet. S. 359.
Ss. Marci et Hermacorae eccl. Gradensis K. 188. L. 245. 272.
Marciacum v. P. 20.
Marciliacum v. L. 322.

Marcillanum v. L. 106.
Marcinae v. L. 383.
Marcoardus, Marchohardus, Marchardus, Marcwardus a. Prumiensis L. 277. 321. 328. 336. S. 432.
Marcoardus, Marcwardus c. K. 75. S. 415.
Mardoni v. L. 283.
S. Mariae cell. Casa-nova L. 55.
S. Mariae cell. in Stetiwanc L. 279.
Ss. Mariae, Petri, Michaelis cell. Bodonis m. L. 75.
S. Mariae Transaquae curtis S. 360.
S. Mariae eccl. Aurelian. S. 407.
S. Mariae eccl. Beneventana K. 110.
S. Mariae eccl. Cameracensis L. 83.
S. Mariae eccl. Carnotensis P. 28.
S. Mariae eccl. Constant. K. 76.
S. Mariae eccl. Cremon. S. 402.
S. Mariae eccl. Curiensis L. 291.
S. Mariae eccl. Frisingensis L. 78. 93.
S. Mariae eccl. Lausonn. L. 11.
S. Mariae eccl. in Novo-castello K. 71. S. 374.
S. Mariae eccl. Remensis L. 222.
S. Mariae eccl. Rotomag. L. 192.
S. Mariae eccl. Strasburg. K. 20. 55. L. 95.
S. Mariae eccl. Veron. S. 387.
Ss. Mariae et Baudelii eccl. Nemaus. L. 27.
Ss. Mariae et Ciliani eccl. Paderbrunn. L. 178.
Ss. Mariae et Germani eccl. Paris. L. 145.
Ss. Mariae, Gervasii, Prothasii eccl. Cenoman. S. 398.
Ss. Mariae et Lamberti eccl. Leodiensis S. 373.
Ss. Mariae et Martini eccl. Glandcr. S. 413.
Ss. Mariae, Petri, Marci eccl. Aquileiensis K. 133.
Ss. Mariae et Remigii eccl. Remensis S. 379.
Ss. Mariae et Stephani eccl. Spirensis K. 92.
Ss. Mariae, Stephani, Dyonisii, Germani, Marcelli, Clodoaldi eccl. Paris. S. 431.
Ss. Mariae, Stephani, Genesii eccl. Arelat. L. 212.
Ss. Mariae, Stephani, Germani eccl. Paris. K. 48. L. 20.
Ss. Mariae, Stephani, Iuliani eccl. Senonica L. 213.
S. Mariae m. Anianense K. 159.
S. Mariae m. in Apinianico K. 111. S. 360.
S. Mariae m. Autissiodor. L. 223.
S. Mariae m. super Bosegium L. 198.
S. Mariae m. Campidon. L. 57.
S. Mariae m. in Cingla K. 113.
S. Mariae m. Fabariense L. 289. S. 402.

S. Mariae m. Farfense K. 57. 95. 117. 131. 135. 187. L. 64. 155. 156. 262.
S. Mariae m. Foroiul. L. 272.
S. Mariae m. in Herivarth L. 360.
S. Mariae m. Ioderense L. 380.
S. Mariae m. in Karloburgo L. 189.
S. Mariae m. Lindav. S. 418.
S. Mariae m. in Maurinis S. 396.
S. Mariae m. in Minione S. 359.
S. Mariae m. in Onoldisbach K. 105.
S. Mariae m. Orbionense K. 165. L. 25. 26. S. 426.
S. Mariae m. ad Organum K. 134. S. 419.
S. Mariae m. in Regula Lemovicense S. 419.
S. Mariae m. Salonense K. 63.
S. Mariae m. Sextense S. 434.
S. Mariae m. Suriciuum L. 106.
S. Mariae m. Tolosanum S. 384.
S. Mariae m. Trevir. ad Orrea S. 436.
S. Mariae m. in valle Asperia L. 158.
Ss. Mariae, Gordiani, Epimachi m. Campidon. L. 376.
Ss. Mariae et Petri m. Cenoman. L. 344. 346.
Ss. Mariae et Petri m. Duserense L. 9.
Ss. Mariae et Petri m. Hohenburg. L. 349.
Ss. Mariae et Petri m. Hornbac. L. 16.
Ss. Mariae et Petri m. Nantuac. P. 13.
Ss. Mariae et Petri m. Placicium K. 46.
Ss. Mariae et Petri m. Psalmod. L. 69.
Ss. Mariae et Petri m. Sintleos. L. 72.
Ss. Mariae, Petri, Pauli m. Sithicnse K. 5. L. 268.
Ss. Mariae et Petronillae m. in Plumbarola K. 113.
Ss. Mariae et Victoris m. Massiliense K. 124.
S. Mariae xenod. in Wahan K. 27.
Maricolense m. s. Humberti S. 419; Maroilles, Dép. Nord, Arr. Avesnes.
Marmericum s. S. 364.
Marningum v. P. 4. 20.
Marsal L. 91.
Marsicanum territ. S. 360.
Marsupia, Marsupius fl. P. 11. K. 13. L. 209. 275. — Marsupium m. s. Michaelis L. 85. 99. 275; S. Mihiel, Dép. Meuse; s. K. 13*.
S. Martialis m. Lemovicense S. 420; S. Martial de Limoges, Dép. Haute Vienne.
S. Martini bas., eccl. Turonensis K. 27. 90. 128. 166. S. 393; s. m. s. Mart. Tur.
S. Martini cell. monasterio s. Andreae subiecta L. 230.
S. Martini cell. Arelat. mon. Anianae subiecta L. 147. 153. 177. 355.
S. Martini cell. mon. s. Dionysii subiecta L. 303.

S. Martini cell. mon. Malasti subiecta L. 71.
S. Martini eccl. in Graffelt p. L. 356.
S. Martini eccl. in Motinensi territ. K. 77.
S. Martini eccl. Traiect. P. 5. 6. K. 2. 62. L. 53; Utrecht, Holland.
S. Martini eccl. Trevir. S. 436.
S. Martini m. in Barbara insula L. 66. 67.
S. Martini m. Turonense K. 42. 162. 163. 197. L. 3. 97. 98. 152. 283. 293. 305. 306. 351. S. 374. 445; S. Martin de Tours, Dép. Indre et Loire.
S. Martini maioris m. in suburbio Turonum L. 33. 306. S. 374; Marmoutier, Dép. Indre et Loire.
S. Martini titulus Remensis L. 276.
Masciacum, Masciagum l., v. K. 37. L. 160.
Maso princeps, Masonis m. S. 420; Masmünster oder Massevaux, Dép. Haut-Rhin.
Massacia, Massicia v. L. 153. 177.
Massenheim v. L. 141.
Massiliacum v. L. 387.
Massiliensis eccl. L 187. S. 374: Marseille, Dép. Bouches du Rhône.
Massiliense m. s. Victoris K. 124.
Mastecem v. L. 327.
Materna fl. K. 11. L. 87. 88.
Matfredus, Matfridus, Madephridus c., minister L. 54. 107. 165. 184. 196. 198. 217.
Matiscensis, Matescensis, Matisconensis eccl. s. Vincentii L. 21. 28. 80. 105. 215; Mâcon, Dép. Saône et Loire. — Matescensis p L. 215. — Matisconense m. s. Laurentii S. 372.
Mathusalam diac. L. 108.
Matmonicus a. m. Landevennoch L. 127.
Matriolae v. L 260.
Mauraldus, Mauroaldus a. Farfensis K. 131. 135.
S. Mauri corp. S. 369. 409.
Maurini l. S. 396.
Maurinus v. L. 331.
Mauriolus ep. Andecavensis K. 6.
S. Mauricii, Mauritii eccl Andegav. K. 6. L. 100. 261. S. 375.
S. Mauritii eccl. Turon. S. 375.
S. Mauritii eccl. Vienn. L. 45. 58. 73. 281. 242.
S. Mauritii m. Agaunense S. 374.
S. Mauritii m. in Altacha K. 234. L. 169. S. 374.
S. Mauritii m. prope Parisios K. 108.
Mauromons L. 11.
Mauziacense m. S. 420; Mozac, Dép. Pui de Dôme.
Maxentius patriarcha Aquileg. K. 231. 236. 239. L. 251. 272. S. 387.

S. Maxentii m. in p. Pictav. L. 60. 232: S. Maixent, Dép. Deux-Sèvres.
S. Maximini cell., m. in Aurelian. dioc. L. 43. 167. 241; S. Mesmin, Dép. Loiret.
S. Maximini cell., eccl., m. Trevir. K. 2. S. 420. 436.
S. Medardi m. Suession. S. 375. 422; S. Médard de Soissons, Dép. Aisne.
Medema m. S. 375; Metten an Donau, Niederbaiern.
Mediana, Meduana fl. L. 259.
Medianum vadum S. 359.
Mediolanensis eccl. K. 125. S. 422; Milano, Italien.
Mediomatricensis eccl. K. 63. 120; Metz, Dép. Meurthe.
Medolagum, Medelacum m. K. 97. S. 384: Metlach bei Trier, Preussen.
Medraldus a. Conchensis L. 135.
Meginardus K. 151.
Meginarius c. L. 337; s. Maginarius.
Megingaudus ep. P. 20.
Megingozus presb. P. 7.
Meineburum v. L. 168.
Meingaz ep. Osnabr. S. 427.
Meinulphus S. 362.
Mekkimheim marca L. 277.
Melbodiense m. S. 375: Maubeuge, Dép. Nord.
Meldensis p. L. 271.
Meldicus, Meledunensis, Meldensis p. K. 37. 108. L. 160. 380.
Mellere silva P. 19.
Mellinus fl. K. 95.
Menpiscus p. L. 180.
Meppia cell. L. 326.
Merciorum rex K. 148.
Mercoralis a. Balneol. L. 183.
Meroldus, Merolus ep. Cenoman. K. 22. L. 345.
Mesone, castrum de M. S. 361.
Meseriacum v. L. 220.
Metae, Mettae civ. K. 84. S. 437; Metz, Dép. Meurthe. — Mettensis aep. K. 21. 118. — Mettensis com. K. 99. — Mettensis eccl. K. 36. 118. L. 234.
Ss. Mevenni et Iudicaelis eccl. L. 82.
Michael imp. K. 246.
S. Michaelis m. in Hohenaugia P. 14. C. 8. K. 44. 56. 64. 85; s. Hohenaugia.
S. Michaelis m. Bergomensi eccl. subiectum S. 362.
S. Michaelis m. Virdunense K. 13. L. 90. 209. 275. S. 375. 423; s. Marsupium. — S. Mich. mons P. 11.
S. Michaelis oratorium in Flexu S. 387.
Ss. Michaelis, Mariae, Petri m. L. 85. 99; s. Marsupium.
Ss. Michaelis, Petri, Pauli m. P. 15; s. Hohenaugia.

Michlinstat L. L. 44.
Miciacense, Miciacum m. L. 43. S. 423; s. m. s. Maximini.
Miliacus fisc. L. 2. 8. 177. 355.
Milicianum, Militiana v. L. 2. 8. 177. 355.
Milidunensis p. S. 405; s. Meldicus p.
Milinga fisc. K. 47.
Milize L. S. 411.
Milo ep. K. 97.
Mimigernafordensis, Mimigernefordensis eccl. L. 143. S. 441: Münster, Preussen, Westfalen.
Minciadae lacus K. 27.
Minione, m. s. Mariae in M. S. 350.
Mintriacum v. L. 310.
Miro a. s. Andreae L. 230.
Miscaria v. L. 10.
Mitlacensis L. S. 372.
Modoaldus S. 436.
Modoinus ep. Augustodun. L. 62. S. 362.
Modolingum v. L. 106.
Magontia, Mogoncia, Mogontia, Moguncia, Moguntia, Mogontiacensis, Moguntiacensis, Mogontina civ., urbs K. 34. 73. 91. 126. 177. L. 157. S. 410. 416. 430. 435. 440; Mainz, Hessen. — Maguntinensis, Magontinus, Moguntinus, Mogontiacensis aep. K. 106. 182. S. 394. 415. 435.
Moin, Moina, Moyna, Moinus fl. K. 138. L. 150. 274. S. 406. 424.
Moinigaugius, Moynecgowe, Moyngowe p. P. 24. L. 44. S. 410.
Moinwinidi L. 274.
Moianus gualdus K. 57.
Moissacense m. S. 376; Moissac, Dép. Cahors.
Molinhusum v. K. 48.
Momiana S. 434.
Monnellus a. s. Hilarii Carcasson. L. 231.
Mons Iovis, m. in monte L. L. 388; Mont Joux, kleine S. Bernhard.
Montanioli L. 2~9.
Montecalmense m. L. 8. 55. 177. 355. S. 360.
Monteebretramnus v. K. 22.
Montelongo K. 26.
Monticulum v. L. 12.
Montiniacum v. L. 271.
Montlieu v. L. 106.
Morbach, Morbac fl. P. 21. K. 8. 40. L. 91. 92. — Murbacense m. S. 376; Murbach, Dép. Haut Rhin.
Mordenaugia p. P. 31.
Morenatus l. L. 147. 177.
Mormacum m. S. 361.
Mosa fl. L. 23. 209. 275. S. 423.
Mosella fl. L. 204. — Moslensis, Moslinsis duc. K. 97. 99. — Muslensis, Muslinsis p. P. 4. 20. K. 155. — Mosellanica Austria S. 437.

Motinense, Motonense territorium K. 59. 77. 153. L. 233. — Motinensis, Mutinensis eccl. K. 96. L. 144. S. 376; Modena, Italien.
Mucella v. L. 303.
Mulenheim, Mulinheim L. 44. S. 412.
Multonacum v. K. 4.
Mumana L. 266.
Muneratis l. L. 355.
Munuherstati fisc. L. 373.
Murrahart cell., Murhart m. S. 423. 442; Murrhardt, Wirtemberg.
Murgha fl. L. 365.
Murni v. L. 303.
Murnacum K. 4; Mornac, Dép. Charente, Arr. Angoulême.
Mustridisheim L. 258.

Nampio a. s. Hilarii Carcasson. L. 231. S. 371.
Namucensis p. L. 294.
Nancradum v. L. 146.
Nantcharius actor L. 194.
Nantoacum, Nantuacense m. P. 13. S. 376; Nantua, Dép. Ain.
Naonis portus in Francia S. 413; Laubach in Wetterau?
Narbona, Narbonensis urbs L. 35. 79. S. 426; Narbonne, Dép. Aude. — Narbonensis p. L. 8. 42. 177. 244. 267. 355. S. 373. — Narbonnense territ. K. 165. L. 25. S. 426.
Naucravia v. S. 379.
Nautona K. 57.
Nawinsis p. L. 336.
S. Nazarii corp. K. 10. 12. 18. 19. 28. 61. L. 51. — S. Nazarii eccl., m. Lauresham. K. 101. L. 199. S. 373.
S. Nazarii eccl. Augustodun. L. 62.
Nebridius, Nibridius, Nifridus aep. Narbonensis L. 35. 131. 175. 183.
Nectarius a. Anisol. P. 18.
Nemausa civ., Nemausensis eccl. L. 27. S. 376; Nîmes, Dép. Hérault. — Nemausensis p. L. 69. 355.
Nemetensis civ., pal., Nametica urbs K. 92. 150. S. 393; Speier, Rheinbaiern.
Neumagum pal. publ. C. 11. — Noviomagensis eccl. S. 378; Noyon, Dép. Oise.
Neustria, Niustria K. 90. 166. L. 97. 98.
Nezudre curtis L. 239.
Nicephorus imp. K. 227.
S. Nicetii cell. Vienn. L. 45.
Niftharsi p. S. 401.
Nigellense m. S. 376; Nesle, Dép. Aube.
Nibilgowe p. L. 296.
Nimfridius a. Orbion. K. 165; s. Nebridius.
Nita fl., Nithehgou p. L. 114.
Niuhem pal. L. 258*.

Niumaga, Niomagum, Numaga, Numa-
gium, Noviomagum opp., pal. publ.,
p. r. K. 62. 205. 213. L. 65. 166.
167. 272. 360. 361. S. 368. 424:
Nimwegen an der Waal, Holland, Prov.
Geldern.
Nivernensis eccl. L. 259. S. 376: Ne-
vers, Dép. Nièvre. — Nivern. p. L. 215.
Niwenstat, Nuwenstat, Nuwenstadt eccl.,
m. S. 424. 442: Neustadt am Main,
im Spessart, Baiern.
Nobilis vallis S. 361.
Nominoe L. 324. 353.
Nonantula, Nonantulanum m. K. 59. 77.
153. 174. L. 12. 144. 233. S. 377.
425. 433: Nonantola am Panaro, Italien,
Modena.
Noraha fl. K. 73.
Norduinus L. 285.
Norfidius a. Duserensis L. 9. S. 365.
Noronte v. C. 12. K. 33.
Nortepertus d. S. 425.
Noto aep. Arolatensis L. 212.
Nova-cella in Iuviniaco fisco K. 159.
L. 355.
Nova Corbeia m. L. 242. 297. 315. 319.
326. S. 364. 400: Corvey, Preussen,
Westfalen; s. Corbeia.
Novaliacum cell., Noviliacum m. L. 1.
4: Nouaillé, Dép. Vienne, Arr. Poitiers.
Novalias l. K. 165; m. s. Mariae in loco
N. super Orobionem constructum:
Lagrasse, Dép. Aude, Arr. Carcas-
sonne.
Novalicii l., Novalicium, Novalicense
m. C. 5. 11. K. 21. 72. 249. S. 377.
425: Novalese bei Susa, Italien, Sar-
dinien.
Novarensis eccl. S. 377: Novara, Italien,
Sardinien.
Nova-villa fisc. L. 232.
Novavilla sive Brogilus L. 309.
Noviacum castrum P. 4.
Novientum, Novientense m. C. 9. K. 225.
S. 377. 425: Ebersheimmünster, Dép.
Haut Rhin.
Novigentum v. L. 260.
Novilliacum v. in Urcensi p. S. 380.
Noviomensis p. S. 422.
Novum-castellum K. 71. S. 374: Chèvre-
mont bei Lüttich, Belgien.
Numagna fisc. L 243.
Nuno c. K. 150.
Nuwenheim K. 73.

Obbenheim v. K. 29.
Oda Eodonis uxor L. 306.
S. Odila S. 417.
Odilbertus aep. Mediol. K. 239.
Odilbertus f. L. 365.
Odilhardus Spirensis ep. K. 150.

Odilo c. K. 241. L. 183.
Odilo d. K. 120.
Odinga v. K. 210.
Odolmarus adv. L. 184.
Odonewalt, Odenwalt L. 44. S. 442.
Offa, Offanus Merciorum rex K. 145.
148. 149.
Officium v. K. 157.
Olibegium K. 143.
Olomundus a. m. Malasti L. 71.
Onogia m. K. 44; s. Hohenaugia.
Onoldisbach K. 105; m. O.: Onolzbach,
Anspach, Baiern, Mittelfranken.
Opilo L. 204.
Oppenheim opp. S. 401.
Optarius a. Gorziensis L. 54.
Orbio, Orobio fl. K. 165. L. 25. —
Orbionense m. S. 378. 426; s. Novalisa.
Organi porta Veronensis, m. s. Mariae
in Organo K. 134. S. 387. 419.
Orientilis P. 7.
Orgeletana, Orgelitana eccl. L. 198.
S. 378. 426: La Seu d'Urgel, Spanien,
Cataluña, Prov. Lérida.
Orombach, Orembach m. L. 142. 194;
s. Hornbach.
Orrea, m. s. Mariae Trevir. O. dictam
S. 436.
Oscarensis centena L. 348.
Osnabrugki l., Osnabruggensis eccl. S.
427: Osnabrück, Preussen, Hannover.
Osthova K. 56.
Osthoven S. 400.
Ostrebantensis p. L. 180.
Otakarus K. 73.
Othbertus adv. K. 56.
Ottenburense m. S. 430: Ottenbeuren,
Baiern, Schwaben.
Ottraha v. S. 416.
Oulaho fl. K. 65.
Outingae L. 61.

Paderbrunna in Saxonia, Paderbrun-
num, Paterbrunnum, Patrisbrunna,
Patresbrunna, Patherbrunna, Padre-
borna K. 63. 102. L. 61. 62. 178.
S. 364. 421. 442: Paderborn, Preussen,
Westfalen.
Palma cell. L. 25.
Pando K. 57.
Papia civ., civ. publ. K. 22. 26. 27. 81.
S. 393. 433: Pavia, Italien, Lom-
bardei.
Papirium K. 4.
S. Paragorii eccl., v. L. 2. S. 177. 355.
Parisii P. 16. 30. K. 16. 108: Paris. —
Parisiacensis urbs L. 20. — Pari-
siacus conventus L. 235. 302. — Pa-
risiaca, Parisiensis eccl. K. 46. L. 145.
163. 338. S. 378. 431. — Paris. mis-
saticum, territ. K. 179. L. 32. —

Paris. m. s. Dionysii L. 172. 218. 220. — Parisiacus, Parisiagus p. P. 8. 9. 25. 28. C. 1. K. 11. 37. 51. L. 29. 30. 87. 88. 160. 207. 253. 255. 266.
Parma civ., Parmensis eccl. K. 79. L. 193. S. 378; Parma, Italien.
Paschalis papa S. 380. 434.
Patagerus v. et familiaris L. 34.
Patavia u., Pataviensis eccl. K. 119. L. 200. S. 431: Passau, Niederbaiern.
Patavina eccl. S. 378: Padoa, Italien, Venetien.
Paterniane casale K. 57.
Patriciacum v. L. 379.
Paulinus magister, patr. Aquilegiensis K. 58. 133. 134. S. 392.
S. Paulini eccl. Trevir. S. 436.
Paulus a. s. Vinc. Voltorn. K. 111. 112.
Paulus papa K. 231.
S. Pauli cell. Cormaricensis K. 162. 163. L. 152. 351; s. Cormaricus.
S. Pauli cell. in Verteme C. 13.
S. Pauli m. Narbon. L. 35.
S. Pauli m. K. 146.
Pazcinhova L. 361.
Pedona civ. L. 63. — Pedonense m. S. 365; s. m. s. Dalmatii.
Pegueirollis, vallis de P. S. 373.
Penetensis eccl. S. 392.
Peppo c. L. 366; s. Poppo.
S. Peregrini eccl. S. 440.
Persecita p., Persicetanum territ. L. 12. S. 377.
Pertensis p. L. 50. 295.
Petenensis sive Salzburg. ep. K. 129.
Petroicus L. 206.
Petrosa fl. L. 76.
Petrus a. m. s. Christinae L. 185.
Petrus a. Nonantul. K. 246. L. 12. 144. S. 377.
Petrus aep. Mediolan. K. 125.
Petrus diac. L. 248.
Petrus ep. Comensis K. 193. S. 364.
Petrus ep. Concord. S. 400.
Petrus ep. Virdun. K. 84. 97.
S. Petri capella Patriciac. L. 379.
S. Petri cell. de Axeo S. 361.
S. Petri cell. Barisiaca L. 278.
S. Petri cell. super Clamesitim L. 25.
S. Petri cell. Senonica L. 179.
Ss. Petri et Candidi cell. Hinticha L. 78.
S. Petri eccl. in Arulas L. 158.
S. Petri eccl. in Carmerita L. 102.
S. Petri eccl. Cumana S. 403.
S. Petri eccl. in Frideslar K. 91.
S. Petri eccl. in Lupentia K. 67.
S. Petri eccl. Magalon. L. 132. 133.
S. Petri eccl. Osnabrugg. S. 427.
S. Petri eccl. Pictav. P. 25.
S. Petri eccl. Romana K. 173

S. Petri eccl. Salzburg. K. 129. L. 77.
S. Petri eccl. Trevir. K. 9. 97. L. 94. S. 436. 437.
S. Petri eccl. Wormat. L. 246. S. 442.
Ss. Petri, Crispini, Crispiniani eccl. Osnabrugg. S. 427.
S. Petri vel s. Hermacorae eccl. Aquileg. K. 134.
Ss. Petri et Pauli eccl. Wormat. P. 35. L. 17.
Ss. Petri et Rudberti eccl. Salzburg. L. 61.
S. Petri m. prope Benev. K. 111.
S. Petri m. in p. Blesensi S. 433.
S. Petri m. Epternac. K. 156.
S. Petri m. Gandense L. 136.
S. Petri m. Gorziense K. 118.
S. Petri m. Hornbac. L. 142.
S. Petri m. Mettense K. 84.
S. Petri m. in monte Pingueli S. 432.
S. Petri m. Mormacum S. 361.
S. Petri m. Novalic. C. 5.
S. Petri m. prope Parisios L. 96.
S. Petri m. Prumiense P. 19.
S. Petri m. Psalmod. S. 432.
S. Petri m. Sithiu L. 159.
S. Petri m. Sollemniac. L. 111.
Ss. Petri et Andreae m. Novalicium K. 21. 72.
Ss. Petri et Benedicti m. Floriacense L. 123.
Ss. Petri et Bercharii m. Dervense L. 295.
Ss. Petri et Dionysii m. Paris., Ss. P. et D., Rustici et Eleutherii m. L. 303. 310.
Ss. Petri, Iohannis, Mariae m. Sextense K. 82.
Ss. Petri et Mariae m. Fossatense K. 11.
Ss. Petri et Pauli m. Cannense S. 363.
Ss. Petri et Pauli m. Corbeiense L. 238.
Ss. Petri et Pauli m. Deense L. 378.
Ss. Petri et Pauli m. Dervense L. 50. 249.
Ss. Petri et Pauli m. Fontanell. L. 65.
Ss. Petri et Pauli m. Fuld. K. 60. S. 411.
Ss. Petri et Pauli m. Gand. L. 56.
Ss. Petri et Pauli m. Gorz. K. 23.
Ss. Petri et Pauli m. Lauresh. K. 12. L. 51.
Ss. Petri et Pauli m. Novalic. C. 11.
Ss. Petri, Pauli, Gorgonii m. Gorz. S. 413.
Ss. Petri, Pauli, Mariae m. Fossat. L. 87. 88.
Ss. Petri, Pauli, Martini m. Stabul. L. 23.
Ss. Petri, Pauli, Mauricii m. Novient. C. 9. K. 225.

Ss. Petri, Pauli, Stephani m. Corbeiense L. 237.
Ss. Petri et Stephani m. Corbeiense L. 46.
Ss. Petri et Theofredi m. Calmil. S. 363.
S. Petri xenod. in Raetia L. 290.
Phardum S. 393.
Phedersee lacus S. 395.
S. Philiberti m. L. 270; s. L. 134*.
Pictavi civ., civ. publ., pal. reg. P. 27. L. 377—379. 381. S. 399; Poitiers, Dép. Vienne. — Pectavensis eccl. s. Petri P. 28. — Pictav. episcopi L. L. — Pict. m. s. Crucis L. 191. S. 364. — Pict. m. s. Hilarii P. 27. L. L. 4. — Pictavus, Pictavensis p., Pictaviense territ. K. 169. L. 48. 60. 152. 208. 229. 252. 271. 378.
Pictoriensis com. S. 425.
Pieta L. 165.
Pinciacensis p. K. 46. L. 96.
Pingueli, m. in monte P. S. 432.
Pinguvium castellum L. 301.
Pippinus maiordom. P. 5. K. 2. 71. S. 410.
Pippinus, Pipinus rex Franc. C. L. 2. 4. 9—13. K. 2—4. 9. 11. 13. 17. 23. 33. 38. 45. 51—53. 66. 68. 70. 72. 90. 97. 113. 126—128. 150. 166. 203. 209. 224. 225. L. 14—16. 28. 30. 31. 38. 47. 50. 53. 81. 83. 92. 97. 101. 111. 118. 119. 123. 124. 145. 151. 189. 206. 222. 240. 254. 264. 278. 293. 321. 335. 345. 382. S. 362. 376. 393. 396. 421. 423. 425. 442.
Pippinus filius Karoli spurius K. 151.
Pippinus fil. Karoli rex Langob. K. 89bis. 115bis, 116bis, 132. 133. 180bis. 193. 212. 215. 227. S. 386. 387.
Pippinus fil. Ludowici rex Aquit. S. 420.
Piriteus L. 193.
Pirminius S. 408.
Piscaria curtis K. 27.
Placentina eccl. K. 214. L. 154. S. 378; Piacenza, Italien.
Placicinm m. K. 46.
Planitium castrum L. 55.
Platpoteshaim v. L. 196.
Plaz L L. 353.
Pleanungovillare L. 196.
Plezza L L. 361.
Pligesindi v. S. 423.
Plumbarola K. 113.
Pociolos v. L. 126.
Podo ep. Placent. L. 154.
Polrenum v. L. 146.
S. Polycarpi m. in Septimania S. 378; S. Polycarpe, Dép. Aude, Arr. Limoux.
Pontigerna l L. 356.

Pontione pal. publ. C. 7; Ponthieu, Dép. Marne, Arr. Vitry le Français.
Pontivus p. K. 152.
Poppo c. L. 384; s. Peppo.
Porcariae l. K. 159. L. 355.
Possedonius ep. Orgelit. L. 198. S. 378. 426.
Potimiacus fisc. L. 370; s. Bodoma.
Pratariola v. L. 303.
Pratis Gaigio K. 59*.
S. Privati, s. P. et Ilarii cella K. 61. L. 173.
Probatus a. Farfensis K. 43. 57.
Prombem v. S. 417.
Ss. Protasii, Gervasii, Ambrosii corp. K. 125.
Proviliacum L. 276.
Provincia K. 166. L. 97. 98.
Prumia l., m., Prumiense, Prumiacense m. P. 4. 19. 22. 23. K. 52. 53. 129. 150. 203. 209. L. 47. 101. 151. 198. 204. 205. 240. 277. 328. 336. S. 379. 432; Prüm, Rheinpreussen. — Prumia fl. P. 20. L. 321.
Prunarium v. K. 4.
Prusia fl. L. 234.
Psalmodio ins., Psalmodiense m. L. 69. S. 432; Psalmody, Dép. Gard.
Puciales v. K. 160.
Puoche l. L. 61.
Puohpach L. 61.
Puteolus m. L. 249. 295; s. Ders.

Quamarcia civ. K. 124; s. Wormatia.
Quentovicum K. 55. L. 287.
Quirnaha v. L. 190.
Quuningishaim fisc. K. 30.

Rabanus, Rabbanus a. Fuld. L. 283. 342. 366. 368. 374. 382. S. 412 — R. Mogont. metropolita S. 418.
Rabanus c. K. 91.
Rabanus c. L. 372.
Rabbi Hebraeus L. 224.
Rabenno K. 117.
Rabigaudus a. Anisol. K. 22.
Racensis vicaria L. 378.
Radanzia fl., Radanzwinidi L. 274.
Rado a. K. 138.
Rado L. 36.
Rado L. 389.
Radoara abb. s. Salvat. Brixiensis K. 83.
Radultus c. L. 150.
Raetia, Rhaetia, Rhetia K. 25. L. 289. 290.
Ragambaldus a. Farfensis K. 93.
Ragambaldus c., m. L. 355.
Ragenoldus presb. L. 154.
Ragumberuus v. L. 184.
Rampo c. L. 183.

Rampert v. L. 348: Rambervillers, Dép. Vosges, Arr. Epinal.
Rangow p. K. 105.
Raninchus a. s. Sulpicii Bituric. S. 436.
Rannac plebs L. 353.
Rapoto L. 301.
Rataldus, Ratoldus, Rotaldus ep. Veron. L. 68. 340. S. 387.
Ratbertus a. Medolac. K. 97.
Ratbertus K. 93.
Ratbertovillare P. 31.
Ratgarius, Ratgerius a. Fuld. K. 224. L. 84. S. 368. 410. 412.
Ratgisus r. Langob. L. 174.
Ratisponensis eccl. S. 406; s. Reganesburg.
Ratulfus presb. et capell. L. 369.
Raucho c. P. 25.
Ravenna pal. S. 402; Ravenna, Italien.
Raynaldus castaldio S. 377.
Reata, Reatina civ. K. 95. S. 359. 360; Rieti, Italien, Umbrien. — Reatinus ep. K. 57.
Reddudum v. L. 12.
Redena L. 210.
Redensis com. S. 378.
Reganesburg, Reganesburh, Regenesb., Ragenisb., Ragansb., Raganesb., Reguntib. civ., pal. publ. K. 115. 120. 131 — 135. 138. 193; Regensburg, Baiern.
Regia civ., Regiensis, Regensis, Reggiensis eccl. K. 81. 215. S. 379. 433; Reggio nell' Emilia, Italien.
Reginbach P. 20.
Regula eccl. S. 419.
Regimpertus Lemovic. ep. L. 108. 109.
Reginharius Pataviensis ep. L. 200.
S. Remacli, Remagli corp. L. 23. 24.
Remi S. 433; Reims, Dép. Marne. — Remensis eccl. L. 276. S. 379. 433. — Rem. aep. Ebo L. 222. 249. — Rem. p. L. 271. 276. — Rem. Campania S. 364.
S. Remigii cell., m. Senon. L. 179. 337.
S. Remigii m. Remense S. 380. 434.
S. Remigii sedes L. 222.
Remila sive Eugenia L. 281.
Renus, Rhenus fl. P. 14. C. 8. K. 28. 61. 64. 73. 94. 156. L. 23. 52. 114. S. 379. 410. 436.
Renus fl. K. 174.
Renensis, Rhenensis, Rinensis p. K. 12. 19. L. 51. 301.
Reni v. L. 360.
Reoda v. L. 361.
Rescude L. 102.
Restaldus manc. L. 261.
Restoinus a. s. Gregorii C. 3.
Retharius c. L. 289; s. Hrocharius.
Rethratensa riv. K. 105.

Rezi p. P. 17.
Rhodanus fl. L. 58. 67. 110. 212. 330. 355.
Riardus l. L. 158.
Riboariensis p., Ribuar. duc. P. 20. L. 341. — Ribuaria lex K. 185.
Ricbodo a. m. montis Aluwini L. 234.
Ricbodo f. L. 391.
Richbodo L. 172.
Ricchina fl. P. 24.
Richardus m. S. 373.
Richardus ostiarius L. 373. S. 379.
Richardus v. L. 217.
Richardus L. 285. 299.
S. Richarii corp., bas. K. 152. L. 269; s. m. s. Gualarici.
Richbertus servus reg. L. 356.
Richilingesbach fl. L. 300.
Richoinus c. L. 121.
Richonbach v. S. 410.
Richulfus Mogont. aep. K. 182.
Riculfus presb. L. 300.
Riferus c. K. 86.
Rigensis com. S. 425.
Rihdag c. L. 312.
Rimigarius c. K. 203.
Rymilingas fisc. S. 372.
Rinerae K. 156.
Rinoldus c. S. 424.
Rioilum v. L. 96.
Riphuinus L. 93.
Rismus m. K. 112.
Ritstaedi S. 415.
Rivaria l. K. 82.
Rivin l. S. 432.
Rivinnium P. 20.
Rivum v. L. 146.
Rivus-Curvus S. 359.
Rixfridus ep. Traiect. L. 53.
Robertus c. L. 132.
Rotbertus c. S. 405.
Roccesheim L. 336.
Rodaldus L. 209.
Rodenacense m. L. 311; Renaix, Belgien, Brabant.
Rodomense missaticum K. 179.
Rodonicus p. K. 209.
Rodericus, Rodoricus c. L. 289. 290.
Rodegarius P. 16.
Rodigerius f. S. 400.
Rodualdus d. K. 134.
Rodulfisheim L. 336.
Roma urbs, civ., pal. publ. K. 104. 113. 173. 174. L. 236. 231. S. 391—393. 395. 396. 404. 435. — Romana eccl. K. 140. S. 434. — Rom. lex K. 150. L. 161. 331. — Romanus cives L. 166. 197.
Romandiola K. 188.
Romaningahoba K. 127.
Romanus ep. Bonon. K. 174.

Romanus ep. P. 20.
S. Romani eccl. L. 282.
S. Romani m. Blavia dictum L. 228.
Romarici-mons fisc. L. 239.
Romfelt fisc. L. 373.
Rorigo c. S. 369.
Rorinalacha, Rorenlacha eccl., m. S. 424.
Rosariae v. L. 21.
Rosciliona L. 79.
Rostorp v. K. 88.
Rotangow p. K. 119.
Rotbertus villicus L. 142.
Rotdrudis L. 246.
Rotgaudus, Roticanans d. K. 58. 236.
Rotgaudus Langob. K. 236.
Rothildis abb. m. s. Farae S. 366.
Rothminsi p. L. 336.
Rotgerius c. K. 169. L. 48.
Roticaris gastaldus K. 82.
Rudgangus, Ruthgangus aep., ep. Mettensis K. 10. 18; s. Chrodegangus.
Ruencoffus c. S. 424.
Rufa fl. S. 376.
Ruginensis eccl. S. 392.
Rumerii curtis P. 20.
Ruotmondus L. 217.
Rupefracta K. 82.
Rurichus p. S. 441.
Ruscinonensis p. S. 369.
S. Rusticus K. 160.
Rutenicus p. L. 135. 355. S. 361. 392.

Sabiacum K. 4.
Sabiuense, Savinense territ., Sabinensis p., Savinum K. 43. 117. 131. 187. L. 64. 155. 156. 262. 284. S. 380. — S. Mariae m. Sabinense K. 95; s. Acutianum.
Sabionensis eccl. S. 383: Seben (Brixen), Oesterreich, Tirol.
Babonariae v. K. 22.
Saccus vicus K. 82.
Sadigerus d. S. 437.
Sagona fl. L. 67.
Sala fl. K. 60.
Salacus K. 240.
Salcheumunster S. 411.
Salcio sacra pal., Salz pal., Salz cur. reg. K. 188. 190. L. 382. 383; an der fränkischen Saale.
Salecgavius p. K. 60.
Salecta vicus S. 377.
Salica lex K. 184. L. 128. 389.
Salmana fl. K. 157.
Salmonciacum, Salmonciacum, Salmunciagum pal., p. publ., p. reg. C. L 2. 12. K. 33. L. 100. 271; Samoncy, Dép. Aisne, Arr. Laon.
Sallona cell. S. 423.
Salona ager, fl. K. 63. 84. — Salona, Salnense m. K. 54. 63. L. 173. —

Salnensis, Salaninsis p. K. 54. L. 173.
Salsunga K. 35.
Salvatoris cell. in Carentenago L. 168.
Salvatoris eccl. in Civitate-nova S. 434.
Salvatoris eccl. Lemovic. S. 421.
Salvatoris eccl. in Soliano L. 156.
Salvatoris eccl. Wirzib. K. 210. L. 189. 190. S. 442.
Salvatoris et s. Kiliani eccl. Wirzib. L. 150. S. 385.
Salvatoris et s. Mariae eccl. Bemensis L. 276.
Salvatoris, ss. Mariae, Gervasii, Prothasii, Stephani eccl. Cenoman. S. 397.
Salvatoris, ss. Mariae, Petri, Georii, Emmerami eccl. Ratispon. S. 418.
Salvatoris m. in Berg L. 70. S. 388.
Salvatoris m. Brixiense K. 83. L. 221. S. 359.
Salvatoris m. novum Brixiense L. 12.
Salvatoris m. Carroffense K. 169. L. 8. 229. 271.
Salvatoris m. Cremisa K. 130. L. 227.
Salvatoris m. Enda L. 164.
Salvatoris m. Fuldense P. 17. K. 71. 87. 88. 94.
Salvatoris m. Kieminseo K. 120.
Salvatoris m. in Langobardia K. 27.
Salvatoris m. in monte Amiado L. 102. S. 383; Abbadia di s. Salvatore sul Monte Amiata, Italien, Toscana.
Salvatoris m. Prumiense P. 4. 19. 21. 22. K. 52. 53. 126. 150. 203. 36. L. 47. 101. 151. 204. 205. 321.
Salvatoris et s. Kiliani m. Wirzib. L. 85.
Salvatoris et s. Mariae m. Anianense K. 115. L. 6. 8. 49. 55. 147. 153. 177. 181. 355.
Salvatoris et s. Mariae m. Gellonense L. 2. 355.
Salvatoris et s. Mariae m. Prumiense L. 240.
Salvatoris et ss. Mariae, Gervasii, Prothasii, Stephani m. in Broialo L. 330.
Salvatoris, s. Mariae, s. Petri m. Centulense K. 152.
Salvatoris, ss. Mariae, Petri, Pauli, Michaelis m. Anian. L. 354.
Salvatoris, ss. Mariae, Sulpicii, Serviliani m. in Elehenwang L. 5.
Salvatoris et s. Silvestri m. Nonantul. K. 174.
Salzaha v. K. 182.
Salzburchensis, Salzpurcgensis ep., aep. K. 129. L. 117; s. Iuvavensis eccl.
Salzhunga v. S. 368.
Sambatius a. Novient. S. 425. 426.
Samera fl. L. 383.
Samnia, Samnium K. 111. 112.

Samuel Hebraeus L. 224.
Santonicus p. L. 10.
Sarabodis v. P. 20.
Saraceni, Sarraceni K. 144. L. 19. 41. 216. S. 432.
Sarbach fisc. L. 372.
Sarclitae v. L. 32.
Sarta fi. K. 162. L. 250.
Sassigniacas v. S. 419.
S. Saturnini cell. in Audegavo S. 363.
S. Saturnini sive s. Hilarii m Carcasson. L. 231.
S. Saturnini m. Tolosannm S. 384.
Ss. Savini, Rescude, Petri, Stephani cell. L. 102.
Saxlinga L. 143.
Saxonia, Saxonum terra K. 77. 225. L. 61. 62. 201. 242. 314. 317. 357. S. 379. 393. 395. 427. 438. 430. — S. provincia, ducatus L. 202. 315. — S. p. S. 411. — Saxoniae marchio L. 357. — Saxonicum cap. K. 154. — Saxones, Saxsones P. S. K. 177. 235. 247. L. 30. 201.
Scahiningensis constitutio S. 395.
Scaldis fi. L. 56.
Scalistati, Sclalistati, Seletcistata v., pal. publ. K. 55. 56. L. 340; Schlettstadt, Dép. Bas Rhin.
Scanigge v. S. 306.
Scarbonensis, Scarpon. p., com. K. 84. L. 54. 173. S. 413.
Sciffa K. 210.
Sclavani, Sclavi L. 34. 168. 257. 274.
Sclepedingus v. L. 11.
Sclussae K. 55.
Scobrit v. L. 378.
Scopingus p. L. 360.
Scoronishaim fisc. K. 93.
Scoti, Scotti K. 144. L. 127. — Scotorum eccl., m. in Hohenaugia K. 24. 44.
Scuznigawe fisc. L. 74.
S. Sebastiani corp. S. 422. — S. Seb. m. L. 125.
Sedonius, Sidonius ep. Constant. K. 76. L. 76.
Segonna fi. L. 58.
Segusina vallis K. 21.
Seleheim v. S. 411.
Seligenstadt S. 415.
Senardus K. 22.
Senegildus a. Anian L. 55.
Senensis eccl., com. K. 173. S. 425; Siena, Italien, Toscana.
Senonica, Saenonica, Senonensis urbs K. 157. L. 117. 317. 347; Sens, Dép Yonne. — Senonense missaticum K. 179. — S. eccl. K. 157. L. 179. 213. S. 381. — S. aep. K. 157. L. 117. 241. 302. 337. — Senonense m. s. Columbae L. 213. 316. 347. S. 364. 383.

Senonicum m. L. 234; Sénone, Dép. Meurthe.
Sentiacum pal. P. 19. 20; Sinzig, Rheinpreussen, Bez. Coblenz.
Septimania L. 36. 41. 161. 198. 230. 244. S. 378.
Sequana fi. K. 108. L. 96. 266. S. 364.
S. Sequani m. L. 232; S Seine, Dép. Côte d'Or.
Seraphis a. Besuensis L. 273.
Sermionense castellum K. 27.
Serviacum S. 437.
S. Serviliani corp. L. 203.
S. Severini m. prope Burdigal. L. 10. 228; S. Seurin de Bordeaux, Dép. Gironde.
Sextense m. K. 82. S. 383. 434; Sesto bei Cremona, Italien, Lombardei.
Siagrius a. Nantuac. P. 13.
Siavolus l K. 118.
Sibriacum v. P. L
Sicardus c., m. L. 388.
Sicardus d. Langob. L. 130.
Sicharius aep. Burdigal. L. 117. 228.
Sigebertus, Sigibertus c. L. 24. 264.
Sigehardus a. m. Cremisae L. 257.
Sigihardus a. m. Salvat. in Berg L. 70.
Sigestrense confinium L. 232.
Siggenheim v. L. 190.
Sigini v. L. 335.
Sygismundus L. 142.
Sigoaldus, Sigualdus Spolet. ep. et a. Eptern. L. 138. 139. 156.
Sigobaldus a. Anisol. P. 3.
Sigosina, Sigusina vallis C. 11. K. 72.
Sigramnocurtis L. 173.
Silcinagus finis L. 173.
Siliacensis condita K. 22.
S. Silvestri corp. K. 77. L. 233.
Silviacum pal., p. reg. L. 162. 270; Servais, Dép. Aisne, Arr. Laon.
Ss. Simonis (Symonis) et Tathei (Thathei, Taddei, Taddaei, Dathei) m. K. 34. 35. 47—49. 65. 67. 75. 93. 106. 107. 182. L. 157. S. 415. 416; s. Herulfisfelt.
Silvinianum v. L. 12.
Simo presb. et a. L. 309.
S. Symphoriani cell. L. 45.
Sinciniacum v. L. 379.
Sindleozesauva, Sintleoz, Sinleoz, Sintlezzesowa, Sincleozesouwa m. L. 72. 370. 372. S. 383. 435; s. Augense m.
Sindoldus a. Eichenwang. L. 203.
Sindpertus August. ep. S. 362.
Sinleus K. 17.
Sisegutus a. s. Andreae L. 230.
Sisemundus ep. Lodov. S. 373.
S. Sisinni eccl. L. 290.
Sistaricensis eccl. S. 384; Sisteron, Dép. Basses Alpes.
Sita fisc. L. S. 177. 355.

Sithiu m. K. 5. 161. L. 159. 268. 334.
S. 384; S. Bertin, S. Omer, Dép.
Pas de Calais.
S. Sixti titulus L. 276.
Sluohderin cell. S. 442.
Smaragdus a. s. Mich. Virdun. L. 85.
90. 99. 209. 275.
Soanachildis, Sonachildis C. 1. L. 30.
Sogradum cell. L. 355.
Soiacum v. P. 4. 20.
Solarium v. K. 27.
Solianum L. 156.
Sollemniacum m. L. 111. S. 384; Solignac, Dép. Haute Vienne.
Somana fl. L. 237.
Sonarciaga v. K. 88.
S. Sophiae m. K. 113.
Soractense m. S. 380; S. Oreste, Kirchenstaat, Comarca di Roma.
Sparnacum, Spernacum v. L. 276. S. 380.
Spatto ep. et a. Neustad. S. 424.
Spehteshart, Spechteshart for. L. 374. S. 424.
Spinogilum v. L. 260.
Spirensis civ. K. 82; Speier, Rheinbaiern. — Sp. eccl. S. 384. — Sp., Spirinsis p. P. 20. L. 277.
Spoletana civ. L. 156; Spoleto, Italien, Umbrien. — Spolitina eccl. L. 139; s. Hispolitina. — Spoletanus duc. K. 43. L. 156. — Spoliti, Spoletani fines K. 57. 111.
Stabulau, Stablao m. L. 23. 24. 250; Stavelot, Belgien, Lüttich.
Stamaconstat K. 128.
Stampensis p. L. 32.
Steinfeld v. S. 424.
Strinheim v. L. 366.
Stephanus a. Hohenaug. C. 8.
Stephanus ep. Cremon. S. 402.
Stephanus papa K. 231. L. 338.
Stephanus papa L. 222. 276. S. 3‹0. 391.
S. Stephani cell. L. 102; s. s. Savini c.
S. Stephani eccl. Antissiod. L. 146.
S. Stephani eccl., m. in Baniolis L. 183.
S. Stephani eccl. Lemovic. L. 108. 109.
S. Stephani eccl. Mettensis K. 36. 118. 120. L. 234.
S. Stephani eccl. Patav. K. 119. L. 200.
S. Stephani eccl. Ratispon. S. 406.
Ss. Stephani et Apri eccl. Tullensis K. 118.
S. Stephani m. in Andecavis K. 6.
S. Stephani m. Cauciacum S. 422.
S. Stephani m. Corbeiense L. 202. 242. 297. 314. 315.
S. Stephani m. in Lucana L. 262.
Ss. Stephani, Petri, Gorgonii m. Gorziense L. 54.

Ss. Stephani et Viti m. Corbeiense L. 25. S. 400.
S. Stephani reliquiae L. 201.
Sterihirobraege v. L. 190.
Stetdi v. L. 114.
Stetin in Wetereiba L. 371.
Stetin in Wormat. p. L. 328.
Stetiwane cell. L. 279.
Stilla l. K. 20. L. 95.
Stilonius l. K. 118.
Stivale K. 209.
Stocheim v. L. 368.
Stochheim p. L. 360.
Stormusus p. L. 140.
Stramiacum super Rhodanum, Strem. v. L. 330. 331; Tramoye bei Lyon!, Dép. Ain.
Stratella v. L. 180.
Strasburc civ. L. 290; Strasburg, Dép. Bas Rhin. — Strasburgensis eccl. K. 20. 55. L. 95. S. 435. — Str. ep. L. 196. 287. 289. 290.
Strewe v. L. 368.
Sturmius, Sturmio a. Fuld. K. 17. 31. 32. 50. 60. 73. S. 410. 411.
Sualofeld, Sualefelt p. L. 203. S. 412.
Sublacense m. S. 384; Subiaco am Teverone, Kirchenstaat.
Sucaranae v. K. 168.
Suega l. in Wosega silva K. 182.
Sueinheim v. S. 373.
Suessio civ., pal., urbs S. 404. 415. 422; Soissons, Dép. Aisne. — Suessionense m. s. Medardi S. 375.
Suggentensis p. K. 118.
Suguilis coen. S. 373.
Suitbertus ep. Verdensis S. 394. 422.
Suixgarius L. 186.
Sulaha fl. S. 411.
Sulbichi v. L. 319.
Sulogau v. S. 395.
Sulpicius a. s. Columbae Senon. L. 316. 347.
S. Sulpicii corp. L. 203.
S. Sulpitii eccl. in Rhaetia L. 289.
S. Sulpicii m. Bituric. S. 436; S. Sulpice de Bourges, Dép. Cher.
Sulsheim v. L. 190.
Sumerperch L. 257.
Suncampus v. L. 335.
Sundheim l L. 361.
Sunicfredus f. L. 267.
Suntof P. 31.
Suricinum m. L. 106; Soreze, Dép. Tarn, Arr. Castres.
Sura fl. P. 34. C. 6. K. 15. 155.
Svarzhaba, Swarzaha l., m. L. 25. S. 436; Schwarzach im Elsass, Dép. Bas Rhin.
Swigarius K. 91.

Taberniacum v. P. 9.
Thacholfus P. 7.
Taciana curtis K. 57.
Tacidus fl. L. 230.
Taciperga K. 131.
Tailernion riv. L. 250.
Talsiniacum v. L. 152.
Tancie K. 57.
Thancmar L. 140.
Tancradus a. Prum. K. 203. 209. L. 47. 151. 204. 205. 240.
Tanculfus camerarius L. 299.
Tanimundus a. s. Anthemii S. 361.
Tardonensis p. S. 379. 380.
Tharchedinges v. L. 374.
Tarsatiensis eccl. S. 392.
Tarvanensis, Tervannensis p. K. 5. L. 268. 334.
Tarvisana curtis K. 82.
Tassila S. 359.
Tassilo, Tasilo d. Baioar. K. 120. 130. 141. S. 431.
Tatto a. Campidon. L. 279. 286. 296. 313. 320. 361. 369. 376.
Tauracus fl. L. 167.
Teatina L. 262.
Techinheim L. 256.
Tecledum S. 364.
Tectis fisc., pal. reg. L. 157. 250: Theux, Belgien, Lüttich.
Tegarinseo m. S. 384: Tegernsee, Oberbaiern.
Tellaus p. K. 86.
Tellina vallis K. 39. S. 384.
Telluris curtis L. 289.
Tenaldis K. 57.
Teutardus c., m. L. 388.
Theuthardus cartolarius L. 168.
Tentpaldua a. s. Mauricii Altach. L. 169.
Theopaldus, Thiotbaldus, Tietbaldus a. Novient. K. 225. S. 425. 426.
Theodbertus r. P. 6.
Teudbertus gas. P. 9.
Theodbertus Massil. ep. L. 187.
Theodelinda reg. L. 63.
Teodemundus K. 57.
Theodicius d. K. 57.
Theodilhildis K. 150.
Theudericus, Teudericus, Theodericus r. P. 8. K. 3. L. 281. 345.
Teofridis L. 390.
Teutgarius a. Hasenrid. L. 209; s. Deocarius.
Theutmarus, Theodemarus a. Casiu. K. 113. S. 396.
Theomarus a. Gorz. K. 23.
Theodemirus a. Psalmod. L. 69. S. 433.
Theoto a. s. Martini maioris L. 306.
Teoto ep. Reatinus K. 57.
Teodo v. L. 386.

Theodonis v., Teodonis v., Theodoue v., Theodono v., Theudone v., Teotone v. publ., pal., p. publ., p. reg. C. 8. K. 9. 12. 20. 41. 42. 52—54. 97. 99. 202. 203. L. 90. 170. 172. 293. 321. 327. 351. 352. S. 396. 408: Thionville, Dép. Moselle.
Theodoldus c. K. 151.
Theodunus a. Campid. L. 57.
Theodoanus L. 160.
Theodrada L. 266.
Theodulfus ep., aep. Aurelian. L. 22. 118. 119. S. 408.
Theodulfus ep. Turon. K. 197.
Tetbertus a. s. Maxentii L. 60.
Tetta abb. Herford. L. 360.
Tettingae v. L. 370.
Texandria K. 71.
Tiberius L. 251.
Tiburniense confinium L. 78.
S. Ticiani eccl. Cened. K. 139.
Ticinense pal. S. 425; s. Papia.
Tyheile mans. reg. S. 400.
Tillus l. L. 336.
Tilpinus ep. Remensis S. 379. 380.
Tingulfus K. 240.
Thininga v. P. 17.
Thyupfbach K. 60.
Toletana civ. K. 140.
Tollifelt p. L. 356.
Tolosa, Tolosana eccl. L. 2. S. 384: Toulouse, Dép. Haute Garonne. — Tolosanus p. L. 106. 304.
Thomas Vivariensis ep. L. 59.
Thoranthorpf v. K. 107.
Thoreusel v. L. 311.
Thoringia, Turingia, Toringia p., Thuringie p.. Torrhuzic p. K. 35. 48. 49. 182. S. 368.
Toringium castr. L. 206.
Tornacensis u. L. 115.
Tosonisvallis v. L. 303.
Toto a. Ottenbur. S. 130.
Toto a. s. Vinc. Vulturn. S. 440.
Traiectum vicus super Rhenum, Traiectum vetus P. 5. K. 2. 62. L. 53: Utrecht, Holland. — Traiectensis eccl. P. 6. S. 384.
Trasarius Fontanell. a. L. 65.
Treverica u. K. 9: Trier, Rheinpreussen. — Treverica, Trevirensis eccl. S. 384. 436. — Tr. ep., aep. K. 97. 246. L. 94. S. 379. — Tr. m. s. Maximini S. 420. — Tr. m. ad horreum S. 437.
Triburia, Triburinum pal. reg. L. 267. S. 432: Tribur, Hessen.
Tricastrinensis p. L. 327.
Tridens v. L. 359.
Trisgodros v. publ. P. 20.

Trita v. K. 112. L. 284. S. 385.
S. Trinitatis et s. Petri m. Epternacum P. 34. C. 5. K. 15. L. 138. 139.
Throandus praef., Troandus, Troanus c. P. 7. 20. K. 50.
Trhonia S. 426.
Tructesindus a. Anian. L. 175 — 177. 181.
Truogowe p. L. 257; s. Drnug we.
Trutmannus c. S. 438.
Tullensis eccl. K. 118. S. 385; Toul, Dép. Meurthe. — Tullense m. s. Apri S. 361.
Tulpiachum S. 437.
Tumbas fisc. L. 101.
Tungrensis, Tungrunsis eccl. L. 285. S. 417; Lüttich, Belgien.
Turcarias mallum publ. K. 86.
Turigum fisc., Thuregum, Turicensis eccl. L. 165. S. 438; Zürich, Schweiz.
Turenheim K. 94.
Turholt cell. S. 414.
Turici K. 209.
Turmum K. 168.
Turonica, Turonis civ., n. K 27. 42. 163. L. 33. 293; Tours, Dép. Indre et Loire. — Turonum suburbium S. 374. — Tur. eccl. s. Martini S. 393. — Tur. eccl. s. Maur. S. 375. — Tur. m. s. Martini K. 162. L. 305. S. 374. — Turonicus p. L. 283. 306.
Turris castrum S. 361.
Tuscia S. 392.

Ubkirika eccl. K. 62.
Ucoticus p. L. 55. 355.
Ufhusen v. S. 410.
Uhciuriuda v. L. 165.
Ulma v. reg., Ulmena curia S. 435. 436.
Ulvesheim S. 442.
Umbringatan K. 145.
Undresiusis p. L. 72.
Unnidus K. 127.
Unofelt K. 87.
Unstrut fl. S. 411.
Urbach v. L. 368.
Urbio fl. S. 426; s. Orbio.
Urcensis p. S. 380.
S. Urcisini eccl. C. 13.
Urespringen v. S. 412.
Urolfus a. s. Maur. Altah. K. 234.
Ursio a. s. Medardi Suessioni. S. 375.
Ursus patr. Aquileg. K. 231. L. 148.
Ursus Parmensis L. 193.
Utilinbaim L. 256.
Utilradus a. s. Maxim. Trevir. S. 420.
Utinensis eccl. S. 392.

Vaccaria v. L. 106.
Valcunus ep. C. 11.
Valedronis l. L. 260.

Valentinianae S. 361. 442; Valenciennes, Dép. Nord.
Valerianae L. 367.
Valliculae L. 337.
Vallis l. L. 272.
Vallis Tellina K. 30. S. 364.
Vals v. L. 233.
Vangionensis, Wangionensis eccl. P. 15. L. 284. — Wangionum u. L. 337; s. Wormatia.
S. Varani corp. K. 29.
Vargulaha curtis S. 411.
Vasioneusis p. L. 73.
Vaticanus S. 434.
Vectarius K. 153.
S. Vedasti eccl. K. 160.
Velfine v. L. 196.
Vellaicus p. S. 363.
Venerius patr. Gradensis L. 248. 251. S. 370.
Venetiae K. 189.
Venobia riv. L. 11.
Vera riv. S. 433.
Vercellensis com. L. 243.
Verdensis eccl. S. 430; Verden, Preussen, Hannover.
Verendarius ep. Cur. L. 340.
Vermandensis p. K. 140.
Vermeria, Virmeria pal., p. publ., p. reg. P. L. 2. 5. 9. 18. K. 51. S. 361. Verberie, Dép. Oise, Arr. Senlis.
Vern, Verna, Verni, Vernum v., pal. p. publ., p. reg. P. 10. L. 158. 159. 263. 310; Vernenil, Dép. Oise, Arr. Senlis.
Verna v. Vertudensis p. L. 276.
Vernodubrus v. L. 244.
Veronensis civ. K. 134; Verona, Italien. — Ver. eccl. L. 68. S. 367. — V. m. in Organo S. 419. — V. m. s. Zenonis S. 386. — V. territ. K. 153.
Verteme cell. C. 13.
Vertudensis p. L. 276.
Victerneincurtis K. 84.
Victor ep. Curiensis L. 290. 291.
Victoriacum castr. L. 216.
S. Victoris eccl. Massil. L. 187. — S. V. m. Massil. K. 124.
Vicus-Sirisidus v. L. 36.
Vido S. 437; s. Wido.
Vienna fl. K. 162.
Viennensis civ., eccl. L. 45. 58. 73. 281. 282; Vienne, Dép. Isère.
Viera fl. L. 295.
Viernheim marca K. 61.
Vigilius a. s. Anthemii S. 361.
Vilcasinus p. L. 172.
Villalupense m. S. 440; Villeloin, Dép. ludre et Loire.
Villancia v. L. 373. S. 379.
Villanova curtis s. Germani K. 68.
Villanova in p. Magalon. L. 132.

Villanova in p. Rodonico K. 200.
Villaris cell. L. 260.
Villarius l. L. 285.
Vincentia civ. K. 57: Vicenza, Italien, Venetien. — Vicentinum territ. K. 153.
Verdunensis eccl. S. 385: Verdun, Dép. Meurthe. — Virdunensis ep. K. 84. — V. m. s. Michaelis S. 375. 423. — Vird., Veredunensis p. P. 11. K. 13. L. 209. 275.
S. Vincentii cell. Cenoman. L. 307.
S. Vincentii cell. in Helenensi L. 230.
S. Vincentii eccl. Matiscon. L. 21. 105: Mâcon, Dép. Saône et Loire.
Ss. Vincentii et Germani m., bas. prope Parisios K. 16. 68. L. 262. S. 385. 441: S. Germain des Prés in Paris.
S. Vincentii m. Vulturnense K. 111. 112. L. 86. 130. 244. S. 385. 440: S. Vincenzo, Italien, Terra di Lavoro.
Vindemiaca K. 13.
Vindrinius fisc. L. 373.
Vircunnia waldus K. 105.
S. Virginis eccl. L. 310.
B. Virginis et ss. Petri et Pauli m. Sithiu L. 334.
Virgundia waldus L. 5.
Virundus a. Stabul. L. 24; s. Wirundus.
Visera fl. L. 384; s. Wisera.
Vistiniacum v. K. 4.
Vitachgowi p. S. 417.
Vitalis ep. Bononiensis K. 79. 174.
Vitlena terminus L. 253.
Vitrariae portus L. 167.
S. Viti eccl. K. 57.
Vivacius Hebraeus L. 367.
Vivariensis eccl. L. 59: Viviers, Dép. Ardèche. — V. com. L. 110.
Vivarius-peregrinorum m. P. 21. K. S. 40. L. 91. 92. S. 376; s. Morbach.
Vivarius fons K. 138.
Vizeliacum v. S. 369.
Vizuzia fl. L. 75.
Vocitana L. 262.
Vocuandus aep. Trevir. S. 437.
Volaterrana eccl. S. 385: Volterra, Italien, Toscana.
Volfaudus, Vulfoaldus P. 11. K. 13.
Vongensis p. K. 118.
Vonsensa castr. L. 276.
Vosago silva K. L. L. 186. 234; s. Wosega.
Vuldaha fl. P. 7; s. Fuldaa.
Vulfardus a. s. Martini Turon. L. 98. S. 374; s. Wulfadus.
Vulfardus v. L. 329. 330.
Vulfarius ep. Remensis S. 380.
Vulfeasti v. K. 67.
Vulfgarius, Volfgarus, Vulgarius, Vulcherus ep Wirzib. L. 150. 188—190; s. Wolfgerius.

Vulframnus ep. P. 20.
Vulfrannus ep. P. 20.
Vulpariolus portus S. 364.
Vulpilionis l. L. 294.
Vultgarius a. L. 388.
Vulturnus fl. K. 111. L. 130. 284. — Vulturnense m. s. Vincentii S. 385. 440.
Vulvisangar, Vulvisauger v. K. 235. 247.
Vungardweiba p L. 356.
Vurmacia, Vurmasia, Vormatia civ., c. publ., pal. K. 75. 76. 100. 107. S. 413: Worms, Hessen; s. Wormatia.

Wachenheim opp. S. 401.
Wakkenheim marca L. 277.
Wadel l. L. 82.
Wahan l. K. 27.
Waioariorum d. S. 431.
Walafridus a. Sindleos. L. 370. 372.
Walcandus Tungrensis ep. L. 285.
Waldandus K. 58.
Waldaricus, Waltricus Patav. ep. K. 119. L. 200. S. 431.
Walderiegum K. 71.
Waldisbecchi l. K. 235.
Waldo s. Dionysii a. S. 364.
Waldo Schwarzac. a. L. 256.
Waldo ep. S. 408.
Waldorfa v. L. 323.
Waldsassin, Waltsatius, Walsaazi p. K. 50. L. 374. 385.
Waldus v. L. 227.
Walefredus L. 220.
Walemarestborpf K. 203.
Walo L. 201.
Waltarius c. P. 20.
Waltcaudus manc. L. 137.
Waltmannisova v. K. 210.
Wangisisus-mons silva S. 373.
Wangon L. 256.
Waningus c. L. 361.
Warenbertus a. s. Sequani L. 232.
Warinus, Werinus a. Corbeiae-novae L. 297. 315. 317. 319. 326. S. 400.
Warinus c. P. 20. C. 3. L. 199.
Warinus c. L. 215.
Warinus c. S. 410.
Warnarus K. 97.
Warnarius c. L. 327.
Warnarius L. 142.
Warningas K. 54.
Wasalia fisc. L. 151.
Wastinensis com. S. 366.
Watcurtis L. 173.
Wateringas v. L. 360.
Wathilentorp P. 20.
Wedrebensis, Wetereiba p. K. 93. 94. L. 114. 371.
Wegefurtum v. S. 410.

Welantus c. P. 20.
Wenawald S. 441.
Wendilmarus ep. Tornac. L. 115.
Weomadus, Wiomadus, Wiemadus ep., aep. Trevir. P. 20. K. 9. 97. S. 436. 437.
Werestein pal. reg. P. 4.
Werimfredus L. 115.
Werthina m. S. 385. 441; Werden, Rheinpreussen, Bez. Düsseldorf.
Westera l. K. 74.
Westergowe p. L. 93.
Westracha p. L. 375.
Wicbaldus c. L. 190.
Wicbertus c. pal. P. L. 8. 16.
Wicbertus c. L. 142.
Wicbodus L. 234.
Wichingus P. 7. K. 45.
Widegowo c. L. 199.
Widgarius K. 156.
Wido a. Swarzah. S. 436.
Wido c. L. 307. 330.
Wido c. S. 403.
Wido P. 31.
Wido K. 97.
Wido L. 142.
Wigenheim v. L. 190.
Wiggerus c. K. 62.
Wigmodia, Wimodia p. L. 297. S. 393. — Wigmodi L. 140.
Wiho ep. Osnabrugg. S. 427.
Wilegisus archicustos S. 405.
Willehadus ep. Bremensis S. 393.
Wilelmus c. S. 405.
Willelmus c. L. 8. 55. 177. 355; s. Guillelmus.
Wilhara K. 150.
Wilharius aep. Senon. K. 63.
Willare L. 205.
Williarius serv. K. 203.
Willihiarius presb. L. 174.
Willibaldus ep. Eichstett. P. 7.
Willibertus aep. Rotomag. L. 192.
S. Willibrordus ep. P. 34. C. 6. K. 15. K. 156. L. 138. 139. — S. Willibrordi m. Epternacum K. 155. 157.
Williswinda K. 10. 18.
Wilzacchara fisc. L. 233.
Wimarus v. L. 36.
Wimerus ep. Gerund. L. 325.
Winpina castellum L. 264.
Winneradus L. 261.
Wirnitus parvulorum mag. L. 250.
Wirraha fl. S. 393.

Wirundus, Wyrundus a. Hornbac. L. 15. 16. 142. 194.
Wirundus, Virundus a. Stabul. L. 23. 24.
Wirziburg castrum L. 150; Wirzburg, Baiern. — Wirziburgensis, Wircib. Wirceb. eccl. K. 210. L. 150. 188. 189. 274. 356. S. 385. 441. — Wirciburg m. L. 385.
Wisara, Wisera, Wiseraa, Wisora. Wisura fl. K. 35. 47. 107. 235. 247. L. 201. 202. 242. 297. 315. S. 308.
Wisgoz fl. K. 12. 61. L. 51. 52.
Wistrikisheim v. L. 341.
Witharius m. L. 101.
Wittinasheim v. L. 196.
Wisenburgense m. S. 386. 442; Weissenburg oder Wissembourg, Dép. Bas Rhin.
Woica a. s. Aniani L. 244.
Wolfandus d. S. 423; s. Volfandus.
Wolfgerius, Wolfgerus ep. Wirzib.L.274. S. 412; s. Vulfgarius.
Wolfleozus ep. Constant. L. 122.
Woradus, Woraldus c. pal. K. 86. 97.
Woradus L. 256.
Wolcanardus a. s. Salv. in Berg L. 70.
Wormatia, Wormacia, Wuormacia, Wormacia, Warmacia, Warmasia civ., civ. publ., pal., p. publ. K. 11. 28. 106. 108. 125. 130. L. 263 bis 264. 312—314. 316. 372. 373. S. 396. 404. 416. 424. 428. 435. 441. 442; Worms, Hessen. — Wormacensis , Wormatiensis eccl. P. 35. L. 17. 18. S. 386. 442. — Wormacensis, Wormaciensis, Wormatiensis, Wormacinsis, Warmacissis p. K. 28. 73. 94. L. 142. 215. 228. 301. 323. 328. 336. — Wormatiensis capitularia L. 263; s. Vurmacia.
Wosega silv. K. 182; s. Vosago.
Wulfadus a. s. Mart. Turon. L. 305; s. Vulfardus.
Wulfarius c. L. 131.

S. Yppoliti corp. K. 30.

Zacharias papa P. 7. K. 224. 231. L. 322. S. 367.
Zeinhaim v. L 256.
S. Zenonis m. Veronense L. 68. S. 385; S. Zeno di Verona. — S. Z. pal. S. 387.
Zimbra v. L. 366.
Zinzila l. L. 256.
Zizuris curt. L. 290.
Zurigos L. 289.

INHALT.

	Seite
Acta Pippini	1— 11
Acta Carolomanni	12— 15
Acta Karoli	16— 83
Acta Ludowici	84—206
Anmerkungen zu den A. Pippini	207—222
Anmerkungen zu den A. Carolomanni	222—226
Anmerkungen zu den A. Karoli	226—296
Anmerkungen zu den A. Ludowici	297—356
Acta deperdita	357—388
Acta spuria	389—442
Nachträge und Berichtigungen	443—447
Verzeichniss der abgekürzt angeführten Werke	448—455
Register	456—488

www.ingramcontent.com/pod-product-compliance
Lightning Source LLC
Chambersburg PA
CBHW020833020526
44114CB00040B/597